『국가철학사회과학성과총서』

# 경제성장과 구조의 변화

Economic Growth and Industrial Structure Evolution
China's Experience since the New Period

## 중국 새 시기 이래의 경험

류웨이 등 지음·김미란 윤선미 역·김승일 감수

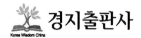 경지출판사
Korea Wisdom China

# 경제성장과 구조의 변화 : 중국 새 시기 이래의 경험

**초 판 1쇄**  인쇄 2024년 12월 02일
**초 판 1쇄**  발행 2024년 12월 09일
**발 행 인**  김승일
**출 판 사**  경지출판사
**출판등록**  제 2015-000026호

ISBN 979-11-90159-62-3(03300)

---

**판매 및 공급처**  경지출판사

**주소 :** 서울시 도봉구 도봉로117길 5-14  **Tel :** 02-992-7472

**홈페이지 :** https://www.sixshop.com/Kyungji/home

※ 이 도서의 국립중앙도서관 출판사 도서목록(CIP)은 서지정보유통지원시스템 홈페이지(http://seoji.nl.go.kr)와 국가자료공동목록시스템에서
이용하실 수 있습니다.

# 『국가철학사회과학성과총서』
# 출판설명

    철학사회과학 연구의 우수한 성과와 우수한 인재의 시범 견인 역할을 충분히 이끌어내고 중국 철학사회과학의 번영을 촉진하기 위하여 전국 철학사회과학계획 지도소조는 2010년부터 『국가철학사회과학성과총서』 시리즈 간행을 기획하고 매년 1회에 걸쳐 선정하기로 했다. 입선 성과는 해당 분야 전문가들의 엄격한 심의과정을 거쳤으므로, 당시 관련 영역의 최고 학술연구 수준을 대표하며 중국 철학사회과학계의 학술 창조력을 보여주고 있다. '통일된 표식, 통일된 표지, 통일된 판형, 통일된 기준'의 전체적 요구에 따라 출판하게 된다.

전국철학사회과학계획판공실

2011년 3월

# 머리말

개혁개방 30여 년간, 중국 경제는 기록적인 고속성장을 지속하였으며 이는 논쟁의 여지가 없는 사실이다. 이런 고속성장에 어떤 규칙이나 특징이 있고 특히 성장과 더불어 구조적으로 어떤 심각한 변화가 나타났는지? 구조 변화와 양적 확장 사이에 어떤 연계가 있는지? 구조 변화와 경제성장이 효과적으로 뒷받침 되었는지? 이 같은 일련의 문제는 모두 우리가 심도 있게 연구하여야 할 부분이다. 본 연구는 개혁개방 30여 년 동안의 중국 경제성장 및 성장과정에서의 산업구조 변화에 대한 연구를 통해 경제성장 과정에서의 경제총량과 산업구조 간의 상호 연계 및 양적 관계를 탐구하고 체제개혁과 정부의 거시적 정책 결정이 중국 경제성장과 산업구조 업그레이드에 대한 영향을 연구함과 아울러 위 분석을 바탕으로 연구결론을 얻어내고 관련 정책건의를 제기하는 것을 목표로 삼고 있다. 개혁개방 이래, 중국 경제의 고속성장은 30여 년을 이어왔으며 중국공산당 제18차 전국대표대회(이하 18차 당 대회로 약칭)에서는 2010~2020년 동안 경제총량과 주민소득을 2배로 늘리고 중국공산당 창당 100년을 전후하여 샤오캉사회(小康, 중국이 2020년 건설을 목표로 하고 있는 사회상으로서 의식주 걱정을 하지 않는 물질적으로 안락한 사회, 비교적 잘 사는 중산층 사회를 의미함/역자 주)를 전면적으로 건설한다는 목표를 제시하였다. 그

5

리나 이외 동시에 중국 경제발전수준이 향상되고(이미 중상소득국가로 됨) 공업화 후기에 들어서면서 중국의 산업구조에 전환적인 변화가 일어나고 있으며 3차 산업의 비율과 성장률 모두 2차 산업을 초월하여 국민경제의 주도산업으로 발돋움하였다. 이러한 산업구조의 변화는 중국 경제성장과 경제발전(취업, 소득분배, 국제수지, 지역경제발전 등)에 일련의 심각한 영향을 미치게 된다. 산업 변화가 중국 경제성장과 경제발전에 가하는 역할을 깊이 인식하는 것은 중국 특색의 사회주의 길의 건설을 탐색하는 면에서 이론적 의의가 있을 뿐만 아니라 중국의 경제개혁 심화와 거시적 경제정책의 과학적인 제정에도 적극적인 현실적 의의가 있다. 본 연구는 국제 비교법, 통계 연구법과 이론 연구법 등을 사용하였다. 국제 비교법이란 관건 지표에 대한 국제적 비교를 통하여 경제발전 과정에 나타난 중국과 기타 국가 간의 격차, 공동 규칙을 분석 및 연구함과 아울러 이런 연구를 바탕으로 중국 경제의 발전 루트를 연구 및 모색하는 것이다. 통계 연구법이란 주로 대량의 거시적 경제수치, 특히 국민경제에 대한 계산, 취업 등 방면의 데이터에 대한 연구(비교 연구와 수량 모형의 건립 포함)를 통하여 수량 특징, 수량 규칙 및 상호 간의 연계를 총화하고 귀납하여 중국의 경제성장과 산업변화를 연구하는 것이다. 이론 연구법이란 경제이론을 과학적으로 적용해 앞에서 다룬 제반 연구를 개괄하고, 나아가 중국 특색의 경제성장과 산업구조 이론을 발전 및 풍부히 하는 것을 말한다.

본 연구는 '경제성장 수준과 발전단계에 대한 판단', '뉴 노멀 하에서의 새로운 변화, 새로운 불균형, 새로운 정책', '경제성장의 총량 불균형 및 거시적 조정', '경제성장 과정에서 산업구조의 변화', '산업구조의 변화와 경제성장의 효율', '산업구조의 불균형 및 1차 분배의 왜곡', '산업구조 업그레이드, 경제구조의 최적화 및 공급측 개혁' 7개의 장으로 나뉜다.

　제1장 '경제성장 수준과 발전단계에 대한 판단'에서 우리는 중국 국민경제 계산 데이터와 세계은행에서 발표한 각국 국민소득 통계 데이터에 관한 분석을 통하여 종적으로 개혁개방 30여 년 동안 중국 경제성장의 성과, 도달한 수준 및 미래의 발전 목표에 대하여 장기 추이를 연구하고 횡적으로 세계 각국과의 대조를 거쳐 중국의 국제지위에 어떠한 변화가 일어났으며 또 이러한 변화가 발생한 이유가 무엇인지에 대해 분석하였다. 개혁개방이래 30여 년간의 고속 경제성장을 거쳐 경제총량으로 볼 때, 2013년 중국의 GDP는 세계에서 차지하는 비율이 1.8%에서 12.2%로 늘어났으며 이로부터 중국은 일본을 넘어서 세계 2위 경제체로 올라섰다. 일인당 국민소득 수준으로 볼 때 1998년, 중국은 이미 저소득국가로부터 중저소득국가로 발전하였고 2010년에는 또 중상소득국가의 반열에 올라섰으며 현재는 고소득국가로의 발전단계(2013년 중국의 일인당 국민소득은 총 6천 560달러, 반면 세계은행에서 발표한 고소득국가의 기준에 따르면 일인당 국민소득은 총 1만 2천 746달러임)에 진입하였다. 비록 우리가 현대화 발전과정에 거대한 성과를 거두긴 하였지만 세계 선진국과 비교할 때 경제발전수준은 여전히 일정한 격차가 존재한다. 국민 생활 개선과 종합국력 향상의 요구에 비추어 봐도 중국은 여전히 상당히 긴 고속성장 또는 중·고속 성장의 단계를 거쳐야 한다. 그러므로 현 단계에서 경제성장은 여전히 중국의 가장 중요한 경제발전 목표 중의 하나이다. 국제 비교 관점으로 볼 때, 한 나라의 경제발전수준[현행환율법(current rate method)으로 반영하는 일인당 국민 총소득]의 변화는 주로 경제성장, 총가격수준의 변화 및 환율 변동 등 3가지 요소에 의해

결정된다. 그중에서 경제성장이 결정적인 요소이다. 경제성장에 영향을 주는 주요한 요소에 대한 분석을 통하여 경제성상과 경제발전에서의 여러 가지 불균형 그리고 모순(특히는 여러 가지 구조 불균형 및 모순을 가리킴)을 잘 처리한다면 중국은 미래에 비교적 빠른 경제성장을 실현하여 '중진국 함정'에서 벗어나 중국의 샤오캉사회를 전면적으로 건설함과 아울러 고소득국가 반열에 올라서는 목표를 실현할수 있을 것이라 생각한다.

제2장 '뉴 노멀 하에서의 새로운 변화, 새로운 불균형, 새로운 정책'은 중국이 경제성장의 새로운 기점에서 지속가능한 발전을 어떻게 실현하였는지를 논술하였다. 중국의 GDP 총량, 일인당 GDP, 경제구조의 변화는 중국이 경제의 양적 수준에서나 경제 질적 구조에서나 이미 중상소득 단계와 공업화 후기의 가속 완성 단계에 들어섰으며 이는 중국 경제가 새로운 기점에 올라서고 더불어 새로운 기회와 도전에도 직면하게 되었음을 말해준다. 새로운 불균형은 인플레이션, 원가 변화, 국제수지, 투자와 소비 성장 둔화, 소득분배 등에 따른 총량 불균형 및 여러 가지 구조 불균형으로 이어진다. 이러한 불균형을 바로잡기 위해서는 새로운 정책, 새로운 방법, 새로운 제도가 필요하다.

우선, 거시적 경제정책에서 재정정책과 통화정책의 완화와 긴축의 조합 강도를 조율하는 것이 중요하다. 구체적으로 볼 때, 이중 리스크의 모순 변화에 따라 완화 또는 긴축 강도를 조절하여야 한다. 여기에는 재정정책과 통화정책 간의 완화 긴축 강도뿐만 아니라 재정정책 상호 간(예하면 재정지출과 재정소득 정책 간)과 통화정책 상호 간(예하면 통화정책의 수량적 수단과 가격 수단 간)의 완화 긴축 강도도 포함되기에 거시적 조정정책의 완화 긴축 강도의 상·하한선을 합리적으로 확정하여야 한다.

다음, 불균형을 극복하는 방법에서 구조적인 불균형 완화가 근본이다. 구조적 불균형을 완화하려면 거시적 조절 통제방식에서 수요관리와 함께 공급관리에도 중시를 돌려야 한다. 공급관리만이 진정으로 기업 행위에 직접적인 영향을 주고 나아가 구조변화에도 영향을 주기 때문이다. 불균형 구조의 재 균형은 그 자체가 공급 측면(생산)의 변화에 속하며, 수요관리는 시장 구매자의 행위를 조절하고 공급관리는 생산자의 행위에 영향을 미친다. 수요관리는 총량을 직접적으로 조절하고 공급관리는 구조에 직접 영향을 미친다. 산업구조의 업그레이드는 기업의 혁신력을 향상시키고 기업의 비용을 낮추며 기업의 효율을 제고하고 상대적으로 남아도는 저수준의 생산력을 도태시키는 등으로 이어질 수 있는데 이는 모두 공급관리 범주에 포함된다. 그러므로 단기적으로 거시적 경제정책을 활용할 때에는 그 수요효과 뿐만 아니라 공급효과에도 중시를 돌려야 한다. 확장적인 재정지출정책으로 수요를 자극하는 한편, 확장적인 재정수입 정책으로 기업의 비용을 낮춰야 한다. 또 긴축적 통화정책으로 인플레이션을 억제하여야 할 뿐만 아니라 이로 초래되는 기업 융자비용의 상승 압력에도 주의를 돌려야 한다. 장기적으로 총량 균형 목표를 추구함에 있어 산업구조, 지역구조, 기술구조, 분배구조를 비롯한 일련의 구조정책 목표를 고려하여야 한다. 공급관리와 수요관리 간의 관계를 처리함에 있어서는 수요 확장을 공급 구조 조정의 전제로, 수요를 최대한 자극하고 공급을 효과적으로 실현하는데 시장조건을 마련해 주어야 한다. 수요가 꾸준히 확장되는 배경 하에 양질의 생산력 실현에 공간을 마련해주고 수요를 통하여 공급 총량 확장과 구조변화를 견인하여야 한다. 공급의 구조와 효율을 조정할 때는 창조와 수요 견인을 주도로, 상품구조를 개선하고 공급의 질을 향상시키며 공급안전수준을 끌어올려야 한다. 이밖에 새로운 고품질 상품을 생산하고 서비스를 제공하며 세품 원가를 낮추는 등 조치도 취하여야 한다.

마지막으로, 거시적 정책목표와 거시적 조정방식의 전환을 효과적으로 실현하는 근본은 제도의 혁신에 있다. 그중 가장 중요한 것은 기술혁신이다. 기술혁신 능력을 향상시키지 못한다면 산업구조 업그레이드는 물론, 경제성장방식의 수량 확장 위주에서 효율 견인 위주의 전환이나 기업 경쟁력 향상과 경제의 장기적이고 지속가능한 발전이 있을 수 없다. 그러나 기술보다 제도가 더 중요하다. 전면적인 개혁 심화와 전면적인 의법치국, 즉 시장경제체제와 민주법치질서를 보완하는 등 제도혁신이 특히 중요하다. 만약 경제체제 개혁을 전면적으로 심화하지 못한다면 사회주의 시장경제체제가 건전하지 못하고 질서 또한 완벽하지 않다. 그렇다면 시장 메커니즘이 자원배치에 대해 결정적인 역할을 하기 힘들게 되면서 시장은 자체의 기능을 심각하게 상실하고 자원배치의 결정권은 정부 관리의 수중에 집중될 것이다. 이밖에 민주와 법제건설이 사회발전 요구에 크게 뒤떨어져있으며 정부 관리의 권력은 제도적으로 진정한 민주 기초와 엄격한 법제 제약이 없으면 공평이 무너질 뿐만 아니라 효율에도 영향을 준다. 그러므로 제도혁신은 중국이 발전방식을 전환하고 '중간 소득 함정'에서 벗어나며 현대화의 웅대한 목표를 실현함에 있어 관건적인 요소이다.

제3장 '경제성장의 총량 불균형 및 거시적 통제'에서 저자는 거시적 조정을 통하여 중국 경제성장 중의 불균형을 어떻게 개선했는지에 대해 더욱 깊이 있는 분석을 하였다. 우선, 중국 경제성장의 단계별 불균형의 특징과 그 변화과정을 분석하고 중국 경제성장 불균형과 시장화 개혁, 경제발전 단계 및 경제구조 변화 사이의 연계를 제시하였

다. 또 이를 바탕으로, 재정정책과 통화정책의 완화와 긴축의 조합, 현 단계 통화정책이 직면한 특수조건 및 대응, 현 단계 재정지출 및 재정수입 정책 사이의 구조특징 및 대응 등 3가지 주요한 부분으로부터 중국의 거시적 조정을 어떻게 개선할 것인가에 대해 연구하였다. 저자의 분석 결과는 다음과 같다. 첫째, 현 단계 중국에서 재정정책과 통화정책의 완화와 긴축을 결합한 역방향 조합을 실시하는 근본적인 원인은 인플레이션의 압력과 경제하행의 위협이 병존하는 현 단계 거시경제 불균형의 특수성에 있다. 둘째, 현 단계 중국에서 실시하는 재정정책과 통화정책의 완화와 긴축을 결합한 역방향 조합은 자체의 뚜렷한 특점이 있다. 특히 현대 구미국가에서 금융위기에 따른 충격을 대처하기 위하여 내린 거시적 정책 선택과는 차별점이 있다. 셋째, 재정 및 통화정책의 완화 긴축 조합을 통한 효과적인 정책 효과 달성에 필요한 조건에서 볼 때, '스태그플레이션'의 위협이 존재하는 조건하에서 재정 및 통화정책의 역방향 조합을 선택함에 있어 단기적으로는 확장적인 재정정책과 적절하게 긴축된 통화정책 조합으로 위기의 충격에 대처하는 것이 적합하다. 위기 이후 경기부양책을 철회하는 과정에 적절한 재정긴축정책과 상대적 통화완화정책을 조합하는 것이 좋다. 그러나 이러한 조합 및 방향의 전환을 실현하려면 체제 면에서 투·융자 메커니즘은 정부가 아닌 효과적인 시장메커니즘을 기반으로 할 것을 요구한다. 현 단계에서 '적절한 시기에 철회'할 경우 '스태그플레이션'의 위협(가능성)도 어느 정도 존재한다. 이러한 조건에서 중국 경제의 지속가능하고 균형적인 성장을 실현하자면 다음과 같은 몇 가지 업무가 자못 중요하다. (1)재정정책과 통화정책의 조합에서 거시경제 정책은 강도가 비교적 큰 확장적인 재정정책을 장기간 실시하는 것을 가급적 피하고 될수록 적절하게 완화된 통화정책을 취하어아지 그 반대로 해서는 안 된다. (2) 거시적 조절통제 방식에서 수요관리를 강조하는 동시에 반드시 공급도 중시하여야 한다. 거시경제 정책에는 수요효과와 더불어 공급효과도 있으므로 중국 현 단계의 문제를 해결함에 있어 공급관리와 결부시키지 않고 기업효율과 노동생산 능률을 높이지 않으며 산업구조를 조정하지 않고 혁신력을 제고하지 않고서는 근본적인 진전을 가져올 수 없다. (3)거시적 정책방향을 조정함에 있어서는 거시경제 불균형 방향의 변화 특히는 국민경제의 정상적인 운행에서 주요 모순의 전환에 따라 제때에 미세조정을 해야 한다. 거시적 의사결정 방식에 있어 민주와 법제화, 절차화를 강화하여 중앙과 지방, 정부와 기업, 재정과 금융, 은행과 기업, 국유와 민영 등 여러 측의 이익이 존중되고 조정되어야 한다. (4) 체제 혁신에서는 사회주의 시장경제 체제를 지속적으로 심화하여야 한다. 특히 토지·노동·자본·외환 등 요소의 시장화를 서둘러 추진하고 시장경쟁 질서를 보완하여야 한다.

제4장 '경제성장 과정에서 산업구조의 변화'에서 저자는 먼저 중국 개혁개방 이후 단계별 산업구조 변화의 특징을 연구하고, 그 토대 위에서 세계 주요 국가의 산업구조 변화를 분석하고 나서 중국의 산업구조 변화(중가치 구조와 취업구조 포함)가 한편으로는 경제발전수준이 다르면 그에 상응하는 산업구조가 있게 된다는 세계 각국과 동일한 법칙에 따르고 다른 한편으로는 나라 자체의 특성이 있다는 점을 제시하였다. 중국의 경제성장은 계획체제로부터 시장경제로 전환하는 과정에 발생하였으며 시장화 진척이 뒤처진 탓으로 세계 기타 국가의 공업화 진척에 비하면 3차 산업의 발전도 상대적으로 뒤처져 있다. 본 장에서는 연구를 거쳐 다음과 같이 제기하였다. (1) 개혁개방 이래 2차 산업은 줄곧 중국 경제성장을 견인하는 주도업종으로, 기타

산업의 발전을 이끌었을 뿐만 아니라 취업 개선 특히 농업 분야의 잉여 노동력을 비농업산업에로 이전하는데 중요한 기여를 하였다. (2) 중국의 공업화 과정이 중·후기에 접어들고 중상소득국가로 성장하면서 경제성장을 이끄는 주도산업이 바뀌고 있다. 2013년, 중국 3차 산업의 증가치가 GDP에서 차지하는 비중이 처음으로 2차 산업을 능가하여 3차 산업 비중이 가장 많고, 2차 산업이 그 다음이며, 1차 산업(원문은 '3차 산업'으로 되어 있는데 '1차 산업'이 맞는 것 같습니다. 다시 한 번 확인 바랍니다)의 비중이 가장 작은 현대 경제 산업 구조를 형성하였다. 발전 추이로 미루어 보면, 2015년 전후 2차 산업의 취업이 1차 산업을 초월하면서 취업구조에서도 위와 같은 패턴이 나타날 것이다. 오늘날 중국은 산업구조 업그레이드와 전환의 시기에 처해 있다. 이러한 전환은 중국 경제성장의 주도산업을 2차 산업에서 3차 산업으로 전환시킬 수 있을 뿐만 아니라 중국의 경제성장과 취업에 일련의 심각한 영향을 미칠 수 있다. (3) 2010년 전후, 중국 제조업과 2차 산업의 규모가 이미 미국을 제치고 세계 1위로 부상하였지만 여전히 빠른 성장세를 유지하고 있으며 신규 추가 노동력에 대한 수요 역시 비교적 크다. 발전추이로 볼 때, 수요, 규모, 에너지 환경 및 생산요소 등 조건의 제약으로 2차 산업의 발전이 더디지고 있는 반면, 중국의 3차 산업은 여전히 지속적인 성장을 유지하고 있으며, 더욱 큰 잠재력을 지니고 있다. (4) 인구의 자연 증가율의 하락, 인구 연령구조의 변화 등 원인으로 중국의 노동력 총 공급량의 증가는 2014년을 전후하여 현저하게 둔화될 것이며 그 후에는 마이너스 성장으로 치달을 가능성이 있다. 경제성장에서 노동력의 수급 변화는 주로 취업구조의 변화, 즉 비농업산업의 취업 증가와 1차 산업의 취업 감소에서 구현된다. 6%-8%의 경제 싱장률을 실현한다면 노동력의 공급과 수요는 균형을 이룰 수 있다.

제5장 '산업구조의 변화와 경제성장의 효율'에서 저자는 우선 중국 및 지역별 산업구조 고도화(산업별 비율에 따라 노동생산성에 가중치를 부여해 계산함)를 계산하는 과정을 통하여 중국 현 단계 산업구조의 고도화를 측정하고 국제비교를 진행하여 2010년 기준으로 산업구조 고도 H치가 0.666에 달했다고 지적하였다. 현시대 국제 표준의 의미에서 말하는 공업화 완성수준은 2010년에 이르러 중국은 이미 3분의 2 이상을 실현하였다는 점을 시사한다. 현재의 공업화 수준과 발전 속도로 보아 2020년 공업화(신형)의 구조 업그레이드 목표를 기본적으로 실현할 수 있다. 본 장에서는 연구를 통하여 다음과 같은 중요한 결론을 얻어냈다. (1) 중국 경제의 고속성장은 오로지 GDP 규모의 급속한 확장과 관계되는 것이 아니라 산업구조의 변화를 수반하였다. 즉 단순한 성장이 아닌 질적 발전도 동시에 실현하였다. (2) 이 과정에 중국 산업구조의 발전 속도와 도달한 고도는 경제성장의 속도와 도달한 수준에 비해 상대적으로 뒤떨어져있다. (3) 중국의 경제성장은 단순히 요소 투입량의 확장에만 의거하는 것이 아니라 산업구조의 변화에 따른 효율 상승이 뒷받침하고 있다. 그러므로 폴 크루그먼(Paul R. Krugman) 등이 비판하였던 동아시아의 버블과는 차이가 있다. (4) 노동생산성 성장률에서 보나 총요소 생산성의 성장률에서 보나 중국은 산업구조 변화 효과와 순수기술 진보를 실현하였다. 그러나 21세기에 들어서기 전에는 구조 변화 효과의 작용력이 순수기술 진보를 초과하였다. 21세기에 들어선 후 구조 변화 효과의 작용력이 점차 약화되고 순수기술 진보 효과의 역할이 상응하게 높아졌으나 최근 연간 또 교체적 파동이 나타났다. (5) 중국의 산업구조에 존재하는 두드러진 모순의 근원은 산업 내 기술진보와 산업 간 요소 배치 효율의 시급한 향

상을 비롯한 효율 수준 저하에 있다. 이를 근본적으로 돌려세우지 못한다면 일련의 구조적 모순을 극복할 수 없다. 이러한 심층 차원의 구조적 모순은 중국 거시경제의 불균형(현 단계의 인플레이션과 경제 '하행'이 공존하는 이중 리스크)을 초래하는 근본적인 원인이다. (6) 그러므로 발전방식의 전환은 불균형을 극복하고 지속적인 발전을 실현하는 관건이다. 발전방식의 전환은 주로 구조조정에 있으며 구조의 전략적 조정은 우선 기술혁신에 의지하여야 한다. 기술혁신은 산업효율의 제고로 이어지는데 그 누적 효과로 산업 간 효율의 격차가 더 벌어지게 된다. 즉 산업구조 업그레이드의 원동력이 증강되고 공간이 확대되어 산업구조의 발전을 추진하고 구조의 변화 효과를 끌어올리는 것이다. (7) 산업 내 기술 진보든, 산업 간 구조 변화이든 모두 제도 차원에서 공평성과 경쟁성을 갖춘 시장 메커니즘 구축이 필요한데 요소시장의 육성이 더욱 그러하다. 주체 질서(기업제도), 거래 질서(가격제도) 등을 비롯해 모두 완벽한 시장경쟁질서가 갖추어져야 한다. 물론 완벽한 시장 질서를 수립하는 관건은 정부와 시장의 관계를 조율하는 데 있다. 그러하기 때문에 사회주의 시장경제 체제를 목표로 하는 개혁개방 심화는 중국 현 단계에서 발전방식 전환을 실현하는 근본이다.

제6장 '산업구조의 불균형 및 1차 분배의 왜곡'에서 저자는 산업 부문의 차원에서 1, 2, 3차 산업 부문의 비용구조, 즉 1차 분배 구조가 중국의 제반 국민소득 분배에 미치는 영향을 연구한 뒤 이러한 불균형은 경제성장의 균형목표는 물론 경제발전의 지속가능성에 영향을 주고 소득분배 공평의 목표뿐만 아니라 경제에도 영향을 주게 된다고 지적하였다. 본 장에서는 국민경제 계산과 투입 및 산출 데이터를 이용하여 중국의 개혁개방이래 증가치 구조와 취업 구조의 발전관에 대

해 연구하였다. 그 결과는 다음과 같다. 개혁개방이래, 중국의 증가치 구조와 취업 구조의 고도화 수준이 모두 뚜렷하게 제고되었지만 취업 구조의 고도화 향상이 증가치 구조의 고도화 발전에 뒤떨어졌다. 이러한 산업구조 불균형 발전에 따른 국민소득 1차 분배에서의 불균형은 도시와 농촌 주민의 소득수준 격차가 형성되는 중요한 원인이다. 이러한 1차 분배에서의 불균형은 경제발전 불균형의 중요한 구현으로서 통상적으로 산업 생산액 비중과 취업 비중은 마땅히 점차 일치되어야 한다. 산업 간 노동 생산성 수준이 균형을 이루는 경향이 있기 때문인데 산업 간 발전이 점차 균형을 맞추는 중요한 구현이기도 하다. 중국 1, 2, 3차 산업의 생산액 비중과 취업 비중은 비록 오랜 시간 동안 근접한 추세를 이어왔지만 진전은 완만하다. 이처럼 구조가 균형을 잃으면서 형성된 1차 분배 구조로 중국의 노동보수 분배 구조 및 거시적 소득 분배 구조가 형성되었으며 국민경제의 최종 수요에 일련의 영향을 미쳤다. 본 장은 1, 2, 3차 산업의 일인당 평균 증가치와 노동수당이 증가치에서 차지하는 비중 그리고 일인당 노동수당에 대한 추가 분석을 통하여 중국의 1차 분배 구조에 존재하는 '요소의 역효율적 배치'의 경향을 지적하였다. 2차 산업에서는 자본에 의해 상대적으로 노동이 밀려나고 3차 산업에서는 노동에 의해 상대적으로 자본이 밀려났다. 2차 산업에서 노동 생산성의 절대적 수준과 성장속도 모두 3차 산업보다 높았다. 이와 동시에 3차 산업의 자본 한계보수의 성장속도 또한 2차 산업보다 높다. 이는 3차 산업이 자본과 기술의 밀집도를 향상시켜야 한다는 점을 말해준다. (설령 자본 한계보수의 절대적 수준이 여전히 2차 산업보다 낮을지라도…)이러한 요소의 비효율적인 배치구조는 노동생산성의 구조적인 하락을 초래하는 한편, 자본의 효율이 향상하는 구조적 손실로 이어진다. 요소의 효율이 향상되는 구조적 손실은 경제성장의 균형과 지속 가능성에 큰 영향을 주게 될 뿐만 아니라 국민소득의 1차 분배와 최종 사용에 큰 영향을 미치는데 특히 노동보수의 증대에 큰 영향을 주고 중요한 제약 역할을 한다.

　제7장 '산업구조의 업그레이드, 경제구조의 최적화 및 공급측 개혁'에서 저자는 공급측 개혁 및 공급관리와 거시적 조정 및 경제구조 변화 사이의 상호관계에 대해 논하였다. 특히 공급관리의 특징과 이중 리스크 관리에 대한 특수한 의의를 분석하면서 공급측 개혁이 경제구조 업그레이드와 구조적 불균형을 극복함에 있어서의 중요한 가치를 강조하였으며 공급관리와 공급측 개혁에 필요한 체제 조건에 대해 분석하였다. 특히 공급측 개혁에서 사회주의 시장경제 체제 개혁 심화와 법제건설, 법제중국 건설의 전면적 추진의 중요성을 제기하였다.

　본 연구는 총량 분석과 구조 분석을 결합하고 장기적인 추이 분석과 정적 비교 분석을 결부하여 중국 경제성장과 산업구조 변화의 발전법칙을 탐색한 기초 위에서 중국 경제가 성장에서 취득한 성과와 발전과정에 존재하는 총량과 구조의 불균형 및 그 영향 요소들에 대해 깊이 있게 연구하여 일련의 중요한 연구결론을 얻어냈다. 이를 바탕으로 경제 개혁과 거시적 조정 심화를 통하여 어떻게 중국의 경제성장을 개선하고 이로써 샤오캉사회 전면 실현이라는 전략적 목표를 어떻게 달성할지를 탐색하였다. 경제구조, 특히 산업구조에 대한 심층적인 분석으로 중국 경제성장의 양적 특징, 양적 관계와 양적 법칙을 탐구하는 것이 본 연구의 특징이다. 이로써 중국 현 단계 경제성장이 뉴 노멀 시기에 진입한 후 경제 형세와 경제 환경의 새로운 변화에 따라 새로운 정책, 새로운 방법과 새로운 제도로 어떻게 중국의 경제

성장과 경제발전을 개선할지를 탐구함에 있어서 활용가치가 매우 크다. 현재 중국은 샤오캉사회를 전면적으로 실현하는 마지막 단계에 들어섰고 경제성장은 새로운 도전과 기회에 직면하고 있다. 본 연구는 사람들이 현재 중국이 처한 경제발전 단계, 직면한 도전 및 모순 해결 방법을 깊이 인식하고 현대화 강국을 건설하려는 신심을 증강하는데 도움을 주어 비교적 좋은 사회적 영향과 효과를 가져다줄 것으로 예상된다.

# 목 록

# 제1장
## 경제성장 수준과 발전단계에 대한 판단

### 제1절 새 시기 이래 중국의 경제총량 및 국제적 지위의 변화

　개혁개방이래 중국 경제성장은 큰 성과를 이룩하였다. 1978~2014년 동안 연평균 경제 성장률이 9.70%에 달하였다. 21세기에 들어선 후 첫 10년간 공업화와 도시화가 추진됨에 따라 경제성장이 더욱 빨라져 2000~2010년 10년 동안 연평균 경제 성장률이 10.48%에 달하였다.(표 1-1 참조) 게다가 중국 시장화 정도와 거시적 조정 수준이 향상됨에 따라 중국 경제는 고성장을 유지하는 전제하에 안정성도 크게 증강되었다. 지속적이고 빠른 경제 성장은 중국의 종합국력을 증강하였고 중국 인민의 생활을 개선하였으며 또 우리가 대규모 경제건설(예를 들면 인프라 건설, 도시건설 등)을 진행하고 돌발상황에 대처하며 발전 과정에 불거지는 여러 가지 모순을 해결할 수 있는 강대한 물질적 토대를 마련하였다. 현재 상황으로부터 보면 개혁개방 이래 30여 년간의 고속 경제성장을 거쳐 중국은 이미 중상소득 수준 국가의 반열에 올라섰지만 선진국과 비교해볼 때 경제발전수준은 여전히 매우 큰 격차가 존재한다. 그리고 국민 생활 개선과 종합 국력 향상의 요구에 비추어 봐도 중국은 여전히 상당히 긴 고속 성장 또는 중·고속 성장의 단계를 거쳐야 한다. 그러므로 경제성장은 여전히 현 단계에서 중국의 가장 중요한 경제 발전 목표 중의 하나이다. 중국공산당 제16차 전국대표대회(이하 16차 당 대회)에서는 21세기 앞 20년간 GDP를 4배로 성장시킨다는 목표를 제시하였고 17차 당 대회에서는 일인당 GDP를 4배로 성장시킨다고 목표를 조정하였다. 그런데 실제 진전 상황을 보면 2011년에 GDP 총량이 이미 2000년의 2.95배에 이르렀다. 이 기간의 연평균 경제 성장률은 10.36%였다. 바꾸어 말하면 앞 단계에서 중국은 더 높은 경제 성장률을 달성하였기 때문에 16차 당 대회 그리고 17차 당 대회에서 제시한 성장 목표를 모두 초과 완성할 수 있었다는 얘기다. 만약 16차 당 대회의 경제 성장 목표가 바뀌지 않는다면 2011~2020년 동안 중국은 연평균 GDP 성장률 3.4%만 달성하면 21세기 앞 20년 동안 GDP를 4배로 성장시킨다는 목표를 완성할 수 있다. 새로운 기점에 선 중국은 18차 당 대회에서 또 2010년부터 2020년까지 GDP와 주민소득을 2배로 성장시켜 샤오캉(小康)사회를 전면 실현한다는 목표를 제시하였다. 바꾸어 말하면 이 기간 GDP와 주민소득의 연평균 성장률 7.2%를 달성한다는 것이다. 이는 실제로 또 중국에 새로운 성장목표를 제시한 것이다.(주민소득의 성장은 사실상 반드시 GDP 성장에 기반을 두어야 한다. 그러나 기존의 거시적 소득분배구조에 대해서는 일정한 조정을 진행하여야 함) 2011년, 2012년, 2013년, 2014년, 중국 경제 성장률은 각각 9.3%, 7.7%, 7.7%, 7.4%로 연평균 성장률 예기치 7.2%를 웃돌았다. 그러므로 10년에 걸쳐 중국 GDP를 2배로 성장시킨다는 목표를 실현하려면 이후 6년간 연평균 GDP 성장률 6.5%를 달성하면 충분하였다. 경제성장 기수(基數 cardinal number)의 확대와 경제구조의 변화에 따라 중국의 현재 경제성장률은 개혁개방이래 30여 년의 장기 성장률에 비해 다소 하락하였지만 세계 각국과 비교하면 여전히 높은 수준이며 또 2020년의 경제성장 목표의 실현을 받쳐줄 수 있다. 특별한 상황이 나타나지 않는 한 경제개혁의 심화와 합리적이고 적절한 거시적 조정을 통해 현재 발전추세에 따라 18차 당 대회에서 제시한 성장 목표를 충분히 실현할 수 있다. 중국 경제성장의 동력으로 보나 장기적인 추세로 보나 중국 경제의 성장은 여전히 상대적으로 빠른 속도를 유지할 수 있을 것으로 보인다. 표 1-1은 1978~2014년 중국의 GDP지수를 나열한 것이다.[1]

표 1-1    1978~2014년 중국 GDP지수

| 연 도 | GDP지수(전년도=100) | 연 도 | GDP지수(전년도=100) | 연 도 | GDP지수(전년도=100) |
|---|---|---|---|---|---|
| 1979 | 107.6 | 1991 | 109.2 | 2003 | 110.0 |
| 1980 | 107.8 | 1992 | 114.2 | 2004 | 110.1 |
| 1981 | 105.2 | 1993 | 114 | 2005 | 111.3 |
| 1982 | 109.1 | 1994 | 113.1 | 2006 | 112.7 |
| 1983 | 110.9 | 1995 | 110.9 | 2007 | 114.2 |
| 1984 | 115.2 | 1996 | 110 | 2008 | 109.6 |
| 1985 | 113.5 | 1997 | 109.3 | 2009 | 109.2 |
| 1986 | 108.8 | 1998 | 107.8 | 2010 | 110.4 |
| 1987 | 111.6 | 1999 | 107.6 | 2011 | 109.3 |
| 1988 | 111.3 | 2000 | 108.4 | 2012 | 107.7 |
| 1989 | 104.1 | 2001 | 108.3 | 2013 | 107.7 |
| 1990 | 103.8 | 2002 | 109.1 | 2014 | 107.4 |

자료출처 : 『중국통계연감』 예년의 데이터에 근거해 정리해냄.

---

1) 류웨이(劉偉), 「발전방식을 전환하는 근본은 혁신에 있다」, 『베이징대학학보(철학사회과학지면)』 2014년 제1호를 참조하라.

장기간의 고속 경제성장으로 말미암아 중국이 세계 경제총량에서 차지하는 비중은 빠르게 향상되었으며 21세기에 들어선 후 더욱 두드러지게 나타났다. 표 1-2에서 알 수 있다시피 개혁개방 초기인 1978년에 중국의 GDP 총량은 겨우 1천500억 달러밖에 안 되었고 세계 GDP에서 차지하는 비중은 겨우 1.8%였으며 순위는 10위로 세계에서 인구가 가장 많은 대국의 지위와 전혀 어울리지 않았다. 게다가 중국은 인구가 많아 일인당 수준이 더욱 낮아 저소득 빈곤국에 속하였다. 그 이후 20여 년 동안 중국 경제는 고속 성장을 유지하였지만 2000년 중국의 GDP가 세계 GDP에서 차지하는 비중은 여전히 3.7%에 불과하였으며 일본·독일·영국·프랑스 등 기존의 선진국들보다 뒤처져 6위에 머물렀다. 비록 1978년보다 순위가 4계단 상승하였지만 국제 영향력은 여전히 제한적이다. 21세기에 들어선 후 이런 상황은 뚜렷한 변화가 발생하였다. 발전 기수가 크게 향상한데다가 막강한 경제성장이 더해져 중국의 경제총량은 프랑스·영국·독일·일본을 차례로 추월하여 미국 버금가는 세계 2위의 경제체로 부상하였다. 2010년 중국의 GDP 총액은 9조 4천억 달러에 달하였고 세계 GDP에서 차지하는 비중이 9.4%에 달하며 세계에 큰 영향을 미치는 경제대국으로 부상하였다. 그리고 2013년에는 그 비중이 12.2%까지 꾸준히 향상하였다. 대외무역 발전 면에서 개혁개방 초기에 중국의 수출이 세계무역에서 차지하는 비중은 거의 무시해도 되는 수준이었다. 2000년에 이르러 중국의 수출이 세계무역에서 차지하는 비중은 이미 3.9%로 상승하여 세계 7위를 차지하였다. 그리고 2010년에 이르러 중국의 수출이 전 세계에서 차지하는 비중은 이미 10.4%로 상승하여 세계 최대 상품 수출국으로 부상하였다.[2] 21세기에 들어선 후의 10년은 역사적으로 중국의 국제 경제 지위가 가장 뚜렷하게 개선된 10년이었으며 기타 방면

---

2) 세계무역기구(WTO)의 통계 데이터에 근거하여 분석 계산하여 얻은 결과이다.

에서의 중국 지위도 따라서 개선되었다고 말할 수 있다. 그리고 현재 중국은 이미 세계에서 상품무역총액 최대 국가로 부상하였다.

표 1-2   세계 주요 20개국 1978년, 2000년, 2010년
GDP 및 세계 GDP에서 차지하는 비중

| | 2010 | | | 2020 | | | 1978 | | |
|---|---|---|---|---|---|---|---|---|---|
| | 순위 | GDP (조달러) | 차지하는 비중(%) | 순위 | GDP (조달러) | 차지하는 비중(%) | 순위 | GDP (조달러) | 차지하는 비중(%) |
| 미국 | 1 | 14.59 | 23.1 | 1 | 9.90 | 30.7 | 1 | 2.28 | 27.1 |
| 중국 | 2 | 5.93 | 9.4 | 6 | 1.20 | 3.7 | 10 | 0.15 | 1.8 |
| 일본 | 3 | 5.46 | 8.6 | 2 | 4.67 | 14.5 | 2 | 0.98 | 11.7 |
| 독일 | 4 | 3.28 | 5.2 | 3 | 1.89 | 5.9 | 3 | 0.72 | 8.5 |
| 프랑스 | 5 | 2.56 | 4.1 | 5 | 1.33 | 4.1 | 4 | 0.50 | 5.9 |
| 영국 | 6 | 2.25 | 3.6 | 4 | 1.48 | 4.6 | 5 | 0.33 | 3.9 |
| 브라질 | 7 | 2.09 | 3.3 | 9 | 0.64 | 2.0 | 8 | 0.20 | 2.4 |
| 이탈리아 | 8 | 2.05 | 3.2 | 7 | 1.10 | 3.4 | 6 | 0.30 | 3.6 |
| 인도 | 9 | 1.73 | 2.7 | 13 | 0.46 | 1.4 | 13 | 0.14 | 1.6 |
| 캐나다 | 10 | 1.58 | 2.5 | 8 | 0.72 | 2.2 | 7 | 0.21 | 2.6 |
| 러시아연방 | 11 | 1.48 | 2.3 | 19 | 0.26 | 0.8 | – | – | – |
| 스페인 | 12 | 1.41 | 2.2 | 11 | 0.58 | 1.8 | 9 | 0.16 | 1.9 |
| 멕시코 | 13 | 1.03 | 1.6 | 10 | 0.58 | 1.8 | 15 | 0.10 | 1.2 |
| 한국 | 14 | 1.01 | 1.6 | 12 | 0.53 | 1.7 | 27 | 0.05 | 0.6 |
| 네덜란드 | 15 | 0.78 | 1.2 | 16 | 0.39 | 1.2 | 11 | 0.15 | 1.7 |
| 터키 | 16 | 0.73 | 1.2 | 18 | 0.27 | 0.8 | 22 | 0.07 | 0.8 |
| 인도네시아 | 17 | 0.71 | 1.1 | 28 | 0.17 | 0.5 | 26 | 0.05 | 0.6 |
| 스위스 | 18 | 0.53 | 0.8 | 20 | 0.25 | 0.8 | | 0.00 | – |
| 폴란드 | 19 | 0.47 | 0.7 | 25 | 0.17 | 0.5 | | 0.00 | – |
| 벨기에 | 20 | 0.47 | 0.7 | 22 | 0.23 | 0.7 | 16 | 0.10 | 1.2 |
| 이상 합계 | | 50.13 | 79.4 | | 26.81 | 83.2 | | 6.48 | 77.0 |
| 세계 | | 63.12 | 100 | | 32.24 | 100 | | 8.42 | 100 |

자료출처 : 자료출처: 세계은행 데이터뱅크(GDP (current US$))

2010년 세계적으로 경제총량이 가장 큰 20개 나라의 지난 30여 년간 환율에 따라 계산한 GDP총량, 차지하는 비중과 순위 비교를 통하여 알 수 있다시피, 상호관계 변화를 야기하는 직접적인 영향 요소는 실제 경제 성장률, 인플레이션 수준과 환율 등 3가지인데 그중 실제 경제 성장률이 가장 중요하다. 세계의 장기적 발전의 관점에서 볼 때 개방경제의 조건 아래 한 나라의 인플레이션 수준과 환율 사이에는 통상적으로 역방향 변동의 관계가 존재한다. 인플레이션 수준이 높을수록 자국 통화의 평가절하 폭이 커지며 반대로 인플레이션 수준이 낮을수록 자국 통화의 평가절하 폭도 따라서 작아진다. 그러므로 환율법에 의한 개방대국 GDP의 장기적 변화를 횡적으로 비교하면 각국 세계 경제 지위의 변화를 어느 정도 설명할 수 있다.

표 1-2에서 우리는 지난 30여 년 동안 세계 기타 주요 국가들의 GDP총량과 차지하는 비중의 변화 상황을 보아낼 수 있다. 우선 7개국을 대표로 하는 서방 선진국이 차지하는 비중의 변화를 살펴보자. 선진국 중에서 미국·일본·영국의 경우 앞 20여 년간은 차지하는 비중이 증가하고 최근 10년 동안은 그 비중이 하락한 나라들이다. 캐나다는 앞 20여 년간은 차지하는 비중이 하락하였다가 최근 10년간은 다소 상승(2.2%에서 2.5%로 상승함)한 나라이다. 독일·프랑스·이탈리아는 차지하는 비중이 지속적으로 하락한 나라들이다.

미국과 일본은 경제 규모가 가장 큰 선진국이다. 그러나 사정은 다르다. 1978년부터 2000년까지 미국이 차지하는 비중은 이미 27.1%에 달한 상황에서 진일보 30.7%까지 상승하였다. 신기술 혁명, 금융과 문화산업의 혁신, 그리고 부동산의 발전이 이 시기 미국과 세계의 경제성장에 기여하였다. 그러나 2000년부터 2010년까지 미국 경제는 비록 성장을 이어갔지만 차지하는 비중이 7.6%포인트 하락한 23.1%로 떨어졌다. 일본의 GDP가 세계 경제총량에서 차지하는 비중은 1978년의 11.7%에서 2000년의 14.5%로 늘어났다. 그러나 사실상 1973년 오일쇼크 이후, 일본 경제성장은 이미 뚜렷하게 둔화되었으며 차지하는 비중의 상승은 1985년《플라자합의》체결 후 엔화의 대폭적인 평가절상에 따른 결과이다. 일본은 이로 거대한 대가를 치렀고 이미 둔화된 경제성장은 한층 더 곤경에 빠졌다. 최근 10년 동안 차지하는 비중은 또 14.5%에서 8.6%로 감소하여 하락폭이 5.9%포인트에 달하였다.

30여 년의 점유율 변화를 보면 7개국 그룹의 모든 나라가 세계 경제에서 차지하는 비중이 하락하였다. 그중 미국은 4%포인트, 일본은 3%포인트, 독일은 3.3%포인트 각각 하락하였다. 반면, 이 시기 중국은 차지하는 비중이 7.6%포인트 늘어 중국과 무역관계가 가장 밀접한 미국과 일본의 점유율 변화의 합계를 넘어섰다. 이런 변화는 최근 10년 사이에 일어났는데 이는 현재 중국이 미국 및 서구 국가들의 큰 관심을 받고 있는 이유를 어느 정도 설명해주었다.

다음 신흥국의 점유율 변화를 살펴보자. 선진국의 점유율 감소는 신흥국의 점유율 상승과 대응을 이루었다. 중국을 제외하고 기타 국가의 점유율 상승폭은 크지 않다. 예를 들어 신흥국 중 두 번째로 비중이 많이 늘어난 인도의 경우 지난 30년간 겨우 1.1%포인트 밖에 증가하지 못하였지만 이들 나라는 인구가 많고 자원이 풍부할 뿐만 아니라 경제성장의 우위가 비교적 뚜렷하여 최근 몇 년간 잇달아 경제성장의 쾌속 질주를 실현하였다. 이는 최근 10여 년간 세계 경제 판도의 급격한 변화로 이어졌다. 그러나 이런 경제 판도의 변화에서 중국은 분명 중요한 지위를 차지하고 있다. 발전의 측면에서 볼 때 신흥국의 발전은 중국의 경제성장에 유리하게 작용하였다. 만약 중국이 경제발전 초기에 선진국 대비 후발주자라는 우위에 더 많이 의존하였다면 지금에 이르러 신흥국 특히 신흥 개도국들에 비해 앞선 우위를 활용해 중국의 글로벌화 전략을 추진한다는 것은 자국의 지속적인 발전을 실현하는 중요한 루트라고 말할 수 있다.

## 제2절 세계 각국 혹은 지역의 1980~2010년 실제 경제성장

### 1. 불변가격으로 반영한 경제성장

한 나라 혹은 지역의 국제 비교에서 차지하는 비중의 변화에 영향을 주는 가장 중요한 요소는 경제성장이다. 그렇다면 1980년부터 2010년까지의 30년 동안 세계 각국 혹은 지역의 경제성장은 어떤 특징을 나타냈는가? 표 1-3은 각각 1980~2010년과 2000~2010년의 두 시기 세계 주요 국가와 지역의 중·장기 실제 경제성장 상황[3] (가격변동과 환율 요소의 영향은 포함하지 않았음)을 나열하였다. 우리는 장기(30년)와 최근(10년)의 2가지 각도로 중국 내륙과 세계 각국 혹은 지역의 경제성장을 살펴볼 수 있다.

우선 중국 내륙의 경제성장을 살펴보자. 표 1-3은 1980~2010년의 국가별 또는 지역별 연평균 경제 성장률에 대해 높은 데로부터 낮은 데로 순위를 매긴 것이다. 1980~2010년, 중국 내륙의 경제 성장률은 세계 최고 수준으로 연평균 성장률 10.06%를 기록하였다. 2000~2010년, 중국 내륙의 연평균 경제 성장률은 미얀마 버금가는 세계 2위를 차지하였다. 그러나 미얀마는 후발국으로, 기점이 낮고 경제 규모가 작으며 2000~2010년, 인프라 건설 등을 거쳐 고성장을 실현하였다.

---

3) 인구가 200만 명 이하인 국가와 지역, 그리고 시간 서열의 연속성이 결여된 국가와 지역은 포함되지 않았다.

표 1-3 1980~2010년 세계 각국 혹은 지역의 실제 경제 성장률

| 순위 | 국가 혹은 지역 | 2010년 경제총량 1980년 대비 배수 | 1980~2010년 연평균 성장률 (%) | 2010년 경제총량 1980년 대비 배수 | 2000~2010년 연평균 성장률 (%) |
|---|---|---|---|---|---|
| 1 | 중국 내륙 | 17.74 | 10.06 | 2.71 | 10.48 |
| 2 | 싱가포르 | 7.26 | 6.83 | 1.72 | 5.59 |
| 3 | 미얀마 | 7.06 | 6.73 | 3.12 | 12.05 |
| 4 | 한국 | 6.26 | 6.30 | 1.50 | 4.15 |
| 5 | 인도 | 6.13 | 6.23 | 2.09 | 7.67 |
| 6 | 말레이시아 | 5.57 | 5.89 | 1.57 | 4.61 |
| 7 | 태국 | 5.03 | 5.53 | 1.53 | 4.32 |
| 8 | 인도네시아 | 4.66 | 5.26 | 1.66 | 5.21 |
| 9 | 차드 | 4.65 | 5.26 | 2.24 | 8.38 |
| 10 | 모리셔스 | 4.36 | 5.03 | 1.44 | 3.75 |
| 11 | 파키스탄 | 4.26 | 4.95 | 1.57 | 4.61 |
| 12 | 중국 홍콩 | 4.18 | 4.88 | 1.48 | 4.03 |
| 13 | 이집트 | 4.16 | 4.87 | 1.61 | 4.85 |
| 14 | 스리랑카 | 4.15 | 4.86 | 1.65 | 5.17 |
| 15 | 수단 | 4.13 | 4.85 | 1.85 | 6.33 |
| 16 | 부르키나파소 | 4.13 | 4.84 | 1.74 | 5.70 |
| 17 | 방글라데시 | 4.05 | 4.77 | 1.76 | 5.83 |
| 18 | 칠레 | 3.88 | 4.62 | 1.44 | 3.73 |
| 19 | 도미니카 | 3.82 | 4.57 | 1.68 | 5.31 |
| 20 | 네팔 | 3.77 | 4.53 | 1.46 | 3.88 |
| 21 | 모잠비크 | 3.70 | 4.46 | 2.14 | 7.93 |
| 22 | 아일랜드 | 3.67 | 4.43 | 1.29 | 2.55 |
| 23 | 요르단 | 3.63 | 4.39 | 1.81 | 6.12 |
| 24 | 키프로스 | 3.62 | 4.38 | 1.32 | 2.80 |
| 25 | 튀니지 | 3.50 | 4.26 | 1.56 | 4.52 |
| 26 | 터키 | 3.48 | 4.25 | 1.46 | 3.88 |
| 27 | 이스라엘 | 3.40 | 4.17 | 1.36 | 3.14 |
| 28 | 파나마 | 3.35 | 4.11 | 1.78 | 5.96 |
| 29 | 가나 | 3.30 | 4.07 | 1.75 | 5.77 |
| 30 | 시리아 | 3.29 | 4.05 | 1.61 | 4.91 |

| 31 | 코스타리카 | 3.24 | 3.99 | 1.52 | 4.25 |
| 32 | 베냉 | 3.07 | 3.81 | 1.48 | 4.00 |
| 33 | 모로코 | 2.99 | 3.71 | 1.62 | 4.95 |
| 34 | 콩고공화국 | 2.90 | 3.62 | 1.57 | 4.64 |
| 35 | 콜롬비아 | 2.76 | 3.44 | 1.49 | 4.08 |
| 36 | 말라위 | 2.74 | 3.42 | 1.57 | 4.64 |
| 37 | 나이지리아 | 2.72 | 3.40 | 1.86 | 6.41 |
| 38 | 말리 | 2.70 | 3.37 | 1.71 | 5.53 |
| 39 | 케냐 | 2.67 | 3.33 | 1.49 | 4.08 |
| 40 | 나미비아 | 2.66 | 3.31 | 1.56 | 4.54 |
| 41 | 르완다 | 2.63 | 3.28 | 2.07 | 7.55 |
| 42 | 온두라스 | 2.61 | 3.25 | 1.49 | 4.07 |
| 43 | 세네갈 | 2.60 | 3.23 | 1.49 | 4.04 |
| 44 | 아랍 에미리트 연합 | 2.54 | 3.16 | 1.52 | 4.26 |
| 45 | 필리핀 | 2.49 | 3.09 | 1.59 | 4.75 |
| 46 | 도미니카공화국 | 2.48 | 3.08 | 1.27 | 2.44 |
| 47 | 파푸아뉴기니 | 2.45 | 3.03 | 1.45 | 3.78 |
| 48 | 페루 | 2.37 | 2.91 | 1.73 | 5.65 |
| 49 | 파라과이 | 2.32 | 2.85 | 1.48 | 4.00 |
| 50 | 모리타니아 | 2.30 | 2.82 | 1.47 | 3.95 |
| 51 | 에콰도르 | 2.30 | 2.82 | 1.57 | 4.59 |
| 52 | 과테말라 | 2.26 | 2.76 | 1.39 | 3.34 |
| 53 | 미국 | 2.26 | 2.75 | 1.17 | 1.60 |
| 54 | 알제리 | 2.23 | 2.71 | 1.44 | 3.69 |
| 55 | 카메룬 | 2.20 | 2.66 | 1.38 | 3.27 |
| 56 | 알바니아 | 2.16 | 2.60 | 1.66 | 5.23 |
| 57 | 스페인 | 2.16 | 2.60 | 1.23 | 2.07 |
| 58 | 노르웨이 | 2.15 | 2.58 | 1.16 | 1.53 |
| 59 | 볼리비아 | 2.14 | 2.57 | 1.46 | 3.84 |
| 60 | 브라질 | 2.13 | 2.56 | 1.42 | 3.59 |
| 61 | 캐나다 | 2.11 | 2.53 | 1.20 | 1.87 |
| 62 | 아이슬란드 | 2.09 | 2.48 | 1.24 | 2.17 |
| 63 | 아르헨티나 | 2.05 | 2.42 | 1.53 | 4.35 |
| 64 | 리비아 | 2.05 | 2.42 | 1.73 | 5.60 |

| 65 | 멕시코 | 2.01 | 2.35 | 1.19 | 1.78 |
|---|---|---|---|---|---|
| 66 | 핀란드 | 1.99 | 2.32 | 1.20 | 1.85 |
| 67 | 포르투갈 | 1.97 | 2.29 | 1.07 | 0.68 |
| 68 | 남아프리카 | 1.96 | 2.27 | 1.41 | 3.49 |
| 69 | 네덜란드 | 1.95 | 2.25 | 1.14 | 1.36 |
| 70 | 영국 | 1.94 | 2.24 | 1.15 | 1.42 |
| 71 | 우루과이 | 1.91 | 2.18 | 1.37 | 3.17 |
| 72 | 오스트리아 | 1.88 | 2.12 | 1.17 | 1.56 |
| 73 | 스웨덴 | 1.87 | 2.12 | 1.22 | 2.05 |
| 74 | 니제르 | 1.83 | 2.04 | 1.55 | 4.50 |
| 75 | 엘살바도르 | 1.82 | 2.01 | 1.21 | 1.89 |
| 76 | 베네수엘라 | 1.81 | 2.01 | 1.36 | 3.13 |
| 77 | 토고 | 1.79 | 1.95 | 1.29 | 2.61 |
| 78 | 일본 | 1.78 | 1.94 | 1.07 | 0.70 |
| 79 | 가봉 | 1.75 | 1.88 | 1.24 | 2.18 |
| 80 | 벨기에 | 1.74 | 1.87 | 1.15 | 1.40 |
| 81 | 부룬디 | 1.73 | 1.84 | 1.36 | 3.14 |
| 82 | 프랑스 | 1.72 | 1.82 | 1.12 | 1.13 |
| 83 | 자메이카 | 1.71 | 1.81 | 1.10 | 0.95 |
| 84 | 니카라과 | 1.70 | 1.78 | 1.40 | 3.40 |
| 85 | 시에라리온 | 1.70 | 1.78 | 2.48 | 9.49 |
| 86 | 덴마크 | 1.69 | 1.77 | 1.07 | 0.64 |
| 87 | 사우디아라비아 | 1.69 | 1.76 | 1.37 | 3.23 |
| 88 | 불가리아 | 1.68 | 1.74 | 1.49 | 4.07 |
| 89 | 독일 | 1.68 | 1.74 | 1.10 | 0.94 |
| 90 | 그리스 | 1.66 | 1.71 | 1.23 | 2.12 |
| 91 | 스위스 | 1.63 | 1.65 | 1.18 | 1.65 |
| 92 | 마다가스카르 | 1.62 | 1.63 | 1.30 | 2.62 |
| 93 | 이탈리아 | 1.53 | 1.42 | 1.03 | 0.26 |
| 94 | 코트디부아르 | 1.51 | 1.38 | 1.12 | 1.15 |
| 95 | 중앙아프리카공화국 | 1.44 | 1.21 | 1.10 | 0.95 |
| 96 | 라트비아 | 1.40 | 1.12 | 1.43 | 3.66 |
| 97 | 헝가리 | 1.39 | 1.11 | 1.22 | 1.97 |
| 98 | 루마니아 | 1.38 | 1.08 | 1.52 | 4.31 |

| 99 | 짐바브웨 | 1.11 | 0.33 | 0.62 | -4.70 |
| 100 | 콩고민주공화국 | 0.98 | -0.08 | 1.59 | 4.76 |

자료출처 : 세계은행 데이터뱅크(GDP (current US$))

중국 내륙은 20년의 고속 성장을 실현한 기초 위에서 지속적인 성장을 이어가기에는 어려움이 더욱 컸다. 발전단계로부터 볼 때, 중국 내륙은 여전히 고속성장기에 처해 있는데 2000~2010년의 연평균 성장률(10.48%)[4]은 1980~2010년(10.06%)보다 약간 높았다. 이 시기는 개혁개방 이후 중국 내륙의 경제성장이 가장 빠른 단계이다. 이러한 고성장은 중국 국제 지위의 대폭 상승으로 이어졌다.

　다음으로 세계 각국 또는 지역별 경제성장을 살펴보자. 1980~2010년, 전반적으로 볼 때, 세계 경제성장이 그렇게 빠른 수준은 아니다. 표1-3에 열거된 100개 나라와 지역 중 연평균 성장률이 5%를 넘어선 나라 혹은 지역이 7개, 4%와 5% 사이인 나라가 10개, 3%와 4% 사이인 나라 또는 지역이 15개, 2%와 3% 사이인 나라가 33개국, 2% 미만인 나라가 35개였다. 고속 경제성장은 이 시기 세계 경제성장의 보편적인 상태가 아니며 중국 내륙이 연평균 10%가 넘는 성장을 장기간 유지한 것은 세계 경제 발전사에서도 기적이 아닐 수 없다. 이 시기 세계 각국 또는 지역의 경제성장은 다음과 같은 특징을 나타내고 있다.

　첫째, 세계 경제의 중심이 아시아로 옮겨가기 시작하였다. 표 1-3에서 볼 수 있다시피, 1980~2010년 성장이 가장 빠른 8개 나라 또는 지역은 모두 아시아에 집중되었다. 구체적으로는 중국 내륙·싱가포르·미얀마·한국·인도·말레이시아·태국·인도네시아였다. 그중 중국 내륙과 인도·인도네시아의 인구는 1억 명을 초과한다. 연평

---

4) 세계은행의 데이터는 국내 데이터와 미세한 차이가 있다. 본 장에서는 세계은행의 데이터를 비교 기준으로 하였고 이하 동일하다.

균 성장률이 가장 높은 곳인 중국 내륙은 10%를 넘어섰고 가장 낮은 곳인 인도네시아는 5.26%였다. 그중 중국 내륙·인도·미얀마의 2000~2010년 연평균 경제성장률은 1980~2010년보다 높았으며 경제 성장은 상승세를 유지하였다. 특히 인도의 경우 2000~2010년 연평균 경제 성장률이 7.67%에 달하였으며 고속성장 단계에 진입하면서 세간의 이목을 집중시켰다. 인도네시아의 경우 2000~2010년 연평균 경제 성장률은 1980~2010년의 연평균 경제 성장률과 비슷한 수준을 유지하였다. 2억 명의 인구를 가진 대국으로서 연속 30년간 5% 이상의 경제성장을 유지하였는데 이 역시 쉬운 일이 아니다. 기타 4개 나라의 2000~2010년 연평균 경제 성장률은 1980~2010년에 비해 다소 둔화되었다. 이를테면 2000~2010년 싱가포르와 한국의 연평균 경제 성장률은 각각 5.59%와 4.15%로 하락하여 고속성장기가 이미 지나갔다고 할 수 있다. 일본은 아시아에서 가장 중요한 국가지만 1980~2010년 경제성장이 뚜렷하게 둔화되면서 연평균 경제 성장률이 고속성장기의 10%에서 1.96%까지 하락하였고 2000~2010년의 연평균 경제 성장률은 심지어 0.7%까지 떨어졌다. 이 같은 침체는 일본이 국내문제를 해결하는데 어려움을 가져다주었을 뿐만 아니라 아시아와 전 세계에서의 경제적 영향력마저 약화시켰다. 발전 차원에서 볼 때, 중국이 아시아 경제성장의 주도 역량으로 점차 부상하였다. 그리고 아시아 신흥국의 발전은 아시아 국가들 간의 경제협력과 전반적인 경제성장을 추진함에 있어서 중요한 역할을 발휘하였다.

둘째, 일부 개발도상국들은 경제가 급속히 성장하는 추세가 나타났으며 세계 경제의 다원화 구도가 더욱 뚜렷해졌다. 표 1-3을 통해 알 수 있다시피, 연평균 성장률이 앞자리를 차지하는 국가와 지역 중 아시아·아프리카·라틴아메리카에 속한 개도국과 지역이 다수를 차지하였다. 예를 들어 남아시아 국가인 인도·파키스탄·스리랑카 등이 있다. 이들 국가는 예로부터 일인당 소득 수준이 낮고 성장이 더딘 국가에 속하였지만 현재는 경제성장이 이미 빠르게 속도를 내기 시작하였다. 아프리카의 많은 국가들(특히 자원이 풍부한 국가)은 최근 몇 년간 경제발전의 침체상태에서 벗어나 양호한 발전을 실현하였다. 특히 주목해야 할 부분이라면 일부 큰 개발도상국(인구가 많고 영토 면적이 큼)의 경제가 호전되고 있다는 점이다. 예를 들어, 인도네시아와 일부 라틴아메리카 나라 등은 경제 성장률이 높은 편은 아니지만 이미 주춤하던 국면에서 벗어나 성장 가속화 양상이 나타나거나 성장세를 되찾았으며 세계 경제 무대에서 서로 협력하고 지지하면서 상생을 실현하고 있다. 이로 인해 세계 경제 질서에 뚜렷한 변화가 나타났다.

셋째, 세계 주요 선진국들의 경제성장이 뚜렷이 둔화되기 시작하였다. 7개국 그룹을 보면 세계 경제에서 각국이 차지하는 비중은 일정하게 조정되었지만 서로 간의 서열 관계에는 변화가 나타나지 않아 여전히 미국·일본·독일·프랑스·영국·이탈리아·캐나다 순이었다. 일본과 독일 등 제2차 세계대전 후 경제복구와 경제발전이 비교적 빠른 나라들도 모두 안정적인 발전단계에 들어섰다. 7개국 그룹에서 이탈리아의 2000년 대비 2010년 GDP 배수가 1.03배(연평균 성장률 0.26%)로 가장 낮았고 일본이 1.07배(연평균 성장률 0.70%)로 그 뒤를 이었으며 캐나다는 1.20배(연평균 성장률 1.87%)로 수치가 가장 높았다. 1980년 대비 2010년 GDP 배수를 보면 이탈리아가 1.53배(연평균 1.42%)로 가장 낮고, 미국이 2.26배(연평균 2.75%)로 가장 높으며, 두 나라 모두 경제성장이 둔화되었다. 미국은 2000~2010년 연평균 경제성장률이 1.60%에 그친 반면, 1980~2000년에는 3.34%에 달하여 후자에 비해 전자는 약 2%포인트 하락하였다. 2000~2010년, 경제성장의 현저한 둔화는 서구 선진국의 공통한 특징이었으며 경제성장 하락폭이 클 뿐만 아니라 실제 경제 성장률도 아주 낮았다. 예를 들면 일본과 독일은 거의 제로 성장을 기록하였다. 이 또한 어떤 의미에서는 글로벌 금융위기 후 미국 경제 회복 지연과 그 후의 유럽 국가 채무 위기를 말해준다. 중국 등 신흥 공업국들의 경제가 발전하면 선진국의 전통적인 비교 우위(예를 들면 금융·기술·자금·장비 등)는 필연적으로 약화될 것이다. 그러면 그들이 새로운 영역에서 일정한 돌파(예를 들면 20세기 70년대의 새로운 기술혁명)를 가져오고 새로운 우위를 개척 및 발전시킬 것을 요구한다. 새로운 우위를 발휘시키지 못한다면 경제성장이 정체될 수 있고 경제성장을 실현하지 못한다면 발전과정에 부딪히게 되는 여러 가지 모순을 해결하는 기반을 잃게 되는 것이다.

선진국의 경제 둔화와 중국 내륙의 가속 성장은 뚜렷한 대조를 이루었다. 이 또한 중국의 국제 지위가 급상승한 직접적 원인이기도 하다. 하지만 경제가 글로벌화로 나아가고 있는 오늘날 세계 각국의 경제성장은 서로 영향을 주고 있다는 점을 보아내야 한다. 중국의 장기적인 경제성장과 종합적 실력의 증강과 더불어 중국과 선진국 간의 관계도 점차 변하고 있다. 양자 간의 관계는 여러 면에서 이미 상호 보완 관계로부터 경쟁관계로 발전하였다. 중국은 이미 새로운 세계 제조업 중심지로 부상하였고 많은 분야에서 기존의 선진 공업국(예를 들면 독일·일본 등)을 대체하였다. 중국으로서는 당연히 좋은 일이지만 선진국의 경쟁력 약화로 초래된 경기 둔화와 구매력 약화는 역으로 이들 국가에 대한 중국의 수출에도 영향을 미쳤다. 예를 들면, 미국 금융위기와 유럽 채무위기는 모두 중국의 수출 지향적 경제발전에 충격을 주었다. 세계 환경의 변화, 국내 경제 발전의 불균형 현상

그리고 지속 가능한 발전의 요구는 모두 중국의 미래 경제성장에 영향을 미칠 수 있다. 경제성장의 일반적인 법칙에 따르면, 한 나라의 일인당 GDP로 평가하는 경제발전 수준의 향상은 경제성장의 점차적인 완화로 이어질 수 있지만 이런 감소는 흔히 장기적인 과정에서 발생한다. 만약 엄청난 외부 충격(예를 들면 세계대전)이 가해지지 않는 한 설령 세계적인 금융위기와 엄청난 자연재해 등이 발생한다 하더라도 고속 경제 성장세가 갑자기 꺾이지 않을 것이다. 현재 상황으로 볼 때, 중국의 장기적인 경제 성장률은 2000년대 앞 10년의 최고 기록을 달성한 뒤 점차 하락할 수 있겠지만 우리가 지난 30여 년처럼 사회·경제 발전의 다양한 모순을 비교적 원활하게 처리한다면 중국의 장기적 경제 성장률이 2~3%포인트 하향 조정된다고 하더라도 세계 각국과 비교해 중국은 여전히 세계에서 가장 빠른 경제성장을 실현하는 국가 중 하나일 것이다. 우리는 비록 경제총량과 경제 성장률에서 이미 세계의 선두 지위를 차지하였지만 공업 발전단계나 과학기술 발전 수준 그리고 국내 경제의 균형적 발전과 인민생활 수준에서 볼 때 모두 선진국이나 신흥 공업국들과는 여전히 큰 격차가 있다. 이는 우리가 장기간 고속 성장을 꾸준히 유지할 수 있는 잠재력이자 원동력이다.

## 2. 현행가격으로 반영하는 경제성장

표 1-2에는 중국과 세계 주요 국가의 경제총량 및 세계 경제총량에서 차지하는 비중과 순위의 변화는 환율법에 따라 계산한 현행가격 GDP로 반영된다. 그러므로 각국 간의 횡적 비교는 각국의 연간 경제 성장률뿐만 아니라 각국의 총가격수준, 환율의 변동과도 관계된다. 표 1—4는 이러한 요소들을 포함한 세계 20개 주요 국가들이 21

세기에 들어선 뒤 앞 10년간 달러화 가격 표시의 명목 경제 성장률을 비교한 상황을 반영한다. 표 1-4를 통해 알 수 있다시피 가격과 환율 요소가 추가된 후 각국 국제 지위의 변화는 표 1-3과 큰 차이가 있다. 예를 들면, 중국·인도·브라질·인도네시아·러시아 등 국가의 국제 지위의 향상은 경제 성장속도보다 훨씬 빨랐다. 중국의 경우, 이 기간(2000~2010년)의 명목 연평균 성장률은 17.22%로 20개국 가운데 서 러시아 버금으로 2위를 차지하였다. 그중 연평균 경제 성장률은 10.48%, 총가격수준의 연평균 성장률은 4.09%, 환율 수준의 연평균 성장률은 1.93%였다. 보편적으로 경제발전 수준이 비교적 낮은 나라는 1차 제품(예를 들면 채소)의 가격이 상대적으로 저렴한 반면, 경제 발전 수준이 비교적 높은 나라는 공업 완제품의 가격이 상대적으로 저렴한 편이다. 이는 일부 학자 및 국제기구(예를 들면 세계은행)에서 구매력 평가(Purchasing Power Parity, PPP)를 이용해 국제 비교를 진행하는 중요한 이유이다. 그러나 한 나라의 경제발전 수준이 높을수록 선진국의 평균 발전수준과 비교하여 격차가 더 작고 구매력 평가 및 환율 간의 격차도 더 작다. 이런 의미에서 볼 때 개발도상국 환율의 점차적인 상승은 사실상 개발도상국의 현대화 수준이 향상하고 있는 중요한 표징이기도 하다. 그러나 개발도상국의 환율 결정은 다른 목적보다는 경제성장을 위해 봉사해야 한다는 점을 보아내야 한다. 한 나라 환율의 단기 상승은 그 상품의 국제 경쟁력과 그 화폐의 국제 구매력에 영향을 미치며 더 나아가 미래의 경제성장에 엄청난 영향을 주기도 한다. 앞에서 언급한 바와 같이, 1980년대 엔화가 대폭 평가절상하면서 일본의 GDP가 세계 GDP총량에서 차지하는 비중을 대폭 향상시켰을 뿐만 아니라 일본의 일인당 명목 GDP도 크게 끌어올렸다. 그러나 일본의 경제성장에는 부정적인 영향을 미친 탓에 결론적으로는 일본이 세계 경제총량에서 차지하는 비중이 다시 하락하는 상황을 초래하였다.

표 1-4  2000~2010년 세계 주요 국가의 현행가격 GDP 변화

| | 순위 | 2010년 GDP 수량(조 달러) | 2010년 GDP 세계에서 차지하는 비중(%) | 2000년 GDP 대비 배수 | 명목 연평균 성장률(%) |
|---|---|---|---|---|---|
| 미국 | 1 | 14.59 | 23.1 | 1.5 | 4.14 |
| 중국 | 2 | 5.93 | 9.4 | 4.9 | 17.22 |
| 일본 | 3 | 5.46 | 8.6 | 1.2 | 1.84 |
| 독일 | 4 | 3.28 | 5.2 | 1.7 | 5.45 |
| 프랑스 | 5 | 2.56 | 4.1 | 1.9 | 6.63 |
| 영국 | 6 | 2.25 | 3.6 | 1.5 | 4.14 |
| 브라질 | 7 | 2.09 | 3.3 | 3.2 | 12.33 |
| 이탈리아 | 8 | 2.05 | 3.2 | 1.9 | 6.63 |
| 인도 | 9 | 1.73 | 2.7 | 3.8 | 14.28 |
| 캐나다 | 10 | 1.58 | 2.5 | 2.2 | 8.20 |
| 러시아연방 | 11 | 1.48 | 2.3 | 5.7 | 19.01 |
| 스페인 | 12 | 1.41 | 2.2 | 2.4 | 9.15 |
| 멕시코 | 13 | 1.03 | 1.6 | 1.8 | 6.05 |
| 한국 | 14 | 1.01 | 1.6 | 1.9 | 6.63 |
| 네덜란드 | 15 | 0.78 | 1.2 | 2 | 7.18 |
| 터키 | 16 | 0.73 | 1.2 | 2.8 | 10.84 |
| 인도네시아 | 17 | 0.71 | 1.1 | 4.3 | 15.70 |
| 스위스 | 18 | 0.53 | 0.8 | 2.1 | 7.70 |
| 폴란드 | 19 | 0.47 | 0.7 | 2.7 | 10.44 |
| 벨기에 | 20 | 0.47 | 0.7 | 2 | 7.18 |
| 이상 합계 | | 50.13 | 79.4 | 1.9 | 6.63 |
| 세계 | | 63.12 | 100 | 2 | 7.18 |

자료출처: 세계은행 데이터뱅크(GDP(current US$))의 관련 데이터를 근거로 계산, 정리하여 얻었다.

## 제3절 일인당 평균 국민소득의 국제 비교

### 1. 일인당 GNI 분류와 국제 비교

개혁개방 이래 중국은 대폭적인 경제성장을 실현하였다. 환율법에 따라 계산한 GDP는 이미 세계 2위로 올라섰으며 세계 GDP총량에서 차지하는 비중이 10%를 넘어섰다. 그러나 중국은 인구가 많은 탓에 일인당 국민소득 수준(통상적으로 일인당 GNI[5]로 반영하고 일부 경우에는 일인당 GDP로도 반영하는데 구체적인 데이터에서 양자는 일반적으로 큰 차이가 나지 않음)에서 볼 때 중국은 선진국과 여전히 비교적 큰 격차가 존재한다. 표 1-5는 세계은행이 발표한 일부 국가와 지역의 일인당 GNI[6]이다. 도표에서 보다시피, 2011년 중국의 일인당 GNI는 4천 940달러[7]로, 통계에 포함된 213개 국가 또는 지역 중 114위로 2010년 순위보다 7순위[8] 상승하였다. 역사 발전의 차원에서 볼 때, 중국은 이미 상당히 큰 진보를 가져왔다고 할 수 있다. 2003년, 중국의 일인당 GNI는 1천 100달러로 세계 134위였는데 순위가 135위인 필리핀보다 고작 20달러 높은 수준이었다. 그러나 2011년, 필리핀의 일인당 GNI는 2천 210달러에 달하여 2배 성장한 듯 보이지만 순위는 17순위 떨어진 152위로 내려갔고 중국은 순위가 20순위 대폭 상승하였다. 중국과 필리핀은 일인당 GNI수치로나 서열상으로나 격차가 눈에 띄게 확대되고 있다. 이로부터 고속 경제성장이 중국 경제총량을

---

5) GNI는 국민총소득, 즉 과거의 국민생산총액을 말한다. GNI와 GDP 지표 간 수치의 격차는 '국외에서 오는 순소득 요소'로 반영된다.

6) 일부 소규모 경제체의 데이터는 표에 포함되지 않았지만 순위에서는 제외되지 않았다.

7) 이 비교 결과는 Atlas method 즉 3년 평균 환율법을 통해 계산하여 얻은 것으로서, 그 해의 환율변화만 고려한 것이 아니다. 그리고 최근 3년간 위안화 환율이 소폭 평가 절상되었으므로 세계은행이 발표한 계산 결과는 그 해의 환율을 적용하여 직접 환산한 결과보다 작다.

8) 류웨이(劉偉)·차이즈저우(蔡志洲), 「중국 일인당 국민소득의 변화 및 전망」, 『경제종횡』, 2014년 제1호를 참조하라. 『신화적록』, 2014년 제8호에 전재하였다.

끝이올린 한편, 중국 각 지표의 일인당 수준 및 국제적 지위도 뚜렷이 향상시켰다는 점을 보아낼 수 있다.

표 1-5  2011년 세계 각국 또는 지역의 일인당 GNI

| 순위 | 국가 또는 지역 | 일인당 GNI(달러) | 순위 | 국가 또는 지역 | 일인당 GNI(달러) | 순위 | 국가 또는 지역 | 일인당 GNI(달러) |
|---|---|---|---|---|---|---|---|---|
| 1 | 모나코 | 183,150 | 14 | 쿠웨이트 | 48,900 | 22 | 캐나다 | 45,560 |
| 2 | 리히텐슈타인 | 137,070 | 15 | 네덜란드 | 49,650 | 23 | 일본 | 44,900 |
| 4 | 노르웨이 | 88,890 | 16 | 오스트레일리아 | 49,130 | 24 | 독일 | 44,270 |
| 5 | 카타르 | 80,440 | 17 | 미국 | 48,620 | 27 | 싱가포르 | 42,930 |
| 6 | 룩셈부르크 | 77,580 | 18 | 오스트리아 | 48,190 | 28 | 프랑스 | 42,420 |
| 7 | 스위스 | 76,400 | 19 | 핀란드 | 47,770 | 30 | 아일랜드 | 39,930 |
| 9 | 덴마크 | 60,120 | 20 | 중국 마카오 | 45,460 | 34 | 영국 | 27,840 |
| 11 | 스위스 | 53,150 | 21 | 벨기에 | 45,990 | 36 | 중국 홍콩 | 36,010 |
| 37 | 이탈리아 | 35,290 | 86 | 카자흐스탄 | 8,260 | 148 | 이집트 | 2,600 |
| 38 | 아이슬란드 | 34,820 | 88 | 모리셔스 | 8,040 | 150 | 몽골 | 2,310 |
| 39 | 브루나이 | 31,800 | 89 | 루마니아 | 7,910 | 152 | 필리핀 | 2,210 |
| 40 | 스페인 | 30,890 | 92 | 파나마 | 7,470 | 153 | 부탄 | 2,130 |
| 42 | 뉴질랜드 | 29,140 | 95 | 몬테네그로공화국 | 7 140 | 156 | 볼리비아 | 2,020 |
| 43 | 이스라엘 | 28,930 | 98 | 남아프리카 | 6,960 | 157 | 온두라스 | 1,980 |
| 46 | 그리스 | 24,480 | 100 | 불가리아 | 6,530 | 159 | 우즈베키스탄 | 1,510 |
| 47 | 슬로베니아 | 23,610 | 102 | 콜롬비아 | 6,070 | 159 | 니카라과 | 1,510 |
| 51 | 포르투갈 | 21,210 | 104 | 백러시아 | 5,830 | 162 | 가나 | 1,410 |
| 53 | 한국 | 20,870 | 105 | 몰디브 | 5,720 | 162 | 인도 | 1,410 |
| 56 | 몰타 | 18,620 | 107 | 세르비아 | 5,690 | 166 | 수단 | 1,310 |
| 57 | 체코 | 18,620 | 110 | 페루 | 5,150 | 167 | 나이지리아 | 1,280 |
| 58 | 사우디아라비아 | 17,820 | 114 | 중국 내륙 | 4,940 | 168 | 베트남 | 1,270 |
| 65 | 크로아티아 | 13,530 | 115 | 투르크메니스탄 | 4,800 | 170 | 카메룬 | 1,210 |
| 67 | 헝가리 | 12,730 | 118 | 나미비아 | 4,700 | 172 | 잠비아 | 1,160 |
| 70 | 폴란드 | 12,480 | 119 | 알제리 | 4,470 | 173 | 라오스 | 1,130 |
| 71 | 라트비아 | 12,350 | 120 | 태국 | 4,440 | 174 | 파키스탄 | 1,120 |
| 72 | 칠레 | 12,280 | 121 | 요르단 | 4,380 | 179 | 모리타니아 | 1,000 |
| 72 | 리투아니아 | 12,280 | 122 | 에콰도르 | 4,200 | 181 | 타지키스탄 | 870 |

| 75 | 우루과이 | 11,860 | 123 | 튀니지 | 4,070 | 182 | 캄보디아 | 820 |
| 78 | 러시아연방 | 10,730 | 124 | 알바니아 | 3,980 | 182 | 케냐 | 820 |
| 79 | 브라질 | 10,720 | 126 | 앙골라 | 3,830 | 184 | 방글라데시 | 780 |
| 81 | 터키 | 10,410 | 133 | 아르메니아 | 3,360 | 188 | 아이티 | 700 |
| 82 | 아르헨티나 | 9,740 | 136 | 우크라이나 | 3,130 | 189 | 차드 | 690 |
| 83 | 멕시코 | 9,420 | 138 | 모로코 | 2,970 | 190 | 짐바브웨 | 660 |
| 84 | 레바논 | 9,140 | 140 | 인도네시아 | 2,940 | 191 | 말리 | 610 |
| 85 | 말레이시아 | 8,770 | 147 | 이라크 | 2,640 | 193 | 르완다 | 570 |
| 193 | 토고공화국 | 570 | 202 | 아프가니스탄 | 470 | 208 | 마라우에 | 360 |
| 196 | 탄자니아 | 540 | 204 | 기니 | 430 | 211 | 라이베리아 | 330 |
| 196 | 네팔 | 540 | 204 | 마다가스카르 | 430 | 212 | 부룬디 | 250 |
| 199 | 우간다 | 510 | 207 | 에티오피아 | 370 | 213 | 콩고민주공화국 | 190 |
| 202 | 모잠비크 | 470 | 208 | 니제르 | 360 | | 세계 평균 | 9,511 |

자료출처 : 세계은행 데이터뱅크, databank. worldbank. org/databank/download/GNIPC.
pdf 참조하라.

표 1-5의 수치로부터 알 수 있다시피, 세계 각국 또는 지역의 일인당 국민소득 수준에는 엄청난 차이가 있다. 일인당 국민소득이 가장 많은 나라는 모나코로서 18만 달러이고, 일인당 국민소득이 가장 적은 나라는 콩고민주공화국으로서 고작 190달러이다. 전자는 후자의 약 1천배에 가깝다. 이들 국가들 중 상위권에 속한 국가와 지역은 주로 아래와 같은 3가지 유형으로 분류된다. 첫 번째 유형은 선진 경제체로서 미국·서북유럽국가·일본 및 대서양 국가가 포함된다. 두 번째 유형은 자원 수출 국가 특히는 석유 수출국인데 최근 몇 년간, 이들 국가는 성장 둔화로 세계 순위가 내려가기 시작하였다. 세 번째 유형은 신흥 공업화 국가와 지역들인데 싱가포르·중국 마카오·중국 홍콩·한국 등이 포함된다. 특히 한국은 경제 규모가 '아시아 네 마리의 용' 중의 다른 경제체들보다 훨씬 크지만 여전히 일정한 경제 성장 속도를 유지하고 있으며 일인당 GNI가 현재 이미 2만 달러 이상에 달

하여 2011년에는 세계 53위를 차지하였다. 하위권에 속하는 나라들로는 주로 아시아 · 아프리카 · 라틴아메리카의 개발도상국들이다. 아시아에서는 인도 · 파키스탄 · 방글라데시 · 캄보디아 등이 포함되었다. 이들 국가는 인구가 많고 경제도 상대적으로 낙후하다. 라틴아메리카는 아이티 등 나라가 포함되었고 아프리카국가들 중에 빈곤국이 가장 많았다. 중국도 원래 빈곤국이었다. 개혁개방 초기에 중국 내륙의 일인당 GNI는 200달러에도 미치지 못하였지만 30여 년의 노력을 거쳐 현재 일인당 GNI는 중등소득국가의 평균 수준을 넘어서 중위권 국가의 반열에 올랐다.(현재 순위가 200여 개 국가 또는 지역 중 중간 위치에 자리하고 있음) 중위권에는 주로 일부 라틴아메리카 국가, 중 · 남부유럽 국가, 동남아시아 국가와 북아프리카 국가들이 포함되어 있다.

그래서 세계은행은 일인당 GNI수준[9]의 분류를 중요한 업무로 간주하고 또 이를 가장 중요한 분류로 삼고 있다. 이러한 분류는 세계은행의 업무 내용과 연관되는데 소득 수준이 낮은 경제체가 세계은행의 지원을 받을 시 소득 수준이 비교적 높은 경제체가 누리는 대우(대출 금리, 대출 한도 및 평가 과정 등)와는 차별화되어야 한다고 주장하는 것이다. 1987년 이전, 세계은행은 단지 모든 경제를 공업화(industrial) 경제체와 개발도상(developing) 경제체로 구분하였으며 1987년부터 세분화된 그룹화를 실현함과 동시에 상응한 기준을 내왔다. 2011년의 분류 및 기준은 다음과 같다. 저소득(low income)그룹의 일인당 국민소득은 1천 25달러 미만이었고 중하위 소득(Lower middle income)그룹의 일인당 국민소득은 1천 26달러~4천 35달러였으며 중상위 소득(Upper middle income)그룹의 일인당 국민소득은 4천 36달러~1만 2

---

9) 기타 분류에는 지역별 분류 그리고 각기 다른 소득 그룹 중 지역별 분류가 있다.

천 475달러였다. 고소득(High income)그룹의 일인당 국민소득은 1만
2천 475달러 이상이었다.[10] 2011년에 분류된 경제체에는 세계은행의
188개 구성원 그리고 인구가 3만 명 이상인 기타 경제체를 비롯한
214개 국가와 지역이 포함된다. 현재의 기준에 따라 무릇 일인당 소득
이 일정한 빈곤 기준 이하인(원래는 하루 2달러였는데 지금은 이미
하루 3달러로 조절함) 국가 또는 지역을 저소득 경제체라고 하며 관
련 기준을 넘은, 세계 3분의 1 이상의 인구를 가진 나라(또는 지역)들
은 중등소득 경제체로 간주된다. 1990년대 중기 이후 10개 나라(중국,
이집트 등)가 저소득 국가에서 중등소득 국가로 발전하였다. 여기서
말하는 '중등소득' 은 산술평균치로 얻은 수치가 아니라 중위수와 유
사한 개념이다.[11]

## 2. 각기 다른 소득 수준 경제체의 분포 상황

2012년 7월, 세계은행이 발표한 2011년 세계 발전 지표(World De-
velopment Indicators)에 따르면 그 해 저소득 경제체가 36개(표 1-6
참고), 중저소득 경제체가 54개(표 1-7 참고), 중상소득 경제체가 54개
(표 1-8 참고), 고소득 경제체가 70개(표 1-9 참고)였다.

---

10) 세계은행 사이트의 해당 설명을 참조하라.
11) 세계은행 사이트의 해당 설명을 참조하라. What are Middle-Income Countries?
   http://web.worldbank.org/WBSITE/EXTERNAL/EXTOED/EXTMIDINCCOUN/0,, contentMDK:
   21453301-menuPK: 5006209-pagePK: 64829573 piPK: 64829550 the Site PK: 4434098, 00, html를
   참조하라.

### 표 1 6 저소득 경제체(일인당 국민소득 1천 25달러 이하, 총 36개)

| | | | | | |
|---|---|---|---|---|---|
| 아프가니스탄 | 중앙아프리카공화곡 | 감비아 | 키르기스스탄 | 모잠비크 | 소말리아 |
| 방글라데시 | 차드 | 기니 | 라이베리아 | 미얀마 | 타지키스탄 |
| 베냉 | 코모로 | 기니비사우 | 마다가스카르 | 네팔 | 탄자니아 |
| 부르키나파소 | 콩고민주공화국 | 아이티 | 말라위 | 니제르 | 토고 |
| 부룬디 | 에리트레아 | 케냐 | 말리 | 르완다 | 우간다 |
| 캄보디아 | 에티오피아 | 조선 | 모르타니아 | 시에라리온 | 짐바브웨 |

자료출처 : 세계은행 데이터뱅크, http://data.worldbank.org/about/country-classifications/ country-and-lending-groups#High_income 참조하라.

### 표 1-7 중저소득 경제체(일인당 국민소득 1천24달러~4천 35달러, 총 54개)

| | | | | | |
|---|---|---|---|---|---|
| 알바니아 | 지부티 | 인도네시아 | 몰도바 | 사모아 | 동티모르 |
| 아르메니아 | 이집트 | 인도 | 몽골 | 상투메 프린시페 | 통가 |
| 벨리즈 | 엘살바도르 | 이라크 | 모르코 | 세네갈 | 우크라이나 |
| 부탄 | 피지 | 키리바시 | 니카라과 | 솔로몬제도 | 우즈베키스탄 |
| 볼리비아 | 그루지야 | 코소보 | 나이지리아 | 남수단 | 바누아투 |
| 카메룬 | 가나 | 라오스 | 파키스탄 | 스리랑카 | 베트남 |
| 카보베르데 | 과테말라 | 레소토인 | 파푸아뉴기니 | 수단 | 서안과 가사 |
| 콩고공화국 | 가이아나 | 마셜제도 | 파라과이 | 스와질란드 | 예멘 |
| 상아해안 | 온두라스 | 미크로네시아 | 필리핀 | 시리아 | 잠비아 |

자료출처 : 위 표와 같다.

### 표 1-8 중상소득 경제체(일인당 국민소득 4천 36달러~1만 2천 475달러, 총 54개)

| | | | | | |
|---|---|---|---|---|---|
| 앙골라 | 브라질 | 에콰도르 | 리비아 | 팔라우 | 세인트빈센트 그레나딘 |
| 알제리 | 불가리아 | 가봉 | 리투아니아 | 파나마 | 수리남 |
| 아메리칸 사모아 | 칠레 | 그라나다 | 마케도니아 | 페루 | 태국 |
| 앤티가 바부다 | 중국 | 이란 | 말레이시아 | 루마니아 | 튀니지 |
| 아르헨티나 | 콜롬비아 | 자메이카 | 몰디브 | 러시아연방 | 터키 |
| 아제르바이잔 | 코스타리카 | 요르단 | 모리셔스 | 세르비아 | 투르크메니스탄 |
| 백러시아 | 쿠바 | 카자흐스탄 | 멕시코 | 세이셸 | 투발루 |
| 보스니아헤르체고비나 | 도미니카 | 라트비아 | 몬테네그로공화국 | 남아프리카 | 우루과이 |
| 보츠와나 | 도미니카 | 레바논 | 나미비아 | 세인트루시아 | 베네수엘라 |

자료출처 : 위 표와 같다.

표 1-9 고소득 경제체(일인당 국민소득 1만 2천 475달러 이상, 총 70개)

| 안도라 | 채널 제도 | 독일 | 한국 | 오만 | 세인트키츠 네비스 |
|---|---|---|---|---|---|
| 아루바 | 코로아티아 | 그리스 | 쿠웨이트 | 폴란드 | 호세 데 산 마틴 |
| 오스트레일리아 | 퀴라소 | 그린란드 | 리히텐슈타인 | 포르투갈 | 스웨덴 |
| 오스트리아 | 키프로스 | 괌 | 룩셈부르크 | 푸에르토리코 | 스위스 |
| 바하마 제도 | 체코 | 중국 홍콩 | 중국 마카오 | 카타르 | 트리니다드 토바고 |
| 바레인 | 덴마크 | 헝가리 | 몰타 | 산마리노 | 터크스레이커스 |
| 바베이도스 | 에스토니아 | 아이슬란드 | 모나코 | 사우디아라비아 | 제도 |
| 벨기에 | 적도 기니 | 아일랜드 | 네덜란드 | 싱가포르 | 아랍 에미리트 |
| 버뮤다 제도 | 페로 제도 | 맨 섬 | 뉴칼레도니아 | 네덜란드령 안틸 제도 | 연합 |
| 브루나이 | 핀란드 | 이스라엘 | 뉴질랜드 | 슬로바키아 | 영국 |
| 캐나다 | 프랑스 | 이탈리아 | 북마리아나제도 | 슬로베니아 | 미국 |
| 케이맨 제도 | 프랑스령 폴리네시아 | 일본 | 노르웨이 | 스페인 | 버진 제도 |

자료출처 : 위 표와 같다.

이러한 분류는 세계 각국의 경제발전 수준에 대한 연구와 국제 비교에 좋은 기반을 마련해주었으며 국제 통계 표준의 수립과 세계 각국 정부의 통계 업무의 발전은 세계은행에서 해당 업무를 완성하는데 통계 데이터 차원의 지원을 제공해주었다. 이런 비교가 각국 통계업무의 보완 수준 및 각국의 구체적 상황의 영향을 받기 때문에 여전히 다양한 논쟁이 존재한다. 특히 환율법에 따라 계산한 결과는 각국의 발전수준 차이를 완전하고도 진실하게 반영하지 못한다는 것이 다수인들의 견해이다. 따라서 세계은행은 구매력평가를 이용한 그룹별 비교법을 개발함과 동시에 관련 데이터를 발표하였다. 그러나 구매력평가가 각국 통화의 실제 구매력 차이 평가와 관련되므로 유일한 공동 표준을 내오기는 어렵다. 예를 들면, 각기 다른 단체들이 구매력평가(국제 달러로 반영)에 따라 중국의 일인당 GNI를 계산할 경우 큰 차이가 날 가능성이 있다. 예녀의 연구 견과로 볼 때, 환율법과 구매력평가법을 적용해 얻은 결과가 비록 수치에서는 비교적 큰 차이가 있었지만 순위에는 뚜렷한 차이가 없었기 때문에 환율법에 따라 계산하여 얻은 결과가 더 널리 인정받았다.

## 3. 세계은행의 구분 기준 및 중국 지위의 변화

각국의 경제성장, 가격 변동 및 환율 변화에 따라 3년 환율법으로 계산한 세계 평균 소득 수준이 끊임없이 상승하면서 세계은행의 소득 그룹 편성 기준도 꾸준히 조정되고 있다. 표 1-10은 1987~2013년, 세계은행의 소득 그룹 편성 기준의 변화와 중국의 일인당 국민소득 및 그룹별 변화를 보여준다.

표 1-10  세계은행의 소득 그룹 편성 기준의 변화와
중국의 일인당 국민소득 및 그룹별 변화

| 연도 | 저소득<br>(달러) | 중저소득<br>(달러) | 중상소득<br>(달러) | 고소득<br>(달러) | 중국<br>일인당 GNI<br>(달러) | 중국이<br>속한<br>그룹 |
|---|---|---|---|---|---|---|
| 1987 | ≤480 | 481–1,940 | 1,941–6,000 | 〉6,000 | 320 | 저소득 |
| 1988 | ≤545 | 546–2,200 | 2,201–6,000 | 〉6,000 | 330 | 저소득 |
| 1989 | ≤580 | 581–2,335 | 2,336–6,000 | 〉6,000 | 320 | 저소득 |
| 1990 | ≤610 | 611–2,465 | 2,466–7,620 | 〉7,620 | 330 | 저소득 |
| 1991 | ≤635 | 636–2,555 | 2,556–7,910 | 〉7,910 | 350 | 저소득 |
| 1992 | ≤675 | 676–2,695 | 2,696–8,355 | 〉8,355 | 390 | 저소득 |
| 1993 | ≤695 | 696–2,785 | 2,786–8,625 | 〉8,625 | 410 | 저소득 |
| 1994 | ≤725 | 726–2,895 | 2,896–8,955 | 〉8,955 | 460 | 저소득 |
| 1995 | ≤765 | 766–3,035 | 3,036–9,385 | 〉9,385 | 530 | 저소득 |
| 1996 | ≤785 | 786–3,115 | 3,116–9,645 | 〉9,645 | 650 | 저소득 |
| 1997 | ≤785 | 786–3,125 | 3,126–9,655 | 〉9,655 | 750 | 저소득 |
| 1998 | ≤760 | 761–3,030 | 3,031–9,360 | 〉9,360 | 790 | 중저소득 |
| 1999 | ≤755 | 756–2,995 | 2,996–9,265 | 〉9,265 | 840 | 중저소득 |
| 2000 | ≤755 | 756–2,995 | 2,996–9,265 | 〉9,265 | 930 | 중저소득 |
| 2001 | ≤745 | 746–2,975 | 2,976–9,205 | 〉9,205 | 1,000 | 중저소득 |

| 2002 | ≤735 | 736-2,935 | 2,936-9,075 | 〉9,075 | 1,000 | 중저소득 |
|------|------|-----------|-------------|--------|-------|---------|
| 2003 | ≤765 | 766-3,035 | 3,036-9,385 | 〉9,385 | 1,270 | 중저소득 |
| 2004 | ≤825 | 826-3,255 | 3,256-10,065 | 〉10,065 | 1,500 | 중저소득 |
| 2005 | ≤875 | 876-3,465 | 3,466-10,725 | 〉10,725 | 1,740 | 중저소득 |
| 2006 | ≤905 | 906-3,595 | 3,596-11,115 | 〉11,115 | 2,040 | 중저소득 |
| 2007 | ≤935 | 936-3,705 | 3,706-11,455 | 〉11,455 | 2,480 | 중저소득 |
| 2008 | ≤975 | 976-3,855 | 3,856-11,905 | 〉11,905 | 3,040 | 중저소득 |
| 2009 | ≤995 | 996-3,945 | 3,946-12,195 | 〉12,195 | 3,620 | 중저소득 |
| 2010 | ≤1,005 | 1,006-3,975 | 3,976-12,275 | 〉12,275 | 4,240 | 중상소득 |
| 2011 | ≤1,025 | 1,026-4,035 | 4,036-12,475 | 〉12,475 | 4,900 | 중상소득 |
| 2012 | ≤1,035 | 1,036-4,085 | 4,086-12,615 | 〉12,615 | 5,720 | 중상소득 |
| 2013 | ≤1,045 | 1,046-4,125 | 4,126-12,746 | 〉12,746 | 6,560 | 중상소득 |

자료출처 : 세계은행 데이터뱅크, http://data.worldbank.org/about/country-classifications/a- short-history; http://siteresources.worldbank.org/DATASTATISTICS/Resources/OGHIST. xls 참고.

표 1-10에서 알 수 있다시피, 세계은행의 기준에 따르면 1997년 아시아 금융위기 발발 전후, 중국은 여전히 저소득 국가였으나 10여 년의 발전을 거쳐 2010년에 이르러 중국은 중저소득 국가와 중상소득 국가의 임계치를 넘어 중상소득 경제체의 한 구성원이 되었다. 이 그룹에 진입하였다는 것은 한 나라가 중등소득 국가에서 고소득 국가 행렬에 들어섰음을 의미한다. 표 1-10의 그룹별 기준으로 볼 때, 일찍 1997년, 중국은 더 이상 저소득 국가가 아니라 넓은 의미에서의 중등소득 경제체(중등소득 경제체와 중상소득 경제체를 포함)로 구성된 중등소득 경제체의 일원이 되었다고 말할 수 있다. 넓은 의미에서의 중등소득국가로 부상하였다고도 말할 수도 있다. 이는 우리가 제시한 중국식 현대화의 목표 및 경제성장의 실현과 연관된다. 개혁개방 초기, 덩샤오핑(鄧小平)이 제시한 중국식 현대화는 샤오캉사회를 실현하는 것이다. 20년 동안의 노력을 거쳐 20세기 말에 우리는 전반적 샤오캉사회 또는 초보적 샤오캉사회를 기본적으로 실현하였다.[12] 그리

고 그 시기는 마침 중국의 일인당 GNI가 저소득수준에서 중저소득수준으로 도약한 시기였다. 16차 당 대회에서는 2020년에 이르러 샤오캉사회를 전면 실현한다는 목표를 제시하였다. 그리고 2000년부터 2010년까지는 중국이 샤오캉사회를 전면적으로 건설하는 관건적인 10년이었으며 이는 2020년에 샤오캉사회를 전면 실현하는데 있어서 극히 중요한 의의를 가진다고 언급하였다. 일인당 GNI 변화로 볼 때, 21세기의 그 관건적인 10년 동안 우리는 분명 실질적인 발전을 가져왔으며 중등소득 국가로부터 중상소득 국가로 발전하여 일인당 GNI가 중등소득 국가의 평균 수준을 초월하였다. 18차 당 대회에서는 2020년에 샤오캉사회를 전면 실현할 것을 재차 강조하였으며 이와 같은 과거의 장원한 목표를 현재의 현실적 목표로 전환시키는 한편, 그 목표 실현을 위한 일련의 방침과 정책 조치도 제시하였다. 양적 지표에서 2020년의 GDP를 2010년의 2배로 늘이는 목표를 제시하였다. 중국의 인구변화는 이미 안정세를 유지하고 있고 GDP와 GNI 간의 차액은 국제수지 균형의 전제하에 역시 안정적이다. 이는 사실상 이 시기 경제총량 2배 성장을 실현한다면 불변가격으로 환산한 일인당 GNI도 2배 성장을 실현할 수 있다는 점을 시사한다. 환율법에 따라 계산한 일인당 GNI는 경제성장·구매력평가·인플레이션·환율 등 다양한 요소의 영향을 받기 때문에 장기적인 발전 차원에서 볼 때, 위안화 환율이 더 평가 절상될 가능성도 배제하지 못한다. 따라서 18차 당 대회에서 제시한 성장목표를 실현한 기초 위에서 3년 평균 환율법에 따라 현행가격으로 계산한 경제총량과 일인당 평균 수준이 더 많이 제고되어 경제총량이 미국에 접근하거나 심지어 비슷한 수준에 도

---

12) 국가통계국 관련 과제팀은 국무원이 제시한 샤오캉사회의 내용에 따라 16개 기본 검측과 임계치를 확정지었다. 통계방법에 따라 종합점수를 매기면 2000년에 이르러 확정 목표의 96%를 전반적으로 실현하였다.

달할 가능성도 있다. 일인당 GNI로 반영하는 경제발전 수준도 중상소득에서 고소득으로 올라서게 된다. 이는 세계은행의 이 같은 그룹 편성의 합리성을 설명하며 이와 같은 그룹 편성과 중국의 여러 큰 역사 발전단계의 경제발전 수준 사이에 뚜렷한 상관관계가 있다는 점을 설명해주었다. 분명한 것은 저소득 · 중저소득 · 중상소득 · 고소득 기준에 따라 나라와 지역을 분류함으로써 여러 나라와 지역이 어떤 발전단계에 처하였는지를 설명해주고 있을 뿐만 아니라 그 나라와 지역들의 발전수준도 설명해주고 있다.

만약 한 구간으로 한 국가나 지역의 발전단계를 더 잘 설명할 수 있다고 한다면 상징적 수치를 이용할 경우 그 발전수준을 더욱 잘 설명할 수 있다. 세계은행이 매년 발표하는 「세계 개발 보고서」(World Development Report)는 각국의 일인당 GNI 수치와 함께 상응한 상징적 수치도 공개하고 있다.(표 1-11 참고).

표 1-11 세계은행이 발표한 2003~2013년 일인당 GNI 상징적 수치  (단위: 달러)

|  | 2003 | 2008 | 2009 | 2010 | 2011 | 2013 |
|---|---|---|---|---|---|---|
| 세계 | 5,510 | 8,579 | 8,751 | 9,097 | 9,511 | 10,683 |
| 저소득 | 440 | 524 | 503 | 510 | 569 | 728 |
| 중등소득 | 1,930 | 3,211 | 3,400 | 3,764 | 4,144 | 4,754 |
| 중저소득 | 1,490 | 2,015 | 2,310 | 1,658 | 1,764 | 2,074 |
| 중상소득 | 5,440 | 7,878 | 7,523 | 5,884 | 6,563 | 7,604 |
| 저소득과 중등소득 | 1,280 | 2,748 | 2,969 | 3,304 | 3,648 | 4,168 |
| 고소득 | 28,600 | 39,345 | 38,134 | 38,658 | 39,861 | 39,812 |
| 참고: 중국 | 1,270 | 3,040 | 3,620 | 4,240 | 4,900 | 6,560 |

자료출처 : 세계은행의 2003년, 2008년, 2009년, 2010년, 2011년, 2013년 「세계 개발 보고서」 (World Development Report)에 공개된 세계 각국 및 지역의 일인당 GNI(3년 평균 환율법) 열거표의 관련 데이터를 바탕으로 정리하여 얻은 결과이다.

표 1-11의 수치들은 여러 소득 그룹의 평균 수준을 반영하고 있다. 2011년을 예로 들면, 전 세계 일인당 GNI의 상징적 수치는 9천 511달러였다. 그중 저소득 경제체는 569달러, 중등소득 경제체는 4천 144달러(그중 중저소득 경제체는 1천 764달러이고 중상소득 경제체는 6천563달러임)였다. 저소득 경제체와 중등소득 경제체를 한 그룹으로 통합할 경우 일인당 GNI의 상징적 수치는 3천 648달러, 고소득 경제체는 3만 9천 861달러이다.

표 1-11에서 알 수 있다시피 2008년 이전, 중국의 일인당 GNI 상징적 수치는 중등소득 경제체에 미치지 못하였지만 2009년, 중국의 일인당 GNI 상징적 수치(3천 620달러)가 중등소득 경제체(3천 400달러)를 앞섰다. 그러나 표 1-10의 그룹 편성 기준으로 볼 때, 중국은 여전히 중등소득국가에 속한다. 2010년, 중국의 일인당 GNI 상징적 수치는 4천 240달러로, 세계은행이 분류한 중상소득 경제체(3천 976달러 ~1만 2천 275달러) 그룹에 분류되었다. 이는 중국 경제가 30년 넘게 고속 성장을 유지한 후 얻은 역사적인 돌파로서, 일인당 GNI가 중등소득 경제체의 상징적 수치를 능가하였을 뿐만 아니라 중상소득 국가 반열에 올라섰음을 설명한다. 비록 일찍 1998년부터 중국이 중등소득 국가로 부상하여 중등소득 경제체 그룹으로 분류되었지만 중국은 이 때에야 비로소 진정한 의미에서 중등소득 국가로 부상하고 중등소득 국가에서 고소득 국가로 도약하기 시작한 것이다. 이런 점 때문에 2009년 이후, 중국이 중등소득 국가로 부상하고 맞닥뜨릴 수 있는 발전 난제(예를 들어 중진국 함정 등)를 둘러싼 토론이 빠르게 늘어나면서 '중등소득'이 중국은 물론 심지어 세계 성장 포럼에서도 초점 화제로 떠올랐다. 중국은 인구가 많은 탓에 그 경제발전은 세계 일인당 GNI 분포 구도에 큰 영향을 미쳤다. 2009년부터 2010년까지 중등소

득 경제체의 일인당 상징적 수치는 3천 400달러에서 3천 764달러로 상승하였지만 중저소득 경제체와 중상소득 경제체의 일인당 GNI의 상징적 수치는 모두 뚜렷하게 하락하였다. 그중 중저소득과 중등소득 경제체는 2천 310달러에서 1천 658달러로, 중상소득 경제체는 7천 523달러에서 5천 884달러로 줄어들었다. 중저소득 경제체 그룹에서 일인당 GNI 수치가 비교적 높고 상당히 큰 비중을 차지한 중국이 해당 그룹에서 빠지면서 해당 그룹의 일인당 GNI 상징적 수치가 떨어진 것이다. 반면에 중상소득 그룹에서는 차지하는 비중이 큰 반면에 일인당 GNI 수치는 낮은 중국이 가입함에 따라 관련 그룹의 일인당 GNI 상징적 수치가 뚜렷이 하락하였다. 세계 평균 수준에 비교하나 고소득 국가의 평균 수준에 비교하나 중국은 여전히 큰 격차가 존재하였다. 그러나 만약 중상소득 국가의 평균 수준과 비교하면 격차가 그리 크지 않았다. (2013년 중국의 일인당 GNI는 6천 560달러였고 중상소득 국가의 일인당 GNI 상징적 수치는 7천 604달러였음) 현재 세계 경제성장 구도의 변화로 볼 때 중국의 일인당 GNI가 해당 소득 그룹의 상징적 수치보다 빠른 속도로 성장하고 있기 때문에 중국은 조만간 해당 소득 그룹의 상징적 수치에 도달하거나 이를 넘어설 것으로 보인다. 다음 단계는 더 높은 수준으로 발전하는 것인데 우선 세계 평균 수준(현재 약 1만 달러 안팎)에 달성하거나 초과한 다음 다시 고소득 경제체(현재 약 1만 2천 달러 안팎) 반열에 오르는 것이다. 현재 상황으로 볼 때, 중국과 세계 평균 수준 사이에는 여전히 일정한 격차가 존재하는데 일인당 GNI는 세계 평균 수준의 65% 정도이다. 그러나 장기 발전의 안목으로 볼 때, 5~10년의 시간을 들여 노력한다면 상기 두 가지 목표를 실현할 가능성이 있다. 만약 우리가 7%의 연평균 GDP 성장률(인구 증가가 거의 안정되었기 때문에 일인당 GNI나 일인당 GDP의 성장률은 GDP 성장률과 대체로 비슷할 것으로 봄)을 유지할 수 있다고 보면 7~8년에 걸쳐 중국의 일인당 GNI는 2배 성장을 이뤄 약 1만 3천달러(2013년 가격을 기준으로 계산함) 안팎에 달할 수 있을 것이다. 한편, 세계 평균 수준은 매년 약 500달러씩 증가하고 있어 7년 뒤에는 역시 대체로 비슷한 수준을 유지할 것으로 예상된다. 아울러 환율변동과 인플레이션의 영향도 고려하여야 한다. 비록 위안화와 달러화의 환율이 현재는 안정적인 상태(단기적으로는 심지어 수급관계의 변화에 따라 일정하게 평가절하 될 수도 있음)지만 구매력평가 관계로 보면 위안화의 장기적 추세는 평가절상이다. (한 나라의 경제발전 수준이 높을수록 그 환율법과 구매력평가로 계산한 GDP 또는 일인당 수준의 결과가 더욱 근접하는데 현재 환율법에 따라 계산한 중국의 결과는 구매력평가법에 따라 계산한 수치의 55%인데 미국의 경우는 그 비율이 100%임) 게다가 통화 공급량이 안정된 상황에서 향후 5년간 평가절상 폭은 10% 이상에 달하게 되며 인플레이션 수준도 미국보다 높아(높은 경제 성장률은 통상적으로 높은 인플레율을 동반함) GDP 명목 성장률이 더욱 큰 것으로 반영된다. 표 1-11에서 알 수 있다시피, 2008~2013년 세계 평균 수준은 8천 달러에서 1만 달러로 20% 남짓이만 증가하였을 뿐이다. 그러나 중국의 일인당 GDP는 이미 2배 이상으로 성장하였다. 이는 사실상 경제성장, 총가격수준의 상승, 환율변동이 공동으로 작용하여 나타난 결과이다. 이와 마찬가지로 이 세 가지 요소의 공동 작용을 고려한다면 창당 100년을 전후하여 중국은 샤오캉사회 전면 실현의 목표를 달성함과 동시에 일인당 수준에서도 세계 평균 수준에 도달하거나 또는 초과할 수 있을 뿐만 아니라 심지어 고소득 국가의 반열에 올라설 수도 있다.

## 4. 세계 주요 국가의 일인당 GNI 분포

많은 나라 중에서 경제대국은 세계 경제의 발전에서 주도적 역할을 발휘한다. 표 1-12에서 알 수 있다시피, 세계 최대의 20개 독립 경제체가 수량적으로는 세계은행이 열거한 국가와 지역의 10분의 1에도 미치지 못하지만, 그 경제총량이 전 세계에서 차지하는 비중은 이미 약 80%에 육박하고 있다. 중국·인도·브라질·인도네시아 등 인구대국의 경제가 발전하고 주요 국가가 세계 인구에서 차지하는 비중도 상승하고 있어 세계 경제발전의 불균형 구도가 점차 바뀌고 있다. 2008년 글로벌 금융위기 이후, 주요 20개국의 경제총량이 세계에서 차지하는 비중은 79.7%에서 79.9%로 소폭 상승하였지만 국가별 비중에는 큰 변화가 나타났다. 중국이 차지하는 비중의 변화가 가장 큰데 2011년은 2008년에 비해 3.07%포인트 상승하였고 미국의 변화는 중국 버금으로 1.8%포인트 하락하였다. 일본은 비중은 높아졌지만 그 기간 연평균 실제 경제성장률은 마이너스를 기록하였다. 비중의 증가는 주로 환율의 변동에 따른 결과이다. 다른 주요 선진국, 특히 유럽의 영국·프랑스·독일·이탈리아 등 국가들의 비중은 대부분 하락한 반면에 브라질·인도·인도네시아·한국 등 신흥국들의 비중은 상승하였다. 중국이 일본을 추월하고 브라질이 영국을, 인도가 캐나다를, 인도네시아가 네덜란드·터키·스위스를 추월하는 등 순위에도 변화가 생겼다.

그러나 일인당 수준으로 볼 때, 선진국·신흥국·개발도상국 간의 발전 수준은 큰 차이를 보이고 있다. 중국 등 개발도상국의 일인당 수준도 최근 몇 년간 크게 향상되었지만 선진국과의 격차는 여전히 상당히 크다. 표 1-13은 20개국의 2011년 일인당 GNI 분포 상황을 열거하였는데 데이터에 따라 20개국을 대략 3개 그룹으로 나눌 수 있다.

표 1-12  2008~2011년 세계 주요 국가의 경제총량 변화 상황

| 순위 | 국가 또는 지역 | GDP총액(조 달러) | | 세계에서 차지하는 비중(%) | |
|------|------|------|------|------|------|
| | | 2008 | 2011 | 2008 | 2011 |
| | 세계 | 61.24 | 6 998 | 100 | 100 |
| 1 | 미국 | 14.22 | 14.99 | 23.22 | 21.42 |
| 2 | 중국 | 4.52 | 7.32 | 7.38 | 10.46 |
| 3 | 일본 | 4.85 | 5.87 | 7.92 | 8.38 |
| 4 | 독일 | 3.62 | 3.6 | 5.92 | 5.15 |
| 5 | 프랑스 | 2.83 | 2.77 | 4.62 | 3.96 |
| 6 | 브라질 | 1.65 | 2.48 | 2.70 | 3.54 |
| 7 | 영국 | 2.65 | 2.45 | 4.33 | 3.49 |
| 8 | 이탈리아 | 2.31 | 2.19 | 3.77 | 3.14 |
| 9 | 러시아 | 1.66 | 1.86 | 2.71 | 2.65 |
| 10 | 인도 | 1.22 | 1.85 | 2.00 | 2.64 |
| 11 | 캐나다 | 1.5 | 1.74 | 2.45 | 2.48 |
| 12 | 스페인 | 1.59 | 1.48 | 2.60 | 2.11 |
| 13 | 오스트레일리아 | 1.05 | 1.38 | 1.72 | 1.97 |
| 14 | 멕시코 | 1.09 | 1.15 | 1.79 | 1.65 |
| 15 | 한국 | 0.93 | 1.12 | 1.52 | 1.60 |
| 16 | 인도네시아 | 0.51 | 0.85 | 0.83 | 1.21 |
| 17 | 네덜란드 | 0.87 | 0.84 | 1.42 | 1.19 |
| 18 | 터키 | 0.73 | 0.77 | 1.19 | 1.11 |
| 19 | 스위스 | 0.52 | 0.66 | 0.86 | 0.94 |
| 20 | 사우디아라비아 | 0.48 | 0.58 | 0.78 | 0.82 |
| 21 | 합계 | 48.8 | 56 | 79.7 | 79.9 |

자료출처 : 세계은행 데이터뱅크.

첫 번째 그룹은 일인당 GNI가 3만 달러 이상인 선진국들이다. 이 그룹에는 미국 · 일본 · 독일 · 영국 · 프랑스 · 이탈리아 · 스페인 등 큰 선진 경제체가 포함될 뿐만 아니라 일인당 GNI 수준이 매우 높은 중소국가(예를 들면 스위스 · 네덜란드 등)도 포함되었다. 두 번째 그룹

은 일인당 GNI가 1만~2만 달러 사이인 공업화 국가이다.(1만 달러에 조금 미치지 못하는 멕시코도 이 그룹에 포함시킬 수 있음) 세 번째 그룹은 일인당 GNI가 5천 달러 이하인 개발도상국들인데 중국·인도 네시아·인도가 포함되었다. 표 1-13에서 알 수 있다시피, 세계 경제 에서 신흥 공업화 국가와 개발도상국의 지위가 두드러지기 시작하였 다. 일인당 GNI가 2만 달러 이하인 주요 국가들은 최근 몇 년간 경제 실적이 비교적 좋았다. 특히 일인당 GNI가 가장 낮은 3개국이 지난 10년간 가장 높은 성장을 한 나라였고, 이 표에서 상위권에 포함된 국 가들은 최근 몇 년간 경제가 보편적으로 부진하였다. 이 표에서 하위 권에 속한 국가들은 모두 인구 대국에 속하는데 이들 국가는 일인당 GNI는 낮은 편이지만 빠른 성장세가 나타날 경우 인구 가중치의 작용 으로 인해 세계 일인당 GNI에 큰 영향을 미치게 된다. 약 20년 가까이 세계 경제발전은 신흥 공업국과 개발도상국의 경제성장이 가속화되 면서 구미 선진국이 세계 경제를 주도하던 구도가 빠르게 바뀌고 있 으며 이와 같은 변혁 과정에 중국이 가장 적극적인 역량으로 작용하 는 새로운 특징을 나타내고 있다.

표1-13 2011년 세계 주요 국가의 일인당 GNI 상황

|  | 세계 순위 | 일인당 GNI (달러) |
|---|---|---|
| 세계 |  | 9,511 |
| 스위스 | 7 | 76,400 |
| 네덜란드 | 15 | 49,650 |
| 오스트레일리아 | 16 | 49,130 |
| 미국 | 17 | 48,620 |
| 캐나다 | 22 | 45,560 |
| 일본 | 23 | 44,900 |
| 독일 | 24 | 44,270 |
| 프랑스 | 28 | 42,420 |
| 영국 | 34 | 37,840 |

| 이탈리아 | 37 | 35,290 |
|---|---|---|
| 스페인 | 40 | 30,890 |
| 한국 | 53 | 20,870 |
| 사우디아라비아 | 58 | 17,820 |
| 러시아 | 78 | 10,730 |
| 브라질 | 79 | 10,720 |
| 터키 | 81 | 10,410 |
| 멕시코 | 83 | 9,420 |
| 중국 | 114 | 4,940 |
| 인도네시아 | 140 | 2,940 |
| 인도 | 162 | 1,410 |

자료출처 : 세계은행 데이터뱅크.

## 5. 중국 일인당 소득 수준에 대한 전망

경제통계 분석의 관점에서 볼 때 일인당 GNI는 사실상 강도를 나타내는 지표이며 한 국가나 지역의 국민총소득을 인구와 비교한 분석지표로서 주민이나 가구의 평균 소득보다는 한 국가나 지역의 경제발전 수준을 반영한다. 이러한 오용은 현실에서 매우 보편적이며, 실제로 1차 분배에서 형성된 GNI는 비 금융기업 부문, 금융 부문, 정부 부문, 개인 비영리기구와 거주자(주민) 부문 사이의 복잡한 재분배를 통하여 상기 각 부문의 가처분소득을 형성한다. 추산에 의하면 현재 중국 주민의 가처분소득(Household Disposable Income)이 모든 가처분소득 또는 GNI에서 차지하는 비중은 약 60%이다.[13] 이를 바탕으로 추산하면, 2013년 중국의 전체 주민 수에 따라 계산한 일인당 평균 가처분소득은 약 4천 달러, 위안화로 약 2만 4천 위안으로, 즉 일인당 월평균 소득이 약 2천 위안인 셈이다. (여기서 일인당 소득은 일을 하지 않거나 소득이 없는 노인과 아이를 분모에 포함시켜 '평균'을 내왔음) 3

---

13) 베이징대학 중국 국민경제 계산 및 경제성장 연구센터, 『수요관리에서 공급관리에 이르기까지: 중국 경제 성장 보고서 2010』, 중국발전출판사 2010년판을 참조하라.

인 가구의 매달 평균 세후 소득은 6천 위안 정도다. 일상생활 지출만을 고려한다면 분명 적지 않은 소득이다. 그러나 만약 교육·주택·의료·양로 등 방면의 수요를 고려한다면 이 정도 소득은 결코 많다고 할 수 없다. 현재 중국에 존재하는 소득분배 격차를 감안할 경우 이 평균 소득 수준은 더욱 개선되어야 한다. 만약 기타 조건이 변하지 않는 상황에서(가격변동을 고려하지 않을 경우) 현재의 주민 평균 소득 수준을 2배로 늘린다면 3인 가구의 매달 세후 수입은 1만 위안 정도에 달하고, 저소득층 3인 가구도 수입이 5천 위안 정도에 달할 수 있어 주민 가정의 생활이 샤오캉 수준에 도달하였다고 말할 수 있다. 이 정도 샤오캉 수준은 물론 선진국의 부유한 생활과 비교할 수 없지만 공공서비스와 소득분배의 개선을 통하여 인민들의 생활이 현재보다 뚜렷이 향상되고 나아가 샤오캉 수준에 전면적으로 도달할 수 있을 것이다.

단기적으로 볼 때, 특히 2010년 중국이 적극적인 거시정책을 '적절한 시기 철회' 이후, 중국의 경제성장은 반락 현상이 나타났지만 이러한 반락은 지속되지 않을 것이며 '중국 붕괴론'은 현실에서 나타날 수 없다. 중·장기적인 발전으로부터 볼 때, 체제혁신으로 보나 기술혁신으로 보나 공급에서 보나 수요에서 보나 중국은 여전히 향후 5-10년간 7% 좌우의 고속 경제성장을 유지할 수 있다. 세계 금융위기 이후, 외부 환경 변화의 영향으로 중국의 경제성장은 내수 특히 소비수요에 더 많이 의존해야 하지만, 사실상, 중국은 국내 총수요에서 투자에 더 많이 의존하고 있다. 현재 국내 총수요에서 주민과 정부의 최종 소비가 차지하는 비중과 자본 형성이 차지하는 비중이 각각 50% 안팎인데 이는 중국의 축적률이 상당히 높다는 점을 말해준다. 반면, 미국의 상기 2가지 조항의 비중은 각각 85%와 15%, 한국은 70%와

30%, 인도네시아는 67%와 33%, 인도는 66%와 34%를 차지하고 있다.[14] 중국은 선진국과 비교하나, 신흥국·개발도상국과 비교하나 국내 총수요에서 투자가 차지하는 비중이 모두 엄청 크다. 역사발전으로부터 볼 때 중상소득 단계에 이르면 한 경제체의 주민소득과 생활 수요가 비교적 뚜렷한 개선을 가져오게 되는데 강력한 소비동력 형성 여부는 고소득 경제체의 성장 여부에 있어 중요한 의의를 가진다. 만약 소수인의 소비만 업그레이드된다면 라틴아메리카·말레이시아·터키 등 나라들처럼 '중진국 함정'에 빠질 수 있다. 만약 제2차 세계대전 이후 유럽국가·일본·한국 등 나라들처럼 대규모 소비 업그레이드를 실현할 경우 새로 형성된 소비는 이미 이루어진 투자를 수용할 수 있는 막대한 여력을 가지게 되므로 경제가 중등소득 경제체에서 고소득 경제체로 빠르게 전환하는 데 도움이 된다. 만일 소비 비율을 65%로 높인다면 이미 정해진 경제 성장률과 소득 수준 하에서 인민들의 생활수준은 더욱 크게 개선될 것이다. 중국은 소비 증대 면에서 사실 아직 개선의 여지가 크다. 이런 상황에서 중국의 투자율은 최근 몇 년간 세계에서 가장 빠른 경제성장을 실현하고 있는 한국·인도네시아·인도 등 국가들보다 높을 것이며, 시장화의 가속화와 정부 기능 전환을 통하여 경제성장의 효율을 지속적으로 개선하고 있는 한 비교적 높은 경제성장률 유지는 여전히 가능한 일이다.

---

14) OECD통계국의 GDP 통계 데이터를 바탕으로 계산하여 얻은 결과이다.

# 제2장
## 뉴 노멀 하에서의 새로운 변화, 새로운 불균형, 새로운 정책

제1절 뉴 노멀 하에서 중국 경제에 나타난 새로운 변화:
　　　새로운 출발점, 새로운 기회, 새로운 제약, 새로운 도전

중국 경제는 뉴 노멀에 접어들면서 큰 변화를 겪었고 일련의 새로운
특징을 가지고 있다. 이는 다음과 같은 몇 개 부분에서 두드러지게 나
타난다.

### 1. 새로운 출발점

개혁개방 37년간의 지속적인 고속 성장을 거쳐 중국의 경제발전은
새로운 단계에 들어섰다. 경제 규모에서 볼 때, 2014년 말까지 GDP총
량이 63억 위안을 넘어섰는데 불변가격으로 계산할 경우 개혁개방 초
기의 28배 안팎이고 연평균 성장률은 9.5% 이상이며 1990년대와
2000년대 앞 10년 연평균 성장률은 10% 이상에 달하여 현시대 세계
경제가 지속적으로 고속 성장을 실현하는 역사의 새 기록을 세웠다.
세계은행의 데이터에 따르면 환율법에 따라 달러화로 환산한 중국의

GDP 총량은 9조 2천400억 달러로, 전 세계 GDP에서 차지하는 비중은 개혁개방 초기의 1.8%에서 12.2%로 늘어나고 순위는 세계 10위에서 2위로 상승하였다.(2010년부터는 일본을 제치고 2위로 올라섰으며, 미국 GDP총량[15]의 55% 좌우에 해당함) 일인당 GDP는 2014년 말에 이미 5만 위안에 달하였는데 불변가격으로 계산하면 개혁개방 초기보다 19배 가량 증가하였고 연평균 성장률은 8% 이상에 달하여 역시 현시대 경제발전의 신기록을 창조하였다. 환율법에 따라 달러화로 환산하면 일인당 GDP가 7천 달러를 초과하여 현시대 세계 중등소득 수준에 도달하였다. 중국은 개혁개방 초기에 전형적인 저소득 빈곤 국가로 의식주 문제를 아직 해결하지 못하였었다. 세계은행의 등급 기준에 따르면, 중국인의 평균 국민소득이 1998년에 처음으로 중등소득 수준에 이르렀고 2010년에 처음으로 중상소득 수준에 도달하였다. 개혁개방 30여 년의 발전을 거쳐 중국 경제는 현시대의 중상소득 단계에 진입하였다. 경제구조에서 볼 때, 개혁개방 초기 중국의 1, 2, 3차 산업 비중은 각각 28.2%, 47.9%, 23.9%로, 후진 농업경제의 비중이 지나치게 높았을 뿐만 아니라(1차 산업의 취업 비중은 심지어 70% 이상에 달함) 산업구조가 심각하게 왜곡되고 공업화 과정이 농업 및 서비스업의 발전과 심각하게 단절된 데다 다른 산업의 희생을 대가로 공업을 발전시켰기 때문에 산업구조에서 뚜렷한 '허위 고도화'가 초래되었다. 2014년에 이르러 농업생산액의 비중은 10% 이하로 하락하였고 3차 산업의 비중은 48.2%[16]에 달하여 순 상승폭이 24.3%포인트에 달하였다. 게다가 2013년부터 3차 산업의 비중이 2차 산업을 추월

---

15) 16조 7천700억 달러.

16) 통계상의 편차(중국에서 3차 산업의 생산액은 늘 저평가되어 있다. 2004년, 2008년, 2013년 세 차례의 경제센서스 데이터 수정으로부터 볼 때, 조정 후 GDP 수량의 증가량에서 3차 산업이 차지하는 비중이 각각 93%, 81%, 71% 이상으로 그 비중이 가장 높았다. 이는 역대 통계에서 3차 산업의 생산액이 가장 많이 누락되었다는 점을 의미함)를 감안하면 3차 산업의 실제 비중은 통계에 반영되는 수준보다 더 높다.

하였다. 21세기에 들어선 첫 10년간 3차 산업과 2차 산업의 연간 평균 성장률은 이미 아주 근접하였다. 3차 산업의 생산액이 GDP(가격수준으로 표현한 생산액)에서 차지하는 비중은 4.2%포인트 증가한 반면, 2차 산업의 상승폭은 고작 0.8%포인트에 그쳤다.(2008년 금융위기의 충격에 대처하기 위하여 중국은 강력한 경기부양책을 실시하였는데, 투자 확대가 중요한 문제였다. 투자에서 최우선 목표는 2차 산업을 활성화시켜 빠른 성장을 실현함으로써 3차 산업을 추월하도록 하는 것이다. 2012년부터 2014년까지 '적절한 시기 철회' 조치에 따라 3차 산업의 성장속도가 다시 2차 산업을 추월함) 이러한 산업구조의 변화는 중국 경제가 이미 공업화 후기에 진입하였고 더불어 일부 '탈공업화' 시대의 특징이 이미 형성되기 시작하였음을 말해준다. 이에 상응하게 중국의 도시화는 가속기에 진입하여 도시화율이 개혁개방 초기의 20% 미만에서 현재의 55% 가량으로 상승하여 현시대 세계 평균 수준(52%)을 초과하였다. 상기 GDP총량, 일인당 GDP, 경제구조의 변화는 중국이 경제의 양적 수준에서나 경제의 질적 구조에서나 모두 중상소득 단계와 공업화 후기의 가속 완성 단계에 진입하였음을 의미한다.

## 2. 새로운 기회

이른바 새로운 출발점에서의 새로운 기회는 중국의 경제 및 사회발전이 현재 단계에 들어섰음을 가리킨다. 시진핑(習近平) 주석이 지적한 바와 같이 현대화의 목표가 오늘날처럼 우리에게 가까이 다가왔던 적은 없었다. 과거 우리는 중국 현대화를 실현하는 데 몇 세대가 걸릴지에 대해 이야기하였었고 현대사의 많은 현인들은 산업·과학 및 교육을 통해 국가를 구하는 전략을 포함하여 중국 전통 문명을 현대 세계 문명의 선진 수준으로 발전시키는 방법을 모색하였다. 훗날 쑨중산(孫中山) 선생이 이끈 신해혁명에서 공산당이 이끈 신민주주의혁명과 사회주의건설에 이르기까지, 특히 개혁개방 이래 중국 특색의 사회주의 길을 개척하면서 중국은 드디어 현대화의 길에 들어서게 되었다. '두 개의 백년' 목표에 따르면 중국은 중국공산당 창당 100주년이 되는 2020년을 전후하여 샤오캉사회를 전면적으로 실현한다는 것이다. 그 경제적 함의는 주로 다음과 같은 측면에서 구현된다. 경제총량은 2010년 수준에서 불변가격 기준으로 2배의 성장을 이룬 1천억 위안으로 증가하여 2010년의 환율에 따라 달러로 환산하면 대체적으로 미국의 현재 GDP 규모와 맞먹는다.[17] 2010년 대비 불변가격 기준 일인당 GDP가 2배로 성장하여 약 7만 달러에 달하며 2010년의 환율에 따라 달러로 환산하면 1만 2천 500 달러에 달하여 세계은행이 정한 현시대 고소득 국가의 최저 일인당 GDP 기준을 초월하게 될 것이다. 고소득 단계에 진입한 70개국의 역사를 보면 중상소득 단계에서 고소득 단계로 진입하는 데 평균 12년 이상 걸렸으며 그중 20개 인구대국은 평균 11년 이상 걸렸다. 2020년에 이르러 중국이 샤오캉사회를 전면 실현의 목표를 실현할 때 일인당 GDP가 2010년(불변가격 기준)의 2배에 이른다면 이는 우리가 10년 가량의 시간을 들여 중상소득 단계에서 고소득 단계로의 도약을 실현하였음을 의미한다. 아울러 경제구조 발전에서는 신형 공업화 목표를 실현하여야 한다. 또 다른 100년 목표는 중화인민공화국 창건 100주년 전후, 즉 2050년을 전후하여 중국 특색의 사회주의 현대화를 실현하는 것이다. 중국 특색의 사회주

---

17) 국제통화기금(IMF) 등 기구가 통화의 구매력평가방법에 따라 환산한 결과, 2014, 중국은 GDP총량에서 이미 미국을 추월하여 이른바 세계 1위 경제체로 올라섰다. 그러나 선택한 상품, 서비스 구조에 차이가 있음으로 하여 같은 수량의 상품이 각국의 각기 다른 시장에서의 통화 구매력에 상당한 격차가 존재하였다. 일반적으로, 후진국은 전체적 소득 수준이 낮아 그 물가의 절대 수준도 상응하게 낮기 때문에 통화의 구매력평가방법을 적용할 경우 그 구매력 수준이 과대평가될 수 있다. 경제사적 비교에서 볼 때 그 발전 수준은 통상적으로 10년 정도 과대평가될 수 있다.

의 현대화의 내용은 매우 풍부하다. 추세의 변화에 따라 중국이 미국을 제치고 세계 최대 경제체(환율법에 따라 환산한다고 가정해도 2030년 전후 중국의 경제총량은 미국을 초과할 가능성이 매우 큼)로 부상할 것이다. 비록 경제 규모의 크기로 설명할 수 있는 문제는 제한되어 있지만(한 나라 경제발전의 현대화 수준과 질에 있어서 규모 확장보다는 구조 업그레이드가 중요함) 규모는 어디까지나 기반이다. 중국의 역사발전 과정으로부터 보면 19세기 초 중국의 GDP 총량의 세계 경제에서 차지하는 비중은 36% 이상으로 세계 1위를 차지하였고, 현시대 가장 높은 비중을 기록한 해의 미국의 비중보다 높았다.(미국은 2001년 GDP 비중이 32% 이상으로 가장 높았음) 그러나 질적으로 낙후한데다가 구조적으로는 전통 농업이었고 조직적으로는 봉건적인 소농경제로서 서구의 공업문명 및 자본주의경제와 비교해볼 때 애초에 경쟁력을 갖추지 못하였고 빠르게 쇠퇴하고 있었다. 1840년, 제1차 아편전쟁의 발발을 표징으로 중국은 가난할 대로 가난해지고 취약할 대로 취약해진 반식민지 반봉건사회에 진입하였고 영국은 세계 최대 경제체로 부상하였다. 19세기 후반에는 '영국병'[18]이 발생함에 따라 독일이 영국을 추월하여 세계 최대 경제체로 올라섰다. 20세기 들어 제1차 세계대전 이전에 미국이 독일을 제치고 세계 최대 경제체로 올라섰으며 그 뒤로 지금까지 줄곧 그 자리를 지키고 있다. 중국이 21세기 30년대까지 세계 최대 경제체 위치로 돌아갈 수 있다면 중국 자체의 성장을 위해서도 매우 중요한 의미가 있다. 일인당 GDP 수준에서 볼 때 이 목표를 실현하려면 중국이 21세기 중엽까지 선진국의 평균 수준, 즉 중등발달국가의 수준에 도달하여야 한다.

---

18) '영국병'은 영국이 발전과정에서 동력의 부족과 경쟁력 부족으로 인한 장기간의 쇠락을 말하는데, 이런 쇠락 추세가 20세기 들어 점차 두드러졌기 때문에 '20세기 영국병'으로도 불리지만 그 원인은 19세기에 이미 형성되기 시작하여 19세기 후반부터 이미 조금씩 나타나기 시작하였다. 뤄즈루(羅志如), 리이닝(厲以寧), 『20세기의 영국 경제: 영국병 연구』, 베이징대학출판사 1981년판를 참조하라.

이 또한 덩샤오핑(鄧小平)이 제시한 '3단계 발전 전략'을 실현하는 과정이기도 하다. 첫 번째 단계는, 개혁개방 초기인 20세기 70년대 말부터 80년대 말 90년대 초까지 의식문제(먹는 문제와 입는 문제)를 해결하는 것이다.(중국은 20세기 90년대 초 식량 배급표 제도를 철회함에 따라 의식주 문제가 기본상 해결되었음을 의미한다. 1998년 세계은행이 규정한 일인당 GDP 기준에 비추어보면 중국이 진정으로 기본생활보장 단계에 들어섰음을 의미한다.) 두 번째 단계는, 20세기 말까지 샤오캉사회를 초보적으로 실현하는 것이다.(일인당 공·농업 생산총액이 1천 달러에 달하였으며 그 이후 국민경제 계산 체계가 계획경제의 전통적인 물질재료생산 계산체계에서 1, 2, 3차 산업을 포함한 GDP를 핵심으로 하는 계산체계인 SNA로 전환함에 따라 일인당 GDP가 1천 달러에 달하거나 접근하는 것으로 조정함) 세 번째 단계는, 21세기 중엽에 이르러 중등발달국가를 따라잡는 것인데 그중 기초적인 경제지표는 일인당 GDP를 가리킨다.[19] 다시 말해, 만약 중국이 21세기 중엽에 이르러 현대화 목표를 실현하면 일인당 GDP 수준이 선진국의 평균 수준에 도달하게 된다.(통계상 중등수와 평균수는 대체로 일치함) 경제구조를 보면, 21세기 중엽까지 산업구조, 도시와 농촌 구조, 취업구조, 지역구조 면에서 모두 선진국의 평균 수준과 균형 상태에 이르러야 한다. 규모와 일인당 수준의 양적 성장만 실현하고 경제구조 고도화의 실질적인 향상이 이뤄지지 않는다면 진정한 성장 의미에서의 현대화가 아니며 심지어 경제성장만 실현하였을 뿐 경제발전은 없다고 말할 수 있다. 물론, 구조 업그레이드는 경제발전의 본질을 구성하는 동시에 경제발전의 진정한 어려움을 형성하기도 한다. 총적으로 새로운 출발점에 올라선 중국은 경제발전에서 새로운

---

19) 『덩샤오핑문선(鄧小平文選)』, 제3권, 인민출판사 1993년판을 참조하라.

기회를 맞이하게 된다. 지금부터 5~6년이 더 지난 2020년에 이르러 샤오캉사회를 전면 실현하여 중상소득 단계에서 고소득 단계로의 도약을 실현하게 된다. 10여 년이 더 지난 2030년을 전후하여 총량에서 추월을 실현하여 다시 세계 1위로 돌아올 수 있다. 그리고 30여 년이 더 지난 뒤인 2050년을 전후하여 현대화를 실현하여 선진국의 반열에 올라설 수 있다. 우리는 역사상 그 어느 때보다도 중화민족의 부흥이라는 위대한 목표에 더욱 가까워졌다.[20]

## 3. 새로운 제약

중상소득 단계에 진입한 후 사회 및 경제발전을 제약하는 일련의 경제 조건에 심각한 변화가 발생하여 새로운 단계의 경제성장에 일련의 새로운 특징을 부여하였고 경제발전 방식, 경제발전 전략, 경제발전 경로 등에 근본적인 변혁 요구를 제기하였다. 이런 경제 제약 조건의 변화는 두 방면으로 표현된다고 개괄할 수 있다. 한편으로는 공급 측면의 변화, 즉 국민경제 생산 방면의 변화인데 저소득 단계, 중저소득 단계에 비해볼 때 중상소득 단계로 진입한 후 국민경제의 총 생산 비용이 쾌속 상승기에 들어선 데서 표현된다. 첫째, 임금과 사회보장 수준의 상승에 따라 노동력 원가가 꾸준히 증가하였다. 이원경제 하에 농촌 잉여 노동력의 이전이 추진됨에 따라 노동력 원가가 점차 균형을 잡아가고 있다.(루이스 전환점에 도달함) 노동력 총량의 확장속도가 점차 둔화되고 인구 보너스가 점차 사라지면서 노동력 원가 상승 압력도 날로 커지고 있다. 둘째, 토지 · 담수 · 에너지 · 원자재 등 자연자원의 가격 상승세가 뚜렷하다. 경제 규모의 확장으로 형성된 거대한 수요와 자연자원 자체의 한정성 및 희소성은 자연자원의 기격

---

20) 『시진핑 국정운영을 말하다』, 외문출판사 2014년판을 참조하라.

상승으로 이어져 국민경제 총비용을 높이는 추동력을 형성한다. 셋째, 환경자원 가격이 상승하고 환경보호 기준과 요구 사항이 끊임없이 증가하고 있다. 경제와 환경 간의 갈등은 반드시 완화시켜야 하는 모순으로 불거지고 경제에 대한 환경의 수용능력이 도전에 직면하게 된다. 환경자원을 사용하기 위해서는 더 많은 비용을 지불하여야 하고 환경의 파괴에 대해서 더 큰 대가를 치러야 한다. 넷째, 기술 발전 비용이 상승한다. 저소득 단계 심지어 중저소득 단계에서는 기술이 선진국과 전체적으로 큰 차이가 나기 때문에 단순한 모방으로 기술을 학습하고 기술진보를 실현할 수 있다. 게다가 모방 학습 '공간' 이 넓고 또 모방 학습은 다양한 형태의 기술진보 중에서 투입이 가장 적고 비용이 가장 적게 들어가며 리스크가 가장 적은 방식이다. 만약 지적 재산권이 잘 보호되지 않을 경우, 이러한 유형의 모방은 비용이 훨씬 저렴하다. 그러나 중상소득 단계에 들어선 후 중국의 전체적인 기술 수준과 선진 기술 수준의 격차가 다소 줄어들었고 통상적으로 다시 모방할 수 있는 '공간' 이 점점 좁아지고 있으며 기술발전은 점점 더 자주 혁신과 자주 연구개발에 의존하고 있다. 이러한 자주 혁신과 자주 연구개발은 모든 형태의 기술 발전에서 가장 기본이 되는 요소이지만 투자가 가장 많고 비용이 가장 많이 들어가며 리스크가 가장 크고 주기 또한 가장 길다. 요약하면 이 단계에 각종 요소의 비용이 뚜렷이 상승하면서 단기적으로는 지속적으로 늘어나고 있는 비용에 따른 인플레이션 압력이 형성되고 경제성장의 심각한 불균형을 초래하며 장기적으로는 경제의 핵심경쟁력을 약화시키게 된다. 낮은 요소 비용을 핵심 경쟁력으로 삼아 의존하던 시대는 끝났다. 이를 위해서는 주로 요소 투입의 확대로 경제성장을 이끌던 발전방식을 주로 효율성 개선으로 경제성장을 이끄는 발전방식으로의 전환이 필요하다.

그렇지 않으면 경제성장의 균형을 이룰 수 없는 건 물론, 경제발전도 지속하기 어렵다. 다른 한편으로는 수요 측면에 변화가 나타났다. 중상소득 단계에 들어선 후 총수요가 부진한 상황이 나타날 수 있다. 저소득 단계와 중저소득 단계에서는 투자수요와 소비 수요를 포함한 수요가 전체적으로 강한 성장세를 보였다. 공급의 절대적 또는 상대적 부족으로 인한 국민경제 총량 불균형의 두드러진 특징은 부족에서 반영된다. 그러므로 기업가들은 판매보다는 더 많은 투입을 확보해 생산 확대를 실현하는 방도에 더 관심을 돌리고 정부의 거시적 조정은 생산력 과잉이 아닌 수요 억제를 통한 심각한 인플레이션 방지에 더 주목하고 있다. 중상소득 단계에 접어들면 이런 불균형 상태의 방향이 역전될 수 있다. 투자수요로 볼 때, 국민소득 수준이 향상되고 주민예금이나 은행예금 규모 모두 확대될 수 있겠지만 이런 자금들이 반드시 효과적인 투자로 전환되어 시장투자수요를 형성한다고는 할 수 없다. 그러므로 국민경제 발전과정에서 자주적인 연구개발과 혁신력의 효과적인 제고 여부가 관건이다. 중상소득 단계에 진입함에 따라 중국의 요소 비용이 상승하면서 상대적 비용 우위가 약화된다. 만약 선진국이 신프로젝트, 신제품, 신기술 재투입을 중단하거나 늦춘다면 자체의 자주적인 연구개발과 혁신력 부족으로 중국은 새로운, 효과적인 투자 기회를 창출하기 어려울 것이다. 은행 시스템의 예금 규모가 엄청남에도 불구하고 시장에서 효율 준칙에 따라 효과적인 기회를 찾지 못할 것이다. 기존의 상황에서 투자 확대를 강행한다면 낮은 수준의 기술 상태, 저하된 경쟁력 수준에서 중복 투자가 이루어져 심각한 생산력 과잉을 야기하게 되며 시장경제의 주기적 변동에 맞닥뜨리게 되면 경제 버블이 형성되어 도태되고 만다. 따라서 투자수요가 부진하고 돈이 있어도 투자할 곳이 없는 상황이 초래된다. 자주적 연구개발과 혁신력 향상의 기반은 교육과 건강 분야를 비롯한 인적 자본의 투입과 축적인데, 만일 이런 투입이 장기적으로 경제성장에 비해 뒤처져 있을 경우 일정 수준의 물질적 자본이 축적되면 인적 자본 축적의 부족으로 인해 경제발전을 저해하게 된다. 소비 수요로 말하면 주민 가처분소득 수준이 국민경제의 발전과 더불어 전체적으로는 상승하고 있지만 소비 수요의 증가와 국민경제 발전 요구의 상호 적응 여부는 국민소득 분배의 합리성 여부에 달려있다. 국민소득 분배 격차가 심각하게 확대되고 심지어 양극 분화가 초래된다면 다음과 같은 상황이 나타날 수 있다. 소득이 높을수록 소득에서 차지하는 소비 비중은 낮다. 절대적인 수량에서 다른 사람보다 많고 또 사회 광범위한 구성원 소득이 전반적으로 낮으며 심지어 절대적 또는 상대적으로 빈곤이 누적되고 있는 상황임에도 소비를 늘려야 하지만 경제적 능력이 없고 능력이 없을수록 미래에 대한 자신감도 떨어져 부득이하게 현 단계의 필요한 소비를 줄이거나 포기하는 방법으로 저축(미래 소비)을 늘릴 수밖에 없다. 사회 전반적으로 부자는 돈을 쓰지 않고 가난한 사람은 쓸 돈이 없으며 더욱이 돈을 쓸 엄두를 내지 못하는 상황이 형성되면서 사회의 소비경향이 크게 저하된다. 국민소득은 고속 성장하고 있지만 소비 수요의 증가는 상대적으로 침체된다. 투자와 소비 수요의 성장이 나란히 둔화되어 경제성장 속도를 동시에 억제함으로써 경제성장이 둔화되고 시장이 침체되며 실업률이 상승하는 상황이 초래된다. 중상소득 단계의 경제성장 속도는 그 전보다 뚜렷이 하락하여 고속성장에서 중·고속 심지어 저속으로 전환된다. 이는 뉴노멀 하에서 경제성장의 객관 법칙이다.

## 4. 새로운 도전

 새로운 단계의 새로운 변화 적응 여부는 지극히 도전성을 띤 명제로, 만약 새로운 단계의 새로운 도전에 적응하지 못한다면 경제발전은 지속되기 어렵고 심지어는 '중진국 함정'에 빠지게 될 것이다. 이른바 '중진국 함정'은 세계은행이 2006년 연구 보고서에서 제기한 개념인데, 제2차 세계대전 이후 일부 개발도상국들이 빈곤에서 벗어나 의식문제 해결 단계를 지나 중등소득 단계에 들어선 후 새로운 단계의 새로운 변화에 적응하지 못한 탓에 경제 및 사회발전이 장기적으로 침체상태에 빠지고 그 위기가 끊임없이 심화되는 것을 가리킨다. 대표적인 예로 20세기 60~70년대의 일부 라틴아메리카 국가들이 있는데, 경제발전이 중상소득 단계에 진입하여 당시의 아프리카와 아시아 등지의 개발도상국들보다 앞섰으나 새로운 단계의 새로운 변화에 적응하지 못하였기 때문에 오랜 세월 동안 뛰어넘지 못하고 현재까지도 고소득 단계에 진입하지 못하고 있는데 ('라틴아메리카의 소용돌이'로 불림) 따져보면 이미 반세기란 세월이 흘렀다. 또 20세기 80, 90년대 동아시아의 말레이시아 · 필리핀 · 인도네시아 · 태국 등 국가도 경제발전이 그때 당시 중상소득 단계에 진입하였지만, 새로운 변화에 적응하지 못함으로 하여 1997년 아시아 금융위기의 충격 하에 경제적으로 엄청난 타격을 입게 되었고 저수준의 규모 확대로 이루어진 경제성장은 금융위기의 여파로 경쟁력이 없는 과잉 생산력이 도태되면서 현재까지도 고소득 단계로 도약하지 못하고 있는데('동아시아 거품'이라 함) 이미 약 30년의 시간이 지났다. 또 현재 서아시아와 북아프리카의 불안정한 국가들로는 이집트 · 튀니지 · 예멘 · 리비아 · 시리아 · 요르단 등이 있는데 20세기 90년대 후반에서 21세기 초반까지 중상소득 단계에 이르렀지만 여전히 새로운 단계의 새로운 변화에 적응하지 못하고 2008년 글로벌 금융위기의 여파로 경제·정치·사회·문화·군사 등의 위기에 빠진 지 20년 가까이 되었다. 중국은 사회 및 경제의 발전이 중상소득 단계에 진입한 후 엄청난 기회와 동시에 심각한 도전에도 직면하고 있다. '중진국 함정'을 구성하는 주요 요소는 중국에도 존재하는데 '중진국 함정'을 어떻게 뛰어넘을지가 우리 앞에 놓인 중요한 문제로 대두되고 있다.

## 제2절 뉴 노멀 하에서 중국 경제성장의 새로운 불균형, 새로운 동기부여

뉴 노멀 시기에 들어서고 중국의 경제성장이 새로운 단계에 진입하면서 거시적 경제의 불균형이 새로운 특징을 띠기 시작하였는데 주로 다음과 같은 몇 가지 부분에서 표현된다.

### 1. 새로운 불균형

개혁개방 이래 중국의 거시경제 불균형은 대체로 3개 단계를 거쳤다. 첫 번째 단계는 1978년부터 1998년 상반기까지인데 이 기간 일부 연도를 제외하고 거시경제 불균형은 수요의 팽창과 공급의 부족 그리고 전반 경제의 결핍이 특징이었으며 엄청난 인플레이션 압력이 가장 두드러진 모순이었다. 개혁개방 이래 발생한 세 차례의 사재기 붐은 모두 1998년 이전에 나타났다. 매번 사재기 붐의 구체적인 원인은 각기 다르지만 근본적인 원인은 거시경제 불균형이 일반적으로 공급에 비해 수요가 훨씬 큰 것이 특징이라는 사실에 있다. 1984년 말부터 1985년까지 첫 번째 대규모 구매 붐이 일어났다. 1984년 가을, 중국공산당 제12기 중앙위원회 제3차 전원회의에서 경제체제 개혁을 전면적으로 전개하기로 결정하면서 이에 따른 물가상승을 염려한 도시 주민들이 수중에 있던 현금으로 정부와 재고 경쟁을 벌인 것이 직접적인 원인이며 결과 1985년 CPI가 9% 이상에 달하였다. 두 번째는 1988년 여름과 가을 즈음 발생하였다. 중앙 베이다이허(北戴河) 업무회의에서 가격개혁(가격 돌파구) 결정을 내렸는데 사람들이 물가상승을 우려하여 사재기를 벌인 것이 직접적인 원인이며 그 결과 1985년 CPI가 18% 이상에 달하였다. 세 번째 구매 붐은 1994년에 발생하였는데 14차 당 대회 소집 등 일련의 호재 정보의 자극으로 국내에 거대한 투자수요가 형성되어 1993년 이후 물가에 충격을 가한 것이 직접적인 원인이며 CPI가 24% 이상에 달하였다. 이에 따라 이 단계의 불균형 특징과 서로 맞물려 거시경제정책이 장기간 긴축 특성을 나타냈다. '6차 5개년 계획' 기간에서 '9차 5개년 계획' 기간까지 재정정책이나 통화정책 모두 장기적 긴축정책을 강조하였는데 수요 증가를 억제하고 인플레이션을 억제하는 것이 목적이었다. 두 번째 단계는 1998년 하반기부터 2010년 10월까지 기간인데 개별적인 연도를 제외하고 불균형을 초래한 원인은 주로 수요 부진이다. 특히 내수 부족에다 아시아 금융위기의 충격(1998년 이후)과 세계 금융위기의 충격(2008년 이후)까지 잇달아 겹치면서 중국 경제성장의 동력이 부족하고 성장률이 하락하여 경제하행의 모순이 두드러지게 나타났다. 1998년 하반기 이후 아시아 금융위기의 영향이 나타나기 시작하였고 내수 부족, 공업 소비품 생산력 과잉 모순이 날로 두드러졌다. 금융위기에 빠진 한국·싱가포르·인도네시아 심지어 일본까지도 잇달아 본위화폐를 대폭 평가 절하한 상황에서도 중국 정부는 세계 경제 질서의 안정을 위하여 위안화를 평가절하하지 않을 것을 약속함으로 인해 중국 수출이 매우 큰 영향을 받았다. 따라서 1999년부터 2001년까지 연속 3년 동안 중국은 디플레이션 현상이 나타났고 CPI가 마이너스로 전환하면서 많은 향진(郷鎭)기업들이 부도나고 대량의 국유기업 직원들이 정리실업 당하며 대규모 도시진출 농민공들이 조기 귀향하는 상황이 나타났다. 중국 정부는 1998년 하반기부터 부득이하게 20년 가까이 지속해오던 긴축정책을 철회하고 내수 확대 위주의 경기부양책을 취하였으며 '적극적인 재정정책, 안정적인 통화정책'이라는 정책 방향을 처음으로 제시하여 장기간 실시해오던 기존의 긴축정책과 차별화 정책을 펴기 시작하였다. 2008년 초, 중국은 2007년 14% 이상의 초고속 성장이라는 과열 상황을 바탕으로 '두 가지 방지(경제과열 방지, 인플레이션 방지'의 긴축정책을 취하였다. 이에 따라 중국 경제는 2008년 1분기부터 2009년 1분기까지 연속 다섯 분기 동안 성장속도가 지속적으로 떨어지는 상황이 나타났다. 그러나 2008년 말부터 금융위기에 대처하기 위하여 중국은 보다 적극적인 재정정책과 적당하게 완화된 통화정책을 취하였고, 재정과 통화 이중 확장의 '콤비네이션 블로(組合拳)' (잘 짜여진 일련의 정책묶음)방식으로 전면적인 경기부양을 이끌다가 2010년 10월에 이르러 우선적인 철회를 선포하였다. 세 번째 단계는 2010년 10월부터, 중국이 전면적인 확장정책 기조에서의 철회를 선언한 후까지 기간이다. 이 기간 중국의 경제 불균형은 잠재적 인플레이션 압력과 하행 리스크로 특징지어지고 있다. 앞 두 단계와 달리 거시경제 불균형의 두 가지 전형적인 모순이나 수요가 공급을 크게 초월하여 야기된 심각한 인플레이션이나 심각한 실업이 과거에는 단계별로 나타났으며 총량 불균형의 방향은 뚜렷하였다. 따라서 긴축 혹은 확장의 거시경제정책을 취하여 방향의 선택 또한 명확하였다. 현 단계에 들어선 후 두 가지 불균형이 동시에 발생하였을 뿐만 아니라 두 가지 불균형을 완화하기 위해 필요한 거시적 정책 방향은 정반대여서 거시적 정책 방향의 선택이 어려운 것이다. (20세기 60년대 서구 국가에 나타난 '스태그플레이션'과 유사한 현상)[21]

## 2. 새로운 동기부여

새로운 불균형의 형성 원인은 복잡하다. 장기적으로 볼 때, 주로 중국 경제발전이 뉴 노멀 (new normal) 상태에 진입함에 따라 경제성장과 발전을 제약하는 조건에 근본적인 변화가 발생하였으며 발전방식의 전환과 뉴 노멀 하에서의 객관적인 경제조건의 변화 사이에는 늘 모순과 여러 가지 부적응이 동반되어 거시경제의 불균형이 새로운 특징을 나타내게 되는 것이다. 단기적으로 볼 때, 금융위기의 여파로 중국 경제는 고속에서 중·고속으로 전환하는 경제성장의 변속단계, 금융위기에 대응하기 위한 정책으로 발생한 비용의 소화단계, 경제 구조조정의 진통단계 등 이른바 '세 단계 중첩'의 복잡한 구도에 직면해 있다. 이밖에 세계 경제의 극도로 복잡하고 불확실한 회복기는 거시경제 불균형을 더욱 복잡하게 만들 것이다.

구체적으로 말하면, 인플레이션의 잠재 압력으로 볼 때, 비록 표현되는 가격수준은 높지 않지만 최근 몇 년간 PPI가 이미 마이너스를 기록하고 CPI도 줄곧 3% 이하를 유지하였으며 어떤 시기에는 심지어 2% 이하까지 하락하였다. 그러나 그 원인에는 새로운 특징이 있다. 첫째, 전례 없이 강력한 수요로 인해 지연이 발생하고 있다. 금융위기의 충격에 대응하는 과정에서 강력한 확장적 거시경제정책은 유통 수요를 자극함으로써 M2와 GDP의 비율이 정상범위를 훨씬 벗어났다. 이러한 통화 저장량이 물가에 전도되어 형성되는 현실의 인플레이션이 일정하게 지연될 뿐만 아니라 경제가 불황을 겪을수록 회복이 더

---

21) 류웨이(劉偉), 「중국 경제성장 및 불균형의 새 변화와 새 특징」, 『경제학동향』 2014년 제3호를 참조하라.

느러지고 더 지연될 가능성이 있지만 이미 유통 고리에 들어간 통화는 조만간 CPI에 영향을 미치게 되고 경제 회복에 가까울수록 앞서 위기에 대처하기 위하여 투입하였던 통화가 물가에 영향을 미칠 가능성이 커진다. 어떤 의미에서 보면, 2008년 말 우리가 전례 없이 강력한 경기부양책을 취하였기에 경제성장에서도 뚜렷한 효과를 거둔 것이다.(2008년부터 2010년까지 중국의 GDP성장률은 각각 9%, 8.7%, 10.2%로 세계경제의 저성장 심지어 마이너스성장과 뚜렷한 대조를 이룸) 그러나 이로 인해 형성된 지연된 인플레이션 압력 또한 전례 없이 컸는바 현재 우리는 전기에 취했던 위기 완화 정책에 대한 대가를 치르고 있는 것이다. 둘째, 뉴 노멀 하에서 국민경제 비용의 전면 상승은 거대한 비용 추진 압력을 형성하였다. 중상소득 단계에 들어선 후 요소비용이 뚜렷하게 증가하고 효율 속도가 다소 둔화되면 원가에 의하여 움직여지는 인플레이션 압력은 현실적인 인플레이션으로 전환된다. 중국의 현 단계 경제성장에서 경제 규모의 확장에 비해 효율 상승이 상대적으로 느린 것이 가장 두드러진 문제이다. 추산에 따르면, 중국의 공업화 과정은 이미 3분의 2 이상 마무리되었고(정책목표 요구에 따라 2020년에 공업화를 실현할 예정) 공업화가 마지막 몇 년의 전력투구 단계에 들어섰지만 중국 농업의 노동생산성 수준은 공업화 국가의 14% 정도에 불과하며 공업제조업의 노동 생산 수준은 공업화 국가의 46% 정도에 불과하다.[22] 중국은 현재 침체된 수요를 끌어 올려야 하는 압력뿐만 아니라 비용 상승 압력을 동시에 받고 있어 막중한 잠재적 인플레이션 압력에 직면하여 있다. 체제적으로 보면 중국은 수요 견인에 따른 인플레이션을 관리하는 능력이 비교적 강하여 은행체제의 전면적인 통화 긴축을 요구할 수 있으며 국유 상업은행을

---

22) 류웨이(劉偉)·장후이(張輝), 「중국 경제성장에서의 산업구조 문제」, 『중국 대학교 사회과학』 2013년 제4호를 참조하라.

주체로 하는 금융시장체계는 정부의 거시적 정책의 요구에 협조할 가능성도 크다. 그러나 비용 상승에 의해 형성된 인플레이션을 관리하는 과정에서 우리는 체제적 우위를 전혀 갖추고 있지 않다. 비용 상승에 의하여 형성된 인플레이션을 관리하는 관건은 기업이 혁신과 효율 향상 및 관리 보완을 진행하는 것이며 이에 따라 비용을 낮추고 비용에 대한 소화능력을 향상시키는 것이다. 이와 동시에 정부는 서비스를 보완하고 기능을 전환하며 효율을 높이고 기업의 세수부담을 덜어 줌으로써 기업의 생산원가를 낮춰주어야 한다. 또한 시장, 특히 금융 등 요소시장을 보완하여 기업의 융자비용을 낮춰주어야 한다. 그리고 이를 실현하려면 전면적 개혁 심화가 필요하며 이는 하루의 노력만으로 실현될 수 있는 일이 아니다. 통화긴축정책만으로 인플레이션을 다스린다면 수요를 끌어올림에 따라 형성된 인플레이션을 다스리는 데는 어느 정도 영향을 미칠 수 있겠지만 비용의 상승에 따라 형성된 인플레이션에는 효과가 없을 뿐만 아니라 오히려 부작용까지 나타날 수 있다. 왜냐면 통화긴축은 시중 자금 공급이 줄어들고 이자율이 높아지며 기업융자 이자가 높아지기 때문에 기업 재무비용의 증가를 초래하게 되며 기업 생산원가의 상승을 부추겨 비용 상승으로 형성되는 인플레이션 압력을 가중시키게 됨을 의미한다. 셋째, 국제수지의 불균형과 재 균형의 어려움이 인플레이션 압력을 가중시키고 있다. 수입이 지출보다 많은 것이 중국 국제수지 불균형의 장기적인 특징이다. 따라서 흑자가 줄곧 존재하고 있다. 중국이 세계 최대 무역국으로 부상함에 따라(2013년 중국 수출입 총액이 미국을 넘어섬) 국제수지 불균형에 따른 흑자의 절대적 규모가 방대해졌다. 한편, 중국인민은행과 상업은행 간의 외화 결제 과정에서 중국인민은행은 자체 자산으로 상업은행과 외화 결제를 진행하는 것이 아니라 지폐 인쇄 방식을 취하면서 외화 결제가 중국인민은행의 본위화폐 발행의 중요한 루트로 되었다. 중국에서 현재 유통되고 있는 M2 보유량 중에서 외화 결제로 방출된 통화, 즉 이른바 '외국환평형기금'은 이미 통화 방출량의 주요한 원천으로 되었다. 인플레이션 압력을 통제하려면 국제수지의 불균형을 다스리고 국제수지의 재 균형을 힘써 추진하여야 하는데 그 과정이 매우 어렵다. 한편으로, 보호무역주의가 다시 고개를 쳐들고 내수가 부진한 국내시장에서 필연적으로 수출기업을 적극 지원하여야 한다. 다른 한편으로, 중국에 대한 서구의 첨단과학기술 봉쇄(《파리 협약》이 아직 해제되지 않음)와 제한을 받아 수입을 효과적이고도 대규모로 늘리기에는 어려움이 있다. 특히 무역구조에서 첨단과학기술 제품과 에너지, 원자재 등 전략적 물자를 사고 싶어도 다른 나라들에서 꼭 판다는 보장도 없다. 특히 일반 공업 소비품(2013년, 중국은 공업제조업 규모가 이미 미국을 초과하여 최대 규모의 제조업 국가로 부상함) 등 그들이 팔고 싶어 하는 것이 우리에게 꼭 필요한 것이 아닐 수도 있다. 이로 하여 구조적으로 국제수지의 균형을 재조정하고 결과적으로 인플레이션 압력을 줄이는 것이 더 어려워졌다.

경제 '하행'의 위협으로 볼 때, 내수 부진추세를 여전히 효과적으로 돌려세우지 못하였으며, 특히 최근 몇 년간 더욱 심해지는 추세이다. 첫째, 투자 수요의 성장이 부진하다. 투자는 중국 경제성장의 중요한 동력이다. 개혁개방 이후 중국의 연평균 투자수요 성장이 20% 이상(변동성도 큼)에 달하였다. 2008년 세계 금융위기의 충격에 대응하는 과정에서 투자확대는 가장 중요한 조치였지만 2013년부터, 중국의 고정자산 투자수요 증가속도가 20% 이하로 하락하였으며 해마다 하락세를 이어갔다. 이런 하락세가 형성된 주된 원인은 시장주체(기업) 투자수요의 부족이었다. 대기업, 특히 국유 대형 기업, 특 대형 기업의 융자 루트는 원활하였다. 직접 융자든 간접 융자든지를 막론하고 전체적으로 모두 보장되었다. 문제는 기업의 자주적 개발과 혁신력 부족, 산업구조의 업그레이드 동력 부족, 공간의 한정성으로 인해 실제적이고도 효과적인 투자 기회를 찾기 어려운 데 있었다. 생산력 과잉, 과잉 생산력 해소 압력이 극심한 상황에서 기존의 산업구조, 제품구조, 기술구조를 바탕으로 투자수요를 확대한 결과, 낮은 수준의 중복으로 이어져 효과적인 성장보다는 경제거품을 형성할 수밖에 없다. 강력한 시장 제약 강도가 끊임없이 확대되는 체제 개혁 과정에 국유기업들의 투자가 갈수록 이성을 찾아가면서 더는 장기적으로 대규모 무효 투자를 하지 않게 되었다. 비록 소기업 특히 민영기업이 투자 충동을 가지고 있지만, 시스템적인 원인과 민영기업 자체 자산 및 관리 방면의 원인을 포함한 여러 가지 원인으로 정규적인 금융시스템은 민영기업을 더 이상 신뢰하지 않게 되었다. 따라서 민영기업은 정규적인 금융시장을 통한 투·융자를 실현하기 어렵게 되면서 비정규적인 민간 대출에 의존할 수밖에 없는 상황에 직면하게 되었다. 그 민간 대출은 이자가 높을 뿐만 아니라(사실상 고리대금) 리스크도 엄청 크다. 대기업과 중소기업 모두 왕성한 투자 수요를 형성하기 어려워 투자 성장을 견인하기 위하여서는 상당한 정도에서 정부에 의존하여야 한다. 정부가 투자에서 보여주는 비교적 강한 능동적 역할은 중국이 체제적으로 경제 위기에 대응하는 중요한 우위이지만 장기적으로 볼 때 정부의 투자에만 의존하여 성장을 이끌 수는 없는 일이다. 한편으로, 정부가 견인하는 성장이 시장경쟁의 효율을 보장할 수 있을지 하는 의문을 가져야 한다. 단기적으로 견인한 성장이 향후 장기적으로 소화하여야 할 '거품'이 될 수도 있기 때문이다. 다른 한편으로, 정부 위주의 투자는 장기적으로 지속되기 어렵다. 지방 정부는 다양한 금융 플랫폼을 형성하여 은행으로부터 대출을 받아 투자를 창출할 수 있지만 융자 플랫폼이 인프라 건설 투자와 지방 공공재나 준공 공제 생산에 활용되기 때문에 그 이익과 상환능력이 제한되어 있는데다가 투입이 크고 투자회수주기가 길뿐만 아니라 리스크 또한 커 은행은 지방정부의 담보를 요구한다. 그러나 지방정부의 담보능력은 주로 예산외의 특별 토지 수입에서 발생하는데 일단 토지시장에 시장성, 정책성 위험과 변동을 포함한 여러 가지 위험과 변동이 나타나면 위험에 직면하게 된다. 비록 현재 중앙과 지방 정부를 비롯한 중국 정부의 채무가 GDP에서 차지하는 비중이 여전히 합리적인 범위(40% 이하)에 있다고는 하지만 지방정부의 경우 이런 채무 리스크 압력의 점차적인 증가는 필연적으로 그들의 투자 및 융자능력을 제한하게 된다. 중앙정부는 재정적자와 국채 발행 등 방식으로 투자능력을 키울 수 있지만 재정적자 규모는 엄격한 제한을 받게 된다. 특히 인플레이션 관리 목표의 규제를 받고 있으며 지속적으로 확장할 수 없다. 정부의 능력 제한으로 부득이하게 먼저 철회하여야 하지만 시장 주체(기업)가 이와 보조를 맞추지 못한다면 정부 철회와 더불어 투자수요가 심각한 부진을 겪으면서 경제 성장률의 둔화세가 가속화될 것이다. 중국 정부는 2010년 10월 발표를 통해 위기완화정책 기조에서 한발 물러나기로 결정한 후, 2011년 1분기부터 2012년 3분기까지 연속 7개 분기 동안 경제 성장률이 하락하였는데(2008년 금융위기의 여파로 발생한 연속 5개 분기 동안 성장률이 하락하였던 시간보다 더 길었음) 이는 상기 문제를 잘 반영하는 대목이다. 현재 정부의 능력이 제한을 받고 있어 기업의 동력이 부족한 모순이 여전히 심각함으로 인해 경제 하행 압력이 비교적 크다. 둘째, 소비수요의 성장이 부진하여 최근 몇 년간 사회소비품 소매총액의 성장률이 지속적으로 하락하였는데 국민소득 분배 구조의 불균형이 주요한 원인이다. 한편으로 국민소득의 거시적 분배 구도를 보면 1차 분배 영역에서 국민소득이 정부 · 기업 · 노동자 3자 간에 분배되어 세수 · 자본이윤 · 임금보수로 세분화된다. 전반적으로 볼 때 세수의 성장률이 가장 커 연평균 18% 이상(현행 가격)에 달하였고 임금보수 성장률이 가장 작으며 주민소득 성장률은 오래 동안 GDP 성장률('12차 5개년' 계획은 양자를 반드시 동기화하여야 한다고 특별히 요구함)보다 낮았다. 직접적인 개인 소비는 주로 주민소득으로 구성되는데 이 부분의 성장률이 장기간 상대적으로 낮아 GDP에서 차지하는 비중이 하락세를 나타내 궁극적으로는 경제성장에 대한 소비 성장의 기여가 상대적으로 부족하고 소비성향이 상대적으로 낮은 상황을 초래하게 된다. 다른 한편으로 국민소득 분배의 미시적 차원에서 볼 때 사회 구성원들 간의 소득분배의 격차가 비교적 크면 사회 전반의 소비경향을 낮출 수 있다. 국가통계국이 발표한 측정 결과에 따르면 2002년부터 중국 주민소득의 지니계수는 줄곧 흔히 말하는 경계선을 웃돌고 있으며(즉 20%의 고소득자가 국민소득의 40% 이상을 점유하는 경우) 2007년에는 49% 이상이라는 최고치를 기록하기도 하였다. 최근 몇 년 동안 다소 하락하였지만 2014년까지 여전히 46%를 상회하고 있다. 주민소득의 현저한 격차가 존재하는 데는 체제와 정책 방면의 원인도 있고 발전수준 방면의 원인도 있는데 그중 도시와 농촌의 격차가 중요한 요인이다. 도시 주민의 실제 가처분소득은 농촌 주민의 실제 가처분소득의 3배 이상으로, 중국 현 단계의 주민 소득 격차를 구성하는 가장 주요한 발전 요소이다. 도시와 농촌의 비교적 큰 격차는 재분배 과정에서 체제와 정책적 요소의 영향을 받는 외에 1차 분배에서의 농업 생산성 저하가 더 중요한 원인으로 작용하고 있다. 중국 현 단계에 1차 산업의 생산액이 GDP에서 차지하는 비중은 이미 9% 안팎으로 하락하였지만 노동력 취업 비중은 여전히 30% 이상을 차지하고 있다. 이는 1차 분배에서 30% 이상의 농업 취업자가 약 9%의 부가가치를 분배받는 것을 의미한다. 따라서 처음부터 농업과 비농업 산업의 분배에서 거대한 격차가 형성되었다. 재분배 과정은 사실상 농업과 비농업 산업 간의 분배 격차를 한층 확대하였다. 농업 노동자의 임금 향상을 통하여 비농업 산업 노동자와의 임금 격차를 줄일 수 있는 잠재력이 턱없이 부족하다. 농업 생산액에서 정부의 세수소득은 이미 거의 제로에 가까워지고(2006부터 농업세를 폐지함) 자본잉여금이 차지하는 비중이 지나치게 낮으며 생산액의 90% 이상을 노동자의 보수로 농민들에게 분배하였다. 농업 내부에서는 분배구조의 변화를 통해 농민 소득수준을 제고할 수 있는 공간이 더 이상은 없다. 따라서 공업화와 도시화를 통해 농업 노동력의 이전을 이끌어야만 한다. 이로부터 국민소득 분배구조를 개선하기 위하여서는 힘겹고도 장기적인 노력이 필요하다는 점을 알 수 있다. 셋째, 순수출 성장률이 둔화되었다. 국제수지에서 장기적으로는 수입이 지출을 초과하였지만 국내 경제 균형의 목표를 실현하기 위한 수요에서, 그리고 국제 금융위기의 충격과 보호무역주의의 영향을 받아 국제수지의 재 균형이 비록 아주 어려운 일이지만 국면이 이미 점차 바뀌기 시작하였으며 그에 상응하게 순수출의 증가율이 점차 하락하여 경제성장에 대한 기여도도 크게 약화되었다. 2012년 이후, 경제성장에 대한 순수출의 기여도는 대부분 마이너스를 기록하였고 경제성장은 점점 더 내수에 의존하게 되었을 뿐만 아니라 내수의 성장으로 순수출 성장의 역효과를 상쇄하여야 하는 경우가 많았다. 세계 경제 회복이 부진하고 불확실성으로 가득한 조건 하에서 경제 형세는 더욱 낙관하기 어렵다.

## 제3절 뉴 노멀 하에서 중국 경제성장의 새로운 요구 :
## 새로운 정책, 새로운 방식, 새로운 제도

뉴 노멀 하에서 중국 경제 불균형의 새로운 특징으로 인해 거시적 경제정책은 새로운 조정이 필요하다.

### 1. 새로운 정책

금융위기 대처를 위한 전면적인 확장정책 기조에서 물러난 이후 우리는 적극적인 재정정책(더 이상은 '더 적극적인' 정책이 아님)과 안정적인 통화정책(더 이상은 '완화' 정책이 아님)을 채택하였다. 이른바 '적극적인 재정정책과 안정적인 통화정책'의 조합은 일찍 1998년 하반기에 이미 제기되었고 금융위기 직전인 2007년까지 지속되다가 2010년 10월 위기 완화 부양책을 철회한 후 다시 상기 정책 조합에로 되돌아왔지만 그 두 각기 다른 시기에 해당 정책조합은 서로 다른 정책적 함의를 포함하고 있다. 1998년 하반기에 내놓은 정책 조합은 아시아 금융위기 여파로 중국의 경제성장이 부진한 상황을 겨냥하여 취한 위기완화 조치인데 그동안의 장기적 긴축의 거시적 정책에 상대하여 말하면 '적극적인 재정정책과 안정적인 통화정책'으로의 전환은 전체적으로 방향 전환이 일어난 것이다. 장기적 긴축에서 확장으로 전환하였으며 특히 내수를 자극하였다. 2003년부터 2007년 사이, 경제는 새로운 고속 성장 단계에 들어섰지만(성장률 평균 11% 이상) 여전히 이런 정책 조합을 취하는 것은 그 기간 거시적 경제 불균형의 두드러진 특징에서 그 이유를 찾을 수 있다. 즉, 투자분야 수요가 늘어난 반면에 소비분야는 수요가 위축되고 분야별로 상이한 불균형이 나타나 거시적 정책으로 전면적인 확장도 전면적인 긴축도 실행할 수 없게 되는 것이다. 전면적인 확장이 소비수요를 자극하는데는 이로울지 모르지만 투자분야의 불균형을 악화시킬 수 있다. 또 전면적인 긴축은 투자과열을 억제하는데는 유리할지 모르지만 소비분야의 불균형을 악화시킬 수 있다. 그리하여 정부는 그 당시 완화와 긴축을 결합한 정책 조합을 선택하여 분야별 불균형의 각기 다른 방향성을 두루 고려하였다. 현 단계의 적극적인 재정정책과 안정적인 통화정책은 금융위기에 대응하기 위한 그 이전의 전면적인 확장정책을 철회한 것으로서 상대적으로 말하면 전체적인 긴축을 선택한 것이다. 동시에 현 단계 거시적 경제 불균형의 특징은 두 가지 위험이 병존하는 것으로 나타나므로, 거시적 정책은 '이중 완화'를 선택할 수도, '이중 긴축'을 선택할 수도 없었다. '이중 완화'를 실행한다면 경제의 '하행'을 억제하는데 도움이 되지만 이로 인해 인플레이션을 심화시킬 수 있고 '이중 긴축'을 실행할 경우 인플레이션을 통제하는 데는 도움이 되지만 이로 인해 '하행'의 모순을 격화시킬 수 있기 때문이다. 완화와 긴축을 결합한 조합방식은 주로 한 방향의 불균형만 살핌으로 인해 다른 방향의 불균형을 가중시켜 거시적 경제의 변동성을 가중시키는 것을 방지하기 위한 것이다. 물론 완화와 긴축을 결합한 정책 조합에도 한계가 있다. 정책의 효과가 서로 상쇄되어 적극적인 재정정책의 목표 및 실행가능성과 안정적인 통화정책의 목표 그리고 실행 간에 충돌이 발생하는 데서 가장 두드러지게 나타난다. 따라서 완화와 긴축 조합 강도를 조절하고 이중 위험의 모순 변화에 따라 완화와 긴축 강도를 조절하며(재정정책과 통화정책 간의 완화와 긴축 강도가 포함되며 또 재정정책 상호간, 예를 들어 재정지출 정책과 재정수입 정책 간의 완화와 긴축 강도, 통화정책 상호간, 예를 들어 통화정책 수량 수단과 가격 수단 간의 완화와 긴축 강도도 포함됨) 거시적 조정정책의 완화와 긴축 강도의 상한선과 하한선을 합리하게 확정하는 것이 가장 중요하다. 현재의 상황으로 볼 때 기대 인플레율을 3% 정도로 통제하고 상한선을 3.5%로 정한다면 기타 조건이 변하지 않는 상황에서 경제 성장률이 8%를 넘기지 않으면 실현 가능한 일이다. 만약 도시 등록 실업률을 4.5% 이하로 통제하고 실제 실업률이 계속 올라가지 않도록 한다면 경제 성장률 목표가 6.5%보다 낮지 않으면 된다.[23] 2020년에 이르러 GDP 총량을 2010년 대비 2배로 늘리고, 일인당 GDP를 2배로 늘리는 목표를 실현하려면 앞으로 몇 년간 연평균 6.8%씩 성장하면 된다. 현 단계에서 2020년 샤오캉사회 전면 실현 목표를 위하여 제기한 연평균 성장률 6.8%를 중심으로, 중국의 거시적 경제 성장의 정책 목표 성장률을 6.5%~8%의 범위 안에서 조절하여야 한다는 얘기다. 이밖에 중국은 해당 조정구간의 변화에 따라 거시경제정책의 완화와 긴축 조합 강도를 적시에 적절하게 조절할 수 있다. 물론, 만약 경제 불균형의 변화가 커서 두 가지 위험이 병존하는 구도에 근본적인 변화가 발생하고 인플레이션 또는 하행이 뚜렷하게 두드러진 모순이 된다면, 완화와 긴축을 병행하는 정책구도를 상응하게 조절하여 이중 완화(전면적인 확장)나 이중 긴축(전면적인 긴축)을 실행하여야 한다. 그러나 어떻게 바꿀지는 불균형의 발전 상황에 따라 결정지어야 한다.

## 2. 새로운 방식

사실상 완화와 긴축 조합의 거시적 정책은 총량의 불균형만 완화시킬 뿐 근본적인 차원에서 불균형을 완화시키지는 못한다. 총량의 불

---

23) 류웨이(劉偉)·쑤젠(蘇劍), 「취업 시각으로 본 중국 경제 목표 성장률의 확정」, 『중국은행업』, 2014년 제9호를 참조하라.

균형은 구조적인 불균형에서 기인한다. 경제 '하행'의 위험이 크고 성장 동력이 부족한 이유는 산업구조 업그레이드가 저애를 받고 기업 혁신력이 부족하며 낮은 수준의 생산능력 과잉의 모순이 두드러기 때문이다. 따라서 돈이 있어도 효과적인 투자가 형성되기 어렵고 투자 수요 성장의 부진으로 이어지게 되는 것이다. 소비수요의 성장이 부진한 원인은 주로 국민소득구조의 왜곡으로 전 사회의 소비성향이 떨어지고 소비율이 낮아지기 때문이다. 국민경제 비용구조의 왜곡으로 인한 비용 상승 압력의 증가, 국제수지 구조의 지속적이고 심각한 불균형으로 인한 통화 공급의 급속한 확대 등으로 인해 잠재적 인플레이션 압력이 막중하다. 불균형을 근본적인 차원에서 극복하려면 구조적 불균형을 완화하여야 한다. 구조적 불균형을 완화하려면 거시적 조정 방식에서 수요관리와 공급관리를 동시에 중시하여야 한다. 공급관리만이 진정으로 기업  행위에 직접적인 영향을 주고 구조변화에도 영향을 미칠 수 있기 때문이다. 불균형 구조의 재 균형은 그 자체가 공급 측면(생산)의 변화에 속하며 수요관리는 시장 구매자의 행위를 조절하고 공급관리는 총량을 직접 조절하기에 공급관리는 구조에 직접적인 영향을 미치고 산업구조 업그레이드는 기업의 혁신력을 향상시킨다. 반면, 기업의 비용을 낮추고 기업의 효율을 제고시키며 상대적으로 과잉된 저수준의 생산력을 해소하는 등은 모두 공급관리 범주에 속한다. 이는 단기 내에 거시적 경제정책을 잘 활용할 것을 요구하는바 수요 효과뿐만 아니라 공급 효과도 중시하여야 한다. 확장적인 재정지출정책을 적용해 수요를 진작시키고 확장적인 재정수입정책을 적용해 기업의 비용을 낮추며 긴축적 통화정책을 적용해 인플레이션을 억제하여야 한다. 한편, 이로 형성되는 기업의 융자 비용 상승 압력 등도 고려하여야 한다. 장기적으로 총량의 균형 목표를 추구하는 과정에 산업구조, 지역구조, 기술구조, 분배구조를 포함한 일련의 구조정책 목표에 관심을 기울여야 한다. 공급관리와 수요관리의 관계를 처리할 때에는 수요확장을 공급구조조정의 전제로 수요를 진작시켜 효과적인 공급을 위한 시장조건을 마련해주고 수요가 꾸준히 확장되는 배경 하에서 양질의 생산력에 공간을 제공하여 수요로 공급총량 확장과 구조변화를 견인하여야 한다. 공급구조와 효율성 조정은 수요 창출과 견인을 주도로 해야 한다. 중국 현 단계에서 공급이 수요를 창출할 수 있는 공간은 아직 많이 남아 있다. 제품구조의 개선, 공급의 질적 보완, 공급의 안전 수준 향상, 고품질의 새로운 제품과 서비스 창조, 제품비용 인하 등은 그 자체로 유효 수요를 창출할 수 있다. 수요를 심각하게 저해하는 것은 공급 자체의 문제일 뿐이다.

## 3. 새로운 제도

거시적 정책 목표와 거시적 조정방식의 전환을 효과적으로 실현하는 근본은 혁신이다. 그중에서도 기술혁신이 최우선이다. 기술혁신력이 향상되지 않으면 산업구조의 업그레이드가 불가능하고 경제성장방식의 양적 확장 위주에서 효율 견인 위주로 전환할 수 없으며 기업경쟁력의 강화와 경제의 장기적이고 지속가능한 발전도 있을 수 없다. 그러나 기술보다 더 중요한 것은 제도이다. 제도적 혁신이 특히 중요한데 그중에서도 특히 전면적인 개혁 심화, 전면적인 의법치국 즉 사회주의 시장경제체제와 민주법치 질서 보완이 중요하다. 만약 경제체제 개혁이 전면적으로 심화되지 못하고 사회주의 시장경제체제가 건전하지 않으며 질서가 완벽하지 않아 시장 메커니즘이 자원배치에서 결정적인 역할을 발휘하지 못한다면 시장은 심각하게 기능을 상실하게 된다. 만약 자원배치에 대한 결정권이 정부 관리들에게 집중되이 있고 법제화뿐만 아니라 민주와 법제 건설이 사회발전 요구에 비하여 훨씬 뒤처져 있으며 정부 관리의 권한이 제도적으로 진정한 민주적 기반과 엄격한 법적 제약이 없으면 권력이 남용될 수 있다. 이는 기업에서 모종 자원과 기회를 얻고자 하여도 공정한 시장경쟁을 통하여 얻지 못하고(시장의 기능 상실) 오로지 정부와의 협상을 통하거나 관리를 설득하여 비준을 받는 방식으로 얻을 수밖에 없다. (정부 집권) 정부를 설득하는 통상적인 수단은 '정치권력과 경제권력의 부당거래'인데 즉 보통 말하는 '지대추구(尋租 rent seeking)'이다. 이같은 금권거래는 공평성을 파괴할 뿐만 아니라 효율도 무너뜨린다. 때문에 이러한 조건 하에서 자원배치를 효율의 원칙에 따라 진행하지 못하고 오히려 '지대추구' 원칙, 이른바 '부패지수'에 따라 진행할 수밖에 없는 것이다. '라틴아메리카의 소용돌이', '동아시아 거품', '서아시아와 북아프리카 위기'에 빠져 헤어 나올 수 없는 근본적인 원인은 경제적 시장 메커니즘이 완비하지 못하여 자원배치에서 시장 메커니즘이 공평하고 효율적인 역할을 발휘할 수 없기 때문이다. 동시에 정치 민주화, 법제화 수준이 비교적 낮아 집중된 정부권력에 대해 제도적으로 단속하기 어려운 것이다.[24] 따라서 중국 현 단계의 '네 가지 전면적'을 강조하는 것은 중국의 제도 혁신을 실현하는 근본이며, 중국의 발전방식 전환을 추진하고 '중진국 함정'을 뛰어넘어 현대화의 웅대한 목표를 실현하는 관건이다.

---

24) 류웨이(劉偉), 「'중진국 함정'에서 벗어나는 관건은 발전방식 전환이다」, 『상해행정학원 학보』 2011년 제1호를 참조하라.

## 제4절 뉴 노멀 하에서 발생 가능한 '디플레이션'

### 1. 중국 경제 현 단계에 디플레이션 발생 가능성은?

첫째, '디플레이션' 이란 무엇인가? 인플레이션과 대응되는 개념인데 거시적 경제 불균형의 다른 한 가지 현상이 디플레이션으로 반영될 수 있다. 전통적인 이론 인식에서 볼 때 엄격한 의미에서의 디플레이션은 주로 두 개 방면의 거시경제 지표의 마이너스 성장으로 구현되는데 하나는 총가격수준의 마이너스 성장이고 다른 하나는 경제의 마이너스 성장이다. 이 두 측면에는 늘 심각한 내적 연관성이 존재한다. 물가 총수준의 마이너스 성장은 보통 시장수요의 부진을 표명한다. 기업 판로가 막히고 미지급 및 미수 자금이 크게 늘어나며 기한 초과 악성 부채 규모가 커지면서 자금난, 만기 상환능력 부족으로 이어지는데 생존을 유지하기 위해서는 부득이하게 가격을 인하해 판매함으로써 자금사슬이 끊어지지 않도록 보장한다. 만약 이런 상황이 보편적으로 발생한다면 필연적으로 물가 총수준의 마이너스 성장을 초래하게 될 것이다. 또 이런 현상이 지속된다면 국민경제의 마이너스 성장으로 이어져 높은 실업률을 초래하게 된다.[25] 그러므로 통상적으로 물가 총수준이 마이너스 성장을 기록한다면, 심지어 통계오차를 고려하더라도 물가 총수준이 마이너스 성장 기준에 미달하거나 (예하면 2% 이하) 또는 0을 약간 웃돌게 될 경우 사람들은 디플레이션을 우려하게 된다. 그리하여 디플레이션을 광의적 의미와 협의적 의미 두 가지로 구분하는 것이 일반적이다. 넓은 의미의 디플레이션, 즉 엄격한 의미에서 물가와 경제 지표가 동시에 마이너스 성장을 기록하

---

25) 류웨이(劉偉), 「'중진국 함정' 에서 벗어나는 관건은 발전방식전환에 있다」, 『상해행정학원 학보』 2011년 제1호를 참조하라.

고 이에 따라 실업률이 사회적으로 수용 가능한 수준(자연 실업률 수준)보다 훨씬 높은 상태를 말한다. 좁은 의미의 디플레이션은 일반적으로 물가의 마이너스 성장을 말한다. 바꾸어 말하면, 물가가 마이너스 성장을 보였지만 경제가 반드시 마이너스 성장으로 이어지지 않거나 또는 경제성장률이 다만 전 단계와 비교하여 상대적으로 둔화되었을 뿐 마이너스 성장으로 이어지지 않은 것이다.

둘째, 디플레이션이 인플레이션보다 더 무서울까? 디플레이션과 인플레이션은 두 가지 거시경제 불균형의 표현이다. 대체 어느 불균형이 더 위협적이고 관리하기 어려운지는 국민경제 발전의 각기 다른 조건과 단계 및 특징에 근거하여 구체적으로 분석하여야 한다. 일반적으로 인플레이션은 우선 유통되는 통화량(구매력)이 균형성장의 요구에 비하여 과도하게 확장되면서 유통되는 통화의 가치가 절하되는 통화현상이다. 엄격한 의미에서 말하면 인플레이션은 일종 '세금'이다. 즉 정부에서 통화 발행권을 이용하여 사회로부터 징수하는 세금으로서, 그 근본적인 이유는 정부의 재정 적자가 너무 크고 너무 빠르게 증가하여 중국인민은행이 재정 수지 격차를 충당하기 위해 통화 발행을 늘려야 하기 때문에 사회, 특히 소비자의 수중에 있는 통화 구매력이 떨어지고 평가 절하된 부분은 정부의 구매력을 추가로 창출할 뿐이다. 이런 의미에서 볼 때 인플레이션은 통화 발행권을 이용한 정부의 약탈이다. 디플레이션은 이와 다르다. 만약 엄격한 의미에서의 디플레이션이 나타난다면, 즉 마이너스 물가 성장, 마이너스 경제 성장, 실업률 상승이 나타난다면 노동력 인구 대국인 중국을 놓고 볼 때 실업률 완화가 인플레이션 완화보다 훨씬 더 어렵다. 동시에 실업에 따른 사회적 영향력도 더욱 집중된다. 물가상승은 대중에게 보편적인 충격이지만 디플레이션으로 인한 실업은 특정 집단에 대한 충격이므로 갈등을 격화시키는 경향이 있다. 이런 의미에서 디플레이션은 인플레이션보다 더 무섭거나 실업이 인플레이션보다 관리하기 더 어렵다고 할 수 있다.

마지막으로, 거시경제의 수급 불균형이 어떤 새로운 변화를 가져올까? 디플레이션이 발생할 가능성은 또 얼마나 클까? 2014년 이후, 주요 거시경제지표와 구조는 비교적 뚜렷한 양성 변화를 나타냈으며 경제 성장률은 7.4%로 예정 목표(7.5% 좌우)에 기본적으로 도달하였다. 비록 역사적 수준보다는 낮지만 국제사회와 비교하면 성장의 절대적 수준은 비교적 높은 편이었다. CPI는 2%로 현실적으로 더 심각한 인플레이션이 발생할 가능성이 없고 또한 디플레이션 경보 수준에도 미치지 못해 보통 수준이라고 할 수 있다. 7.4%의 비교적 높은 경제 성장률과의 상호 배합은 비교적 높은 성장률과 비교적 낮은 인플레율의 구조를 이루었다. 실업률은 상승하지 않았고 일자리 창출 목표도 3개월 앞당겨 실현하였다. 향후 수급 불균형의 새로운 특징이 더욱 두드러질 가능성이 있다. 즉 위기 이후 시기의 인플레이션 압력과 경제 하행 위험이 공존하는 구도에 새로운 변화가 발생할 수 있다는 것이다. 그 두드러진 특징은 물가 수준 상승속도의 둔화에서 나타난다. 비록 엄격한 의미의 디플레이션 단계에 들어섰다고 말할 수는 없지만, 디플레이션의 가격 현상은 여전히 발생할 것이고 이 또한 추세가 될 전망이다. 사실상 수요와 공급의 변화로 인해 CPI가 동시에 하락할 가능성이 있다. 수요 측면에서 볼 때 수요부진 추이를 단기 내에 억제하기 어렵다. 특히 내수의 경우 혁신력 부족과 산업구조 업그레이드의 동력 부족으로 초래된 투자수요 부진이든 국민소득 분배 구조 불균형에 따른 소비수요 부진이든지를 막론하고 단기 내에는 내부에서 근본적으로 돌려세울 수 없다. 순수출의 경우 세계 금융위기 회복 과정에 동반되는 여러 가지 불확정성과 새로운 모순으로 인해 중국 경제성장에 미치는 영향도 심각한 불확정성을 띠고 있다. 공급 측면에서 볼 때 비용에 따른 인플레이션 압력이 절대적 또는 상대적으로 저하되었으며 중상소득 단계에 들어선 후 요소비용의 지속적인 상승세가 주춤하면서 국제 유가가 하락하고 개혁 보너스 특히 기업의 비용 소화 능력과 수요부진에 대한 회복력 강화 등 국내 개혁 심화에 따른 효율성이 증가되었다. 이는 한편으로는 비용에 의한 인플레이션 압력을 완화시켰고 다른 한편으로는 상대적으로 수요가 부진한 조건 하에서의 공급 확장능력을 제고시켰다. 수요와 공급의 공동작용 하에 가격상승속도의 둔화는 자연스러운 현상으로 되었고 연간 CPI 상승폭은 2% 미만일 것으로 예상된다. 1% 미만의 상승은 정상 범위에 속한다.

## 2. 나타날 수 있는 디플레이션 현상의 본질을 어떻게 인식할 것인가?

우선, 수요 부진, 공급 확장의 구도에서 인플레율의 하락은 필연적인 결과이다. 그러나 엄격한 의미의 디플레이션으로 이어질지 여부는 상황별로 판단할 필요가 있다. 첫 번째 경우는, 총수요가 부진하지만 그 전해에 비해 큰 변화가 없다면, 즉 수요상황이 반전되지 않았지만 큰 변화가 없거나 총수요의 약세로 인한 작용이 총공급 변화의 자연확장 수준보다 미미하다면, 공급측면의 비용 하락으로 인한 자연스러운 확장은 경제성장 속도를 가속할 수 있으며 적어도 경제성장 속도가 2014년의 7.4%보다는 높아질 수 있다. 그렇게 되면 비용 하락에 따른 인플레율이 그 전해보다 다소 하락하여 최소 2014년의 2%보다 낮을 것이다. 이와 동시에 경제성장 속도가 빨라져 그 전해에 비해 상대적으로 높은 경제 성장률과 더 낮은 인플레율을 기록하고 실업률은 상응하게 떨어지게 되는데 이는 양성 거시경제 운행의 구조 조합으로 서 이때의 디플레이션 현상은 양성이다. 두 번째 경우는 수요 부진에 따른 작용 또는 총수요의 위축이 비용 하락에 따른 총공급 확장보다 경제성장에 미치는 영향이 더 클 때 인플레율이 하락하여 2014년의 2%보다 낮고 아울러 경제 성장률 하락으로 이어져 전년도의 7.4%보 다 낮을 것이다. 만약 심각할 경우 심지어 경제가 마이너스 성장을 초 래하고 실업률이 상승하거나 나아가 자연 실업률의 경계수준을 벗어 날 가능성이 있는데 이는 악성 거시경제 운행 구조 조합으로서 이때 의 디플레이션은 악성이다. 세 번째 경우는, 앞으로의 수급관계 변화 에서 수요 위축과 공급 확장이 경제성장에 미치는 영향이 대체로 비 슷한 경우이다. 이런 상황에서 인플레율은 필연적으로 하락하여 그 전해의 2%보다 낮을 것이며 아울러 경제 성장률이 변하지 않고 그 전 해의 7.4%와 같은 수준을 유지한다면 이때의 디플레이션은 중간 수준 이라 할 수 있다. 인플레율이 하락하는 현상의 본질을 인식하려면 반 드시 동기를 깊이 있게 분석하고 더 나아가 상이한 유형을 구분하여 야만 정확하게 파악할 수 있다.

다음으로, 총수요에 어떤 변화가 나타날 것인가? 투자수요에 대해 말하면, 금융위기 이후 중국의 고정자산 투자수요 증가속도가 지속적 으로 하락하여 21세기에 들어선 이후의 평균 속도(23% 정도)보다 현 저히 낮았으며 2013년에는 20% 이하로 떨어지고 2014년에는 하락세 가 더욱 뚜렷해졌는데 향후 이 같은 하락세가 여전히 이어질 것이다. (1) 제조업 투자. 제조업 분야는 한계 투자 수익률의 하락으로 인해 혁 신 주도의 투자 기회가 부족하며 일반적인 과잉 생산 조건에서 시장 동력은 향상되기 어려울 것이며 성장률은 전년도보다 높지 않을 것이 다. (2) 투자 수요를 뒷받침해주는 중요한 역할을 하는 부동산 투자.

오랜 세월 동안 주택가격의 변곡점이 나타나고 단기 정책의 억제 영향으로 말미암아 주택가격은 돌려세우기 힘들다. 비록 새로운 완화 조치를 취할 가능성이 있지만 전반적으로 볼 때 폭증 현상이 나타나기 어렵고 특히 2선 이하 도시의 주택 공급 과잉국면이 단기간 내에 완화되기 어려운 상황에서 심지어 주택가격은 하락세가 지속될 가능성도 있어 2016년 부동산 투자 성장률은 전년도보다 낮지 않을 것이다. 셋째, 인프라시설 건설 투자가 상대적으로 비교적 안정되어 있는데다 더 이상의 규모 확대가 어려운 상황이다. 특히 중앙에서 지방정부에 대한 기채관리를 강화하는 조건   하에 인프라시설 투자수요 성장률이 전년도보다 높지 않을 것이다. 소비수요의 변화를 보면, 2010년 이래 소비수요의 실제 성장률이 지속적으로 하락하여 2010년의 18% 이상에서 2014년의 10%를 약간 상회하는 수준에 이르렀는데 이런 하락세를 향후 몇 년 내에는 돌려세우기 어렵다. 순수출의 경우 수출입이 더욱 복잡한 국면에 직면하게 되면서 불확실성이 한층 커진다. 글로벌 경기침체, 경제회복 과정에 미국 및 유럽연합과 일본 경제 간에 형성된 격차, 신흥 경제체와 선진국 간의 경제회복 격차, 각국의 재정정책과 통화정책의 변화가 중국의 위안화 환율 등 경제변수에 미치는 영향은 상당한 위험을 초래할 수 있다. 2015년의 순수출 성장률이 2014년보다 다소 향상될 수는 있지만 그 폭이 크지는 않을 것이다. 아울러 순수출이 중국 경제에서 차지하는 비중이 낮고 경제성장에 대한 기여도가 적을 것이다. 전체적으로 투자수요와 소비수요 성장률의 동반 하락과 총수요 성장률의 진일보 하락은 객관적인 현실이다.

셋째, 총공급량에 어떤 새로운 변화가 나타날 것인가? 중상소득 단계에 진입하면 총공급 측면의 요소비용이 상승하면서 '중진국 함정'에 빠지기 쉽다. 이를 피면하려면 발전방식을 요소 투입량의 확장에 주로  의존하던 데로부터 요소효율과 총 요소 효율의 향상에 주로 의존하는 발전방식으로 전환할 것을 요구한다. 그렇지 않을 경우 단기적으로는 경제의 균형이 심각하게 파괴되고 심지어 비용에 의한 심각한 인플레이션까지 초래될 수 있으며 장기적으로는 경제성장을 지속하기 어렵게 된다. 중국은 2010년 환율법에 따라 달러로 환산한 일인당 GDP 수준이 처음으로 세계은행이 확정한 중상소득 수준에 도달하여 비용 상승에 따른 공급 제약이 갈수록 늘어났지만 향후 중국의 총공급에 새로운 변화가 나타날 가능성은 있다. 첫째, 2014년 8월, 중앙개혁전면심화지도소조는 「당의 18기 3중 전회 중점개혁 조치 실시 계획(2014-2020년)」을 채택하고 대량의 개혁 프로젝트를 가동하였다. 예를 들면, 농촌 토지 도급경영권 이전 및 집체 건설용지와 택지 소유권 확인 등을 포함한 농촌토지제도개혁, 국유경제와 국유기업제도 개혁, 문화체제와 문화기업 개혁, 한층 강화된 과학기술체제개혁 등을 비롯한 새로운 재정세무체제개혁이다. 개혁의 전면적인 전개 및 심화와 더불어 개혁의 보너스가 점차 방출되면서 기업의 거래비용과 생산비용 및 재무비용이 줄어들고 기업의 세금 부담과 시장진입 장벽을 낮추었을 뿐만 아니라 공급 활력을 불러일으키고 기업의 경쟁공간을 확대하였으며 총공급의 확장을 이끌었다. 둘째, 2014년 6월 이후, 국제유가 하락세가 지속된 가운데 2014년 연말에 이르러 하락폭이 30% 이상에 달하였다. 중국은 석유 소비 대국으로, 석유에 대한 의존도가 높을 뿐만 아니라 해마다 의존도가 증가하면서 수입 석유가 총 소비량에서 차지하는 비중은 이미 약 60%에 달하였다. 또 해마다 최소 8%의 속도로 늘어나고 있는데 국제유가의 지속적인 하락은 중국 국민경제의 총비용을 절감시켰다. 추산에 따르면, 국제유가가 30% 하락하면 중국 총생산비용이 약 0.9%포인트 줄어든다. 총생산비용의 하락은 GDP성장, CPI하락과 기업의 이윤 상승 등 3개 부분으로 공급 측면에 유리하게 작용한다. 만약 각각 3분의 1씩 공유한다면 해당 조목으로만 GDP성장률을 0.3%포인트 끌어올릴 수 있다. GDP성장률이 7.4%(2014년)인 조건에서는 상당한 상승폭이다. CPI를 0.3%포인트 하락시킬 수 있는데 2%(2014년)에 불과한 CPI 수준에서 이 또한 상당한 효과이다. 셋째, 국민경제 공급구조에 양성 변화 추이가 나타나고 구조적인 재 균형 효과가 점차 나타나고 있다. 1, 2, 3차 산업 구조가 점차 최적화되고 있으며 특히 서비스업의 비중이 2차 산업을 능가하고 있다. 시장수요 부진에 대한 기업의 적응력이 점차 제고되었고 특히 주요 경영수입에서 차지하는 기업결손의 전체적 비중이 앞 단계의 고속성장 시기보다 뚜렷이 줄어들었다. 국민소득 분배구조의 불균형 추세가 억제되기 시작하였고 특히 국민소득 분배격차가 다소 축소되어 지니계수는 금융위기 전(2007년)의 49% 이상에서 2014년의 46% 이상으로 줄어들었으며 전반 국민경제의 구조적 취업 수용력이 어느 정도 제고되고 실업 수용력도 일정하게 향상되었다.

마지막으로, 총수요 변화와 총공급 변화의 상호 작용 하에 '디플레이션'은 어떻게 될까? 공급 측면의 변화는 경제에 긍정적인 영향을 미치고, 수요 측면의 변화는 경제에 부정적인 영향을 미친다. 수요와 공급의 이중 영향 하에서, 공급 영향은 GDP 성장, 가격 하락, 실업률 하락으로 이어지고 수요 영향은 가격 하락, 산출량 하락, 실업률 상승으로 이어진다. 2가지 방면의 공동 작용 하에 물가지수 하락을 초래할 가능성이 크다. 그러나 산출량과 취업의 변화는 불확실성이 크고 총수요의 추가 하락은 경제성장과 취업증가에 불리하지만, 공급의 확대는 수요의 부정적인 영향을 어느 정도 직접 상쇄할 것이다. 게다가 공급 측면의 비용 하락은 시장균형가격의 하락으로 이어지며 나아가 수요를 자극하고 수요위축의 부정적 효과를 완화시킬 수 있다. 때문에 GDP 성장속도가 하락한다고 해도 예년과 비교해 약간 낮은 수준일 것이고 심지어 예년과 같은 수준을 유지할 가능성도 있다.

### 3. 나타날 수 있는 디플레이션에 대응하는 거시적 경제정책 조치는?

정책의 강도와 방식 선택에서 우선 정책목표를 명확히 해야 한다. 첫째, 목표 성장률 선택에서의 관건은 수급관계의 변화 추이에 근거하여 경제 성장률의 상한선과 하한선을 확정지어야 하며 상한선 선택에서는 인플레이션 통제 수요를 고려하여야 한다. 현실적으로 볼 때 잠재 인플레이션의 압력은 여전히 크지만 직접적으로 현저하게 나타나지 않으며 오히려 디플레이션 현상이 더욱 뚜렷하게 나타난다. 따라서 통제 상한선을 3%로 정할 경우 목표 경제 성장률이 8%미만이면 실현가능하다. 하한선의 선택은 취업목표의 요구를 고려하여야 한다. 2010~2012년 중국의 경제성장이 노동력 수요에 일으키는 역할에 대한 추산에 근거하면 총량으로 볼 때 6.5%의 GDP 성장률로 취업목표를 실현할 수 있다. 상한선과 하한선의 중간 값을 취할 때에는 중장기적 경제성장 목표 달성에 대한 요구를 중점적으로 고려하여야 한다. 2020년 전면적인 샤오캉사회 목표를 실현할 데 대한 요구에 따라 2020년의 GDP 총량은 불변가격에 근거하여 2010년의 1배로 늘이고 연평균 성장률을 7.2% 안팎에 달하도록 한다. 지난 몇 년간 비록 성장률이 전 시기에 비해 뚜렷이 둔화되고 고속성장에서 중고속성장의 변속단계에 진입하였지만 모두 7.2%를 상회하였고(2011~2014년 사이 각각 9.3%, 7.7%, 7.7%, 7.4%) 연평균 성장률은 8% 안팎에 달하였다. 향후 몇 년간 GDP 배증(倍增) 목표의 시간표가 변하지 않는 전제 하에 매년 6.7% 정도 성장하면 샤오캉사회 전면 실현 목표의 달성을 보장할 수 있다. 동시에 2020년 샤오캉사회 전면 실현 목표가 일인당 GDP수준에 대한 요구를 고려하고 불변가격에 근거하여 2010년 대비 1배 성장한다고 계산할 때 이 기간 인구총량의 성장률이 완만해지고 성장의 절대량이 점차 줄어들지만 여전히 플러스 성장을 이어가는 점을 감안할 경우 일인당 GDP 수준의 동시적 배증을 실현하려면 연평균 성장률은 반드시 총량을 2배로 늘리는데 필요한 평균 성장률(6.7%)을 약간 초과하여야 한다. 종합적으로 볼 때, 목표 성장률은 7%~4%가 적절하다. 즉 중장기 성장목표와 단기적 취업목표를 모두 충족시킬 수 있고 객관적인 사실(수요가 위축되어 성장률이 예년에 비해 높을 것으로 예상되나 공급영향을 감안하면 성장률이 급락하지 않을 것임)을 고려하였다고 볼 수 있다. 그리고 중장기 성장목표의 연평균 성장률과 취업보장에 필요한 단기 성장률에 근거하고 동시에 정책목표의 변동폭이 너무 크면 안 된다는 점을 감안할 때 2015년 목표 경제성장률을 7%~7.4%로 정하는 것이 적절하며 또 실행 가능하다. 둘째, 수요와 공급 두 방면의 변화가 일으키는 역할의 공통성으로 볼 때 2015년 인플레율 통제 목표는 잠재적 인플레이션 압력 상승이 실제로 인플레이션으로 전환되는 것에 경각성을 높이는 것이다. 즉 인플레율의 상한선을 주시하고 인플레율의 하한선 목표도 정하여야 한다. 인플레율이 2% 이하로 떨어지고 특히 1% 심지어 이보다 더 낮을 때, 기대치가 더 부정적인 영향을 받게 되고 수요 위축이 심화될 가능성이 높으며 경제성장을 더욱 둔화시켜 시장 균형 가격 수준의 하락이 가져올 수 있는 부양효과가 둔화효과로 전환될 수 있다. 따라서 목표 성장률의 상한선과 하한선을 각각 3%와 1%로 정하는 것은 비교적 현실적이고도 필요한 조치이다. 한 면으로, 2014년의 2%보다 뚜렷이 높아서는 안 된다. 특히 경제 성장률은 2014년의 7.4% 수준보다 낮지만, 인플레율은 2014년의 2% 수준을 크게 상회하고 있어 정책 목표로 삼을 만한 상태가 아니다. 다른 한편으로는 지나치게 낮은 인플레율은 사람들의 기대치에 영향을 미치고 경제성장에 불확정성을 가져다주기 때문에 1%보다 뚜렷이 낮아서도 안 된다.

둘째, 재정정책과 통화정책의 조합방식을 명확히 하여야 한다. '적극적인 재정정책과 안정적인 통화정책'은 2010년 10월, 중국 정부에서 전면적인 위기 완화 정책 기조를 적당한 시기에 철회한 후 취한 거시적 정책 조합 방식으로, 위기 완화 시기의 '보다 적극적인 재정정책과 적절하게 완화된 통화정책'과 비교하여 말하면 거시적 정책이 '이중 완화' 식의 전면적인 확장에서 '완화와 긴축' 조합형식으로 전환된 것이다. 다시 말해, 재정정책의 확장강도는 다소 줄어들었지만 확장(적극적)의 방향은 변하지 않았고 통화정책은 완화에서 안정(긴축)으로 전환되었다. 이는 적절한 시기에 철회한 후 거시경제의 인플레이션 압력과 경제 하행의 이중 리스크를 통제하려는 수요에 적응하기 위해서이다. 현재 수요와 공급의 이중 충격에 따른 거시경제 불균형의 새로운 변화에 근거하여 이 같은 완화와 긴축의 조합식 정책구도는 적시적이고도 적절한 조정이 필요하다. 첫째, 재정정책은 계속 확장하여야 하지만 구조에 더욱 중시를 돌려야 한다. 수요는 전체적인 위축 추세에서 경제 성장률 목표와 취업 목표를 달성하고 재정정책이 수요 특히 인프라 건설 투자 수요에 대한 부양책은 필요하고도 가능한 것이다. 총량에서의 총수요에 대한 확장강도는 통제할 필요가 있고 더 중요하게는 구조성 확장을 부각할 필요가 있으며 생산력 과잉 조건 하에서 이 점은 특히 중요하다. 그러므로 첫째, 확장적인 재정정책은 수요를 자극함에 있어서 인프라시설과 공공분야의 투자를 더욱 중시하고 일반성 산업투자, 특히 경쟁성 분야의 직접투자를 될수록 줄여야 한다. 둘째, 확장적인 재정정책은 단기적인 수요효과를 주목하는 동시에 중장기적인 공급효과를 더욱 강조하여야 한다. 또 재정정책을 통해 기업비용을 낮추고 기업혁신을 유도하며 산업구조의 업그레이드를 장려하고 우위의 첨단설비 제조업을 발전시키며 기업에서 조합구조를 최적화하도록 이끌어야 한다. 셋째, 재정지출정책을 통한 경기부양 외에 재정정책 수단을 종합적으로 활용하고 재정수입 정책을 통한 경기부양도 강조하여야 한다. 공급효과 확대, 구조조정 강화에서는 재정수입정책의 역할이 보다 중요하다. 둘째, 안정적인 통화정책의 완화강도를 조정하여 긴축적인 통화정책을 상대적으로 완화하거나 최소한 중립적인 통화정책방향으로 전환시켜야 한다. 사실 위기 이후의 회복 단계에 국민경제에 '스태그플레이션 위험'이 존재한다면 재정정책과 통화정책을 동일한 목표, 동일한 방향으로 통일시키기 어렵기 때문에 부득이하게 완화와 긴축을 결합한 역방향 조합을 택해야 한다. 이런 경우에는 비교적 긴축적인 재정정책과 비교적 완화된 통화정책 조합이 적절하다. 위기완화 시기의 확장적인 재정정책을 지속 유지할 경우 재정 적자가 인플레이션에 끊임없이 거대한 압력을 가하기 때문에 경제의 효과적인 성장에 불리하다. 하지만 긴축된 통화정책을 택하면 기업의 융자비용이 늘어나면서 회복 중에 있는 기업의 투자확장을 억제하게 된다. 반면 상대적으로 긴축된 재정정책을 취하면 위기완화 때의 확장적인 재정정책에 따른 비용을 소화하는데 유리하고, 상대적으로 완화된 통화정책은 기업의 비용을 낮추고 기업 투자를 자극하는데 유리하다. 현재 중국은 이미 위기 이후 회복 조절기에 들어섰지만 수요 약세가 뚜렷하다. 따라서 긴축적인 통화정책을 취하기는 비현실적이며 전체적 확장의 토대 위에서 구조적인 확장을 강조하는 것은 적절한 선택이다. 아울러 안정적인 재정정책의 긴축강도도 적당히 조절하여야 하는데 이는 디플레이션 배경에서의 객관적인 요구이다. 그러므로 첫째, 디플레이션이 발생함에 따라 실질금리의 상승 가능성이 커졌다. 실질금리를 합리적인 수준으로 유지하기 위해 중국인민은행은 통화정책에서 기준 금리를 인하하는 방법으로 시장 금리의 하락 가능성을 수용하여야 한다. 아울러 이율 시장화 개혁을 적극 추진하여 금융기관의 자주 정가 능력과 공간을 향상시켜야 한다. 둘째, 목표 인플레율 범위 내에서 통화정책의 완화정도를 합리화하여 총량목표와 구조적목표가 서로 조율하도록 하며 국민경제 구조조정을 위한 통화정책여건이 조성될 수 있도록 하여 총량정책과 구조적 지향 정책이 서로 조화를 이루도록 한다. 셋째, 양적 수단과 가격 수단을 결합시키고 중국의 시장화 개혁이 점차 전개됨에 따라 통화정책의 중간 목표, 즉 통화 공급량과 가격 간의 내적 연계가 시장에서 점차 형성되면서 통화정책이 통화 규모 조절을 통해 시장 금리를 견인하도록 하거나 기준 금리를 조절하여 시장 금리에 영향을 주고 통화시장 수급관계에서 자금 공급의 변화를 재조정하여 메커니즘에서 가능하도록 한다. 그러므로 금리인하와 지급준비율 인하, 유동성 총량 조절 및 시장 금리 변화 견인 등에 모두 통일 조화의 가능성과 필요성이 있다. 넷째, 다양한 정책수단 조합을 풍부히 하고 보완하여 유동성 관리수준을 향상시키고 유동성의 합리적 규모를 유지하여야 한다. 특히 외국환평형기금이 중국인민은행의 기초 통화 투입 루트로서의 역할이 약화되는 조건 하에 자본 유동, 재정정책, 자본 시장 변화 등 복잡한 요소에 한해서는 보다 영활하고도 다양한 정책 수준을 활용하여 적절한 유동성을 유지하며 국민경제 융자비용을 낮추고 특히 기업의 비용을 절감하는 것이 더욱 중요하다.

## 제5절 거시적 경제정책 결정 및 거시적 진도 통계 : 수요가 부진한 반면 성장이 안정적인 이유는?

### 1. 문제의 제기

만약 중국 거시적 경제의 진도 수요 데이터를 관찰한다면[26], 2012년과 비교하여 2013년의 CPI는 2.6%로 변화가 없지만 전 사회의 고정자산 투자, 사회소비품 소매총액과 순수출의 성장률은 모두 하락하였다.(표 2-1 참조) 이로부터 중국의 총수요가 여전히 지속적으로 감소하고 있으며, 경제가 진일보 하락하는 것을 막기 위해 거시적 부양정책을 실시할 필요가 있다는 결론을 도출해낼 수 있다. 그러나 GDP 성장률을 보면 2년 연속 7.7%로 하락세가 둔화되었고 산업구조도 개선되었다. 이는 시장 자체의 역할에 의존하여 성장을 실현할 수 있으며 새로운 경기부양책을 취할 필요가 없다는 얘기다. 이로부터 알 수 있다시피, 진도 수요 데이터와 GDP 연간 성장 데이터는 상호 모순되며 상이한 경제 결론을 도출해냈다는 사실이다.[27] 이런 상황에서는 분명 한쪽에 문제가 생긴 것이다. GDP 통계에서 중국의 경제 성장률을 과대평가하였거나 아니면 거시적 진도 통계(소비와 투자 및 수출입)가 중국 경제성장의 실제 수요를 객관적으로 반영하지 못한 것이다. 어느 부문에서 문제가 생겼는지에 상관없이 경제 형세에 대한 우리의 판단과 이에 토대한 거시적 조정에 영향을 미칠 수 있다.[28]

---

26) 진도 데이터는 월말, 분기 말, 연말에 즉시 발표되는 통계 데이터를 가리킨다. 최소 반년이 지나서야 『통계연감』에 발표되는 연도 데이터와는 다르며 데이터의 즉시성을 더욱 강조하고 거시적 조정의 중요한 의거이다.

27) 류웨이(劉偉)·차이즈저우(蔡志洲), 「거시적 경제 정책 결정 및 거시적 진도 통계: 수요가 부진한 반면 성장이 안정적인 이유는?」, 『경제학동향』 2014년 8호를 참조하라.

28) 2014년 상반기, 중국의 GDP 성장률은 7.4%로 전년도 대비 0.3% 포인트 반락하였는데 이는 경미한 조정이다. 산업별로는 3차 산업(8.0%)이 가장 빠르게 성장하고 2차 산업(7.4%)이 그 뒤를 이었으며 1차 산업이 가장 느린 성장(3.9%)을 유지하였다. 반면 전 사회의 고정자산투자(17.3%), 총사회소비품 소매총액(12.1%), 순수출 성장률의 지속적인 하락세가 뚜렷하였다.

표 2-1 2012년과 2013년 거시적 경제 주요 지표 비교

| 연도 | GDP성장 (%) | 전 사회 고정자산 투자성장(%) | 상품 수출 성장(%) | 상품 수입 성장(%) | 사회소비품 소매총액 성장(%) | CPI (%) |
|---|---|---|---|---|---|---|
| 2012 | 7.7 | 20.3 | 7.9 | 4.3 | 14.3 | 2.6 |
| 2013 | 7.7 | 19.3 | 7.9 | 4.3 | 13.1 | 2.6 |

자료출처 : 「중국통계연감2013」과 「2013년 통계공보」

## 2. 당면한 거시적 진도 통계는 거시적 경제의 전체 운행을 정확하고도 진실하게 반영할 수 없다.

20세기 80년대 중기, 경제성장과 현대화건설의 수요에 부응하기 위해 중국은 국제표준에 따라 GDP 계산과 국민경제 계산 체계를 확립 및 발전시켰는데 해당 계산의 핵심은 1, 2, 3차 산업 분류에 기초한 생산법 GDP 통계이다. 비록 우리도 지출법 GDP 계산을 발전시키고 투입 산출표, 자금 흐름표, 국제수지 균형표 등을 작성하였지만, 우리의 관심사는 경제발전의 주요 목표인 GDP 성장률이지 그 구조가 아니었기 때문에 진도 통계에서 선진국처럼 국민경제 업종별 GDP 수치(현행 가격), 지출법 GDP(현행 가격), 분류별 및 총량의 성장률(불변 가격)은 발표하지 않았다. 중국의 경제발전 수준이 비교적 낮을 때 이런 통계사업에서의 격차가 중국 경제의 성장에 큰 부정적인 영향을 미치지는 않았다. 그러나 중국의 경제발전 수준이 끊임없이 향상되고 경제 활동이 갈수록 복잡해지면서 거시적 조정은 총량관리 뿐만 아니라 구조관리도 강화하여야 한다. 따라서 현행 거시적 진도 통계 제도는 갈수록 거시적 조정과 관리의 요구를 만족시키지 못하고 있다.

계획경제의 전통적인 사고방식에서 생산 활동은 물질적 생산의 다섯 가지 주요 부문(즉 농업 · 공업 · 건축업 · 싱입 · 교통운수업)에 반

영되었으며, 이로써 계획경제 하의 국민경제 통계 제도가 형성되었다. 이 제도 하에서 가장 중요한 통계지표는 공·농업 총생산액(특히는 공업생산액)인데 이는 경제성장을 반영하는 상징적 지표이다. 1982년에 소집된 12차 당 대회에서 제시한 중국의 국민총생산액을 4배로 늘리는 장기 경제성장목표는 바로 공·농업 총생산액을 지표로 한 것이다. 오늘에 와서도 우리는 공업생산액에 대한 심사를 가장 중시하고 있는데 GDP처럼 분기별로 발표하는 것이 아니라 통계부문에서 달마다 공업부문의 진전 상황을 공개하고 있다. 사회소비품 소매총액과 전 사회 고정자산 투자총액은 당시 상업과 투자활동을 반영하는 기본지표였다. 1980년대 중반, 중국의 통계부문은 개혁개방과 현대화건설의 수요를 바탕으로, 기존의 통계제도를 개혁하고 국제표준에 따라 물질제품통계(MPS)를 국민경제계산(SNA)으로 전환시켰으며 GDP로 공·농업 총생산액을 대체하여 중국의 경제성장을 반영하면서 점차 서로 연계된 일련의 국민경제 계산체계(국민소득 계산, 투입산출 계산, 국제수지 균형표, 자금 흐름표와 국민자산 부채 계산 등을 포함함)를 발전시켰다. 그러나 진도 통계에서 사회소비품 소매총액과 전 사회의 고정자산투자 총액이 보류되었으며 소비와 투자의 상징적 지표로 국내 총수요의 변화를 반영하였다. 또는 이로 지출법 GDP의 최종 소비와 자본형성을 대체하여 국민경제 활동에서의 소비와 투자를 반영하였다고 할 수 있다. 이런 상황에서는 경제성장 진도 통계에서 사용하는 기준은 일치하지 않다. 생산측은 1, 2, 3차 산업이라는 개념을 사용하여 모든 생산 활동을 포괄하지만, 수요측은 협소한 물질생산부문의 개념을 사용하여 상당 부분의 서비스 활동이 포함되지 않는다. 이 또한 생산측의 데이터(GDP)와 수요측의 데이터가 일치하지 않은 주된 원인이다.

당면한 중국의 거시적 경제 통계에서 반영된 최종 수요는 사실상 2가지 지표를 활용하였다. 첫째, 연도통계에서 발표하는 지출법 GDP 데이터이다. 이 수치는 생산법 GDP와 배합되는 것으로, 국제표준과 연결되며 국내 총수요의 구조변화를 잘 반영할 수 있다. 문제는 시효성이 떨어지는데다(반년 후에야 발표), 현행가격과 비교가격에 따라 계산한 분량(주민의 최종소비, 정부의 최종소비, 고정자산의 형성, 재고품의 변동, 상품과 서비스의 수출, 상품과 서비스의 수입)의 변동 상황을 동시에 제공할 수 없다는 점이다. 둘째, 진도 통계에서 사용하는 기존 통계지표, 즉 사회소비품 소매총액, 전 사회 고정자산 투자총액, 달러로 계산한 세관 수출입 데이터이다. 국가통계국은 분기별로 거시적 데이터 뉴스브리핑을 개최하여 해당 수치를 발표하였다. 사회 각계에서 진행하는 거시경제 분석, 특히 수요분석도 주로 이런 지표를 근거로 한다. 즉 소비를 '사회소비품 소매총액'으로, 투자를 '사회 고정자산 투자총액'으로, 상품과 서비스의 수출입을 '달러로 계산한 세관 수출입 수치'로 반영하고 이를 바탕으로 현재의 거시경제 분석을 하였다. 또는 연도 데이터에서 우리는 이미 계획경제로부터 시장경제에로의 전환을 기본적으로 실현하였다. 그러나 진도 통계에서 이러한 전환은 반쯤 진행되었다. 즉 생산 통계는 이미 시장경제에로 넘어가고 수요 통계는 아직 완전히 전환되지 못해 대부분 계획경제의 지표와 방법이 여전히 사용되고 있다. 또는 전통 계획경제 조건하에서의 지표로 수요측면의 통계(지출법으로 계산된 GDP 지표)를 대체한다고 할 수 있다.

## (1) 소비

사회소비품 소매총액(이히 소매총액으로 약칭)은 상업 통계 지표로, 상업기업(도매와 소매 기업, 호텔, 외식기업)과 자영업자가 거래를 통해 개인, 사회그룹의 비생산, 비경영성 실물상품 금액 및 숙박과 요식서비스를 제공해주고 수취하는 수입금액을 가리킨다. 매년 발표되는 중국의 통계 공보에서는 그 발표와 분석을 '소비'가 아닌 '국내무역'으로 분류하고 있다. 엄격하게 말하면, 숙박과 요식은 소비품이 아니라 서비스에 속한다. 하지만 개혁개방 이전 해당 업무는 상업부서의 관리를 받았기 때문에 상업 통계에 이 부분을 포함시켰고 상업부서의 관리를 받지 않는 도매·운송·우정 등 상업 부서의 관리를 받지 않기 때문에(각각 물자부서, 교통부서, 우정부서의 관리를 받음) 이중에 포함시키지 않았다. 계획경제 시기 상업 부서가 '공급 보장'의 임무를 맡았기 때문에 관련 지표로 소매상품에 대해 계획과 통계를 진행하였지만 하나의 거시경제 지표로 활용하지는 않았다. 농촌주민이 자체로 생산해 사용하는 소비품도 최종 소비에 속하지만 이 부분의 소비는 상업 활동에 참여하지 않았기 때문에 소매총액에 포함시키지 않는다. 그러므로 설사 계획경제 하에서 이로 전 사회의 소비 수준을 반영하는 것 또한 정확하지 않다.

사회소비품 소매총액과 지출법 GDP 중의 최종 소비지출(최종 소비지출로 약칭) 사이의 가장 큰 차이는 다음과 같은 3개 부분에서 나타난다. 첫째, 소매총액에는 전 상업 부서가 관리하던 숙박과 요식 두 가지 서비스만 포함시키고 교육·의료·문화·교통·통신·금융·주택 등 서비스는 모두 포함시키지 않지만 최종 소비지출에는 위 서비스를 포함시킨다. 둘째, 소매총액에는 사실상 생산 분야나 소매기업이 구매하여 생산과정에서 중간소모에 쓰이는 상품들(예를 들어 일부 금속이나 화학공업제품)을 포함하지만 최종 소비지출에는 이런 부분이 포함되지 않는다. 셋째, 최종 소비지출은 주민 최종 소비와 정부 최종 소비를 포함하지만 소매총액은 사회그룹의 구매력을 소비에 포함시킨다. 정부 재정지출로 형성된 많은 공공서비스가 포함되지 않기 때문에 이로 주민 소비지출을 대표할 때의 루트가 넓어지고 모든 소비를 대표할 때의 루트는 좁아진다. 개혁개방 초기에 중국은 경제발전 수준이 낮았지만 발전을 가져 왔을 때, 주민 가구의 엥겔지수가 비교적 높고 공공서비스가 포함하는 항목이 비교적 많다.(즉 서비스 분야에서의 주민 지출이 상대적으로 비교적 적음) 그리고 소비의 시장화 수준이 다소 제고되고(농민들이 자체로 생산하여 사용하는 것이 아니라 시장에서 식품을 구매하는 경우가 더 많아지는 것으로 반영됨) 사회소비품의 소매총액으로 지출법 GDP 중의 주민 최종 소비지출을 대체하는 것은 소비수준과 변동추이를 어느 정도 반영하기도 한다. 그러나 최근 몇　년간 시장화개혁이 심화되고 국민의 생활수준이 향상됨에 따라 주민생활과 공공소비에서 서비스지출이 차지하는 비중이 갈수록 커지고 있는 배경에서 소비 변화를 반영하는 소매총액은 점점 더 대표성이 떨어지고 있다. 데이터와 성장률 측면에서 보면 2012년 최종 소비지출은 26조 2천억 위안으로 전년도 대비 명목 성장률은 12.8%에 달하지만 소매총액은 21조 위안으로 전년도 대비 14.3% 성장하였다. 수치상으로는 최종 소비지출이 비교적 높았고, 성장률에서는 소매총액이 비교적 높게 나타났다. 2012년, 중국의 GDP 명목 성장률은 9.68%이었다. 이는 2012년 중국의 최종 소비의 성장이 경제성장보다 빨랐음을 의미한다. 초과 폭은 약 3.1% 포인트 수준에 달하고 경제성장 중 최종 소비의 기여도가 커지기 시작하였지만 소매총액에서는 명확히 드러나지 않는다.

### (2) 투자

전 사회 고정자산 투자총액이 계획경제 시대에는 일종의 인프라건설 재무지표였다. 관리 루트에서 볼 때, 인프라건설 투자, 갱신개조기금과 대규모 수리 기금으로 나뉘는데 훗날 인프라건설, 갱신개조, 부동산개발과 기타로 조정되었다. 구성으로 볼 때, 건축 설치 공사, 설비 도구와 기구의 구입 및 기타 비용으로 나눌 수 있다. 이 지표를 설정한 시초의 목적은 계획경제의 조건하에서 정부의 투자자금(재정자금과 기업자금 포함)을 잘 관리하여 투자자금이 어디에 얼마나 쓰였는가를 파악하기 위한 것이었다. 그 돈이 자산 형태로 되어 있느냐가 아니라 돈을 얼마나 썼는가에 더욱 관심을 돌렸다. 중국 경제체제의 변화에 따라 관련 지표도 개혁 중이다. 관리 루트의 분류는 이미 도태되었지만 구성 분류는 보류되었고 물품 통계가 아닌 자금 계산이 그 핵심이다. 겉보기에는 지출법 GDP 중의 고정자산 형성과 비슷해 보이지만 상기 두 가지 통계지표의 루트는 서로 다르다. 첫째, 전 사회의 고정자산 투자에는 토지 구입비, 낡은 건물과 낡은 설비의 구입비가 포함되지만 고정자산 형성 총액에는 이런 비용이 포함되지 않는다. 둘째, 전 사회의 고정자산 투자에는 500만 위안 이하 건설 프로젝트의 고정자산 투자가 포함되지 않지만 고정자산 형성 총액에는 이 부분의 투자가 포함된다. 셋째, 전 사회의 고정자산 투자에는 분양주택 판매 가치  증가가 포함되지 않는다. 즉 분양주택 판매가치와 분양주택 투자비용 사이의 차액을 말한다. 그러나 고정자산 형성 총액에는 이 부분의 가치가 포함된다. 넷째, 전 사회의 고정자산 투자에는 지하자원 탐사, 컴퓨터 소프트웨어 등 무형 고정자산 지출이 포함되지 않지만 고정자산 형성 총액에는 이 부분의 지출이 포함된다.[29] 전체적으로 볼 때, 전 사회 고정자산투자총액은 주로 투자 지출 및 그

---

29) 쉬셴춘(許憲春) 등, 「중국의 투자성장 및 재정정책과의 관계」, 『관리세계』 2013년 제6호를 참조하라.

동적 변화를 고찰하는 것이다. 그리고 지출법 GDP에서의 자본형성 총액은 국민소득의 최종 사용 지표로, 그 해 국민소득(GDP) 중에서 얼마나 많은 재고를 형성하여(고정자산의 형성과 재고의 증가가 포함됨) 미래에 사용할 수 있도록 남길 수 있는지를 가리킨다. 데이터나 성장률로 보면 지출법 GDP 중 투자(자본형성총액)와는 큰 차이가 있다. 2012년, 중국 지출법 GDP중 자본형성총액은 25조 3천억 위안으로 전년도 대비 명목성장률이 10.7%(실제 성장률은 발표되지 않음)에 달하였다. 하지만 전 사회 고정자산투자총액은 37조 5천억 위안으로 전년도 대비 명목성장률이 20.3%로, 후자가 전자를 약 50% 초과하였고 성장률이 약 10%포인트 높았다. 그러나 전 사회 고정자산투자총액을 적용하면 이러한 결론을 내릴 수 없다. 전 사회의 고정자산 투자지표는 동적으로도 여전히 비교가능하다. 2003년 이후 중국의 고정자산 투자 증가율은 장기간 25%를 웃돌았다. 그러나 2013년과 2014년에 이미 20% 이하로 떨어졌는데 이는 중국의 투자성장이 점차 둔화되고 있다는 점을 말해준다. 그러나 문제는 각 부분의 실제 투자 그리고 이런 투자와 경제성장의 관계를 정확하게 반영하지 못하고 있다는 점이다.

### (3) 수출입

수출입 통계에서 지출법 GDP에서 말하는 수출입 개념은 세관 통계에서의 수출입보다 범위가 넓다. 상품과 서비스 수출입뿐만 아니라 세관 납세 수출입 상품, 세관이 검사하지 않고 통과시키는 여객 휴대 물품도 포함된다. 세관통계의 수입과 수출은 달러화로 계산한다. 그러나 지출법에서는 상품과 서비스의 수출입을 모두 위안화로 계산하여야 한다. 현재 연도 지출법 GDP에서 상품과 서비스의 수출입은 합쳐 계산한 후 상품과 서비스의 순수출을 표시하며 이를 기반으로 경제성장에 대한 소비·투자·순수출의 기여도를 각각 계산한다. 표 2-2에서 알 수 있다시피, 경제성장에 대한 소비의 견인역할은 4%포인트이고 자본형성총액은 3.6%포인트이며 상품과 서비스의 순수출은 마이너스 0.1%포인트로, 합계 7.7%포인트에 달하였다. 이로부터 2012년 중국의 경제성장은 주로 소비와 투자에 의해 이루어졌고 소비와 투자 및 순수출은 거의 또는 전혀 기여하지 못하였다는 결론을 얻어낼 수 있다. 이런 상황에서 대외무역을 발전시켜야 하는 이유가 있을까? 국제수지이론에서 대외무역발전의 좋고 나쁨을 평가하는 중요한 기준이 바로 국제수지 균형이다. 그러나 국제수지가 일단 균형(경상항목)을 이룰 경우 표의 분석에 따르면 외부 수요는 경제성장에 기여하지 않는다. 국제수지가 균형을 이루거나 심지어 적자 상태에서도 대외무역은 여전히 필수적이라는 것이 사람들의 느낌에 따른 보편적인 인식이다. 대외무역은 여전히 상당한 증가치를 창출하고 신규 취업을 수용하였다. 표 2-2에서 얻은 결론은 틀렸다고 말할 수 없지만 오도하기 매우 쉽다.

표 2-2 2012년 국내총생산액 성장에 대한 3대 수요의 기여도와 견인 역할

|  | 최종 소비지출 | 자본형성 총액 | 상품과 서비스의 순 수출 | 합계 |
|---|---|---|---|---|
| 기여도(%) | 55.0 | 47.1 | −2.1 | 100 |
| 견인역할 (퍼센트포인트수) | 4.2 | 3.6 | −0.1 | 7.7 |

자료출처 : 「중국통계연감2013」

표 2-3은 경제협력개발기구(OECD)가 발표한 일부 국가의 2011년 최종 수요의 여러 구성 요소가 경제성장에 대한 기여도를 요약한 것이다. 경제성장에 대한 수출과 수입의 기여도가 각각 표시되어 있는

데 그중 수출의 견인역할(기여도)은 플러스이고 수입의 견인역할(기여도)은 마이너스라는 점을 보아낼 수 있다. 그 해 경제성장률이 높은 칠레와 터키를 예로 들어보자. 칠레의 주민 소비와 고정자산 형성이 비교적 빨리 늘어나고 있지만 수입 규모도 비교적 크다. 이는 수입에 대한 소비와 투자의 의존도가 크다는 점을 말해준다. 터키의 경우 이 두 방면의 성장률은 칠레와 비슷하지만 수입 규모가 칠레에 비해 훨씬 작은데 이는 소비와 투자의 성장이 주로 국내생산에 의존하고 있다는 점을 말해준다. 따라서 터키는 비교적 높은 경제 성장률을 실현하였다. 한국은 소비와 자본형성 모두 더딘 성장세를 보였고 심지어 투자는 마이너스를 기록하였지만 2.93%의 성장률을 실현하였다. 그 중요한 이유는 수출 성장률이 여전히 높아 대부분의 서구국가들보다 높은 경제 성장률을 이어갈 수 있었기 때문이다. 일본은 경제 부진의 대표적인 사례로, 소비와 투자 모두 둔화되었다.(하지만 여전히 플러스 성장을 유지함) 그러나 수출과 수입의 기여도가 마이너스로 떨어지면서 마이너스 성장을 초래하였다. 수입을 별도 항목으로 분류하는 이유는 수입도 국민소득의 사용에 속하며, 그 소득은 국내에서 창출된 것이지만 외국으로 유출되어 다른 나라의 소득으로 되는데, 여기서 얻은 제품(물건)은 국내생산을 위한 중간소비·소비·투자·재수출에 사용되기 때문이다. 반대로 최종소비와 자본형성 그리고 수출은 국내외의 상품과 서비스의 최종적인 생산부문 판매에서 발생하는 소득이며, 지출법 GDP를 통한 국민소득 계산은 이러한 소득이 각각 경제성장에 대한 견인효과와 기여도를 반영하도록 되어 있다. 그러므로 GDP에 대한 3대 수요의 기여도를 반영할 때, 수입은 수출만이 아닌 전반 국민경제의 최종 사용에서 공제하여야 한다. 순수출이라는 개념은 세계 각국에서도 자주 사용하지만 경제성장에 대한 3대 수요의 기여도를 연구하기보다는 국제수지의 각도에서 문제를 관찰하는 경우가 많다.

표 2-2 2012년 국내총생산액 성장에 대한 3대 수요의 기여도와 견인 역할

| 국가와 지역 | 주민 소비 | 정부 소비 | 고정자산 형성 | 수출 | 수입 | GDP |
|---|---|---|---|---|---|---|
| 칠레 | 5.12 | 0.47 | 3.78 | 1.76 | −4.58 | 6.55 |
| 독일 | 0.97 | 0.19 | 1.08 | 3.67 | −3.08 | 2.83 |
| 이탈리아 | 0.07 | −0.18 | −0.36 | 1.60 | −0.17 | 0.96 |
| 일본 | 0.08 | 0.39 | 0.15 | −0.01 | −0.88 | −0.27 |
| 한국 | 1.19 | 0.31 | −0.32 | 4.98 | −3.23 | 2.93 |
| 터키 | 5.56 | 0.64 | 3.49 | 1.37 | −2.91 | 8.15 |
| 미국 | 1.79 | −0.47 | 0.57 | 0.85 | −0.78 | 1.96 |
| 유로존 | 0.07 | −0.03 | 0.27 | 2.59 | −1.63 | 1.27 |
| 모든 OECE 국가 | 1.09 | −0.08 | 0.61 | 1.62 | −1.41 | 1.83 |

자료출처 : OECD데이터베이스, http://www.oecd-ilibrary. org/economics/national-accounts- at-a-glance-2013/contribution-to-gdp-growth-by-final-demand-components_na_glance-2013-table27-en 참고.

OECD 국가처럼 경제성장에 대한 3대 수요의 견인역할이나 기여도를 발표하려면 지출법 GDP의 각 부분을 불변가격에 따라 계산하여야 한다. 현재 국가통계국도 해당 작업을 추진 중이다. 분기별 GDP를 발표할 때 최종 수요의 다양한 구성 요소(그러나 수입과 수출은 분리되지 않고 여전히 순수출이라는 개념을 사용하고 있음)가 경제성장에 기여하는 정도에 대한 추정치는 분기별 GDP 발표에서 언급되기도 하지만 각 구성 요소의 실제 수치 및 성장률은 발표되지 않는다. 이는 우리가 경제성장의 진도에 대해 전면적으로 관찰하고 깊이 있게 이해하는데 걸림돌로 되고 있다.

## 3. 현행 거시적 진도 통계가 거시적 정책 결정에 미치는 영향

'경제성장'의 선도로 말미암아 거시적 조정에서 총량목표의 지위

는 구조목표보다 훨씬 높고 구조변화를 반영하는 통계업무에 대한 요구는 상대적으로 낮다. 2003년 이후 시작된 새로운 경제성장주기와 그 후의 세계금융위기를 전후하여 우리는 현대 거시적 조정 수단(특히는 통화정책)의 응용을 강화하였다. 이런 정책의 조정 대상은 비록 총가격수준, 국제무역 등의 내용도 포함하고 있지만, 주요 내용은 경제의 '안정적이고 비교적 빠른 성장'을 유지하는 것이다. '안정적이고 빠른 성장' 중의 다양한 구조 총량 특히 수요 총량의 발전에 대해 사실상 구체적인 목표가 없다. 흔히 소비 확대, 내수 확대를 말하지만 진도 통계에는 국제 기준에 맞춘 분기별 GDP와 맞물린 투자나 소비 데이터는 없고 다만 기존 지표를 이용하여 발전추이를 알아보았다. 이런 지표들은 서로 연관성이 없으며 전 사회 고정자산투자총액과 사회소비품 소매총액을 직접 가할 수 없고 증가율을 직접 비교할 수 없을 뿐만 아니라 총수요와 총공급 간의 상호관계에 대한 정량분석도 진행할 수 없다. 2000년과 2012년, 중국 전 사회 고정자산 투자총액은 각각 3조 2천918억 위안과 37조 4천695억 위안으로 현행 가격에 따라 계산하면 연평균 성장률은 21.45%(동일 기준) 증가하였고 사회소비품소매총액은 각각 3조 4천152억 위안과 21조 307억 위안으로 현행가격에 따라 계산하면 연평균 성장률이 16.35% 늘어났지만 이 두 성장률은 비교할 수 없다. 횡적 비교에서 보면 2000년, 중국의 사회소비품 소매총액은 전 사회 고정자산투자총액의 103.7%였지만 2012년에는 56.13%로 하락하였다. 이는 전 사회 고정자산투자총액의 급속한 성장은 양자 간 비율의 빠른 하락으로 이어졌지만 양자 간 합리적인 비율 관계의 부족으로 양자의 성장률을 어떻게 조정할 것인지는 분석과 연구를 통하여 결론을 얻을 수 없다는 점을 말해준다. 우리는 전 사회 고정자산투자와 사회소비품 소매총액의 동적 비교를 통하여 경기과열 여부를 판단할 수밖에 없다. 이러한 판단은 종종 편향된 경우가 많으며, 연간 지출법 GDP 수치가 훨씬 늦게 발표될 때쯤에는 규제의 기회를 놓치게 된다. 반면, 새로운 거시적 조정은 새로운 진도 통계 수치에 근거하여 실시하기에 또 새로운 편차가 생길 수 있고 이런 상황이 장기적으로 이어지다 보면 투자와 소비의 구조적 모순을 더욱 악화시킬 수 있다.

소비와 투자는 국내 총수요의 두 가지 구성 부분이며, 양자는 상승과 하락이 동반되는 상호관계가 존재한다. 소비 비율이 올라가면 투자 비율은 저하되고 소비 비율이 저하되면 투자 비율은 상승한다. 만약 분기별 지출법 GDP 데이터가 있다면 이들 사이 구성의 변화에 따라 목적성 있게 거시적 조정으로 수요구조의 변화를 조절할 수 있지만 '사회소비품 소매총액'과 '전 사회 고정자산투자총액'의 지표를 사용하면 이러한 거시적 조정은 불가능하다. 그러므로 어떤 지표를 사용하여 거시경제형세를 반영할 것인지가 사실상 우리가 거시경제에 대해 떻게 이해하고 있는지, 그리고 그 토대 위에서 어떤 거시적 조정 수단을 취할 수 있는지를 결정하였다.

거시적 조정 방식의 전환에 대응하여 거시적 조정의 기초사업도 강화하여야 한다. 거시적 진도 통계에서 생산법 GDP만 심사해서는 안되고, 소비와 투자를 반영할 때는 여전히 계획체제하의 기존 지표를 채택하여야 하며, 반드시 전면적으로 지출법, 소득법 등 다양한 방법을 적용하여 GDP를 계산함으로써 경제성장의 전체 상황과 국민경제의 중대한 비례 관계를 반영하여야 한다. 중국의 국민경제 계산은 지난 20여 년 동안의 개혁과 실천에서 큰 진전을 가져왔다. 국민경제 계산의 진도 통계를 진일보 발전시킴에 있어서 이론에서나 방법에서나 모두 큰 걸림돌이 사라졌다. 통계사업 개혁을 통하여 어떻게 발전을 실현하는가 하는 것이 관건이다. 중국은 지금 새로운 경제개혁을 맞이하고 있다. 이는 중국 사회와 경제발전이 제기한 요구이다. 통계부문은 이 기회를 이용하여 통계체제 개혁을 심화하고 국민경제 계산의 가일층 발전을 추동하여야 한다. 이는 국제표준에 따라 중국의 통계사업을 발전시키기 위한 요구이자 중국 현대화건설과 거시경제 관리에서 제기한 요구이기도 하다.

# 제3장
## 경제성장의 총량 불균형 및 거시적 조정

## 제1절 새 시기 이후 불균형 특징의 변화 및 거시적
### 정책의 조정

    개혁개방 30여 년간 고속 경제성장 과정에서 중국 경제성장의 불균형도 여러 차례 변화를 거쳤다. 앞에서 말한 바와 같이 전체적으로 3개의 큰 단계[30]로 나눌 수 있고 구체적으로는 7개의 작은 단계로 세분화할 수 있으며 단계별로 각각 다른 특징을 갖고 있다. 첫 번째 단계는 1978년부터 1988년까지이며, 불균형의 주요 특징은 부족한 경제에 토대한 수요의 팽창이었다. 1984년 연말, 1988년 여름과 가을에 비교적 심한 인플레이션이 두 차례 발생하였는데 1988년의 인플레율은 18.8%에 달하였다. 이에 따라 거시적 경제정책은 긴축을 지향하였으며 인플레이션 통제가 최우선 거시적 조정 목표로 되었다. 두 번째 단계는 1989년부터 1991년까지인데 불균형의 주요 특징은 경제성장 둔화, 실업률 상승, 경제의 구조적 모순 심화, 구조조정 과정에서의 경제성장 부진으로 표현되었다. 이에 따라 거시경제정책의 중점은 구조

---

30) 제2장 제2절을 참조하라.

조정을 추진하는 토대 위에서 경제성장률 향상에 전력하고 총량과 구조적 실업을 줄이는 것이 뚜렷한 목표로 되었다. 세 번째 단계는 1992년부터 1998년까지인데 불균형의 주요 특징은 경제의 고속성장 과정에 수요과열 현상이 나타나고 특히 투자수요의 성장이 지나치게 빠른 데서 표현되었다. 1994년 인플레율이 24.1%에 달하여 인플레이션 통제가 거시적 조정에서 선차적인 문제로 되었다. 네 번째 단계는 1999년부터 2002년까지인데 불균형의 주요 특징은 전 라운드 고속성장의 구조적 모순이 날로 첨예해지고 그 토대 위에서 저효율 확장에 따른 생산력 과잉 현상, 특히 아시아 금융위기의 충격으로 경제성장이 둔화되고 대량의 국유기업 노동자들이 실업당하고 대량의 도시진출 농민공과 향진기업 종업원들이 농촌으로 돌아갔을 뿐만 아니라 물가지수가 연속 여러 해 동안 마이너스를 이어갔다. 이에 따라 거시경제정책의 중점은 아시아 금융위기에 대처하고 경제구조를 조정하며 총수요 확장을 통한 경제성장의 자극과 실업 완화가 거시적 조정의 선차적인 목표로 되었다. 다섯 번째 단계는 2003년부터 2007년까지인데 불균형의 주요 특징은 다음과 같다. 경제가 연평균 10% 이상의 고속성장을 이어가는 한편, 투자와 소비의 상이한 영역에 역방향 불균형이 나타났다. 투자수요가 지나치게 과열되고 중요한 투자 상품의 가격이 지속적으로 상승하여 높은 수준을 유지한 반면 소비영역은 수요가 상대적으로 부족한 가운데 특히 여러 가지 공업소비품에 생산력 과잉 현상이 나타났다. 이에 따라 거시적 조정은 재정정책과 통화정책을 결합한 역방향 조합 방식을 취함으로써 투자과열을 억제하고 소비수요를 진작하는 이중 목표를 달성할 수 있기를 기대하였다. 여섯 번째 단계는 2008년부터 2010년까지인데 불균형의 주요 특징은 다음과 같다. 세계 금융위기의 여파로 내수부족 현상이 한층 더 두드러지고 수출 성장이 크게 둔화되어 마이너스 성장(2009년)을 기록하였다. 총수요 부진으로 경제성장속도가 지속적으로 떨어져 2008년 1분기부터 2009년 1분기까지 5분기 연속 하락하였는데 2007년의 13%에서 2009년 1분기에는 6.2%까지 떨어졌다. 이에 따라 거시경제정책은 2008년 하반기부터 전면적인 경기부양을 위해 더욱 적극적인 재정정책과 적당히 완화된 통화정책을 취하여 금융위기의 충격에 대응하였다. 일곱 번째 단계는 2010년 말부터 현재까지이다. 즉 금융위기에 대처하기 위한 전면적인 확장정책을 '적절한 시기에 철회한' 이후, 중국의 경제성장 불균형에는 일련의 새로운 특징이 나타났다. 요약하면, 경제성장 둔화(하행)의 위협과 인플레이션 압력 증가의 위험이 동반되는 상황이 나타난 것이다.

사실 현재 상황은 흔히 말하는 '스태그플레이션' 과 비슷하다. 한편으로는 2011년 1분기부터 2012년 3분기까지 경제성장률이 7개 분기 연속 하락하는 전례없는 상황이 나타난 반면, 잠재적 인플레이션 압력이 증가하고 인플레이션에 대한 기대가 여전히 높아 거시경제정책과 거시적 조정방식의 새로운 변화를 요구한다. 이는 중국 경제발전이 새로운 단계에 진입한 것과 직접적으로 관계된다. 30여 년의 고속성장을 거쳐 저소득 빈곤국에서 중등소득 국가에 진입하고 또 고소득 국가로 과도하는 경제체로 발전하였다. 이로 중국의 총량 불균형은 일련의 새로운 특징을 띠게 될 것이다. 첫째, 경제가 계속 9% 이상의 고성장을 유지하기 어려우며 경제 성장률의 반락은 장기 추세가 될 것이다. 2020년에 이르러서는 7%~8%로 반락하고 2020년 후에는 5%~6%로 한층 더 하락할 것으로 예상된다. 둘째, 투자수요의 증가속도에 새로운 변화가 나타날 것이다. 특히 신형 공업화 목표의 기본적인 실현에 점점 접근함에 따라 투자수요의 고속 확장 추세가 점차 약화될 것이다. 그러나 향후 도시화 가속기가 끝남에 따라 (도시화율이 70%에 도달한 뒤) 투자수요 증가속도 둔화세가 더욱 뚜렷해질 것이다. 셋째, 수출총량이 끊임없이 증대됨에 따라 (중국은 이미 현시대 세계 최대 수출국으로 부상함) 성장을 위한 기수 효과가 점차 약화될 것이다. 이밖에 세계 금융위기의 여파로 세계경제의 회복 부진도 중국의 수출 증가속도에 직접적인 영향을 미치게 된다. 더욱 중요한 것은 이 같은 총량 불균형의 새로운 특징의 배후에 산업구조, 지역구조, 도시·농촌구조, 수요구조, 투자구조, 소비구조, 분배구조, 취업구조, 요소구조 등을 비롯한 보다 심각한 구조적 불균형이 자리하고 있다는 점인데 이는 일련의 새로운 모순을 야기할 수 있다. 총량 불균형과 구조 불균형 모순이 한데 뒤엉켜 거시적 조정이 일련의 새로운 문제에 직면하게 된다.[31]

이 단계의 경제는 두 가지 가능성에 직면해 있다. 하나는, 길지 않은 기간에 중등소득 단계로부터 고소득 단계에로 도약하는 경우이고 다른 하나는, 중등소득 단계에서 정체되어 지속 가능한 경제성장을 이루지 못하는 경우이다. 이른바 '중진국 함정'에 빠지는 것이란 역사적으로 나타난 '라틴아메리카의 소용돌이', '동아시아 거품' 그리고 현재의 '중동·북아프리카 위기' 등을 가리킨다. 현재 중국을 비롯하여 세계적으로 중상소득수준에 처해있는 50여 개 나라와 지역은 모두 상기 두 가지 가능성에 직면하고 있다. '중등소득'의 정의에 대해서는 서로 다른 인식이 있고, 획분 기준을 절대적 수준으로 하느냐, 상대적 수준으로 하느냐에 대해서도 견해가 엇갈리지만 '중등소득', '고소득', '현대화' 등은 모두 역사적 범주에 속하며 단지 역사의 특정 단계에서 상호 비교로 달성한 수준만을 나타낼 수 있기에 고립된

---

31) 류웨이(劉偉), 「당면 중국 경제 불균형 특징 및 거시경제 효과」, 『경제학동향』 2011년 제7호를 참조하라.

절대적인 수치가 아니다. 발전단계를 구분함에 있어서 역사발전의 상대성을 고려하여야 할 뿐만 아니라 더 중요한 것은 GDP수준을 고려함과 동시에 경제구조의 발전수준도 고려하여야 한다.[32]

18차 당 대회에서는 2020년에 이르러 전면적인 샤오캉사회를 실현할 것을 제시하였다. 경제규모에서 GDP 총량을 2010년의 2배로 늘려 80조 위안(2010년의 불변가격 기준)을 돌파하도록 하는데 연평균 성장률이 7.2% 좌우에 달하면 실현 가능한 일이다. 일인당 GDP도 마찬가지로 2배로 늘려 일인당 6만여 위안, 약 1만 달러(현재의 환율에 근거)에 도달하도록 한다. 총량을 배로 늘리는 동시에 인구 자연 증가율을 몇 년 전의 수준(5‰ 이하)으로 통제하면 가능하다. 도시와 농촌 주민 소득도 2배로 늘린다. 2010년 중국 도시 주민의 일인당 가처분소득은 1만 9천 위안인데 2배로 늘려 약 4만 위안(불변가격)에 달하고 농촌 주민의 일인당 순소득은 약 6천 위안인데 2배 늘려 1만 2천 위안(불변가격)에 달하도록 한다. 도시와 농촌 주민 소득의 증가율과 GDP의 성장속도가 일치하고 아울러 도시와 농촌의 격차가 더 이상 확대되지 않는다면 이 목표를 실현할 수 있다. 경제구조에서 신형 공업화, 농업 현대화, 도시화와 정보화의 4개 현대화를 실현한다. 2020년에 이르러 현시대 국제 현대화 표준에 따르면 중국은 현재 이미 공업화 후기의 가속 발전단계에 진입하였다. 발전 속도로 보아 2020년의 공업화목표 실현은 가능한 일인데 신형 공업화를 추진하는 등 수준 향상이 관건이다. 농업현대화 추진에서 농업 노동력 취업 비중의 꾸준한 하락을 농업 노동생산성 제고의 표준으로 삼았다. 중국은 2011년 농업 노동력의 취업 비중이 이미 새 시기 초의 70% 이상(현대 빈곤 국가는 평균 72% 이상임)에서 36.7%(중등소득국가 수준)로 하락하였

---

32) 류웨이(劉偉) · 장후이(張輝) · 황쩌화(黃澤華), 「중국 산업구조 고도화와 산업화 과정 및 지역 차이에 대한 고찰」, 『경제학동향』 2008년 제11호를 참조하라.

다. 이런 속도라면 2020년까지 20% 이하(현재의 중상소득국가 수준)로 떨어질 수 있다. 도시화 발전에서 중국의 2011년 도시화율은 새 시기 초의 20% 미만에서 51.3%로 향상되었다. 비록 선진국과는 거리가 먼 수준이고 심지어 세계 평균수준(2009년 세계 도시 인구 비중이 처음으로 50%를 초과함)에도 못 미치지만 이미 통상적으로 말하는 도시화 가속화시기(도시인구 비중이 30%-70%에 달함)에 진입하였다. 신형 공업화가 기본적으로 완성되고 농업현대화 수준이 대폭 향상되는 조건에서, 도시화속도가 필연적으로 더욱 빨라질 것인데 2020년에 65%(고소득 단계의 수준에 근접) 안팎을 실현하는 것도 가능한 일이며 도시화의 질을 향상시켜 농업 현대화, 신형 공업화 과정과 유기적으로 통일시키는 것이 관건이다. 정보화 건설 면에서 한편으로는 산업구조의 고도화에서 현대 정보기술을 버팀목으로 하는 현대 서비스업 및 3차 산업이 국민경제에서 차지하는 비중을 제고시켜(최소 60%에 도달하여야 함) 샤오캉사회 전면 실현의 발전단계의 요구에 적응하도록 한다. 다른 한편으로는 정보화와 농업 현대화, 신형 공업화, 도시화 간의 융합과 조화 수준을 대폭 제고시키는 것이 더욱 중요하다. 만약 2020년에 이르러 우리가 경제규모와 경제구조 두 방면에서 샤오캉사회 전면 실현이라는 경제발전목표를 달성한다면 중국 경제가 중등소득 단계로부터 고소득 단계로의 도약을 기본적으로 실현하게 된다. 그러므로 지금부터 2020년까지의 시기는 중국이 샤오캉사회를 전면 실현하는 결정적 단계이다.

이 목표의 실현 여부는 발전 방식의 전환에 달렸다. 경제성장의 방식으로 보면 요소 투입의 확대에 주로 의존하여 성장을 이끌던 것에서 요소 효율성과 총요소 효율성의 개선에 주로 의존하여 성장을 이끄는 것으로 전환할 수 있을지, 저비용을 내세운 경쟁 우위에서 기술

진보 및 효율성 향상을 핵심 경쟁력으로 전환할 수 있을지 여부가 중요하다. 경제발전의 형태로 볼 때 경제구조의 변화, 즉 총수요 분야의 투자·소비·수출 간 및 각자 내부의 구조조정, 총공급 분야의 1, 2, 3차 산업 간 및 각 산업 내 부문구조의 변화 등을 포함한 경제구조의 전략적인 조정을 실현하는 것이 중요하다. 세계 각국이 중등소득 단계를 뛰어넘거나 '중진국 함정'에 빠져든 경험과 교훈을 요약해 보면, 도약 실현의 관건은 발전방식의 역사적 전환을 이뤄낼 수 있느냐에 달려 있다.[33]

## 제2절 뉴 노멀 하에서 재정정책과 통화정책 역방향 조합의 형성 원인과 특징 및 효과

### 1. 거시적 정책에서 완화와 긴축을 조합한 정책의 형성원인

이른바 완화와 긴축을 결합한 역방향 조합이란 적극적(확장성)인 재정정책과 안정적(긴축적)인 통화정책의 거시적 정책 조합을 가리킨다. 2008년 금융위기 직전인 2003년부터 2007년까지 중국은 이 같은 정책조합을 채택하였다. 예년 국무원 정부업무보고에 따르면 중국은 1999년부터 2007년까지 적극적인 재정정책과 안정적인 통화정책을 실시하였지만 2003년 4분기 전에는 안정적인 통화정책이 강한 긴축성을 띠지 않았으며 법정 예금 지급 준비율이 2003년 3분기 전까지 줄곧 비교적 낮은 수준(6%~8%)을 유지하는 것으로 표현되었을 뿐만 아니라 1999년부터 2003년까지는 지속적인 하락세를 이어갔다. 2003년 3분기부터 안정적인 통화정책의 긴축성이 증강되면서 예금 지급 준비율의 상승으로 이어져 2003년 말의 6%에서 2008년 3분기에는

---

33) 류웨이(劉偉), 「경제 불균형 및 개혁 심화」, 『경제연구』 2014년 제1호를 참조하라.

17.5%로 상승하였다. 2003~2007년 기간 동안, 재정정책과 통화정책의 '역방향 조합' 특징이 뚜렷하였다.[34)]

중국은 2003년부터 2007년까지 기간 완화와 긴축을 결합한 역방향 조합을 취한 주요 원인은 다음과 같다. 당시 중국의 거시경제 불균형은 상대적 투자 과열과 소비 부문의 상대적 과잉 생산으로 특징지어졌다. 이처럼 국민경제 영역별 역방향 불균형으로 당시 거시경제정책은 전면적인 확장이나 전면적인 긴축 정책을 펼치기 어려웠다. 확장은 소비영역에서의 수요 부족과 상품 및 생산력의 상대적 과잉 모순을 해결하는데 유리하지만 이미 존재하는 투자과열의 모순을 격화시킬 수 있으며 긴축은 투자의 불균형을 완화하는 데 도움이 되지만 소비의 불균형을 심화시킬 수 있다. 만약 구조 차이성 조정, 즉 투자영역에서 긴축적인 정책을 취하고 소비영역에서 확장적인 정책을 취한다면 심각한 정책 상쇄효과가 나타나게 될 것이다. 투자영역에 대한 긴축 조치는 투자 확장 규모를 축소시키는 동시에 임금과 소비기금의 성장을 둔화시키고 그 영향이 소비영역으로 전달되면서 불균형을 가중시키기 때문이다. 같은 맥락으로 만약 소비영역에서 확장 조치를 취한다면 소비 수요 확대를 자극한 결과 소비품 생산능력에 대한 투자 확대를 자극하여 투자영역의 불균형을 심화시킬 가능성이 높다. 투자와 소비영역에 나타난 역방향 불균형에서 어느 쪽이 불균형을 구성하는 선차적인 위협으로 될지 아직 명확하지 않을 때 재정과 통화정책을 결합한 역방향 조합을 취하는 것은 가히 이해가 되는 일이다. 정책효과의 상호 상쇄로 손실을 초래할 가능성이 있지만 이러한 거시정책의 조합은 정책에 따른 위험을 뚜렷하게 줄일 수 있다.

2008년 금융위기가 중국 경제에 뚜렷한 영향을 미친 뒤 2008년 7월

---

34) 류웨이(劉偉), 「중국 현 단계 재정정책과 통화정책의 역방향 조합의 원인과 특징 및 효과」, 『경제학동향』 2012년 제7호를 참조하라.

부터 중국은 전면 확장의 거시경제정책을 취하였다. 즉 보다 적극적인 재정정책과 적당히 완화된 통화정책으로, 기존의 재정정책과 통화정책의 완화와 긴축을 결합한 역방향 조합에서 이중 확장의 동일방향 조합으로 바뀌었는데 2010년 10월까지 2년 넘게 줄곧 지속되었다. 2008년 3분기부터 2009년 3분기까지, 법정 예금 지급 준비율은 17.5%에서 15.5%로 하락되었다. 2010년 10월 이후, 거시경제정책은 전면적인 확장에서 적절한 시기에 철회하는 방식으로 바뀌었으며 인플레이션 압력뿐만 아니라 경제성장이 둔화되는 압력에 직면한 상황에서 거시경제정책을 적극적인 재정정책과 안정적인 통화정책의 조합인 재정정책과 통화정책을 결합한 역방향 조합으로 재차 조정하였다. 비록 적극적인 재정정책으로 금융위기 충격에 대응하는 과정에 '보다 적극적인 재정정책'의 확장성이 다소 약화되고 특히 재정지출정책 측면에서 적자와 정부 채무가 어느 정도 통제되고 있지만 확장적인 정책 기조를 되돌리지는 못하고 있다. 안정적인 통화정책은 그동안의 적당히 완화된 통화정책에 비해 방향성이 바뀌었고 위기 이전 인플레이션 억제를 최우선 정책목표로 하던 긴축적 방향으로 되돌아갔다. 예하면, 법정 예금 지급 준비율 및 중국인민은행 어음 등 통화정책 수단을 활용하여 통화 공급을 통제하였다. 법정 예금 지급 준비율은 2009년 3분기의 15.5%에서 2011년 2분기의 20.5%로 인상되고 중국인민은행 발행금리는 2009년 7월 1.5%에서 2011년 3.5%로 점차 인상되었다.[35]

이 시기 재정정책과 통화정책을 결합한 역방향 조합을 취한 근본 원인은 2003~2007년과 달리, 국민경제의 투자와 소비 각기 다른 영역에 나타난 각기 다른 방향의 구조적 불균형이 아닌 총량 불균형 자체

---

[35] 야오위둥(姚餘棟)·탄하이밍(譚海鳴), 「중국인민은행 어음 금리를 통화정책의 종합성 지표로 간주할 수 있다」, 『경제연구』 2011년 제S2호를 참조하라.

의 특징에 의해 초래된 것이다. 즉 2008년 하반기 이후 2년여 간의 전면적인 확장을 거쳐 인플레이션 압력이 뚜렷하게 상승하였다. 인플레이션 압력이 상승하는 원인은 주로 4가지이다. 첫째, 2년 남짓한 확장 정책으로 형성된 인플레이션 압력의 침체기가 도래하면서 2010년 이후 비교적 집중된 침체성으로 형성된 수요상승 압력이다.[36] 둘째, 중등소득 발전단계에 진입한 후 국민경제 비용이 빠르게 증가하는 시기에 들어서면서 형성된 강한 비용 증가 압력이다.[37] 셋째, 중국은 세계와의 경제 관계가 날로 긴밀해짐에 따라 국제 수입 인플레이션의 역할이 더욱 두드러지고 있다. 넷째, 국제수지 영역에서의 불균형이 국내 균형에 심각한 충격을 주며 외화보유고가 지속적으로 대폭 증가하여 형성된 외국환평형기금은 이미 통화량 증가의 중요한 원인 심지어 가장 중요한 원인이 되었다.

인플레이션 압력이 상승하면서 경제 하행의 리스크도 끊임없이 증가하고 있는데 다음과 같은 4가지가 주된 원인이 있다. 첫째, 기업의 기술혁신 동력 부족으로 내수가 부진하고 모순이 격화되었다. 특히 대형·특대형 국유기업의 기술혁신이 부족하고 산업구조 업그레이드 공간이 협소하며 투자기회를 찾기 어려운 탓에 투자에 대한 유효 수요도 높지 않다. 게다가 제도적 혁신, 경쟁 압력 및 동기 부여의 부족으로 인해 기술혁신에 대한 동력은 더욱 약화된다. 둘째, 시장화 진척이 더디고 제도혁신이 무기력하며 요소시장의 발전이 뒤처져 있다. 특히 금융의 심화와 자본·통화의 시장화가 뒤처져 시장의 힘, 특히 민영 중소기업이 통화 및 자본시장으로부터 효과적인 지원을 받기 어

---

36) 측정한데 따르면 중국 통화정책에 따른, 인플레이션에 대한 작용의 시간차는 2년 안팎이다. 류웨이(劉偉)·리사오룽(李紹榮) 등, 「통화확장과 경제성장 및 자본시장제도 혁신」, 『경제연구』 2002년 제1호를 참조하라.

37) 관련 부문의 측정에 따르면 현 단계 중국의 인플레이션에서 원가 상승 요인에서 기인되는 부분이 40% 이상을 차지한다.

렵고 투자수요가 있더라도 정규시장을 통하여 이를 실현하기 어렵다. 셋째, 국민소득분배에 심각한 모순이 존재한다. 거시적 분배에서 주민소득 증가속도가 장기적으로 침체되어 주민소득이 국민소득에서 차지하는 비중이 지속적으로 줄어들고 나아가 주민 소비 성장과 경제성장 사이의 심각한 불균형을 초래하게 된다. 미시적으로 볼 때 주민 간, 도시와 농촌 주민 간, 지역과 산업부문 간의 격차가 확대되는 추세가 점차 뚜렷해져 전 사회의 소비성향을 심각하게 저하시켰다. 이밖에 중국 현 단계 경제체제의 뚜렷한 특징은 투자확대 동원 능력이 비교적 강하다는 점이다. 내수가 부족할 때 흔히 투자확대를 동원하는데 그 자체가 소비 증가를 저해하는 경향이 있다. 측정한데 따르면 개혁개방 이후 중국의 고정자산투자 연평균 성장률은 표준편차 1을 기준으로 약 13.5% 안팎(가격요소 제외)으로 추정되며 표준편차 1은 11%포인트를 의미한다. 고정자산의 연평균 성장률이 24.5% 이하일 경우 고정자산투자가 1%씩 증가할 때마다 소비수요의 성장률은 0.5% 이상씩 둔화된다. 고정자산의 연평균 증가율이 24.5%를 초과하면 고정자산투자가 1%씩 증가할 때마다 소비수요의 증가율은 0.8% 이상씩 둔화된다. 고정자산의 연평균 증가율이 30%를 초과하면 고정자산투자가 더 증가할 경우 소비수요의 증가폭이 마이너스가 될 가능성이 있다.[38] 넷째, 세계 경제 회복속도가 더디고 보호무역주의가 날로 확산되는 상황에서 중국의 수출시장이 직면한 세계 경제·정치·문화 등 방면의 모순이 날로 첨예해지면서 내수(투자와 소비수요가 포함됨) 부족의 갈등이 더욱 격화되고 아울러 이왕의 수출에 의한 내수 부족 보완 방식의 작용 공간이 갈수록 좁아지고 있다. 21세기에 진입해서부터 금융위기가 발발하기 전까지 통상적으로 그해 GDP성장률에

---

38) 류웨이(劉偉), 『발전방식전환 중의 경제성장』, 베이징사범대학출판사 2011년판, 110쪽 참조하라.

대한 수출 성장의 기여도는 대부분 2~3%포인트였고, 연평균 수출 성장률은 대부분 20%를 웃돌았다. 수출 성장률이 대폭 하락하거나 심지어 마이너스 성장(예를 들어 2009년)을 기록한다면 경제성장에 심각한 영향을 미칠 수밖에 없다. 디스인플레이션과 불황 방지의 두 방면의 목표를 모두 고려하여야 하고, 이 두 목표 중 어느 쪽이 더 중요한지 명확히 드러나지 않아 당연히 섣불리 전면적인 확장이나 전면적인 긴축의 재정정책과 통화정책을 채택할 수 없기 때문에 완화와 긴축을 결합한 역방향 조합이 자연스러운 선택이 된 것이다.[39)]

## 2. 현 단계 거시적 정책에서 완화와 긴축 조합의 특징

현 단계 재정정책과 통화정책의 긴축과 완화를 결합한 역방향 조합의 작용 특징은 다음과 같은 4가지 부분에서 집중적으로 반영된다.

첫째, 역방향 조합 조정 과정에서 방향이 바뀌는 것은 주로 통화정책이다. 그러나 재정정책은 안정적 즉 확장적인 정책 기조를 유지하였다. 통화정책의 방향이 바뀐 것은 실물경제의 통화 수요가 단기적으로 늘어났기 때문이 아니라(실물경제 하행에 영향을 주는 요인이 단기적으로 변하지 않았음) 합리적인 통화 공급에 변화가 생겼기 때문이다. 위기가 발발한 후 위기에 잘 대처하기 위해 통화긴축의 압력이 있음에도 불구하고 통화 공급을 다소 증가하였다. 팽창 압력이 늘어남에 따라 통화 공급의 증가속도는 다소 통제되어야 한다.

경제사상사와 정책사에서 통화정책과 재정정책 중 어느 쪽을 선택해야 할지를 두고 심각한 의견차이가 존재하였다. 케인스주의 · 통화주의 · 신고전주의종합경제학 · 신케인스주의 · 합리적예측경제학 등

---

39) 류웨이(劉偉), 「중국 거시적 경제 최신 추이 분석」, 『베이징공상대학학보』 2014년 제4호를 참조하라. 『대학교학술적록』 2014년 제6호에서 전재하였다.

학파는 각기 다른 해석을 가지고 있다. 서구 선진국들은 20세기 50년 대부터 70년대까지 케인스주의를 적용해 '재정이 가장 중요하지만 통화도 중요하다'는 거시적 정책을 강조하며 20년 넘게 상대적 균형적 성장을 유지해 왔다. 70년대 이후 '스태그플레이션'와 같은 새로운 문제에 직면하자 케인스주의는 무기력해졌고, '통화가 가장 중요하고 재정도 중요하다'는 통화주의사상이 보편적인 인식이 되었다. 정책 실천에서 통화주의는 통화정책의 사용을 강조한다. 특히 '스태그플레이션'을 완화하는 목표를 달성하기 위해 확장적인 통화정책을 적용한다. 한편으로, 확장적인 통화정책을 적용하여 수요를 자극하고, 특히 비효율적인 투자를 효율적인 수요로 전환하여 재정적 지원을 얻음으로써 수요의 급속한 확대를 실현한다. 다른 한편으로, 확장적인 통화정책을 활용하여 비용을 낮추고, 특히 기업 융자 비용을 줄임으로써 경제성장을 이끌었을 뿐만 아니라 비용에 따른 인플레이션 압력을 줄여 '스태그플레이션' 완화 목적을 달성한다.

문제는 구미 국가들의 이러한 확장 조치는 사실상 효율과 경쟁기준 하락을 대가로 하였고, 통화정책의 가격 수단을 적용한 꾸준한 금리 인하를 통해 기업의 융자비용을 낮추고 또 이로써 비용에 따른 인플레이션 압력을 줄이고 기업의 투자수요를 자극하여 경제성장을 이끌었다는 점이다. 얼핏 보기에는 '스태그플레이션'을 효과적으로 완화한 것으로 보이지만 이러한 완화의 본질은 장기적 효율의 희생을 대가로 '스태그플레이션'의 단기적인 완화를 바꾸는 것이기 때문에 지속가능성이 없다. 2008년 이후, 세계 금융위기가 발발한 원인은 이런 저효율의 확장적인 통화정책에 의해 형성된 '거품'이 어느 정도 작용하였기 때문이다.

금융위기로 인해 더 심층적 차원의 경기침체가 초래되었을 때 통화정책은 더 이상 작용 공간이 별로 없게 되므로 효과적인 경기부양책으로 더 이상은 통화정책의 가격 수단을 적용할 수 없게 된다. 따라서 오직 확장적인 재정정책에 더 많이 의존할 수밖에 없으며 특히 확장적인 재정지출정책을 적용하게 되는데 이때 통화정책은 재정정책을 보완하는 지위에 처하게 된다. 미국 통화정책의 이른바 양적 완화는 궁극적으로는 재정부양책의 요구 사항에 따라 통화 공급을 결정하는 정책이다. 따라서 금융위기의 충격에 대응하기 위하여 구미 국가들은 주로 재정정책을 조정하는 반면에 통화정책에 대한 조정은 방향에서나 강도에서나 뚜렷하지 않으며 조정 목적은 재정정책의 변화에 적응하기 위한 데 있다.

그러나 중국의 경우는 다르다. 1998년 하반기 중국은 아시아금융위기의 충격에 대응하여 적극적인 재정정책을 취하기 시작하였으며 2003년부터 2007년까지 경제의 구조적 불균형 모순을 완화하기 위해 적극적인 재정정책과 안정적인 통화정책을 채택하였다. 2008년부터 2010년까지 세계 금융위기의 영향에 대처하기 위해 보다 적극적인 재정정책과 적당히 완화된 통화정책을 취하였으며 2010년 하반기부터 지금까지 전면적인 경기부양책에 대해 '적절한 시기 철회' 조치를 취하여 적극적인 재정정책과 안정적인 통화정책으로 다시 돌아섰다. 이 기간 동안 재정정책은 줄곧 적극적인 방향을 견지하였다. 즉, 확장적인 정책 방향을 변함없이 견지하였으며 다만 금융위기를 전후하여 확장 정도에 다소 변화가 있었을 뿐이다. 반면에 통화정책에는 방향적 역전이 있었다. 안정적인 통화정책으로부터 적당히 완화된 통화정책으로 조정되었다가 다시 안정적인 통화정책으로 돌아온 것이다. 확장적인 재정정책은 통화 공급을 확대하게 된다. 구미의 느슨한 통화정책은 재정정책에 대한 제약 효과가 없다. 반대로, 중국의 긴축적인 통화정책은 적극적인 재정정책을 억제하는 효과가 있다.

둘째, 통화정책의 조정은 리듬이 빠르고 주기가 짧으며 조정 폭이 큰데다가 그 변화는 국제사회, 특히 구미 국가의 주기적 통화정책과 비교하여 현저한 차이를 보인다. 이런 차이는 다음과 같은 몇 가지 방면에서 나타난다.

1. 금융위기 발발 초기 중국은 구미 국가와는 확연히 다른 거시적 정책을 취하였다. 세계 금융위기가 2007년 미국에서 발생하기 시작해 전 세계로 급속히 확산되면서 2008년에는 글로벌 금융위기로 번졌다. 세계 각국은 금융위기에 대처하기 위해 대부분 전면적 확장의 거시경제정책을 채택하였지만, 중국은 이와 달리 2008년 초에는 전면적 긴축의 거시경제정책을 채택하여 '이중 방지' (즉 경제 과열 방지와 인플레이션 방지) 조치를 실시하였다. 특히 통화정책의 긴축 강도가 컸는데 2003~2007년의 고속성장 (연평균 성장률 10% 이상)으로 야기된 투자수요 과열에 대한 우려가 컸기 때문이다. 하지만 불과 6개월 정도 지나자 금융위기가 우리 경제에 미친 영향이 드러나기 시작하였다. 그리하여 중국은 2008년 7월 이후 거시경제 조정 목표를 '성장 유지, 물가 통제, 구조조정' 으로 조정하였으며 경제성장 유지가 가장 중요한 문제로 되고 물가 통제가 그 다음으로 중요한 문제가 되었으며, 이에 따라 거시경제정책의 방향이 긴축에서 확장으로 바뀌었다. 금융위기의 영향이 심화됨에 따라 2008년 말에 이르러 거시경제조정목표는 재차 조정을 거쳐 '성장 유지, 내수 확대, 구조조정' 으로 바뀌었다. 이에 따라 디스인플레이션이 이미 거시경제 조정 목표에서 제외되고 거시경제정책은 전면적인 확장시기에 들어섰다. 문제는 2008년 상반기, 중국이 구미와는 반대로 확장이 아닌 긴축정책을 채택하여야 하는지 여부이다.

2. 거시적 정책의 조정은 구미에 비해 뒤떨어졌기 때문에 확장적인 거시정책이 일단 발표되면, 그 강도가 엄청나다. 즉, 이른바 '더욱 적극적인 재

정전채, 적당히 완화된 통화정책'이다. 재정정책의 확장 정도는 이른바 2년 내 4조 투자지출계획에서 집중적으로 구현되고 통화정책의 완화 정도는 M2의 성장률과 은행 신용대출의 성장률 등 통화정책의 양적 수단의 적용에서 집중적으로 구현된다. 재정적자도 그 이전의 수천억 위안에서 9천 500억 위안까지 급증해 당시 GDP의 3%라는 경계선 수준에 이르렀다.[40]

통화 규모로 보면 중국은 2008년 하반기에 신규 대출이 4조 8천억 위안을 기록하였는데 대출이 주로 하반기에 집중되었다. 2009년 신규 대출 금액은 2008년의 2배인 9조 6천억 위안에 달하였고 M2 증가율은 27%에 달하였다. 2010년 상반기의 신규 대출 규모는 4조 6천억 위안으로 전년도 동기와 대체로 비슷한 수준을 유지하였다. 문제는 단기 내 이토록 강력한 확장정책을 취하여야 하는지 여부이다. 단기적인 위기 완화 효과 측면에서 볼 때, 강력한 확장적인 거시적 정책은 상당한 성장 효과를 가져왔다. 2008년, 중국 경제는 9% 성장하였고, 2009년 세계 경제 마이너스 성장의 배경 하에서도 중국의 경제 성장률은 여전히 8.7%에 달하였으며 2010년에는 10.3% 이상, 2011년에는 9.2%에 이르렀다. 그러나 장기적인 발전효과로부터 볼 때 이런 강력한 확장적인 거시적 정책은 일련의 심층적인 모순을 격화시켰고 거대한 인플레이션 압력을 형성하였을 뿐만 아니라 시장경쟁 도태 메커니즘의 효율도 심각하게 떨어뜨렸다. 이런 상태로 계속 나아간다면 국민경제의 지속가능한 발전능력은 심각하게 훼손될 것이다. 자금 시장에서 수요와 공급의 불균형 방향이 다르면 동일한 정책일지라도 그 효과는 크게 달라진다.

3. 통화시장에서 수요와 공급의 불균형 방향이 다양하기 때문에 동일한 정책일지라도 결과가 크게 달라질 수 있다. 사실 세계 금융위기 당시 중국과 구미 간의 자본 및 통화시장의 불균형은 정반대 방향이었다. 구미 나라의 위기는 실물경제가 아닌 금융 영역에서 비롯된 것이다. 따라서 자본

---

40) 유럽연합의 「마스트리히트조약」은 회원국의 적자를 반드시 GDP의 3% 이하로 통제하고 채무를 반드시 GDP의 60% 이내로 통제하여야 한다고 규정하였다.

과 통화시장에서 실물경제는 통화를 필요로 하고, 은행 등 금융기관이 자금 고삐를 죄는 상황에서 통화에 대한 실물경제의 수요는 상대적으로 더욱 강해졌다. 이에 따라 은행과 금융기관 자체에 심각한 위기가 발생하였고 자금사슬에도 이미 심각한 문제가 존재하는 것이다. 그 결과 시장에 통화를 방출(신용대출)할 수 있는 능력이 심각하게 약화되어 은행 자체의 유동성이 떨어졌다. 이는 통화에 대한 시장의 엄청난 수요와 심각한 통화 공급 부족 간의 모순으로 이어졌다. 즉 금융위기 이전의 확장적인 통화정책이 통화 공급 메커니즘의 정상적인 작동을 방해하였고 '거품' 붕괴 이후 구미 각국의 금융기관이 정상화될 때까지 통화 공급 메커니즘이 정상적인 작동을 회복되지 않으면 실물경제의 통화 수요를 충족시킬 수 없다는 뜻이다.

이처럼 통화시장의 불균형은 정부가 거시적 정책에서 통화 공급 증가를 추진하도록 요구하고 있다. 여기에는 은행의 신용대출능력을 강화하기 위해 정부가 은행에 자본을 투입하는 것뿐만 아니라 실물 경제의 통화 수요를 충족하기 위해 정부가 실물경제에 직접 자금을 투입하는 것도 포함된다. 그러나 중국은 이와 상황이 다르다. 금융위기는 외부로부터 중국 경제를 강타하였다. 세계 금융위기가 글로벌 경기 침체로 이어지면서 세계시장을 지향하는 중국의 실물경제가 가장 먼저 타격을 받았고, 이는 결국 전체 실물경제의 성장세에 영향을 미쳤다. 중국의 은행 등 금융기관은 체제 등 다양한 원인으로 세계 금융위기의 충격을 가장 먼저 받지는 않았다. 게다가 중국 주민들의 장기간에 걸쳐 이룬 높은 저축률로 금융위기 발발 때 중국의 은행 시스템은 안정적이었고 은행 자체의 유동성이 충족하였는데 2009년 연말, 중국 은행의 예금과 대출 차액이 19조 위안을 넘어섰다.[41]

따라서 중국의 자본과 통화시장의 수급 불균형 방향은 구미 국가와는 근본적으로 다르다. 중국은 실물경제의 유효 통화 수요가 부족한 반면에 은행 등 금융기관의 통화 공급은 왕성하였다.

---

41) 쑤젠(蘇劍) 등, 「금융위기 아래의 중미 경제형세 차이 및 통화정책의 선택」, 『경제학동향』, 2009년 제9호를 참조하라.

중국은 기술혁신과 제도혁신의 부족으로 기업 투자의 유효 수요 동력이 장기간 부족하였는데 금융위기의 충격으로 투자수요가 부족한 모순이 더욱 두드러지게 나타났다. 이에 비해 중국의 통화시장에서 통화에 대한 수요가 부족한 반면에 공급은 과잉 상태였다. 이런 통화 불균형은 구미 국가처럼 단순히 통화 공급을 늘리기보다는 실물경제의 유효수요를 육성·확대하는 데 거시정책의 초점을 맞춰야 한다. 다시 말해, 실물경제의 유효 통화 수요를 육성하는 관건은 혁신에 있다. 기술혁신과 제도혁신을 포함해 특히는 금융 시장화의 심화와 요소 시장화를 추진하고 국유기업 개혁을 심화하며 제도적, 산업조직적으로 독점을 타파하는 것이다. 또 중소기업을 힘써 육성하여 중소 민영기업의 성장에 필요한 시장환경을 마련해주는 것이다. 단기 정책으로 볼 때 수요를 자극하는 동시에 거시경제정책의 공급 효과를 고려하여야 하며, 기업 혁신 촉진, 효율성 향상, 비용 절감에 힘을 기울여야 한다. 그러나 실제로 중국은 통화 공급을 힘써 늘리는 확장적인 거시정책을 취하였다. 이런 정책은 비록 비교적 뚜렷한 성장 효과를 거두었지만 그만큼 비용도 크게 늘어났다. 중국 실물경제의 상황에 비추어 볼 때 적극적인 재정정책도 장기적인 의미에서는 중국의 기업 투자수요가 부족한 문제를 해결할 수 없었다.

4. 통화정책은 가장 먼저 '적절한 시기 철회'를 선택하였다. 중국은 2010년 10월 이후 가장 먼저 '적절한 시기 철회'를 선택하여 전면적인 확장정책에서 적극적인 재정정책과 안정적인 통화정책으로 전환하면서 구미 국가들보다 조금 더 일찍 전면적인 확장정책을 철회하였다. 그 이유로는 한편으로는 금융위기 충격 하에도 중국 경제가 여전히 비교적 강한 성장세를 유지하고 있었던 것, 다른 한편으로는 강렬한 확장에 따른 인플레이션 압력이 컸던 것을 꼽을 수 있다. 먼저 '적절한 시기에 철회'하는 과정에서 통화정책을 우선적으로 철회하였다. 재정정책과 달리 통화정책의 조정은 단순히 확장 정도에 대한 조정이 아니라 방향적 역전을 더 중요시하여야 한다. 즉, 앞서 '완화'에서 '긴축'으로 역전하는 것이다. 이처럼 통화정책

의 방향적 역전이 나타나게 된 중요한 원인은 금융위기 완화 과정에서 중국 통화시장의 불균형 방향과 상반되는, 그리고 막강한 확장 조치를 취함으로써 심각한 인플레이션 압력을 형성하였기 때문이다. 중국은 구미 국가들보다 일찍 확장적 통화정책을 철회하였다. 2010년 10월, 구미 국가들은 보편적으로 확장 강도를 높이고, 통화정책과 재정정책의 상호 협력 방식을 채택하여 강력한 경기 부양책을 시행하 반면에 중국은 이미 긴축적 통화정책으로 방향을 틀었으며 재정정책은 아직 방향을 틀지 않았지만 확장 강도는 약화되기 시작하였다.

## 3. 완화와 긴축을 결합한 거시정책 조합의 효과

재정정책과 통화정책의 역방향 조합 방식은 통상적으로 두 가지 상황에서 적극적인 정책효과를 가져올 수 있다. 첫 번째 상황은, 국내 거시경제 불균형 방향이 아주 명확하지 않거나 불균형 수준이 아주 뚜렷하지 않은 경우다. 예하면, 불균형이 존재하지만 국민경제는 일반적으로 지속 가능하며, 전면적 확장 또는 전면적 긴축 정책을 채택할 때 보다 정상적인 범위의 불균형에 속한다. 즉 재정과 통화의 동시적인 긴축과 완화는 모두 거시경제의 변동성을 크게 증가시킬 수 있다. 분야별(예하면 투자와 소비), 지역별(예하면 발달한 지역과 낙후한 지역)의 불균형 방향이 일치하지 않아 이때 재정정책과 통화정책은 전면적인 긴축(이중 긴축)이든 또는 전면적인 확장(이중 완화)이든지를 막론하고 모두 새로운 구조적 불균형을 악화시킬 수 있다. 경제에 '스태그플레이션'의 위협이 존재하는데다가 그중 어느 것이 가장 중요한 것인지를 아직 알 수 없다. 이 시점에서 이중 완화 또는 이중 긴축의 정책 조합을 취하면 한 쪽의 모순을 완화시키는 반면 다른 한 쪽의 불균형을 악화시킬 수 있다. 상기 상황에서 완화와 긴축을 결합한 거시적 정책 조합을 취하면 거시적 정책 결정의 리스크를 줄이고 경제성장의 균형도 개선할 수 있다. 두 번째 상황은 국내 경제 불균형과 국제수지 불균형이 동시에 존재하며 또 각기 다른 방향과 특징을 가지고 있는 상황에서, 국내의 경제 균형 목표 요구와 국제수지 균형 목표의 요구에 따라 재정정책 및 통화정책의 다양한 특징을 고려할 수 있으며 특히 국내 경제와 국제수지 영역에 미치는 영향의 정책효과 특징을 감안하여 완화와 긴축을 결합한 역방향 조합을 취하였다. 그러나 상기 두 가지 상황에서 완화와 긴축을 결합한 거시정책 조합을 적용하여 적극적인 효과를 거두려면 일정한 전제조건이 구비되어야 한다.

첫째, 총량 불균형의 방향이 불분명하거나 '스태그플레이션' 위협이 존재하는 조건하에서 재정정책과 통화정책의 역방향 조합은 반드시 재정정책과 통화정책 각자의 특징에 따라 각자 성장과 불균형에 미치는 단기적, 장기적 효과의 차별에 따라 각기 다른 조합방식을 취하여 강도를 꾸준히 조정되어야 한다. 통상적으로 금융위기가 발생하여 경제쇠퇴를 초래하면 상응한 통화정책과 재정정책을 취하는 과정에서 통화정책은 주로 위기 속 단기 물가 수준에 영향을 미치고 재정정책은 주로 위기 속 단기 경제성장에 작용하게 된다. 연구 결과, "통화정책지수(MPI)는 위기 이듬해와 위기 기간 동안의 인플레이션 수준에 통계적으로 뚜렷한 긍정적인 영향을 미치지만, 위기 이후 3년간의 인플레이션 수준에는 큰 영향을 미치지 않는다", "통화정책지수(MPI)는 위기 기간과 위기 이후의 인플레이션 수준에 대하여 통계적으로 유의미한 영향을 미치지 않는다", "재정정책지수(FPI)는 위기 기간 중 최저 GDP 성장률과 GDP 성장률의 평균치에 대하여 통계적으로 뚜렷한 플러스 영향을 미친다." 그러나 "위기 이후 확장적인 재정정책이 경제성장에 가하는 긍정적 자극은 장기적으로 이어질 수 없으며 그로 인한 적자효과가 경제성장에 미치는 부정적인 영향은 위기 이후 3년 내에 나타나기 시작할 것이다."[42)

다시 말해서 위기의 충격에 대응하여 통화정책을 변경하면 물가에 빠르고도 뚜렷하게 영향을 미쳐 디플레이션을 완화하지만 경제의 단기 성장과 장기 성장에는 큰 영향을 미치지 못한다. 만약 위기 과정에서 경기 침체와 인플레이션의 이중 압력에 직면한다면 확장적인 통화정책이 성장을 효과적으로 이끌 수 없을 뿐만 아니라 인플레이션을 더욱 악화시키게 된다. 확장적인 재정정책이 단기 성장을 뚜렷하게 자극하고 쇠퇴를 완화시킬 수 있지만 위기 이후의 몇 년간은 이에 따른 대가를 치러야 한다. 특히 재정 적자에 의해 초래된 인플레이션 압력이 점차 나타나게 될 것이다. 따라서 확장적인 재정정책이 성장에 미치는 영향은 단기적이며 심지어 부정적인 영향을 미치기도 한다. 위기 대응 과정에 긴축적 재정정책은 단기적으로 경제성장에 부정적인 영향을 미치지만, 위기 이후의 인플레이션 통제에는 적극적인 역할을 한다. 만약 경제가 침체와 인플레이션의 이중 위협에 직면한다면 단기적으로는 확장적인 재정정책을 취하여 성장을 자극할 수 있지만 인플레이션 압력을 줄이기 위해 강력하게 지속적으로 밀고 나가기는 적합하지 않다. 요컨대 위기가 발생하여 거시경제가 인플레이션과 하행의 이중 불균형 압력에 직면하였을 때, 통상적으로 재정과 통화정책을 결합한 역방향 조합은 단기에 적당히 확장적인 재정정책과 적당히 긴축적인 통화정책을 기본적인 선택으로 해야 하며 특히 단기에는 강력한 확장적인 통화정책을 취하기에는 적합하지 않다. 그렇지 않으면 단기적으로 인플레이션을 악화시켜 성장에 불리하다. 위기 이후, 확장적인 재정정책은 가능한 빨리 철회하여야 하는데 그렇지 않

---

42) 마융(馬勇)·천위루(陳雨露), 「통화정책 및 재정정책의 후속 효과 평가: 40차 은행 위기 모델」, 『개혁』 2012년 제5호를 참조하라.

으면, 후행 인플레이션 압력을 증가시키고 성장에 부정적인 영향을 미칠 것이다.

　중국은 이번 금융위기의 충격에 대처하는 과정에서 2008년 하반기부터 2010년 상반기까지 확장적인(더 적극적인) 재정정책과 함께 확장적인 통화정책(적당히 완화된)을 취하였다. 사실상 위기 과정에는 강력한 확장적인 통화정책을 최대한 피해야 하며 특히 '스태그플레이션'의 모순이 존재하는 조건 하에서 확장적인 통화정책은 결코 단기 내에 경제성장을 자극할 수 없다. 이는 단기 성장을 자극함과 동시에 거대한 인플레이션 압력을 조성하여 중국이 부득이하게 경기부양책을 조기에 철회하도록 하였다. 그러나 중국은 2010년 하반기 '적절한 시기 철회' 후에도 재정정책은 여전히 확장적이었으며(긍정적) 통화정책은 안정적인(긴축) 방향으로 돌아섰다. 사실, 위기 이후 확장적인 재정정책을 지속한 것이 경제의 장기적인 성장에 긍정적인 효과는 커녕 오히려 부정적인 영향을 미쳤다. 하지만 위기 이후 비교적 긴 기간 동안 확장적인 통화정책은 장기적인 물가수준에 별로 큰 영향을 미치지 못하였다. 즉, '적절한 시기 철회' 후, 만약 '스태그플레이션' 압력에 직면한다면 완화와 긴축을 결합한 역방향 정책조합을 취할 때, 통상적으로 적당히 완화된 통화정책과 적당히 긴축된 재정정책 조합이 적합하며, 확장적 재정정책과 긴축적 통화정책의 조합은 적합하지 않다. 그렇다면 중국 현 단계 거시정책 조합에서는 적극적인 재정정책과 안정적인 통화정책을 기본방식으로 하는 이유는 무엇일까? 그 중요한 이유는 재정정책과 통화정책의 역방향 조합으로 '스태그플레이션'의 충격에 대응함에 있어서 시장 메커니즘을 미시적 기반으로 삼아야 하기 때문이다. 만약 위기의 충격으로 시장기능을 상실하였다면 특히 시장 투자수요 부족으로 경제침체를 야기하여 정부의 자극, 특히 재정정책의 자극이 필요할 때 위기 이후의 회복단계에서 정부의 확장적인 재정정책의 '적절한 시기 철회' 의 기반은 시장 원기의 회복에 있다. 만약 시장 메커니즘이 완벽하지 않고 장기적으로 효과적인 시장수요를 형성하기 어렵다면 확장적인 재정정책은 철회하기 어렵다. 그러나 확장적인 재정정책은 위기 이후 장기적으로 실행하는 과정에 경제성장에 부정적인 영향을 미칠 뿐만 아니라 거대한 인플레이션 압력도 형성하게 된다.

둘째, 국내경제의 불균형과 국제수지의 불균형이 공존할 때 재정정책과 통화정책의 완화와 긴축의 역방향 조합을 취하면 두 부분 균형목표의 실현을 동시에 촉진할 수 있다. 상대적으로 재정정책은 국내경제에 미치는 영향이 더욱 뚜렷하고 통화정책은 대외에 미치는 영향이 더욱 뚜렷하다. 국내 실업이 비교적 심각하고 경제가 불경기에 처하였을 뿐만 아니라 국제수지에 적자가 발생하였을 때, 한편으로는 확장적인 재정정책을 택해 총수요를 자극함으로써 일자리를 창출할 수 있다. 비록 확장적인 재정정책이 총수요를 자극하면서 수입이 늘어나고 따라서 국제수지 적자가 한층 확대될 가능성이 있지만 재정정책이 국내경제에 미치는 작용은 통상적으로 국제수지에 미치는 작용을 초과한다. 논리적으로도 총수요(국민소득)의 증가를 먼저 자극한 뒤에야 국제수지에 진일보로 영향을 주게 되므로 재정정책이 총수요의 증가를 자극함에 따르는 고용 효과는 일반적으로 재정정책이 유발하는 국제수지 적자 증대 효과보다 더 큰 것이다. 다른 한편으로는, 긴축적인 통화정책도 함께 취한다면 국내 경제의 실업과 불경기를 악화시킬 수 있지만 긴축적 통화정책은 본위화폐의 평가절상을 초래해 시장금리를 인상시킴으로써 국제자본의 유입을 증가하고 국제수지 적자를 완화할 수 있다. 통상적으로 통화성책이 국제수지에 미치는 영향보다 국내 경제에 미치는 영향이 더 크다. 그러므로 긴축적 통화정책이 총수요에 일으키는 억제효과가 통상적으로 국제수지 균형에 일으키는 촉진효과보다 미미하다. 이러한 상황에서 만약 확장적인 재정정책과 긴축적인 통화정책을 취한다면, 재정정책을 통해 총수요를 더 효과적으로 자극할 수 있을 뿐만 아니라 통화정책을 통해 국제수지 적자를 더 효과적으로 줄일 수 있을 것이다. 같은 맥락으로, 국내 수요의 팽창, 심각한 인플레이션과 더불어 국제수지의 비교적 큰 흑자가 존재할 때, 긴축적인 재정정책을 채택하면 총수요를 더 효과적으로 억제하고 인플레이션을 완화시킬 수 있다. 아울러 확장적인 통화정책을 취해 국제수지의 균형 회복을 촉진할 수 있다. 물론 긴축적 재정정책은 총수요를 억제하는 동시에 수출 증가, 수입 감소를 촉진해 국제수지 불균형을 심화시킨다. 그러나 통상적으로 국내경제에 대한 재정정책의 역할이 국제수지에 대한 역할보다 크며 확장적인 통화정책은 총수요를 자극하고 인플레이션을 가중시키지만 일반적으로 통화정책이 국제수지에 일으키는 작용이 국내경제에 일으키는 작용보다 더욱 뚜렷하다. 이런 상황에서 재정정책과 통화정책 또는 통화정책와 재정정책의 긴축과 완화의 역방향 조합은 효과적이다.

이런 조건 하에서 재정정책과 통화정책의 역방향 조합의 유효 여부를 결정짓는 것은 다음과 같은 두 가지 기본 조건 충족 여부이다. 첫째는 재정정책과 통화정책의 완화와 긴축을 결합한 방향이 경제 불균형의 방향과 맞물려야 한다는 점이다. 즉, 국내 수요가 부족하고 경기가 부진하며 국제수지의 적자가 비교적 클 때 확장적인 재정정책과 긴축적인 통화정책을 병행해야 한다. 그리고 국내 수요가 과열되고 인플레이션이 발생한 동시에 국제수지 흑자가 충족할 때는 긴축적인 재정정책과 확장적인 통화정책 조합을 취해야 한다. 현 단계 중국의 불균형 특징은 국내 수요가 부족하고 국제수지에 거액의 흑자가 존재하는 것인데 재정정책과 통화정책의 역방향 조합이 현 단계의 이러한 불균형을 완화하는데 효과성은 제한되어 있다. 현재 중국의 확장적인 재정정책과 긴축적인 통화정책이 국내 경기침체와 국제수지 흑자가 공존하는 모순을 더 악화시키지는 않았다. 그 원인은 자본항목을 태환할 수 없는데다가 경상항목이 위안화 환율에 비교적 민감하게 반응하기 때문에 긴축적 통화정책에 따른 위안화 평가절상이 자본 유입에 미치는 영향이 뚜렷하지 않으며 국내 수요를 억제함과 동시에 수출에 더욱 뚜렷한 영향을 주어 국제수지 흑자를 증가시키지 못하였을 뿐만 아니라 오히려 흑자의 증가가 지나치게 빠른 모순을 완화시킬 수 있기 때문이다. 그러나 금리시장화의 점차적인 추진과 자본항목의 점차적인 태환으로 말미암아 이런 역방향 조합이 중국 경제 내부의 불균형과 국제수지의 불균형 모순을 한층 격화시킬 것이다. 둘째는, 체제적으로 금리 시장화와 환율 시장화를 실현하는 것이다. 그렇지 않으면 재정정책과 역방향의 통화정책을 취하더라도 금리가 통화시장의 수급관계의 변화에 따라 제때에 바뀔 수 없다. 즉 긴축적 통화정책을 채택할 때 금리가 따라서 상승하지 않기에 자본 유입을 촉진하기 어렵고 확장적인 통화정책을 채택할 때 금리가 따라서 하락하지 않기에 자본 유출을 유도하기 어렵다. 금리 시장화를 요구하는 것 외에도 재정정책과 통화정책의 역방향 조합을 통해 국내 및 국제수지의 두 측면의 균형 목표를 모두 고려하여야 하며 또 환율의 시장화를 실현하여 환율의 비시장적 리스크와 불확실성을 낮춤으로써 자본의 시장 유입과 유출의 루트를 더욱 원활하게 하여야 한다. 그렇지 않으면 역방향 조합 중에서 국제수지 균형 목표에 대한 통화정책의 역할은 극히 제한되어 있다. 분명한 것은 현 단계에서 중국의 금리와 환율 모두 진정한 시장화의 실현까지는 갈 길이 멀다는 점이다. 따라서 재정정책과 통화정책의 역방향 조합을 통해 국내 균형과 국제수지 균형 목표를 동시에 실현할 수 있는 시장체제 조건은 아직 충분하지 않다.

## 4. 재정정책과 통화정책의 완화와 긴축의 역방향 조합의 정책 강도

거시적 조정에서 핵심지표는 경제 성장률이다. 이른바 정책 조정의 상한선과 하한선에 대한 토론이란 주로 경제의 목표 성장률을 확정하는 것이다. 그리고 경제 목표 성장률의 하한선을 확정하는데 있어서 고려하여야 하는 중요한 요소는 취업 목표의 요구에 있다. 거시적 조정의 목표로서 성장을 유지하는 핵심은 취업 보장이다. 상한선의 중요한 결정요소는 국민경제의 인플레이션 감당능력에 있다. 특히 실제 성장률은 잠재적 성장률을 초과해서는 안 된다. 만약 실제로 확정한 목표 성장률이 잠재적 성장률에 접근하거나 심지어 초과할 경우 성장을 자극하는 거시적 정책은 심각한 인플레이션을 야기하게 된다. '뉴노멀'에 진입한 후, 실제 성장률의 뚜렷한 하락이 중국 경제의 두드러진 특징으로 되었다. 개혁개방 이후 30여 연간 연평균 성장률은 9.8% 안팎에서 7%~8%로 떨어졌다. 이론적으로 볼 때 중국 현 단계의 잠재적 성장률이 현저한 하락추세를 보이고 있음을 입증해줄 충분한 이유가 없다.[43] 따라서 최근 몇 년간 중국의 실제 경제성장률은 7%~8%인 반면 인플레율은 2%~3%인 것으로 보아 인플레이션의 잠재 압력은 매우 크지만 실제로 나타나는 인플레이션 수준은 비교적 낮음을

---

43) 잠재적 성장률은 자본 성장률과 총요소생산성의 성장률 및 노동력 성장률에 의하여 결정된다. 중국은 현 단계에서 노동력 성장률이 마이너스를 기록하고 노동력 총량이 하락하기 시작한 것을 제외하고 자본 성장률과 총요소생산성의 성장률은 하락하지 않았으며 노동력 성장률은 원래도 높지 않았기 때문에 잠재적 성장률에 별로 큰 영향을 끼치지 않을 것이다.

알 수 있다. 따라서 경제성장 목표의 상한선과 하한선을 둘러싼 토론은 취업 목표가 요구하는 최저 성장률을 어떻게 보장하고 이에 따른 재정정책 및 통화정책의 강도를 정하는 데 초점이 맞춰졌다. 특히 생산력 과잉 등 구조적 모순의 격화를 감안하면 구조조정이 중국 경제의 지속적인 성장을 실현하는 근본적인 선택으로 되면서 구조조정에 더 큰 공간을 제공하였다. 경제의 실제 성장률 목표를 확정할 때 최소한 취업 목표의 요구를 충족하여야 한다는 것이 원칙인데 그 하한선을 충족시키는 전제 하에 성장률이 낮을수록 더 유리하다.[44)]

그렇다면 어떻게 취업목표에 근거하여 실제 경제 성장률을 확정할 것인가? (1) 중국의 노동력공급을 확정한다. 2010년부터 2027년까지의 중국 노동력 수량을 추산한 결과, 2013년에 최고치(7억 7천710만 3천 명)에 달하고, 2014년부터 해마다 감소하여 2027년에는 7억 4천512만 2천 명에 달할 것이라는 결론을 얻었다.(국가통계국의 발표에 따르면, 2012년 중국의 노동력은 그 전해에 비해 약 350만 명 줄어들었음) 총량으로부터 볼 때 중국이 앞으로 직면하게 될 취업압력은 점차 줄어들 것이다. (2) 노동력 수요에 대한 중국 경제성장의 견인 역할을 추산한다. 2000년부터 2012년까지 중국의 경제성장이 가져온 노동력 수요의 증가량 변동 폭이 비교적 크다. GDP가 매 1%포인트씩 증가함에 따라 이끈 노동력 수요 증가량의 최저치(2000년)가 160만 명이었고 최고치(2004년)는 481만 명으로서 평균치는 315만 명 정도였다. 매년 노동력에 대한 수요가 크게 증가하였음에도 불구하고 실제 취업 수는 그만큼 증가되지 않았다. 예를 들면 2012년의 경우 경제 성장률이 7.7%였고 성장률 매 1%포인트 당 신규 취업자 수가 439만 9천 명으로 총 증가수가 3천387만 명에 달하였다. 그러나 당해 실제 비농

44) 류웨이(劉偉) · 쑤젠(蘇劍), 「'뉴 노멀' 하의 중국 거시적 조정」, 『경제과학』 2014년 제4호를 참조하라.

업 산업 취업자 수는 1천105만 명 증가하는데 그쳐 나머지 2천282만 명의 노동력 수요 중 일부는 정년퇴직의 공백을 메웠고, 또 일부는 기존 취업자의 임금 상승으로 상쇄되었다. (3) 만약 2010~2012년 노동력 수요에 대한 중국 경제성장의 견인계수에 따라 추산하면 6.5%의 경제성장률은 2천46만 명의 노동력 수요를 늘릴 수 있다. 만약 2012년의 데이터를 바탕으로 하면 6.5%의 경제 성장률은 2천859만 명의 노동력 수요를 늘릴 수 있다. 2014년 중국은 농촌 이전 노동력과 도시화에서 성장한 노동력을 포함하여 비농업산업 취업 수요의 신규 노동력이 약 1천100만 명에 달하였는데 이들 노동력은 6.5%의 경제 성장률이 총량적으로 충분히 수용 가능한 수준이다. 뿐만 아니라 이외에도 노동력 수요가 더 있는데(2 859만 명-1 100만 명 = 1 759만 명) 이 부분의 수요로는 기존의 비농업산업 취업자들의 임금 수준을 향상시킴으로써 최소한 실질 임금수준이 떨어지지 않도록 보장할 수 있다.[45]

중국 현 단계 목표 성장률의 상한선을 확정함에 있어 인플레이션에 대한 국민경제의 수용 가능성을 중요한(비록 충분하지는 않음) 요소로 고려하여야 한다. 전체적으로 볼 때 중국 현 단계 실제 성장률은 전기 대비 상대적으로 하락하였지만 잠재적 성장률은 하락하였다고 말할 수 없다. 다시 말하면 실제 성장률이 여전히 잠재적 경제 성장률 범위 내에 있다고 할 수 있다. 시장 수요가 부진하거나 또는 공급에 심각한 생산능력 과잉현상이 존재하여 수요와 공급 양방향 긴축 조건 하에서 실제 성장률은 하락하지만 잠재적 성장률은 여전히 비교적 높은 수준을 유지하고 있다는 뜻이다. 확장적인 부양책이 생산능력 과잉을 심화시키고 저효율 공급을 증가하겠지만 인플레이션 수준을 크

---

45) 류웨이(劉偉)・쑤젠(蘇劍), 「중국 경제 목표 성장률의 확정」, 베이징대학 경제연구소 거시경제연구 과제팀 업무 논문을 참조하라. 2014년 7월.

게 상승시키지는 못할 것이다. 최근 중국의 경제 성장률은 7.7%를 유지함과 동시에 CPI는 2.6%에 그쳤는데 주요 원인도 바로 여기에 있다. 그러므로 중국 현 단계 목표성장률의 상한선을 고려할 때 인플레이션 목표와 구조조정 목표로부터 종합적으로 판단하여야 한다. 인플레이션 목표에서 볼 때 만약 CPI 3.5% 정도를 정책통제 목표로 삼는다면 최근 몇 년간 중국의 실제 경험에 비추어 볼 때 단기간 내에 기타 요소에 중대한 변화가 일어나지 않는다고 가정할 때 7%~8%의 경제 성장률을 유지하면 실현할 수 있다. 현재 실질 CPI수준(2.5%)의 2배(5% 안팎)를 감내할 수 있는 인플레이션의 상한선(2011년 중국 CPI는 5.4%로 인플레이션에 강하게 반응하지 않았음)으로 삼을 경우, 경제 성장률을 8%~9%로 통제하면 실현 가능하다.(2011년 GDP 성장률은 9.1%, CPI는 5.4%였음) 구조조정의 목표 요구로 볼 때 취업보장 목표를 실현할 수만 있다면 경제 성장률을 적당히 낮출 수 있다. 특히 잠재적 성장률이 실제로 하락하지 않은 조건 하에서 확장적 거시정책은 성장을 촉진하는 데 긍정적인 영향을 미치면서도 동시에 대폭적인 인플레이션의 상승을 초래하지 않을 수 있다. 따라서 목표 경제 성장률의 상한선을 적절하게 조정하는데 더더욱 주의를 돌려야 하며 수요 측면의 단기 효과에 미혹되어 이로 인해 무효 공급과 생산능력 과잉 등 모순이 가중되는 것을 홀시하여서는 안 된다. 그러므로 목표 성장률의 상한선을 더 낮춰서 8% 정도로 정할 수도 있다.

이밖에 현 단계 경제 목표 성장률의 확정에 있어서 또 중장기적인 경제성장 목표의 요구도 고려하여야 한다. 중국이 확정한 2020년에 이르러 샤오캉사회 전면 실현이라는 발전목표 달성 요구에 따르면 2020년에 이르러 불변가격으로 계산한 중국 GDP 총량이 2010년에 비해 2배로 늘어날 것이며 일인당 GDP 수준도 그에 따라 상응하게 2

배로 늘어날 것이다. 이와 같은 2배 성장 목표를 달성하려면 10년간 연평균 경제 성장률이 7.2% 수준에 도달하여야 한다.(동시에 인구 자연성장률은 반드시 일정한 수준 이내로 통제되어야 함) 그렇기 때문에 우리가 샤오캉사회 전면 실현의 성장목표를 실현하기 위해 필요한 연평균 성장률을 목표 성장률을 확정하는 중간 값으로 삼는 데는 충분한 근거가 있다. 실제로 지난 4년간(2011년~2014년) 중국의 실질 경제성장률은 모두 필요한 평균치(7.2%) 이상을 달성하였기 때문에 2배 성장의 시간표가 변하지 않는다면 2015년부터 향후 6년 동안 연평균 6.7% 이상의 성장률을 실현하면 충분히 가능하다.

경제 '뉴 노멀' 하에서 이중 위험이 존재하는 새로운 불균형 단계에 재정정책과 통화정책의 완화와 긴축을 결합한 역방향 조합을 조정하는 과정에서 국내 경제운행의 균형에 있어서 취업 보장, 디스인플레이션, 구조조정, 성장 촉진 등 목표 요구를 모두 살펴야 한다. 최근 몇년간, 중국의 경제 성장률은 6.5%(하한선), 6.7%(중간선)과 8%(상한선) 사이에서 조정하는 것을 선택할 수 있으며 이를 바탕으로 거시적 정책의 효과 강도를 종합적으로 통제할 수 있다.

요약하면 첫째, 중국이 현 단계에 재정정책과 통화정책에서 완화와 긴축을 결합한 역방향 조합을 취하는 근본적인 원인은 현 단계 거시적 경제 불균형의 특수성 때문이다. 즉 인플레이션의 압력과 경제 하행 위험이 동시에 존재하는데 이는 2003년부터 2007년까지 적극적(확장적) 재정정책과 안정적(긴축적) 통화정책을 취하였던 이유와는 다소 다르다. 2003년부터 2007년까지는 투자와 소비 두 분야에서 투자 분야의 수요 과열과 소비 분야의 수요 부족으로 대표되는 구조적인 역방향 불균형이 나타났던 것이고 현 단계의 불균형은 총량 자체에 '스태그플레이션' 이 발생할 가능성이 존재하는 것이다.

둘째, 중국은 현 단계에 재정정책과 통화정책을 완화와 긴축을 결합한 역방향 조합으로 조정하였는데 자체의 뚜렷한 특징을 갖고 있다. 특히 현대 구미 국가들이 금융위기의 충격에 대처하기 위해 선택한 거시적 정책과는 다소 다르다. 1. 역방향 조합의 조정에서 방향적 역전이 발생한 것은 통화정책이다. 재정정책은 위기 전과 후에 줄곧 확장적인 방향을 유지하였으며 다만 위기가 발생한 후에는 확장의 강도를 높였을 뿐이다. 그러나 구미 국가는 주로 재정정책을 통해 조정을 추진하였고 통화정책은 다만 재정정책에 대한 보충 조치로만 삼았을 뿐이다. 2. 금융위기를 전후하여 중국의 완화와 긴축을 결합한 역방향 조합 정책 조정 리듬이 빨라졌다. 금융위기 초기, 즉 2007년 하반기부터 2008년 상반기까지 구미 국가들이 취한 전면적인 확장정책과는 달리 중국은 전면적인 긴축(이중 방지) 정책을 채택하였다. 위기을 겪는 과정에 중국은 강력한 이중 확장정책을 채택하여 구미와는 다른 통화시장 불균형 상황에서 상당한 인플레이션 압력을 형성하였기 때문에 구미 국가들이 여전히 확장 강도를 높이고 있을 때 중국은 어쩔 수 없이 제일 먼저 확장정책을 '적당한 시기에 철회'하고 완화와 긴축을 결합한 역방향 조합방식을 취하는 수밖에 없었다. 3. 위기의 충격에 대비할 때 중국 통화시장의 수급 불균형의 방향은 구미 국가들과 반대되는 상황이었다. 통화에 대한 실물경제의 유효 수요가 부족한 상황에서 그 토대 위에서 구미 국가들과 마찬가지로 통화 공급을 늘리는 확장정책을 취하였는데 비록 내수확대, 단기 성장 견인 효과를 거두긴 하였지만 잠재적 인플레이션 압력은 막대하였다.

셋째, 긴축과 완화를 결합한 재정정책과 통화정책이 효과적인 정책 효과를 거두기 위해서 반드시 필요한 조건 측면에서 볼 때, '스태그플레이션'의 위협이 존재하는 상황에서 위기의 충격에 대응하기 위해서는 단기적으로는 일반적으로 확장적 재정정책과 적당히 긴축적인 통화정책의 조합이 적절하다. 위기 이후 경기부양책을 철회하는 과정에는 적당히 긴축적인 재정정책과 상대적으로 완화된 통화정책 조합이 적절하다. 그러나 상기 조합 및 방향의 전환을 실현하려면 체제적으로 투자와 융자 메커니즘이 반드시 효과적인 시장 메커니즘을 기반으로 해야지 정부 투자를 주체로 해서는 안 된다. 그렇지 않으면 위기 이후에도 시장의 힘으로는 정부의 투자 확대라는 재정정책을 대체할 가능성이 없다. 국내 불균형과 국제수지 불균형이 존재하는 조건 하에서 재정정책과 통화정책의 역방향 조합을 취해 국내 균형과 국제수지 균형 목표를 실현하려면 금리 시장화와 환율 시장화를 체제조건으로 삼아야 한다. 그렇지 않으면 거시적 정책의 변화가 국제 수지의 변화에 효과적으로 영향을 미치지 못한다. 상기 체제조건의 불충분으로 인해 중국은 이번 금융위기에 대처하는 과정에서 이와 상반되는 정책 조합을 취하였다. 비록 비교적 뚜렷한 단기적인 성장효과를 거두긴 하였지만 장기적으로는 비교적 큰 대가를 치러야 하였다.

분명한 것은 현 단계에서 어느 정도의 '스태그플레이션' 위험(가능성)이 존재하는 조건 하에서 중국 경제의 지속 가능한 균형적 성장을 실현하려면 다음과 같은 몇 가지 부분의 업무가 매우 중요하다. (1) 재정정책과 통화정책의 조합에 있어서 거시경제정책은 가급적으로 장기적이고 비교적 강한 확장적인 재정정책을 피하는 동시에 적당히 완화된 통화정책을 취해야 한다. (2) 거시적 조정 방식에서 수요 관리를 강조하는 동시에 반드시 공급 관리에 중시를 돌려야 한다. 거시경제 정책에는 수요 효과뿐만 아니라 공급효과도 있기에 중국 현 단계의 불균형 문제를 해결함에 있어서 공급관리를 결부시키지 않고, 기업의 효율과 노동생산성을 향상시키지 않으며, 산업구조를 조정하지 않고,

창의력을 향상시키지 않는 등등의 경우 근본적인 차원에서 진전을 가져올 수 없다. (3) 거시적 정책방향을 조정함에 있어서는 거시경제의 불균형 방향의 변화 특히는 국민경제 운행 과정에서의 주요 모순 전환에 근거하여 제때에 미세조정을 거쳐야 한다. 거시적 정책 결정 방식에서 민주와 법제화, 절차화 수준을 높여 중앙과 지방, 정부와 기업, 재정과 금융, 은행과 기업, 국유기업과 민영기업 등 다방면의 이익이 존중받고 조화를 이루도록 해야 한다. 사실상 거시경제정책 조정 목표의 확정과 변경은 항상 특정 이해관계에 기반하고 있다. 그렇지 않고 단순하게 한 쪽의 이익으로 다른 한 쪽의 이익을 부정한다면 거시경제의 불균형이 확대될 수밖에 없다. (4) 체제혁신에서는 사회주의 시장경제체제 개혁을 심화하여야 한다. 특히 요소(토지·노동·자본·외환 등을 포함)의 시장화를 서둘러 추진하여 시장경쟁 질서를 보완하여야 한다. 그렇지 않으면 거시적 조정은 예기의 효과를 거두기 어려우며, 재정정책과 통화정책의 효과적인 조합, 공급 관리의 도입, 제반 분야의 이익 균형 등도 실현되기 어렵다.

## 제3절 뉴 노멀 하에서 통화정책 선택에서 직면한 특수한 조건

### 1. 중국 통화정책 효과의 특수성

통화정책은 거시경제정책에서 가장 기본적이고 중요한 정책 수단으로서 중국의 개혁개방 이래 특히 21세기 들어서 경제 발전과 균형적 성장의 정책 목표의 실현에 극히 중요한 역할을 발휘하였으며 특히 중국이 금융위기의 충격에 대처하는 과정에서 특수한 정책 효과를 발휘하였다. 구미 국가들은 이번 금융위기에 대처하는 과정에서 비록 통화정책을 조정하였지만 상대적으로 볼 때 재정정책의 변화와 그에 따른 역할이 특히 두드러졌다. 왜냐면 현재 금융위기의 원인은 대체로 다음과 같다는 것이 일반적인 견해이기 때문이다. 20세기 70년대에 '스태그플레이션'이 나타난 이후 정부는 '스태그플레이션'을 완화하기 위해 금리인하와 금융완화를 기본 수단으로 하는 통화정책을 취해 기업의 통화 운용비용을 줄이고 수요를 자극하였다. 이에 따라 저효율성에 기반한 거대한 확장성 거품이 누적되었고 그것이 터지면서 금융위기가 발생하였다. 금융위기를 초래한 중요한 원인이 통화정책이기 때문에 통화정책의 미세 조정은 금융위기 대처에 그다지 유용하지 않다. 그리하여 위기에 대처하는 재정정책의 실효성이 다시 강조된 것이다. 이와 달리 중국은 금융위기 발생 즈음에 위기가 중국에 미치는 영향에 대처하기 위해 재정정책을 조정한 외에 또 통화정책의 방향도 개변하였다. 그러나 재정정책의 조정은 정책 효과의 강도만 변경하였을 뿐으로 방향은 변경하지 않았다. 1998년 하반기부터 2002년까지 불황 방지, 디플레이션 방지를 위해 중국은 강력한 확장적인 재정정책을 취하기 시작하였다. 2003년부터 2007년까지 중국은 투자영역 과열과 소비 분야 냉각의 불균형을 해소하기 위해 적극적(확장적) 재정정책을 이어갔다. 2008년, 특히 2008년 하반기 이후 금융위기의 충격에 직면하면서 재정정책의 방향은 바꾸지 않았지만 그 강도는 커졌으며 2010년 말 이후, 중국은 다시 재정정책의 강도를 조정하였는데 재정정책의 방향은 위기 완화 시기의 '더욱 적극적인' 방식에서 위기 이전의 '적극적인' 방식으로 재조정되었다. 전체적으로 볼 때 재정정책의 방향은 줄곧 확장이었다.

　그러나 같은 기간 통화정책은 그렇지 않았다. 2003년부터 2007년까지 중국은 적극적인 재정정책과 함께 안정적인 통화정책을 취하였고 연이은 금리인상과 법정 예금 지급 준비율 인상 및 그 후의 신용대출 규모 지표의 통제 등은 모두 당시 통화정책의 긴축 경향을 보여준다. 2008년 하반기, 위기 완화의 필요성에 따라 통화정책의 방향을 기존의 '안정적'(긴축) 상태에서 '적당한 완화'(확장) 상태로 전환하였다. 2008년 연말에는 연초 대비 신규 증가 대출액이 4조 9천억 위안에 달하였고, 2009년에는 신규 증가 대출액이 9조 6천억 위안에 달하였으며, 2010년 상반기에는 신규 증가 대출액이 4조 6천억 위안에 달해 통화정책의 방향이 긴축에서 확장에로 전환되는 변화를 실증하였다. 2010년 연말 이후 통화정책이 위기 이전의 상태, 즉 '안정'(긴축) 상태로 다시 돌아갔는데 연이은 법정 예금 지급 준비율 인상과 금리인상 조치가 이 점을 설명한다. 위기 전과 후, 통화정책 방향의 역전은 중국의 현 단계에서 통화정책이 매우 특별한 역할을 하고 있다는 점을 말해준다. 특히 재정정책 방향이 줄곧 바뀌지 않은 조건 하에서 통화정책 방향을 여러 차례 바꾼 것은 현재 중국의 통화정책 효과가 구미 국가에 비해 더욱 뚜렷하다는 점을 말해준다. 이는 현재 중국 통화정책 효과의 뚜렷한 특징 중 하나이다. 중국 통화정책 효과의 또 다른 특징은 통화정책이 중국에서 뚜렷한 수요 효과 뿐만 아니라 중요한 공급효과도 있다는 점이다. 현재 중국은 중등소득의 개발도상국으로서 일인당 GDP가 이미 4천 달러(환율법에 따라 계산)에 접근하고 있다. 이 수준에 처해있는 사회 경제체는 진일보 지속적으로 성장할 가능성이 있지만(특별한 이유를 제외하고 해당 국가가 고소득 개발도상국, 즉 신흥 공업화국가 실현의 목표를 달성하기 전까지는 통상적으로 비교적 높은 성장속도를 유지할 가능성이 있음) 또 '중진국 함정'의 위협(Indermi Gill and Homi Kharas,200)에도 직면해 있다. 이런 위협은 수요 측면의 원인에 의해 초래된다. 예하면, 소득분배가 비합리적이어서 내수가 부진하거나 또 수출에 지나치게 의존하면서 세계시

장이 불경기일 때 외수가 심각하게 부족해 총수요 부족으로 이어지는
것 등이다. 그러나 '중진국 함정'은 더욱 중요하게는 공급에 의해 초
래된 것이며 중등소득 발전단계의 여러 요소 비용(토지·노동비용·
환경비용·상위 투입제품 원가 등을 포함)의 대폭적인 상승이 핵심적
인 문제이다. 그리고 이와 동시에 혁신 수준의 향상이 더디고 기술혁
신 및 제도혁신 능력이 취약하여 효율 향상이 더디고 비용 상승을 소
화할 수 없어 경제성장의 균형성과 지속가능성이 심각하게 훼손되어
경제성장이 부진한 반면 인플레이션은 높은 수준을 유지하고 있다.
'중진국 함정'을 극복하는 관건은 공급차원에서 국민경제를 개선하
는 것이다. 혁신을 통해 효율을 향상시킴으로써 경제성장 방식은 요
소 투입량의 확대에 주로 의존하던 데서부터 요소 효율의 향상에 주
로 의존하는 데로 전환하고, 핵심 경쟁력은 저렴한 요소비용에 주로
의존하던 데서부터 기술 진보에 주로 의존하는 데로 전환하는 것이
다. 사실상, 중등소득 발전단계에서 내수 부족 현상이 초래되는 중요
한 원인은 공급 측면에 있다. 공급 측면의 혁신이 부족하고 새로운 투
자 기회와 투자 영역이 부족하며 투자의 확대는 오직 기존의 기술 및
경제구조만을 토대로 이루어지고 있어 궁극적으로는 중복 투자에 그
치고 만다. 내수 부족은 필연적으로 지나친 수출 의존으로 이어져 국
민경제 성장의 균형이 국제시장 주기의 영향을 크게 받을 수밖에 없
다.(류웨이, 2010)

따라서 중국 현 단계에서 통화정책의 적용을 비롯한 모든 거시경제
조정은 정책의 수요효과 외에 공급효과에도 주의를 돌려야 하며 특히
이번 금융위기의 교훈에 주목하여야 한다. 이번 금융위기 발발의 원
인은 통화정책에서 수요 진작의 정책효과만 장기간 일방적으로 강조
한 것에 상당 부분 귀결시킬 수 있다. 특히 지속적인 금리인하로 투자

자의 신용 대출 사용 비용을 낮추면서 한편으로는 투자수요를 진작시키고 다른 한편으로는 비용에 따른 인플레이션 압력을 줄임으로써 20세기 70년대 이후의 '스태그플레이션' 문제를 완화하였다. 이로써 공급 측면에서 엄청난 대가를 치렀다. 즉, 금리인하는 사실상 투자항목의 효율과 이윤 창출 능력에 대한 요구를 낮추는 것으로서 수요 확장으로 인한 저품질, 저수준의 투자 거품을 대량으로 조장하는 결과를 초래하였다. 수요가 일정 수준까지 확대되어 신용대출 자금 가격(금리)을 포함한 다양한 요소 가격의 상승으로 이어지면서 이전에 저금리, 즉 저수익성 기준 상태에서 형성된 대량의 투자가 부실 자산으로 전락된 것이다.

일반적으로 통화정책은 너무 느슨해서는 안 된다. 특히 장기적으로 볼 때 기업의 경쟁력 향상에 도움이 되지 않는다. 긴축적인 통화정책은 수요 확대에 부정적인 영향을 미칠 수 있지만 동시에 기업의 효율성을 더욱 끌어올려 공급 측면에서 긍정적인 효과를 낼 수 있다. 위안화 평가 절상이 가속화될 경우 수출 수요에는 불리하게 작용하지만 수입품의 가격을 하락시켜 관련 기업의 비용 절감과 경쟁력 향상으로 이어져 유리한 공급 효과를 가져다줄 수 있다. 요약하면 중국은 중등소득수준의 개발도상국인 만큼 통화정책 선택에서 수요 효과와 공급 효과에 주의를 돌려야 하며 단기적인 효과뿐만 아니라 장기적인 효과에도 주목하여야 한다. 공급의 개선에 도움이 되지 않는 모든 수요 확대는 지속 불가능한 것이다.(베이징대학 중국국민경제계산과 경제성장 연구센터, 2010).

## 2. 중국 통화시장 수급 불균형의 특수성

중국의 현재 상황은 금융위기 하에서의 구미 국가 통화시장의 공급과 수요의 불균형과는 다르다. 전체적으로 볼 때, 구미 국가는 금융위기의 여파로 우선 금융 부문의 자금에 문제가 생겼고 또 자금사슬이 끊어짐으로써 부득이하게 자금줄을 죄는 수밖에 없었다. 이에 따라 금융 의존도가 높은 실물 산업부문의 자금이 부족해지면서 금융과 비금융 부문 모두 자금이 딸리는 상황이 나타나고 나아가 거대한 통화 수요가 생겨나 확장적인 통화정책을 채택해 통화 공급(Friedman, 2007)을 확대할 것을 요구하게 되었다. 현 단계 중국의 상황은 이와 다르다. 중국의 통화 수급관계의 불균형은 통화에 대한 국민경제의 유효 수요의 부족으로 나타나며 통화 수요 부족에 비해 통화 공급이 충족하고 나아가 심각한 유동성 과잉현상이 나타났는데 이는 통화정책의 선택을 더욱 어렵게 만들어 단순히 확장적인 통화정책을 채택할 수 없게 되었다. (쑤젠 등, 2009)

첫째, 현 단계 중국 경제는 왜 통화에 대한 유효 수요가 부족한가? 장기적인 원인은 혁신이 부족하기 때문이다. 우선, 기술혁신이 부족하다. 대형기업, 특히 대형 및 특대형 국유기업은 자금이 충족하지만 (국가 자본금을 대량 투입함에 따라 직접적 융자 경로 및 간접적 융자 시장에서 경쟁력이 뛰어나거나 일부 중요한 독점 역량을 가지게 된다. 일반적으로 국유기업 특히는 중앙 직속 기업은 자본이 풍부함) 기술혁신의 부족으로 효과적인 새로운 기회와 새로운 투자분야, 신제품이 부족하다. 가령 투자를 확대한다고 해도 기존의 기술 및 산업구조에 기반한 중복 투자가 될 수 있기 때문에 만약 특별한 정책 수요가 없을 경우 시장 제약을 놓고 볼 때 기술 혁신력은 떨어지는 반면에 자금은 충족한 이들 대형 기업은 통화자본에 대한 수요가 크지 않으며 적어도 자아 축적능력이 강하기 때문에 은행대출에 대한 수요가 크지 않다. 다음, 제도혁신이 부족하다. 중소기업, 특히 중소 민영기업은 비록 자금에 대한 수요가 있을 수 있지만 한편으로는 저당 잡히거나 담보로 삼을 수 있는 것이 없는 문제를 해결할 수 없는 기업 자체의 제도적, 발전적 결함으로 인해 자본시장에서의 수요가 당연히 인정받기 어렵다. 다른 한편으로는, 국유은행과 금융기관이 독점적 지위를 차지하고 있는 금융시장도 체제적으로 민영기업의 수요와 효과적인 매칭이 어렵다. 따라서 민영 중소기업이 통화자본에 대한 수요가 있다 하더라도 이러한 수요가 시장에서 인정받는 유효 수요로 전환되기는 어렵다.

단기적인 원인은 금융위기의 충격에서 기인되었다. 글로벌 금융위기가 수출에 타격을 입혀 수출 관련 기업의 주문이 줄어들고 심지어 생산 중단, 파산으로까지 이어졌으며 투자 의향이 자연스럽게 줄어들고 자금에 대해서도 더 이상의 거래 수요가 없어졌기 때문에 경제가 쇠락하거나 성장이 둔화되고 실업률이 상승하여 주민들의 소비욕구가 저하되었다. 이는 기업의 투자 수요와 주민의 소비 수요에 영향을 미쳤다. 그 영향으로 두 가지 결과가 초래되었다. 한편으로는 국민경제의 총수요가 줄어들고 성장률이 하락한 외에도 실업률이 상승하고 물가가 떨어지는 상황을 초래하였다. 다른 한편으로는 기업과 주민의 통화 거래 수요를 감소시켜 통화 공급 불변 상황임에도 유동성의 상대적 과잉을 초래할 수 있는 것이다.

둘째, 현 단계 중국 통화 공급의 상대적 과잉을 초래한 원인은 무엇인가? 수요 측면의 원인을 제외하고 통화 공급 측면에서만 보면 통화정책이 지나치게 느슨하다고 할 수 없다. 21세기에 들어선 후로 개별적 연도 특히는 2008년 하반기에서 2010년 상반기까지 위기의 영향에 대처하기 위해 비교적 완화된 통화정책을 취한 것을 제외하고는 대부분의 연도에 중국의 통화정책은 긴축적이었다. 그러나 적어도 두 가지 원인으로 말미암아 통화의 확장을 자극하였다고 할 수 있다.

1. 재정자금과 신용대출자금을 결합하는 재정 모델은 통화확장의 버팀목이다. 현시대 서구국가의 재정융자는 주로 세수소득과 채권 발행으로 실현하며 은행 신용대출을 통하는 경우는 극히 드물다. 때문에 서구 국가의 거시경제 분석에서는 통상적으로 신용대출과 재정을 직접 연결시키지 않는다. 그러나 중국은 상황이 다르다. 세수소득과 채권 발행 외에 은행 대출도 중국 재정융자의 중요한 루트로서 주로 재정자금과 신용대출자금을 결합하는 방식으로 진행된다. [왕위안징(王元京), 2010] 체제적으로 중국의 은행은 대다수가 국유은행 또는 국유 지주 은행이다. 비국유 은행일지라도 엄격하게 통일된 관리감독 체계에 포함시켰다. 그 결과 은행 신용대출이 행정의 영향을 더 심하게 받게 되고 재정자금과 신용대출자금 결합 모델이 점차 형성된 것이다. 예를 들면, 국채 투자 항목과 은행 대출을 결합시키고 재정보조금과 은행 대출을 결합시켰으며 재정 투자 항목과 정책적 대출을 결합시키고, 재정 지원 신용담보와 은행대출을 결합시켰으며, 재정 투자자금과 은행대출을 결합시킨 등이다. [왕위핑(王玉平), 2009] 사실상 토지 재정과 신용대출자금의 결합도 재정과 신용대출의 결합의 일종이다. 정부, 특히 각급 지방정부가 미래의 토지 수익을 담보로 지방성 융자 플랫폼을 통해 은행대출을 받는다.

이로부터 알 수 있다시피 중국 신용대출 확장은 다수의 경우에 재정 확장의 결과이다. 이러한 확장은 경제활동 중의 통화량을 증가시켰으나 기축통화의 증가가 아닌 주로 통화승수의 증대를 통해 실현한 것이다. 실물경제의 침체로 신용대출 수요가 줄어들면 대량의 통화가 은행 시스템에 묶이고 법정 준비금에 변화가 없는 상황에서 초과 준비금이 증가한다. 정부다 재정 부양계획을 발표한 후, 은행의 신용대출과 재정 확장 자금이 결합되면서 재정정책은 직접적으로 신용대출을 자극하여 은행 시스템에 묶여 있는 통화를 감소시켰다. 따라서 초과 지급준비율이 하락하여 통화승수가 상승하게 되었고, 경제활동에서 통화 공급도 상응하게 증가하였다.

2008년 말부터 2009년 말까지 중국의 관련 데이터가 이 점을 아주 명확하게 반영하고 있다. 금융기관의 초과 지급준비율은 줄곧 하락하였고 이에 따라 통화승수는 줄곧 상승하였다. 이는 그 시기 중국의 재정 부양정책(이른바 4조 위안 중앙 재정 부양 조치)과 대량의 신용대출 방출(재정부양은 중앙재정이 전액 지급하는 것이 아니라 신용대출자금과 결합되어 실현됨)이 서로 결합된 것과 일치한다.

2. 국제수지 영역에서의 불균형은 통화 공급을 확대시켰다. 중국의 통화 공급 방식도 선진국과는 확연히 다르다. 미국 연방준비위원회는 주로 공개시장에서 국채 매매 방식으로 기축통화를 조절한다. 미국은 국채 규모가 크기 때문에 공개시장에서의 조작을 통해 기축통화를 조절할 수 있는 공간도 그만큼 크다. 중국은 현 단계에서 통화 공급에 영향을 주는 주요 요인은 재대출, 재할인어음, 중국인민은행 어음, 외환 결제, 재정예금 등이다. 엄격히 말하면 재정예금은 정부와 중국인민은행 사이의 자금거래로서 주동권이 중국인민은행이 아닌 정부에 있으므로 중국인민은행의 정책수단 중 하나로 볼 수 없다. 중국은 국채 규모가 비교적 작아 중국인민은행이 국채매매를 통해 기축통화에 미치는 조절 효과가 제한적이다. 따라서 중국인민은행이 기축통화를 조절할 때 재대출과 재할인어음 수단을 주로 이용한다. 그러나 중국은 국제수지에서 장기적으로 흑자가 나타나고 외환보유고 규모가 지속적으로 대폭 증가하며 외환 결제 및 판매 제도하에서 중국인민은행의 외국환평형기금이 끊임없이 증가함에 따라 2006년에 이르러 중국인민은행의 외국환평형기금이 기타 요소에 의해 결정되는 기축통화를 초과하기 시작하여 기축통화 공급에 영향을 주는 가장 주요한 요소로 되었다. 재대출과 재할인어음이 기축통화 공급에서 차지하는 비중이 꾸준히 줄어 2009년 말에는 기축통화 대비 외화 비중이 122%에 달하였으며 그 비중이 가장 높은 달은 최고로 129%를 기록하기도 했다.[46]

---

46) 중국인민은행, 「2009년 중국 통화정책 집행 보고서」(분기별)를 참조하라.

세계 경제 회복의 추세로 볼 때 중국의 수출증가가 점차 회복될 것이고 무역흑자의 구도가 여전히 유지될 것이며 외화 유입에 따른 외국환평형기금의 증가도 여전할 것이다. 동시에 국제사회의 위안화 평가절상 압력 및 위안화 평가절상 예기의 증강 요소를 고려하면 더 많은 QFII와 국제 핫머니가 여러 가지 경로를 통해 국내로 유입될 가능성이 높다. 이런 상황에서 국제수지 무역흑자 증가와 위안화 평가절상 예기의 이중 압력 하에 중국의 외국환평형기금 총량은 지속적으로 늘어날 가능성이 있으며 상당히 오랜 기간 동안 기축통화 증가로 이어질 수 있는 주요한 요소가 될 것이다. 중국인민은행 어음 헤지를 운용해야 하는 외국환평형기금은 반드시 증가할 것이며, 중국인민은행 어음 증가량도 상응하게 증가되면서 헤지 압력도 상승하게 된다.

요약하면 중국 현 단계 수급 불균형에서 유효 통화 수요 특히 실물경제의 통화 수요가 부족한 것이 특징이다. 동시에 은행 자체가 금융위기의 직접적인 충격을 받지 않아 자금이 충족하고, 게다가 재정과 신용대출의 상호 결합, 그리고 국제수지 불균형에 따른 외국환평형기금의 증가 등으로 통화 공급능력이 비교적 강해 유동성 과잉이 장기적으로 존재할 것이다.

## 3. 중국 통화정책 목표 선택의 특수성

통화정책의 궁극적인 목표는 성장과 균형 두 가지뿐이다. 구체적으로는 성장목표, 소득균형 목표, 물가 및 자산가격 통제 목표, 취업목표, 국제수지 균형 목표 등 5대 목표로 나눌 수 있다. 경제총량의 불균형 방향이 명확하면 거시경제정책의 목표와 방향을 선택하기가 상대적으로 쉽고 그렇지 않으면 비교적 어렵게 된다. 중국은 현 단계 통화정책 목표 선택에서 어려움은 거시적 불균형뿐만 아니라 통화 수급 불균형의 특수성에서 비롯된 것이기도 하다.

거시적 불균형의 특수성으로부터 볼 때, 개혁개방 이래, 중국의 거시경제 불균형은 비교적 큰 변화를 겪었는데 전체적으로 3개의 큰 단계로 나눌 수 있고 구체적으로 7개의 작은 단계로 세분화 할 수 있는데 단계별 특징은 서로 다르다.[47]

통화 공급과 수요 불균형의 특수성으로부터 볼 때, 한편으로는 중국의 유효 통화 수요가 부족한 것인데 이와 상응하게 시장성 소비와 투자 수요 모두 약세를 보인다. 정부 개입의 요소를 배제할 경우 순수 시장성 개인수요 부족 현상은 더욱 심각해지며 이런 내수부족은 자연히 상품과 서비스가격의 하락으로 이어지고 나아가 심각한 경제쇠퇴를 초래하게 된다. 단기 통화정책에서는 이러한 통화수요 부족에 대응하기 위해 경제활동에서 내수를 진작시키는 확장적인 통화정책을 취하여야 한다. 다른 한편으로, 수요 부족과는 상대적으로 중국 시장에서 거래성 통화 수요 감소와 함께 상대적 과잉 유동성을 형성할 수밖에 없고 투자수요와 소비수요가 부족한 조건 하에 경제 구조에서 상대적 과잉현상을 보이는 유동성이 투자와 소비의 실물경제에는 유입되지 못하고 가상경제로 더 많이 흘러들어 자산가격 상승을 유발하거나 더 많은 상품이 파생 금융상품으로 가상화되도록 하는 결과를 초래함으로써 투기적 가격 폭등현상을 초래하게 될 것이다. 이러한 상황은 긴축적 통화정책을 취해 상대적으로 과잉된 유동성을 긴축할 것을 요구하고 있다. 따라서 통화 수급 불균형의 특수성은 통화정책 목표의 선택에 어려움을 더해주고 있다. 통화 수요가 부족한 문제를 해결하려면 확장적인 통화정책을 취해야 하고, 유동성의 상대적 과잉 문제를 해결하려면 긴축적 통화정책을 취해야 하는데 대체 어떤 선택

---

47) 본 장 제1절을 참조하라.

을 해야 할지 또한 양난의 문제이다.

그러나 모순의 주요 방면으로 볼 때 현 단계 통화정책의 목표는 여전히 디스인플레이션, 지나친 자산가격 상승의 억제, 경제의 심각한 거품화 방지가 최우선이다. 장기적인 추세로 볼 때 중국의 경제체제 배경과 경제발전의 단계적 특징은 중국의 통화정책이 선진국보다 안전성에 더욱 중시를 돌릴 것을 요구하고 있는데 특히 단기적인 완화 정책을 장기화해서는 안 된다. 체제적으로 볼 때, 자본요소시장을 한층 보완해야 하고 중국인민은행의 독립성을 여전히 명확히 해야 하며 국유은행 및 국유지주은행의 독점적 지위 및 행정적 특징, 지방정부의 투자 충동 그리고 은행 신용대출에 대한 재정정책의 직접적인 자극 등이 말해주다시피, 중국 현 단계 경제체제와 통화 수급 균형 목표를 실현하기에는 내재적 제약 메커니즘이 부족하다. 경제발전의 단계적인 특징으로 볼 때, 현 단계 중국 경제는 여전히 공업화, 도시화의 가속화 단계에 처해 있으며, 성장률 목표 달성보다는 성장 과정에서 균형 목표를 달성하는 것이 더 어렵다.

단기적인 정책 환경을 놓고 볼 때 첫째, 현재 중국 실물경제의 교역성 통화 수요가 크지 않아 유동성의 상대적 과잉 상황에 근본적 변화가 없다. 만약 통화를 계속 늘린다면 실물경제를 자극하지 못할 뿐만 아니라 자산가격도 더욱 상승할 것이다. 자산가격의 급격한 상승은 인플레율의 상승으로 이어지고 특히 사회의 인플레이션 예기를 높일 수 있다. 둘째, 확장적인 재정정책 자체가 여러 경로를 통해 신용대출 확장을 자극할 수 있으며 일단 심각한 경제불황의 늪을 벗어나면 성장목표와 인플레이션 통제 간의 균형을 고려해야 한다. 통화정책 목표를 선택함에 있어서 반드시 재정정책이 가져다주는 통화 확장 효과를 고려해야 하고 중국인민은행은 경제 과잉 유동성의 증가를 고려해야 한다. 따라서 통화정책의 적절한 긴축 유지는 필요한 것이다. 사실, 21세기에 들어 2003년부터 2008년 상반기까지 안정적인(긴축) 통화정책을 취했을 때, 통화정책의 긴축 효과는 별로 크지 않았는데, 적극적인(확장) 재정정책이 어느 정도 통화정책의 긴축 효과를 상쇄한 것이 중요한 원인이다. 현 단계 거시정책은 적극적인 재정정책과 안정적인 통화정책을 결합한 역방향 조합의 궤도로 복귀하였다. 통화정책 목표의 선택은 재정정책의 확장 효과와의 대칭성에 특히 주의를 돌려야 한다. 셋째, 수출이 점차 반등하는 국제 환경 속에서 외국환평형기금이 상응하게 점차적으로 증가하고 위안화 평가절상에 대한 예기가 높아지는 상황에서 외화 유입이 진일보 증가함에 따라 중국인민은행 기축통화 공급량의 수동적인 증가로 이어질 것이다. 이때 기축통화의 적절한 성장을 유지하기 위해 긴축적인 통화정책을 취하는 것은 필요한 선택이다.

## 4. 중국 통화정책 수단 적용의 특수성

통화정책이 국민경제 성장과 균형을 포함한 최종 목표에 영향을 줄 수 있게 하려면 정책효과 전도과정을 거쳐야 한다. 각국의 경제발전 수준과 제도배경이 상이하기 때문에 정책효과의 전도시간, 즉 통화정책의 '지연'이 각기 다르다. 이러한 '지연'의 존재로 통화정책의 조정은 종종 최종 목표를 기반으로 할 수 없고 '중간 목표'를 선택해야 하는데, 이러한 중간 목표의 선택은 바로 통상적으로 말하는 통화정책 수단의 적용이다. 통화정책 수단은 보통 두 가지 큰 부류로 나뉜다. 하나는 수량적 수단으로 재대출, 재할인어음, 법정 지급준비율, 대출 한도, 중국인민은행 어음 등이 포함된다. 이런 수단은 통화 수량의 변화에 영향을 미친다. 다른 하나는 가격수단 즉 이율정책인데 자금가격의 변화에 영향을 준다. 금융 시장화 수준이 비교적 높고 자본 시장 체제가 비교적 완벽한 조건 하에서 중국인민은행은 통화량과 통화가격이라는 두 가지 중간 목표 중 하나만 목표로 삼으면 된다. 그러면 다른 중간 목표는 그에 따라 내생적으로 형성되는 경우가 많다. 예하면, 미국은 1980년대 이전에 통화 수량에만 초점을 맞춰 금리 조절을 통해 통화의 공급과 수요 간 균형을 유지하였다. 1980년대 이후에는 금리에 초점을 맞추고 통화량을 조절하여 시장 금리를 목표 금리에 맞추었다. 중국은 경제발전과 경제체제의 특수성으로 말미암아 통화정책 중간 목표를 선택할 때 통화정책에서 통화량과 금리를 동시에 고정시키는 이중 잠금 방식을 취하였다. 이는 통화정책의 유효성을 어느 정도 높일 수는 있지만 통화량과 금리 간의 내재적 관계를 단절시킬 수 있다.

중국의 현재 상황으로 볼 때 금리 정책의 유효성은 분명 뚜렷하지 않다. 현 단계 중국 경제의 불균형, 특히는 통화 수급 불균형의 두드러진 모순은 실물경제의 유효 통화 수요가 부족하고 그에 따른 유동성의 상대적 과잉 때문이다. 중국인민은행이 바로 기준금리 인상조치를 취할 경우 통화 공급이 일정한 상황에서 통화 수요는 진일보 줄어들고 상대적 유동성 과잉은 한층 심화될 것이며 자산 버블은 더욱 커질 수 있다. 따라서 유동성이 상대적으로 과잉일 때 중국인민은행은 직접적 기준금리 인상이라는 단순한 조치를 취할 수 없다. 금리인상은 기업의 융자비용을 증가시켜 실물경제의 유효 통화 수요를 억제하고 유동성의 상대적인 과잉상황을 더욱 악화시킨다. 따라서 기준금리의 조정은 금리와 인플레율 간의 관계를 조정할 수 있고 마이너스금리의 수준을 균형적으로 낮출 수 있지만 현재 중국의 통화 수급 불균형을 극복하고 자산가격의 대폭적인 상승을 방지하는 통화정책의 목표를 실현함에 있어서는 효과가 미미할 뿐만 아니라 오히려 역효과를 가져올 수 있다.

보다 효과적인 수단으로는 수량적 수단을 선택해야 한다. 유동성의 상대적 과잉 상황에서 통상적으로 재대출과 재할인어음 수단이 통화 긴축에 미치는 역할은 제한적이어서 중국인민은행은 통상적으로 이 두 가지 수단을 거의 적용하지 않는다. 대출한도는 중요한 수량적 수단의 일종으로서 그 역할은 비교적 뚜렷하다. 우리는 과거에도 흔히 이런 규모 지표 제한 방법을 취하였다. 그러나 확장적인 재정정책을 감안해 신용대출자금에 대한 수요를 고려할 때 신용대출 한도를 지나치게 제한한다면 재정정책의 실현에 불리하며 더 나아가 경제 쇠퇴를 격화시키기 때문에 현재 중국에서 통화량 수단을 선택함에 있어서는 법정 지급준비율과 중국인민은행의 어음을 위주로 해야 한다. 저금리를 유지하면서 법정 지급준비율 조정과 중국인민은행 어음 발행을 통해 경제활동 중의 과잉 유동성을 주로 줄인다는 것이다. 물론 외환관리를 강화하고 외환 운용 범위와 투자성 지출의 범위를 확대하며 외환 운용의 메커니즘과 루트 및 효율을 보완함과 동시에 외국인 직접 투자가 가급적 비 금융 자본의 형태로 유입하도록 격려하고 단기 외화 유입 비용을 증가하는 등으로 국제수지 불균형을 해소하여 통화 수급 관계에 대한 충격을 줄여야 한다.

## 제4절 뉴 노멀 하에서 재정지출정책과 재정수입정책 간의 구조 특징 분석

### 1. 재정지출 및 재정수입 간에 존재하는 긴축과 완화 역방향 조합의 특징

장기간 중국은 확장적인 재정지출정책을 취하였다. 1998년 하반기부터 아시아금융위기의 충격에 대응하기 위해 중국은 재정정책의 방향을 적당히 긴축적인 데서부터 적극적인 방향으로 바꾸었으며 특히 재정지출정책의 확장 경향이 뚜렷하였다. 2003~2007년, 비록 중국 경제가 아시아금융위기의 그늘에서 벗어나 지속적인 고속성장(연평균 성장률이 10% 이상에 달함)을 이어가고 투자가 고속 확장세를 보이기 시작하였을 뿐만 아니라 통화정책 방향이 긴축방향(안정적인 통화정책)으로 바뀌기 시작하였지만 재정지출은 여전히 확장적인 정책방향을 유지하였다. 2008년 이후 세계 금융위기의 충격에 대응하기 위해 2008년 초에 실시하였던 '인플레이션 방지, 과열 방지'의 긴축정책을 포기하고, '더욱 적극적인 재정정책과 적절하게 완화된 통화정책'을 취하면서 재정정책의 확장을 더욱 강화하였다. 2009년, 재정적자는 9천500여 억 위안에 달해 GDP에서 차지하는 비중이 이미 3%(「마스트리히트조약」에서 규정한 유로존 국가의 적자 상한선)에 육박하였다. 2010년 4분기부터 '적절한 시기에 철회'한 후로 중국 재정정책의 방향은 반전되지 않았으며, 여전히 확장적인(적극적) 재정정책을 이어갔다. 그러나 확장 강도를 조정하여 기존의 '더욱 적극적'이던 정책을 '적극적'인 정책으로 되돌렸다. 전체적으로 볼 때, 중국의 재정지출 정책은 두 가지 비교적 뚜렷한 특징이 있다. 첫째, 20세기 90년대 말부터 확장적인 정책 방향은 기본적으로 변하지 않았고 다만 확장 강도만 바뀌었다. 둘째, 재정지출정책의 확장 강도는 전체적으로 비교적 적당하였고 특히 체제의 특수성 등 원인으로 구미 국가들에 비해 재정지출의 확장이 상대적으로 미미하다. 구미 국가들에서 운용하는 국채, 적자 등 균형 예산법을 중국에 도입할 경우 상대적으로 더욱 신중하여야 한다. 중국은 재정적자가 모두 GDP의 3% 이하이고 국채 잔고가 그 해 GDP에서 차지하는 비중도 통상적으로 20% 정도에 그쳐 유로존 회원국의 정부 부채 총액이 GDP의 60%를 초과할 수 없도록 규정한 「마스트리히트조약」의 상한선보다 훨씬 낮은 수준이다.[48] (이는 중국의 재정과 통화의 연계가 더욱 밀접해진 체제의 특징과 어느 정도 관련이 있다. 중국 정부 투자의 상당 부분은 기채를 통한 자금조달에 의존하는 것이 아니라 은행 신용대출계획을 통해 이루어진다. 즉 은행의 재정화인 것이다. 이는 어떤 의미에서 정부의 부채 압력을 경감시켰다.)

그러나 중국 재정수입정책이 도대체 확장적인지 아니면 긴축적인지는 재정지출정책만큼 명확하지 않아 심층 토론 필요하다. 여기서 명확히 설명해야 할 점이 몇 가지 있다. (1) 세수가 GDP에서 차지하는 비중이 지속적으로 상승하고 있는가? 1994년 분세제 개혁 이전에 세수는 변동성을 띠었다. 특히 20세기 80년대 중반에 '이윤납세 제도를 조세제도로 전환하는' 과정에서 일부 이윤이 세금으로 전환되었으므로 이 기간의 수치는 비교성이 없다. 1994년 이후 세수가 GDP에서 차지하는 비중은 사상 최저 수준(1996년은 9.71%임)까지 떨어졌다. 그 뒤 세수가 GDP에서 차지하는 비중이 꾸준히 상승하였다. 그 기간에 중국은 다양한 감세조치를 취하였다. 예를 들면 1998년부터 방직품 수출세금환급률을 인상(9%에서 11%로 인상)하기 시작하였고 기업의 22가지 행정사업비용을 취소하였다. 1999년에는 의류업의 수출세금환급률을 한층 더 인상(17%로 인상)하였고 부동산업의 관련 세금과 비용을 일정하게 감면해주었으며 동시에 기업의 73가지 기금비용을 취소하였다. 2000년에는 소프트웨어·집적회로 등 첨단기술

---

48) 사실 대다수 선진국은 이 상한선을 넘어서고 있다. 예를 들어 국제통화기금(IMF)은 2010여 미국 국내총생산(GDP)에서 차지하는 징부 부채 총액 비율이 92%, 독일은 80%, 프랑스는 82%, 이탈리아는 119%, 영국은 77%, 캐나다는 84%로 추정하고 있다. 쫭젠(莊健):「미국 부채 위기에 대한 생각」, 『상하이증권보』, 2011년 8월 11일을 참조하라.

제3장 경제성장의 총량 불균형 및 거시적 조정 | 165

산업에 대해 세수우대정책을 실시하였다. 2004년에는 새로운 수출세금환급 방법을 취하여 수출세금환급의 강도를 보편적으로 높였다. 2006년을 전후하여서는 각지에서 농업세를 잇달아 취소함과 아울러 농가에 대한 비용납부항목을 대규모로 취소하였다. 2005년부터는 동북지역에서 부가가치세 전환을 시행하기 시작하였다.(2009년에는 금융위기에 대응하는 조치 중 하나로 간주함) 즉 부가가치세를 생산형에서 소비형으로 전환한 것이다. 이에 따라 매년 감소하는 세수금액이 수천억 위안에 달할 것으로 추정된다. 2008년부터는 내자기업과 외자기업에 대해 통일 세율을 실시하여 내자기업에 적용되는 소득세율을 기존의 33%에서 통일세율 25%로 인하하였다. 게다가 현 단계에 시행되고 있는 영업세 전환, 즉 부가가치세 범위 확대는 감세효과가 발생할 가능성이 매우 높다. 이밖에 현재 검토 중인 구조적 감세 조치 등도 있다.

그러나 이에 대응되는 것은 중국 세수가 GDP에서 차지하는 비중이 꾸준히 상승하고 있는 것이다. 여기에서 세수 증가와 GDP에서 차지하는 세수 비중의 증가가 같은 개념이 아니라는 점을 구별하여야 한다. 세수 증가는 세수의 양적 확장으로서 그 기반은 경제발전과 경제성장이다. 동시에 세수 체계의 완정 여부, 세목의 구조상태 여하 등이 모두 세수 증가에 영향을 미친다. 세수 총량의 확장은 국민소득에서 세수가 차지하는 비중의 상승을 의미하지는 않는다. 오직 다른 조건이 변하지 않고 동시에 세수 증가 속도가 국민소득의 성장속도보다 장기간 높을 때 또는 국민소득 성장속도가 정해져 있고 정부의 세수수입 성장속도가 기업과 주민 소득 성장속도보다 뚜렷하게 높은 상황에서만 세수가 국민소득에서 차지하는 비중이 뚜렷하게 상승할 것이다. 통상적 의미에서의 세수 증가는 긴축적 재정수입정책의 채택을 의미하지 않는다. 왜냐면 정부의 세수 총량 증가와 더불어 기업과 주민 소득이 더 빠르게 성장할 가능성이 있으며 세율을 인하하고 세목을 줄이는 과정에서 경제 활력의 향상, 기업 효율의 향상으로 세수 총량이 줄어들지 않았을 뿐 만 아니라 오히려 늘어났기 때문이다. 즉 이른바 '감세는 곧 세수수입 증가' 인 현상이 나타날 수 있는 것이다. 그러나 만일 국민소득에서 정부 세수가 차지하는 비중이 계속 증가한다면 재정수입 정책에 있어서는 지난 시기보다 상대적으로 긴축적인 정책방향을 취하고 있다고 볼 수 있다. 재정지출정책의 확장을 통해 경기부양을 실현할 수 있지만 동시에 긴축적인 재정수입정책은 사실상 시장 역량의 확장을 억제하고 증대된 재정지출의 확장 효과는 일정한 정도에서 시장 역량의 확장을 억제하는 능력제고에 기초하여 건립된 것이기 때문에 이런 재정수입정책과 재정지출정책의 역방향 조합은 궁극적인 효과는 불확실성이 크다. 이런 불확실성은 주로 두 개 방면을 포함하고 있다. 한편으로는, 시장수요에 대한 긴축적 재정수입정책의 억제효과와 시장수요에 대한 확장적 재정지출정책의 확장효과 중 어느 것이 크고 어느 것이 작은가 하는 문제이다. 다른 한편으로는 만약 확장적 재정지출정책의 자극효과가 긴축적 재정수입정책의 시장수요에 대한 억제효과보다 크다면 정부의 재정지출정책의 투자효율은 어떨지 하는 문제이다. 자원배치의 미시적 효율로부터 볼 때 통상적으로 정부의 투자 효율은 시장경쟁 효율보다 낮다. 그러므로 재정수입정책은 통상적으로 세수 규모로부터 감세냐 세수수입 증가냐를 지향할 것이 아니라 세수가 국민소득에서 차지하는 비중의 증가 여부를 보아야 한다.

중국은 1994년 분세제 개혁 후 일련의 감세조치를 취하였지만 1996년 이후 세수가 GDP에서 차지하는 비중은 지속적으로 상승하여

2010년에는 18.25%에 달하였다. 1996년부터 2010년까지 세수가 GDP에서 차지하는 비중은 해마다 상승하였으며 중간에는 아무런 변동도 없었고 거의 2년에 한 번씩 1%포인트 이상 상승하였다. 주요한 원인은 다음과 같은 3가지로 분석된다. 첫째, 중국의 세수 증가율이 장기적으로 경제성장률보다 높다. 1994년(분세제 개혁)부터 2010년까지 현행가격으로 계산한 중국의 명목 GDP의 연평균 성장률은 14.2%(재정수입 증가는 현행가격에 따라 계산하였으므로 가격의 비교 불가 요소를 제거함)였다. 그러나 같은 시기 중국에서 현행가격으로 계산한 정부 총 세수 수입의 연평균 성장률은 18.1%로 세수수입의 연평균 증가율이 국민소득 증가율보다 4%포인트 높았다. 둘째, 국민소득의 거시적 분배구조에서 정부(재정수입), 기업(GDP 성장률 구현), 주민(주민소득) 3자를 비교할 때 재정수입의 성장률이 장기적으로는 가장 컸다. 2011년, 재정수입 성장률은 22.6%(현행가격에 따라 계산함)이고 가격요소를 제외한 후 그 해의 현행가격에 따라 계산하면 GDP 성장률은 17.5%(불변가격에 따라 계산하면 9.2%임)로 재정수입 성장률이 GDP 성장률보다 뚜렷이 컸다.[49] 같은 기간, 주민소득의 연평균 성장률은 더욱 낮았다. GDP의 성장률보다 뚜렷하게 낮아 '12차 5개년 계획'에서 부득이하게 주민소득 성장속도가 반드시 GDP 성장속도와 보조를 맞출 것을 명확히 요구하는 수밖에 없었다. 국민소득 분배의 이런 거시적 구조 불균형으로 재정수입정책의 긴축 경향이 더욱 뚜렷해졌을 뿐만 아니라 특히 소비수요의 성장을 비롯해 시장수요의 확장을 어느 정도 억제하였다. 주민소득 성장률이 장기적으로 GDP 증가율보다 낮고 더욱이 재정수입 증가율보다도 낮아 국민소득에서 주민소득이 차지하는 비중이 지속적으로 줄어들었다.(추정에 따르면 1998

---

49) 주칭(朱靑), 「중국 세수부담에 관한 사고」, 『재정무역경제』 2010년 제7호, 7쪽을 참조하라.

년부터 2008년 세계 금융위기가 발생하기까지, 중국 주민소득이 국민소득에서 차지하는 비중은 거의 10%포인트 줄어들어 68%에서 58% 안팎으로 하락하였음) 이 또한 중국 경제성장이 오랫동안 투자 수요 특히 정부 투자에 의한 투자 수요 확대에 의해 주도되어 왔고 성장을 주도하는 소비수요의 견인역할이 상대적으로 부족했던 중요한 원인이기도 하다. 셋째, 세목 구조에 있어서 중국은 유통세 세목이 비교적 많다. 기존의 19가지 세목에서 절반이 부가가치세, 영업세, 소비세 등 유통세들이다. 게다가 동일 산업에 대해 다양한 유통세를 징수하고 있다.(다른 국가들은 대부분 모든 산업에 한 가지 유통세만 징수함) 예하면, 일부 산업은 부가가치세와 영업세를 징수하는 외에도 담배와 술 분야의 소비세, 자동차 산업의 차량 구매세, 부동산 양도 과정에서의 영업세와 부동산 취득세 등 여러 가지 유통세를 징수하고 있다. 이밖에 모든 산업에 또 도시 건설세가 붙는다. 동시에, 유통세 성격의 세목이 세수 총량에서 차지하는 비중이 높다. 부가가치세는 주요 유통세로 1994~2010년(분세제 개혁 후)의 연평균 성장률이 15% 안팎을 유지하여 같은 기간 GDP의 성장률(14.2%)보다 약간 높았으며 세수에서 차지하는 비중은 1994년의 45%에서 28.8%로 하락하였지만 전체 세수에서 차지하는 비중은 여전히 가장 높다.[50] 영업세 역시 유통세의 성격을 띤다. 연평균 기준으로 현재 영업세가 전체 세수에서 차지하는 비중은 이미 15%를 초과하였으며 1994년 분세제 개혁 후 연평균 성장률은 19% 이상에 달하여 GDP의 연평균 성장률을 훨씬 초과하였다. 이밖에 행정비용징수를 세금징수로 변경한 것도 재정수입 성장률의 상승을 어느 정도 추동하였다. 예하면, 기존의 도로 유지비용을 소비세에 포함시킨 것 등이다.

이로부터 중국 현 단계 재정정책은 지출과 수입 두 방면에서 확장적 재정지출정책과 긴축적 재정수입정책 간의 역방향 조합이라는 뚜렷한 구조 특징을 형성하였다. 재정정책 자체의 논리체계로 볼 때 이러한 역방향 조합에는 일정한 일리가 있다. 즉 계속하여 확장되는 재정지출정책은 반드시 재정수입의 꾸준한 증가로 뒷받침되어야 한다. 그러나 재정수입 규모의 증가(재정지출 규모의 확대를 지지함)는 국민소득에서 재정수입이 차지하는 비중의 지속적인 증가를 의미하지 않으며 또 재정수입의 성장률이 장기적으로 GDP와 주민소득의 성장률보다 높다는 것을 의미하지는 않는다. 그렇지 않으면 일반적인 재정수입의 성장이 아니라 긴축적 재정수입정책이다. 즉 기업과 주민소득의 성장속도를 낮추는 대가로 재정수입의 고성장[51]을 실현하는 것이다.

## 2. 중국 재정지출정책과 재정수입정책의 역방향 조합의 변화 추세

확장적 재정지출정책으로 말하면 통상적으로 위기 과정에서 채택하는 확장적 재정지출정책은 단기 성장에 효과가 뛰어난 것으로 알려졌지만 위기가 끝난 뒤 장기적으로 강력한 확장적 재정지출정책을 취할 경우 경제성장에 플러스 효과를 가져다주지 못할 뿐만 아니라 막대한 적자를 초래하여 인플레이션을 유발하고 나아가서는 경제성장에 심각한 부정적인 영향을 미치게 된다. 따라서 장기적으로 확장적 재정지출정책을 취하기보다는 위기상황이 진정되면 선차적 철회가 경제위기 대응 과정에서는 바람직한 선택이다. 물론 재정지출정책의

---

50) 생산 차원에서 볼 때, GDP는 각 부분 증가치의 합계이지만 1차 산업에서 상당부분 증가치는 세금을 면제하기 때문에 돈을 많이 낸 것인지 아니면 GDP를 적게 계산한 것인지에 대해서는 진일보 연구해볼 가치가 있다.

51) 류웨이(劉偉), 「중국 현 단계 재정지출정책과 재정수입정책 간의 구조 특징 분석」, 『재정무역경제』 2012년 제10호를 참조하라. 『신화적록』(新華文摘) 2013년 제3호에 전재됨.

선차적 철회는 시장의 힘, 즉 기업의 투자수요와 주민의 소비수요의 점차적 회복을 전제로 한다. 중국 현 단계의 현실은 제도혁신 특히는 요소시장화가 깊이 있게 추진되지 못하고 시장경쟁이 충분히 이뤄지지 못하고 있어 독점세력인 대형 또는 초대형 국유기업의 혁신력이 억제되어 효과적인 투자기회를 찾기 어려운 것이다. 민영기업은 금융 등 요소시장의 지원을 받기 어려우며 그 투자수요가 효과적인 투자수요로 이어지기 어렵다. 시장의 힘이 회복되기 어려운 조건 하에서 경제성장은 늘 주로 정부(중앙과 지방 포함)의 투자에 의존하기 때문에 확장적인 재정지출정책을 제때에 철회하기 어렵다. 이러한 상황을 바꾸려면 개혁을 심화하고 제도혁신과 기술혁신 능력을 제고하는 것이 관건인데 이를 실현하기까지는 비교적 오랜 기간의 노력이 필요하다.

긴축적 재정수입정책의 발전추세로 말하면 재정수입 총량의 성장세를 유지하는 것은 필요하면서도 가능한 일이다. 문제의 핵심은 국민소득에서 재정수입이 차지하는 비중이 계속 증가하고 있는지, 즉 국민소득의 성장속도보다 훨씬 높은 속도로 계속 성장하고 있는지 여부이다. 여기에는 다음과 같은 몇 가지 문제를 토의할 필요가 있다. (1) 장기간 중국 재정수입의 성장은 감세 배경에서 실현되었으며 세목을 늘리지 않고 세율을 인상하지 않는 전제하에서, 경제발전과 엄격한 징수관리를 거쳐 이루어졌다. 따라서 새로운 감세 정책 적용 여부 문제가 존재하지 않기에 다만 기존의 '감세' 방법을 유지하면 된다. 문제는 '감세'를 배경으로 GDP에서 차지하는 재정수입 비중이 계속 증가하는 이유이다. 다만 재정수입의 성장속도가 경제 성장속도보다 뚜렷이 높은 것으로 해석할 수밖에 없으므로 재정수입의 성장속도 통제를 고려해야 한다. 이러한 의미에서 우리는 비로소 새로운 '감세' 조치 실행을 제기하였는데 재정수입 총량의 성장 둔화를 염두에

둔 것이 이니라 성장속도를 통제하여 국민경제 성장과 조화를 이루도록 하려는데 목적을 두었다. 특히 시장의 힘(기업, 주민)의 수입 성장을 장기적으로 심각하게 배척하지는 않을 것이며 특히 실물경제에 대한 지속적인 '구축효과'(crowd out effect)를 야기하지는 않을 것이다. (2) 재정수입이 GDP에서 차지하는 비중의 지속적인 상승은 국민경제 계산 과정에 GDP를 적게 계산하고 동시에 재정수입을 많이 계산하였기 때문일까? 정적으로 볼 때, 예하면 특정 연도의 비중만 고려하면 혹여 그 해 계산 때 재정수입이 많고 GDP를 적게 계산하는 문제가 존재한다. 그러나 동적으로 볼 때, 재정수입과 GDP의 계산 경로 및 방식이 안정적이고 연속적이라면 이 문제는 양자의 비교 결과에 영향을 미치지 않을 것이다. 지난 몇 년간 재정수입이 GDP에서 차지하는 비중의 변화를 관찰해볼 때 만약 상승세가 나타난다면 정부 재정수입이 확실히 기타 수입보다 빨리 상승하고 있다는 점을 말해주며 설사 재정수입의 경로 및 GDP 통계에 불확정성이나 비과학적인 부분이 있다고 하더라도 줄곧 동일한 경로와 방법을 적용한다면 비중의 변화는 통계적 의의가 있고 변화추세를 반영할 수 있다. (3) '감세'의 객관성이 존재하는가? 즉 앞으로 발전 과정에서 객관적으로 볼 때 중국은 재정수입 총량이 확대되는 동시에 성장 속도는 느려지지 않을까? 그런 객관성이 존재한다고 말해야 할 것이다. 한편으로는 경제 성장속도가 둔화될 것이다. 분석에 따르면 중국은 경제성장이 중등소득 개발도상국 수준에 도달한 뒤 2020년에 샤오캉사회를 전면 실현하고 (경제발전이 중상소득국가 수준에 도달함) 2030년쯤에는 고소득 개발도상국이 된다는 목표를 실현하며, 연평균 성장속도는 현재의 8% 내외에서 10년마다 1%포인트 이상씩 낮아질 것으로 예상된다. 이는 재정수입 성장속도가 둔화되는 중요한 원인 중 하나이다. 다른 한편으로는, 경제구조조정을 포함한 지역경제구조조정, 산업구조조정 등이 재정수입 구조조정을 요구하고 있어 객관적으로 재정수입 성장속도의 둔화를 야기하게 되고 구조성 감세는 장기적인 국민경제 구조조정을 통해 국민경제의 질을 향상시키고 나아가 재정수입 성장을 추진하고 있다. 이로 하여 단기 내 심지어 상당히 긴 시기 동안에는 총 재정수입의 정상적인 성장에 영향을 미치지 않을 것이지만 성장속도에는 영향을 미치게 된다. 이밖에 국제 금융위기의 충격은 재정수입의 증가에 영향을 주게 되는데 수출입 고리의 세수 증가에 대한 영향으로 직접 구현된다. 현재 중국의 세수 구조 중 수출입단계의 세수가 차지하는 비중이 뚜렷하게 상승하였으며 특히 수입단계(수출단계에서 유통세를 일부 수출기업들에게 환급함)에서 부가가치세, 소비세, 관세 등을 비롯해 세수가 차지하는 비중이 비교적 높아 최근 몇 년간 중국의 전체 세수에서 차지하는 비중이 16%~18%에 이르렀으며 특히 중앙 재정수입에서 차지하는 비중이 높아(수입단계에서의 세수는 대부분 중앙세수이기 때문임) 2011년에는 그 비중이 35% 안팎에 달하였다. 세계금융위기 및 그에 상응한 경제위기가 중국의 수출입 특히는 수입에 가하는 충격은 재정수입(특히 중앙재정)의 성장속도뿐만 아니라 성장 규모에도 영향을 미칠 수 있다. 또 보호무역주의가 나타나기 시작하고 이에 따른 위안화 평가절상 압력 가중 등으로 수입물량은 늘어날 수 있지만 환율 변동으로 수입 세수는 줄어들 수 있어 수입세 변화의 불확실성이 더욱 커진다. (4) 감세에 대한 요구가 있는가? 인플레이션의 압력뿐만 아니라 경제 하행의 위험에도 노출되어 있는 것이 중국 현재 거시경제 불균형의 특징이다. 전통적인 수요관리는 심각한 어려움에 봉착하였는데 재정정책이든 통화정책이든 모두 전면적 확장을 선택하기도 어렵고 또 전면적 긴축을 선택하기도 어렵다. 사실 거시적 관리방식에서 수요관리와 함께 공급관리를 병행하는 것은 이미 필연적인 추세로 되었으며 특히 '스태그플레이션' 위험이 존재할 경우 더욱 그렇다. 공급관리의 기본정책인 '감세'는 기업 비용 인하를 통해 비용에 따른 인플레이션 압력을 줄이는 동시에 생산자와 노동자의 적극성을 동원해 경제성장을 부추길 수 있다. 감세 등 공급관리를 통해 생산자와 노동자의 비용과 효율에 영향을 주고 인플레이션 수준을 높이지 않고도 경제 확장을 달성할 수 있는 것이 가장 큰 특징인데 이는 중국 현 단계에서 매우 필요하다.[52] 물론 여기서 말하는 '감세'는 발전 동향에서의 재정수입 증가 둔화를 의미하는 것이지, 재정수입 총량의 감소를 말하는 것은 아니다. (5) '감세' 가능성이 존재하는가? 재정수입이 마이너스 성장(총량 감소)을 기록할 가능성은 크지 않다. 이른바 '감세'의 가능성은 여전히 재정수입 증가의 둔화를 가리킨다. 이런 가능성은 주로 재정수지의 불균형 상황과 그에 대한 국민경제의 수용력에 달려 있다. 단기적으로는 재정수지의 균형문제로 적자, 채무 및 상응한 재정위험과 관련되지만 장기적으로는 정부기능의 전환 및 공공재정제도의 건설 문제와 관련된다. 단기적으로 볼 때 중국의 현재 재정수지 불균형 수준은 그다지 높지 않으며 재정적자는 물론 정부채무의 규모와 비중 모두 비교적 안전하고 통제가능한 범위에 있다. 이런 의미에서 세금정책의 일부 조정과 세금제도의 일부 개혁을 포함한 일부 '감세' 조치의 도입은 어느 정도 재정지출을 감당할 수 있다. 예하면 증가세 범위 확대, 개인소득세 과세 기준 인상, 중소기업과 영세기업에 대한 조세우대와 감면 등은 모두 실시가 가능하다. 그러나 장기적으로 볼 때 GDP에서 재정수입이 차지하는 비중을 합리하게 통제하는 것은 체제 면에서는 정부기

---

52) 류웨이(劉偉) · 쑤젠(蘇劍), 「공급관리 및 중국 현 단계 거시적 조정」, 『경제연구』 2007년 제2호를 참조하라.

능의 전환과 시장화 과정에 따라 실시하는 공공재정 건설에 달려있다. 만약 시장화가 깊이 있게 추진되지 못하고 정부기능 전환이 뒤처져서 정부가 여전히 투자, 사회보장, 인프라시설 건설, 민생 서비스 등 대량의 사회 경제적 책임과 기능을 짊어지고 있는 상황이라면 시장메커니즘의 역할을 효과적으로 발휘할 수 없게 되고 정부와 시장의 균형이 이루어지기 어려워지기 때문에 재정수입의 성장속도가 경제성장속도를 초월하게 되며 나아가 GDP에서 차지하는 비중이 끊임없이 상승하는 추세도 돌려세우지 못할 것이다. 만약 재정체제가 공공재정으로 확실하게 전환하기 어렵다면 진정한 공공재화를 제공하는 주요 기능을 발휘하기 어렵다. 동시에 재정결정은 지나치게 중앙집권적인 행정 결정에서 납세자 공공선택의 민주와 법치의 결정으로 전환하기 어려우며, 재정수입 성장속도는 제도적으로 경제성장과 조화를 이루기 어렵다. 따라서 장기적으로 볼 때, '감세'가 순조롭게 실시될 수 있는 관건은 시장화가 심화된 조건 하에서의 정부기능 전환과 그에 상응하는 공공재정 건설인데, 이를 단기적으로는 실현하기는 어렵다. 전체적으로 중국 현 단계 경제발전의 지속가능성과 경제성장의 균형성 실현 목표는 재정수입 성장속도와 국민경제성장이 서로 균형을 이루고 재정수입 총규모의 꾸준한 확대를 보장하는 토대 위에서 그 성장속도를 효과적으로 통제하고 나아가 GDP에서 차지하는 비중을 통제할 것을 요구하고 있다.

## 3. 중국 현 단계 조세 부담 및 성장속도가 지나치게 높은 건가?

중국 현 단계 조세 부담 수준 및 성장속도가 지나치게 높은지 여부는 아주 복잡하고 극히 쟁의성을 띤 문제이다. 여기서 우리는 두 방면의 문제만 논의한다. 첫째, 『포브스』지가 발표한 세금부담 고통과 개혀지수가 반영하는 중국의 세금부담 상황을 어떻게 대할 것인가 하는 문제이다. 둘째, 명목조세 부담과 실제조세 부담을 어떻게 대할 것인가 하는 문제이다. 이 두 방면의 문제에 대한 논의는 중국 현 단계의 세금부담 상황에 대한 근본적인 판단은 물론이고 향후 중국의 재정수입 정책방향의 선택과도 관련된다.

『포브스』지는 세계 주요 국가의 기업세율, 개인소득세율, 부유세 세율, 판매세율/부가가치세율 그리고 피고용자와 고용주의 사회보장 기여도 등을 기준으로 매년 이른바『포브스』세금부담 및 개혁지수 (Forbes Miser&Reform Index)를 계산해 발표하는데 중국은 2002년에 3위, 2004년에 4위, 2005년에 2위, 2008년에 5위였다가 2009년에는 다시 2위로 올라섰다. 전체적으로『포브스』잡지 기준에 따르면 중국은 고세금 국가에 속하기 때문에 세제에 대한 더 많은 개혁이 필요하다. 『포브스』세금부담 및 개혁지수는 한 나라(또는 지역)의 6가지 종류의 세금(비용)에 대한 법정 최고 세율을 합쳐서 산출한다. 6가지 종류의 세금(비용)은 회사와 개인소득세, 고용주와 피고용자를 포함한 사회보험금(Employer and Employee Social Security) 매출세, 재산세 등이 있다. 예하면 2009년, 중국의『포브스』세금부담과 개혁지수는 기업의 최고 소득세율(25%)＋개인의 최고 소득세율(45%)＋고용주가 납부하는 최고 소득세율(49%)＋피고용자가 납부하는 사회보험료 최고 세율(23%)＋부가가치세 최고 세율(17%) = 159%이다. 이런 방법으로 중국의 조세부담을 평가하는 것은 분명 문제가 있다.

첫째, 중국의『포브스』세금부담과 개혁지수를 계산할 때 채용하는 데이터에 문제가 있다. 계산 지표에서 고용주(기업)가 직원을 위해 납부하는 사회보험금은 직원 급여의 49%를 차지하고, 직원 개인이 부담하는 사회보험금은 노임의 23%를 차지한다. 그러나 실제 상황은 중국의 현행 사회보험제도에 따라, 고용단위가 부담하는 사회보험비율(양로보험, 실업보험, 산업재해보험, 출산보험 및 기본의료보험)은 대략 직원 노임의 30%를 차지하고, 직원 개인이 부담하는 부분은 대략 노임의 10%에 해당한다. 이런 실정을 감안한다면 다른 조건이 변하지 않는 한 2009년 중국의 『포브스』 세금부담과 개혁지수는 127%가 되어야지 『포브스』잡지가 계산한 159%가 아니다.

둘째, 여기서는 최고 한계 세율을 비교하였는데 중국의 최고 한계 세율은 세계에서 앞자리를 차지하지만 최고 한계 세율이 총세금 부담 수준과 동일한 것이 아니다. 소득세를 예로 들어보자. 『포브스』잡지에서 발표한 데이터에서 중국의 소득세 최고 세율은 45%로, 프랑스(52.1%)·벨기에(53.5%)·스웨덴(61%)·네덜란드(52%)·일본(50%) 등 선진국보다 낮고, 캐나다·미국·호주·독일과는 비슷한 수준이다. 소득세 최고 세율이 중국보다 높거나 중국과 대체로 비슷한 나라는 모두 선진국이다. 이들 나라는 중국보다 일인당 GDP 수준이 현저히 높을 뿐만 아니라 소득분배의 전체적인 격차도 일반적으로 중국보다 작다. 선진국의 소득분포는 늘 개발도상국보다 훨씬 균일하다. 평균 소득 및 소득분배 격차가 두드러지지 않는 조건 하에서 누진 세제의 차이는 세금 부담에 수준의 차이가 있다는 점을 확실히 설명할 수 있다. 이들 선진국들 사이에서 『포브스』 세금부담과 개혁지수는 비교 가능하다. 그러나 중국은 현 단계에 발전도상국가로서 비록 경제 총량이 비교적 크고 경제 성장속도가 빠르긴 하지만 일인당 평균 수준이 여전히 저하되어 있고 소득분배 격차가 비교적 클 뿐만 아니라 지속적인 확대 과정에 있기 때문에 선진국과 최고 세율을 대비할 수 없으며 또 이러한 대비를 통해 중국의 전체적인 조세 부담 상황을 반영할 수도 없는 것이다. 중국에서 최고 납세 등급에 도달한 사람들이 납세자 가운데서 차지하는 비례는 아주 적고 낮은 세율을 적용하는 회사와 개인이 차지하는 비례가 더 많다. 개인소득의 최고 한도 세율로 중국의 전체적인 세금부담 상황을 반영하는 방법은 중국의 실제에는 전혀 부합되지 않는다. 중국 현 단계의 문제는 최고 세율이 높은 것이 아니라 저소득층에 대한 감세가 필요하다는 점이다. 그러나 최고한계 세율로 세금부담의 고통 수준을 반영한다면, 저소득층의 세금부담을 보편적으로 줄여도 『포브스』 세금부담과 개혁지수는 낮아지지 않을 것이다. 경제가 발달한 나라에서 최고 세율 적용계층이 전체 납세자 중에서 차지하는 비례가 중국보다 훨씬 높기 때문에 최고 세율로 비교하면 선진국의 현황을 보다 더 정확하게 반영할 수 있지만 중국의 현황을 반영하지는 못한다. 따라서 이를 근거로 중국과 기타 나라의 조세부담 상황을 비교한다면 비교적 큰 편차가 생기게 된다.

셋째, 중국 현 단계의 명목조세와 실제조세 간의 차이 문제를 논의해 보자. 체제와 정책의 변화로부터 볼 때 중국은 21세기에 들어선 후 이미 일련의 감세조치를 취하였을 뿐만 아니라 체제개혁의 추세로 보아 앞으로도 일련의 감세조치를 내놓을 것이다. 이를테면, 2012년 중국은 에너지제품, 첨단설비와 핵심부품 등 상품의 수입관세를 진일보 인하하고 소기업과 영세기업에 대해서는 부가가치세와 영업세의 징수기준을 높였으며 소득세를 감면하였다. 또 불합리한 기업 관련 수금항목을 더 취소하고 영업세를 부가가치세로 변경하는 시범범위를 확대하였다. 이밖에도 물류기업에 세수 특혜를 주고 여러 가지 조세제도 개혁을 추진하였다. 그러나 전체적으로 볼 때 시장 주체 특히 실물경제 주체는 감세 효과를 뚜렷하게 느끼지 못하였고 오히려 세금부담이 끊임없이 증가하고 있음을 강하게 느꼈으며 이런 실제 세금부담의 증가속도는 기업의 발전 속도를 초과하였다. 기업 발전을 기반으로 한 세금부담 액수의 일정한 증가는 정상적인 현상이다. 그러나 실제로는 세제, 세목이 바뀌지 않은 상황에서 심지어 세율이 소폭 하락한 동시에 기업이 발전을 실현하지 못하였거나 또는 기업의 산출과 이윤은 증가하지 않은 반면에 실제로 납부하는 세금과 행정비용은 늘어난 경우가 다수이다. 이로부터 모순이 생기게 되는데 정부, 특히 중앙정부는 계속 세금을 줄이고 있다고 생각하지만 기업과 주민의 세금 부담은 오히려 늘어나고 있다.

문제는 주로 두 개 방면에서 나타난다. 한편으로 정부 특히는 각급 지방정부는 재정이 어려운 상황에서 각종 방식으로 기업과 주민들에게 비과세비용을 많이 납부할 것을 요구할 것이고 다른 한편으로, 세제, 세목이 모두 바뀌지 않고 세율이 어느 정도 하락한 조건 하에서 각급 세무부서는 세수관리를 강화할 것이다. 세율을 인하하기 전과 비교해 세율 수준은 상대적으로 낮아졌지만 정부 부서가 엄격하게 인하한 세율에 따라 세금을 징수하기 때문에(종전 세율 수준이 상대적으로 비교적 높지만 정부 관련 부서는 결코 제도 규정에 따라 세율을 징수하지 않았고 심지어 일부 기업에 대해서는 간단하게 조세 도급 방식을 취해 비록 명목 조세 수준이 비교적 높지만 실제로 집행하는 조세부담 수준이 높지 않음) 감세 후 기업과 주민들이 실제로 납부하는 세금은 감세 전보다 더 많아질 수 있다. 일련의 감세조치를 취하였지만 재정수입이 빠르게 증가하고 있을 뿐만 아니라 GDP에서 차지하는 비중도 지속적으로 상승하고 있다는 점은 결코 부인할 수 없는 사실이다. 단순히 양적인 성장은 경제성장으로 해석할 수도 있지만 GDP에서 차지하는 비중의 상승은 조세 부담이 상대적으로 증가함에 따라 그에 대응되는 기업소득과 주민소득이 차지하는 비중이 상대적으로 줄어들고 특히 주민소득의 비중이 하락하게 된다.

그렇다면 현재 중국 조세부담 수준의 높고 낮음을 어떻게 봐야 할 것인가? 횡적으로 비교해볼 때 현시대 선진국이나 개발도상국과 비교하더라도 중국의 현재 거시적 세금부담(즉 세수와 사회보험이 GDP에서 차지하는 비중)은 높지 않으며 세계 개발도상국 중에서 중등수준에 속한다. 그러나 종적으로 비교하면 최근 10년간 중국 국가재정수입의 성장은 뚜렷이 빨라져 현행가격으로 계산한 국민소득의 성장속도보다 훨씬 높다. 이는 정부가 지배하는 국민소득 비중의 꾸준한 증가로 이어졌다. 즉, 통상적으로 중국의 거시적 세금부담 수준이 지나치게 높고, 심지어 『포브스』의 세금부담과 개혁지수에 반영된 것처럼 현시대 세계 상위에 올랐다고 말할 수 없다. 이런 판단은 중국의 실제에 부합되지 않는다. 거시적 조세부담(세금과 비 세수수입 포함)은 선진국은 평균 43.3%(사회보험 기여금 10.4%), 개발도상국은 평균 35.6%(사회보험 납부금액 6.9%)이고 중국은 2009년 약 30%(국유토지 사용권 양도 수입이 4.2%, 사회보장기금 수입이 3.8%를 차지함)를 유지하였다.[53] 그러나 현 단계 중국의 재정수입 성장속도가 빠르고 국민소득에서 차지하는 비중이 지속적으로 높아지는 추세로 미루어 볼 때 적절한 통제가 필요하다는 점을 인정하여야 한다. 중국은 급속한 공업화와 시장화 전환기에 처해 있어 선진국과 확연히 다른 부분이 있다. 선진국은 GDP에서 차지하는 거시적 세금부담의 비중이 통상적으로 안정적이지만 중국은 빠르게 상승한다. 이런 실정에서 특히 중국의 거시적 세금부담의 성장속도에 대해 통제를 할 필요가 있다. GDP에서 차지하는 정부수입의 비중이 지속 상승하고 있는 것 자체가 수요구조에서 시장의 힘에 대해 '구축효과'를 일으키고 있음을 의미한다. 국민경제에서 정부·기업·주민 3자 간 소득분배의 거시적

---

53) 샤오제(肖捷), 「거시적 조세부담의 잘못된 인식에서 벗어나다」, 『중국개혁』 2010년 제10호를 참조하라.

구조 불균형을 초래할 뿐만 아니라 경제성장의 수요 동력구조의 왜곡을 초래함으로써 소비수요가 부진하고 시장의 힘이 역할을 충분히 발휘하기 어려워지는 결과를 초래하여 경제성장이 부득이하게 정부 수요에 지속적으로 의존할 수밖에 없게 된다. 특히 정부 투자수요의 견인역할에 의존하게 된다. 게다가 시장화 과정이 저해를 받게 되며 특히 요소 시장화 과정이 뒤처짐에 따라 자원배치 효율을 떨어뜨리고 심지어 독점을 가중시키게 된다. 특히 정부 자체의 독점을 가중시킨다. 현 단계 경제구조에서 중국은 경제와 국유기업의 비중과 역할, 그리고 정부와 국유기업 간의 관계를 고려할 때, 비록 국유기업의 수입이 정부 수입은 아니지만, 국유기업의 주도적 주체적 역할은 정부 수입이 GDP에서 차지하는 비중의 지속적인 증가 추세와 어느 정도 맞물려 있다. 따라서 중국의 거시적 세금 부담의 증가에 따라 정부의 시장 대체 정도다 더욱 높아질 것이다. 거시적 재정수입 정책을 볼 때 거시적 재정수입의 성장속도가 최근 10여 년간 경제 성장속도를 뚜렷이 초월하여 고속 성장 태세를 이어가고 있으며 국민경제 성장과 조화를 이루는 수준으로 점차 조정하고 정부·기업·주민 3자 간 소득 균형 성장을 점차 이루는 것이 매우 필요하다. 재정수입의 성장속도를 조절하는 차원에서 볼 때 현 단계에서는 적당한 감세가 필요하거나 재정수의 성장속도를 합리적으로 통제할 필요가 있다.

재정수입 성장속도를 통제하여 국민경제 성장과 조화를 이루도록 하는 의미에서의 '감세' 중점은 조세 부담 구조를 조정하고 국민경제 구조 변화의 요구에 기초하여 구조적 감세를 추진하는 것이지 단순히 재정수입의 성장속도를 늦추는 것이 아니다. 중국의 세수 종류 중에 유통세가 비교적 많은데, 이는 중국의 세수 성장속도가 비교적 빠른 주된 원인이다. 중국의 유통세는 부가가치세·영업세·소비세·도시건설세 · 차량구매세 · 부동산취득세 · 술담배소비세 등을 포함하는데 그 속성으로 말하면 모두 소비과세에 속한다. 2011년, 중국의 소비과세가 조세 총수입(사회보험료 납부 포함)에서 차지하는 비중은 50.9%로 일반 선진국(경제협력개발기구(OECD) 국가는(31%)보다 20%포인트 높았다. 이는 중국의 현재 조세 부담이 주로 주민 소비에 집중되어 있음을 보여준다. 한편, 중국은 개인소득세가 낮아 2011년 세수 총수입에서 차지하는 비중이 5.7%로 일반 선진국[경제협력개발기구(OECD) 국가는 25%]보다 크게 낮은데 이는 중국의 현재 조세부담이 개인소득에 가해지지 않았음을 설명한다. 또 중국 일반 주민 소비에 대한 과세 비중이 높아 전체 소비 과세의 97%[경제협력개발기구(OECD)국가는 65%임]를 차지하고 고소득층의 특정 소비품에 대한 과세(사치품 등) 비중이 낮아 소비 과세에서 차지하는 비중은 3%[경제협력개발기구(OECD)국가 35%임]에 불과하였다. 이에 따라 사실상 저소득층 주민이 세금 부담의 주요 부담자가 되었다. 개인소득세가 차지하는 비율이 낮으면 사실상 개인소득세의 조절작용이 약화되어 개인소득의 조절을 통해 구조적 공평성과 합리성을 향상시키기 어렵게 된다.[54]

## 4. 중앙재정과 지방재정의 구조적 불균형

전체적으로 볼 때 중국 중앙과 지방 재정수지의 구도는 재정수입에서 중앙재정이 차지하는 비중이 상대적으로 더 높은 반면, 재정지출에서는 지방재정 주도적 역할을 하는 것이 특징이다.

먼저 중앙과 지방의 재정수입 구조를 알아보자. 한 가지 눈에 띄는 점이라면 중앙 재정수입 특히는 세수에서 중앙이 차지하는 비중이 지

---

54) 주칭(朱青), 「중국 조세부담에 관한 사고」, 『재정무역경제』 2012년 제7호, 제7~8쪽을 참조하라.

방보다 높은 것이다. 2010년을 예로 들면 전체 재정수입에서 중앙 재정수입이 차지하는 비중은 51.1%이고 지방 재정수입이 차지하는 비중은 48.9%였다. 2009년에는 양자의 비중 격차가 더 커서 중앙의 비중은 52.4%, 지방의 비중은 47.6%에 달하였었다. 2000년 이후 중국 재정수입에서 중앙 및 지방재정이 차지하는 비중은 기본적으로 안정을 유지하여 변동폭이 모두 2%포인트를 초과하지 않았으며 또한 중앙재정의 비중은 시종 지방재정의 비중보다 높았다. 엄격한 의미에서의 세수 수입(현재 재정수입에서 차지하는 비중이 이미 약 88%에 달함)가운데서 국세로 형성된 세수수입이 55.3%를 차지하고 지방세로 형성된 세수수입이 44.7%를 차지하였다. 그러나 비과세수입 항목 중에서 지방과 비교해 중앙이 차지하는 비중이 현저히 낮다. 예를 들어 비과세수입(20 : 80), 특정수입(14.6 : 85.4), 행정사업비용 수입(13.2 : 86.8), 기타 수입(33.2 : 66.8), 벌금 및 몰수 수입(3 : 97) 등이다. 다시 말하면 비과세수입이 지방 재정수입에서 상대적으로 더 뚜렷한 역할을 한다는 의미이다.

다음은 중앙과 지방의 재정지출 구조를 알아보자. 21세기에 들어선 이후 중국의 재정지출 규모는 꾸준히 확대되어 2000년부터 2010년까지 연평균 19.1% 성장하였다. 중앙과 지방의 재정지출이 국가 재정지출에서 차지하는 비중을 보면 최근 10년간 지방 재정지출의 비중이 중앙 재정지출의 비중보다 높았을 뿐만 아니라 지속적으로 상승하여 2000년의 65.3%에서 2010년의 82.2%로 약 17%포인트 증가하였다. 이에 따라 중앙 재정지출이 국가 재정지출에서 차지하는 비중은 줄곧 매년 하락하는 추세를 유지하였으며 심지어 그 어떤 반복이나 변동도 없었다.

이로써 하나의 대조가 형성되있나. 즉, 재정수입에서 중앙이 지방보다 줄곧 높은데다가 이런 상태가 장기간 안정적으로 유지되고 있다는 것이다. 반면에 재정지출에서는 지방이 중앙보다 줄곧 높은데다가 이런 상태가 장기적으로 꾸준히 가중되고 있다는 것이다. 2010년을 예로 들면 중앙과 지방 재정수입의 비례는 51.1 : 48.9이고 중앙과 지방 재정지출의 비례는 17.8 : 82.2였다. 2000~2010년까지의 변화를 관찰하면 중앙과 지방의 재정수입 비례의 변동은 매우 작았고 양자의 비례가 기본적으로 안정적이었으며 중앙의 비중은 일반적으로 약 53%(변동폭은 상하로 일반적으로 2% 포인트가 넘지 않음)이고, 지방의 비중은 일반적으로 약 47%였다. 양자의 차이가 가장 큰 해는 2002년으로 그 해에 중앙 재정수입의 비중은 55%, 지방 재정수입의 비중은 45%로 그 격차가 10%포인트에 달하였다. 그러나 2000년부터 2010년까지 중앙 재정지출이 차지하는 비중은 2000년의 34.7%에서 2010년의 17.8%로 지속적으로 하락하였고 지방 재정지출이 차지하는 비중은 65.3%에서 82.2%로 상승하였다. 이런 불균형은 중국과 세계 다수 국가 간의 중요한 차이점이다. 구미 국가들에서도 분세제를 취하고 있긴 하지만 통상적으로 중앙 대규모 이전 지불이 존재하지 않으며 지방 과세지출은 기본적으로 지방 예산수입에 의존하여 균형을 이룬다. 이는 지방의 경제발전과 지방 재정수입 및 공공재 공급 상호 간의 연계를 긴밀히 하는데 유리해 납세자가 혜택을 누리는 원칙을 충분히 구현할 수 있어 납세자의 적극성을 동원하고 상응한 책임을 명확히 하는 데도 유리하다. 반면에 지방 간 격차의 축소에 대한 정부의 역할이 제한적이어서 지방 간 격차의 축소는 주로 요소의 시장 유동에 의존하여야 하며 속도가 더디고도 불안정한 단점도 있다. 그러나 장기적으로 볼 때 효율성이 비교적 높다. 현재 중국은 중앙재정과 지방재정의 수입구조 및 지출구조 사이의 불균형이 심각하여 이 또한 일련의 모순을 야기할 수 있다.

첫째, 국가의 총재정수입이 GDP에서 차지하는 비중이 꾸준히 상승하는 기초 위에서 장기적으로 중앙재정수입의 비중이 지방재정수입의 비중보다 높은데 이는 국민소득을 지배하는 과정에서 정부의 역할이 증강되고 있음을 표명할 뿐만 아니라 또 중앙정부의 통제력이 커지고 있음을 표명한다. 이는 중앙정부의 경제 개입에서 수직성과 집중성을 더욱 강화하여 사회주의 시장경제 개혁에 심원한 영향을 미쳤다. 그러나 경제에 대한 중앙의 직접적인 개입이 증가한다고 해서 중앙 거시적 조정의 효율이 높아진다는 의미는 아니다. 왜냐면 중앙재정은 다만 더 많은 국민소득을 차지할 뿐, 지방재정지출이 국가 총 재정지출에서 비교적 큰 비중을 차지하며 그 비중이 여전히 끊임없이 커지고 있기 때문이다. 이런 재정지출 구조는 중앙정부 재정정책의 거시적 효율을 크게 약화시켰다. 어떤 의미에서, 이 역시 일종의 권리와 책임의 비대칭이라 할 수 있다. 재정수입에서 더 큰 비중은 중앙이 장악하고 있으며 특히 세수수입에서 중앙재정이 차지하는 비중이 높은데 이는 지방정부의 관련 세원의 육성과 관련 세수 정책을 집행하는 적극성에 필연적으로 영향을 미치게 된다. 그리고 재정지출은 주로 지방재정이 부담하는데 이에 따라 지방재정의 압력이 커지는 동시에 중앙재정정책 효과의 불확실성도 커지게 된다. 게다가 여러 지방의 재력 및 사회경제 발전 간에 차이가 있기 때문에 지방재정지출에 주로 의존하여 재정지출의 정책목표를 실현하는 방법을 통해 거둘 수 있는 정책효과의 지방별 차이가 크다. 예를 들면 2010년 중국 교육지출에서 중앙재정지출이 차지하는 비중은 5.7%이고 지방재정이 차지하는 비중은 94.3%였다. 각 지방의 발전수준과 환경이 다름에 따라 교육발전의 균형성에 심각한 영향을 주게 된다. 이밖에 사회보장과 취업(중앙재정지출과 지방재정지출의 비율이 4.9 : 95.1임), 농업 · 임업 · 수리사무(중앙재정지출과 지방재정지출의 비율이 4.8 : 95.2임), 도시와 농촌 사회사무(중앙재정지출과 지방재정지출의 비율이 0.2 : 99.8임), 의료보건위생(중앙재정지출과 지방재정지출의 비율이 1.5 : 98.5임), 환경보호(중앙재정지출과 지방재정지출의 비율이 2.8 : 97.2임) 등 면에서도 모두 유사한 문제가 존재한다.

둘째, 중앙과 지방 재정수지의 구조적 불균형은 필연적으로 중앙재정의 이전지불이 증가하는 국면을 초래하게 된다. 중국 30여 개 성(시, 자치구)은 사회경제발전 상황이 어떠하든지 상관없이 그 일반 예산지출이 일반 예산수입보다 크고, 지출과 수입의 비율이 모두 1보다 크다. 즉, 모두 중앙재정 이전지불의 순방향 지지를 받고 있다는 얘기이다. 한편으로는 체제적, 정책적 요구로부터 볼 때 중앙과 지방의 수입과 지출 면에서의 이런 구조적인 불균형은 중앙정부의 재정 이전지불 능력을 증강시키고 낙후한 지역의 발전에 대한 지원강도를 높이며 지역 간 사회경제발전의 균형을 촉진할 수 있다. 2010년을 예로 들면 중국 각 성(시, 자치구) 지방정부의 일반예산지출이 일반예산수입에서 차지하는 비중이 평균 180%로, 다시 말하면 지방의 일반예산지출이 일반예산수입의 1.80배이다. 그 중 시짱(西藏)이 15배로 가장 높았고 칭하이(青海) · 간쑤(甘肅) · 닝샤(寧夏) · 신장(新疆) · 구이저우(貴州) 등 서부 성 · 자치구의 일반예산지출은 모두 일반예산수입의 3배 이상에 달하였다. 동부 연해지역의 주요 성 · 직할시의 일반예산지출은 다수가 일반예산수입의 1.5배 이하였는데 그중 베이징(北京)과 상하이(上海)의 일반예산수입 대비 일반예산지출의 배수가 1.15배로 가장 낮았다. 중부지역 및 쓰촨(四川) · 윈난(雲南) · 광시(廣西) 등 성 · 자치구는 대다수가 2배 이상이었다. 확실히 낙후한 지역일수록 중앙재정의 이전지불 강도가 상대적으로 크다. 그렇기 때문에 일반예산지출이 일반예산수입을 초과하는 폭도 더 크며 중앙재정의 이전지불에 대한 경제의 의존도 또한 상응하게 높아진다. 다른 한편으로는 상대적으로 발달한 성일지라도 중앙재정의 순수 이전지불이 존재한다는 점에 주목하여야 한다. 베이징과 상하이도 일반예산지출이 일반예산수입보다 많아 발달한 성일지라도 재정지출 면에서의 자율성이 크게 제한 받고 있는 것으로 나타났다. 재정수입의 대부분을 우선 중앙재정수입으로 상납하고 다시 중앙재정에서 이전지불의 방식으로 지방재정지출을 보충하였다. 이로 하여 지방정부 특히 발달한 성들의 주동성과 적극성을 어느 정도 제한함으로 인해 각 지방 성들은 보편적으로 자체 일반예산수입과 자체 일반예산지출 간의 균형을 이룰 수 없게 되었으며 특히 사회경제가 상대적으로 발달한 성들도 자체 재정수지의 균형을 실현할 수 없게 되었다. 이는 체제적으로 중앙재정수입의 집권 수준이 지나치게 높음을 의미하는 것인가? 여기서는 중앙재정수입의 비중이 높다는 것을 의미할 뿐만 아니라 더욱 중요한 것은 체제적으로 지방재정지출의 실현이 자체의 사회경제발전에 따라 형성된 안정적인 일반예산수입의 증가를 기반으로 할 것이 아니라 대부분 중앙재정의 이전지불에 의존하여야 함을 의미한다. 이는 지방재정수지의 균형과 지방재정의 안정적이고 지속가능한 발전에 모두 불리한 영향을 미치게 된다.

셋째, 중앙과 지방의 재정수지구조의 불균형은 일정한 정도에서 지방의 정부성 채무 위험을 가중시킬 수 있다. 특히 중앙재정지출을 확대함과 동시에 지방재정의 지원을 요구하는 과정에서 지방의 정부성 채무 위험은 더욱 확대될 수 있다. 중앙과 지방의 재정수지 구조가 장기적으로 비대칭인 배경에서 중국은 2008년 금융위기 전면 대응을 위한 더욱 적극적인 재정정책을 취하였으며 지방재정의 지원자금이 부족한 모순을 완화하기 위해 중앙이 지방채를 대신 발행하고 지방정부가 융자 플랫폼회사를 통해 프로젝트 자금을 조달하는 융자방식을 가동하였다. 중앙이 지방채를 대신 발행하였지만 그 규모가 크지 않았다. 예를 들어 2010년 중앙이 대신 발행한 지방채는 2천억 위안인데 최종 리스크와 책임은 사실상 중앙재정이 부담하기로 하였으며 지방정부이 감당해야 할 리스크와 책임은 크지 않다. 진정한 리스크 구성 요소는 지방 정부성 채무이다. 지방 정부성 채무는 지방정부, 경비 보조 사업단위, 공공사업단위, 정부 융자서비스업체, 기타 단위 등이 직접 차입, 연체 또는 담보 제공, 환매 등 신용지원 책임 또는 공익성 프로젝트 건설로 인해 형성된 채무를 말한다. 지방 정부성 채무는 지방정부가 직접 기채하는 지방정부 채무와는 분명 다르다. 여기서 말하는 지방 정부성 채무의 주체에는 지방정부 외에도 경비 보조 사업단위, 공공사업단위, 지방정부 융자 플랫폼 회사 및 기타 단위 등이 포함되어 범위가 정부 채무보다 더 크다.[55] 회계감사서의 회계감사 결과에 따르면 중국은 '11차 5개년 계획' 기간 말(2010년 말)까지 지방의 정부성 채무총액이 이미 10조 7천억 위안을 초과하였다.(이는 회계감사가 가능한 증빙서류가 있는 것이며 이외에 또 증빙서류가 없는 것도 있음) 동시에 회계감사서의 회계감사 기준에는 사회보장자금 부족 등 채무에 대한 평가가 포함되지 않았다. 그러므로 실제로 지방의 정부성 채무 규모는 회계감사서가 공개한 회계감사 결과보다 더 클 가능성이 있다. 지방 정부성 채무의 자금원은 주로 은행 대출(79.1%)이고, 상급 재정, 정부 발행 채권, 기타 차입금 등을 합치면 20% 정도에 불과한데 그 중 70%는 '12차 5개년 계획' 기간 만기되는 것이다.

---

55) 중국은 현재 '지방 정부성 채무'에 대해 아직 표준적인 통계 기준이 형성되지 않았으며 비교적 권위가 있는 통계 계산은 회계감사서가 공개한 회계감사 결과이다.(회계감사서 회계감사 공고 2011년 제35호)

'11차 5개년 계획' 기간 형성된 지방의 정부성 채무 중 7조 5천억 위안이 만기가 되고 이자 지출과 차입금 상환 및 신규 대출 등 요소까지 고려하면 2011~2015년 기간 총 12조 5천억 위안 이상의 자금 수요가 형성될 것으로 추산된다. 게다가 사회보장기금의 잠재부채(기본양로보험·실업보험·기본의료보험·산재보험·출산보험 등이 포함된다. 그 중 양로보험이 사회보장기금 지출의 70%를 차지하는데 그 비중이 높아지는 추세이다. 현재 중국의 실제 지급액에서 지방정부는 기본양로보험금 수지 부족분의 일부를 부담하고 있는데 이 부분은 사실상 지방채무의 중요한 잠재부채를 구성하고 있음)까지 합치면 '12차 5개년 계획' 기간의 자금수요는 상기 수치를 초과할 것이다. 이상은 '11차 5개년 계획' 말 지방의 정부성 채무 보유량에 대한 전체적인 소개이다. '12차 5개년 계획' 기간의 발전을 보면 지방 경제성장, 공업화 및 도시화 발전 등 다방면의 목표 요구를 고려할 때, '12차 5개년 계획' 기간 중국 지방정부의 공공투자 총 수요는 29조 3천억 위안에서 33조 9천억 위안 사이로 예측된다. 같은 기간, 지방정부의 투자 능력(지방정부의 수입과 지방정부의 소비성 지출의 차액)은 22조 1천억 위안에서 24조 6천억 위안 사이로 예측되며 구체적인 수치는 더 연구해 볼 필요가 있지만 부족분 객관적으로 존재한다. 이 부분의 부족분은 지방정부의 수지 불균형 모순을 더욱 격화시킬 것임이 틀림없다. 이 부분의 부족분은 '12차 5개년 계획' 기간 지방정부 신규 채무의 기본 원인을 구성한다.[56] '12차 5개년 계획' 기간 지방의 정부성 채무 규모는 계속 확대될 것이고 낡은 채무 상환, 신규 채무 발행 압력이 커질 것이다. 비록 그 기간 동안 지방의 정부성 채무 규모의 성장속도가 해마다 줄어들고 전체 부채율이 여전히 경계선 이내로 통제될 수

---

56) 류상시(劉尚希) 등, 「'12차 5개년 계획' 기간 중국 지방 정부성 채무 압력 테스트 연구」, 『경제연구참고』 2012년 제8호를 참조하라.

있지만 여전히 고도로 중시해야 한다. 이에 따라 중앙과 지방 간 재정 관계를 조정하고 재정체제 개혁을 심화하며 중앙이 일부 재력을 지방에 이전하고 중앙과 지방의 채무분담 메커니즘을 구축하여 중앙과 지방 재정수지구조의 장기적 불균형 상황을 점차 개변시키는 것은 매우 필요하다.

넷째, 중앙과 지방 간 수지 구조가 장기간 심각한 불균형을 이룸에 따라 한편으로는 체제 면에서 재정수입에 대한 중앙의 통제권을 한층 더 강화하는 동시에 중앙의 이전지불강도를 높이게 되고, 다른 한편으로는 지방 경제발전이 중앙의 이전지불에 더욱 많이 의존하게 되며 심지어 지방정부의 책임을 모호하게 만들어 이전지불이 지역 간의 격차를 효과적으로 줄이지 못하게 될 뿐만 아니라 오히려 지역 간의 경쟁력과 효율 격차가 더 벌어지게 함으로써 기대하였던 것과 다른 결과를 초래한다. 사실상, 지역 간의 발전단계가 각기 다르기 때문에 비록 중앙에서 지방으로의 보편적인 이전지불이 존재하고 특히 낙후한 지역에 대한 지원강도가 더 크지만 지역별 기반이 다르고 지방정부의 투자능력, 투자수요, 확장속도가 다르며 특히 지역별 정부의 투자 효율성에 현저한 차이가 있기 때문에 재정수지 상황과 직면한 모순도 각기 다르다. 낙후한 지역일수록 재정수입과 지출 간의 모순이 더욱 첨예하다. 정부 소비성 지출능력 부분의 차이는 잠시 보류하고 투자능력과 투자효율을 보면 발달한 지역이 낙후한 지역보다 훨씬 뛰어나다. 더 중요한 것은 투자수요의 성장속도에서 중국은 오랜 기간 동안 지방경제 성장률(지역 GDP 성장률)과 이에 상응하는 지역 주민의 예금 성장률은 본 지역 고정자산 형성 성장률과 크게 동떨어져 있었다는 사실이다. 그러나 통상적으로 경제 고속발전 시기에 이들 사이의 관계는 고도의 정상관 관계여야 한다. 중국의 이 같은 상황을 초래한

주요한 원인은 두 가지이다. 하나는 독점적 수직 관리를 실시하는 금융체계와 은행체계가 현지 주민 예금과 현지 고정자산 형성 사이의 체제적 연계성을 차단하여 수직적인 은행체계와 지방 경제 사이에 충분한 시장성 융합이 결여된 때문이다. 다른 하나는 지방 고정자산 투자지출의 형성이 은행과 금융시장의 지원을 받기 어렵고 또 지방재정을 통해 정책적인 보장을 해주기 어려운 조건하에서 투자유치에 크게 의존하였기 때문이다. 즉 현지 재력의 한계를 뛰어넘어 층층의 투자유치를 통해 현지 발전을 추동한 것이다. 그러나 최근 몇 년간 경제발전과 시장화가 심화됨에 따라 새로운 상황이 나타났다. 즉 경제발전수준(경제 성장속도가 아니라 일인당 GDP와 GDP 총량이 도달한 절대수준을 가리킴)과 고정자산 성장속도 사이에 역상관관계가 나타나기 시작한 것이다. 그 주요 원인은 경제 발달 지역이 성장기수 효과의 증대와 더불어 성장속도가 둔화되기 시작하였고 경제수준이 높을수록 성장속도가 더욱 둔화되었으며 상응하게 고정자산 성장속도도 따라서 둔화되기 시작한데 있다. 이와 동시에 상대적으로 낙후한 지역은 성장의 계단효과가 점차 나타났으며 경제발전수준이 상대적으로 낮은 지역의 경제성장속도와 고정자산 형성의 성장속도가 상대적으로 더 높았다. 물론 이 역시 발달지역의 비용이 상대적으로 높고, 국부지역은 심지어 자본이 '과밀' 되기 시작한 것과도 관련이 있다. 최근 몇 년간 중국 고정자산 성장률 순위에서 미발달지역인 중서부지역이 앞서고 동부 연해 성, 직할시는 상대적으로 뒤떨어졌으며 상하이는 심지어 최하위에 머물렀다. 이는 상대적으로 발달한 지역의 지방투자수요의 증가와 지방 투자능력의 증강(지방정부의 수입능력-지방정부의 소비성 지출 수요) 간의 모순이 완화되고 있음을 보여준다. 설령 각 지방정부의 지출이 수입보다 많고 또 낙후한 지역에 대한 중앙

의 이전지불강도가 상대적으로 더 크다 하더라도 낙후한 지역 지방재정수지 모순은 여전히 발달한 성보다 더욱 심각할 가능성이 크다. 중앙재정 이전지불의 권한이 제한되어 있고 효율성 요구도 고려해야 하므로 문제의 핵심은 여전히 지방정부 자체의 일반재정수입과 일반재정지출 간의 균형이다. 중앙과 지방의 재정수지 불균형이라는 동일한 조건하에서 발달한 성의 지방 수지 균형 실현 능력은 낙후한 지역보다 현저히 높기 때문에 이러한 보편적인 수지 불균형 구조는 장기적으로 지역 간의 격차를 확대할 가능성이 크다.

## 제5절 지방정부 융자 플랫폼 기채에 관한 이론 탐구

### 1. 머리말

전통적인 대차 이론으로는 지방정부의 융자 플랫폼(이하 융자 플랫폼으로 약칭)의 기채행위를 설명하기 어렵다. 한편으로 지방정부는 세수 증가에 대한 무제한적인 권한을 갖고 있지 않으며 융자 면에서 비교적 큰 제약을 받고 있다. 다른 한편으로 지방정부가 주도하거나 절대적으로 통제하는 금융기관은 대규모의 기채로 융자할 수 있다. 국발[2010] 19호 문건에 따르면, 융자 플랫폼회사란 지방정부 및 그 부서와 기관 등이 재정 조달이나 토지·지분 등 자산을 투입하여 설립한, 경제 실체이며 정부 투자 프로젝트의 융자 기능을 수행하는, 독립적인 법인 자격을 갖춘 경제 실체이다.[57]

지방 정부성 채무의 꾸준한 증가는 융자 플랫폼을 통한 기채의 중요한 배경이다. 2011년 6월 27일, 회계감사서가 발표한 「전국 지방정부 채무 회계감사 결과」(이하 회계감사서 보고로 약칭)의 통계에 따르면, '11차 5개년 계획' 말(2010년)까지 중국 지방 정부성 채무 총액

은 이미 10조 7천억 위안에 달하였다. 그 자금의 출처는 주로 은행대출(79. 1%)이고 상급 재정, 정부 발행 채권, 기타 차관 등을 합치면 20% 정도 차지한다. '11차 5개년 계획' 말 지방 정부성 채무의 70%(약 7조 5천억 위안)는 '12차 5개년 계획' 기간에 만기된다. 게다가 이자지출과 낡은 대출 상환, 신규 대출 등 요소를 감안하면 2011년부터 2015년까지 총 12조 5천억 위안 이상의 자금수요가 형성된다.[58] '12차 5개년 계획' 기간, 중국 지방정부의 공공투자 수요는 29조 3천억 위안에서 33조 9천억 위안 사이로 예상되지만, 같은 기간 지방정부의 투자능력(지방정부 수입과 지방정부 소비성 지출의 차)은 22조 1천억 위안에서 24조 6천억 위안 사이로 예측된다. 따라서 양자 간 부족한 자금을 메우는 것이 지방 정부성 채무 증가의 중요한 동기가 될 수 있다. 지방정부 자체 재력과 「예산법」의 제약을 받아[59] 융자 플랫폼 기채는 지방정부의 자금 부족을 메우는 주요 경로가 되며 은행대출, 채권 발행과 어음 발행이 기채의 주요 방식이다. 2012년 6월말, 융자 플랫폼 대출 잔액은 이미 9조 위안을 넘어섰다.[60]

---

57) 2010년 7월 30일, 재정부, 국가발전및개혁위원회, 중국인민은행, 중국은행업감독관리위원회가 공동으로 발표한 《지방정부의 융자 플랫폼 회사 관리를 강화할 데 관한 국무원의 통지 관련 사항에 대한 통지》는 융자 플랫폼은 "지방정부 및 그 소속 부서와 기구, 사업 단위 등을 통해 재정조달이나 토지 지분 등 자산으로 설립하였으며 정부 공익성 프로젝트 투·융자 기능을 갖추고 독립적인 기업 법인 자격을 가진 경제 실체로 각종 유형의 종합 투자회사, 예하면 건설투자회사, 건설개발회사, 투자개발회사. 투자 지주회사, 투지발전회사. 투자그룹회사, 국유자산운영회사, 국유자본경영관리센터 등 각 유형의 종합 투자회사 외에 교통투자회사 등 업종 투자회사가 포함된다." 고 범주를 확정지었다. 2012년 국무원 정부업무보고에서는 "지방 정부성 채무관리와 위험방지를 강화하여야 한다. 분류관리, 차별대우, 점차적 해소의 원칙에 따라 기존채무를 지속적으로 타당하게 처리하여야 한다. 융자 플랫폼 회사를 한층 더 정리하고 규범화하여야 한다." 고 요구하였다.

58) 사회보장 기금의 잠재 부채(기본 양로보험, 기본 의료보험, 실업보험, 산재보험, 출산 보험 등 그중 양로보험 사회보험이 기금 지출의 70%를 차지하고 상승세를 이어가고 있으며 지방정부에서 일부 모자라는 수지 부분을 보충하였다. 이 부분은 사실상 지방 정부성 채무에서 중요한 잠재 부채를 추가한다.

59) 중국의 《예산법》제28조에는 "지방 각급 예산은 수입에 따른 지출, 수지균형의 원칙에 따라 편성하며, 적자를 계산하지 않는다. 법률과 국무원이 따로 정한 경우를 제외하고 지방정부는 지방정부 채권을 발행하지 못한다." 고 규정하였다.

60) 「지방 융자 플랫폼 채권 발행이 지난해 1,500억 위안을 초과하여 상환압력 증가」, 『경제참고보』 2012년 11월 16일.

융자 플랫폼의 기채행위는 세 가지 특징이 있다. 첫째, 정보공개와 투자자보호가 불충분한 배경 하에서 융자 플랫폼의 기채 신용은 주로 재정 신용에서 온다. 만약 재정 신용이 없다면 융자 플랫폼은 재무 상황(일반적으로 자산 부채율이 비교적 높고 수익능력이 강하지 않음)에 의해 대규모로 기채를 내기 어렵다. 둘째, 융자 플랫폼의 기채 투자(예하면 인프라 프로젝트)는 물질 자본 보유량을 늘려 산출 수준을 높이는데 유리하다. 셋째, 지방정부 관리들이 GDP를 추구하는 치적을 위한 동기가 융자 플랫폼을 통한 기채 의지를 강화하였다.

본 절에서는 채무상환능력, 기채 의지 및 자원배치의 효율성 등 각도에서 제한적 약속조건하에서의 동적 채무모델을 구축하였고 생산적 물질자본으로의 전환을 통해 시장의 기능상실을 보완하는 공공투자의 역할을 도입하였다. 정부의 신용을 보호하고 자원배치를 최적화하기 위해서는 융자 플랫폼 기채의 확장적 기울기를 방지할 필요가 있다. 장기적으로 볼 때 지방정부는 반드시 융자 플랫폼의 채무에 대한 의존도를 낮춰야 하고 융자 플랫폼은 마땅히 시장의 기능상실을 보완하는 범위 내에서 적절하게 기채를 내야 한다.[61]

본 절에서 소개한 모델 기술 혁신에는 다음과 같은 부분이 포함된다. 첫째, 공공투자가 민간 생산에 미치는 영향을 고려하였다. 바로—리카도의 등가정리에서 출발하여 최적의 채무규모를 고찰한 문헌들에서는 일반적으로 공공투자를 비생산적인 것으로 간주하고 생산에서의 공공투자의 역할은 고려하지 않는다. 둘째, 관리의 GDP 치적 동기를 도입하여 융자 플랫폼의 기채현상을 해석하였다. 관리가 치적을 추구하는 것은 융자 플랫폼이 존재하고 확장하는 중요한 구동 요소이다. 셋째, 민간투자에 대한 '구축 효과' 의 각도에서 융자 플랫폼의 대

---

61) 류웨이(劉偉)・리랜파(李連發), 「지방정부 융자 플랫폼 기채의 이론 분석」, 『금융연구』 2013년 제5호를 참조하라.

량 채무발행이 자원배치에 미치는 부정적인 영향을 분석하였다. 융자 플랫폼의 기채 규모가 클수록 자원배치에서의 왜곡이 더욱 뚜렷해지고 민간투자의 부족과 전 사회 투자과잉현상이 더욱 두드러진다. 류룽창(劉溶滄)·마솬유(馬拴友)(2001)와 달리 본 절에서는 공공투자의 긍정적인 외부효과와 민간투자에 대한 '구축효과'가 공존한다고 가정하였다. 넷째, 세수에 대한 융자 플랫폼 기채의 영향을 고찰하기 위하여, 다단계 채무 동적 모델 문헌(예를 들어 Barro, 1990) 중에서 흔히 사용하는 생산함수의 규모효과가 변하지 않는다는 가정과는 달리, 한계산출이 감소한다고 가정하였을 때 생산함수는 오목함수가 된다.

융자 플랫폼 채무의 적정 규모에 대한 경제적 분석은 많지 않다. 관련 연구 중에는 긍정적 견해도 있고 부정적인 견해도 있다. 만약 융자 플랫폼의 기채 규모가 적당하다면 이는 경제발전에 긍정적인 촉진작용을 할 것이다. 즉, 민간부문이 투자를 꺼리는 산업과 지역으로 자금이 흘러가도록 촉진하여 산업구조, 지역구조, 경제총량의 불균형을 완화시키는데 유리하다. 또 융자 플랫폼의 기채 투자 행위는 시장성을 띠고 있어 준(准)기업행위에 속하며 시장화 과정을 추진하는데 긍정적인 효과가 있다.[홍인싱(洪銀興), 1997] 따라서 경제가 발달하지 못한 지역의 자체 발전능력과 시장화정도를 향상시킬 수 있다. 그러나 융자 플랫폼이 지나친 기채 행위로 투자를 실현한다면 거시경제의 불안정성을 초래하여[궈칭왕(郭慶旺)·자쥔쉐(賈俊雪), 2006] 재정에 대한 역방향 촉진을 형성할 수 있다.[자캉(賈康)과 자오취안허우(趙全厚), 2000]. 융자 플랫폼 기채 투자는 민간투자의 한계수익을 낮추고 요소가격을 높이게 된다.(Aiyagari and McGrattan, 1998)

우리는 두 종류의 문헌을 연결시켜 중국의 상황에 맞게 모형을 재

구성하였다. 한 종류는 기한 약속의 다기간 동적 모형에 관한 문헌으로, Sanches와 Williamson(2010)이 대표적이다. Sanches와 Williamson(2010)과 비교하여 본 장의 모형은 2기간의 동적 모형을 고려하여 동적 모형 중 가장 연관성이 있는 핵심 요소를 보류하였으며 생산함수와 세수 및 시장 기능상실 등 내용을 추가하였다. 다른 한 종류는 Acharya와 Rajan(2011)을 대표로 하는 주권 채무위기의 2기간의 동적 모형에 관한 문헌이다. Acharya와 Rajan(2011)와 달리 본 절의 모형은 융자 플랫폼의 채무를 생산성 물질비용으로 전환하는 것을 허락하고 민간투자에 대한 융자 플랫폼의 '구축효과'를 고찰하였다.

본 절 뒷부분의 구조는 다음과 같다. 제2부분은 기한 동적 모형을 적용하여 융자 플랫폼의 채무규모와 채무상환능력, 자원배치 최적화 간의 관계를 고찰하였다. 제3부분은 융자 플랫폼 기채의 격려 제약과 '확장적 기울기'에 대해 연구하였다. 제4부분에서는 융자 플랫폼의 적정 기채 규모를 분석하였다. 제5부분에서는 시뮬레이션 결과를 제시하고 결론을 얻어냈다.

## 2. 융자 플랫폼의 채무상환 및 자원배치의 최적화 : 기한 동적 모형

정보 공개와 투자자 보호가 불충분한 배경에서 융자 플랫폼 기채는 재정 신용에 기반을 두고 있고, 재정 신용의 기반은 정부의 재정수입 (세수)에 두고 있으며 후자는 융자 플랫폼 기채에 대한 민간부문의 반응방식에 달려 있다. (1) 융자 플랫폼 채무가 의존하는 재정 신용은 궁극적으로 민간부문의 생산성과 자본 규모에 의해 결정된다. 생산효율이 높을수록 지방정부의 세수가 많고 채무상환능력이 강하다. 마찬가지로 민간자본의 규모가 클수록 채무상환능력 또한 강하다. (2) 융자 플랫폼 신규 채무 발행 규모가 클수록 민간자본의 부족과 전 사회 자본의 과잉이 더욱 두드러진다. (3) 자원배치의 효율 향상은 민간자본에 대한 '구축효과'를 줄이는 것과 같은 맥락이다.

투입과 산출이 동일한 종류의 상품이라고 가정하자. 생산기업과 가구를 포함한 민간부문은 기술과 우위를 가지고 있으며 그 우위의 일부를 자본 삼아 투자하고, 아직 자본을 형성하지 못한 그 부분의 우위로는 융자 플랫폼의 채무를 구매한다. 융자 플랫폼은 기채 행위로 생산성 물질자본을 형성한다. [궈칭왕(郭慶旺)·자쥔쉐(賈俊雪), 2006; 푸용(傅勇)과 장앤(張晏), 2007; 장쥔(張軍)과 가오위안(高遠) 등, 2007] 모형은 2기간으로 나뉜다. 모형은 융자 플랫폼이 그 채무로 공공투자를 진행하고 그 채무를 1:1 기준에 따라 자본으로 전환하며 1기와 2기 융자 플랫폼이 각각 $q$와 $d$를 기채한다고 설정하였다. 사회 총자본은 민간자본뿐만 아니라 공공투자로 형성된 자본도 포함한다. 생산기업은 자본과 기술을 이용하여 제품을 생산하는데 그 중 일부 제품은 세수로 정부에 납부하고 다른 일부는 소비에 쓴다.

생산함수 중에서 노동 등 기타 투입이 고정되어 있고 자본은 감가상각이 없다고 가정하자. 1기와 2기의 생산량은 각각 $f(k+q)$와 $f(k+q+d)$이고 여기서 생산함수는 $f' > 0$, $f'' < 0$이라는 조건을 만족시킨다. 융자 플랫폼 기채는 재정 신용에 기반을 두고 세수는 채무를 상환하는 근본적인 자금원이다. 편리를 위해 우리는 세수가 지방정부의 소유라고 가정하고 중앙정부와 지방정부 간 세수의 나눔은 고려하지 않는다. 채무기한을 1기라고 가정하고 이어 기한이 1기보다 큰 상황에 대해 토론한다. 할인율과 총이익율 모두 1이고 1, 2기의 소득세율이 같다고 가정하면 $t_1 = t_2 = t$이다.

(1) 융자 플랫폼에서 신규 채무($d = 0$)를 발행하지 않을 경우의
   자본과 생산

자본의 사회적 비용은 소비를 포기하는 한계효용(모형에서 1이라
고 가정함)이며, 최적의 자원배치는 자본의 한계산출이 1이 되도록
한다. 그래프 3-1에서 원점을 지나는 45° 선(경사도는 1임)은 자본의
한계비용에 대응한다. 만약 생산함수 곡선과 접하는 접선의 경사도가
1이라면 접점에 대응하는 자본의 한계산출은 1(자본의 한계비용과 같
음)이며, 이 접점이 대응하는 것은 전 사회 자본(자원배치 효율의 의
미로 볼 때)이 최적의 규모라는 사실이다.

그래프 3-1의 가로축의 원점은 융자 플랫폼의 초기 기채의 규모가 0
임을 나타낸다.($q = 0$) 그래프 3-1에서의 함수는 $aa'$와 $bb'$ 사이의 오
목 곡선이다. 오목 생산함수와 횡축의 교점은 원점의 왼쪽에 있으며
이 교점과 원점의 거리는 민간투자로 형성된 자본을 대표한다. 민간
자본($\tilde{k}$)이 자원배치 효율과 같은 수준에 처해 있다고 가정할 때 아래
식으로 표시된다.

$$f'(\tilde{k} + q^*) = 1$$

이는 그래프 3-1에서 $q^*$ (D점에 대응함)의 정의이기도 하다.
$f'(\tilde{k} + q^*) = 1$ 식을 만족시킨다는 것은 기채를 꾸준히 내지 않는
$d = 0$, $q > 0$ 상황에서 민간자본 $\tilde{k}$과 융자 플랫폼의 초기 기채 $q^*$로
형성된 자본을 합치면 자본 한계산출이 한계비용 1과 같은 사회 최적
의 자본수준에 이르게 된다는 점을 의미한다.

융자 플랫폼 기채는 재정 신용을 기반으로 한다는 사실에 비추어보
면 만약 지방정부의 세수가 융자 플랫폼 기채의 원금과 이자를 상환
할 수 있다면 융자 플랫폼은 채무상환능력을 갖추게 된다. 생산함

수 $f(\cdot)$ 에 0과 1 사이에 있는 세율 $t$를 곱하여 그래프 3-1의 생산함수 아랫부분의 오목 세수곡선을 얻는다. 분석의 편리를 위해 세수를 계산할 때 생산원가의 영향을 고려하지 않는다. $d = 0$ 일 때 그래프 3-1의 G점(횡축의 $\tilde{q}$점에 대응함)은 융자 플랫폼이 초기 채무 $\tilde{q}$를 상환할 수 있음을 나타내며 아래 식을 만족시킨다.

$$t f(\tilde{k} + \tilde{q}) = \tilde{q}$$

$\tilde{q}$와 $q^*$의 상대적 크기는 세율과 생산함수에 의해 결정된다. $\tilde{q}$와 $q^*$의 상대적 크기에 따라 두 가지 경우로 나눌 수 있다. 그래프 3-1(a)와 그래프 3-1(b)는 각각 $\langle\ \tilde{q} < q^*$와 $\tilde{q} < q^*\ \rangle$의 경우를 표기하였다.

### (2) 융자 플랫폼의 신규 채권 발행이 세수에 미치는 영향

다음은 지방정부가 기채투자에서 성공을 거두려면 민간투자의 감소를 대가로 하여야 한다는 팡훙성(方紅生)과 장쥔(張軍)(2009)의 추리판단에 대해 탐구해보기로 한다. 민간부문의 의사결정문제는 자본규모 를 선택하여 다음과 같은 이윤함수를 극대화하는 것이다.

$$max_k (1-t)[f(k+q)-k] + (1-t)[f(k+q+d)-k] \qquad (3-1)$$

식 (3-1)을 푸는 1차 조건은[62]

$$(1-t)[f'(k^* + q)-1] + (1-t)[f'(k^* + q + d)-1] = 0 \qquad (3-2)$$

---

[62] 1차 조건(3-2)은 민간부문이 투자수준을 결정함에 있어서 세율과 융자 플랫폼 채무는 주어진 조건이고 후자는 의 변화에 따라 변하지 않는다고 여긴다는 것을 의미한다. 또 민간부문에는 세수정책과 채무 모형에 대한 정보가 없다는 점을 말해준다.

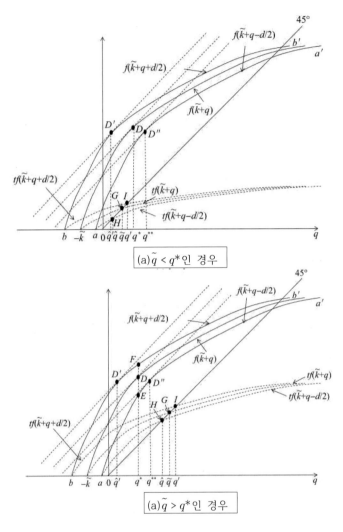

그래프 3-1 융자 플랫폼 기채 규모, 상환능력과 전 사회 최적 자본 수준

식 (3-2)은 융자 플랫폼 기채 투자가 민간자본에 대한 '구축 효과' 가 있음을 보여준다. 융자 플랫폼의 기채 $d$가 증가하고 식 (3-1)의 의미에서 민간부문의 최적 자본 규모 $k^*$가 축소한다.

다음과 같은 형태의 생산함수를 채용한다.

$$f(\tilde{k} + q^*) = f(\tilde{k} + q^*) + f'(\tilde{k} + q^*) \times (k - \tilde{k})$$
$$+ \frac{f''(\tilde{k} + q^*)}{2} \times (k - \tilde{k})^2$$
$$f(\tilde{k} + q^* + d) = f(\tilde{k} + q^*) + f'(\tilde{k} + q^*) \times (k + d - \tilde{k})$$
$$+ \frac{f''(\tilde{k} + q^*)}{2} \times (k + d - \tilde{k})^2$$

그중, $f'(\tilde{k} + q^*) = 1$ 이다. 민간자본 수준 $k^*$가 $\tilde{k}$보다 작으며 양자 간의 격차와 융자 플랫폼 기채의 규모는 정비례를 이룬다.[63]

$$k^* = \tilde{k} - \frac{d}{2} \qquad (3-3)$$

식 (3-3)은 융자 플랫폼의 신규 기채가 민간투자에 미치는 '구축 효과'가 각 기간에 $d/2$이며 2기간에 거쳐 형성한 민간투자 규모가 융자 플랫폼 신규 기채의 규모와 같다는 점을 설명한다.

생산함수의 오목성은 식 (3-1)이 최적화되었을 때 2차 조건을 만족시킬 수 있도록 보장하였을 뿐만 아니라 융자 플랫폼 기채 세수효과의 크기와 방향을 결정하였다. 융자 플랫폼이 신규 기채를 발행할 때 2기간의 자본은 각각 $\tilde{k} + q^* - d/2$와 $\tilde{k} + q^* - d/2$이며(그래프 3-1에서 생산함수와 횡축의 교점이 1기일 때는 $a$점이고 2기일 때는 $b$점이라는 것과 대응됨) 생산함수 오목성($f''(\tilde{k} + q^*) < 0$)으로 인해 신규 기채 시의 평균 산출 수준은 신규 기채를 발행하지 않을 때의 평균 산출수준보다 작다. 즉

---

63) 다음 조건은 결론 (3-3)을 도출해내는 과정에서 서로 다른 역할을 한다. (1) 융자 플랫폼의 채무는 민간투자의 결정이 내려진 후 생기며 채무가 자본으로 전환되고 기타 자본과 함께 감소하는 한계수익을 누리며 민간기업은 융자 플랫폼 기채 투자의 외부적 수익을 고려하지 않는다. (2) $f'(\tilde{k}+q^*)=1$, 이는 모형의 초기 전체 사회 자본 보유량이 사회에서 최적의 수준에 있다고 가정한 것인데 이 가정은 분석의 편의를 위하여 설정한 것이다. (3) 1기와 2기의 세율이 같으므로 민간투자에 대한 세율의 영향이 바로 상쇄된다. (4) 할인율과 총이익률이 1이므로 식 (3-3)의 오른쪽에서 구축된 민간투자 규모는 $d/(1+r)$로부터 $d/2$로 간소화된다. (5) 생산함수는 오목함수이다.

$$\frac{f(\tilde{k}+q*-d/2)+f(\tilde{k}+q*+d/2)}{2} < f(\tilde{k}+q*)$$

이로 인해 정부 세수가 줄어든다. 세수의 감소 폭은 융자 플랫폼의 신규 기채 규모($d$)는 생산함수의 오목성($|f''(\tilde{k}+q*)|$)과 정비례를 이룬다.

### (3) 융자 플랫폼 신규 기채 발행($d > 0$) 시의 채무상환능력

융자 플랫폼에서 기채를 발행할 때 의존하는 재정 신용은 최종 민간 부문의 생산성과 자본 규모에 의해 결정된다. 생산성이 높을수록 지방정부의 세수가 많고 채무상환능력이 강하며 같은 맥락으로, 민간 자본의 규모가 클수록 채무상환능력도 강하다.

신규 기채 규모 $d$가 주어지면 우리는 1기 지방정부의 채무상환능력 $\hat{q}$를 도출해낼 수 있다. 반면에 원래의 채무 규모가 주어지면 우리는 그에 대응되는, 1기의 충분한 채무상환능력을 확보할 수 있는 최대 신규 기채 규모 $\tilde{d}(\hat{q})$(그래프 3-1에서 횡축 위의 점과 점 사이의 수평 거리)를 도출해낼 수 있다. $a$점은 오목 세수곡선 ($tf(\tilde{k}+q-d/2)$)과 45°선의 교점이 마침 $\hat{q}$점이 되게 한다. 만약 신규 기채 규모가 더 커지면 세수곡선이 $a$점에서 오른쪽으로 원점을 향해 이동하게 된다. 따라서 오목 세수곡선 ($tf(\tilde{k}+q-d/2)$)와 45°선의 교점이 왼쪽으로 원점을 향해 이동하게 되면서 1기의 세수 상환능력이 원래의 채무 $\hat{q}$보다 작아지게 된다. 그러면 일부 채무 불이행, 즉 초기 채무의 일부 미상환 상황이 나타나는 것은 피할 수 없다.

정의 및 2기 상환능력과 일치한 초기 채무수준 $\hat{q}$와 2기 상환능력과 일치한 초기 채무수준 $q'$는 각각 다음과 같은 조건을 만족시킨다.

$$t f(\tilde{k} + \hat{q} - d/2) = \hat{q} \ , \quad t f(\tilde{k} + q' - d/2) = q'$$

우리는 세율 수준 $t^*$을 찾아내 융자 플랫폼의 1기 채무상환능력이 자원배치 효율과 일치한 기채수준과 일치하게 만들 수 있다. 즉, 다음과 같은 조건을 만족시킨다.

$$t^* f(\tilde{k} + q^* - \tilde{d}(q^*)/2) = q^* \quad (3\text{-}4)$$

$t = t'$인 상황에서 (3-4)는 $\hat{q} = q^*$와 맞물린다. 1기에 채무를 상환할 수 있도록 하기 위해 융자 플랫폼의 신규 기채 발행 최대 규모는 $\tilde{d}(q^*)$여야 한다.

### (4) 자원배치 최적화와 민간자본에 대한 '구축효과' 감소의 일치성

민간부문은 정부의 지속적인 기채($d > 0$) 행위를 고려하면 한편으로는 1기와 2기의 자본투입을 감소함에 따라 1기 생산함수가 오른쪽으로 $aa'$ 위치까지 이동하는 현상이 초래되고 다른 한편으로는 2기 신규 기채 $d$가 자본으로 전환됨에 따라 2기 생산함수가 또 왼쪽으로 $bb'$ 위치까지 이동하게 된다. 그래프 3-1의 횡축 위의 $a$와 $b$ 사이의 수평거리는 신규 기채의 규모 $d$에 대응된다. 생산함수의 이동에 따라 최적의 자원배치와 일치하는 초기 채무 규모는 기준치 $q^*$($d = 0$인 상황에 대응됨)는 1기의 $q^{**}$(곡선 $aa'$ 위의 D″점에 대응됨)와 2기의 $\hat{q}'$ (곡선 $bb'$ 위의 점에 대응됨)로 바뀌는데 뒤의 양자의 정의는 각각 다음과 같다.

$$f'(\tilde{k} + q^{**} - d/2) = 1, f'(\tilde{k} + \hat{q}' + d/2) = 1$$

$D'$점과 $D''$점에 대응되는 전 사회 자본 총량(민간자본과 융자 플랫폼의 기채로 형성된 자본 포함)은 변하지 않으며(모두 $\tilde{k}+q^*$), 생산함수의 평행이동은 $D'$점과 $D''$점 사이의 거리를 변화시키지 않았다.($d$의 불변을 유지함) $\hat{q}'$점과 $q^{**}$점 사이의 변동폭은 여전히 $d$이며 $\hat{q}' = q^* - d\,2$, $q^{**} = q^* + d\,/2$를 만족시킨다.

$t = t^*$라고 가정하면 초기 채무가 $q^*$수준에 달하였을 때 1기와 2기의 자원배치 왜곡 정도가 각각 $q^{**} - q^*$와 $\hat{q}' - q^*$이며, 양자의 절대치는 모두 $d/2$이고 부호는 반대이다. 융자 플랫폼의 신규 기채가 민간자본에 일으키는 '구축효과'는 신규 기채의 규모와 정비례한다. 신규 기채 규모가 클수록 1기 민간자본의 부족 정도와 2기 자본 과잉 정도가 커지며 자원배치 왜곡 수준의 변동성이 더 커진다.

## 3. 융자 플랫폼 기채의 격려 제약 및 '확장적 기울기'

개혁개방 이래 중국의 각급 지방정부는 경제발전을 추진하는 과정에 중요한 역할을 발휘하였다. 다른 나라 정부의 저효율(Easterly, 2005)과 비교할 때 중국 지방정부 관리들이 지방경제 성장을 촉진하는 면에서 보여준 적극성이 특히 두드러졌다.[저우리안(周黎安), 2007]. 승진 선수권대회에서 유리한 지위를 차지하기 위해[저우리안(周黎安), 2007] 지방정부 관리들은 치적을 올려야 하였는데 융자 플랫폼의 부채는 관리들의 치적 목표 달성에 도움이 되는 것이었다. 융자 플랫폼의 이런 현상이 예전에는 보편적이지 않다가 최근 몇 년간 급속히 두드러진 이유는 무엇일까? 이는 기채 의지의 각도에서 해석할 수 있다. 과거 융자 플랫폼의 결정에 외부성 수익이 충분히 도입되지 않았지만 현재 지방정부 관리들 간의 경쟁은 세수 혜택과 저렴한 토지 제공의 차원, 투자유치 차원에서 금융 차원으로 격상되었다. 융자 플랫폼 기채로 차용한 정부의 신용을 보호하기 위하여 관련 부서는 반드시 융자 플랫폼의 기채에 확장적 기울기가 나타나는 것을 방지하여야 한다.

GDP 치적 동기에 기반한 지방정부 관리의 외부성 수익함수 $e(\cdot)$ (외부성 수익으로 약칭함)를 사회 총자본의 함수라고 가정하고 또 $e'(\cdot) > 0$, $e''(\cdot) > 0$을 만족시킨다. 지방정부 관리는 민간부문의 산출 규모의 확장으로부터 순방향적, 볼록한 외부성 수익을 얻게 되면서 생산함수의 오목성이 세수 동기에 미치는 영향을 상쇄하는데 이는 융자 플랫폼의 기채 규모가 갈수록 커지고 있는 점에 대한 설명이 된다. 아래 치적 동기 및 기채 의지 간의 관계에 대해 분석해보자.

### (1) 융자 플랫폼 기채의 '확장적 기울기' : 무제한 약정 상황

무제한 약정 상황에서 수익 최대화를 위한 융자 플랫폼은 참여제약 (partici-pating constraints) 조건을 고려하지 않는다. 융자 플랫폼의 초기 채무 규모 가 주어졌을 때, 신규 채무 규모 의 최대화 수익 목표함수는 다음과 같다.

$$\max_{d} tf(\tilde{k} + q^* - d/2) + e(\tilde{k} + q^* - d/2) + tf(\tilde{k} + q^* + d/2)$$
$$+ e(\tilde{k} + q^* + d/2) - d \qquad (3-5)$$

융자 플랫폼이 민간투자에 미치는 '구축효과'를 고려할 때 생산함수의 오목성과 외부성 수익의 볼록성(Convexity, 컨벡시티) 사이의 상대적 크기가 관건적인 조건으로 된다. $e''(\tilde{k} + q^*) > -tf''(\tilde{k} + q^*)$의 조건[64]에서 융자 플랫폼의 수익 최대화에 대응되는 신규 채무 규모는 무한대이며, 융자 플랫폼의 신규 기채 발행은 '확장적 기울기'가 존

---

64) 이는 융자 플랫폼에서 발행한 신규 기채의 순수익(외부성 수익을 포함한 한계수익이 한계비용을 초과한 부분)이 신규 채무 규모의 증가에 따라 증가하게 됨을 의미한다. 만약 이 조건이 성립되지 않는다면 융자 플랫폼의 수익 극대화에 대응되는 신규 채무 규모는 0이 된다. 설령 순방향 외부성 수익이 존재하더라도 생산함수의 오목성은 여전히 주도적인 역할을 한다.

재한다.[팡훙성(方紅生)과 장쥔(張軍), 2009]

(2) 치적 동기와 융자 플랫폼 채무 규모 :
제한 약정 상황에서의 참여 제약 분석

제한 약정 상황에서 이왕 채무의 상환 여부와 신규 기채의 규모를
결정하기 위하여 융자 플랫폼은 세수와 산출에 따른 외부성(지방 관
리의 승진 기회)이 다음과 같은 참여 제약 조건을 만족시키는지 여부
에 대해 고려한다.

$$
tf(\tilde{k}+q^{*}-d/2)+tf(\tilde{k}+q^{*}+d/2)-q^{*}+e(\tilde{k}+q^{*}-d/2) \\
+e(\tilde{k}+q^{*}+d/2)-d\geqslant tf(\tilde{k}+q^{*})+tf(\tilde{k}+q^{*})+e(\tilde{k}+q^{*})+e(\tilde{k}+q^{*})-q^{*} \tag{3-6}
$$

상기 참여 제약 조건을 더 간소화하면 다음과 같다.

$$
d^{2}(tf''(\tilde{k}+q^{*})+e''(\tilde{k}+q^{*}))/4\geqslant d \tag{3-7}
$$

식 (3-7)에 따르면 치적동기의 강약(즉 $e''(\tilde{k}+q*)$ 의 크기)과 신규
채무 규모 사이에는 상호 보완성이 존재한다. 치적동기가 강할수록
식 (3-7)을 만족시키는 최소 신규 채무 규모가 작다. 반대로 치적 동기
가 약할수록 (그러나 여전히 $e''(\tilde{k}+q*) > -tf''(\tilde{k}+q*)$를 만족시킴)
식 (3-7)을 만족시키는 최소 신규 채무의 규모가 크다.

만약 $d=0$이면, 즉 융자 플랫폼에서 신규 기채를 발행하지 않을 경
우 적어도 1기의 수익수준에 도달할 수 있다.(식 (3-7)의 등호가 성립
됨) $d>0$의 경우, 반드시 $d>\hat{d}>0$을 만족시켜야 융자 플랫폼이 2기
신규 기채를 발행할 때의 수익이 신규 기채를 발행하지 않을 때의 수
익보다 많을 수 있다.(식 (3-6) 참고) 식 (3-7)을 성립시킬 수 있는 최소
(0이 아닌) 신규 채무 규모 $\hat{d}$는 다음과 같은 조건을 만족시킨다.

$$\hat{d} = \frac{4}{tf''(\tilde{k} + q^{*}) + e''(\tilde{k} + q^{*})} > 0 \qquad (3\text{-}8)$$

## 4. 시장 배치, 치적 동기 및 융자 플랫폼 기채의 적정 규모

다음은 시장의 기능상실 정도, 정부 관원에 대한 평가 방식, 생산성과 민간자본 규모[65]의 틀 안에서 시장 배치의 장기적 주도역할과 일치하는 융자 플랫폼 기채의 적정 규모가 결정된다. 경제의 안정적인 운행을 보장하기 위하여 융자 플랫폼은 단기적으로 제한된 범위에서 그 수준을 벗어날 수 있다. 융자 플랫폼은 채무상환능력 범위 내에서 기채를 발행해야 한다는 점은 의심할 여지가 없다. 토론해야 할 문제는 채무상환능력 범위 내에서 융자 플랫폼의 채무 규모가 클수록 좋은지 여부이다. 이는 자캉(賈康)과 자오취안허우(趙全厚)(2000)가 제기한 채무 규모와 채무 효과 사이의 역 'U' 자형 관계와 비슷하다. 우리가 제기한 적정 채무 규모는 자원배치와 효율의 손실(민간 투자에 대한 융자 플랫폼 채무의 '구축효과')을 최소화시키는 것이다. 우리는 먼저 경제발전의 다양한 상황, 종합적인 채무상환능력, 자원배치 상황 및 기채 의지 등 요소를 구분하도록 하자.

장기적으로 안정된 시장배치 자원의 주도하의 융자 플랫폼 기채의 적정 규모와 비교할 때, 특정 지역, 특정 상황에서 융자 플랫폼 기채의 규모는 단기간 내에 합리적인 이유에 따라 제한된 범위까지 상기 적정 규모에서 벗어날 수 있다. 단기적 이탈의 근거가 되는 합리적인 이유에는 생산성 수준이 높지 못하고, 민간자본 규모가 크지 않으며,

---

65) 구체적으로 말하면 민간경제의 생산성 수준이 높을수록, 민간자본의 규모가 클수록 지방정부의 재정상황이 양호하고 융자 플랫폼의 채무상환능력이 강하다. 관리의 치적동기가 강할수록 기채 의지도 강해진다. 융자 플랫폼의 기채와 동반되어 나타나는 현상에는 융자 플랫폼의 채무 규모가 클수록 민간자본이 사회 총 자본에서 차지하는 비중이 낮아지는 것이다.

경제가 상대적으로 낙후하고, 경제가 하행시기에 처해있는 등이 포함될 수 있다. 이런 상황들을 귀납하면 융자제약이 지역경제 발전의 걸림돌이라는 대체로 동일한 문제를 반영하고 있다.

### (1) 융자제약은 지방경제 발전의 걸림돌의 단기적 이탈 상황

생산성 수준이 낮고 민간 자본 규모가 크지 않거나 또는 경제 하행 상황에서는 지방정부의 재정 상황은 열악한 편이며 융자 플랫폼의 채무상환능력이 강하지 않다. 기채 의지가 부족한 상황($\hat{d} > \tilde{d}$)에서 융자 플랫폼은 채무상환능력 범위 내에서 신규 기채를 발행하지 않는 조치를 택한다. 이때 지방정부의 역할을 촉진하기 위해서 취하는 치적 동기의 적절한 강화는 적극적인 역할을 발휘할 수 있다. 단순히 $\hat{d}$ = $\tilde{d}$를 만족시키기만 하면 치적 동기를 강화할 수 있다. 이런 방법은 지역의 생산성 수준과 민간자본 규모가 제공하는 융자 공간을 최대한 활용하여 융자의 걸림돌을 해소하며 기간 간 투자를 원활히 하고 지역 간 및 산업 간 불균형을 줄임과 동시에 재정에 부채 상환 부담을 주지 않을 수 있다. 비활동적인 비 기채 행위와 비교할 때, 융자 플랫폼의 지속적인 (채무상환능력 범위 내에서) 기채는 지방경제 발전에 더욱 유리하다. 그렇지 않을 경우 경제 미발달지역과 경제가 비교적 발달한 지역 간의 격차가 점점 더 벌어지게 된다. 경제 미발달지역의 발전이 빠를수록 융자 플랫폼의 채무상환능력이 빠르게 향상하고(그래프 3-2의 EG선이 오른쪽으로 FH 위치까지 이동함) 치적 동기에 대한 의존도가 더 약해진다.(그래프 3-2의 F점에 대응되는 치적 동기는 E점에 대응되는 치적 동기보다 약함) 지방 경제발전이 주로 융자 난관에 봉착한 상황에서 융자 플랫폼의 채무 관리 중점은 융자 플랫폼의 기채 규모를 최적의 목표($d^\circ = \tilde{d}$)에 접근시키는 것이며 채무의 지속가능성을 확보하는 전제하에 융자 플랫폼의 적당한 채무 증가를 격려하는 것이다.

채무 기한이 1기보다 길다는 것은 다음과 같은 상황을 가리킨다. 초기 채무 는 1기 종료 시 상환하지 않아도 되며 2기 종료 시 신규 채무와 함께 상환할 수 있다. 기한 제약 조건을 완화하여 신규 채무 규모의 확대($\hat{d}$가 더 커도 됨)를 허용할 수 있다. 현재 토론 중인 이러한 경제 상황에 있어서는 기한의 선택이 관건이다. 융자 플랫폼은 통상적으로 비교적 긴 기한을 선택함으로써 기채 규모를 확대한다.

### (2) 시장의 기능 상실은 지방 경제 발전의 걸림돌이 되는 장기적인 정체 상황

생산성 수준이 비교적 높고 민간자본의 규모가 비교적 큰 상황에서는 지방정부의 재정상황이 양호하고 융자 플랫폼이 일정한 채무상환 능력을 갖추고 있다. 비록 이들 지역의 융자 플랫폼 자체가 일정한 수익능력을 갖추고 있고 지방정부의 재력도 비교적 탄탄하지만 지방정부가 공공투자를 채무상환능력의 한계까지 확대할 수 있을까? 지방정부는 융자 플랫폼 부채에 대한 의존성을 낮추고 민간기업을 투자와 경제성장을 이끄는 주체로 육성하여야 한다고 본다. 이러한 맥락에서 채무상환능력을 대체할 수 있는 합리적인 기채 의지는 적절한 채무 규모를 결정하는 관건이며 융자 플랫폼 채무관리의 중점은 상환능력을 충분히 이용하는 것이 아니라 그 상환능력 범위 내에서 적절한 기채 규모를 확정하는 것이다.[66]

아래에서는 시장기능 상실을 적절하게 보완하는 치적 동기를 융자

---

[66] 경제 저개발 지역에 대한 위의 분석에는 해당 지역의 합리적인 d가 마땅히 아주 작아야 한다는 가설을 내포하고 있다 - 치적동기의 강화 목표는 합리적이고 비교적 작은 $f(k+q)$를 달성하는 것이 아니라, 단지 융자 플랫폼이 채무상환능력 범위 내에서 신규 채무를 발행하여 합리적으로 지역의 융자 잠재력을 발휘하도록 하는 것이다.

플랫폼의 합리한 기채 의지의 결정요소로 삼는다. 시장기능 상실에 따른 투자 동기 상실 부분은 시장이 마땅히 제공해야 하지만 제공하지 못한 투자의 회수에 해당하므로 치적 동기를 통해 시장의 기능상실에 따른 기채 의지를 보완하는 것은 합리적이다. 구체적으로 말하면, 개인기업은 투자를 결정할 때 자본이 자신에게 가져다주는 수익만 고려하고 융자 플랫폼의 기채 투자가 기타 방면에 가져다주는 외부성 수익은 고려하지 않는다. [예를 들어, 인프라 건설의 파급효과 (푸융(傅勇), 장옌(張晏), 2007)] 지방정부 관리는 GDP의 치적 평가 시스템을 기반으로 시장이 제공할 수 없는 투자 동기의 부족을 어느 정도 미봉하였다.

만약 치적 동기 $e(\cdot)$ 가 시장의 기능상실에 따른 투자 동기 결여를 적절하게 보완한 부분을 $\tilde{e}(\cdot)$로 표기하고, $e(\cdot) = \tilde{e}(\cdot)$라고 가정한다면 융자 플랫폼 신규 발행 채무의 순이익(신규 기채를 발행하지 않을 때의 순이익과 비교함)을 더 확대하는데 필요한 최소 신규 채무 규모 $\hat{d}(\tilde{e}(\cdot))$는 다음과 같은 조건을 만족시킨다.

$$d^2(tf''(\tilde{k}+q^*) + \tilde{e}''(\tilde{k}+q^*))/4 - d = 0 \qquad (3\text{-}9)$$

융자 플랫폼의 채무관리 목표는 두 부분을 동시에 고려한다. 한편으로는 융자 플랫폼의 합리적인 기채수요를 만족시키는 것이고, 다른 한편으로는 민간투자에 대한 '구축효과'와 그로 인한 자원배치의 효율성에 대한 부정적인 영향을 피하는 것이다. 이런 점을 고려할 때 적정 기채 규모는 $\hat{d}(\tilde{e}''(\tilde{k}+q^*))$ 이다. 신중한 관리의 목표는 융자 플랫폼의 기채 규모를 적정 규모에 접근시키는 것이다. $d^\circ = \hat{d}(\tilde{e}(\cdot)))$ 시장이 완비되어 있을수록(그래프 3-2에서 E점에 대응되는 시장의 기능 상실 수준이 F점에 대응되는 시장 기능 상실 수준까지 하락하였음)

융자 플랫폼의 채무상환능력이 제공하는 융자 운영공간을 더 충분히 활용할 수 있다.(그래프 3-2에서 채무상환능력 허용 범위 내에서 허용된 기채 규모가 횡축의 G점에서 오른쪽으로 H점까지 이동함)

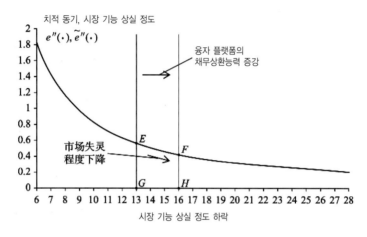

그래프 3-2 융자 플랫폼의 채무상환능력, 기채 의지 및 적정 규모

이런 상황에서 기한 제약의 완화가 반드시 적정 규모 °의 증가로 이어지지는 않는다. 바꾸어 말하면 설령 융자 플랫폼이 장기 채무를 발행하거나 심지어 기타 방법(예를 들어, 새로운 채무를 차입하여 초기 채무를 상환하는 것)으로 채무 기한을 연장할 수 있다 하더라도 그것은 융자 플랫폼 기채의 적정 규모가 증대될 수 있음을 의미하지는 않는다.

## (3) 진일보 토론

이제부터는 앞에서 언급하지 않은 문제에 대해 진일보 토론하기로 한다.

### 1. 최종 채무의 상환

이상의 분석에서 2기 종료 시 융자 플랫폼 채무의 최종 상환 문제에 대해서는 토론하지 않았다. 융자 플랫폼은 마지막 기한 내에는 기채를 발행할 수 없다. 융자 플랫폼의 채무상환 여부는 채무 불이행 비용에 의해 결정된다. 만약 융자 플랫폼이 $\vec{d}(\vec{d} < d)$ 를 상환하였다고 가정하면 설령 채무 불이행으로 나머지 일부 채무를 상환하지 않았다고 하더라도$(d-\vec{d})$ 민간 부문은 받아들일 수 있다. 만약 최종 채무 중 상환되지 않은 부분이 $\vec{d}$ 를 초과한다면 사회와 정부가 지불해야 하는 비용은 $z\vec{d}$, $z > 1$ 이다. 융자 플랫폼의 최종 채무 상환 의지는 격려조건에 의해 결정된다. 아래의 조건은 융자 플랫폼의 채무 불이행 비용이 채무 규모보다 클 수 있도록 보장한다.

$$d \leqslant z\vec{d}, z > 1 \tag{3-10}$$

상기 조건을 충족시키면 융자 플랫폼은 채무 불이행으로 인한 비용을 피하기 위해 마지막 기한 안에 채무를 상환하게 된다. 현실에서는 경제가 발달한 지역일수록 금융부문도 흔히 발달하게 된다. 만약 융자 플랫폼의 채무 불이행 현상이 나타나면 해당 지역의 금융발전에 대한 부정적인 영향이 더욱 커지게 되며 따라서 그 지역의 채무 상환 의지도 더 강해진다.

2. 융자 플랫폼의 기채 산출 증가 간의 관계

융자 플랫폼의 기채는 경제성장의 허상을 초래하지만 이 부분의 성장은 융자 플랫폼의 기채가 민간 부문을 '밀어냄' 으로 인해 실현한 것으로서 우리가 추구해야 할 성장이 아니다. 구체적으로 말하면 융자 플랫폼이 신규 기채를 발행하지 않는다면 경제성장속도는 제로(0)가 될 것이다. 제로 성장은 단지 생산성의 향상이라는 기술적 가정을 고려하지 않은 상황에서 나타나는 것이며 생산성 요소를 도입해도 아래의 주요 결론에는 영향을 미치지 않는다. 즉, 융자 플랫폼의 신규 기채 발행에 따라 민간부문의 투자가 '밀려나' 1기 생산의 자본이 적고(자본의 한계산출이 1보다 큼) 경제활동 수준이 낮은 상황이 초래된다. 2기에 이르러 신규 채무가 자본으로 전환되면서 자본이 증가된다.(자본의 한계산출이 1보다 작음) 1, 2기

사이의 경제활동이 저수준에서 고수준으로 성장하면서 경제 성장이 나타났다. 이는 융자 플랫폼의 기채가 가져온 결과이다. 만약 융자 플랫폼의 기채를 통제한다면 경제성장속도가 떨어지고 더욱 합리하고 진실한 경제 성장을 가져올 수 있다.

## 3. 채권자의 이성

융자 플랫폼의 채권자는 융자 플랫폼의 채무 상환 거부를 방지할 수 있는 효과적인 메커니즘이 부족한 것으로 보인다. [팡훙성(方紅生)과 장쥔(張軍), 2009] 이는 관찰된 융자 플랫폼의 대규모 융자 행위와 서로 모순된다. 채권자가 할 수 있는 것은 융자 플랫폼이 계약을 어기고 채무를 상환하지 않을 경우 채권자는 이후부터 융자 플랫폼에 대한 채무 발행을 거부하는 것이다.(Eaton and Gersovitz, 1981; Sachs, 1983)

융자 플랫폼이 미래의 채무상환을 완전히 약정할 수 있을지 여부에 대해서는 이론적으로 쟁의가 있다. 18세기 80년대 말의 상황으로 볼 때 채무자는 채권자와 채무 상환에 대해 재조정할 수 있었다.(rescheduled)[67] 재조정 관련 채무는 시장에서 낮은 가격(할인폭이 비교적 큼)에 거래된다.[68] 채권자는 일부 손실을 감당해야 한다. 채무는 그 가치를 완전히 상실한 것이 아니며 정부는 사실상 일부 채무를 상환하였고 일부 채무는 이행하지 못한 상태였다.(Bulow and Rogoff, 1989) 정부 채무자와 채권자 간의 채무 상환 협상은 지속적인 흥정과정이 될 수 있다. 정부가 약정을 어기고 채무를 상환하지 않은 것에 대해 관용을 베푸는 것이 가혹한 처벌보다 훨씬 도움이 될 수 있다. 20세기 90년대 이후, 개발도상국들의 대규모 채무 불이행은 없었다. 따라서 가혹한 처벌(Eaton and Gersovitz, 1981; Sachs, 1983)도 대량의 채무 재조정(Bulow and Rogoff, 1989;

---

67) 20세기 80년대, 많은 저개발 국가들이 자국의 외채를 재조정하였다. 1983년, 18개국이 610억 달러의 외채를 재조정하였다. 1984년, 19개국이 1천360억 달러의 외채를 재조정하였다. 1985년에 이르러서는 외채를 재조정한 나라가 14개였으며 이와 관련된 외채 규모가 510억 달러에 달하였다.(Bulow and Rogoff, 1989)

68) 1987년 7월 27일, 솔로몬 브라더스는 아르헨티나 · 브라질 · 칠레 · 콜롬비아 · 멕시코 · 페루 · 필리핀 · 폴란드 · 터키 · 베네수엘라 정부의 채무를 각각 액면가의 47%, 55%, 67%, 81%, 53%, 11%, 67%, 43%, 97%, 67%의 구매 가격으로 매입하였다.(Bulow and Rogoff, 1989)

Acharya and Rajan, 2011)도 유발하지 않았다.

중국의 상황과 결부해서 볼 때 비록 채권자는 융자 플랫폼의 채무자가 계약을 어길 수 있다는 점을 알고 있지만 사실상 융자 플랫폼은 여전히 대량의 자금을 융자할 수 있다. 채권자는 정부 채무자의 채무상환 동기를 '당근'과 '채찍' 두 가지 유형으로 분류할 수 있다고 여긴다. 한편으로는 적어도 일부 상환한 채무로 지속적인 융자를 보장할 수 있고 다른 한편으로는 채무 불이행에 따른 정치적 비용이 지나치게 높다는 것이다.

간단히 말하면, 융자 플랫폼의 대량 기채는 채권자가 한편으로는 융자 플랫폼의 채무자에게 기채 규모를 중장기 세수로 지원되는 부채능력 범위 내로 통제해야 할 충분한 동기가 있다고 여기고 있고 다른 한편으로는 융자 플랫폼 및 그 지방정부가 전면적 채무 불이행에 대한 엄청난 대가를 지불해야 하므로 전면적 채무 불이행을 피하는 것이 합리적인 방법이라고 여기고 있다는 점을 설명한다.

## 4. $t < t^*$ 인 상황

세율이 정의된 임계세율보다 작다고 가정하자($t < t^*$). 1기는 채무상환 능력의 한계로 인해 융자 플랫폼의 초기 채무 수준이 $q^*$에 미치지 못하고, 채무상환능력과 일치한 초기 채무 수준은 $\hat{q}$이며(그래프 3-1($a$)를 보라) 채무상환능력의 제약 조건은 추가 자원배치의 왜곡을 야기하였다.($q^* - \hat{q}$로 평가할 수 있음) 2기에는 과거에 불리하던 채무상환능력 제약조건이 이익을 가져다주었는데 즉, 자원배치의 효율성이 향상하였다.(효율 개선의 폭도 마찬가지로 $q^* - \hat{q}$로 평가할 수 있음) 채무상환능력의 제약으로 인해 1기의 자본 한계산출은 한계비용보다 높고 2기의 자본 한계산출은 비교적 합리하며 자본의 한계비용에 접근한다.

만약 채무상환능력을 제약하지 않는 상황에서 초기 채무가 $q^*$ 수준에 이르렀다면, 1기와 2기의 자원배치 왜곡 정도는 각각 $q^{**} - q^*$, $q^* - \hat{q}'$가 된다. 채무상환능력 제약으로 말미암아 $\hat{q} < q^*$이 되면 1기와 2기의 자원배치 왜곡 정도가 각각 $(q^{**} - q^*) + (q^* - \hat{q}) = q^{**} - \hat{q}$와 $(q^* - \hat{q}') - (q^* - \hat{q}) = \hat{q} - \hat{q}'$가 된다. 요약하면 채무상환능력 제약이 비록 평균적

인 의미에서 자원배치의 왜곡정도를 변화시키지는 않지만 자원배치 왜곡
정도의 추가적인 변동을 유발할 수 있다.

## 5.시뮬레이션 결과

중국의 상황과 결부하여 본 절에서는 모형의 매개 변수와 생산함수
의 특정 형식을 설정하고 데이터의 시뮬레이션 결과를 진일보 제시하
였다.

### (1) 매개 변수의 설정

중국의 데이터 특성과 결부시켜 생산함수를 $f(x) = \varphi \sqrt{x}$로 설정한
다. 그 이유는 다음과 같다. 마수안유(馬拴友)(2000)의 측정 방법에 의
하면 중국 공공자본의 생산 탄력성은 대략 0.55이다. 본 절의 모형에
서는 공공자본과 민간자본을 모두 생산함수에 포함시켰다. 공공자본
의 생산 탄력성 0.55에 가까우므로 우리는 생산함수의 자본 생산 탄력
성을 0.5로 설정한다. $f(x) = \varphi \sqrt{x}$에서 $\varphi > 0$은 생산성을 대표한다. 외
부성 한계 수익이 $e'(\bar{k} + q^*) = f'(\bar{k} + q^*) = 1$을 만족시키고 또 $e''(\bar{k} + q^*) = 2h/\varphi^2 (h > 0)$이라고 가정한다. 특별한 설명이 있는 경우를 제외
하고 세율은 0.2이다.

### (2) 특정 생산함수 형식 하에서의 시뮬레이션 결과

생산성 수준이 융자 플랫폼의 2기 채무상환능력을 보증한다고 가정
하면, 민간자본의 규모는 상기 생산성 수준의 조건 하에서 융자 플랫
폼의 1기 채무상환능력을 보장한다. 그래프 3-3(a)와 그래프 3—3(c)
는 $t = 0.2$와 $t = 0.1$일 경우의 생산성과 민간자본 및 융자 플랫폼의 채
무상환능력에 대한 시뮬레이션 결과를 각각 보여준다.

(1) 세율이 변하지 않는다는 조건하에 융자 플랫폼의 기채 규모가 클수록 생산성이 높아지게 되며, 그렇지 않으면 융자 플랫폼 2기는 채무상환능력이 없어진다. (그래프 3 - 3(a)에서 실선과 점선을 따라)

(2) 상환해야 할 2기 채무 규모가 변하지 않는다는 조건하에 세율과 생산성 사이에는 상호 보완관계가 존재한다. 따라서 세율이 낮을 때는 비교적 높은 수준의 생산성이 요구된다.(그래프 3 - 3(a)에서 A점에서 A′ 점까지)

(3) 세율이 변하지 않는다는 조건하에 생산성은 융자 플랫폼에서 2기 채무를 상환할 수 있는 수준을 유지한다. 융자 플랫폼이 상환하여야 할 1기 채무 규모가 클수록 민간자본 규모도 늘어나야 한다.(그래프 3 - 3(c)에서 실선과 점선을 따라)

(4) 융자 플랫폼에서 상환해야 할 1기 채무의 규모가 주어졌을 때, 생산성은 융자 플랫폼에서 2기 채무를 상환할 수 있는 수준을 유지한다. 세율과 민간자본의 규모 사이에는 상호 보완관계가 존재한다. 따라서 세율이 비교적 낮을 때 민간자본의 규모는 반드시 더 커야 한다.(그래프 3 - 3(c) 중 B점에서 B′ 점까지)

특정 지역의 생산성과 민간자본 규모는 통상적으로 사전에 주어지며 그래프 3 - 3(b)에서 각각 BB와 CC라는 두 수평선에 대응된다.( $\varphi$ = 10.84685는 BB선이고 $\tilde{k}$ = 19.02832는 CC선임) BB선과 점선의 교점의 횡축 위 대응점은 해당 지역의 현재 생산성 조건에서 융자 플랫폼이 2기에 상환할 수 있는 채무 규모이다.(그래프 3 - 3(b) 중의 A점에 대응되며 $d$ = 13임) CC선과 실선의 교점의 횡축 위 대응점은 해당 지역의 현재 민간자본과 생산성 조건에서 융자 플랫폼 1기와 2기 모두 채무상환이 가능할 때의 신규 채무 규모이다.(마찬가지로 그래프 3—3(b)에서 A점에 대응되며, $d$ = 13임)

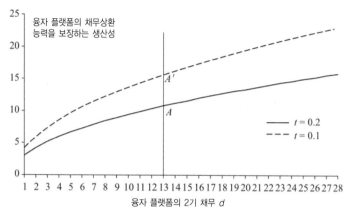

(a) 생산성과 융자 플랫폼 채무상환능력 시뮬레이션 결과

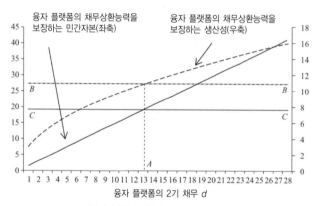

(b)민간자본과 생산성의 시뮬레이션 결과

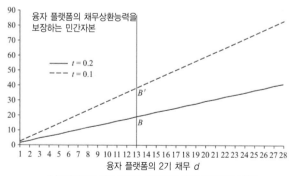

(c)민간자본과 융자 플랫폼 채무상환능력의 시뮬레이션 결과

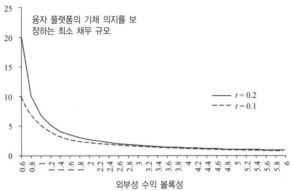

(d)융자 플랫폼 신규 기채 발행 시 도달하여야 하는 최소 신규 채무 규모

그래프 3-3 시뮬레이션 결과

$\varphi$= 1인 경우 그래프 3-3(d)는 각기 다른 세율 하에서 $e''(\cdot)$ 와 $\hat{a}$ $(e(\cdot))$의 상호 보완관계를 보여준다. 외부성 수익의 볼록성 $e''(\cdot)$ 가 클수록 융자 플랫폼이 신규 채무를 발행할 때 도달하여야 하는 신규 채무의 최소 규모 $\hat{a}$ $(e(\cdot))$가 작아진다.(그래프 3-3(d) 실선과 점선을 따름) 세율이 낮을 때, 상쇄되어야 하는 생산함수의 오목성 요소 $tf''(\cdot)$<0 이 것은 중요하지 않다. 이는 외부성 수익의 볼록성 $e''(\cdot)$ 의 증강[69])과 거의 동등하다. 이로 인해 신규 채무의 최소 규모 $\hat{a}$ $(e(\cdot))$가 더 작아진다.(그래프 3-3(d)에서 실선은 점선의 위에 있음)

시뮬레이션 결과, 이론모형에서 생산성과 민간자본의 규모가 융자 플랫폼의 채무상환능력에 미치는 영향을 입증하였다. 채무상환능력을 놓고 말할 때, 세율과 생산성, 생산성과 민간자본, 세율과 민간자본 간에는 상호 보완 관계가 존재한다. 기채 의지의 측면에서 보면 세율의 증가는 외부성 수익의 볼록성 $e''(\cdot)$ 의 증강과 동등하며, 외부성 수익의 볼록성 $e''(\cdot)$ 와 $\hat{a}$ $(e(\cdot))$ 사이에 보완관계가 존재한다. 요약하면 상이한 생산성 수준, 민간자본의 규모와 외부성 수익 등 요소를

---

69) 생산함수의 오목성과 외부성 수익의 볼록성은 모두 $f(k+q+d)$를 통하여 , $f'>0$, $f''<0$에 영향을 미친다.

고려한 토대 위에서 지역별 경제발전 상황을 구분하는 것을 통해 융자 플랫폼 기채의 적정 규모를 확정하는 것은 필요한 일이다.

요약하면 정부의 재정적 권력이 장기적으로 시장의 자원 배치를 대체하여서는 안 된다. 본 절에서 제기한 융자 플랫폼 기채의 적정 규모는 시장배치의 장기적 주도 역할과 일치하며 일종의 장기적으로 합리한 규모이다. 경제의 안정한 운행을 보장하기 위해 정부는 장기적이고 합리적인 융자 플랫폼의 기채 수준에서 단기간 조금 이탈할 수는 있지만 이런 이탈은 반드시 제한적이고 일시적인 것이며 보장적인 것이어야 한다. 상기 단기적인 이탈을 바탕으로 우리는 지방정부가 단기적으로 외부 융자에 점점 더 의존하게 됨을 발견할 수 있을 것이며 지방정부가 주도하거나 또는 절대적으로 통제하는 조직이 단기적으로 점점 더 중요한 투자 주체가 되고 있다는 것을 발견할 수 있을 것이다. 그러나 이런 부분들이 장기적인 변화 추세가 되어서는 안 된다.

융자 플랫폼의 정보 공개와 투자자 보호가 불충분한 배경 하에서 융자 플랫폼의 기채는 지방정부의 재정신용에 의존한다. 사실상 중앙정부의 재정신용에 의존하는 것이다. 이를 위해 관련 부문은 융자 플랫폼이 정부의 신용을 차용하는 행위에 대한 관리를 강화하고 정부의 신용을 수호하며 특히는 융자 플랫폼의 기채가 확대되는 기울기가 나타나지 않도록 방지할 필요가 있다.

융자 플랫폼의 거액의 기채는 정부의 융자 우위를 구현하며 원활한 융자경로는 정부가 경제발전의 중요한 투자 주체가 되도록 도와준다. 자원배치의 최적화는 투·융자 메커니즘이 반드시 최종적으로는 정부투자를 주체로 할 것이 아니라 효과적인 시장메커니즘을 기반으로 할 것을 요구한다. 그렇지 않으면 이번 경제성장 둔화가 끝난 후에도 시장의 힘이 정부의 확장적인 투자 재정정책을 대체할 수 있는 가능성이 없다. 2010년 10월 이후, 국내외 경제성장 둔화의 이중 압력에 직면한 상황에서 중국은 적극적인 재정정책을 실시하여 비교적 뚜렷한 단기 성장 효과를 거두었다. 그러나 시장 메커니즘 조건이 불충분하기 때문에 이로 인해 장기적으로 치러야 하는 대가도 컸다. [류웨이(劉偉), 2012]

정부성 채무로 지원하는 공공투자는 기본적으로 재정지출정책의 범주에 속한다. 융자 플랫폼의 채무관리는 한편으로는 재정정책의 진퇴에 협조하여야 하며 다른 한편으로는 융자 플랫폼 채무 자체의 적정범위를 명확히 확정하여야 한다. 이 두 방면이 때로는 표면적인 모순이 나타날 수 있지만 실제로는 조율이 불가능한 것이 아니다. 정부성 채무를 적당한 범위내로 통제하는 것 자체가 바로 재정정책에 대한 협조이다.

융자 플랫폼의 채무관리 중점 중 하나는 지역경제 불균형, 산업구조 불합리, 공공투자 부족 등 시장이 기능을 잃은 상황에서 재정지출정책이 역할을 발휘하도록 돕는 것이다. 장기적으로 볼 때 지방정부는 반드시 융자 플랫폼 기채에 대한 의존도를 낮춰야 한다. 시장경제 자체에 정상적인 변동이 나타날 때 융자 플랫폼의 부채를 늘리기보다는 시장화 개혁을 심화하고 시장 메커니즘을 보완하며 민간투자의 환경을 개선하고 시장의 기능 상실 정도를 낮추는 것이 더 바람직하며, 또 지방정부의 치적 추구를 격려하기보다는 투자자를 보호하고 시장 기능 상실을 미봉하며 시장화 수준을 높여 자주적 혁신을 위한 양호한 환경을 마련하도록 격려하여야 한다. 단기적으로 비정상적인 성장을 추구하는 것은 바람직하지 않다.

요약하면, 본 절의 결론은 중국 융자 플랫폼 기채의 적정 규모에 대해 전면적으로 인식하고 융자 플랫폼 기채에 대한 신중한 관리를 강화하는데 일정한 참고적 의의가 있다는 것이다. 이 연구는 여전히 비교적 큰 확장 공간이 있으며 특히 융자 플랫폼 기채 관련 실증분석, 정보공개 및 투자자 보호 등 면에서 향후 한층 더 깊이 탐구할 수 있다.

## 제6절 금융위기 충격에 대처하는 중국 거시적 정책의 변화 및 특징에 대한 체계적인 고찰

### 1. 금융위기에 대처하는 거시경제정책조정의 시의적절 여부는?

이 문제를 제기하는 이유는 금융위기에 대처하기 위해 거시경제정책을 도입한 시점을 놓고 볼 때 중국은 다른 국가들보다 뒤처졌는데 이에 따라 정책 도입의 강도가 더 큰 것으로 보이며 금융위기에 대처하기 위한 중국의 거시적 경제 조정정책을 고찰하기 위해 가장 먼저 해야 할 일은 이 문제를 분석하는 것이다.

시간적으로 보면, 2007년 연중에 미국에서 서브 프라임 모기지 위기가 발생하였고 이어 경제 글로벌화의 배경 아래 서브 프라임 모기지 위기는 글로벌 금융위기로 번졌다. 이에 상응하게 2007년 하반기부터 미국·유럽연합·일본 등은 금융위기에 체계적으로 대응하기 위한 정책을 내놓았다. 재정정책 및 통화정책을 전면 확장하여 강력한 경기부양에 나섰으며 보호무역주의가 다시 머리를 쳐들기 시작하였다. 심지어 미국처럼 오랫동안 자유무역주의를 고집하던 국가마저 자국 기업의 위기 대응을 지원하기 위해 보호무역주의로 전향하기 시작하였다. 중국의 금융위기 대응 정책 조정은 2008년 하반기, 엄밀히 말하면 4분기에 시작되었다. 2008년 연초, 정부업무보고에서 채택된 거시적 경제정책 기조는 '두 가지 방지'였다. 첫째는 경제과열을 방지하는 것, 즉 경제가 국지적 과열에서 전면적 과열로 전환되는 것을 방지하는 것이다. 둘째는 인플레이션 방지, 즉 인플레이션이 구조적 인플레이션으로부터 전체적 인플레이션으로 전환되는 것을 방지하는 것이다. 다시 말하면, 전 세계가 위기에 대처하기 위해 전면적으로 확장하는 정책궤도에 진입한 동시에 중국의 거시적 경제정책의 방향은 이와 반대로 전면적 긴축의 방향을 취하였다. 연중에 이르러 금융위기의 충격 효과가 중국 경제에 서서히 나타나기 시작하였다. 수출이 충격을 받음과 동시에 내수 침체의 징조가 날로 두드러졌다. 이에 따라 중국은 '두 가지 방지'의 거시적 긴축 정책에서 '한 가지 유지, 한 가지 통제, 한 가지 조정', 즉 성장 유지, 물가 통제, 구조 조정으로 조정하기 시작하였다. 경제성장을 유지하는 것을 중요한 목표로 삼았지만 이와 동시에 인플레이션 통제 목표도 여전히 포기하지 않았으며 긴축에서 확장으로의 경제정책의 전환에는 여전히 상당한 여지를 두었다. 4분기에 이르러 거시경제정책을 또 조정하여 '한 가지 유지, 한 가지 확대, 한 가지 조정', 즉 성장 유지, 내수 확대, 구조 조정으로 바뀌었으며 전면적 위기 완화의 정책 궤도에 진입하였다. 거시경제정책은 종전의 '두 가지 방지'를 목표로 하는 긴축적인 '적극적 재정정책과 안정적 통화정책'에서 '더욱 적극적인 재정정책과 적절하게 확장된 통화정책'으로 전환되었다.

이러한 침체와 대조가 존재하는 데는 객관적으로 볼 때 두 가지 주요한 원인이 작용하고 있다. 첫째는 경제발전 단계의 격차이다. 21세기에 들어선 후 중국 경제는 여전히 공업화와 도시화의 가속단계에 처해 있으며 구미 등 선진국과 달리 중국은 경제발전단계에 있어서 여전히 공업화가 완성되지 않은 나라에 속한다. 예정된 공업화 목표의 시간표에 따르면 2020년 전후가 될 것으로 예상된다. 즉, 샤오캉사회 전면 실현의 목표 달성(GDP수준이 세계은행이 확정한 현대 고소득국가의 기점 수준—일인당 1만 2천476달러)과 더불어 신형 공업화를 비로소 실현할 수 있을 것으로 예상된다.(이 시간표는 17차 당 대회에서 제기하였고 18차 당 대회에서 재차 강조함) 역사적 경험에 비추어 볼 때 경제의 도약을 시작하여서부터 공업화 완성 에 이르기까지의 단계에서 투자수요와 소비수요는 통상적으로 장기간 비교적 빠른 성장세를 유지하고 있다. 경제성장 변동성이 있긴 하지만 전체적으로는 고속 성장 또는 비교적 빠른 속도로 성장하고 있다. 역사적으로 영국은 약 70년, 프랑스는 약 60년 이 단계에 머물러 있었다. 그러므로 이 발전단계에 처해있는 중국 경제는 객관적으로 비교적 강력한 성장 동력을 가지고 있으며 경제위기의 충격에 견딜 수 있는 능력이 상대적으로 강하다. 고속 성장기에 처해 있는 중국의 경우 경제위기를 가늠하는 척도가 선진국과 다르다. 선진국은 경제성장이 3%~4%에만 달하여도 정상적인 경제성장으로 심지어 번영 수준으로 간주할 수 있지만 현 단계에 중국이 이 기준을 번영의 척도로 적용한다면 실제에서 크게 벗어나는 것이다. 중국은 경제 성장속도에 대한 자체의 특수한 단계적 요구가 있는데 흔히 선진국에 비해 경제 성장 속도가 더 빨라야만 일련의 사회 모순을 해결할 수 있고 비교적 순조롭게 위기의 충격에 대처할 수 있다. 따라서 이 단계에서 중국 경제는 장기간 고속 성장 상태에 처해 있었다. 특히 금융위기 발생 전인 2003년~2007년 기간 동안 연평균 경제성장률이 11% 이상에 달하였고 2007년에는 14.2%의 초고속 성장을 실현하였다. 거시적 조정 목표로부터 볼 때 더욱이 경제의 과속 성장을 방지하여야 하며 수요 특히는 투자수요의 과도한 팽창을 억제하는 것이 더욱 필요하다. 2007년 14.2%의 높은 성장률에 비교적 심각한 생산력 과잉이 더해지면서 수요 과열,

경제 버블화 경향을 통제하여야 하는 요구에 따라 2008년 거시적 차원에서 '두 가지 방지' 정책 요구를 제시한 것은 자연스러운 현상이며 따라서 같은 시기 중국은 위기 완화 정책 선택에서 세계 각국과 대조를 이루었다.[70] 둘째, 자연기후변화 등 우연적 요소의 영향으로 2008년 1분기에 들어선 후 중국은 경제성장속도에서 이미 하락세가 나타났는데 전 해의 14.2%에서 10.6%로 하락하였다. 그 원인을 따져 보면, 성장을 지지하는 수요 동력이 무기력한 기미를 보이기 시작한 것인데 전력 사용의 증가속도가 뚜렷하게 하락한데서 두드러지게 드러나며 이는 공업 제조업 생산의 증가속도가 둔화되었음을 의미한다. 화물수송량의 증가속도 또한 뚜렷이 하락하였는데 이는 시장 활약도가 떨어지고 기업 재고품이 증가되고 있음을 말해준다. 하지만 이 같은 징조들이 나타난 것은 금융위기가 이미 중국 경제를 강타하고 있음을 의미하는 것일까? 글로벌 금융위기로 인한 글로벌 경기침체가 중국의 시장과 기업에 영향을 미쳐 중국 경제의 발목을 잡고 있는 것일까? 이는 명확한 판단을 내릴 수 있는 문제가 아니다. 그 즈음인 2008년 봄, 중국 다수 지역이 한차례 심각한 폭풍설 재해를 입었는데 공교롭게도 재해의 영향은 주로 전력망과 교통에 가해졌다. 전력망과 교통은 나아가 전력소모량과 화물수송량의 증가속도에 영향을 미쳤다. 때문에 2008년 초, 경제성장 속도의 하락은 금융위기의 충격 때문인지 아니면 폭풍설의 영향으로 초래된 것인지 명확하지 않다. 그러나 분명한 것은 2007년 경제성장 속도가 확실히 지나치게 높았고 그 주요 동력은 투자수요의 강력한 증가였다는 점이다. 따라서 경제과열 방지, 특히 투자팽창 통제는 총량에 대한 정책적 균형 목표의 요구에서나 구조정책에서 생산능력과잉 해소 목표의 요구에서나 모두 일정한 근거

---

70) 류웨이(劉偉), 「궤도 전환 중인 경제성장」, 417쪽을 참조하라.

가 있는 것이다. 셋째, 비용에 따른 가격상승 압력이 비교적 큰 것인데 CPI에서 식품류 가격이 뚜렷하게 상승하였다. 특히 '돼지 주기'가 시작되면서 비교적 넓은 범위의 돼지 콜레라가 발생하였고 돼지고기 가격 상승에 대한 예기치가 비교적 강하였다. 그리고 중국 주민의 식품 구조에서 돼지고기가 또 높은 비중을 차지하기에 식품 가격에서 돼지고기 가격의 지위가 두드러져, 동기 대비 성장속도에서 양자의 정적 상관성(positive correlation)이 가장 강하다.(2005년 이후 0.91에 달함) 따라서 식료품 가격이 지나치게 빠르게 상승하여 인건비의 전반적인 상승으로 이어지면서 여러 업종에서 비용 중심의 인플레이션 압력이 증가하고 구조적 인플레이션에서 전체적 인플레이션으로 바뀌는 것을 방지하는 것이 자연스럽게 거시경제 조정 과정에 고려하여야 하는 중요한 요소가 되었다.[71] 게다가 2003~2007년 고속 경제 성장세를 이어가고 있는 상황에서 철강·석탄·알루미늄 등과 같은 일부 중요한 산업 원자재, 에너지 동력 등에 대한 투입품 가격이 이미 몇 년 동안 고공행진 중이어서 하위 산업 제품의 비용 상승에 막대한 압력으로 가해졌다.

바로 위와 같은 요소들이 중국의 2008년 거시경제정책의 목표와 방향 선택에 영향을 미쳤고 이는 글로벌 금융위기 완화의 노력과 극명한 대조를 이루며 정체로 나타났다. 이런 대조와 정체에 따른 효과는 2008년 1분기부터 2009년 1분기까지 중국 경제의 성장속도가 5개 분기 연속 수직 하강한 데서 집중적으로 구현되었다.(14.2%에서 6.2%로 급강함) 이로 인해 중국은 2008년 4분기부터 부득이하게 강력한 확장적인 거시경제정책을 채택하여야 했고, 2010년 10월까지 전면적으로 완화된 재정정책 및 통화정책을 취하여야 했다. 비록 이런 정책들이

---

71) 류웨이(劉偉)·쑤젠(蘇劍), 「양성 및 악성 '디플레이션' 충격 하에서의 중국 경제성장과 거시적 조정」, 『경제학동향』 2014년 제12호를 참조하라.

금융위기의 충격에 대처하는 면에서 뚜렷한 효과를 거두기는 하였지만 비교적 피동적이고 비용이 많이 들며 소화하는 데도 오랜 시간이 걸린다. 이런 조정정책의 피동성과 강력함이 정책조정의 대조 및 정체와 관계되는지에 대해서는 진지하게 생각해 볼 필요가 있다.[72]

## 2. 금융위기 충격에 대응하는 거시경제정책 강도의 적정 여부는?

2008년 4분기부터 중국은 '한 가지 유지, 한 가지 확대, 한 가지 조정' 즉 성장 유지, 내수 확대, 구조조정의 거시적 정책 목표를 명확히 하였다. 이를 위해 거시경제정책 조합을 '보다 적극적인 재정정책과 적절하게 완화된 통화정책' 으로 전환하였다. 2009년, 이른바 '4+10' 부양책이 도입되었다. 즉 재정정책을 통한 확장으로 4조 위안의 투자 지출을 늘리고(비록 그중 일부는 원래 계획에 있던 프로젝트지만) 통화정책을 통한 자극으로 10조 위안의 신용 지출을 늘리는 것이다. 재정적자는 2009년에 9천500억 위안이라는 기록을 창조하였으며 GDP에서 차지하는 비중은 2% 이상에 달하였고 통화공급(M2)의 성장속도는 27%를 초과하였다. 2010년에 강한 거시적 부양정책 태세를 계속 유지하였는데 위기 완화 성장효과를 거두었다고 해야 할 것이다. 2008년 금융위기가 발생한 후 5년 동안 중국 경제는 강한 성장세를 유지하였다. 비록 2008년 초부터 연말까지 성장률이 지속적으로 하락하였지만 여전히 연간 평균 9%의 성장률을 이어갔다. 2009년, 전 세계 경제 마이너스 성장 상황에서도 중국 경제는 8.7% 성장을 기록하였고 2010년 세계경제가 침체되었지만 중국의 경제 성장률은 10.2%에 달하였다. 즉 2010년 10월 전면적인 확장정책 기조를 철회한다고 선포

---

72) 류웨이(劉偉), 「금융위기에 대응하는 중국 거시경제정책의 변화 및 특징」, 『중공중앙당교 학보』 2015년 제2호를 참조하라.

한 2011년에도 중국의 경제 성장률은 여전히 9.3%에 달해 글로벌 경제의 침체 상황과 선명한 대조를 이루었다. 그러나 중국 경제는 이로 하여 엄청난 대가를 치렀으며 다음과 같은 2가지 부분에서 집중적으로 구현된다. 한편으로 인플레이션의 잠재적 압력이 증대되고 M2 보유량이 대폭 증가하였으며 GDP와의 비례가 합리적인 범위를 크게 초과하였다. 비록 시장수요가 부진하여 통화 추가발행에 따른 현실적 인플레이션의 지연 시기가 상응하게 길어질 수는 있지만 유통 과정에 정체된 대량의 통화는 결국 물가수준에 영향을 주어 잠재적 수요에 의한 인플레이션 압력을 형성하게 될 것이다. 국민경제발전이 중상 소득단계에 진입한 후 (환율법에 따라 달러화로 환산하면 중국의 일인당 GDP 수준은 2010년부터 세계은행이 확정한 현대 중진국 수준의 기점에 도달함) 중국은 각종 생산요소의 가격이 대폭 상승하고 학습 및 기술진보의 비용이 크게 증가하였으며 전체 국민 경제의 총 생산비용이 가속화되는 시기에 접어들면서 막대한 비용에 따른 인플레이션 압력을 형성하였다. 이 같은 수요 견인과 비용 추진의 공동 작용 하에 국민경제 균형에 심각한 충격을 가하였다. 다른 한편으로, 생산력 과잉 모순을 악화시키고 낮은 수준의 확장으로 인한 경제적 '거품'을 증가시켰다. 생산력과잉 모순은 이미 공업 소비품에서 공업 투자품으로, 전통산업에서 일부 신흥 산업으로 확대되었고 일부 부문의 생산력은 상대적 과잉에서 절대적 과잉으로 전환되어 위기 충격 후의 경제 회복과 조정기의 생산력과잉을 해소하는데 어려움을 더해주었다.

그렇다고 이로부터 금융위기의 충격에 대처하는 부양책의 강도가 지나치다고 할 수 있을까? 그 정도를 객관적으로 평가할 수 있는 기준의 결여로 인해 위기 완화 조치에 따른 경제성장의 효과와 그에 상응하는 대가 중 어느 쪽이 더 큰지를 비교하는 것도 매우 어렵고 불확실하다. 중요한 것은 금융위기의 충격에 대처하는 정책이 중국 경제 불균형 방향과 특성에 부합하는지 여부이다. 2008년, 금융위기가 구미 선진국에서의 발생과 확산 및 형성한 경제 불균형의 특징은 중국과 다르다. 발생으로 보면 이번 금융위기는 미국발 서브 프라임 모기지 (훗날 글로벌 서브 프라임 모기지로 전환되면서 글로벌 금융위기로 번짐) 사태에서 비롯되었다. 금융시스템 자체에 이미 위기가 발생하여 경제 전체로 확산된 전면적인 경제위기이다. 확산 과정을 보면 경제 글로벌화의 배경 하에 미국에서 세계로, 금융 영역으로부터 실물 경제 및 다른 부문으로 전파되었다. 이로 인해 형성된 불균형의 특성은 금융·은행 시스템이 우선 원발적으로 위기에 빠지면서 경제면에서 통화(자본)시장의 공급능력을 급격히 떨어뜨린 것이다. 금융시스템 자체가 통화 공급 능력이 부족한데다가 심지어 그 자체가 위기에 깊이 빠졌다. 실물경제 자체에 통화(자본) 수요가 있는데 금융시스템에 통화 공급능력 위기가 발생하는 조건 하에서 실물경제의 통화 수요가 제때에 충분한 충족을 실현하기 어려워 그 수요는 상대적으로 더욱 강하게 나타나면서 상응한 시장에서 통화 공급 부족과 수요 왕성이라는 불균형의 특징을 이룬다. 이러한 불균형으로 인해 정부는 시장에서의 자금 공급 실패에 대응하여 자금 공급을 확대하고, 통화 시장의 통화 공급 능력을 강화하며 느슨한 통화정책을 채택하면서 은행 시스템을 직접 구제하고, 금융 체인을 유지하고 위기에 견딜 수 있는 능력을 향상시키기 위해 다양한 방법으로 실물기업에 대한 직접적인 맞춤형 지원을 제공하는 강력한 부양 조치를 취해야 한다. 하지만 중국은 상황이 다르다. 외환위기는 외부에서 유입된 것이지 중국에서 시작된 것이 아니다. 가령 중국에서 시작된 것이라 할지라도 가장 먼저 금융부문에 충격을 준 것은 아니다. 미국 서브 프라임 모기지위기는 글로벌 금융위기를 초래함으로써 중국 경제에 영향을 미쳤다. 중국 경제에 대한 충격은 우선 중국의 실물경제 등 비금융부문에 가해지면서 실물경제가 직면한 시장 환경이 바뀌고 시장 수요가 심각하게 부진하여 실물경제의 성장 동력을 약화시켰다. 그리고 중국의 금융시스템은 국제시장과의 사이에 제도적 '방화벽' 이 설치되어 있어 직접적인 충격을 받지 않았으며 금융시스템 자체에는 위기가 발생하지 않았고 통화 공급 능력도 강하다. 그래서 중국시장에 존재하는 불균형의 특징은 금융시스템의 통화 공급 능력이 강한 반면에 실물경제와 비금융부문의 유효 통화 수요가 부족한 것이다. 이런 불균형은 거시경제정책 제정에서 국민경제를 육성하고 자극하는데 중시를 돌릴 것을 요구하고 있으며 구미국가처럼 통화 공급을 확대할 것이 아니라 특히 실물경제의 유효 통화수요를 충족시킬 것을 요구하고 있다. 실물경제의 유효 통화 수요를 자극하고 육성하려면 거시경제정책의 조정에서 공급관리를 강화하여야 하며 재정정책과 통화정책의 공급효과 강화를 통해 실물경제의 세금부담과 융자 비용을 낮추고 정부 서비스의 질을 높이며 실물경제의 거래비용을 낮추기 위해 노력하여야 한다. 실물경제의 혁신을 유도 및 권장하고 성장방식의 전환을 촉진하여 요소와 총요소생산성을 제고하고 이를 토대로 산업구조 업그레이드의 미시적 기반을 마련함으로써 구조 업그레이드를 통해 실물경제의 투자수요가 효과적인 성장을 이끌어야 한다.[73] 단순히 통화 공급만 늘리면 위기 이후의 회복에 수요 견인에 따른 심각한 스태그플레이션 압력을 누적하게 될 뿐만 아니라 두 가지 방면의 즉시 부정 효과가 발생할 수 있다. 한편으로 실물경제는 유효 통화 수요가 없으므

---

[73] 쑤젠(蘇劍) 등, 「금융위기 하에서의 중미 경제 형세의 차이 및 통화정책의 선택」, 『경제학동향』 2009년 제9호를 참조하라.

로 통화 공급 증대는 시장에서 단기간 내에 효과적인 투자기회를 찾기 어려우며 낮은 수준의 반복적인 확장으로 이어지기 쉽고 이미 심각한 생산력 과잉을 더 악화시킬 수 있다. 다른 한편으로, 시장에 침체되어 유통되지 않는 대량의 통화는 실물경제에 효과적으로 진입할 수 있는 투자기회를 찾지 못하고 가상경제 영역으로 흘러들어 투기기회를 모색하면서 금융시장의 질서를 교란할 수 있다. 이는 통화의 실물경제로의 유입을 더욱 방해하여 실물경제 부문에서 진정으로 화폐를 필요로 하는 기업의 융자비용을 상승시키는 한편 사람들의 인플레이션 예기도 교란시킬 수 있다. 중국의 불균형 특징으로 볼 때 금융위기의 충격에 대처하더라도 어느 정도의 확장적인 통화정책이 필요하며, 통화 공급량을 일괄적으로 늘리기보다는 구조적인 방향성 자극에 중점을 두어야 한다. 통화 총량의 공급을 늘리고 실물경제의 유효투자 수요를 육성하는 면에서 거시경제정책 작용의 중점은 실물경제의 수요를 육성하고 자극하는데 더욱 집중되어야 한다. 거시적 공급관리와 수요관리에서는 중점을 공급관리로 옮겨야 한다.

비록 중국이 금융위기에 대처하기 위해 강력한 부양조치를 취하는 과정에 불균형의 특수성에 주의를 돌렸지만 총적으로 보면 중국이 취한 거시정책의 방향은 구미국가와 일치한다. 즉, 총량에서 전면적 확장을 실시한 것이다. 중국 시장의 불균형 특징이 구미국가들과는 다르다. 중국의 실물경제는 전체적으로 유효 통화수요가 부족하고 금융부문의 운행이 안정적이며 통화 공급 능력이 강하다. 구미 국가들은 반대로, 금융위기가 우선 그들의 통화 공급 능력을 약화시켜 공급이 부족함과 동시에 실물경제의 통화 수요는 막강하다. 구미국가들에서 거시적 개입 수단으로 통화 공급을 늘려 불균형을 극복해야 한다면, 중국은 실물경제의 유효 통화 수요를 육성하는 것을 중점으로 불균형을 완화하여야 한다. 실제 조치와 불균형의 특성이 일치하지 않기 때문에 정책 개입으로 얻은 불균형 완화 효과는 미미하지만, 동시에 또 상대적으로 엄청난 정책 대가가 누적되었다. 어쩌면 치러야 하는 대가가 얻는 효과보다 커서 정책 개입 강도가 지나친 것이 아닌지에 대한 의구심을 유발하였다. 사실상 강도가 지나친 것이냐 여부가 아니라 정책의 방향이 불균형의 방향과 일치하느냐의 문제이다.[74]

## 3. 금융위기에 대처하는 거시적 경제정책 철회의 적시성 여부는?

2010년 10월부터, 중국 정부는 선참으로 전면적인 위기 완화정책을 철회한다고 선고하고 더욱 적극적인 재정정책과 적당하게 완화된 통화정책의 이중 확장 정책을 철회한 후 2008년 금융위기 이전의 적극적인 재정정책 및 안정적인 통화정책의 완화와 긴축을 결합한 정책 조합으로 돌아왔다. 이른바 '적극적인 재정정책과 안정적인 통화정책'이란 1998년 하반기에 처음 제기된 것으로, 당시 발생한 아시아 금융위기에 대응하기 위한 거시적 정책 조합이다. 그 이전까지 중국 거시적 경제 불균형의 장기적 특징은 수요가 팽창하고 공급이 부족하여 인플레이션 압력이 거대한 것이었다. 개혁개방이후 3차례의 비교적 심각한 인플레이션은 모두 1998년 이전(1984년 연말 CPI가 9% 이상 상승하고, 1988년 CPI가 18% 이상 상승하였으며, 1994년 CPI가 24% 이상 상승하였음)에 발생하였다. 비록 매번 구체적인 발생 원인은 조금씩 다르지만 근본적인 원인은 거시적 경제 불균형의 기본 특징이 공급이 부족하고 수요가 팽창하여 인플레이션에 대한 사람들의 예기가 높아진데 있다. 이에 따라 개방 초기부터 1998년까지 '6차 5개년' 계획에서 '9차 5개년' 계획에 이르기까지 거시경제정책은 시종 긴축

---

74) 류웨이(劉偉), 『발전방식 전환 중의 경제성장』, 427쪽을 참조하라.

방향을 취하여 수요의 팽창을 통제하고, 악성 인플레이션의 발생을 억제하였다. 1998년 하반기부터 아시아 금융위기가 중국 경제에 가하는 충격이 드러나기 시작하였다. 1999년부터 2001년까지 연속 3년간 CPI가 마이너스 성장을 기록하였고 디플레이션현상이 뚜렷하였으며 수출이 어려움을 겪었다. 따라서 국제시장 지향성 향진기업들이 대거 파산하였으며 대량의 국유기업 종업원들이 '정리실업' 당하고 대량의 농민공들이 조기 귀향하는 현상이 나타났다. 게다가 내수 부족, 특히 공업소비품 생산력 과잉 모순이 점차 격화됨에 따라 중국은 부득이하게 개혁개방 이후 20년 가까이 유지해온 긴축적 거시정책을 포기하고 적극적인 재정정책과 안정적인 통화정책으로 전환하는 수밖에 없었다. 종전의 장기적인 긴축과 비교할 때 이런 조정은 사실상 긴축에서 확장으로 방향이 바뀐 것이다. 2003년부터 2007년까지 아시아 금융위기의 그늘에서 벗어나서부터 세계금융위기가 발생하기 전까지의 기간에 중국은 계속하여 적극적인 재정정책과 안정적인 통화정책을 취하였지만 내용에서 전과는 약간의 차이가 있었다. 한편으로는 이 시기 중국 경제는 연평균 11% 이상의 상당히 높은 성장속도를 유지함으로써 2010년까지 GDP 총량을 불변가격에 따라 계산한 2000년 수준의 2배로 늘리려던 목표를 3년(2007년까지) 앞당겨 실현하였다. 그러나 다른 한편으로는 경제구조의 불균형이 날로 심각해졌다. 그 두드러진 표현이 바로 투자영역과 소비영역의 불균형 방향이 상반되는 것이었다. 즉, 투자영역에서는 수요가 과열되어 중요한 투자품의 가격이 지속적으로 상승하였고 소비영역에서는 수요가 부진하여 많은 공업소비품의 생산력과잉이 심각하였다. 그래서 거시경제정책은 전면적인 확장도, 전면적인 긴축도 어려워졌다. 전면적인 확장은 소비영역의 불균형을 완화시킬 수는 있지만 투자영역의 불균형을 필연적으로 격화시킬 것이다. 전면적인 긴축은 투자 과열을 억제할 수는 있지만, 동시에 소비 수요의 부진을 격화시킬 수 있다. 투자와 소비의 역방향 불균형 구도는 재정정책과 통화정책의 '이중 완화'나 '이중 긴축'이 아닌 '긴축과 완화 결합'의 조합으로 대응할 수밖에 없다. 실제로 여전히 적극적인 재정정책과 안정적인 통화정책 조합이긴 하지만 아시아 금융위기 대응 때와 달리, 이전의 장기적 디플레이션에 상대하여 말하는 전면적 확장이 아니라 그동안의 전면적 확장의 토대 위에서 정책의 총량 효과를 약화시키고 거시적 정책의 구조적 효과를 강화하여 한 부분만 돌보다가 다른 한 부분을 놓침으로 인한 구조적 불균형의 가중 상황을 피면하는 것을 말한다. 2010년 10월 위기 완화 정책을 전면적으로 철회한 후 다시 실행한 적극적인 재정정책과 안정적인 통화정책은 그동안의 전면적인 강력한 확장과 비교하여 전체적으로 긴축 태세로 돌아섰지만 이런 긴축이 전과는 달랐다. 재정정책의 확장적 방향에는 근본적인 변화가 나타나지 않았지만 확장의 강도가 상대적으로 다소 완화되었으며('더욱 적극적'이던 데서 '적극적'으로) 통화정책은 방향적 역전('완화'에서 '안정'으로)을 이루었다. 분명한 것은, 동일한 '적극적인 재정정책과 안정적인 통화정책'이지만 시기가 다름에 따라 각기 다른 불균형의 특징에 대해 이와 같은 표현이 포함하고 있는 정책적 함의와 방향은 서로 다르다.

시간적으로 볼 때 중국은 2010년 10월 전면적인 위기 완화 정책을 철회하였는데 이는 세계 여러 나라들 중에서 이른 편이다. 미국은 2014년 4분기부터 철회하였고 유럽연합과 일본은 아직까지 철회를 명시하지 않고 있다. 그렇다면 중국이 너무 일찍 철회한 것은 아닌지? 이 문제는 아주 복잡한 문제이다. 정부의 위기 완화 정책 철회 여부는 일반적으로 두 가지 요소에 의해 결정된다. 하나는 시장 불균형의 심각성과 그에 따른 국민경제의 수용 수준이고 다른 하나는 시장의 회복 수준과 그에 따른 시장행위자들의 신뢰회복이다. 그러나 구체적으로 분석하면 상황은 더 복잡해진다. 실제 경제 운행 중의 판단 기준을 파악하기 어렵기 때문이다. 이를테면, 만약 사람들이 통상적으로 말하는 실업률을 근거로 삼는다면 지표 자체가 비교적 객관적인 경제의 불균형이나 회복수준을 진실하게 반영할 수 있을지 여부를 떠나 각국의 경제가 어느 정도의 실업률(자연 실업률)을 감당할 수 있을지 하는 문제만 놓고 보아도 아주 불확실하다. 각 나라는 발전단계, 경제구조, 경제제도와 체제, 문화역사의 전승 그리고 정책 전도 메커니즘이 모두 서로 다른데 이러한 차이는 시기별로 각 나라가 감당할 수 있는 실업률 간의 큰 격차를 야기한다. 경험상 유럽연합에서 제기한 경계선은 7%(《마스트리히트조약》)이지만 미국은 오랫동안 경계 수준(비농업 산업 실업률)으로 6%를 제시하여 왔다. 이번 세계 금융위기에 대처하는 과정에서 그 경계선은 정부의 경기 부양책 실시와 철회에 대해 결정하는데서 중요한 참조역할을 하였다. 그러나 중국은 상황이 다르다. 공식 통계지표인 '도시 등록 실업률'이 비농업 산업의 실업 상황을 진실하게 반영할 수 있는지 여부와 관련된 문제 이외에도 더한 가지 더 중요한 문제가 존재한다. 즉, 중국은 대표적인 이원 경제 개발도상국이라는 점이다. 그 두드러진 특징은 농업경제 분야에 여전히 대량의 노동력이 있으며 현재까지 30% 이상을 차지하는데다가 또 도시화, 공업화 가속기에 처해 있어 매년 대량의 농촌 노동력이 구조적 이전을 통해 도시 비농업산업에 취직하고 있는 것이다.(최근 몇 년간 연평균 약 700만 명에 이름) 이로 인해 중국은 이른바 '자연 실업률'을 확인하기 어렵고 중국 경제가 어느 정도의 실업률을 감당할 수 있을지는 사실상 아주 불확실한 문제이다. 게다가 중국은 현재 경제

구조의 격변기에 처해있다. 도시화의 가속화는 도시와 농촌 구조의 심각한 변화를 가져오고 현대화의 가속화는 산업구조의 심각한 변화를 야기하였다. 이런 변화는 한편으로는 국민경제의 취업 수용력을 향상시킬 수 있고 동일한 경제성장률이 더욱 많은 취업기회를 가져다 줄 수 있다. 예하면 서비스업 비중의 상승(2013년 처음으로 공업제조업을 능가하였고 2014년 48.2%로 상승함)은 어쩌면 취업수용력 향상으로 이어질 수 있다. 다른 한편으로는 구조적 실업의 압력을 증강시킬 수도 있다. 실업의 주요 압력은 총량 압력은 총량 압력에서 점차 구조적 압력으로 전환될 수 있다. 특히 노동력의 기술지식구조와 경제구조의 변화가 서로 적응하지 못할 경우(2013년부터 중국은 노동력 총량 증가의 절대량이 감소하기 시작하였음)는 더욱 그러하다. 이 때문에 실업률의 경계 수준에 대한 인식과 확정이 더욱 불확실해졌다. 최근 몇 년간 중국 GDP 1% 성장에 따른 취업 기회의 증가가 해마다 엄청난 변동성을 보인 사실에서도 이러한 불확실성이 반영된다. 사실상 중국의 실정은 도시 등록 실업률이 반영하는 수용 가능 수준(자연 실업률)을 정부의 정책 도입 또는 철회를 선택하는 기준으로 삼기가 매우 어렵다는 점을 결정하였다. 2010년 10월, 중국 정부는 선참으로 전면적인 확장 정책을 철회한다고 선포하였다. 같은 해, 중국의 도시 등록 실업률은 약 5% 정도로 그리 높은 수치가 아니어서 우선 철회의 충분한 이유가 되는 것처럼 보였지만 그 이후 나타난 상황은 중국 경제성장에 필요한 시장 원동력이 아직 회복되지 않았음을 말해준다. 그 직접적인 표현이 바로 2010년 10월 철회한 후 2011년 1분기부터 2012년 3분기까지 연속 7분기 동안 중국은 경제 성장속도가 지속적으로 하락하였으며 지속시간이 심지어 2008년 연초 금융위기가 발생하여 중국 경제 성장속도에 충격을 주었던 기한(5분기 연속)을 초과한 것이다. 비록 2012년 4분기부터 중국은 또 일부 부양책을 재개하였지만 성장에 필요한 시장동력이 부족한 국면을 줄곧 근본적으로 돌려세우지 못하였다. 물론 여러 방면의 이유가 있지만 특히 일련의 심층적인 구조적 원인이 존재한다. 위기대응조치의 철회시기를 선택할 때 반드시 시장동력의 향상과 회복을 전제로 삼아야 한다. 그렇지 않을 경우 철회가 시기상조일 수 있다.

중국 경제가 경제 위기의 충격을 견뎌낼 수 있는 능력이 비교적 강한 것은 중국 정부가 다른 나라 정부에 비해 능동적 역할이 더 강하기 때문이다. 특히 각급 정부의 투자 동원 능력이 더 뛰어난데 이는 위기 완화 면에서 중국의 중요한 제도적 우위이다. 그러나 장기적으로 정부의 힘에 의존할 수는 없는 일이다. 비록 지방정부가 토지 재정담보 융자 플랫폼 기채를 통해 투자를 견인할 수 있지만 그 과정에 노출되는 채무위험과 재정적 어려움은 막대하다. 중앙정부가 기채로 적자를 늘려 투자를 지원할 수는 있지만 인플레이션 통제 목표의 제한을 받지 않을 수가 없다. 현 단계 중국 시장수요 동력이 부족한 원인은 다음과 같다. 투자수요로부터 볼 때, 주로 기업 동력이 부족하고 대형 기업, 특히 국유 대형 및 특대형 기업들은 융자 경로가 기본적으로 원활하지만 창의력이 떨어지고 산업구조의 업그레이드 공간이 부족하여 투자확대가 중복 투자로 이어지기 쉬운데 이로 인해 생산력 과잉을 악화시키게 된다. 소기업, 특히 민영기업은 설령 투자 충동이 있더라도 금융시장의 신뢰를 얻기 어렵다. 특히 국유상업은행을 주체로 하는 금융시스템의 신뢰를 얻기 어렵기 때문에 기업의 투자수요 성장동력이 떨어진다. 소비수요로부터 볼 때 소득분배구조 불균형이 주요 원인이다. 거시적으로 보면 국민소득 1차 분배가 정부와 기업 및 노동자 3자 사이에서 이루어진다. 즉 세수와 자본잉여금 및 임금보수로 이루어진다. 장기간 재정수입이 3자 중에서 성장속도가 가장 빠르고 노동자의 임금보수 성장속도가 가장 더뎠다. 그러나 진정한 소비 형성 특히 주민 개인 소비 형성은 주로 노동자의 보수(주민 소득)를 통해 이루어진다. 이런 소득분배의 거시적 구조는 소비수요의 성장을 제약하여 국민경제 균형 성장의 목표 요구와 심각한 부조화를 이룬다. 미시적으로 보면 국민소득분배는 개체 간, 즉 주민 내부의 격차가 끊임없이 확대된다. 장기적으로 지니계수는 통상적으로 말하는 경계선 수준에 처해있다. 국가통계국이 발표한 측정결과에 따르면 2002년부터 중국의 도시와 농촌의 주민 소득분배 지니계수는 줄곧 0.40이상이었으며 2007년에는 심지어 0.49 이상에 달하였다. 비록 최근 몇 년간 약간의 하락세를 보이긴 하였지만 2014년까지도 여전히 0.47에 접근하였다. 일부 학술 연구자들이 측정한 데이터는 이보다 더 높다.[75] 소득격차의 확대가 일정한 한계를 넘어서면 소득분배 평등 목표의 실현에 불리할 뿐만 아니라 경제성장 목표의 실현에도 불리하며 또 전 사회의 소비경향을 저하시키고 나아가 경제성장의 수요동력을 저하시킬 수 있다. 따라서 만약 국민경제 중 기업의 투자 수요 성장이 부진하고 소비자의 소비 수요 부진 추세가 근본적으로 역전되지 않는다면 정부가 위기 완화 정책 궤도에서 물러날 경우 위기의 충격 강도가 필연적으로 높아져 위기 완화에 불리할 것이다. 정부가 주장하는 '적절한 시기 철회'에서 이른바 '시기'는 주로 시장의 힘이 회복되는 정도에 따라 선택해야 한다. 2010년 10월, 중국 정부가 선참으로 철회를 선포한 후 경제성장 속도가 지속적으로 하락하였는데 이는 시장 회복의 시기가 충분히 성숙되지 않았음을 말해준다. 따라서 2012년 4분기부터 다시 부양책을 취하는 상황을 야기하였지만 정책 강도는 2008년 말에

---

75) 예하면 서남재정대학 관련 과제팀의 측정결과는 0.60이상이고 베이징대학 사회조사센터가 발표한 민생보고(2014) 중의 측정한 결과는 더 높다.

비해 크게 약화되었다. 물론 중국 정부가 금융위기 대응 과정에서 선참으로 철회한 중요한 이유는 위기 완화 정책의 실시에 따르는 비용이 높기 때문이다. 그 대가가 큰 원인은 다음과 같다. 한편으로, 정책 강도 자체가 워낙 강력하였다. 재정정책과 통화정책의 강력한 이중 확장은 개혁개방 30여년이래의 역사상에서 한 번도 발생한 적이 없었다. 다른 한편으로, 통화 공급을 늘리는 정책의 작용 방향은 시장 불균형의 특징과 서로 부합하지 않는다. 특히 중국 통화 자본시장의 불균형 특징(공급이 수요를 초과함, 이는 수요가 공급을 초과하는 구미 나라들과는 다름)과 일치하지 않으며 정책 비용을 증가시켰다. 따라서 위기 이후 시기의 완화 압력을 가급적으로 줄이기 위해서 세계 각국이 모두 철회하지 않은 상황에서 중국이 선참으로 위기 완화의 확장정책 궤도에서 퇴출한 것이다.[76]

## 4. 완화와 긴축을 결합한 거시적 정책구도에 근본적인 변화가 필요한가?

2010년 10월에 선참으로 위기 완화 정책을 철회한 이래 중국의 거시경제정책은 재정정책과 통화정책의 완화와 긴축을 결합하는 방식을 취하였다.(적극적인 재정정책과 안정적인 통화정책) 재정정책은 특히 재정지출과 재정수입 간의 완화와 긴축의 결합을 강조하였고 통화정책은 특히 총량과 구조 목표 간의 완화와 긴축의 결합을 강조하였다. 이런 완화와 긴축 조합은 사실상 각기 다른 정책 간의 역방향 조합으로서 정책의 효과가 서로 상쇄될 수 있다는 뚜렷한 제한성을 띤다. 이런 정책조합을 채택한 것은 근본적으로 뉴 노멀상태에 진입

---

76) 류웨이(劉偉), 「중국 현 단계 재정정책과 통화정책 역방향 조합의 형성원인과 특징 및 효과」, 『경제학동향』 2012년 제7호를 참조하라.

한 후 중국 경제가 인플레이션의 잠재적 압력뿐만 아니라, 경제 '하행'이라는 준엄한 위협에 직면해 있는 불균형의 특수성이 주된 원인이다. 따라서 중국의 거시경제정책은 전면적인 확장('이중 완화')도, 전면적인 긴축('이중 긴축')도 취할 수 없으며 한 측면의 불균형만 완화시킴으로써 다른 측면의 불균형을 가중시켜 거시경제의 변동과 거시적 조정의 위험을 확대하여서는 안 된다. 거시적 조정에서의 '안정 속 발전 추구'는 완화와 긴축을 결합한 정책 조합을 채택할 것을 요구하고 있다.[77]

문제는 2014년 이후, 중국 경제가 직면한 이중 위험 중 '하행'이 가중되고 심지어 '디플레이션' 현상까지 나타난 상황에서 완화와 긴축을 결합한 정책 조합을 근본적으로 바꾸고 새로운 한차례 전면적인 부양책을 가동할 필요가 있는지 여부이다. 총수요를 놓고 볼 때 삼두마차가 동시에 저애를 받는 국면이 이미 형성되었다. 투자 면에서 2009년 이래, 중국의 고정자산 투자 성장률은 해마다 하락세를 이어갔다. 2013년에는 이미 20% 이하로 하락하였고 2014년에는 16% 좌우로 더 하락하였으며 2015년에도 지속적인 하락세를 이어갈 가능성이 있어 적어도 2014년의 수준을 초과하기는 어려울 것이다. 주요한 원인은 다음과 같다. 생산력과잉과 구조 업그레이드의 무기력한 문제로 인해 제조업의 투자성장률이 반등하기 어려우며 인프라시설투자의 성장은 전체적으로 안정적이지만 정부의 투자와 기채능력이 제한을 받아 그 성장률도 향상시키기 어렵다. 부동산 투자는 단기간 내에 반등하기 어렵다. 특히 주택가격은 인구총량과 구조변동 등 요소의 영향으로 말미암아 장기적인 변곡점에 이미 점차 근접하였으며 2선 도시의 공급과잉 현상이 이미 비교적 뚜렷해졌다. 소비를 놓고 보면

---

77) 베이징대학 중국 국민경제 계산 및 경제성장연구센터, 『중국경제성장보고 2014』, 베이징대학출판사 2014년판을 참조하라.

2010년 이래 사회소비품 소매총액의 성장속도가 지속적으로 하락하여 2014년에는 13% 이하로 떨어졌다. 소득분배구조에 근본적인 변화가 일어나지 않는다면 2015년에는 더 한층 하락할 수도 있다. 순수출을 놓고 보면 불확실성 요소가 더 증가하였다. 금리 인상에 대한 미국 연방준비위원회의 예기가 높아짐에 따라 달러화 대비 위안화 가치가 평가 절하될 수 있지만 수출 성장에는 유리하다. 그러나 유로존과 일본 등이 취한 양적 완화의 통화정책으로 말미암아 위안화의 평가절상을 야기할 수 있는데 이 또한 어느 정도 수출 성장을 억제하게 된다. 최근 몇 년간 중국 경제성장에 대한 순수출의 기여도가 줄곧 마이너스였던 상황을 단기일 내에 돌려세우기 어려울 것으로 예상된다. 따라서 다른 조건에 큰 변화가 없는 상황에서 총수요 증가율의 지속적인 하락세가 뚜렷할 것으로 보인다. 이에 따라 물가수준을 '디플레이션'으로 끌어올릴 수 있으며 나아가 경제 성장률의 추가 하락을 초래할 수 있다. 공급을 놓고 볼 때, 한편으로는 중상소득 발전단계(중국은 2010년부터 일인당 GDP 수준을 환율법에 따라 환산하면 세계은행이 최신 확정한 중상소득선에 도달하였음)에 진입한 후, 중국의 국민경제 총생산비용은 전면적으로 상승할 가능성이 있다. 노동력 원가(임금 및 사회보험 등), 자원가격, 토지가격, 학습과 기술진보의 비용, 환경관리 비용 등을 비롯해 모두 빠르게 증가할 것이다. 만약 성장방식의 전환이 늦어지고, 효율 향상이 더디면 비용에 의한 인플레이션 압력이 커질 수 있을 뿐만 아니라 경제성장속도도 둔화될 수 있다. 그러므로 뉴 노멀에서 중국의 경제성장속도는 수요 부진과 비용 상승 두 가지 방면의 영향을 동시에 받고 있으며 성장속도가 고속에서 중고속 심지어 저속에로의 전환은 객관적 필연성을 띠게 된다. 다른 한편으로는 2014년 이래 공급 측면에 새로운 변화가 일어났는데 주로 국제유가의 하락(2014년 연초 대비 연말에 국제유가는 30% 이상 하락함)과 전면적 개혁 심화의 영향으로 국민경제 총생산비용이 다소 하락한 것이다. 측정에 따르면, 국제 유가의 하락만으로 국민경제 총생산원가를 0.9% 포인트 떨어뜨릴 수 있다.[78] 총생산비용의 하락은 GDP성장률, CPI, 자본이익률 등 3가지 지표의 변화로 분해할 수 있다. 만약 평균적으로 분배할 경우 하나의 지표(기타 조건은 불변)만으로도 GDP성장률과 자본이익률을 각각 0.3% 포인트 끌어올리고 CPI를 0.3%포인트 떨어뜨릴 수 있는데 그 성장폭이나 하락폭이 모두 아주 뚜렷하다고 할 수 있다. 전면적 개혁 심화의 제반 조치의 경우 개혁의 보너스가 점차 방출됨에 따라 마찬가지로 기업의 비용을 절감하고 기업 효율을 향상시키며 기업의 활력을 높이게 된다. 비록 최근 몇 년간 중국의 경제성장속도가 과거의 약 10%에서 심지어 더 높던 데로부터 7%대로 하락하였지만 기업 결손액이 기업의 주요 경영 업무 총수입에서 차지하는 비중은 현저히 낮아졌다. 지난 몇 년간 평균 1.4% 이상에서 0.8% 안팎으로 하락하였는데 이는 경제성장률 하락에 대한 기업의 적응력이 향상되기 시작하였음을 말해준다. 18기 3차, 4차 전원회의 결의의 추진 하에 특히 「개혁조치 실시계획(2014~2020년)」의 채택 및 가속 실시와 더불어 새로운 한 차례의 재정세무제도·금융제도·가격제도·토지제도·국유기업·사회보험체제·의료보건체제 등 다방면의 개혁 그리고 '일대일로' 전략의 추진은 기업의 거래비용·융자비용·세금비용부담·시장접근문턱 등을 낮추는데 적극적인 역할을 하게 될 것이다.[79] 이러한 요소들은 공급측으로부터 중국 경제성장에 양성 촉진역할을 하는 동시에 가격에도 영향을 주어 기타

---

78) 류웨이(劉偉) · 쑤젠(蘇劍), 「양성 및 악성 '디플레이션' 충격 하에서의 중국 경제성장과 거시적 조정」, 『경제학동향』 2014년 제12호를 참조하라.
79) 류웨이(劉偉), 「시장경제질서 및 법률제도와 법정신」, 『경제연구』 2015년 제1호를 참조하라.

조건이 변하지 않는 상황에서 물가수준의 하락을 추동하게 될 것이다.

수요 부진이든 공급 변화든 모두 디플레이션의 발생을 추동하게 될 것이어서 2015년 연간 CPI는 진일보 하락하여 2%를 초과하지 않을 것이며 일정한 시기에는 심지어 2% 이하로 떨어질 것으로 예상된다.(통상적으로 통계오차를 고려하여 CPI가 2% 이하로 하락하면 디플레이션 현상의 발생을 경계할 필요가 있음) 그렇다면 거시적 정책은 이중위험을 두루 고려하던 데로부터 전면적인 인플레이션 완화와 경기부양으로 전환하여야 할까? 완화와 긴축을 결합한 거시경제정책의 조합방식에서 전면적인 확장으로 전환하여야 할까?

이는 적어도 두 가지 측면으로 분석할 필요가 있다. 한편으로는 중국이 현 단계에 이중위험(인플레이션 압력과 '하행' 위협)을 초래할 수 있는 원인이 여전히 존재하는가? 인플레이션을 놓고 볼 때 인플레이션의 잠재력 압력을 증가시키는 3대 요소는 여전히 존재한다. 첫째, 이전 단계에 위기 완화 비용을 소화하기 위해 형성된 정체성의 수요의 견인 압력이 여전히 존재하고 유통 과정에서 누적된 M2 보유량과 GDP 비중이 여전히 정상 범위를 훨씬 벗어났다. 그것이 CPI에 전도되는 지연 기간이 얼마나 길지는 아직 분명하지 않지만 경제가 점차 회복됨에 따라 전도가 갈수록 뚜렷해질 것이라는 점만은 확실하다. 둘째, 비용에 따른 인플레이션 압력은 중상소득단계에서 여전히 장기간 존재할 것이며 특히 효율성 개혁이 더딘 조건하에서 급증하는 국민경제 총비용에 따른 심각한 인플레이션 압력을 초래하게 될 것이다. 셋째, 국제수지 불균형 상황을 단기 내에 근본적으로 해결하기 어려우며 외환보유고 유지를 위해 형성된 외국환평형기금이 통화 공급 과정에서 일으키는 역할이 다소 약화되었다. 그러나 외화결제는 중앙은행의 기초통화 방출의 중요한 경로로서 단기간 내에는 개변시킬 수 없으며 외환보유고의 꾸준한 증가와 국제수지 재균형의 어려움은 모두 인플레이션 압력을 격화시킬 것이다. '하행' 측면에서 보면 수요가 부진하다. 투자·소비·순수출을 포함한 수요 성장의 둔화 추세가 뚜렷하다. 이런 국면을 근본적으로 돌려세우려면 반드시 글로벌 경제 회복 진행 상황에 따라 시기를 선택하여 행하는 외에도 중국 경제 자체로 말하자면 반드시 주로 산업구조 업그레이드의 모순을 비롯한 심층적인 구조적 모순을 완화시켜야 한다. 그렇지 않고서는 투자수요를 끌어올리기 어렵다. 그리고 또 반드시 국민소득 분배구조의 불균형을 완화시켜야 한다. 그렇지 않고서는 소비 수요를 끌어올리기 어려울 것이다. 이런 구조적 불균형의 완화는 기술혁신과 제도혁신을 통해 이루어져야지 단기적인 총량 조정정책으로는 효과를 볼 수 있는 것이 아니다. 그렇기 때문에 중국이 거시경제 불균형의 이중위험에 직면하게 된 기본 원인은 변하지 않았으며 거시경제정책은 여전히 디스인플레이션과 성장 유지의 이중 목표를 함께 고려하고 완화와 긴축을 결합한 거시정책조합을 견지하여야 한다.[80]

다른 한편으로는 디스플레이션 현상이 나타나는 근본 원인을 분석할 필요가 있다. 총수요 부진에 따른 시장 침체가 초래되면 물가수준 하락과 함께 경제성장 속도의 하락을 초래할 수 있으며 심지어 마이너스 성장으로 이어질 수 있으며(엄밀한 의미에서의 디플레이션은 물가수준과 경제성장률 모두 마이너스성장이 되는 것이다. 물가수준의 상승폭만 하락하거나 마이너스성장만 나타났다면 디플레이션현상이 나타났다고만 할 수 있을 뿐 엄밀한 의미에서의 디플레이션이 나타났다고 할 수 없다. 그러나 디플레이션현상을 억제하지 않을 시에는 엄

---

80) 류웨이(劉偉), 「중국 경제성장 및 불균형의 새 변화와 새 특징」, 『경제학동향』 2014년 제3호를 참조하라.

밀한 의미에서의 디플레이션, 즉 경제의 마이너스성장을 초래할 수 있음) 또 필연적으로 실업자도 늘어나게 된다. 이런 디플레이션은 악성이다. 만약 공급원가의 하락이 국민경제 생산비용의 하락으로 이어지고 나아가 물가수준의 하락을 야기한다면 기타 조건이 변하지 않는 상황에서 경제성장의 가속화를 촉진하고 심지어 취업의 증가를 이끌게 되는데 이런 경우의 디플레이션은 양성이다. 현 단계 중국의 디플레이션 현상은 악성 디플레이션과 양성 디플레이션이 공동으로 작용한 결과이다. 이런 디플레이션 현상이 경제성장 속도를 저하시키고 심지어 마이너스 성장을 초래하며 고실업률을 초래할지 아니면 경제성장 속도를 가속하고 취업성장을 견인할지를 판단함에 있어서는 양성과 악성 원동력의 상호 작용의 결과를 보아야만 한다. 단순하게 악성 디플레이션으로 간주해서는 안 된다. 따라서 거시경제정책에서 강하게 대응할 필요는 없다. 중국 거시경제정책이 완화와 긴축의 조합방식에서 전면적인 확장으로의 전환 필요성 여부를 판단할 때 여러 가지 요인을 고려해야 하며 단순히 현재 나타나는 디플레이션의 징후만을 중요한 근거로 삼을 필요도 없고 또 그렇게 해서도 안 된다.[81]

## 5. 완화와 긴축을 결합한 거시경제정책으로 불균형을 효과적으로 극복할 수 있을까?

만약 거시적 경제 불균형의 이중위험이 존재함으로 인해 적극적인 재정정책과 안정적인 통화정책의 완화와 긴축을 결합한 조합방식을 계속 견지해야 하는 요구가 제기된다면 이때 거시경제정책을 효과적으로 활용하여 불균형을 완화시켜야 하는데 우선 재정정책과 통화정

---

81) 류웨이(劉偉) · 쑤젠(蘇劍), 「양성 및 악성 '디플레이션' 충격 하에서의 중국 경제성장과 거시적 조정」, 『경제학동향』 2014년 제12호를 참조하라.

책 간, 재정지출정책과 재정수입정책 간, 통화수량수단과 가격수단 간의 완화와 긴축 강도를 조절할 필요가 있다. 이러한 완화와 긴축 강도의 조절은 이중위험 모순의 변화상황을 바탕으로 서로 다르고 모순되는 불균형 사이에서 정책적 균형을 잡음으로써 두드러진 모순과 불균형에 중점을 두는 한편 기타 모순과 불균형도 고루 돌볼 수 있도록 한다. 이를 위해서는 완화와 긴축 정책을 조절하는 상한선과 하한선을 확정하는 것이 자못 중요하다. 상한선이란 목표성장률의 상한선을 정하고 이에 근거하여 일련의 거시적 조치를 제정하는 것을 말한다. 목표 경제성장률의 상한선은 국제시장과 국내경제 등을 비롯해 여러 가지 복잡한 요소의 영향을 받지만 국내경제를 놓고 볼 때 국민경제의 인플레이션 수용력이 주요 요소 중의 하나이다. 하한선이란 목표 경제성장률의 하한선을 확정하는 것인데 하한선의 확정도 마찬가지로 여러 가지 요소의 영향을 받지만 국민경제의 실업자 수용력이 가장 두드러진 요인이다. 중국 현 단계의 경험으로 볼 때 상한선만 놓고 볼 때 최근 CPI 목표수준을 3% 정도로 정하는 것은 실행가능한 일이다. 만약 상하 0.5% 포인트의 변동구간 (통상적으로 말하는 사사오입)을 둔다면 2015년 목표 정책의 인플레율 상한선이 3.5%를 초과하지 못한다는 점을 의미한다. 2012년 이래 CPI가 줄곧 3% 이하였고 2014년에는 겨우 2%에 불과하였다. 큰 변화가 나타나지 않은 상황에서 2015년에 관련 정책목표는 실현이 가능하며 심지어 CPI 상한선 수준이 지나치게 낮아 가격과 시장에 대한 사람들의 예기에 영향을 미칠 수도 있다. 따라서 정부는 인플레이션에 대한 하한선을 설정해야 할 수도 있다. 만약 하한선보다 낮을 경우 상반되는 개입 조치를 채택해야 하는가? 하지 말아야 하는가? 중국의 경험상 기타 조건이 크게 바뀌지 않는 상황에서 현 단계 경제 성장률이 8% 대(8.5%까지 변동)를 유지할 경우 인플레율은 일반적으로 3% 대(3.5%까지 변동)를 초과하지 않을 것이다. 현재 중국이 감내할 수 있는 실업률(자연 실업률)이 얼마나 높은지 판단하기는 어렵지만 최소한 실업률이 더 올라가지 않도록 조치하는 것은 필요한 선택이다. 현재 중국의 도시 등록 실업률은 4%~5%이다.(사회 조사 실업률은 약간 높을 수도 있음) 현 단계 농촌 노동력의 비농업산업으로의 이전 속도와 현재 도시 노동력의 매년 신규 증가 규모, 기존 노동력 취업 임금의 실제 성장폭(주민소득과 GDP성장속도의 동시화를 보장함) 등을 제약조건으로 볼 때 2015년 중국 경제 성장률이 6.5% 이상에 달하기만 하면 취업목표를 실현할 수 있다.[82] 이에 따라 우리는 목표 성장률 구간(즉 6.5%, 8.5%) 수치를 얻어낼 수 있다. 중국이 2020년에 이르러 샤오캉사회를 전면 실현하고 GDP수준을 불변가격으로 계산하여 2010년의 2배로 끌어올리는 등 목표와 요구를 고려하면 연평균 경제성장률은 7.2%에 도달하여야 한다. 실제로 지난 4년간 경제성장률은 성장 목표가 요구하는 평균 성장률보다 높았으며, 향후 6년간 예정된 2배 성장목표 시간표가 여전히 2020년으로 바뀌지 않는다고 가정할 때 연평균 성장률이 6.8%에 접근하기만 하면 목표를 달성할 수 있다.(정확하게는 연평균6.73%임) 이에 따라 중국은 상한선 8.5%, 중간선 6.8%, 하한선 6.5%의 범위 내에서 거시경제 성장률 목표치를 조정하고 이를 바탕으로 거시경제정책의 긴축과 완화 강도를 조절할 수 있다.

거시경제정책의 완화와 긴축을 결합한 조합방식의 강도를 적절하게 통제하려면 경제성장 정책목표의 상한선과 하한선을 합리적으로 확정해야 할 뿐만 아니라 경제 불균형의 단계별 변화 특징에 맞추어 정책 간 완화와 긴축을 결합한 조합방식의 방향을 조절할 필요가 있

---

82) 류웨이(劉偉)·쑤젠(蘇劍), 「취업 각도에서 본 중국 경제 목표 성장률의 확정」, 『중국은행업』 2014년 제9호를 참조하라.

다. 실증연구에 따르면 위기가 닥쳤을 때 확장적인 재정정책은 단기적인 경제성장에 뚜렷한 효과가 있어 경기침체를 완화시킬 수 있지만 위기 극복 후의 장기적인 성장에는 효과가 없을 뿐만 아니라 심지어 부정적인 영향을 끼칠 수 있다. 특히 적자에 따른 인플레이션 압력이 점차 나타나기 시작할 것이다. 그리고 확장적인 통화정책은 위기 충격 하에서 단기간 내에는 성장을 견인하는 역할이 뚜렷하지 않으며 가격에 대해서만 긍정적인 작용을 하기에 위기 충격 하에서의 디플레이션을 완화시킬 수 있지만 위기 이후 장기간의 인플레이션에는 뚜렷한 효과가 없다.[83] 따라서 만약 경제 위기 충격 이후의 회복기에 인플레이션과 '하행'의 이중위험(이른바 '스태그플레이션'과 비슷함)이 존재한다면 재정정책과 통화정책의 완화와 긴축을 결합한 조합방식을 취할 경우 완화와 긴축의 조합방향에 대해 일정한 조절을 거쳐야 한다. 위기 충격 하에서는 가급적 확장적인 재정정책을 위주로(성장을 자극함) 하고 지나치게 확장적인 통화정책을 취해서는 안 된다.(성장을 견인하는 역할을 하지 않음) 위기 이후의 회복기에는 재정정책의 확장 강도를 가급적으로 제때에 낮춰야 한다.(장기적인 성장에 대해 뚜렷한 역할을 일으키지 못하고 오히려 인플레이션의 압력을 초래할 수 있음) 통화정책은 적당한 완화책을 고려할 수 있다.(위기 후의 장기적인 인플레이션 수준에 뚜렷한 영향이 없거나 또는 융자비용을 낮추어 시장 주체가 활력을 회복하도록 자극할 수 있음) 그렇기 때문에 위기 극복을 위해 더욱 적극적인 재정정책과 적당히 완화된 통화정책을 취한 것은 정확한 선택이었다. 통화정책이 느슨하여야 하는지 여부에 대한 토론은 필요하다. 특히 지나치게 확장적인 통화정책에 대해서는 더욱 검토할 필요가 있다. 왜냐면 이때 시장은 통화가 필요

---

83) 마용(馬勇)·천위루(陳雨露), 「통화정책 및 재정정책 후속 효과 평가: 40차례 은행 위기 견본」, 『개혁』 2012년 제5호를 참조하라.

없기 때문이다. 특히 그때 당시 중국은 경제 불균형 상태에서 실물경제의 유효 통화수요가 부족하기 때문이다. 전면적인 위기 극복 정책의 궤도에서 퇴출한 후, 재정정책을 '보다 적극적' 이던 데서부터 '적극적' 인 것으로 전환하고 확장 강도를 낮춰 인플레이션의 심각한 침체를 방지하는 것은 필요한 일이다. 그러나 적당히 느슨한 통화정책이 안정(긴축)적인 통화정책으로 역전하는 것에 대해서는 검토할 필요가 있다. 느슨한 통화정책은 위기 이후 장기적인 회복 과정에서 인플레이션에 대해 뚜렷한 역할을 일으키지 못하지만 기업의 시장 활력을 향상시키는데는 촉진작용을 일으킬 수 있다. 긴축적인 통화정책은 시장 활력의 회복을 억제할 수 있고 기업 융자비용을 높일 수 있으며 기업의 수요를 억제함으로써 정부의 철회를 더 어렵게 만든다. 따라서 이중위험에 직면하고 더욱이 '하행' 이 점차 가중되는 조건 하에서 안정적인 재정정책과 적극적인 통화정책의 긴축과 완화을 결합한 조합방식이 어쩌면 더 적합할 수 있고 긴축 강도를 효과적으로 조정하는데도 더 유리할 수 있다.

사실상, 완화와 긴축을 결합한 조합방식의 균형을 합리적으로 통제하더라도 경제의 불균형을 극복함에 있어서 총량 정책의 역할은 어쨌든 제한적이다. 특히 완화와 긴축을 결합한 거시적 정책이 이중위험 사이에서 꾸준한 조정을 통해 불균형을 완화시킬 수 있을지라도 총량 불균형에 따른 심층 차원의 구조적 모순을 근본적으로 완화하기는 어려우며 구조적 불균형의 완화는 발전방식 전환을 통해 실현하여야 한다. 발전방식의 전환에 힘쓰는 기본 목적(주공격 방향)은 구조의 업그레이드를 추진하는 데 있다. 그리고 발전방식 전환의 근본은 기술혁신과 제도혁신을 포함한 혁신에 있으며 그중에서도 제도가 기술보다 더 중요하다. 그래서 제도혁신이 특히 관건이다. 제도혁신을 통해 공평성과 효율성을 향상시킬 수 있다. 중국 현 단계 제도혁신에 포함된 기본적인 역사적 내용은 다음과 같다. 한편으로는 사회주의 시장경제 체제 개혁을 전면적으로 심화하여 자원배치에서 시장 메커니즘이 확실히 결정적인 역할을 하도록 이끌어야 한다. 동시에 정부가 거시적 조정과 시장 기능상실, 사회발전 등 분야에서 확실하고 효과적이며 규범적으로 불가결한 역할을 발휘하도록 함으로써 정부와 시장의 상호관계를 확실하게 조율하는 것이 그 체제의 관건이다. 다른 한편으로는 의법치국(법에 의해 나라를 다스림)을 전면적으로 추진하고 민주화와 법제화를 추동하며 공정하고 완비된 시장경쟁질서를 유지함으로써 사회주의 시장경제가 확실하게 법치경제가 되도록 하는 한편, 사회주의 민주화를 정부 권력의 기반으로 삼고 사회주의 법제화를 정부 권력의 구속력으로 간주하여야 한다.[84] 사실상, 이른바 '중진국 함정' 국가의 경험을 요약해보면 알 수 있다시피, 비록 다방면의 매우 심각한 원인이 있지만 가장 두드러진 원인은 다음과 같은 몇 가지로 귀납할 수 있다. 경제제도면에서, 자원배치의 시장화 수준이 낮고 시장이 자원배치에서 진정으로 결정적인 역할을 발휘하지 못하고 있어 시장 기능상실 현상이 보편적이고 심각하며 자원배치권리가 정부부서에 집중되어 있다. 정치제도면에서, 법제화 수준이 낮고 민주화와 법제화가 심각하게 후진 탓에 정부의 중앙 집권은 민주의 지지뿐만 아니라 법제의 규범도 결여되어 있어 정부 관리들의 수중에 집중된 권력이 '남용' 될 수 있다. 따라서 기업이 모종의 자원을 얻고 모종의 기회를 얻고자 할 경우 시장 경쟁 경로를 통해 얻을 수 없고(시장 기능 상실) 정부와의 협상을 통해 관리를 '설득' (정부 집권)하여 비준을 얻어내는 방법을 통해야만 한다. 그리고 정부 관리를 설득하는 가장

---

84) 류웨이(劉偉), 「시장경제질서 및 법률제도와 법률정신」, 『경제연구』 2015년 제1호를 참조하라.

효과적인 수단은 바로 '지대 추구'(금권거래)로서 이에 따라 정부 관리의 권력이 또 '남용' 될 수 있다.(민주 법제의 제약을 받지 않음) 이러한 제도적 결함은 이들 나라의 자원배치가 공평하지 못하고 또 비효율적인 상황을 초래하게 되며 시장경쟁의 법칙에 따르지 않고 시장경쟁에서 효율성의 높고 낮음을 자원배치의 근거로 삼지 않으며 '부패지수'(지대 추구 강도)를 근거로 하는 결과를 초래하게 되어 자원배치의 효율 제고라는 제도적 기반을 근본적으로 무너뜨릴 수밖에 없다. 정부 권력이 집중되어 있고 민주 법제의 제약을 받지 않으며 금권거래가 보편적으로 존재하는 현상 자체가 공평 경쟁 질서와 법제사회 건설을 근본적으로 파괴하는 것이다. 공정성과 효율성의 원칙이 모두 근본적으로 파괴되고 와해된 제도 안에서 사회는 혁신력을 갖추기 어렵다. 사람들에게는 혁신에 대한 압력도 혁신을 위한 원동력도 없게 되며 혁신에 대한 추구도 혁신에 필요한 환경도 마련되어 있지 않다. 중등소득 단계에 진입한 후, '중진국 함정' 의 도전과 새로운 단계의 사회 경제 발전 조건의 심각한 변화에 직면한 이들 국가는 적응에 어려움을 겪게 되고 그 발전방식에 전환의 동력이 부족하게 되며 일련의 심층적인 구조적 모순을 완화할 수 없다. '중진국 함정' 에 빠진 대표적인 국가(예를 들면 '라틴아메리카의 소용돌이', '동아시아 거품', '서아시아와 북아프리카의 위기' )의 역사와 현실이 이를 증명해 주고 있다.[85] 따라서 중국의 사회 경제가 지속 가능하고 건전하며 조화로운 발전을 실현하려면 제도혁신이 근본이며 제도혁신의 관건은 사회주의경제의 시장화와 법제화이다.

---

85) 류웨이(劉偉), 「'중진국 함정' 에서 벗어나는 관건은 발전방식 전환이다」, 『상하이행정학원 학보』 2011년 제1호를 참조하라.

# 제4장
## 경제성장 과정에서 산업구조의 변화

### 제1절 새 시기 이래 산업구조 변화의 단계별 특징

한 국가 또는 경제의 산업구조(industrial structure)는 점유하는 자원과 창출되는 제품의 다양한 산업 간의 분포로 정의할 수 있다.[86]

산업구조는 산업(industry)의 차원에서 연구하는데, 즉 생산 분야에서 여러 산업(혹은 업종, 부문이라 함)의 활동과 그 분포가 전체 국민경제 활동에 미치는 영향을 고찰한다. 개혁개방 이래 30여 년에 걸친 고속 성장은 중국을 가난하고 후진 저소득 국가로부터 경제 총량이 세계 앞자리를 차지하고, 일인당 국민소득이 세계 중등 소득 수준에 도달한 국가로 성장시켰다. 구체적인 지표로 측정해 볼 때 경제성장은 GDP의 지속적인 확대로 반영된다. 그러나 성장 과정에서 산업별 확장은 불균형적이며 이는 산업구조의 변화로 이어졌다. 페디-클라크 법칙에 따르면 경제가 발전함에 따라 1차 산업의 규모와 노동력이 차지하는 비중은 점차 줄어들고 2차 산업의 규모와 노동력이 차지하는 비중은 점차 상승한다. 경제가 더 발전함에 따라 3차 산업의 규모

---

86) See Simon Kuznets, "National Income and Industrial Structure", Econometrica, Vol. 17, Supple-ment: Report of the Washington Meeting(Jul.,1949), pp. 205-241.

와 노동력이 차지하는 비중이 상승하여 궁극적으로는 3차 산업이 가장 큰 비중을 차지하고 2차 산업이 그 버금가며 1차 산업의 비중이 가장 작은 산업구조가 형성될 것이다.[87] 해당 법칙은 이미 세계 각국의 경제 발전 역사가 입증해주고 있으며 선진국의 산업구조 변화는 거의 모두 이 같은 루트를 따라 발전하였고 궁극적으로 3차 산업을 위주로 하는 산업구도를 형성하였다.

페디 - 클라크 법칙은 산업구조에 대해 고도로 개괄적인 분류를 진행하였을 뿐이며 그 변화의 장기 추세를 제시하였다. 산업구조의 변화는 국가별, 경제체제별, 경제발전 단계별로 다른 특징을 나타낼 수 있다. 만약 산업을 더 세분화하고 여러 산업의 생산 활동과 상호 연관성을 진일보 고찰한다면 더 많은 분석적 결론을 도출해낼 수 있다. 중국은 개혁개방 특히 21세기 들어선 이래 산업구조의 변화가 바로 그러하였다. 개혁개방 이후 가난한 개발도상국으로서 중국은 10억 명이 넘는 인구의 의식주 문제를 해결하기 위해 1차 산업을 먼저 발전시켰다. 그 후 중국은 계획경제에서 시장경제로 전환하는데 10년 이상이 걸렸으며 전환 과정에 경제성장을 달성하고 계획경제하에 왜곡된 산업구조를 개선하였다. 이러한 개선에는 적어도 두 가지 주요 측면이 포함된다. 첫째, 각 산업의 성장은 생산성이 지속적으로 개선되는 조건하에 계획경제에서의 관리의 의지가 아니라 사회의 최종 수요를 충족시켜야 하며 자원배치에서 효율성과 잠재력이 높은 산업에 우선 발전 기회가 부여된다. 둘째, 시장이 점차 자원배치의 주요 동력이 되고 있으며, 이는 다양한 종류의 상품, 서비스 및 생산요소의 가격 변화 또는 수급관계가 자원배치에서 기본적이고 중요한 부분이 될 것이라는 신호를 방출한다. 이러한 변화를 통해 다양한 산업의 증가치와

---

87) 류웨이, 『공업화 과정에서의 산업 구조 연구』 중국인민대학출판사 1995년판을 참고하라.

GDP에서 차지하는 비중은 여러 산업 부분이 국민경제에서 차지하는 위치와 상호 연관성을 객관적이고도 현실적으로 반영할 수 있다. 통상적으로 국민경제 계산에서 경제성장과 여러 부문의 성장은 비교 가능한 가격으로 측정되는 반면, 산업구조의 변화는 현행가격으로 측정되므로 산업구조의 변화는 실제 성장(각 부문의 효율성 향상을 반영함)뿐만 아니라 수요와 공급의 변화로 인한 각 산업의 일반적인 가격수준 변화의 영향을 받는다. 시장화 개혁 이후 각 산업의 증가치와 국민경제에서 차지하는 비중이 현행가격에 반영되어야만 상기 두 가지 요소가 산업구조에 미치는 영향을 과학적으로 반영할 수 있다. 20세기 90년대 중반, 중국은 경제체제 개혁의 목표로 사회주의 시장경제 체제 확립을 명확히 제기하였다. 사회주의 시장경제 체제의 틀은 기본적으로 21세기에 접어들면서 확립되었고 그 결과, 공업화가 가속화되는 새로운 경제성장 주기가 시작된 2003년부터 중국의 산업구조 변화는 더 이상 다양한 부문의 경제활동과 그들의 상호관계를 왜곡하여 반영한 것이 아니라 산업구조의 현황과 발전변화를 보다 객관적으로 반영하였다. 우리는 중국 경제 개혁 및 발전의 다양한 역사적 단계와 다양한 산업 부문의 실제 성장 및 가격 변동을 고려하여 개혁개방 이후, 특히 21세기에 진입한 후의 중국 산업구조의 변화와 그 특징을 분석할 예정이다.

또한 페디 - 클라크 법칙에서 알 수 있다시피, 각 산업의 생산가치와 상호관계의 변화는 산업구조 변화의 한 측면일 뿐이며, 우리는 이를 좁은 의미에서의 산업구조의 변화로 정의할 수 있지만 넓은 의미에서는 취업 구조의 변화도 포함된다. 우리는 경제활동이 계속 균형을 이룸에 따라 이 두 구조의 변화가 결국 수렴되는 것을 보게 될 것이다. 즉, 취업 구조가 결국 가치구조에 근접하게 될 것이다. 그러나 개발도상국, 특히 성장이 가속화되고 있는 신흥공업국의 경우 가치구조의 변화가 취업 구조의 변화를 선행하고 견인할 것이며, 이러한 변화 과정에서 노동생산성이 높은 산업 부문이 우선적으로 성장할 것이다. 우리는 이 두 가지 구조 변화의 특징과 중국 경제성장, 취업 및 소득 분배 개선에 대한 기여도, 그리고 발전의 문제점을 분석할 예정이다.

이를 바탕으로 중국 경제성장의 산업구조 변화를 세계 다른 국가와 동적 및 정적 비교를 진행할 계획이다. 개혁개방 이래 중국이 경제성장에서 이토록 큰 성과를 거둘 수 있었던 것은 산업구조의 업그레이드가 중국 경제발전과 국제 시장의 요구 사항에 맞게 조정되었고 이로 중국의 경제성장을 이끌었기 때문이다. 국제 비교를 통해 알 수 있다시피 한편으로, 중국 산업구조의 변화와 업그레이드는 경제성장과 발전의 보편적 법칙에 부합되어야 하므로 우리는 구조조정이 현대화 목표에 더 잘 부합할 수 있도록 다른 나라의 경험을 연구하고 본받아야 한다. 다른 한편으로는, 중국의 경제성장에도 고유한 특성이 있는 바 우리는 천연자원, 인적자원 및 생산 요소 등 비교 우위를 활용하고 현재의 유리한 기회를 잘 포착하여 우위 산업을 발전시켜야 한다. 이를 통해 중국의 산업 발전과 구조적 변화가 안정적이고도 비교적 빠른 경제성장과 경제발전의 요구 사항을 충족시키도록 해야 한다.

## 1. 총량 성장과 물가 디플레이터

불변가격에 따라 계산할 때, 2014년 중국의 GDP는 1978년보다 28배 증가하였으며, 연평균 경제 성장률은 9.70%로 같은 시기 세계에서 가장 빠른 성장률을 기록하였다. 현행가격에 따라 계산할 때, 2014년 중국의 GDP는 63조 6천500억 위안으로 1978년(3천645억 위안)의 174.62배에 달하였다. 이는 현행가격에 따라 계산한 지수가 실제 성장률 외에 물가 변동의 영향도 받는다는 점을 말해준다. 현행가격과 불변가격에 따라 계산한 결과를 비교하면 해당 시기 현행가격 GDP에 근거하여 계산한 GDP 변동에 포함된 물가 변동의 영향은 6.23배이고, 연평균 증가율은 5.22%이다. 고속 경제성장의 맥락에서 다양한 상품, 서비스 및 생산요소의 비교가격 간의 관계는 끊임없이 변화하고 있으며 아울러 경제활동에 필요한 통화 공급도 지속적으로 늘어나고 있다. 이는 경제성장의 요구를 충족시키기 위해 객관적으로 총가격수준의 상승을 요구한다. 그러나 성장률과 가격 변동 폭은 국민경제의 다양한 산업 부문에 따라 다르며, 이 두 가지 종합 변동의 결과는 현행가격에 반영된 다양한 산업 부문의 증가치와 국민경제에서 차지하는 비중의 변화, 즉 산업구조의 변화를 초래하였다.

경제성장은 생산성이 지속적으로 향상된 결과이며, 기술 진보의 관점에서 보면 이 같은 효율의 향상은 다음과 같은 2가지 측면에서 나타난다. 첫째, 기술 진보 없이 투입 증가에 따른 산출 확대를 통해 생산 활동의 시간 효율을 높이고 둘째, 기술 진보를 통해 생산요소(자본·노동력·토지·에너지·원자재 등을 포함함) 산출량을 늘리는 방식으로 생산 활동의 기술 효율을 제고하는 것이다. 상기 두 가지 유형의 효율 향상은 별개로 구분되는 것이 아니라 오히려 서로 얽혀 있으며 함께 경제성장에 기여한다. 개혁개방 이후 경제성장은 중국 경제 및 사회 발전의 가장 중요한 목표로 되었다. 농촌 경제체제 개혁, 국유기업 및 재산권 시장 개혁, 금융 시스템 개혁, 사회주의 시장경제 구축, 정부 직능 개선 등 우리가 도입해 온 개혁은 실제로 중국의 생산성을 꾸준히 향상시키고 경제성장을 촉진하고 있다. 제도 혁신의 관점에서 볼 때, 경제성장에서 아래와 같은 2가지 목표를 실현해야 한다. 첫 번째는 경제발전의 다양한 단계에서 관리자, 생산자, 노동자의 생산 적극성을 극대화하는 것이다. 효율 향상은 무엇보다도 사람에게 달려 있기 때문이다. 두 번째는 여러 가지 자원의 합리적인 배치를 달성하기 위한 메커니즘을 구축하는 것이다. 오랜 탐색 끝에 마침내 우리는 세계 각국의 선진 경험을 바탕으로, 중국의 구체적인 상황과 결부시킨 사회주의 시장 경제체제를 확립하기로 결정하였다. 이를 바탕으로 시장 질서를 지속적으로 개선하여 시장화 과정을 더욱 추진하였다. 이제 중국에서는 가격과 시장이 자원 배치를 이끄는 주요 동력이 되었으며, 시장을 기반으로 한 정부의 거시적 조정 및 행정 수단은 자원 배치를 한층 개선하였다. 기술 발전의 관점에서 보나 제도 혁신의 관점에서 보나 개혁개방 이후 중국의 경제성장은 지속적인 생산성 향상에 기반을 두고 있다. 개혁개방 초기에는 시간 효율 향상에 더 많은 관심을 기울였다면 현 단계에서는 생산요소의 효율 향상 방법에 더 많은 관심을 기울이고 있다. 우리가 말하는 경제성장과 경제발전 방식의 전환은 이를 바탕으로 제기한 것이다. 생산성 향상은 총량 문제일 뿐만 아니라 구조 문제이기도 하다. 국민경제의 생산성을 높이기 위해 한편으로는 각 산업부문의 생산성(성장률, 노동 생산율, 요소 생산율 등)을 향상시키고 다른 한편으로는 생산성이 높은 산업부문이 국민경제에서 차지하는 비중을 늘려야 한다. 개발도상국, 특히 공업화 과정에 있는 신흥국은 다양한 산업부문 간의 합리적인 자원 배치에 더 많은 관심을 기울여 생산성이 비교적 높고 개선 가능성이 큰 부문의 우선적이고 비교적 빠른 성장을 촉진하고 또 이로써 다른 산업부문의 발전을 이끌어야 한다. 그러나 경제발전 단계에 따라 생산성이 높고 개선 가능성이 큰 산업 또는 부문이 다를 수 있으므로 경제성장의 이슈는 기간마다 다를 수 있다. 수급관계의 차이와 변화로 인해 여러 산업과 제품 간의 가격 관계도 끊임없이 변화하게 된다. 산업구조의 변화는 실제로 효율의 원칙에 따라 각 산업부문의 성장률과 수급관계가 국민경제에 미치는 복합적인 영향을 반영하였다. 따라서 간단히 국민경제의 총량 확장 정도를 연구하려면 국민경제 및 다양한 산업부문의 성장에서 가격 요인을 공제해야 한다. 그러나 다양한 산업부문의 구조적 변화도 연구하려면 물량과 가격 변화의 복합적인 영향을 고려하고 분석해야 한다.

국민경제 계산에서 GDP 가격 변화를 직접 반영하는 지수를 은재적 GDP 물가 디플레이터(Implicit Price Deflator for GDP)라고 한다. '은재적(Implicit)'이라 부르는 이유는 일부 국가에서 GDP 계산 결과를 발표할 때 이 지수를 직접 발표하지 않기 때문이다. (중국도 이 지수를 발표하지 않음) 그러나 현행가격 GDP의 동적 비교 결과(여기서는 GDP 가치 지수라고 함)와 GDP 지수(가격 요소를 제거한 동적 비교 결과) 간의 추가 비교를 통해 국민경제 및 여러 산업의 가격 변화를 반영할 수 있다.

전반 국민경제의 차원에서 고려할 때 총가격수준의 변화가 CPI가 측정하는 결과와는 차이가 있다. CPI는 생산자 물가의 움직임을 반영하지 않지만 은재적 GDP 물가 디플레이터에는 두 가지 변동이 모두 포함되므로 최근 몇 년 동안 중국의 물가 수준 변동에서 알 수 있다시피, 생산자 물가 변화가 소비자 물가 변화보다 클 때 은재적 GDP 물가 디플레이터는 CPI보다 크다. 개혁개방 초기, 우리는 우선 소비품 물가 체계를 개혁하였다. 소비자 물가 변동이 커지면서 CPI가 은재적 GDP 물가 디플레이터보다 더 큰 상황이 발생하였다. 경제 운행에서 가격 전달 메커니즘이 개선되면 생산자 물가 파동과 소비자 물가 파동 간의 격차가 줄어들고 CPI, PPI(생산자물가지수)와 은재적 GDP 물가 디플레이터의 격차도 줄어들 가능성이 있다. 표 4-1에서 볼 수 있다시피, 개혁개방 초기인 1978년부터 2014년까지 중국의 장기 연평균 경제 성장률은 9.7%인 반면, 전반 국민경제의 장기 연평균 물가 변동률은 5.4%였다. 그러나 그림 4-1에서 볼 수 있다시피, 두 가지 변화의 표현은 다소 차이를 보였는데 경제 성장률은 장기적으로 10%에서 오르내렸지만 총가격수준의 변화는 비교적 뚜렷하게 두 단계로 나누어져 있었다. 1985년부터 1994년까지 꾸준히 상승곡선을 그렸으며 경제 성장률이 비교적 낮았던 1990년과 1991년에도 성장폭이 5%를 상회하였다. 그러나 1997년부터는 총가격수준의 성장폭이 현저히 낮아져 일반적으로 인플레이션이 매우 높다고 여겨지던 2007년, 2008년, 2011년에는 증가율이 8% 미만이었다. 개혁개방 초기와 중기에 비해 인플레이션에 대한 사람들의 관용도가 갈수록 낮아지고 있으며 국가는 거시적 조정 과정에서 인플레이션에 점점 더 많은 관심을 기울이고 있다. 이는 중국의 시장화 수준이 뚜렷하게 향상되었음을 말해준다. 물론 선진 시장경제에 비해 현재 중국의 일반 총가격수준의 변동성은 여전히 높은 편이다. 이는 한편으로는 비교적 높은 성장률이 일정량의 가격 상승을 동반한다는 점을 말해주며 다른 한편으로는 총가격수준의 변화를 조정하기 위한 지표로 CPI만을 사용하는 것은 현재 중국의 거시경제 조정 단계에서 충분하지 않다는 점을 시사한다. 현재 중국의 경제성장이 투자를 견인하는 뚜렷한 특징을 보이고 있기 때문에 CPI에 반영되는 총가격수준의 변화가 지연될 가능성이 있다. 때문에 총가격수준의 변화를 관찰할 때는 CPI뿐만 아니라 은재적 GDP 물가 디플레이터도 중요한 참고 수단으로 사용해야 한다.

표 4-1 1978~2014년 중국 GDP 가치지수와 디플레이터

| 연도 | GDP(조원) | GDP 가치지수<br>(전년도=100) | GDP 지수<br>(전년도=100) | 은재적 GDP 물가 디플레이터<br>(전년도=100) |
|---|---|---|---|---|
| 1978 | 3 645.2 | — | — | — |
| 1979 | 4 062.6 | 111.4 | 107.6 | 103.6 |
| 1980 | 4 545.6 | 111.9 | 107.8 | 103.8 |
| 1981 | 4 891.6 | 107.6 | 105.2 | 102.3 |
| 1982 | 5 323.4 | 108.8 | 109.1 | 99.7 |
| 1983 | 5 962.7 | 112.0 | 110.9 | 101.0 |
| 1984 | 7 208.1 | 120.9 | 115.2 | 104.9 |
| 1985 | 9 016.0 | 125.1 | 113.5 | 110.2 |
| 1986 | 10 275.2 | 114.0 | 108.8 | 104.7 |
| 1987 | 12 058.6 | 117.4 | 111.6 | 105.2 |
| 1988 | 15 042.8 | 124.7 | 111.3 | 112.1 |
| 1989 | 16 992.3 | 113.0 | 104.1 | 108.5 |
| 1990 | 18 667.8 | 109.9 | 103.8 | 105.8 |
| 1991 | 21 781.5 | 116.7 | 109.2 | 106.8 |
| 1992 | 26 923.5 | 123.6 | 114.2 | 108.2 |
| 1993 | 35 333.9 | 131.2 | 114.0 | 115.1 |
| 1994 | 48 197.9 | 136.4 | 113.1 | 120.6 |
| 1995 | 60 793.7 | 126.1 | 110.9 | 113.7 |
| 1996 | 71 176.6 | 117.1 | 110.0 | 106.4 |
| 1997 | 78 973.0 | 111.0 | 109.3 | 101.5 |
| 1998 | 84 402.3 | 106.9 | 107.8 | 99.1 |
| 1999 | 89 677.1 | 106.2 | 107.6 | 98.7 |
| 2000 | 99 214.6 | 110.6 | 108.4 | 102.1 |
| 2001 | 109 655.2 | 110.5 | 108.3 | 102.1 |
| 2002 | 120 332.7 | 109.7 | 109.1 | 100.6 |
| 2003 | 135 822.8 | 112.9 | 110.0 | 102.6 |
| 2004 | 159 878.3 | 117.7 | 110.1 | 106.9 |
| 2005 | 184 937.4 | 115.7 | 111.3 | 103.9 |
| 2006 | 216 314.4 | 117.0 | 112.7 | 103.8 |
| 2007 | 265 810.3 | 122.9 | 114.2 | 107.6 |
| 2008 | 314 045.4 | 118.1 | 109.6 | 107.8 |
| 2009 | 340 902.8 | 108.6 | 109.2 | 99.4 |

| | | | | |
|---|---|---|---|---|
| 2010 | 401 512.8 | 117.7 | 110.4 | 106.6 |
| 2011 | 473 104.0 | 117.8 | 109.3 | 107.8 |
| 2012 | 519 470.1 | 109.8 | 107.7 | 101.9 |
| 2013 | 568 845.2 | 109.5 | 107.7 | 101.7 |
| 2014 | 636 463.0 | 111.9 | 107.4 | 104.2 |

주 : 2014년 GDP 데이터는 국가통계국 연도 보고서에서 얻은 데이터이고 기타 기본 데이터는 「중국 통계연감 2014」를 참고하라.

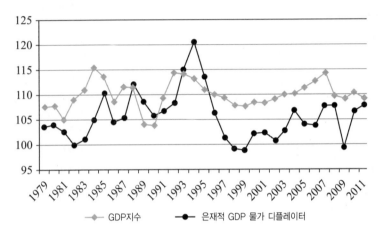

그래프 4-1 1979~2011년 중국 GDP 지수와 은재적 GDP 물가 디플레이터

개혁개방 이후의 장기적인 발전에서 볼 때, 중국의 총가격수준과 경제성장 사이에는 지연되는 정상관관계가 있으며, 경제 성장률이 상승하면 은재적 GDP 물가 디플레이터에 반영된 인플레이션율이 상승하고, 반대로 경제 성장률이 하락하면 인플레이션율도 하락된다. 경제성장과 총가격수준의 변동 측면에서 개혁개방 이후의 경제성장은 크게 두 단계로 나눌 수 있다. 첫 번째 단계는 시장화 개혁이 이루어진 20세기 마지막 20년인데, 이 단계는 경제성장과 총가격수준 모두 변동폭이 아주 컸다. 두 번째 단계는 21세기 들어선 후 비교적 안정적으로 성장한 시기로, 이 단계는 경제 성장률이나 인플레이션율 모두 변동폭이 대폭 축소되었다. 중국 경제체제 개혁의 핵심이자 목표는

사회주의 시장경제를 확립하는 것이다. 1980년대에는 아직 이러한 목표를 명확히 제기하지는 않았지만 실제로 이 방향으로 노력을 해왔다. 가격 체제 개혁은 이러한 개혁의 돌파구였으며, 이는 훗날 재산권 제도 개혁과 다른 생산 요소의 시장화 개혁을 추진하였다. 가격 체제 개혁과 그에 따른 경제 개혁(예하면 기업의 자주권 확대 개혁, 소득 분배 제도 조정 등)은 이미 심각하게 왜곡된 각종 상품과 요소의 가격 관계를 조정하여 당시 경제성장을 촉진하였다. 이는 개혁의 긍정적인 측면이었지만, 단기간에 총가격수준을 크게 끌어올리는 대가를 치르기도 하였다. 중국의 상품 가격 개혁은 소비재 개혁에서 시작되었기 때문에 이 시기 CPI 성장폭은 은재적 GDP 물가 디플레이터보다 더 컸다. 1990년대 이후 중국은 새로운 경제 성장기를 맞이하였고, 이 시기에 가격 체제 개혁의 주요 대상은 생산수단이었기 때문에 CPI 성장폭은 은재적 GDP 물가 디플레이터보다 작았다. 21세기에 접어든 2003년경, 중국은 개혁개방 이후 세 번째 가속 성장을 맞이하였다. 중국은 20세기와 21세기가 교체되는 시점에 기본적으로 상품 가격의 시장화가 이루어지고 사회주의 시장경제의 틀과 거시적 조정 시스템이 확립되어 총가격수준의 변동은 안정화되는 경향을 보였으며 10% 이상의 큰 변동이 더는 나타나지 않았다. CPI, PPI, 은재적 GDP 물가 디플레이터 간의 관계로 볼 때 이 시기의 경제성장은 투자가 견인역할을 하는 뚜렷한 특징을 보였기 때문에 PPI가 CPI보다 빠르게 상승하였으며 은재적 GDP 물가 디플레이터는 양자 사이에 처해 있었다. 이러한 관점에서 볼 때 CPI를 거시적 조정의 기본 지표로 적용하는 것은 편면적이며 특히 투자 상품이 부족하고 소비품 생산력 과잉이 나타날 경우 경제 형세를 오판할 수 있다. 이 점에서 중국의 상황은 시장경제의 역사가 길고 다양한 상품, 서비스 및 생산요소 간의 가격 전달 메커니즘이 잘 확립되어 있으며 다양한 제도에 의하여 소비자에 대한 보상 메커니즘도 보장되는 서구 선진국과는 다르다. 그러나 중국은 이러한 메커니즘이 아직 발전 및 개선 중에 있기 때문에 CPI를 사용하여 국민경제의 총가격수준 변화를 반영하는 데는 한계가 있다.

그래프 4—1에서 개혁개방 이후 중국의 경제성장과 총가격수준 간의 관계를 확인할 수 있으며, 이를 통해 볼 수 있다시피 1982년, 중국의 은재적 GDP 물가 디플레이터가 100 이하로 떨어졌다가 중국의 경제 성장률이 오르내리면서 점차 파상적으로 상승하기 시작하였는데 1985년의 110.2%, 1988년의 112.1%, 1994년의 120.6%의 세 차례 고점을 차례로 기록하였다. 그 후로 중국 경제의 성장률은 변동폭이 커 1984년과 1992년에는 14% 이상, 1987년과 1988년에는 11% 이상에 달하였지만 1989년과 1990년에는 고작 4.1%와 3.8%에 불과하였다. 표 4-1에서 알 수 있다시피, 1994년 이후 중국의 경제 성장률과 은재적 GDP 물가 디플레이터가 모두 하락하였는데 1999년 GDP 지수는 107.6%로, 은재적 GDP 물가 디플레이터는 98.7%로 하락하였다. 당시 중국이 외부로는 아시아 금융위기의 충격을 받고 있고 내부로는 국유기업의 경영난과 자연재해 등 요소의 영향을 받고 있어 그해 경제성장과 디플레이션에 영향을 미치겠지만 중장기 발전 측면에서 볼 때 하락은 단기적인 충격의 결과가 아니라 1994년 이후 중국 경제의 장기 조정의 결과이다. 2000년부터 중국 경제가 호전 조짐을 보였는데 경제 성장률이 증가하고 중국 경제가 디플레이션의 그늘에서 점차 벗어난 데서 체현된다. 이 과정은 2007년까지 줄곧 이어졌으며 그해 경제는 14.2% 성장하였고, 은재적 GDP 물가 디플레이터도 전년도의 103.8%에서 107.6%로 급격히 상승하여 경기 과열의 분명한 신호를 방출하였다. 가령 글로벌 금융위기가 없었더라도 중국 경제 자체는 조정이 필요했을 것이고, 글로벌 금융위기의 도래는 이 과정을 가속화 했을 뿐이다. 이 구간에서 중국 경제의 연평균 성장률과 안정성은 증가한 반면, 장기 은재적 GDP 물가 디플레이터는 개혁개방 이후 평균보다 1%포인트 하락하였다.

## 2. 개혁개방 이후 단계별 산업구조의 변화 특징

경제발전 수준이 비교적 낮은 대국의 경우 선진국 '초월' 목표를 실현하여야 한다. 우선 경제성장을 가속화하여 경제 성장률 측면에서 선진국을 따라잡거나 능가하고 다음 지속적인 발전을 통해 총량 측면에서 점차 따라잡아 궁극적으로 일인당 수준에서 초월하는 것이다. 그 당시 소련과 훗날의 일본 모두 이러한 노력의 과정을 거쳤다. 후진국에 있어 '초월' 과정이나 현대화 과정은 사실 공업화 과정이다. 이 과정에서 2차 산업, 특히 제조업이 비교적 빠르게 발전하고 이를 위해 서비스를 제공하는 3차 산업의 발전도 상응하게 촉진하게 된다. 이에 따라 1차 산업의 비중이 줄어들고 특정 발전 단계가 지나면 서비스 부문의 증가치 및 취업 비중이 1, 2차 산업을 추월하여 최대 산업 부문이 될 것이다. 지금까지 규모가 비교적 작고 국민경제 종류가 비교적 단일한 경제체를 제외한 세계 여러 나라의 경제발전과 산업구조의 업그레이드는 기본적으로 이러한 패턴을 따랐으며 중국의 경제 발전도 이를 증명하였다.

### (1) 1, 2, 3차 산업 분류 및 국민경제 부문 분류

산업구조 관련 연구는 국민경제 대비 생산 분야의 비례 관계로부터 착수하기 때문에 산업 분류도 생산 활동의 성격에 근거하여 진행하는 것이다. 윌리엄·페디 시대에는 현대의 정부 경제 통계가 아직 발전하지 않았으며 경제활동은 단순히 농업·공업·상업으로 분류되었다. 1, 2, 3차 산업의 개념이 아직 나타나지 않았지만 경제활동을 농업·공업·상업으로 구분하는 대체적인 분류는 이미 1, 2, 3차 산업 분류의 초기 형태를 갖추었다. 20세기 중반에 1, 2, 3차 산업의 개념이 명확하게 제기되어 널리 받아들여졌다. 1차 산업은 주로 자연계를 대상으로 하는 생산 활동을 의미하고 2차 산업은 인간의 생산 활동을 통해 얻은 공산품을 가공 및 재가공하는 것을 말하며, 3차 산업은 제조 완성된 제품의 최종 사용을 위한 서비스 또는 노동을 통해 소비자에게 직접 서비스를 제공하는 것을 가리킨다. 여기서 말하는 1, 2, 3차 산업은 사실상 이왕의 농업·공업·상업의 개념에 대한 확장이다. 현재 세계 각국에서 보편적으로 사용하는 국민경제 부문의 산업 분류는 사용되는 원료의 유사성, 생산과정의 유사성, 서비스 대상의 유사성을 근거로 한다. 두 가지 분류에 분류 경계가 모호한 문제가 존재한다. 예를 들어, 자연을 대상으로 하는 생산 활동인 광업 활동의 경우 그 성격으로 보면 1차 산업에 속해야 하지만 생산과정 측면에서 보면 제조업 활동과 더 비슷하기 때문에 학자마다 연구 과정에서 흔히 각자의 이해에 따라 광업을 각기 다른 산업으로 분류하는 경우가 많다. 실제 응용 차원에서 볼 때 1, 2, 3차 산업 분류는 경제학의 통계적 분류가 아니라 이론적 분류에 속하는 경우가 많다. 세계 각국은 정부 통계 실천에서 이러한 분류를 적용하는 경우가 극히 드물다. 통상적으로 국민경제 산업 부문 분류를 적용하는데 예를 들어, 북미 국가(미국·캐나다·멕시코)들이 생산법에 따라 발표한 GDP에 적용된 「북미 산업 분류 시스템(The North American Industry Classification System, NAICS)」이 바로 국민경제 산업 부문 분류에 속한다. (표 4-2 참고).

## 표 4-2 2010년 미국 산업 분류별 증가치

| 산업 명칭 | 증가치(백만 달러) |
|---|---|
| 국내총생산(Gross domestic produc) | 145,265 |
| 민간 기업계(Private industries) | 125,580 |
| 농업 임업 어업 수렵(Agriculture, forestry, fishing, and huntin) | 1,570 |
| 광업(Mining) | 2,395 |
| 공공사업(Utilities) | 2,649 |
| 건축업(Construction) | 2,649 |
| 제조업(Manufacturing) | 17,019 |
| 도매업(Wholesale trade) | 7,973 |
| 소매업(Retail trade) | 8,849 |
| 운송과 창고저장(Transportation and warehousing) | 4,025 |
| 정보업(Information) | 6,235 |
| 금융, 보험, 부동산과 임대업(Finance, insurance, real estate, rental, and leasin) | 30,072 |
| 전문 및 상업 서비스(Professional and business service) | 17,828 |
| 교육 서비스, 건강 관심과 사회 협조(Educational services, health care, and social assistanc) | 12,723 |
| 예술, 오락, 레저, 숙박과 식품 서비스(Arts, entertainment, recreation, accommodation, and food service) | 5,558 |
| 정부 이외의 기타 서비스(Other services, except governmen) | 3,568 |
| 정부(Government) | 19,685 |
| 연방(Federal) | 6,496 |
| 주 및 지방(State and local) | 13,190 |

자료출처 : 미국 상무부 경제분석국(BEA) 사이트.

20세기 80년대 중반, 중국은 국민총생산의 4배 증가와 '3단계 발전' 전략을 제시하였다. 이러한 배경에서 중국의 경제 총량 통계가 계획경제 국가의 전통적인 재료제품 수지체계(MPS) 아래의 공업 및 농업 총생산액과 재료제품 국민소득 통계로부터 시장경제 국가에서 보편적으로 적용하는 국민경제계산체계(SNA) 아래의 생산법에 따른 국내총생산 통계로 전환되었지만 다수의 시장경제 국가와 달리 중국은 주로 1, 2, 3차 산업 분류를 적용한다. 이는 기존의 공업 및 농업 총생산액 통계에서 GDP 통계로의 전환이 비교적 원활하고 각급 지방 정부가 생산법에 따라 GDP를 계산할 수 있다는 장점이 있다. 당시의 계획 체제하에서 이는 상급 정부가 하급 정부의 실적을 평가할 수 있는 좋은 종합 지표를 제공하였다. 이밖에 1, 2, 3차 산업에 대한 분석은 경제학 연구에서 가장 보편적으로 사용되는 분류이기도 하다. 비록 단순하고 직관적이지만 종합적으로 개괄하면 생산 활동의 가장 기본적인 구조적 관계를 반영할 수 있다. 세계 표준에 부합될 뿐만 아니라 중국만의 특색을 띠고 있는 이러한 GDP 계산 또는 국민경제 계산은 중국 경제성장의 추측과 분석에 긍정적인 기여를 하였다. 그 후 20여년 동안 중국의 국민경제 계산은 상당한 발전을 가져왔다. 그러나 1, 2, 3차 산업의 분류를 기반으로 계산한 생산법 GDP는 항상 중국 국민경제 계산의 기본 흐름이었으며 이는 1, 2, 3차 산업을 기본 분류로 하는 산업구조 연구에 좋은 시계열 데이터를 제공하였다.

  2002년, 중국은 개정된 「국민경제업종분류」(GB/T4754－2002)를 발표하였다. 이 표준은 모든 경제활동을 20개 문류(門類, 한국표준산업분류의 '대분류'에 해당함), 95개 대류(大類, '중분류'에 해당함), 396개 중류(中類, '소분류'에 해당함) 및 913개 소류(小類, '세분류'에 해당함)로 구분하였다. (표 4-3 참고).

표 4-3 「국민경제업종분류」(GB/T4754－2002)

| | 대분류 | 중분류(개) | 소분류(개) | 세분류(개) |
|---|---|---|---|---|
| A | 농업·임업·목축업·어업 | 5 | 18 | 38 |
| B | 광업 | 6 | 15 | 33 |
| C | 제조업 | 30 | 169 | 482 |
| D | 전력, 천연가스 및 수도 생산과 공급업 | 3 | 7 | 10 |
| E | 건축업 | 4 | 7 | 11 |

| | | | | |
|---|---|---|---|---|
| F | 교통 운송, 창고저장과 우정업 | 9 | 24 | 37 |
| G | 정보전송, 컴퓨터 서비스와 소프트웨어 | 3 | 10 | 14 |
| H | 도매와 소매업 | 2 | 18 | 93 |
| I | 숙박과 요식업 | 2 | 7 | 7 |
| J | 금융업 | 4 | 16 | 16 |
| K | 부동산업 | 1 | 4 | 4 |
| L | 임대와 비즈니스 서비스업 | 2 | 11 | 27 |
| M | 과학연구, 기술 서비스와 지질탐사업 | 4 | 19 | 23 |
| N | 수리, 환경과 공공시설 관리업 | 3 | 8 | 18 |
| O | 주민 서비스와 기타 서비스업 | 2 | 12 | 16 |
| P | 교육 | 1 | 5 | 13 |
| Q | 보건, 사회보장과 사회복지업 | 3 | 11 | 17 |
| R | 문화, 스포츠와 오락업 | 5 | 22 | 29 |
| S | 공공관리와 사회조직 | 5 | 12 | 24 |
| T | 국제조직 | 1 | 1 | 1 |
| 합계(개) | 20 | 95 | 396 | 913 |

　　이로부터 알 수 있다시피 중국의 「국민경제업종분류」에서는 1, 2, 3차 산업의 분류를 취급하지 않았다. 그러나 GDP 계산 및 국민경제 계산의 맥락에서 중국의 통계 작업 현황과 거시적 경제 분석의 필요성을 고려하여 「국민경제업종분류」는 여전히 보류되었으며 가장 주요한 국민경제 부문(업종) 분류가 되었다. 2003년 국가통계국은 새로운 「1, 2, 3차 산업 구분 규정」을 제정하고 3급 분류의 방법을 채택하여 국민경제 업종에 대해 분류하였으며 1, 2, 3차 산업의 범주를 엄격히 확정하여 훗날 경제센서스 및 GDP 계산을 위한 분류의 기본 틀을 확립하였다. 1급 분류는 1, 2, 3차 산업의 분류이고 2급, 3급 분류는 각각 「국민경제 업종 분류」 중의 대분류(門類)와 중분류(大類)를 기반으로 한다. (표 4-4 참고)

표 4-4 2009년 중국 업종별 증가치

| 업종 | 증가치(억 위안) | 차지하는 비중(%) |
|---|---|---|
| 합계 | 340,902.8 | 100 |
| 1차 산업 | 35,226.0 | 10.3 |
| 농업 임업 목축업 어업 | 35,226.0 | 10.3 |
| 2차 산업 | 157,638.8 | 46.2 |
| 공업 | 135,239.9 | 39.7 |
| 광업 | 16,726.0 | 4.9 |
| 제조업 | 110,118.5 | 32.3 |
| 전력 천연가스 및 수도 생산과 공급업 | 8,395.4 | 2.5 |
| 건축업 | 22 398.8 | 6.6 |
| 3차 산업 | 148,038.0 | 43.4 |
| 교통 운송, 보관과 우정업 | 16,727.1 | 4.9 |
| 정보전송, 컴퓨터 서비스와 소프트웨어 | 8,163.8 | 2.4 |
| 도매와 소매업 | 28,984.5 | 8.5 |
| 숙박과 요식업 | 7,118.2 | 2.1 |
| 금융업 | 17,767.5 | 5.2 |
| 부동산업 | 18,654.9 | 5.5 |
| 임대와 비즈니스 서비스업 | 6,191.4 | 1.8 |
| 과학연구, 기술 서비스와 지질탐사업 | 4,721.7 | 1.4 |
| 수리, 환경과 공공시설 관리업 | 1,480.4 | 0.4 |
| 주민 서비스와 기타 서비스업 | 5,271.5 | 1.5 |
| 교육 | 10,481.8 | 3.1 |
| 보건, 사회보장과 사회복지업 | 5,082.6 | 1.5 |
| 문화, 스포츠와 오락업 | 2,231.0 | 0.7 |
| 공공관리와 사회조직 | 15,161.7 | 4.4 |

자료출처: 「중국통계연감 2011」

공업 증가치 통계는 중국 GDP 계산에서 중요한 부분을 차지한다. 중국 「국민경제 업종 분류」에서 '공업'이라는 대분류(門類)를 1994년에 폐지하고 광업, 제조업, 전기·가스·수도 생산 및 공급업을 직접 대분류로 하였다. 그러나 오늘날 중국에서는 공업 증가치가 여전히 널리 사용되고 있으므로 GDP 계산의 2급 분류에서 그 유별을 계속 보류하여야 한다. 그래서 광업, 제조업, 전기·가스·수도 생산 및 공급업을 3급 분류로 취급해야 하므로 새로운 국민경제 업종 분류에서 상기 세 대분류 중의 중분류를 4급 분류로 취급해야 한다. 그렇게 되어 세계 각국의 국민경제 업종 분류에서 보편적으로 대분류에 포함되어 있는 제조업 부문이 중국의 국민경제 계산 분류에서는 3급 분류로 되었다. 그렇게 하는 장점은 중국의 정부 관리와 대응됨과 아울러 통계 작업의 현황과 통계 데이터의 역사적 비교 가능성도 고려하였다는 점이다. 단점은 제조업, 건설업 및 공공사업 부문의 진척도가 GDP 진척 통계에 표시되지 않았다는 점이다. 그러나 경제센서스 연도에는 더 자세한 자료를 얻을 수 있어 GDP 계산에 따른 산업 부문 분류는 보다 세분화된다. 「국민경제 업종 분류」의 대분류는 직접적으로 채용되었으며 중분류도 보존되었다. 예를 들어 제조업 증가치는 다양한 유형의 제조업 증가치로 세분화되고 교통운송과 보관 및 우정업 증가치는 철도운송업·도로운송업·수상운송업·항공운송업·파이프라인운송업·창고저장업·우정업 등 업종의 증가치로 세분화된다. 이로써 이러한 데이터를 기반으로 산업구조를 더욱 심층적으로 분석할 수 있는 조건이 제공되었다. 표 4-4에서 알 수 있다시피, 중국의 국민경제 업종 분류에 따르면 제조업은 최대 생산 부문으로서 2009년 제조업 증가치가 GDP에서 차지하는 비중은 3분의 1에 육박하였다. 일반적으로 한 국가의 경제발전이 중진국 수준에 도달하면 제조업이 차지하는 비중은 이 수준보다 낮아지지만 이는 새로운 글로벌 제조 중심지이자 빠르게 성장하는 세계 최대 수출국인 중국의 공업화 과정 특성을 반영하는 것으로서 중국이 산업구조 업그레이드를 통해 경제성장에 더 많은 동력을 제공할 수 있음을 시사한다. 이로 볼 때 이는 매우 유용한 분류 데이터임이 분명하다. 그러나 이러한 데이터는 지금까지 발표가 지연되고 있다. 예를 들어, 2009년 데이터는 2011년 통계연감에서야 공개되는 데다가 불변가격에 따라 계산한 지수가 부족하고 시계열도 짧다. 그럼에도 불구하고 이는 중국 정부의 통계 작업의 진보를 의미한다. 정부의 통계 작업이 더욱 발전함에 따라 중국의 기본 흐름으로서의 생산법 GDP의 진행 데이터는 필연적으로 중국 특색인 1, 2, 3차 산업 분류를 유지하는 전제하에 보다 세분화된 국민경제 업종 분류로 확대될 것이며 이는 다양한 차원의 산업구조 분석을 위한 더 나은 데이터베이스를 제공할 것이다.

### ⑵ 개혁개방 후 5개 경제성장 단계

일반적인 시장경제 국가와 달리 중국 경제의 도약과 급속한 성장은 제도 전환의 배경하에 이루어졌다. 전통적인 계획경제 체제는 생산자와 노동자의 생산 적극성과 효율성을 속박하기 때문에 중국의 경제개혁은 처음부터 전반 국민경제의 효율성 향상이 특징이었다. 여기에는 성장의 시간의 효율성(명확한 경제성장 목표 설정을 통한 고성장 실현), 제도의 효율성(생산자와 노동자에게 생산 동기 부여), 기술의 효율성(장비 용량 개선 및 기술 진보 촉진), 관리의 효율성(경영관리 수준 향상) 및 시장의 효율성(자원 배치 최적화 등)이 포함된다. 오랜 시간 동안(심지어 지금까지도) 경제성장, 즉 GDP 성장은 중국 경제 및 사회 발전의 기본 목표였다. 이로 하여 많은 문제가 발생하였지만 중국의 장기적인 경제성장을 추진한 것만은 확실하다. 따라서 제도적 요인은 중국의 경제성장에서 매우 중요한 역할을 하였다.

제도 개혁의 단계적 특징과 경제성장의 주기적 특징을 바탕으로 개혁개방 이후부터 현재까지의 중국의 경제성장을 5단계로 나누어 살퍼보았다. (표 4—5 참조).

표 4-5 1978~2014년 GDP지수 및 1, 2, 3차 산업 증가치 지수(전년도=100)

| 연도 | GDP | 1차 산업 | 2차 산업 | 3차 산업 |
|---|---|---|---|---|
| 1978~1984년 평균 지수 | 109.2 | 107.3 | 108.9 | 111.9 |
| 1985~1991년 평균 지수 | 109.6 | 104.7 | 111.4 | 111.6 |
| 1992~2002년 평균 지수 | 110.2 | 103.8 | 112.7 | 110.3 |
| 2003~2011년 평균 지수 | 110.8 | 104.5 | 111.8 | 111.2 |
| 2012~2013년 평균 지수 | 107.6 | 104.2 | 107.7 | 108.1 |
| 1978~2014년 평균 지수 | 2,801.6 | 494.4 | 4,405.0 | 3,829.6 |
| 1978~2014년 평균 지수 | 109.7 | 104.5 | 111.1 | 110.7 |

자료출처: 「중국통계연감 2014」과 국가통계국이 발표한 관련 GDP 데이터를 바탕으로 추산함.

첫 번째 단계는 1978년부터 1984년까지인데 경제 개혁과 고속 성장의 시작 단계이다. 중국 공산당 제11기 중앙위원회 제3차 전원회의(이하 11기 3중 전회로 약칭)는 경제 건설을 중국 미래 발전의 중점으로 설정하였다. 농촌 경제체제 개혁의 전개와 심화는 훗날 중국의 개혁과 경제 건설을 위한 토대를 마련하였다. 첫 번째 단계는 경제성장의 시작 단계이다. 농촌 경제체제의 개혁과 함께 농업 부문이 가장 먼저 활성화되었고 이는 관련 산업의 발전으로 이어졌다. 그때 당시 배경하에 인민공사 체제로 인해 농민들의 생산 적극성이 큰 속박을 받아 1차 산업의 생산성, 특히 노동생산성이 줄곧 다른 산업에 비해 낮았지만 체제 혁신으로 농업 노동생산성이 빠르게 향상하였다. 이는 그 단계에 농촌 경제가 중국 생산력 중에서 가장 활약적인 부문이 되었던 근본적인 원인이다. 1981년부터 1984년까지 1차 산업은 4년 연속 7% 이상의 성장률을 유지하였다.(표 4-6 참고) 비록 2차, 3차 산업의 성장률과 비교하면 여전히 낮은 수준이지만 1차 산업만 놓고 볼 때 보기 드문 성장률이었다. 이러한 성장은 향후의 중국 경제성장에 큰 의미가 있다. 첫째, 이는 성장에 대한 체제 혁신의 중요한 의미를 설명하였다. 생산자와 노동자의 생산 적극성을 불러일으키기만 한다면 중국 경제활동에 내재된 잠재력을 끌어낼 수 있다. 훗날 도시 및 비농업 분야의 경제체제 개혁에서 이 점을 진일보 입증하였다. 둘째, 공급 측면에서는 수천 년 동안 중국을 괴롭혔던 의식주 문제가 해결되기 시작하였다. 얼마 지나지 않아 중국은 계획 체제하에서 30년 이상 사용되던 식량 배급표와 직물 배급표를 폐지하여 국민 생활의 가장 기본적인 수요를 보장하였다. 만약 이를 실현하지 못한다면 진정한 의미에서의 공업화 과정을 논할 수 없다. 개혁개방 초기의 농촌 경제체제 개혁과 농업 발전은 의식주 문제를 해결하고 샤오캉사회로 진입하기 위한 물질적 기반을 마련하였을 뿐만 아니라 광범한 농촌에서 대량의 노동력을 수용할 수 있는 기반도 마련하였다. 농민과 토지 간의 천연적인 연결은 농민들의 기본 생계를 보장하고 사회 안정을 유지하였다. 이는 훗날 도시의 경제체제 개혁과 경제발전에 사회적 기반을 제공하였다. 즉, 한편으로는 세계 각국에 공동으로 나타난 현상 즉 공업화 초기에 농촌에서 도시로 인구가 대규모로 이동하면서 발생하는 취업 압력과 사회 모순을 완화하였다. 다른 한편으로는 장기적인 경제성장 과정에 식량과 식품 부족에 따른 큰 동란이 일어나지 않도록 하였다. 이 시기 2차 산업과 3차 산업의 성장률도 낮지 않았다. 민생에 중점을 두었기 때문에 3차 산업의 연평균 성장률은 10%를 넘어섰다. 그러나 개혁개방과 경제성장에 대한 장기적인 기여도 측면에서 볼 때 이 시기 1차 산업의 성장은 더 크고도 장기적인 의미를 지닌다.

## 표 4-6 1979~2014년 GDP지수 및 1, 2, 3차 산업 증가치 지수(전년도=100)

| 연도 | GDP 지수 | 1차 산업 | 2차 산업 | 3차 산업 |
|------|----------|----------|----------|----------|
| 1979 | 107.6 | 106.1 | 108.2 | 107.9 |
| 1980 | 107.8 | 98.5 | 113.6 | 106.0 |
| 1981 | 105.2 | 107.0 | 101.9 | 110.4 |
| 1982 | 109.1 | 111.5 | 105.6 | 113.0 |
| 1983 | 110.9 | 108.3 | 110.4 | 115.2 |
| 1984 | 115.2 | 112.9 | 114.5 | 119.3 |
| 1985 | 113.5 | 101.8 | 118.6 | 118.2 |
| 1986 | 108.8 | 103.3 | 110.2 | 112.0 |
| 1987 | 111.6 | 104.7 | 113.7 | 114.4 |
| 1988 | 111.3 | 102.5 | 114.5 | 113.2 |
| 1989 | 104.1 | 103.1 | 103.8 | 105.4 |
| 1990 | 103.8 | 107.3 | 103.2 | 102.3 |
| 1991 | 109.2 | 102.4 | 113.9 | 108.9 |
| 1992 | 114.2 | 104.7 | 121.2 | 112.4 |
| 1993 | 114.0 | 104.7 | 119.9 | 112.2 |
| 1994 | 113.1 | 104.0 | 118.4 | 111.1 |
| 1995 | 110.9 | 105.0 | 113.9 | 109.8 |
| 1996 | 110.0 | 105.1 | 112.1 | 109.4 |
| 1997 | 109.3 | 103.5 | 110.5 | 110.7 |
| 1998 | 107.8 | 103.5 | 108.9 | 108.4 |
| 1999 | 107.6 | 102.8 | 108.1 | 109.3 |
| 2000 | 108.4 | 102.4 | 109.4 | 109.7 |
| 2001 | 108.3 | 102.8 | 108.4 | 110.3 |
| 2002 | 109.1 | 102.9 | 109.8 | 110.4 |
| 2003 | 110.0 | 102.5 | 112.7 | 109.5 |
| 2004 | 110.1 | 106.3 | 111.1 | 110.1 |
| 2005 | 111.3 | 105.2 | 112.1 | 112.2 |
| 2006 | 112.7 | 105.0 | 113.4 | 114.1 |
| 2007 | 114.2 | 103.7 | 115.1 | 116.0 |
| 2008 | 109.6 | 105.4 | 109.9 | 110.4 |
| 2009 | 109.2 | 104.2 | 109.9 | 109.6 |
| 2010 | 110.4 | 104.3 | 112.4 | 109.6 |
| 2011 | 109.3 | 104.3 | 110.3 | 109.4 |

| 2012 | 107.7 | 104.5 | 107.9 | 108.1 |
| 2013 | 107.7 | 104.0 | 107.8 | 108.3 |
| 2014 | 107.4 | 104.1 | 107.3 | 108.1 |

자료출처: 「중국통계연감 2014」

두 번째 단계는 1985년부터 1991년까지인데 경제체제 개혁의 탐색 단계이자 산업구조의 조정 단계이기도 하다. 12기 3중 전회 이후 중국 경제체제 개혁의 중점이 농촌에서 도시로 바뀌면서 중국 개혁개방 이후 2라운드 발전을 이끌었다. 비록 일찍 11기 3중 전회에서 당과 국가의 업무 중심을 경제 건설로 전환할 것을 제시하였고, 중국공산당 제12차 전국대표대회(12차 당 대회로 약칭)에서는 공업과 농업의 총생산액을 4배로 늘리는 목표를 제시하였지만 그 전까지만 해도 중국은 전통적인 계획 체제하에서 중국의 경제성장을 추진하려고 노력하였다. 중국은 전통적인 체제하에서는 중국 경제가 고속 성장을 실현할 수 없다는 사실을 빠르게 깨달았다. 그 당시 중국은 '10년 대 동란'을 겪고 나서 현대화 과정을 추진하고 세계 선진수준을 따라잡고자 하는 의지가 그 어느 때보다 높았다. 그러므로 이 시기부터 중국은 경제체제 개혁을 통해 경제성장을 추진하기 시작하였다.(특히는 2차 산업과 3차 산업의 성장) 1985년 전후, 중국은 기존의 공업 및 농업 총생산액 통계를 세계 각국에서 통용하는 GDP 통계로 바꾸고 1, 2, 3차 산업 분류에 따라 정기적으로 발표하였다. 13차 당 대회에서 덩샤오핑(鄧小平)이 제시한 GDP로 구현되는 '3단계 발전' 전략이 대회 보고서에 그대로 기록되어 당과 국가가 현대화 건설을 진행하는 중요한 지도 사상으로 되었다.[88] 중국은 재정체제, 가격체제, 기업관리체제, 소득분배체제, 대외무역체제, 심지어 계획체제에 대한 일련의 탐색적인 개혁을 진행하였는데 여러 분야의 생산 적극성을 동원하고 경제성장을 촉진하는 것을 핵심 목표로 삼았다. 이 시기 개혁 목표가 여전히 명확하지 않고 경제발전 과정에서 두 차례의 비교적 심각한 인플레이션과 경제 성장률의 큰 변동 등 많은 우여곡절을 겪었지만 경제 성장률은 분명 가속화 상승하기 시작하였다. 1차 산업의 성장률은 4% 좌우로 떨어지고 그 후 오랫동안 그 수준에 머물렀지만 2차, 3차 산업의 성장률은 성장세를 실현하였다. 중국은 경제체제가 여전히 계획체제에 속하지만 산업 및 기술 노선에는 분명한 조정이 있었다. 산업 노선에서 민생과 밀접한 관련이 있는 경공업과 방직공업이 빠르게 발전하고 텔레비전·세탁기·냉장고로 대표되는 새로운 가전제품의 발전으로 중국 주민의 소비 구조가 뚜렷하게 업그레이드된 반면에 과거에 더 큰 중시를 받던 국방공업과 중공업의 발전은 다소 조정되었다. 기술 노선에서는 현실을 외면하고 낮은 수준에서 연구 개발을 추진한 것이 아니라 외국의 선진기술 도입(도입·흡수·소화 및 재창조)을 강조하였다. 만약 공업화 가속 시기의 산업 업그레이드 측면에서 본다면 개혁개방 이후 경제성장의 두 번째 단계에서 중국은 개혁개방 이후의 첫 번째 산업구조 업그레이드를 시작하였다. 즉 농업 주도의 경제성장에서 경공업 주도의 경제성장으로 전환한 것이다.

세 번째 단계는 1992년부터 2002년까지로, 시장화 개혁을 심화하는 단계이자 공업화 가동의 가속 단계이기도 하다. 덩샤오핑의 남방 연설 이후 중국은 새로운 성장 가속기에 접어들었고, 경제 개혁의 속도도 빨라졌다. 이 시기 당과 국가는 중국의 경제체제 개혁 목표는 사회주의 시장경제체제를 확립하고 중국의 생산력 발전을 촉진할 수 있는 세계의 문명 성과를 흡수하는 것이라고 명확히 제시하였다. 특히 시

---

88) 1987년 4월 30일, 스페인 외빈들을 회견하는 자리에서 덩샤오핑은 "첫 번째 단계는 20세기 80년대에 경제 규모를 두 배로 늘리는 것이다. 1980년을 기준으로 할 때 당시 국민총생산은 1인당 겨우 250달러였는데 2배 늘려 500달러에 이르게 하여 국민의 기본 생계 문제를 해결한다는 것이다. 두 번째 단계는 20세기 말까지 1인당 GDP를 다시 2배로 늘려 1천 달러에 이르게 하는 것이다…… 세 번째 단계는 21세기에 30~50년의 시간을 들여 다시 4배로 늘려 1인당 약 4천 달러에 이르게 하는 것이다. 이 단계를 실현하면 중국은 중진국 수준에 이르게 된다."라고 말하였다. (『덩샤오핑문선』, 제3권, 226쪽.)

장경제체제에서 30년을 들여 중국 사회주의 시장 경제체제를 확립 및 보완할 것을 강조하였으며, 그중 20년은 시장경제의 기본 틀을 확립하는데, 그 후 10년은 사회주의 시장 질서를 보완하는 데 사용해야 한다고 강조하였다. 이러한 발전 목표하에 중국은 상품·재산권·자본·노동·기술 등 생산요소의 시장화 개혁을 비롯한 일련의 깊이 있는 시장화 개혁을 한층 더 추진해야만 하였다. 그리고 사회주의 시장경제체제의 기본 틀이 이미 확립되면서 훗날의 경제성장과 거시적 조정에 양호한 체제적 기반을 마련해주었다. 이 단계의 초기에는 경공업이 여전히 공업화의 주축을 이루었지만 구체적인 주도 업종에는 다소 변화가 나타났다. 소비재의 업그레이드가 공업제품의 업그레이드를 이끌어 컴퓨터·통신제품·전자제품·에어컨 등 과학기술 함량이 비교적 높은 공업제품이발전하기 시작한 것이다. 3차 산업의 발전도 새로운 특징을 띠기 시작하였다. 전통 3차 산업의 발전과 더불어 현대 3차 산업(금융·통신·부동산·항공 및 고속도로 운송 등)도 발전하기 시작하였다. 이 시기의 후반인 20세기에서 21세기로 접어드는 시기를 전후하여 거시적 조정, 아시아 금융위기 및 산업구조조정 등 요소의 영향을 받아 중국의 경제 성장률은 10% 이상(1996년 이전)에서 8% 안팎으로 하락하며 하락세가 나타나기 시작하였다. 1992년에 시작된 인플레이션은 1998년 디플레이션으로 전환되었다. 이러한 맥락에서 국가는 인프라시설에 대한 투자를 늘리고 국유기업의 주식제 개혁을 가속하는 방식으로 경제 구조를 조정하고 새로운 산업 업그레이드 또는 두 번째로 되는 대규모의 산업 업그레이드를 추진하였으며 주도산업이 경공업에서 중공업으로 바뀌기 시작하였다. 새로운 전환은 여전히 새로운 소비자 업그레이드를 배경으로 진행되고 있다. 자동차·주택 등 더 높은 차원의 수요 창출과 국제 시장에서 중국 제조

제품에 대한 수요 확대는 중국 중공업의 발전에 중요한 견인역할을 했으며 개혁개방 이후 장장 20년간의 경제성장에 따른 종합 국력의 향상은 상기 산업 업그레이드를 위한 탄탄한 물질적 기반을 마련하였다. 이 시기부터 2차 산업의 성장률이 3차 산업의 성장률을 넘어서기 시작하였고 중국은 사실상 공업화를 가속화 하는 과정을 시작하였다. 네 번째 단계는 2003년부터 2011년까지로, 시장경제하에서 공업화를 가속화하는 단계이다. 이 시기에 체제 면에서 사회주의 시장경제의 틀이 기본적으로 확립되고 국유·민영 및 외국인 기업의 비즈니스 환경이 개선되었으며 새로운 미시적 토대에 기반한 거시적 조정 체계가 발전하기 시작하였다. 개혁개방 이후 수년간의 고속 경제성장을 거쳐 축적된 종합 실력과 수출 지향 경제의 발전에 유리한 국제 환경에 힘입어 중국은 개혁개방 이후 가장 큰 경제발전을 이루었다. 2002년 하반기부터 중국 경제는 네 번째 성장주기에 들어섰다. 성장률이 가속 상승하였을 뿐 아니라 주도산업도 이전 주기가 시작될 때와는 다른 양상을 보였다. 철강·시멘트·건축자재 등 원자재와 기술 장비의 생산량이 빠르게 증가하고 다수 제품의 생산량이 세계 선두를 달리기 시작하였다. 중화학공업은 전례 없는 성장을 누렸으며 중국은 새로운 국제 제조 중심지로서의 입지를 굳히기 시작하였다. 이전 주기가 끝날 무렵 2차 산업 구조의 업그레이드를 이미 시작하였다면 이 시기는 업그레이드를 실현하였다고 말할 수 있다. 이러한 업그레이드의 원인은 수요 면에서 볼 때 국내외 투자와 소비가 꾸준히 이끌었기 때문이고, 공급 면에서는 오랜 기간의 성장을 거쳐 축적된 생산 능력과 기술 수준의 꾸준한 향상에 힘입어 중국이 더 높은 수준에서 공업을 발전시킬 수 있었기 때문이다. 이 시기 중국 2차 산업의 성장률은 이전 시기와 비슷하였지만 높은 기수와 큰 규모로 인해 중국의 경제 및 사회

발전에 큰 영향을 미치면서 중국의 종합 국력, 국민의 생활 수준과 국제적 지위가 크게 향상되었다.

다섯 번째 단계는 2012년부터 2014년까지로, 글로벌 금융위기 이후 중국에서 거시적 부양정책을 '적절한 시기 철회' 후, 중국의 경제성장이 '뉴 노멀' 단계에 진입한 시기이다. 이 단계에서 중국 경제 성장률은 이전 단계에 비해 뚜렷하게 하락하였는데 수년 동안 8% 미만의 수준을 유지하였다. 이 시기 중국은 제반 산업의 발전에서 예전과 다른 특징을 보였다. 1차 산업의 성장률이 예전 성장률보다 높은 수준을 유지한 반면에 2차 및 3차 산업의 성장률은 2~3%포인트라는 비교적 큰 폭으로 하락하는 현상이 나타난 것이다. 2차 산업과 3차 산업을 비교해 볼 때 3차 산업의 성장률이 다시 2차 산업의 성장률을 넘어섰는데 이는 개혁개방 초기(각각 첫 번째 단계와 두 번째 단계)에 나타났던 현상이다. 그러나 당시는 개혁개방 이전의 산업 성장률이 '비합리적으로 지나치게 높은 것'에 대해 조정을 진행한 것이어서 산업 간 관계가 조정된 뒤 2차 산업이 다시 속도를 낼 수 있었다. 그러나 지금은 상황이 전과 사뭇 다르다. 장기적인 공업화 과정을 거쳐 2010년 전후부터 중국은 사실상 이미 점차 탈공업화 발전 단계에 들어섰다. 이 단계는 두 가지 특징이 있다. 첫째, 3차 산업이 2차 산업을 대체하여 국민경제에서 발전이 가장 빠른 주도산업으로 되었다. 둘째, 3차 산업이 국민경제에서 차지하는 비중이 2차 산업을 능가하기 시작하였다. 이런 산업 관계 및 그 구조의 변화는 필연적으로 경제 성장률에 반영된다. 따라서 이 단계에서의 경제 성장률 하락은 경제순환 등 방면의 원인도 있지만, 더 중요하게는 중국의 경제발전 수준이 높아지고 공업화가 진행됨에 따라 중국이 새로운 산업 발전 단계에 진입하였고 그 단계에 2차 산업, 특히 공업의 발전이 둔화되면서 전반 경제의 성장률에 영향을 미칠 수 있기 때문이다.

표 4-5에서 알 수 있다시피, 앞 4개 단계에서 중국의 경제 성장률은 각각 9.2%, 9.6%, 10.2%와 10.8%로 경제성장이 꾸준히 가속화되었다. 그러나 각 산업 부문의 성장률은 시기별로 상당한 차이를 보였다.

1차 산업의 경우 가속 성장은 주로 개혁개방 초기 즉 첫 번째 단계에 나타났다. 이 단계에 연평균 성장률이 7.3%에 달하였지만 그 후로는 4%대로 떨어졌다. 1차 산업 특성상 이러한 성장률을 유지하기가 쉽지 않다. 2차 산업은 개혁개방 이후 중국에서 가장 빠르게 성장한 산업 부문으로 장기간 연평균 성장률이 11.1%에 달하였으며 단계별로 성장이 가속화되어 세 번째 단계와 네 번째 단계 성장률은 각각 12.7%와 11.8%로 첫 번째 단계와 두 번째 단계보다 높았다. 3차 산업은 장기간 연평균 성장률 10.7%로 2차 산업보다 0.4%포인트 낮아 2차 산업과의 격차가 뚜렷하지 않았다. 그러나 단계별로 보면 3차 산업은 2차 산업과 정반대로 첫 번째와 두 번째 단계의 연평균 성장률이 세 번째와 네 번째 단계보다 높은 것으로 나타났다. 이는 중국의 경제발전이 여전히 공업화 가속 단계에 처해 있어 제조업과 건축업을 주체로 하는 2차 산업이 여전히 중국 경제성장을 주도하고 있음을 말해준다. 만약 실질적인 성장이 산업구조에 일으키는 효과만 고려할 경우 1978년의 GDP와 제반 산업 부문의 증가치에 1978년을 기준연도로 하는 고정기준지수를 곱하면 1978년 가격에 따라 계산한 연도별 GDP와 증가치(표 4-7 참고)를 구할 수 있으며, 이러한 데이터를 기반으로 연도별 GDP 구성을 계산할 수 있다. 불변가격으로 계산하면 1차 산업은 성장이 더뎌 2010년까지 전반 경제에서 차지하는 비중이 5.1%로, 약 23.1%포인트 하락하였다. 2차 산업의 비중은 66.3%로, 18.4%포인트 상승하였다. 3차 산업의 비중은 28.6%로, 4.7%포인트 상승하였다. 이 분석 결과에 따르면 개혁개방 이후 실질적인 성장 면에서 GDP에 대한 2차 산업의 기여도가 가장 높은 것으로 나타났다. 3차 산업의 실질적인 성장은 상대적으로 더뎠다. 1차 산업도 성장하였지만 성장률이 다른 두 산업에 비해 현저히 낮았기 때문에 국민경제에서 차지하는 비중은 대폭 줄어들었다. 결론적으로 급속한 공업화 과정은 국가의 경제성장에 적극적인 기여를 하였다.

표 4-7 1978년 불변가격에 따라 계산한
1978~2011년 1, 2, 3차 산업의 구조 변화

| 연도 | 1978년 불변가격에 따라 계산한 증가치 (억 위안) | | | | GDP 구성(%) | | | |
|------|------|--------|--------|--------|------|--------|--------|--------|
| | GDP | 1차 산업 | 2차 산업 | 3차 산업 | GDP | 1차 산업 | 2차 산업 | 3차 산업 |
| 1978 | 3,645 | 1,028 | 1,745 | 872 | 100 | 28.2 | 47.9 | 23.9 |
| 1979 | 3,920 | 1,090 | 1,888 | 941 | 100 | 27.8 | 48.2 | 24.0 |
| 1980 | 4,216 | 1,074 | 2,144 | 997 | 100 | 25.5 | 50.9 | 23.7 |
| 1981 | 4,435 | 1,149 | 2,185 | 1,101 | 100 | 25.9 | 49.3 | 24.8 |
| 1982 | 4,832 | 1,282 | 2,306 | 1,244 | 100 | 26.5 | 47.7 | 25.8 |
| 1983 | 5,367 | 1,389 | 2,545 | 1,433 | 100 | 25.9 | 47.4 | 26.7 |
| 1984 | 6,192 | 1,568 | 2,914 | 1,710 | 100 | 25.3 | 47.1 | 27.6 |
| 1985 | 7,072 | 1,596 | 3,455 | 2,021 | 100 | 22.6 | 48.8 | 28.6 |
| 1986 | 7,722 | 1,649 | 3,808 | 2,265 | 100 | 21.4 | 49.3 | 29.3 |
| 1987 | 8,646 | 1,727 | 4,329 | 2,590 | 100 | 20.0 | 50.1 | 30.0 |
| 1988 | 9,659 | 1,771 | 4,958 | 2,930 | 100 | 18.3 | 51.3 | 30.3 |
| 1989 | 10,057 | 1,825 | 5,144 | 3,088 | 100 | 18.1 | 51.2 | 30.7 |
| 1990 | 10,426 | 1,959 | 5,307 | 3,160 | 100 | 18.8 | 50.9 | 30.3 |
| 1991 | 11,489 | 2,006 | 6,043 | 3,440 | 100 | 17.5 | 52.6 | 29.9 |
| 1992 | 13,290 | 2,100 | 7,321 | 3,868 | 100 | 15.8 | 55.1 | 29.1 |
| 1993 | 15,314 | 2,199 | 8,775 | 4,339 | 100 | 14.4 | 57.3 | 28.3 |
| 1994 | 17,494 | 2,287 | 10,387 | 4,821 | 100 | 13.1 | 59.4 | 27.6 |
| 1995 | 19,524 | 2,402 | 11,828 | 5,295 | 100 | 12.3 | 60.6 | 27.1 |
| 1996 | 21,578 | 2,524 | 13,260 | 5,794 | 100 | 11.7 | 61.5 | 26.9 |
| 1997 | 23,677 | 2,612 | 14,649 | 6,415 | 100 | 11.0 | 61.9 | 27.1 |
| 1998 | 25,610 | 2,704 | 15,955 | 6,952 | 100 | 10.6 | 62.3 | 27.1 |

| 1999 | 27,633 | 2,780 | 17,253 | 7,601 | 100 | 10.1 | 62.4 | 27.5 |
|------|--------|-------|--------|--------|-----|------|------|------|
| 2000 | 30,067 | 2,846 | 18,879 | 8,342 | 100 | 9.5 | 62.8 | 27.7 |
| 2001 | 32,596 | 2,926 | 20,473 | 9,197 | 100 | 9.0 | 62.8 | 28.2 |
| 2002 | 35,654 | 3,011 | 22,485 | 10,158 | 100 | 8.4 | 63.1 | 28.5 |
| 2003 | 39,544 | 3,086 | 25,335 | 11,123 | 100 | 7.8 | 64.1 | 28.1 |
| 2004 | 43,672 | 3,281 | 28,150 | 12,242 | 100 | 7.5 | 64.5 | 28.0 |
| 2005 | 48,742 | 3,452 | 31,551 | 13,739 | 100 | 7.1 | 64.7 | 28.2 |
| 2006 | 55,082 | 3,625 | 35,776 | 15,681 | 100 | 6.6 | 65.0 | 28.5 |
| 2007 | 63,113 | 3,760 | 41,165 | 18,188 | 100 | 6.0 | 65.2 | 28.8 |
| 2008 | 69,274 | 3,963 | 45,231 | 20,080 | 100 | 5.7 | 65.3 | 29.0 |
| 2009 | 75,856 | 4,128 | 49,727 | 22,000 | 100 | 5.4 | 65.6 | 29.0 |
| 2010 | 84,304 | 4,305 | 55,897 | 24,102 | 100 | 5.1 | 66.3 | 28.6 |
| 2011 | 92,512 | 4,490 | 61,654 | 26,368 | 100 | 4.9 | 66.6 | 28.5 |
| 2012 | 99,592 | 4,694 | 66,535 | 28,492 | 100 | 4.9 | 66.6 | 28.5 |
| 2013 | 107,231 | 4,882 | 71,755 | 30,849 | 100 | 4.7 | 66.8 | 28.6 |
| 2014 | 115,167 | 5,082 | 76,993 | 33,348 | 100 | 4.6 | 66.9 | 28.8 |

그래프 4-2에서 알 수 있다시피, 가격 요소를 고려하지 않을 경우 1, 2, 3차 산업 중에서 2차 산업의 확장폭이 가장 컸다. 개혁 초기 한 시기(1978~1984년) 상대적인 안정을 유지한 외(1980년 전후로 한 시기 기복이 있었지만) 그 이후로는 줄곧 꾸준한 확장세를 이어갔다. 1985년의 약 48%에서 2011년의 66% 안팎으로 증가하여 불변가격으로 계산한 비중이 안정적으로 늘어났다. 이와 반면에 1차 산업의 비중은 안정적으로 감소하고 있다. 개혁개방 초기 중국 농촌 체제 개혁 과정에서 농촌 경제가 비교적 양호하게 발전하였지만, 여전히 2, 3차 산업에 비해 성장이 느렸기 때문에 그 비중도 하락하여 현재는 28%에서 약 4.6% 안팎까지 하락하였다. 그래프에서 보면 거의 하향 경사선으로 나타난다. 3차 산업은 비교적 빠른 성장을 보였다. 20세기 90년대에 주로 뚜렷하게 나타났다. 그 시기 3차 산업 성장률이 1, 2차 산업을 앞질렀기 때문에 1990년을 전후하여 불변가격에 따라 계산한 증가치의

비중이 30%라는 사상 최고치를 기록하였다. 그 이후 3차 산업의 연평균 성장률이 2차 산업에 비해 상대적으로 낮았기 때문에 발전 차원에서 볼 때 불변가격에 따라 계산한 비중이 소폭 하락 후 다시 반등하였지만 장기적으로 볼 때 지금까지도 1990년의 수준에 미치지 못하고 있다. 이는 불합리한 현상이다. 경제사 발전의 기본 법칙으로 볼 때, 경제발전 수준의 향상과 더불어 3차 산업이 더 나은 발전을 가져와야 하지만 여러 요소의 영향으로 말미암아 중국은 3차 산업의 발전이 2차 산업에 비해 뒤처져 있는 것이다. 이 또한 '뉴 노멀'에 진입한 후 3차 산업의 발전이 상대적으로 가속된 근본적 원인이기도 하다.

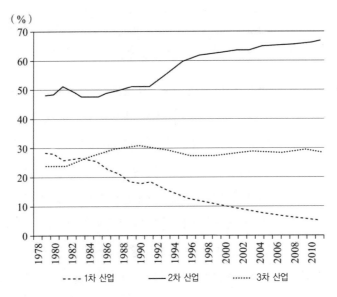

그래프 4-2 1978년 불변가격에 따라 반영한 개혁개방 이후 중국 산업구조의 변화

### (3) 가격 변화가 산업구조에 미치는 영향

통상적인 산업구조 분석에서 구조의 변화는 불변가격이 아니라 현행가격에 따라 계산한다. 구조 관계는 각 산업 부문의 성장뿐만 아니

라 그들 간의 상호 연계를 반영해야 한다. 반면, 현대 경제에서 여러 산업 부문 간의 연계는 시장에서의 상품 거래를 통해 확립되었고 상품 가격(상품과 서비스 및 생산요소 포함)은 이러한 거래 또는 부문 간 연계의 기반으로 된다. 산업구조는 각 산업 부문의 성장 결과뿐만 아니라 사회 수급관계의 변화도 반영해야 하므로 더더욱 현행가격에 기반하여 연구를 진행할 필요가 있다. 만약 현행가격으로 계산한다면 2014년 1, 2, 3차 산업의 증가치가 GDP에서 차지하는 비중은 표 4-7에 표기된 4.6 : 66.9 : 28.8이 아니라 9.2 : 42.6 : 48.2여야 한다. (표 4-8 참고)

표 4-8 1978~2014년 1, 2, 3차 산업 증가치가 GDP에서 차지하는 비중

| 연도 | 총액(억 위안) | | | | 구성(%) | | |
|---|---|---|---|---|---|---|---|
| | GDP | 1차 산업 증가치 | 2차 산업 증가치 | 3차 산업 증가치 | 1차 산업 | 2차 산업 | 3차 산업 |
| 1978 | 3,645 | 1,028 | 1,745 | 872 | 28.2 | 47.9 | 23.9 |
| 1979 | 4,063 | 1,270 | 1,914 | 879 | 31.3 | 47.1 | 21.6 |
| 1980 | 4,546 | 1,372 | 2,192 | 982 | 30.2 | 48.2 | 21.6 |
| 1981 | 4,892 | 1,559 | 2,256 | 1,077 | 31.9 | 46.1 | 22.0 |
| 1982 | 5,323 | 1,777 | 2,383 | 1,163 | 33.4 | 44.8 | 21.8 |
| 1983 | 5,963 | 1,978 | 2,646 | 1,338 | 33.2 | 44.4 | 22.4 |
| 1984 | 7,208 | 2,316 | 3,106 | 1,786 | 32.1 | 43.1 | 24.8 |
| 1985 | 9,016 | 2,564 | 3,867 | 2,585 | 28.4 | 42.9 | 28.7 |
| 1986 | 10,275 | 2,789 | 4,493 | 2,994 | 27.2 | 43.7 | 29.1 |
| 1987 | 12,059 | 3,233 | 5,252 | 3,574 | 26.8 | 43.6 | 29.6 |
| 1988 | 15,043 | 3,865 | 6,587 | 4,590 | 25.7 | 43.8 | 30.5 |
| 1989 | 16,992 | 4,266 | 7,278 | 5,448 | 25.1 | 42.8 | 32.1 |
| 1990 | 18,668 | 5,062 | 7,717 | 5,888 | 27.1 | 41.3 | 31.6 |
| 1991 | 21,781 | 5,342 | 9,102 | 7,337 | 24.5 | 41.8 | 33.7 |
| 1992 | 26,923 | 5,867 | 11,700 | 9,357 | 21.8 | 43.4 | 34.8 |
| 1993 | 35,334 | 6,964 | 16,454 | 11,916 | 19.7 | 46.6 | 33.7 |
| 1994 | 48,198 | 9,573 | 22,445 | 16,180 | 19.8 | 46.6 | 33.6 |
| 1995 | 60,794 | 12,136 | 28,679 | 19,978 | 19.9 | 47.2 | 32.9 |

| 1996 | 71,177 | 14,015 | 33,835 | 23,326 | 19.7 | 47.5 | 32.8 |
|------|--------|--------|--------|--------|------|------|------|
| 1997 | 78,973 | 14,442 | 37,543 | 26,988 | 18.3 | 47.5 | 34.2 |
| 1998 | 84,402 | 14,818 | 39,004 | 30,580 | 17.6 | 46.2 | 36.2 |
| 1999 | 89,677 | 14,770 | 41,034 | 33,873 | 16.5 | 45.8 | 37.7 |
| 2000 | 99,215 | 14,945 | 45,556 | 38,714 | 15.1 | 45.9 | 39.0 |
| 2001 | 109,655 | 15,781 | 49,512 | 44,362 | 14.4 | 45.1 | 40.5 |
| 2002 | 120,333 | 16,537 | 53,897 | 49,899 | 13.7 | 44.8 | 41.5 |
| 2003 | 135,823 | 17,382 | 62,436 | 56,005 | 12.8 | 46.0 | 41.2 |
| 2004 | 159,878 | 21,413 | 73,904 | 64,561 | 13.4 | 46.2 | 40.4 |
| 2005 | 184,937 | 22,420 | 87,598 | 74,919 | 12.1 | 47.4 | 40.5 |
| 2006 | 216,314 | 24,040 | 103,720 | 88,555 | 11.1 | 48.0 | 40.9 |
| 2007 | 265,810 | 28,627 | 125,831 | 111,352 | 10.8 | 47.3 | 41.9 |
| 2008 | 314,045 | 33,702 | 149,003 | 131,340 | 10.7 | 47.5 | 41.8 |
| 2009 | 340,903 | 35,226 | 157,639 | 148,038 | 10.3 | 46.3 | 43.4 |
| 2010 | 401,513 | 40,534 | 187,383 | 173,596 | 10.1 | 46.7 | 43.2 |
| 2011 | 473,104 | 47,486 | 220,413 | 205,205 | 10.0 | 46.6 | 43.4 |
| 2012 | 519,470 | 52,374 | 235,162 | 231,934 | 10.1 | 45.3 | 44.6 |
| 2013 | 568,845 | 56,957 | 249,684 | 262,204 | 9.4 | 43.7 | 46.9 |
| 2014 | 636,463 | 58,332 | 271,392 | 306,739 | 9.2 | 42.6 | 48.2 |

자료출처 : 「중국통계연감 2014」, 그중 2013년 데이터는 전국경제센서스 후 조절한 데이터이고
2014년 데이터는 통계공보에서 초보적으로 계산한 데이터이다.

　2014년, 장기 성장률이 가장 높았던 2차 산업의 증가치 비중은 1978
년에 비해 상승하지 않았을 뿐만 아니라 오히려 하락하였고, 1차 산업
의 증가치 비중도 하락하였지만 하락폭은 불변가격에 따라 얻은 결과
보다 작았다. 반면에 3차 산업의 증가치 비중은 하락하여 불변가격에
근거해 얻은 결과보다 20%포인트 정도 높았다. 불변가격에 근거해 얻
은 결과와의 차이는 산업 부문별 가격 변화에 따른 결과이다. 직관적
으로 볼 때, 1978~2014년, 가격 요소가 제반 산업 부문에 미치는 영향
(즉 2014년 불변가격과 현행가격에 근거해 각각 계산한 구성 간의 차
이)은 각각 4.8%포인트, -24.2%포인트, 19.2%포인트이며, 그중 2차 산
업이 영향을 가장 크게 받았고 그다음이 3차 산업이며 1차 산업이 영

향을 가장 적게 받았다. 표 4-7과 표 4-8의 데이터를 비교해보면, 고속 경제성장 과정에서 산업 부문별로 가격 수준이 전반적으로 상승하였지만, 연평균 성장률이 높은 산업 부문은 가격수준의 성장폭이 저성장률 산업 부문보다 낮은 경향이 있으며, 산업별 비중의 상승 여부는 산업 성장과 가격 두 가지 요소의 종합 작용을 보아야 한다. 표 4-7과 표 4-8의 데이터를 비교해보면 개혁개방 이후 가장 빠르게 성장한 부문은 2차 산업이지만, 현행가격에 근거해 계산한 증가치가 GDP에서 차지하는 비중이 상승하지 않았을 뿐만 아니라 오히려 소폭 하락한 것으로 나타났다.

GDP 및 부문별 증가치 지수는 해당 기간 동안 상품 및 서비스 가격에 변화가 없다는 가정하에 계산한다. 즉, 기간 말의 상품과 서비스 총량은 기간 초(또는 지난 기간 말)의 가격으로 계산하며 지수 계산에 적용되는 이런 공식을 통계학에서는 라스파이레스 공식이라고 부른다. 즉

$$\text{GDP Index} = \frac{\Sigma_i p_0 q_1}{\Sigma_i p_0 q_0}$$

여기서 $p$는 상품 및 서비스의 가격을, $q$는 상품 및 서비스의 수량을 표시하며 아래첨자 1은 현재 기간 말을 나타내고 아래첨자 0은 지난 기간 말 또는 현재 기간 초를 나타낸다.

이와 상응하게 내재적 GDP 물가 디플레이터에 적용되는 공식은 파셰공식으로 기간 말의 상품 및 서비스 수량에 따라 총가격수준의 변화를 반영하는데 공식으로 표시하면 다음과 같다.

$$\text{GDP Deflator} = \frac{\Sigma_i p_1 q_1}{\Sigma_i p_0 q_1}$$

라스파이레스 공식으로 계산한 GDP 지수와 파세 공식으로 계산한 내재적 GDP 물가 디플레이터를 곱하여 얻은 결과는 지난 기간과 현재 기간을 비교한 GDP 총가치의 변화이다. 또는, GDP 가치지수를 GDP 지수와 GDP 물가 디플레이터로 나눌 수 있다고 할 수 있는데 공식으로 표시하면 다음과 같다.

$$\frac{\Sigma_i p_1 q_1}{\Sigma_i p_0 q_0} = \frac{\Sigma_i p_0 q_1}{\Sigma_i p_0 q_0} \times \frac{\Sigma_i p_1 q_1}{\Sigma_i p_0 q_1}$$

위 공식에서 등호 오른쪽의 첫 번째 항은 GDP 지수이고 두 번째 항은 GDP 물가 디플레이터이다. 구체적인 계산에서 GDP가 총 사회생산의 증가 부분만 반영하였기 때문에 GDP와 증가치 물량 지수는 전문적인 기술 처리를 거쳐야 하지만 원리는 동일하게 적용된다. 중국은 GDP와 1, 2, 3차 산업의 가치지수에 해당 연도의 물량 지수(표 4-7 참고)를 나누면 해당 연도의 GDP 및 산업별 증가치의 디플레이터를 구할 수 있다. (표 4-9 참고).

표 4-9 1978~2014년 중국 GDP 및 1, 2, 3차 산업 증가치의
물가 디플레이터 및 CPI (전년도=100)

| 연도 | GDP 물가 디플레이터 | 1차 산업 증가치의 물가 디플레이터 | 2차 산업 증가치의 물가 디플레이터 | 3차 산업 증가치의 물가 디플레이터 | CPI |
|---|---|---|---|---|---|
| 1979 | 103.6 | 116.5 | 101.3 | 93.4 | 102.0 |
| 1980 | 103.8 | 109.6 | 100.9 | 105.4 | 106.0 |
| 1981 | 102.2 | 106.3 | 101.0 | 99.3 | 102.4 |
| 1982 | 99.8 | 102.2 | 100.1 | 95.7 | 101.9 |
| 1983 | 101.0 | 102.7 | 100.7 | 99.9 | 101.5 |
| 1984 | 105.0 | 103.7 | 102.5 | 111.8 | 102.8 |
| 1985 | 110.2 | 108.7 | 105.0 | 122.5 | 109.3 |
| 1986 | 104.8 | 105.3 | 105.5 | 103.4 | 106.4 |
| 1987 | 105.1 | 110.7 | 102.8 | 104.4 | 107.3 |
| 1988 | 112.1 | 116.6 | 109.6 | 113.5 | 118.8 |

| 1989 | 108.5 | 107.1 | 106.5 | 112.7 | 118.0 |
| 1990 | 105.8 | 110.6 | 102.8 | 105.6 | 103.1 |
| 1991 | 106.9 | 103.1 | 103.6 | 114.4 | 103.4 |
| 1992 | 108.2 | 104.9 | 106.1 | 113.4 | 106.4 |
| 1993 | 115.2 | 113.4 | 117.3 | 113.5 | 114.7 |
| 1994 | 120.6 | 132.2 | 115.3 | 122.2 | 124.1 |
| 1995 | 113.7 | 120.7 | 112.2 | 112.4 | 117.1 |
| 1996 | 106.4 | 109.9 | 105.2 | 106.7 | 108.3 |
| 1997 | 101.5 | 99.5 | 100.4 | 104.5 | 102.8 |
| 1998 | 99.1 | 99.1 | 95.4 | 104.6 | 99.2 |
| 1999 | 98.7 | 97.0 | 97.3 | 101.3 | 98.6 |
| 2000 | 102.1 | 98.8 | 101.5 | 104.1 | 100.4 |
| 2001 | 102.0 | 102.7 | 100.2 | 103.9 | 100.7 |
| 2002 | 100.6 | 101.8 | 99.1 | 101.8 | 99.2 |
| 2003 | 102.6 | 102.5 | 102.8 | 102.5 | 101.2 |
| 2004 | 106.9 | 115.9 | 106.5 | 104.7 | 103.9 |
| 2005 | 103.9 | 99.5 | 105.8 | 103.4 | 101.8 |
| 2006 | 103.8 | 102.1 | 104.4 | 103.6 | 101.5 |
| 2007 | 107.7 | 114.8 | 105.5 | 108.4 | 104.8 |
| 2008 | 107.7 | 111.7 | 107.8 | 106.8 | 105.9 |
| 2009 | 99.4 | 100.3 | 96.2 | 102.9 | 99.3 |
| 2010 | 106.6 | 110.4 | 105.9 | 106.7 | 103.3 |
| 2011 | 107.8 | 112.4 | 106.7 | 108.0 | 105.4 |
| 2012 | 102.0 | 105.5 | 98.9 | 104.6 | 102.6 |
| 2013 | 101.7 | 104.6 | 98.5 | 104.4 | 102.6 |
| 2014 | 100.8 | 101.3 | 98.5 | 102.9 | 102.0 |

마찬가지로 이를 5개 시기로 나누어 시기별 1, 2, 3차 산업과 전반 국민경제 총가격수준의 변화를 관찰하였다. (표 4-10 참조)

우선 개혁개방 이래 중국 총가격수준의 장기 변화를 살펴보자. 1978~2014년, 내재적 GDP 물가 디플레이터에 반영된 중국의 총가격수준은 연평균 5.2% 상승하였다. 그중 1차 산업 가격 상승폭이 가장 커 2014년의 가격이 1978년의 11배(연평균 7.0% 성장) 이상이었고,

표 4-10 1978~2014년 단계별 GDP 물가 디플레이터 (전년도=100)

| | GDP 물가 디플레이터 | 1차 산업 증가치의 물가 디플레이터 | 2차 산업 증가치의 물가 디플레이터 | 2차 산업 증가치의 물가 디플레이터 |
|---|---|---|---|---|
| 1978~1984년 연평균지수 | 102.6 | 106.7 | 101.1 | 100.7 |
| 1985~1991년 연평균지수 | 107.6 | 108.8 | 105.1 | 110.7 |
| 1992~2002년 연평균지수 | 106.0 | 106.8 | 104.3 | 107.9 |
| 2003~2011년 연평균지수 | 105.1 | 107.6 | 104.5 | 105.2 |
| 2012~2014년 연평균지수 | 101.6 | 104.1 | 98.8 | 104.0 |
| 1978~2014년 연평균지수 | 623.2 | 1148.3 | 353.0 | 918.0 |
| 1978~2014년 연평균지수 | 105.2 | 107.0 | 103.6 | 106.4 |

두 번째는 3차 산업으로 2014년 가격이 1978년의 9.18배(연평균 6.4% 성장)였으며, 2차 산업은 3.53배(연평균 3.6% 상승에 불과)로 가장 작은 상승폭을 기록하였다. 만약 2차 산업을 기준으로 할 경우 3차 산업의 일반 가격 수준의 상승폭은 2차 산업의 2배이고 1차 산업은 2차 산업의 3배 수준이다. 만약 1, 2, 3차 산업의 가격 상승폭을 성장률과 비교하면 앞서 두 가지 구조적 차이를 비교하여 내린 결론과 일치한다. 즉, 중국의 고속 성장 과정에서 장기 연평균 성장률이 높을수록 가격 상승폭이 상대적으로 작고 반대로 성장률이 낮은 부문일수록 가격 상승폭이 더 커진다. 그래프 4-3은 개혁개방 이후 GDP와 1, 2, 3차 산업 증가치의 물가 디플레이터 및 CPI의 장기 추세를 직관적으로 보여준다. 그래프에서 알 수 있다시피, 장기 발전의 차원에서 볼 때 GDP 물가 디플레이터는 CPI에 가장 가깝다. 단계별로 볼 때, 20세기 90년대

이전에 CPI 지수 곡선의 경사도는 GDP 물가 디플레이터보다 컸고 21세기에 들어선 후에는 GDP 물가 디플레이터 곡선의 경사도가 CPI보다 컸으며 이 두 시기 사이에 양자는 서로 접근하였다. 이는 개혁개방 초기 전반 국민경제 총가격수준의 상승폭보다 CPI 상승폭이 더 컸음을 말해준다. 21세기에 들어선 후, 특히 2003년 이후부터 투자의 견인 역할로 인해 전반 국민경제의 총가격수준 상승폭이 CPI를 넘어섰다. 산업별로 1차 산업의 전반 가격 수준은 상승폭뿐만 아니라 변동폭도 컸고 2차 산업은 전반 가격 수준 상승폭이 작고 안정세를 유지하였으며 3차 산업은 상승폭이 크고도 안정적이었다.

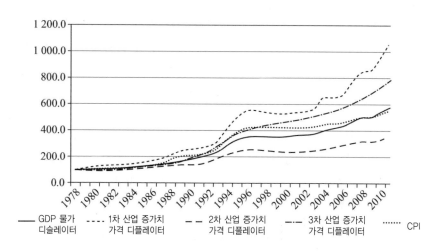

그래프 4-3 1978~2011년 중국 GDP 및 1, 2, 3차 산업 증가치의
물가 디플레이터 및 CPI(1978년=100)

자료출처: 표 4-10의 데이터를 고정지수로 환산하여 작성하였다.

다음 5개 각기 다른 역사시기별 가격 변화의 특징을 살펴보자.

첫 번째 발전단계(1978~1984년)에 GDP 가격 디플레이터로 반영한 총가격수준의 연평균 상승폭은 2.6%에 불과하였다. 이 시기의 가격상승은 주로 1차 산업에서 반영되었는데 농산물가격 상승이 주된 원인이다. 농촌 경제체제 개혁과 농산물가격 규제 완화의 결과로 농산물가격은 연평균 6.7%의 상승폭으로 비교적 가파르게 상승하였다. 이 시기 농산물가격의 연평균 상승폭은 이후 세 시기에 비해 가장 작았지만 다른 산업의 가격 상승폭과의 격차는 가장 컸다. 이러한 개혁은 전통적인 계획 체제하에서 '공산품과 농산물의 협상가격차'를 변화시켰으며 상품 가격, 특히 농산물가격은 이미 시장의 수급관계를 어느 정도 반영하였다. 이는 농민의 생산 적극성을 동원하고 농업생산의 발전을 촉진하는 데 적극적인 의의가 있다. 이 시기 중국의 2, 3차 산업은 여전히 계획체제를 유지하였다. 농산물가격의 상승이 도시 노동자의 실제 소득에 영향을 미치지 않도록 하기 위해 정부는 보조금을 발급하는 형태로 국가 간부, 기업 노동자 및 도시 주민의 소득을 조정하였다. 이러한 보조금은 기업의 인건비를 증가시켰기 때문에 정부는 일부 공산품과 서비스 가격을 상응하게 조정하였다. 이에 따라 2, 3차 산업의 가격이 소폭 상승하고 두 산업의 연평균 성장폭은 각각 1.1%와 0.7%에 달하였다. 비록 성장폭이 작지만 큰 의미를 지니며 이는 수십 년 동안 변하지 않았던 중국 상품 가격 패턴이 바뀌기 시작하였음을 의미한다.

두 번째 발전단계(1985~1991년)에서 중국은 경제 개혁에 박차를 가하기 시작하였다. 이 시기 국가는 기업의 자주권 시범 대상을 확대하고 기업 유동자금의 무상 사용을 은행 대출로 변경하며 기업의 이윤 상납을 국가에 납세하는 방식으로 변경하는 등 다양한 개혁 조치를 도입하였다. 그러나 가장 큰 개혁은 가격체제 개혁이다. 즉 다수의 주민소비품 가격을 자유화하고 생산수단 가격에 대해 '이중 가격제'를 시범적으로 도입하여 상품 가격이 그 가치를 더 잘 반영할 수 있기를 희망하였다. 즉 오늘날의 관점에서 시장의 수요와 공급을 통해 가격 균형을 실현하는 것이다. 이러한 개혁은 중국의 경제성장을 적극 추진하였다. 비록 1차 산업의 성장률이 하락하였지만 2, 3차 산업의 성장률은 뚜렷이 상승하였다. '3단계 발전' 전략에 따라 중국은 연평균 성장률이 7.2% 이상에 달할 수 있기를 희망하였지만, 동시에 이러한 고속 성장을 달성하고 유지하기가 어려울 것으로 예상하였으며 간고한 노력이 필요하다고 보았다. 그러나 실제로 경제체제 개혁을 통해 이 시기 경제성장은 예정한 목표를 초과하여 7.6%를 달성하였고 3차 산업은 10% 이상의 성장률을 기록하였다. 하지만 이 시기 상품 가격의 성장률과 변동폭 또한 아주 컸다. 전반 국민경제 총가격수준의 연평균 성장률은 7.6%로 개혁개방 이후 연평균 성장률이 가장 높은 시기였다. 그중 1차 산업의 연평균 성장률은 8.8%를 기록하고 3차 산업은 심지어 10%를 넘어섰으며 2차 산업도 5.1%에 달하였다. 개혁에 따른 이와 같은 다양한 산업 부문의 가격 수준의 변화가 한편으로는 계획체제의 왜곡된 가격 시스템을 개선하고 시장 메커니즘을 통해 2차 산업(특히 경공업과 방직공업) 및 3차 산업의 급속한 발전을 이끌었지만 다른 한편으로는 이러한 가격 변화가 노동자와 주민 가정의 생활에도 영향을 미쳤다. 1985년, 2차 산업 증가치의 물가 디플레이터로 반영되는 가격 상승이 23%를 차지하였다. 1988년, 3차 산업 증가치의 물가 디플레이터가 13% 상승하였고 1985년과 1988년 CPI는 각각 9%와 18%에 달하였다. 지금에 이르러 돌이켜보면 경제 개혁을 통해 추진한 중국 현대화 과정과 추월 과정은 어렵게 시작되었다. 중국은 가격체제 개혁을 통해 경제성장을 촉진해야 했을 뿐만 아니라 가격의 지나친 변동이 정상적인 경제 질서에 영향을 미치는 현상도 막아야 하였는데 양자 간의 균형을 이루기에는 어려움이 있었다. 이러한 상황에서 경제성장의 성과가 더욱 중요해졌다. 그 이유는 비교적 빠른 경제성장을 실현해야만 발전과 개혁 과정에 부딪히는 여러 가지 모순을 해결할 수 있는 기반을 마련할 수 있기 때문이며, 이런 의미에서 이 시기의 개혁과 발전은 전반적으로 예기 목표를 달성하였다고 본다.

세 번째 발전단계(1992~2002년)에는 중국 GDP 물가 디플레이터에 반영된 총가격수준이 이전 단계에 비해 둔화되면서 연평균 6.0% 상승하였다. 그중 1차 산업의 상승폭은 6.8%, 2차 산업은 4.3%, 3차 산업은 7.9%로 3차 산업의 연평균 상승폭이 여전히 비교적 컸다. 구체적인 발전 상황을 보면, 이 시기 총가격수준이 급격히 상승하여 1994년에 정점에 도달한 후(그 해에 GDP와 1, 2, 3차 산업 증가치의 물가 디플레이터는 각각 21%, 32%, 15%, 22%에 달하였고, CPI 상승폭은 24%에 달하였음) 하락하기 시작하였고, 1998년에 이르러 국가가 취한 일련의 조정 조치와 경제 주기 자체의 원인으로 인해 인플레이션이 디플레이션으로 전환되기 시작하였으며, 3차 산업의 증가치 물가 디플레이터를 제외한 기타 가격 지표가 마이너스로 전환되었는데 이런 디플레이션 상황은 2002년까지 지속되었다. 이 시기 중국의 총가격수준과 3차 산업의 가격 변화는 중국이 사회주의 시장경제 구축을 경제체제 개혁의 목표로 간주한다고 명확히 제시한 배경하에 이루어졌다. 그 목표 아래 중국은 상품의 시장화 개혁을 추진하였을 뿐만 아니라 (소비품 및 생산수단의 가격 규제를 완전히 완화하고 시장에 의해 가격이 책정되는 상품이 95% 이상을 차지함) 재산권·노동·기술·자본 등 생산요소의 시장화 개혁을 진행하여 계획체제에서 시장체제로의 전환을 초보적으로 완성하였다. 가격이 시장 자원 배치의 기본 신호가 되기 시작하였으며 계획체제 하의 가격 왜곡 현상도 효과적으로 바뀌었다. 1998년부터 2002년까지 중국은 국유 경제 및 금융체제 개혁과 같은 일련의 심층적인 경제체제 개혁을 실행하였지만, 이러한 개혁이 중국 가격 시스템의 급격한 변화로 이어지지는 않았다. 20세기 80년대 초부터 21세기 초까지 20년간의 개혁 끝에 중국은 기본적으로 다양한 상품에 대한 시장 가격 책정을 실현하였으며, 그 결과 1, 2, 3차 산업의 구조는 1, 2, 3차 산업의 발전과 상호 관계를 더욱 객관적으로 반영할 수 있게 되었다.

경제발전의 네 번째 단계(2003-2011년)에서는 중국 총가격수준의 상승이 앞 두 시기에 비해 더욱 둔화되었다. GDP 물가 디플레이터에 반영된 연평균 성장폭은 5.1%였고 변동폭도 크게 축소되었다. 증가치의 물가 디플레이터나 CPI 모두 이 시기의 그 어느 해에도 앞 두 시기와 같은 10% 이상의 상승폭은 나타나지 않았다. 앞 두 시기 동안 시장의 가격 변동이 체제적 요인의 영향을 상당 부분 받았다면 이 시기에는 수급관계의 영향을 더 많이 받았다. 물론 체제적 요인이 시장가격에 전혀 영향을 미치지 않았다고는 말할 수 없다. 국가가 관리 통제하는 일부 에너지 및 서비스 가격이나 국가가 관리 통제하는 생산요소 (예를 들면 토지 · 광물 자원 등)의 가격과 관련된 상품 그리고 진일보의 개선이 필요한 부동산 가격 형성 메커니즘은 여전히 국민경제 총가격수준의 변동에 다양한 방면으로 영향을 미친다. 그러나 대다수 상품과 서비스의 가격은 이미 시장의 수급관계를 반영하고 있으며, 각기 다른 상품과 서비스 간의 가격 전달 메커니즘이 이미 확립되어 있어 대규모의 장기적인 가격 왜곡을 이어가기는 어렵다. 구체적인 산업별로 보면 1차 산업의 연평균 상승폭은 7.6%, 2차 산업은 4.5%, 3차 산업은 5.2%에 달하였는데 이는 현재 중국의 수요와 공급 불균형 현상에 부합된다. 이 시기 20세기 말의 시장화 개혁이 국가의 거시적 조정에 미시적 토대를 마련해 주었기 때문에 통화정책은 국가의 거시적 조정에서 더 큰 역할을 발휘하였다. 그러나 거시적 조정의 중요한 목표는 경제성장, 인플레이션 및 구조 업그레이드 간의 균형을 촉진하는 것이다. 안정적이고 비교적 빠른 경제성장을 유지하기 위해 국가의 거시적 조정 정책은 상대적으로 완화적이었다. 이는 한편으로는 경제성장을 촉진하였고 다른 한편으로는 상대적으로 완화된 통화 공급으로 총가격수준의 연평균 상승폭이 선진 시장경제국가가 통제하는 2% 안팎보다 높은 수준이다.

경제발전의 다섯 번째 단계(2012-2014년)에서는 중국이 실제로 새로운 라운드의 인플레이션에서 디플레이션으로 전환하는 단계에 접어들면서 경제성장이 조정기에 접어들었다. CPI를 놓고 볼 때 이 시기의 연평균 지수는 102.4%로, 글로벌 금융위기를 겪은 뒤 거시경제 부양정책을 시행한 후와 비교하면 상당히 둔화된 수치이다. 디플레이터 측면에서 보면 2012~2014년 GDP 물가 디플레이터는 101.6%로 개혁 초기의 첫 번째 발전단계보다 높고 그 후의 세 단계보다 낮으며 게다가 CPI 상승수준보다도 현저히 낮았다. 산업별로는 1차 산업의 증가치 물가 디플레이터가 가장 높은 수준을 유지하였다. 1차 산업의 물가 디플레이터는 104.1%로 여전히 가장 높았고, 3차 산업은 104.0%로 약간 낮았으며, 2차 산업은 98.8%로 가장 낮았다. 가격 변동에 반영된 수요와 공급 측면에서 보면 1차 산업과 3차 산업은 공급 부족 상태이고 2차 산업은 공급 과잉 상태였다. 이 또한 경제성장의 '뉴 노멀' 하에서 2차 산업의 성장이 둔화된 반면, 3차 산업은 여전히 빠른 속도로 성장하고 있는 원인임을 설명한다. 장기적으로는 경제발전 수준이 어느 정도 높아진 결과이며, 단기적으로는 수급관계의 변화가 시장에 반영된 결과이다.

(4) 결론

산업구조의 고도화　수준은 여러 산업이 차지하는 비중과 비례 관계를 반영하는 척도이며, 큰 개발도상국의 경우 도달한 경제발전 단계를 반영하기도 한다. 이러한 발전은 자원 배치의 지속적인 최적화와 경제 효율성의 꾸준한 증대를 기반으로 이루어져야지 경제성장 논리에 어긋나는 방식으로 경제발전의 객관적 구속을 뛰어넘어 자원 배치의 효율성을 심각하게 희생시키는 것을 대가로 이른바 산업구조 고도화 수준을 향상시켜서는 안 된다. 중국은 개혁개방 이전에 계획 체제하에서 농업 · 농민 · 농촌의 이익을 희생시키는 것을 대가로 '공업화' 과정을 추진하였다. 1978년에 이르러 2차 산업의 증가치가 GDP에서 차지하는 비중이 이미 47.9%(표 4-11 참조)에 달해 50%에 육박하였다. 중국이 계획경제의 길을 따랐다면 불과 3~5년 만에 2차 산업의 비중이 50%를 넘어설 수 있었을 것이지만 그런 '공업화'는 더딘 경제발전과 국민생활 수준의 장기적 개선 부족, 생산 효율성의 저하를 바탕으로 이룬 것으로서 그때 당시 이미 끝이 났을 것이다. 그런 배경에서 1, 2, 3차 산업 간의 비례 관계가 반영하는 것은 허위 고도화일 수밖에 없는 것이다.

표 4-11 개혁개방 이후 여러 관건 시기 1, 2, 3차 산업 증가치가
GDP에서 차지하는 비중

| 연도 | 1차 산업 | 2차 산업 | 3차 산업 |
|---|---|---|---|
| 1978 | 28.2 | 47.9 | 23.9 |
| 1984 | 32.1 | 43.1 | 24.8 |
| 1991 | 24.5 | 41.8 | 33.7 |
| 2002 | 13.7 | 44.8 | 41.5 |
| 2011 | 10.0 | 46.6 | 43.3 |
| 2014 | 9.2 | 42.6 | 48.2 |

자료출처 : 표 4-8의 데이터를 바탕으로 정리해냈다.

11기 3차 전원회의 이후 중국은 먼저 농촌 경제체제 개혁을 추진하여 1차 산업의 전례 없는 발전을 실현하였다. 특히 농업 노동 생산성이 뚜렷하게 향상하였으며 거기에 농촌시장의 활성화까지 가세해 농산물 가격이 어느 정도 원래 가치로 돌아왔다. 이로 하여 1차 산업의 증가치가 GDP에서 차지하는 비중이 현저하게 증가하고 도시와 농촌 주민의 생활이 눈에 띄게 개선되었다. 그 시기 산업구조를 볼 때 국민 경제에서 농업이 차지하는 비중이 증가하고 공업이 차지하는 비중이 감소하는 등 역방향 발전 양상을 보였다. 1982년 1차 산업의 비중이 최고로 향상되고(33.4%), 2차 산업의 비중은 뚜렷하게 하락하였으며 (44.8%, 1990년에는 더 하락하여 41.3%까지 떨어짐), 3차 산업의 비중도 다소 줄어들었다. 개혁개방 초기의 이러한 탈공업화 과정은 사실상 중국 개혁개방 이전의 계획경제하에서 이룬 '공업화'에 대한 부정이다. 산업구조의 고도화 수준에 대한 측정은 본질적으로 생산성에 대한 평가에 귀결되어야 한다. 한 국가나 지역에서 생산성이 비교적 높은 산업의 비중이 더 크고 빠르게 성장하는 경우에만 해당 국가나 지역의 산업구조가 효율적이라고 볼 수 있다. 산업구조의 전환은 시장 주도와 정부 주도의 두 가지 기본 유형으로 나눌 수 있다. 낙후한 개발도상국의 경우, 산업구조 업그레이드를 실현하는 체제적 핵심은 시장화를 추진하는 동시에 산업구조의 변화를 시장 지향적인 것과 정부 지향적인 것을 유기적 결합하는 것에 통일시키는 방법을 고민하는 것이다. 전통적인 계획경제에서 사회주의 시장경제체제로 전환한 중국의 경우 산업구조 고도화를 추진함에 있어서의 핵심은 경쟁성 시장 메커니즘의 심층 개혁과 개선을 기반으로 정부의 의지 또는 개입이 시장 메커니즘을 통해 산업구조 발전 목표를 효과적으로 달성할 수 있도록 하는 것이다. 다시 말하면 시장 메커니즘과 정부 개입이 유기적으로 결합되어야만 산업구조의 양적, 질적 변화를 가져올 수 있고 진정한 의미의 경제발전을 이룰 수 있다.

개혁개방 이후 중국의 산업구조는 먼저 조정 과정을 거쳤다가 지속적인 업그레이드 과정을 시작하였다. 직접적인 영향 면에서 이러한 구조 업그레이드는 산업 성장과 물가 변화의 두 방면의 영향을 받는다. 이는 중국이 전환 과정에서 보여준 효율 향상을 반영하며, 경제체제 개혁 및 정부 주도의 거시적 조정은 시장경제가 자원 배치에서 적극적으로 역할을 수행하도록 촉진하였으며 또 이로써 경제 총량의 급속한 확장과 산업구조의 지속적인 업그레이드를 이끌었다. 21세기에도 상황은 비슷하다. 21세기에 들어선 후 중국은 점차 새로운 글로벌 제조업 중심지로 부상하면서 2차 산업의 성장이 다시 가속화되어 3차 산업의 성장을 앞질렀다. 표 4-11을 보면 2002년부터 2011년까지 2차 산업과 3차 산업이 차지하는 비중의 상승폭은 같지만(모두 1.8%포인트) 3차 산업이 차지하는 비중의 증가가 성장률의 상승이 아니라 가격 변화에 더 많이 힘입었으며 게다가 1, 2, 3차 산업이 차지하는 비중의 증가는 이미 개혁개방 이후의 앞 몇 시기보다 낮아졌다. 그러나 이는 중국의 산업구조 고도화 수준의 향상이 둔화하는 추세가 나타났다는 것을 의미하지는 않는다. 왜냐면 이는 그 시기 중국의 특수한 발전 조건과 영향 요소에 의해 결정되었기 때문이다. 예하면 공업화 과정의 가속화, 도시화, 글로벌화 전략에 따른 수출 지향성 경제발전으로 말미암아 그 시기 경제성장을 주도하는 것은 2차 산업의 발전이어야 함을 결정하였다. 이런 의미에서 개발도상국의 현대화 과정은 모두 1차 산업 비중의 하락, 2차 산업 비중의 상승 그리고 3차 산업 비중의 상승과 2차 산업 비중 하락의 과정을 겪게 되지만 국가마다 출발점이 다르고 구체적 시기의 발전 조건이 다르기 때문에 발전 과정에서 반복 현상이 나타날 수 있다. 이런 반복이 객관적 수요에 적응하게 되면 오히려 장기적 경제성장에는 도움이 된다

시기별로 보면, 첫 번째 경제성장 주기 동안 중국 농촌의 경제체제 개혁의 결과로 1차 산업이 GDP에서 차지하는 비중은 28.2%에서 32.1%로 4%포인트 가까이 대폭 증가하였다. 두 번째 경제성장 주기에 들어선 후 중국 경제체제 개혁의 초점이 농촌에서 도시로 바뀌고 농업을 중심으로 한 1차 산업이 안정적인 발전단계에 접어들었다. 두 번째 주기부터 연평균 성장률과 가격 성장폭이 모두 하락하면서 GDP에서 1차 산업이 차지하는 비중이 다소 줄어들었다. 2차 산업의 비중은 점차 하락하다가 다시 상승하는 과정을 거쳤다. 개혁개방 초기에는 47.9%였다가 두 번째 주기가 끝날 무렵에는 저점인 41.8%를 기록해 비중이 6.1% 포인트 하락하였다. 이는 개혁개방 이전의 계획 경제체제 하에서 사회적 수요를 고려하지 않고 공업발전을 일방적으로 추구한 데 대한 수정이다. 세 번째 주기부터 중국 2차 산업의 성장이 가속화되기 시작하였으며 다른 산업에 비해 물가 상승률은 낮았지만 비교적 높은 성장률로 인해 2차 산업의 비중은 여전히 지속적으로 늘어났다. 이 시기는 중국에서 시장화 개혁을 전면적으로 진행한 시기이자 2차 산업의 비중이 다시 상승한 시기이기도 하다. 이는 중국의 2차 산업, 특히 제조업 부문이 시장화 개혁 이후 충분한 조정을 거쳐 다시 상승기에 진입하였음을 보여준다. 이 시기 후반에 시작된 중화학공업의 발전을 대표로 하는 '공업화' 가속 과정에서 상품 시장화 개혁의 결과로 가격 신호가 자원배치에서 주도적인 역할을 발휘하기 시작하였고 산업구조의 변화와 업그레이드는 개혁개방 이전 시기의 '허위 고도화' 문제를 기본적으로 극복할 수 있었다. 네 번째 경제성장 주기에서 1차 산업의 비중은 계속 하락하였지만 그 하락

속도는 세 번째, 네 번째 주기보다 뚜렷하게 더뎌졌다. 반면에 2, 3차 산업의 비중은 비슷한 속도로 상승하였다. 다섯 번째 주기에 중국의 공업화와 산업구조 업그레이드는 새로운 발전단계에 접어들었다. 공업화 과정에서 볼 때 중국은 이미 공업화 후기에 진입하였고 산업구조에서 볼 때 현대 국가의 산업구조 특징이 나타났다.(즉 비중을 보면 3차 산업 비중이 가장 크고 2차 산업이 그 버금가며 1차 산업이 가장 작음) 이 점으로부터 볼 때, 중국의 현대화 과정은 이미 마지막 발전단계에 진입하였다.

앞 그래프 4-2에서 개혁개방 이후 중국 산업구조 변동의 장기 추세를 관찰할 수 있다. 개혁개방 이후 1차 산업은 비중이 상승하였다가 다시 하락하는 과정을 거치고, 2차 산업은 비중이 하락하였다가 상승하는 과정을 거쳤다. 오직 3차 산업만 비중이 꾸준히 상승하였다. 장기적 발전의 차원에서 볼 때 2차 산업 비중의 하락과 3차 산업 비중의 상승은 2003년 이후 약 10년간의 공업화 가속 과정을 거친 중국의 경제성장 과정에서 더욱 선명하게 반영된 특징이다.

## 제2절 산업구조 변화의 국제적 비교

앞에서 서술한 바와 같이 한 경제체의 산업구조 분포와 변화는 그 경제발전 수준과 연관되며 이런 발전 수준의 중요한 표징은 3차 산업이 해당 경제체의 경제 총규모에서 차지하는 비중이다. 일반적으로 경제발전 수준이 높을수록 3차 산업이 국민경제에서 차지하는 비중도 그만큼 더 크다. 현재의 상황으로 보아 주요 선진국에서 3차 산업이 차지하는 비중은 모두 70% 이상에 이르렀다. 이는 다음과 같은 3가지 원인이 작용한 결과이다. 첫 번째 원인은 분업, 전문화, 규모화 경영의 꾸준한 발전으로 자연제품과 완제품의 가공은(즉 이른바 2차 산업) 기업의 효율성을 제고하기 위해 서비스 부문의 기술 및 서비스 지원을 갈수록 더 많이 필요로 할 것이며 1, 2차 산업의 생산과정과 제품의 교부 및 사용 과정은 이러한 서비스를 누리게 되면서 3차 산업의 증가치를 창출하게 되기 때문이다. 두 번째 원인은 개방 경제 조건 하에서 선진국은 국제 분업에서의 우위(자금 우위, 기술 우위 및 관리 우위 등을 포함)를 더 많이 이용할 수 있기 때문에 저등급 산업을(예를 들어 노동 집약형 산업) 개발도상국으로 이전하는 동시에, 현대 서비스업을 발전시켜 전 세계에 서비스를 제공하고 증가치가 높은 제품과 서비스로 증가치가 낮은 개발도상국의 제품을 교환함으로써 소득 수준을 향상시킬 수 있다. 세 번째 원인은 선진국이 해외에서 벌어들인 수익도 국내에서 부문 간 상호 서비스를 통하여 재분배할 필요가 있다. 이는 노동 원가와 서비스 가격의 지속적인 상승으로 구현되며, 서비스 부문의 증가치가 차지하는 비중의 지속적인 상승으로 이어지기도 한다.

## 1. 미국 산업구조의 변화 상황

표 4-12는 2000~2010년 미국의 증가치 구조 상황을 비교하였는데 선진국 산업구조의 두 가지 특징을 구현하였다. 첫째, 3차 산업이 차지하는 비중이 상당히 높아 2010년 이미 80% 좌우에 달하였다. 둘째, 1차 산업이 차지하는 비중이 고작 1% 정도로 아주 낮았다. 중국의 산업구조 특징을 보면 2차 산업의 비중이 가장 크고 1차 산업의 생산액 비중이 비록 가장 적지만 여전히 미국보다는 훨씬 높은 수준이다. 동적으로 보면, 중국은 2차 산업의 비중이 여전히 상승하고, 1차 산업의 비중은 급속히 하락하고 있는 반면, 3차 산업의 발전은 상대적으로 비

교적 느리다. 이는 중국과 미국의 경제발전 단계와 산업구조의 고도화에 뚜렷한 차이가 있다는 점을 말해준다. 미국의 산업구조와 변화는 탈공업화 시기 선진국의 특징을 뚜렷하게 구현하였으며 중국의 산업구조와 변화는 추월 과정에 놓인 개발도상국의 신흥 공업화 특징이 뚜렷하다. 양국의 산업구조와 그 변화를 비교하면 한편으로는 중국의 경제발전이 여전히 상대적으로 낮은 수준에 머물러 있지만 다른 한편으로는 중국이 여전히 빠른 경제 성장기에 처해 있으며 발전 잠재력이 크다는 점을 말해준다. 표 4-12에서 알 수 있다시피, 2000년 미국은 1차 산업 비중이 1% 안팎이었으며 10년 넘게 대체로 안정적인 수준을 유지하였다. 산업구조의 변화는 주로 2차 산업 비중의 하락과 3차 산업 비중의 상승에서 반영되고 있다. 지난 10여 년간 2차 산업의 비중은 3.1%포인트(21.7%에서 18.6%로 하락함) 하락한 반면, 3차 산업의 비중은 77.2%에서 80.4%로 3.2%포인트 상승하였다. 이 또한 세계 최대 두 경제체 간의 상품 수출입 불균형이 지속적으로 확대된 이유, 즉 중국의 제조업 부문이 빠르게 성장한 반면에 미국의 제조업 부문이 위축되고 있는 이유를 부분적으로 설명해주었다. 이는 양자 무역 간에 존재하는 문제에 의해 초래되었을 뿐만 아니라 장기적인 산업구조 변화의 결과이기도 하다. 미국의 경우 2차 산업 비중의 하락과 3차 산업 비중의 상승이 취업 개선에 부정적인 요인으로 작용하였다. 이들 선진국에 있어서 어떻게 제조업과 전반 2차 산업의 경쟁력을 제고하고 취업 수용력을 높일 것인지가 오히려 연구 가치가 있는 문제이다.

구미의 큰 선진국 가운데서 국가별 산업구조에는 약간의 차이가 있다. 예를 들어 독일은 다른 국가에 비해 2차 산업의 비중이 다소 높고, 일부 선진국은 1차 산업의 비중이 심지어 미국보다도 낮다. 그러나 총체적으로 발전추세는 비슷하다. 즉 1차 산업의 비중은 5% 미만, 2차 산업의 비중은 20%~30%인 반면, 3차 산업의 비중은 70% 안팎이다.

표 4-12 미국 2000~2010년 증가치 구조의 변화 (%)

| 연도 | 2000 | 2002 | 2004 | 2006 | 2008 | 2010 |
|---|---|---|---|---|---|---|
| GDP | 100 | 100 | 100 | 100 | 100 | 100 |
| 농업 임업 목축업 어업 | 1.0 | 0.9 | 1.2 | 0.9 | 1.1 | 1.1 |
| 1차 산업 합계 | 1.0 | 0.9 | 1.2 | 0.9 | 1.1 | 1.1 |
| 광업 | 1.1 | 1.0 | 1.3 | 1.7 | 2.2 | 2.2 |
| 공공사업 | 1.7 | 1.7 | 1.8 | 1.8 | 1.8 | 1.8 |
| 건축업 | 4.7 | 4.6 | 4.7 | 4.9 | 4.3 | 4.3 |
| 제조업 | 14.2 | 12.7 | 12.5 | 12.3 | 11.4 | 11.4 |
| 2차 산업 합계 | 21.7 | 20.0 | 20.3 | 20.7 | 19.7 | 19.7 |
| 도매업 | 6.2 | 5.8 | 5.8 | 5.8 | 5.8 | 5.8 |
| 소매업 | 6.9 | 6.9 | 6.7 | 6.5 | 5.9 | 5.9 |
| 운송과 창고저장업 | 3.0 | 2.8 | 2.9 | 2.9 | 2.9 | 2.9 |
| 정보산업 | 4.2 | 4.7 | 4.7 | 4.4 | 4.5 | 4.5 |
| 금융, 보험, 부동산과 임대업 | 20.1 | 20.9 | 20.3 | 20.7 | 20.4 | 20.4 |
| 전문과 상업 서비스업 | 11.2 | 11.3 | 11.4 | 11.7 | 12.5 | 12.5 |
| 교육, 건강과 사회 서비스 | 6.8 | 7.4 | 7.6 | 7.6 | 8.1 | 8.1 |
| 예술, 오락과 요식업 | 3.8 | 3.9 | 3.9 | 3.8 | 3.8 | 3.8 |
| 정부 이외의 기타 서비스 | 2.8 | 2.7 | 2.5 | 2.5 | 2.4 | 2.4 |
| 정부부서 서비스 | 12.2 | 12.7 | 12.7 | 12.5 | 13.0 | 13.0 |
| 3차 산업 합계 | 77.2 | 79.1 | 78.5 | 78.4 | 79.3 | 79.3 |

자료출처: 미국 상무부 경제분석국에서 발표한 데이터를 바탕으로 정리해냈다.

표 4-13은 최근 몇 년간 미국의 취업구조 변화를 열거하였다. 2000
년, 미국은 1차 산업 취업인구가 이미 133만 명으로 줄어들어 차지하
는 비중이 1%까지 하락하였는데 이는 증가치 비중과 비슷한 수준이
다. 지난 10년 동안 1차 산업의 취업자 수가 지속적으로 감소하여
2010년에는 2000년에 비해 6만 명 줄어들었지만 그 비중에는 큰 변화
가 없었다. 뚜렷한 변화가 나타난 산업은 여전히 2, 3차 산업이다. 2차
산업의 취업자 수가 차지하는 비중은 2000년의 18.4%에서 2010년의

13.6%로 4.8%포인트(증가치 비중의 하락폭보다 큼) 하락하였다. 반면, 3차 산업의 취업자 수가 차지하는 비중은 4.8%포인트 상승하였다. 단기 내 2차 산업의 급격한 비중 감소는 이미 미국의 취업에 부정적인 영향을 미치기 시작하였다. 2000년부터 2010년까지 미국 3차 산업이 552만 개의 일자리를 창출한 반면, 2차 산업은 680만 개의 일자리(그중 제조업에서 576만 개 감소)가 줄어들었다. 이는 미국 내 취업자 수의 감소로 이어졌다. 경제활동 인구가 거의 변하지 않은 상황에서 이러한 구조적 변화는 사실상 미국의 실업률 상승을 초래한 중요한 원인이다. 이 또한 미국에 나타난 이번 경기 침체는 금융 부문에 생긴 문제뿐만 아니라 불균형한 산업구조 발전이 경제성장에 중요한 영향을 미쳤기 때문이라는 점을 부분적으로 설명해준다. 이는 한편으로, 한 국가의 경제발전이 통상적으로 3차 산업의 비중(증가치와 취업 포함) 증가를 동반한다는 것을 의미하며, 다른 한편으로 만약 제조업과 전반 2차 산업의 이전이 지나치게 빠르면 경제성장과 취업에 부정적인 영향을 미칠 가능성이 높다는 점도 말해준다.

표 4-13 2000~2010년 미국 산업별 취업자 수 및 구성

| | | 2000 | 2002 | 2004 | 2006 | 2008 | 2010 |
|---|---|---|---|---|---|---|---|
| 취업자수 만명 | 모든 취직 | 13,769 | 13,658 | 13,781 | 14,224 | 14,328 | 13,634 |
| | 농업, 임업, 어업, 수렵업 | 133 | 128 | 124 | 130 | 125 | 127 |
| | 1차 산업 합계 | 133 | 128 | 124 | 130 | 125 | 127 |
| | 광업 | 52 | 51 | 52 | 62 | 72 | 65 |
| | 공공사업 | 60 | 59 | 56 | 55 | 56 | 55 |
| | 건축업 | 688 | 699 | 728 | 795 | 744 | 577 |
| | 제조업 | 1,729 | 1,527 | 1,431 | 1,417 | 1,343 | 1,153 |
| | 2차 산업 합계 | 2,530 | 2,336 | 2,267 | 2,328 | 2,214 | 1,850 |
| | 도매업 | 578 | 567 | 569 | 594 | 602 | 552 |
| | 소매업 | 1,548 | 1,522 | 1,528 | 1,561 | 1,554 | 1,474 |
| | 운송과 창고저장업 | 446 | 429 | 432 | 451 | 456 | 423 |

| 취업자수 만명 | | 2000 | 2002 | 2004 | 2006 | 2008 | 2010 |
|---|---|---|---|---|---|---|---|
| | 정보산업 | 362 | 336 | 311 | 305 | 300 | 272 |
| | 금융, 보험, 부동산과 임대업 | 786 | 796 | 814 | 843 | 822 | 774 |
| | 전문과 상업 서비스업 | 1,673 | 1,611 | 1,169 | 1,762 | 1,796 | 1,697 |
| | 교육, 건강과 사회 서비스 | 1,547 | 1,637 | 1,718 | 1,802 | 1,905 | 1,975 |
| | 예술, 오락과 요식업 | 1,183 | 1,217 | 1,267 | 1,322 | 1,358 | 1,321 |
| | 정부 이외의 기타 서비스 | 673 | 689 | 698 | 697 | 710 | 674 |
| | 정부부서 서비스 | 2,309 | 2,390 | 2,405 | 2,430 | 2,487 | 2,497 |
| | 3차 산업 합계 | 11,106 | 11,194 | 11,391 | 11,767 | 11,989 | 11,658 |
| | | 2000 | 2002 | 2004 | 2006 | 2008 | 2010 |
| 구성 % | 모든 취직 | 100 | 100 | 100 | 100 | 100 | 100 |
| | 농업, 임업, 어업, 수렵업 | 1.0 | 0.9 | 0.9 | 0.9 | 0.9 | 0.9 |
| | 1차 산업 합계 | 1.0 | 0.9 | 0.9 | 0.9 | 0.9 | 0.9 |
| | 광업 | 0.4 | 0.4 | 0.4 | 0.4 | 0.5 | 0.5 |
| | 공공사업 | 0.4 | 0.4 | 0.4 | 0.4 | 0.4 | 0.4 |
| | 건축업 | 5.0 | 5.1 | 5.3 | 5.6 | 5.2 | 4.2 |
| | 제조업 | 12.6 | 11.2 | 10.4 | 10.0 | 9.4 | 8.5 |
| | 2차 산업 합계 | 18.4 | 17.1 | 16.4 | 16.4 | 15.5 | 13.6 |
| | 도매업 | 4.2 | 4.1 | 4.1 | 4.2 | 4.2 | 4.0 |
| | 소매업 | 11.2 | 11.1 | 11.1 | 11.0 | 10.8 | 10.8 |
| | 운송과 창고저장업 | 3.2 | 3.1 | 3.1 | 3.2 | 3.2 | 3.1 |
| | 정보산업 | 2.6 | 2.5 | 2.3 | 2.1 | 2.1 | 2.0 |
| | 금융, 보험, 부동산과 임대업 | 5.7 | 5.8 | 5.9 | 5.9 | 5.7 | 5.7 |
| | 전문과 상업 서비스업 | 12.1 | 11.8 | 12.0 | 12.4 | 12.5 | 12.4 |
| | 교육, 건강과 사회 서비스 | 11.2 | 12.0 | 12.5 | 12.7 | 13.3 | 14.5 |
| | 예술, 오락과 요식업 | 8.6 | 8.9 | 9.2 | 9.3 | 9.5 | 9.7 |
| | 정부 이외의 기타 서비스 | 4.9 | 5.0 | 5.1 | 4.9 | 5.0 | 4.9 |
| | 정부부서 서비스 | 16.8 | 17.5 | 17.5 | 17.1 | 17.4 | 18.3 |
| | 3차 산업 합계 | 80.7 | 82.0 | 82.7 | 82.7 | 83.7 | 85.5 |

자료출처: 표 4-12와 같다.

## 2. 일본 산업구조의 변화 상황

일본은 제2차 세계대전 종전 후 가장 먼저 고속 경제성장을 실현한 국가로, 1950년대 중반부터 1970년대 중반까지 20년 이상 고속 경제

성장을 달성하며 선진국으로 부상하였다. 일본은 19세기 메이지 유신 이후 서구 열강을 따라잡기 위해 노력하고 해외 침략을 통해 국제적 영향력을 확대하였지만, 1950년대에 이르러서도 일본은 산업구조 면에서 여전히 선진국이라고 할 수 없었다. 표 4-14에서 알 수 있다시피, 1950년, 일본 1, 2, 3차 산업의 취업구조가 48.5 : 21.8 : 29.6인 반면, 중국 1, 2, 3차 산업의 취업구조는 1998년에 49.8 : 23.5 : 26.7, 2003년에 49.1 : 21.6 : 29.3이었다. 즉, 제2차 세계대전 종전 후의 경제발전 초기 단계에 일본의 취업구조는 20세기와 21세기가 교차하던 시기 중국의 취업구조와 매우 근접하였다. 증가치 구조에서 볼 때, 1955년. 일본 1, 2, 3차 산업의 증가치 구조는 19.2 : 33.7 : 47.0인 반면, 2013년 중국 1, 2, 3차 산업의 증가치 구조는 19.7 : 46.6 : 33.7, 1997년의 구조는 18.3 : 47.5 : 34.2였다. 즉 1차 산업의 증가치가 GDP에서 차지하는 비중으로 볼 때, 1950년대 중반 일본의 증가치 구조가 1990년대 중반 중국의 증가치 구조에 비교적 접근한다는 얘기다. 그러나 GDP에서 차지하는 3차 산업의 증가치 비중을 살펴보면 중국은 발전이 뒤처져 있다는 점을 알 수 있다. 2014년에 와서도 중국은 비중이 48.2%에 불과하여 1950, 60년대 일본 수준과 비슷하였다. 한 가지 중요한 이유는 중국이 계획경제에서 시장경제로 전환하기 전에는 국민경제 발전에서 시장 메커니즘의 역할이 제한적이었기 때문이다. 일본 등 시장경제 국가의 공업화 및 현대화 과정에서 공업화는 반드시 시장의 일정한 발전을 기반으로 이루어져야 한다. 또는 시장화 발전이 공업화에 선행되어야 한다고도 말할 수 있는데 이러한 시장화의 특징 중 하나가 바로 상업과 3차 산업의 발전이다. 반면, 중국에서 공업화 이전 시기에 경제 자원이 주로 정부에 의해 배치되었고(오늘날에도 정부는 시장경제국가보다 경제활동에 훨씬 더 직접적으로 관여함) 시장화 수준이 비교적 낮기 때문에 3차 산업의 발전은 자연스럽게 뒤처졌다. 개혁개방 이후, 중국은 현대화 경제 건설과 더불어 시장화 과정을 촉진하기 시작하면서 3차 산업을 선행으로 발전시켰지만 이후 고성장을 추구하기 위해 공업과 2차 산업에 중점을 두었기 때문에 전반적으로 3차 산업의 발전은 줄곧 뒤처져 있었다.

표 4-14  1950~2010년 일본 1, 2, 3차 산업별 취업 및 증가치 구조

| | 취업자 수 구성 | | | 증가치 구성 | | |
|---|---|---|---|---|---|---|
| | 1차 산업 | 2차 산업 | 3차 산업 | 1차 산업 | 2차 산업 | 3차 산업 |
| 1950 | 48.5 | 21.8 | 29.6 | — | — | — |
| 1955 | 41.1 | 23.4 | 35.5 | 19.2 | 33.7 | 47.0 |
| 1960 | 32.7 | 29.1 | 38.2 | 12.8 | 40.8 | 46.4 |
| 1965 | 24.7 | 31.5 | 43.7 | 9.5 | 40.1 | 50.3 |
| 1970 | 19.3 | 34.0 | 46.6 | 5.9 | 43.1 | 50.9 |
| 1975 | 13.8 | 34.1 | 51.8 | 5.3 | 38.8 | 55.9 |
| 1980 | 10.9 | 33.6 | 55.4 | 3.5 | 36.2 | 60.3 |
| 1985 | 9.3 | 33.1 | 57.3 | 3.0 | 34.9 | 62.0 |
| 1990 | 7.1 | 33.3 | 59.0 | 2.4 | 35.4 | 62.2 |
| 1995 | 6.0 | 31.3 | 62.7 | 1.8 | 30.4 | 67.8 |
| 2000 | 5.2 | 29.5 | 65.3 | 1.7 | 28.5 | 69.8 |
| 2005 | 4.9 | 26.3 | 68.6 | 1.2 | 25.8 | 73.0 |
| 2010 | 4.2 | 25.2 | 70.6 | 1.2 | 25.2 | 73.6 |

자료출처 : 일본 내각통계국(Statistics Bureau) 사이트, http://www.stat.go.jp/english/data/handbook/c03cont.htm를 참조하라.

구조 면에서 전체적으로 비교해보면 특히 1차 산업이 취업구조와 증가치 구조에서 놓인 지위에 근거하여 비교할 때 1950년대 전·중기 일본의 산업구조와 경제발전은 대략 중국의 1990년대 말기의 시장화 개혁 전후와 비슷하였는바 현재의 기준으로 보면 여전히 개발도상국에 속한다. 따라서 제2차 세계대전 이후 경제발전 역사를 볼 때 일본

은 경제발전 수준이 비교적 높은 개발도상국에서 선진국으로 전환한 전형적인 실례라고 할 수 있다. 그 발전과정에서 산업구조의 변화는 우선 증가치 구조의 변화에서 반영된다. 즉 2, 3차 산업이 차례로 발전하고 1차 산업의 비중이 점차 하락하였는데 이는 노동력 구조에도 비슷한 변화를 불러왔다. 그러나 노동력 구조의 변화는 증가치 구조의 변화에 뒤처져 있으며, 증가치 구조의 변화가 안정되면 평균 이윤의 규칙에 따라 일인당 소득이 낮은 산업 부문의 노동력이 고소득 부문으로 이동하는 등 취업구조는 계속 변화할 것이며 결국 각 산업 부문의 일인당 소득 수준이 근접한 상태에서 여러 산업 부문의 취업구조가 산업구조로의 수렴을 실현하게 된다. 이는 선진국 산업구조 변화의 공동 법칙이다.

일본의 고속 경제성장 역시 시장화 개혁과 수출 지향형 경제발전의 배경하에 이루어졌다. 이 부분에서 중국과 일본은 유사성을 띤다. 이는 경제 도약을 달성하고 고속 경제성장을 유지하는 데 있어 제도적 혁신이 얼마나 중요한지를 보여준다. 1950~1980년은 일본 경제발전의 최고 전성기였다. 경제의 고속 성장을 달성하는 동안 일본의 증가치 구조와 취업구조는 크게 바뀌었다. GDP에서 차지하는 1차 산업의 증가치 비중은 20% 이상에서 5% 미만으로 떨어지고 취업 비중은 1950년의 48.5%에서 1980년의 10.9%로 하락하였다. 이는 경제성장이 단순한 양적 변화가 아니라 필연적으로 산업구조의 업그레이드를 동반한다는 점을 한층 설명해준다. 또는 산업구조의 업그레이드가 장기 경제성장의 필수 조건이라는 점을 말해주기도 한다.

1970년대 초, 석유 위기의 충격과 「플라자합의」 체결 이후 엔화 평가절상으로 말미암아 일본의 경제성장은 황금기가 끝났다. 1980년부터 현재까지 30년 동안 일본 경제는 탈공업화 시대에 접어들면서 경제 성장률이 뚜렷하게 하락하였다. 특히 2000~2010년, 일본 경제는 연평균 0.7%의 성장률을 기록하며 저성장 국면에 접어들었다. 그러나 표 4—14에서 알 수 있다시피, 일본은 산업구조가 여전히 꾸준히 바뀌고 있다. 1차 산업의 증가치 비중은 미국 수준에 근접한 1.2%로 하락하고, 2차 산업의 증가치 비중은 이미 30% 미만인 25.2%로 떨어졌으며 3차 산업의 증가치 비중은 73.6%로 상승하였다. 취업구조의 변화도 비슷하였다. 1차 산업의 취업 비중은 10.9%에서 4.2%로 떨어지고, 2차 산업의 취업 비중은 약 25% 내외로 하락하였으며 3차 산업의 취업 비중은 70% 이상으로 상승하여 선진국의 대표적인 산업구조 형태를 보여주었다. 하지만 일본의 경제성장은 제조업과 수출이 견인역할을 하여 금융, 첨단 과학기술 및 문화산업이 견인하는 미국의 경제성장과는 큰 차이를 보였다. 일본 산업구조의 업그레이드는 서비스 산업에서 제조업 제품의 증가치 증가(더 간단하게 말하면 소비자 수요나 더 높은 원가 혹은 가격으로 구매한 여러 가지 서비스)로 더 많이 구현되었으며 현대 서비스업 자체의 발전과 수출을 통해 실현한 것은 아니다. 따라서 일본 산업구조의 업그레이드는 높은 인건비, 높은 서비스 원가 및 높은 물가를 동반하였다. 이는 일본 제조업 제품의 경쟁력에 뚜렷한 영향을 미쳤으며 지난 30년 동안 일본 경제가 둔화된 중요한 원인이기도 하다.

## 3. 중국과 세계 각국의 비교

30년 이상의 고속 경제성장으로 중국은 산업구조가 크게 개선되었지만(표 4-15 참조), 증가치 구조로 보나 취업구조로 보나 또는 증가치 구조와 취업구조 간의 관계로 보나 중국과 선진국 간에는 여전히 상당한 격차가 존재한다.

표 4—15 1978~2014년 중국 1, 2, 3차 산업의
증가치 비중 및 취업 비중의 변화 상황(%)

| 연도 | 증가치 구성 | | | 취업 비중 | | |
|---|---|---|---|---|---|---|
| | 1차 산업 | 2차 산업 | 3차 산업 | 1차 산업 | 2차 산업 | 3차 산업 |
| 1978 | 28.2 | 47.9 | 23.9 | 70.5 | 17.3 | 12.2 |
| 1980 | 30.2 | 48.2 | 21.6 | 68.7 | 18.2 | 13.1 |
| 1985 | 28.4 | 42.9 | 28.7 | 62.4 | 20.8 | 16.8 |
| 1990 | 27.1 | 41.3 | 31.6 | 60.1 | 21.4 | 18.5 |
| 1995 | 19.9 | 47.2 | 32.9 | 52.2 | 23.0 | 24.8 |
| 2000 | 15.1 | 45.9 | 39.0 | 50.0 | 22.5 | 27.5 |
| 2005 | 12.1 | 47.4 | 40.5 | 44.8 | 23.8 | 31.4 |
| 2010 | 10.1 | 46.8 | 43.1 | 36.7 | 28.7 | 34.6 |
| 2014 | 9.2 | 42.6 | 48.2 | — | — | — |

첫째, 1차 산업을 살펴보면, 2010년 중국 1차 산업의 증가치 비중은 이미 10% 안팎으로 떨어졌지만 취업 비중은 여전히 30%를 상회하고 있다. 이 부분에서 비교할 때 중국의 산업구조 고도화는 1963년 전후 일본의 산업구조와 거의 비슷한 수준을 유지하였다. 이는 공업화 과정에서 한 국가가 가장 역동적인 단계이다. 둘째, 3차 산업의 발전 면에서 볼 때 최근 몇 년 동안 중국 3차 산업의 증가치 및 취업 비중은 이미 2차 산업보다 높아졌지만 증가치 비중으로 보나 취업 비중으로 보나 중국은 그 비중이 70% 이상에 이르는 선진국과는 여전히 큰 격차가 있다. 마지막으로 2차 산업의 경우 2014년 중국 2차 산업의 증가치 비중은 42.6%로, 일본과 미국에 비해 크게 높았는바 일본보다는 약 20%포인트, 미국보다는 30%포인트 가까이 높았다. 중국은 2차 산업 규모가 일본보다 훨씬 더 크고 심지어 미국을 초월하였다.[89]

이는 중국 경제발전의 우위로, 상품의 규모화 생산 및 수출을 통하여 중국이 글로벌 상품시장 경쟁에서 비교 우위를 유지할 수 있도록

---

89) 2011년 세계은행에서 제공한 미국 달러 기준의 국가별 GDP 데이터에 따르면 중국 2차 산업의 증가가치는 약 3조 4천억 달러였지만 미국의 약 2조 7천억 달러였다.

하였다. 그러나 중국은 일본과 미국보다 2차 산업의 총 취업자 수가 훨씬 많고 취업 비중도 크기(2010년 28.7%에 달함) 때문에 중국 취업자의 평균 증가치나 노동생산성은 여전히 선진국과 큰 차이를 보이고 있다.

일본의 경험에 따르면 한 나라의 경제 고속 성장기는 산업구조가 급격하게 변화하는 시기이기도 하다. 물론 중국은 자원 상황, 역사 단계와 세계 환경, 경제발전에서 일본과 크게 다르다. 예를 들어 일본은 현대화 과정에서 세계 시장의 저가 원유 자원을 활용하였지만, 중국은 고속 경제성장을 뒷받침하기 위해 주로 자체의 에너지 생산에 의존해 왔다. 이는 산업구조에 반영되어 있는데, 중국은 광업을 발전시킴으로써 2차 산업의 비중을 증가시킬 가능성이 있다. 그러나 다른 국가에 비해 동일한 동양 국가로서의 중국과 일본은 경제성장 상황이 더욱 접근해 있다. 다만 일본이 현대화 과정에서 한발 앞섰을 뿐이다. 따라서 중국의 산업구조 발전은 증가치 및 취업구조의 변화와 업그레이드를 비롯해 일본과 유사한 변화발전 과정을 거칠 것이며, 이는 한국과 같은 비교적 큰 신흥 경제체들이 걸어온 길이기도 하다. 싱가포르 등과 같이 산업구조가 비교적 단일한 작은 경제체는 수출 지향형 경제가 발달한 도시 경제의 특징을 지니고 있으며, 산업구조는 세계 시장에서의 제품 수요에 따라 결정되기 때문에 이들 국가의 산업구조 변화와 업그레이드는 대표성을 띠지 않는다.

### (1) 증가치 구조

2003년 이후 공업화가 가속화되면서 중국은 2차 산업의 최고 발전 시기를 겪었지만 여전히 비교적 빠른 발전을 이어갈 잠재력을 지니고 있다. 구조적으로는 확장 중·후기 단계에 접어들었으며 취업 비중이 계속하여 상승할 가능성이 있지만 그 폭은 크지 않을 것이다. 노동 집약형 제조 기업은 단기적으로 자체의 우위가 있지만 장기적으로는 자본 집약형, 기술 집약형의 규모화 경영 기업에 자리를 내주게 되며 3차 산업에서 1차 산업의 노동력을 더 많이 수용하게 된다. 표 4—14의 데이터 비교를 통해 알 수 있다시피, 현재 중국은 2차 산업 증가치 비중이 2차 세계대전 이후 일본의 그 어떤 발전 시기보다도 높다. 일본도 고속 경제성장 시기에 2차 산업의 급속한 성장기를 겪었지만, 이는 3차 산업의 확장을 동반하였다. 이에 비해 중국은 3차 산업 발전이 뒤처져 있다. 새로운 경제발전 시기에 3차 산업의 발전이 크게 개선되지 않고 전반적인 기술 진보와 경제 발전방식의 변화로 이어지지 않는다면 2차 산업의 발전도 둔화될 가능성이 높다.

표 4-16은 2010년 세계 일부 국가 및 지역에서 1, 2, 3차 산업의 증가치가 차지하는 비중을 열거하였다. 표에서 볼 수 있듯이 세계 경제의 발전과 함께 글로벌 산업구조의 전반적인 수준은 과거보다 더 크게 향상되었다. 1차 산업의 증가치 비중이 고소득 국가에서는 2% 미만, 중등소득 및 중저소득 국가에서는 10% 안팎으로 떨어졌다. 2010년, 중국의 일인당 국민소득(4천 940달러)은 세계은행에서 정한 중진국 기준(일인당 국민소득 4천 200달러에 달함)을 약간 상회하는 수준이었고, 1차 산업의 증가치 비중은 10% 안팎이었는데 이는 논리에 부합되는 결과이다. 중국은 대두 등 일부 제품을 제외하고 곡물과 기타 식품은 대부분 국내 생산으로 확보하며 농촌에 여전히 상당한 1차 산업의 노동력이 있다는 사실을 감안할 때 중국의 1차 산업 증가치 비중은 상당 기간 동안 10% 내외에서 안정적으로 유지될 가능성이 높다.

2차 산업의 증가치 비중을 살펴보면 2010년 고소득 국가는 25% 안팎, 중등소득 국가는 34.3%인 반면, 중국은 44.6%[90]에 달하였다. 표

표 4-16 2010년 세계 일부 국가와 지역의 1, 2, 3차 산업 증가치 비중 (%)

| | 1차 산업 | 2차 산업 | 3차 산업 |
|---|---|---|---|
| 고소득 국가 | 1.5 | 25.1 | 73.4 |
| 경제협력개발기구 고소득 국가 | 1.5 | 24.9 | 73.6 |
| 비경제협력개발기구 고소득 국가 | 1.4 | 31.1 | 67.5 |
| 중등소득 국가 | 9.7 | 34.3 | 55.9 |
| 중상소득 국가 | 7.8 | 35.3 | 57.0 |
| 중저소득 국가 | 15.5 | 31.3 | 52.8 |
| 중저소득 국가 | 10.0 | 34.1 | 55.8 |
| 동남아와 태평양 | 10.7 | 44.0 | 44.9 |
| 유럽과 중앙아시아 | 7.4 | 30.2 | 62.4 |
| 라틴아메리카와 카리브해지역 | 6.4 | 29.8 | 63.8 |
| 중동과 북아프리카 국가 | 11.6 | 40.6 | 47.9 |
| 남아시아 | 17.0 | 27.9 | 55.2 |
| 사하라 이남의 아프리카 | 13.1 | 29.6 | 57.3 |
| 저소득 국가 | 25.7 | 24.4 | 49.9 |
| 후진 지역(연합국 분류를 기준으로 함) | 25.3 | 27.1 | 47.6 |
| 부채가 많은 빈곤 국가 | 27.0 | 25.9 | 47.1 |
| 영국 | 0.7 | 21.1 | 78.2 |
| 독일 | 0.8 | 26.5 | 72.7 |
| 미국 | 1.2 | 21.4 | 77.4 |
| 일본 | 1.5 | 28.0 | 70.5 |
| 네덜란드 | 1.7 | 23.9 | 74.4 |
| 프랑스 | 1.8 | 19.0 | 79.2 |
| 이탈리아 | 1.8 | 25.1 | 73.1 |
| 체코 | 2.3 | 37.2 | 60.5 |
| 오스트레일리아 | 2.5 | 29.1 | 68.4 |
| 한국 | 2.6 | 36.4 | 61.0 |
| 스페인 | 2.6 | 26.1 | 71.3 |
| 남아프리카 | 3.0 | 31.3 | 65.7 |
| 폴란드 | 3.6 | 30.2 | 66.2 |
| 멕시코 | 4.1 | 34.8 | 61.1 |
| 러시아연방 | 4.7 | 32.8 | 62.5 |
| 카자흐스탄 | 5.4 | 42.4 | 52.2 |
| 브라질 | 6.0 | 26.0 | 68.0 |

| | | | |
|---|---|---|---|
| 우크라이나 | 8.1 | 29.0 | 62.8 |
| 아르헨티나 | 9.4 | 30.2 | 60.4 |
| 중국 | 9.5 | 44.6 | 45.9 |
| 말레이시아 | 9.5 | 44.3 | 46.2 |
| 터키 | 9.8 | 28.0 | 62.2 |
| 이란 | 10.1 | 44.9 | 45.0 |
| 이집트 | 10.1 | 29.0 | 60.9 |
| 필리핀 | 12.3 | 32.6 | 55.1 |
| 태국 | 12.4 | 44.7 | 42.9 |
| 스리랑카 | 13.6 | 26.9 | 59.5 |
| 인도네시아 | 15.9 | 48.8 | 35.3 |
| 인도 | 16.2 | 28.4 | 55.4 |
| 몽골 | 18.1 | 36.8 | 45.1 |
| 방글라데시 | 18.8 | 28.5 | 52.6 |
| 베트남 | 19.8 | 39.6 | 38.9 |
| 파키스탄 | 21.8 | 23.6 | 54.6 |
| 라오스 | 31.3 | 31.8 | 36.9 |
| 캄보디아 | 35.3 | 22.6 | 42.0 |

자료출처 : 세계은행 WDI 데이터뱅크, 국가통계국 「국제통계연감 2011」을 참조하라. 그중 일부 국가와 지역의 데이터는 2009년 심지어 2008년의 데이터(「국제통계연감 2011」 참조)이다. 하지만 산업구조의 상대적 안정성으로 인해 국가 간 산업구조의 수평 비교에는 영향을 미치지 않는다.

4-16에서 중저소득 국가에 속하는 동아시아 및 태평양 국가들만 2차 산업 비중이 이토록 높은 수준에 도달한 것으로 나타났다. 이는 중국의 일인당 GNI가 이미 중등소득 국가의 평균 수준을 상회하고 있지만, 중국의 산업구조는 여전히 세계은행에서 발표한 중저소득 국가의 구조와 유사하다는 것을 시사한다. 표 4-16에 나열된 구체적인 국가와 지역은 대부분 세계에서 경제 규모가 비교적 큰 경제체에 속한다. 우리는 그중에서 이란, 인도네시아, 태국, 카자흐스탄, 말레이시아, 중국 등 6개국은 2차 산업의 증가치 비중이 40% 이상이라는 점을 보

---

90) 관련 데이터는 「국제통계연감 2011」의 46%와 비교해 약간의 차이가 있지만 국제 비교에서 우리는 여전히 국제기구에서 발표한 통일 데이터를 사용한다.

아낼 수 있다. 이들 나라의 공통점은 경제가 역동적인 개발도상국이라는 점이다.

표 4-16에 나열된 구체적인 국가는 GDP에서 1차 산업의 증가치가 차지하는 비중이 가장 낮은 국가부터 가장 높은 국가까지 순위를 매겼다. 이 순위가 구체적인 국가의 경제발전 수준 순위와 상관관계가 있음을 알 수 있다. 즉, 산업구조가 더 발달한 국가(1차 산업이 차지하는 비중이 비교적 적음)일수록 일반적으로 발전 수준이 더 높았다. 예를 들어 러시아는 소련 붕괴 이후 경제성장이 정체되어 현재 경제총량이 이미 중국에 추월당하였다. 그러나 소련은 일찍 1930년대 초부터 공업화 과정을 시작하였기 때문에 붕괴 당시 러시아의 경제발전은 이미 일정한 수준에 도달하였고 일인당 소득 수준과 산업구조 면에서 중국보다 앞서 있다는 점에 유의하여야 한다. 현재 러시아의 1차 산업 증가치 비중은 이미 5% 미만으로 떨어지고, 2차 산업의 증가치 비중은 35% 미만인 반면 3차 산업의 증가치 비중은 60%를 넘어섰으며, 산업구조는 공업화 후기나 공업화 과정 완료 후의 특징을 나타내고 있다. 멕시코의 상황도 비슷하다. 중국의 산업구조 고도화는 이들 국가의 중간지점에 위치해 있는데 독립국가연합체와 라틴아메리카 등 중등소득 국가에 뒤처져 있지만 아시아, 아프리카, 라틴아메리카의 개발도상국에는 앞서 있다. 중국 내에서는 불균형한 발전으로 지역별로 경제발전 수준과 구조에 큰 차이가 있다. 일부 선진 지역의 경제발전은 이미 세계에서 비교적 높은 수준에 도달하였지만 아시아, 아프리카, 라틴아메리카의 개발도상국과 비슷한 단계에 처한 곳도 여전히 많다. 중국의 다음 단계 경제발전에서 중요한 임무는 경제발전의 불균형을 개선하는 것이다.

## (2) 취업구조

지난 10년 동안 우리는 가속화된 공업화 과정의 결과로 취업 촉진에서 큰 성과를 거두었다. 농업 인구가 비농업으로 이전하고 농촌 노동력이 도시로 이전하려면 경제성장으로 대량의 일자리를 창출하여야 한다. 그렇지 않으면 기존의 취업 압력이 완화되지 않은 상태에서 엄청난 새로운 취업 압력에 직면하게 될 것이다. 인구가 많은 중국은 농업 현대화로 대량의 농업 노동자들을 농촌에서 해방시켰고, 이에 따라 비농업 분야의 취업 증가가 중국에서 점점 더 중요한 경제발전 목표로 되고 있다. 이 점에서 중국은 선진 경제체와는 크게 다르다. 이런 국가와 지역에서 산업구조 및 취업구조는 이미 비교적 안정되었고 취업을 해결하려면 재고 또는 상대적인 정적의 토대 위에서 노동력의 취업 문제를 해결하여야 한다. 또는 실업문제 해결이 관건이라고 할 수 있다. 반면, 중국은 등록 도시 실업률이 상대적으로 안정적이며, 흐름이나 동적 면에서 취업 문제를 해결하는 것이 더 중요한 임무로 되었다. 따라서 중국의 현재 상황에서 취업 문제의 중점은 실업이 아닌 취업이며, 이 또한 중국 경제가 일정한 성장률을 유지하여야 하는 중요한 이유이기도 하다. 세계 각국의 발전에서 볼 때, 한 국가의 경제발전 수준이 높을수록 취업에 대한 주목도가 더 커지며 경제성장은 취업 성장과 취업구조 변화의 수요를 충족시켜야 한다. 지난 30여 년 동안 우리는 취업보다 성장을 훨씬 더 중요하게 생각하였다. 그러나 선진국이나 공업화 국가에서는 경제성장보다 취업에 대한 관심이 더 큰 경우가 많다. 취업이 전반적으로 개선되어야만 가정에 소득이 있을 수 있고, 경제 회복을 진정으로 설명할 수 있기 때문이다. 그러나 단순한 경제 성장률 상승은 취업인구의 일부에만 영향을 미칠 수 있다.

표 4-17은 세계 일부 국가 또는 지역의 2008년 취업구조를 취업 비중 순으로 나열하였다. 표 4-16과 4-17의 비교로 알 수 있다시피, 다수 국가에서 1차 산업의 취업 비중은 증가치 비중보다 낮다. 예하면 앞에서 열거한 러시아와 멕시코의 경우, 1차 산업의 증가치 비중은 이미 5% 미만으로 떨어졌지만 취업 비중은 각각 9%와 13.5%를 유지하고 있다. 이는 이미 상대적으로 높은 수준의 경제발전을 이룬 일부 국가에도 이원 경제 구조가 존재한다는 것을 시사한다. 중국은 표 4—17의 33개 국가 또는 지역 중 29위를 차지하여 구조 고도화 수준이 비교적 낮은 국가에 속한다. 3차 산업을 보아도 결과는 비슷하다. 만약 3차 산업의 취업 비중을 가장 높은 순위부터 가장 낮은 순위까지 나열한다면, 중국은 해당 국가 또는 지역 중 최하위를 차지한다. 다시 말해, 중국이 수년 동안 고속 성장을 달성하고 경제총량이 세계 선진수준에 도달하였지만 3차 산업의 취업 비중에서 볼 때 중국 산업구조의 고도화는 세계적으로 여전히 비교적 낮은 수준을 유지하고 있다. 이는 우리가 반드시 직면해야 하는 결론이다.

체너리[91]는 1950~1970년, 101개 국가의 통계 데이터를 이용하여 귀납 분석을 진행한 후 유명한 '세계 발전 모델'을 구축하였으며 관련 발전 모델에서 경제발전의 '표준 구조' 즉 경제발전 수준별 경제구조의 표준 데이터를 도출해냈다.(표 4—18 참조) 중국의 증가치 구조와 체너리의 표준 구조를 비교하고 GDP에서 차지하는 1차 산업의 비중에 따라 가늠해 볼 때 중국의 일인당 소득 수준은 이미 2천 달러(1970년 기준)를 넘어섰다. 그러나 노동력이 1차 산업에서 차지하는 비중으로 가늠하면 400~600달러 수준이다. 노동력 구조와 GDP 구조 간의 격차는 중국 경제성장의 이원 구조 현상이 매우 심각하다는 점

---

91) See Chenery H.B., Syrquin M., Patterns of Development: 1955~1975,Oxford University Press, 1977.

표 4-17 2008년 세계 일부 국가 혹은 지역의 취업구조 (%)

|  | 1차 산업 | 2차 산업 | 3차 산업 |
|---|---|---|---|
| 아르헨티나 | 0.8 | 23.7 | 75.2 |
| 미국 | 1.4 | 20.6 | 78.0 |
| 영국 | 1.4 | 21.4 | 76.9 |
| 이스라엘 | 1.6 | 21.9 | 75.6 |
| 독일 | 2.2 | 29.7 | 68.0 |
| 캐나다 | 2.5 | 21.6 | 75.9 |
| 네덜란드 | 2.7 | 18.2 | 73.1 |
| 프랑스 | 3.0 | 23.1 | 72.9 |
| 체코 | 3.3 | 40.5 | 56.1 |
| 오스트레일리아 | 3.4 | 21.2 | 75.1 |
| 이탈리아 | 3.8 | 29.7 | 66.3 |
| 일본 | 4.2 | 27.9 | 66.7 |
| 스페인 | 4.3 | 27.8 | 67.9 |
| 뉴질랜드 | 7.2 | 21.9 | 70.5 |
| 한국 | 7.4 | 25.9 | 66.6 |
| 베네수엘라 | 8.7 | 23.3 | 67.7 |
| 남아프리카 | 8.8 | 26.0 | 64.9 |
| 러시아연방 | 9.0 | 29.2 | 61.8 |
| 멕시코 | 13.5 | 25.9 | 59.9 |
| 폴란드 | 14.7 | 30.7 | 54.5 |
| 말레이시아 | 14.8 | 28.5 | 56.7 |
| 우크라이나 | 16.7 | 23.9 | 59.4 |
| 브라질 | 19.3 | 21.4 | 59.1 |
| 이란 | 22.8 | 32.0 | 45.1 |
| 터키 | 26.2 | 25.7 | 48.1 |
| 이집트 | 31.2 | 22.0 | 46.6 |
| 스리랑카 | 31.3 | 26.6 | 38.7 |
| 필리핀 | 36.1 | 15.1 | 48.8 |
| 중국 | 38.1 | 27.8 | 34.1 |
| 몽골 | 40.6 | 15.2 | 44.2 |
| 인도네시아 | 41.2 | 18.8 | 39.9 |
| 태국 | 41.7 | 20.7 | 37.4 |
| 파키스탄 | 43.6 | 21.0 | 35.4 |

자료출처 : 세계은행 데이터뱅크, 「중국통계연감 2011」, 일부 국가는 2006년과 2007년의
데이터이다.

을 시사한다. 이러한 이원 구조는 중국의 불균형한 경제발전의 표현
이며 중국 경제성장의 특징이기도 하다. 발전 측면에서 볼 때 향후
10~20년은 중국의 산업구조 고도화가 가속화되는 시기가 될 가능성
이 높다. 이 시기의 뚜렷한 특징은 GDP 구조에서 3차 산업이 차지하
는 비중이 증가하고 취업구조에서 1차 산업이 차지하는 비중이 줄어
드는 현상으로 특히 표현될 것이다. 세계 다른 국가와 비교하여 중국
의 산업구조 고도화가 더 빠르게 업그레이드될 전망이다.

표 4-18 발전 수준별 GDP구조와 취업구조에 대한 체너리의 연구 (%)

|  | 일인당 소득 수준(1970년 달러) | | | |
|---|---|---|---|---|
|  | 400달러 | 600달러 | 1천 달러 | 2천 달러 |
| 1차 산업이 GDP에서 차지하는 비중 | 26.7 | 21.8 | 18.6 | 16.3 |
| 2차 산업이 GDP에서 차지하는 비중 | 25.5 | 29.0 | 31.4 | 33.2 |
| 3차 산업이 GDP에서 차지하는 비중 | 47.8 | 49.2 | 50.0 | 50.5 |
| 노동력이 1차 산업에서 차지하는 비중 | 43.6 | 34.8 | 28.6 | 23.7 |
| 노동력이 2차 산업에서 차지하는 비중 | 23.4 | 27.6 | 30.7 | 33.2 |
| 노동력이 3차 산업에서 차지하는 비중 | 23.0 | 37.6 | 40.7 | 43.1 |

## 제3절 산업구조 업그레이드 및 경제의 뉴 노멀

한 국가의 현대화는 통상적으로 공업화를 통해 이끈다. 공업화 과
정에서 대량의 현대 과학기술과 이런 기술의 진보를 구현하는 현대
장비가 생산 분야 특히 제조업에 응용되면서 노동생산성과 전반 생산
효율이 전면적이고 신속하게 향상되어 전반 경제의 빠른 현대화를 이
끌었다. 그러나 한 나라의 공업화 과정이 추진됨에 따라 산업구조도

꾸준히 업그레이드되고 있다. 공업화 단계와 1, 2, 3차 산업 성장의 관계로 볼 때, 만약 한 나라의 공업화 과정이 연속적이라면, 공업화 전기 · 중기 · 후기 3개의 큰 단계로 나눌 수 있다. 시기별 여러 대산업의 성장은 각기 다른 특징을 가지고 있다. 공업화 전기에 공업이 급속히 성장하기 시작하였고 공업 및 전반 2차 산업의 성장속도는 1차 산업이나 3차 산업보다 뚜렷이 빨랐다. 공업화 중기에도 2차 산업은 여전히 선두적인 성장을 유지하였지만 2차 산업의 성장은 3차 산업의 더 많은 지원을 필요로 하고 있다. 예하면 건축업(2차 산업에 속함)은 반드시 부동산업(3차 산업에 속함)의 지지가 있어야만 더 나은 발전을 가져올 수 있다. 이때 3차 산업의 성장도 빨라져 성장률에서 2차 산업과의 격차가 뚜렷이 줄어들 수 있다. 공업화 후기에 전문화 분공의 발전과 서비스 수요에 대한 최종 소비의 증가로 3차 산업의 발전은 2차 산업을 초과하여 국민경제의 주도부문이 될 것이며 2차 산업의 성장은 둔화될 것이지만 여전히 비교적 빠른 성장을 유지할 것이다. 산업별 성장률의 변화는 국민경제의 산업구조를 변화시키므로 산업구조의 고도화와 그 변화는 사실상 공업화 단계를 설명해준다.[92] 장기 발전으로 보면 중국의 공업화도 통상적으로 시장경제 국가의 공업화 과정을 겪었지만 자체의 특수성을 띤다. 즉 계획경제로부터 시장경제로의 전환이라는 시장화 개혁과 더불어 발생하였으며 산업구조의 형성과 제품의 가격책정도 행정지령으로부터 시장지향으로의 변화를 겪었다. 따라서 산업구조도 일부 자체의 특점이 있다. 산업구조의 장기 발전변화로부터 볼 때 새 중국 창건 이전, 심지어 그보다 훨씬 이전부터 개혁개방 초기까지는 중국의 공업화 초기에 속한다. 이 시기에 중국은 점차 자체의 공업체계를 구축하였지만 공업 발전 수준은 여전히

---

92) 류웨이(劉偉), 『공업화 과정에서의 산업구조 연구』 참조하라.

매우 낮았고 세계 선진수준과의 격차가 엄청 컸다. 개혁개방부터 21세기에 이르기까지의 첫 10년은 중국의 공업화 중기에 속한다. 이 시기에 중국은 시장화 개혁을 통하여 공업화 과정을 다그쳤고 그 기초 위에서 30여 년간의 고속 경제성장을 실현하여 세계 각국을 초월하고 세계 최대의 제조업 중심으로 부상하였다. 그러나 산업구조 및 그 토대 위에서 형성된 취업구조와 최종 수요구조로부터 볼 때 중국은 여전히 개발도상국에서 신흥 공업화 국가로 매진하는 단계에 처해 있으며 산업구조에서 공업화 국가와는 여전히 비교적 큰 격차가 존재한다. 2010년 전후 중국은 점차 공업화 후기에 진입하였다. 새로운 경제 발전 단계에 들어선 후 중국의 공업과 2차 산업은 여전히 발전 중에 있지만 전문화 분공의 발전과 최종 수요의 업그레이드로 3차 산업은 성장이 가장 빠른 생산 부문으로 되었으며 2차 산업을 대체하여 국민 경제의 주도부문으로 자리매김하였다. 2차 산업의 성장률이 이 단계에서 둔화되기 시작함에 따라 전반 국민경제의 잠재 성장률 및 장기 성장률의 하락으로 이어질 수 있다. 한편, 중국 산업구조의 업그레이드가 한층 가속화되면서 취업구조의 빠른 업그레이드를 이끌 것이며 궁극적으로는 선진국과 비슷한 산업구조를 형성할 것이다.(3차 산업이 국민경제에서 차지하는 비중이 60% 이상, 2차 산업이 30% 안팎, 1차 산업이 5% 안팎) 이는 중국이 공업화를 기본적으로 마쳤음을 의미한다. 중국의 공업화 목표 실현의 총체적 계획에 따르면 2020년을 전후하여 샤오캉사회를 전면 실현하는 동시에 공업화를 기본적으로 실현할 것으로 예상된다.[93] 이후 중국은 탈공업화 단계로 접어들어 경제성장이 더욱 둔화될 것이다. 따라서 현재의 뉴 노멀 하에서 경제가 고속 성장에서 중·고속 성장에로의 전환은 중국의 공업화가 일정한

---

93) 17차, 18차 당 대회 결의를 참조하라.

단계로 발전하고 산업구조가 일정하게 고도화된 결과로서 역사적인 필연성을 지닌다. 산업구조의 급격한 업그레이드는 중국 경제성장의 새로운 추세이자 뉴 노멀에 진입하는 중요한 영향 요인으로서 마땅히 이러한 발전에 근거하여 거시적 조정과 관리를 진행하여야 한다.

## 1. 중국의 공업화 과정 및 산업구조 업그레이드의 단계적 특징

### (1) 개혁개방 이전 중국의 공업화 과정

신 중국 창건 초기, 심지어 그보다 훨씬 전부터 개혁개방 전까지는 중국의 공업화 전기였다. 비록 중국은 아주 오래전부터 공업을 발전시키기 시작하였지만(이를테면 청나라 말기의 양무운동과 민국 초기의 실업구국) 새 중국이 창건되기 전까지 나라는 시종 내우외환 속에 처해 있었고 공업화는 진정으로 추진되지 못하였다. 새 중국이 창건된 후 중국은 대규모적인 공업건설을 시작하였다. 1950년대의 1차 5개년 계획 기간 중국은 소련의 지지 하에 156개의 중점 프로젝트를 건설하여 새 중국의 공업화에 새로운 출발을 마련하였다. 그 후 또 20여 년의 시간을 들여 독립 자주적인 공업과 국민경제 체계를 점차 구축하고 발전시킴으로써 중국의 후진 면모를 초보적으로 개변시켰다. 개혁개방 이전 중국은 이미 에너지 기지, 철강 기지 등 일련의 대형 공업 기반을 구축하였고 자동차·기차·선박·항공기를 자체 생산할 수 있게 되었으며 '2탄 1성(원자탄, 수소탄과 위성)'을 제조하였는바 엄청난 진보를 가져왔다. 현재 중국의 대형 국유 또는 국유 지주 공업 기업은 대부분 그때의 기업에서 발전한 것으로 지금까지도 여전히 자산, 주요 경영 업무 등 면에서 절반 하늘을 차지하고 있다.(2013년 국유 및 국유 지주 기업이 기업단위 수에서 차지하는 비중은 8.5%, 자산 총액에서 차지하는 비중은 66.2%, 주요 영업업무 수입에서 차지하는 비중은 43.9%, 이윤총액에서 차지하는 비중은 42.1%임) 이 시기의 공업화는 개혁개방 이후의 새로운 공업화와 고속 경제성장에 발전의 기반을 마련하였다.

이 시기에 내부와 외부의 원인으로 중국의 공업발전은 '독립자주'의 노선을 걸으면서 글로벌 분업과 협력체계에 가입하지 않았으며 기본적으로 자아 폐쇄적인 경제 상태에 처해 있었다. 따라서 자연히 세계 각국과 과학기술이나 경제발전의 성과를 공유하지 못하였으며 공업화 과정은 사실상 낮은 수준에서 추진되었다. 비록 규모는 대대적으로 확장되었지만 기술 장비 수준과 공산품의 제조는 소련의 건설 지원 시기 지어는 새 중국이 창건되기 전의 수준에 장기간 머물러 있었다. 비록 기술 진보가 없다고는 할 수 없지만 일반 기술 수준에서는 서방 선진국과의 격차가 확대되고 있다. 당시 중국의 공업화는 다수의 경우에 농업과 3차 산업의 발전을 희생하는 대가를 치르면서 진행되었다. 농업 부문은 농업세를 납부하여 공업발전을 지원하는 동시에 '공·농업 생산품 협상 가격차'를 통하여 공업 부문의 축적을 지원하였다. 그러나 3차 산업의 발전에서 현대 서비스업에 속하는 금융·통신·교통운송 등의 서비스업이든 전통 서비스업에 속하는 도·소매업, 주민 서비스업이든 공업 부문의 발전에 비해 모두 크게 뒤처져 있다. 한편으로, 계획 배치에서 서비스업에 대한 국가의 투입이 엄중하게 부족하였고 다른 한편으로 주민과 사회에 제공하는 서비스는 상당 부분 복지 분배의 방식으로 실현되었기 때문에 통계에 반영되지 못하였고 관련 서비스 부문의 발전 적극성도 동원하지 못하였다. 따라서 공급 영역에서 생산활동이 생산성 서비스의 충분한 지지를 받지 못하고 최종 수요 영역에서는 서비스 소비의 성장이 둔화될 것이다. 계획 경제 체제가 시장 메커니즘과 관련되는 서비스업의 성장 가능성을 근본적으로 제한하고 있다는 점이 더욱 중요하다. 공업발전은 공급과 수요에서 서비스업의 지원과 견인역할이 부족하였기 때문에 공업 자체의 발전도 영향을 받게 되었다.

통계수치로 볼 때, 1978년 중국의 GDP에서 1, 2, 3차 산업의 증가치가 차지하는 비중은 각각 28.2%, 47.9%, 23.9%에 달하였다. 2차 산업의 증가치가 차지하는 비중이 이미 매우 높고, 공업화 과정은 이미 상당히 높은 단계로 추진된 듯 보인다. 그러나 사실상 2차 산업의 '비교적 높은 비중'의 결과는 다음과 같은 두 가지 요소의 영향을 받아 형성되었다. 첫째, '공업 주도'를 지나치게 강조하다 보니 공업발전과 기타 방면은 이미 연관성을 잃었으며 국민경제의 비례 관계는 사실상 이미 심각하게 균형을 잃었다. 1990년대 대규모의 국유기업이 파산되었는데 이는 사실 이러한 불균형의 최종결과이다. 둘째, '공·농업 생산품 협상 가격차'와 대량의 서비스 활동의 비시장화 제도하에서 1차 산업과 3차 산업의 규모가 실제로 과소평가되었기 때문에 산업구조 고도화에 '허위 고도화'가 존재한다.[94)]

### (2) 개혁개방 이후 중국의 공업화 과정 및 산업구조 변화

개혁개방 초기부터 2010년 전후까지는 중국의 공업화 중기에 속한다. 중기라고 얘기하는 것은 이 시기부터 중국은 대내로 경제체제 개혁을 실시하였고 훗날의 시장화 개혁을 비롯한 다양한 개혁을 통해 중국의 공업과 전반 경제의 성장 효율을 대폭 끌어올렸으며 대외로는 대외개방을 극히 중시하여 중국을 다시금 글로벌 경제체계에 융합시키고 장비 수준, 기술 수준 및 경제관리 수준에서 세계 각국과의 격차를 뚜렷하게 좁힘으로써 공업화가 가속화되고 경제가 고속 성장을 실

---

94) 류웨이(劉偉)·장후이(張輝), 「중국 경제성장 과정에서의 산업구조 문제」, 『중국 대학교 사회과학』 2013년 제4호를 참조하라.

현하였기 때문이다. 더 구체화 할 경우 중국의 산업 발전과 구조 변화의 특징에 근거하여, 1980년대 전후를 조정단계(공업화 전·중기에 속함)라 하고, 1990년대 전후를 전환단계(공업화 중중기에 속함)라 하며, 21세기에 들어선 이후 첫 10년을 가속 발전단계(공업화 중후기에 속함)라 할 수 있다. 실제 경제활동에서 공업화 과정은 점차 추진되는 것으로서 엄격한 시점과 계선을 찾기 매우 어렵지만 이와 같은 대체적인 구분으로부터 각기 다른 시기와 각기 다른 발전단계에 있어서 중국의 산업구조 변화 특징을 발견할 수 있다.

30여 년에 걸친 시장화 개혁과 고속 경제성장을 거쳐 개혁개방 초기의 산업구조나 데이터 왜곡 현상이 이미 뚜렷이 개선되었다. 우선 경제체제에서 사회주의 시장경제 체제를 점차 건립하고 발전시키기 시작하였는데, 95% 이상의 상품과 서비스는 이미 시장에 의해 가격을 책정하고 있으며 과거 복지 분배 형식으로 많이 제공되던 주민 및 사회 서비스도 시장에 진입하였다. 이런 가격에 따라 계산한 경제총량과 각 부문, 업종의 규모는 비교적 객관적으로 수급관계를 반영할 수 있게 되었다. 다음, 경제성장에 여러 가지 경제구조 불균형이 존재하지만 시장 제약 하의 경제 불균형 수준은 지속 개선되고 있고 공업화 중전기와 중기에 가격 체제 개혁과 경제 과열에 의해 초래된 심각한 인플레이션 및 경제 불안은 더 이상 나타나지 않았으며 경제 운행은 상대적인 안정을 유지하였다. 따라서 경제총량과 부문, 업종의 데이터는 기본적으로 처한 발전 시기 혹은 단계별 경제발전 수준과 구조를 반영하고 있다. 마지막으로, 중국의 국민경제 계산, 특히 GDP 계산은 최근 몇 년 동안 매우 큰 발전을 가져왔다. 2004년 이후, 국가는 연속 세 차례의 대규모 전국경제센서스를 진행하였으며 센서스 데이터에 따라 속보 데이터와 시계열에 대해 수정을 진행하여 통계 데이터의 정확성은 끊임없이 향상되고 있다. 그러므로 새로운 통계 데이터가 반영하는 구조관계에 근거하여 중국의 공업화 단계를 판단하는 것이 더욱 객관적이다.

개혁개방 이래 중국은 새로운 현대화와 공업화 과정에 진입하였다. 공업은 여전히 경제성장의 중점이지만 이제 우리는 간단하게 공업에 대한 투입 강도 확대를 통해 경제성장을 실현하는 것이 아니라 계획경제에서 시장경제로의 전환을 통하여 시장 수단을 더 많이 활용하는 것으로 경기를 부양하고 자원을 배치하여 고속 경제성장을 실현 및 유지하고 있다. 새로운 조건하에서 중국의 공업 또는 2차 산업은 더 이상 다른 산업을 떠나 단독으로 발전하지 않고 다른 산업과 서로 촉진하는 관계를 형성하였다. 첫째, 개혁개방 이래 중국은 농촌 경제 체제에 대하여 심각한 개혁을 진행하고 농산물의 가격을 조정하여 농업 발전을 전면적으로 촉진하였다. 그리고 이를 토대로 2차 산업과 3차 산업 발전의 양성 상호 촉진을 실현해서야 중국의 공업화와 현대화 과정을 진정으로 추동하게 되었다. 개혁개방 이래 30여 년의 공업화 과정에서 실물량으로 볼 때, 공업을 위주로 하는 2차 산업의 성장은 3차 산업보다 약간 빨랐다.(1978~2013년, 공업 증가치 연평균 성장률은 11.24%, 2차 산업은 11.20%, 3차 산업은 10.73%였음) 그러나 가치량으로 보면 이와 반대로, 3차 산업의 증가치가 GDP에서 차지하는 비중은 1978년의 23.9%에서 2013년의 46.9%로 23%포인트 증가한 반면, 2차 산업의 증가치는 47.9%에서 43.7%로 하락하였다. 가속화된 공업화 과정에서 특히 공업화 중전기에 한편으로, 공업 부문 특히 제조업 부문은 비교적 높은 노동생산성과 평균 이윤으로 대량의 자원(특히 자본과 현대 과학기술)을 유치할 수 있었으며 새로운 제품, 새로운 기술과 새로운 응용이 끊임없이 나타남에 따라 일부 기업이 초과이윤을 창출하게 되면서 더 많은 기업이 이와 관련된 생산 대열에 뛰어들도록 이끌어 해당 제품과 기업의 급속한 발전을 견인하였다. 다른 한편으로, 다른 기업의 급속한 진입으로 개별 제품과 기업의 단기 초과이윤이 빠르게 희석되고 제품 가격이 상대적 심지어 절대적으로 하락하여 평균 이윤 감소를 초래하였다. 산출이 빠르게 증가되고 경쟁이 비교적 치열할 때, 원가에 의한 인플레이션 압력이든 수요에 의한 인플레이션 압력이든 모두 3차 산업 및 1차 산업에 비해 현저히 낮다. 현행가격으로 계산한 성장률로 볼 때 2차 산업의 이러한 가격상의 저성장 심지어 마이너스 성장이 고정가격으로 계산한 비교적 높은 성장을 상쇄하였으므로 그 비중이 3차 산업에 비해 오히려 하락하였다. 1차 산업은 비록 제품 가격의 성장폭이 더 크지만 성장률이 2차 산업과 3차 산업보다 훨씬 낮으므로 1980년대 중기부터 그 비중이 꾸준히 하락하였다. 이는 공업화 과정에 나타나는 필연적인 결과이다.

표 4-19는 위 3개 단계의 1, 2, 3차 산업의 성장률과 차지하는 비중의 변화를 보여주고 있다. 장기적으로 보면 이 시기는 경제 성장률이 10.06%로, 중국 경제가 고속 성장한 시기였다. 1980~1990년 9.28%, 1990~2000년 10.43%, 21세기 첫 10년은 10.48%로 단계별 성장률에 차이가 있었으며 단계별로 성장률이 전 단계보다 빨라 급속한 경제성장이라고 말할 수 있다.

단계별로 1, 2, 3차 산업의 성장 및 구조 변화는 각기 다른 특징을 나타낸다.

첫 번째 단계에서는 개혁개방 이전의 '허위 고도화'가 수정되었기 때문에 이 시기 2차 산업의 성장률이 세 단계에서는 비교적 낮았다. 이와 상응하여 1차 산업과 3차 산업의 성장률은 세 단계에서 비교적 높았다. 이 단계의 실천이 보여주다시피, 공업화 과정은 다만 2차 산

표 4-19 1980~2010년 중국 1, 2, 3차 산업의 성장률과 비중의 변화 (%)

|  | GDP | 1차 산업 | 2차 산업 | 3차 산업 |
|---|---|---|---|---|
| 1980년 비중 | 100 | 30.2 | 48.2 | 21.6 |
| 연평균 성장률(1980~1990년) | 9.28 | 6.19 | 9.49 | 12.22 |
| 1990년 비중 | 100 | 27.1 | 41.3 | 31.5 |
| 연평균 성장률(1990~2000년) | 10.43 | 3.81 | 13.53 | 10.20 |
| 2000년 비중 | 100 | 15.1 | 45.9 | 39.0 |
| 연평균 성장률(2000~2010년) | 10.48 | 4.22 | 11.45 | 11.21 |
| 2010년 비중 | 100 | 10.1 | 46.7 | 43.2 |
| 연평균 성장률(1980~2010년) | 10.06 | 4.74 | 11.48 | 11.21 |

자료출처 : 「중국통계연감 2014」의 관련 데이터에 근거하여 얻었다.

업의 발전에만 의거할 수 없으며 산업 부문의 조화로운 관계가 때로
는 2차 산업과 전반 경제의 성장을 오히려 한층 추동할 수 있다. 이 단
계에서 농업의 증가치 비중은 3%포인트, 2차 산업의 증가치 비중은
7%포인트 하락하였지만 3차 산업의 증가치 비중은 10%포인트 상승
하였다. 이는 개혁개방 이래 중국 3차 산업의 구조 변화가 가장 큰 단
계였다. 물론 이런 변화는 경제성장과 관계되며 가격조절의 작용도
있다. 이 단계에 중국은 가격 체제 개혁에 대한 탐색을 진행한 가운데
인플레이션율이 비교적 높았다.(특히 1984년부터 1988년까지의 어떤
해에는 심지어 인플레율이 두 자릿수 수준에 달함) 이런 인플레이션
은 물론 경제 과열의 원인이 작용하였지만 가격 개혁(총가격수준이
상승함과 더불어 여러 가지 상품과 서비스 간의 비교가격 관계를 조
절함)의 원인도 결코 홀시할 수 없다. 이 시기의 개혁을 통하여 중국
의 가격 왜곡 현상도 어느 정도 개선되었다. 산업별 성장률의 변화와
조정을 통해 중국 산업구조의 '허위 고도화' 모순이 뚜렷이 완화되었
으며 국민경제 1, 2, 3차 산업의 비례 관계가 더욱 합리해졌다고 할 수
있다. 공업부서 내부에서는 내구성 소비품 부서가 큰 발전을 가져왔

으며 군수공업 등 과거에 투입이 지나치게 많았던 부서들이 조절되면서 내부구조도 더욱 합리화되고 있다.

두 번째 단계에서 2차 산업은 새로운 기반 위에서 쾌속 발전을 다시 실현하였다. 1990~2000년 2차 산업의 연평균 성장률은 13.53%로 전 단계보다 4%포인트 정도 높아진 반면, 1차 산업과 3차 산업의 연평균 성장률은 모두 2%포인트 이상 하락하였다. 1차 산업의 성장이 안정기에 접어든 반면 2차 산업의 성장률은 다시 3차 산업을 초월하였다. 이 단계에서 1차 산업의 증가치 비중이 12%포인트 대폭 하락한 반면 2차 산업의 증가치 비중은 다시 상승하여 4.6%포인트 증가하였고 3차 산업의 증가치 비중은 지속 상승세를 이어가 7.5%포인트 상승하였다. 같은 맥락으로 가격 상의 이유로 2차 산업의 성장률이 3차 산업보다 높지만 그 비중의 상승폭은 오히려 3차 산업보다 낮았다. 이 단계에서 중국 경제의 고속 성장은 주로 지역 간 불균형 성장에 의해 이뤄졌으며 연해 개방도시는(전 단계에 대외개방으로 뛰어난 발전을 이룬 경제특구는 소수에 불과함) 초고속 발전을 실현하여 '먼저 부유해지고 나서' 현지 경제성장에 기여하였고 나아가 중국의 경제성장을 유력하게 이끌었다. 동적으로 보면 이 시기의 경제 성장률은 초기에 높다가 후기에 하락하였는바 1992~1994년에는 14% 좌우, 1998~2000년에는 8% 좌우로 변동이 아주 컸다. 바로 이 단계에서 중국은 사회주의 시장경제 체제 구축을 목표로 하는 경제체제 개혁을 심화하기 시작하였다. 국유기업 개혁과 민영기업 발전을 특징으로 하는 현대기업 제도의 확립 및 전반 사회주의 시장경제의 확립과 발전은 비록 우리에게 진통을 가져다주었지만 계획경제 하의 공급과 수요의 왜곡 현상을 근본적으로 바꾸었다. 기업의 생산과 경영활동은 전반 계획경제 체제의 한 활동 고리에서 시장을 지향하는 경제행위로 바뀌었다. 따라서 이 시기를 발전기로 정하는 것이 적합하다. 이 시기는 사회주의 시장경제 체제 특히 해당 체제 중의 현대기업 제도를 전면적으로 확립 및 발전하는 시기이자 우리가 시장경제의 기초 위에서 공업화를 다그치는 시작 단계이기도 하다. 만약 지난 단계에서 중국의 산업구조 조정이 국민경제 계획을 보다 합리하게 배치하는 것을 통해 실현되었다면 이 시기 특히 후기에 시장은 이미 자원을 배치하는 힘으로 되기 시작하였다.

세 번째 단계에서 중국은 현대화를 실현하기 전에 가속화된 공업화를 재차 겪었다. 이 단계에 중국은 공업화 과정의 중후기에 들어섰다.[95] 2003년, 시장화 개혁과 주기적 조정 그리고 거시경제 정책의 자극을 거쳐 2차 산업의 성장률이 다시 10%를 돌파하면서 중국은 새로운 한차례 공업화 가속기에 진입하였는데 강력한 발전 추이와 긴 지속시간은 모두 개혁개방 이래 보기 드문 것이었다. 이 단계에서 2차 산업의 성장률은 꾸준히 상승하여 2007년에는 15%에 달하였다. 금융위기의 충격 하에 2008년과 2009년에 다소 주춤하긴 하였지만 여전히 10% 가량을 기록하였고, 2010년에는 다시 12.3%로 상승하였다. 이 단계에서 2차 산업의 연평균 성장률은 11.45%로 전 단계보다는 다소 하락하였지만, 3차 산업(11.21%)보다는 여전히 높았다. 고속 경제성장은 필연적으로 인플레이션 압력이 동반되지만 전체적으로 볼 때 이 단계의 인플레이션은 여전히 통제 가능한 범위에 있어 거시경제와 인민생활에 심각한 충격을 주지 않았다. 이 시기 공업과 2차 산업의 전례 없는 발전으로 중국은 세계에서 새로운 최대 규모의 제조업 중심으로 부상하였으며 중국의 2차 산업 생산 규모는 세계 다른 모든 나라의 생산 규모를 초월하여 세계 1위를 차지하였다. 이 단계에 2, 3차 산

---

95) 류웨이(劉偉) · 장후이(張輝), 「중국 산업구조 고도화 및 공업화 과정과 지역 격차에 대한 고찰」, 『경제학동향』 2008년 제1호를 참조하라.

업의 상호 관계에 일부 변화가 나타난 가운데 두 산업 간의 의존도가 높아지고 성장률이 매우 접근하였다. 이는 앞의 두 단계와는 뚜렷한 차이를 보인다. 1, 2, 3차 산업의 비중 관계로 보면 GDP에서 차지하는 1차 산업의 증가치 비중은 하락하는 반면, 2, 3차 산업의 증가치 비중은 상승하고 있다. 구체적인 데이터로 볼 때, 연평균 성장률이 비슷한 상황에서 2차 산업의 비중은 고작 0.8%포인트 상승하였지만 3차 산업은 4.2%포인트 상승하였다. 이는 제품의 상대가격 수준에서 2차 산업은 하락하고 3차 산업은 상승하고 있지만 2차 산업이 여전히 가장 큰 비중을 차지하고 있음을 말해준다.

수급관계에서 볼 때, 이러한 성장률과 비중의 역방향 변화는 3차 산업의 상대적인 수요가 2차 산업보다 크고, 2차 산업의 상대적인 공급이 3차 산업보다 크다는 점을 반영한다. 이 또한 고속 성장을 거치고 조정 단계에 접어들 때 2차 산업의 생산력 과잉이 3차 산업보다 훨씬 더 심각한 이유를 설명해준다. 고속 성장 과정에서 가격 신호에 반영된 수급관계는 전반 국민경제의 균형적인 발전을 위해 사실상 이미 2차 산업의 성장 둔화를 요구하고 있지만 실제 상황은 공업 분야에 대한 투자가 오히려 지속 증가되고 있다. 2008년 글로벌 금융위기 발발을 전후하여 중국의 공업발전은 마땅히 조정을 해야 했지만 2007년과 2008년 인플레이션의 압력 하에 정부는 이미 거시적 긴축을 진행하기 시작하였다. 예하면, 2008년 연초 '두 가지 방지'(첫째는 경제 과열 방지, 둘째는 인플레이션 방지) 목표를 제기하였다. 그러나 글로벌 금융위기 발발 이후 경제성장이 심각한 충격을 받는 것을 막기 위해 우리는 경제에 대해 투자 확대를 주로 하는 강력한 부양책을 채택하였다. 투자는 주로 2차 산업(공업과 건축업)에 의존하여 제품을 제공하기 때문에 이로 2차 산업의 발전이 다시 가속화되기 시작하였다. 2009

년, 2010년, 2011년 중국의 2차 산업 성장률은 각각 9.9%, 12.3%, 10.3%이고 3차 산업의 성장률은 각각 9.6%, 9.8%, 9.4%로 2차 산업의 성장률이 3차 산업보다 각각 0.3%포인트, 2.5%포인트와 0.9%포인트 높았다. 경제 성장률 하락을 막는 동안 산업구조는 사실상 악화되고 있었다. 이는 우리가 특수한 조건 하에서 내린 진퇴양난의 선택으로 실제로는 단기 모순을 장기 모순으로 전환시킨 것이다. 중국의 석탄·전력·철강·시멘트 등 중요한 생산수단의 생산력은 당시 이미 과잉상태였지만 여전히 이런 부분의 투자를 지속적으로 늘려 더욱 많은 생산력을 형성하였다. 2011년을 전후하여, 국가는 거시적 조정 정책을 '적당한 시기에 철회' 함으로써 시장이 자원 배치에서 주도적 역할 심지어 결정적 역할을 발휘하도록 하였다. 이에 따라 생산력 과잉 모순이 두드러지기 시작하였으며 2차 산업의 성장률은 하락세를 보였다. 2012년, 2013년, 2014년. 2차 산업의 성장률은 각각 7.9%, 7.8%와 7.3%로 3차 산업보다 각각 0.2%포인트, 0.5%포인트, 0.8%포인트 낮았으며 연도별 격차가 꾸준히 확대되었다. 2차 산업 성장률의 하락은 앞 단계(공업화 과정 중후기)에 이루어진 공업 분야에 대한 과도한 투자와 성장에 대한 시정일 뿐만 아니라 새로운 시기(공업화 과정 후기) 공업 및 2차 산업에 대한 잠재적 수요가 줄어들고 있다는 점도 반영하였다. 전반적으로 세 번째 단계에서의 전반 국민경제 및 1,2,3차 산업의 성장률은 30년간의 장기 연평균 성장률에 가장 근접하였으며 성장률 변동폭도 비교적 작았다. 비록 후기에 생산력 과잉과 경제 불균형 현상이 나타나 다수의 공업기업들이 경영에서 어려움에 직면하였지만 상대적으로 볼 때 이 기간은 중국의 경제성장과 발전이 가장 잘 이루어진 시기였다. 경제발전 수준이 꾸준히 향상됨에 따라 중국은 공업화 후기에 들어서기 시작하였다.

## 2. 아시아 금융위기와 글로벌 금융위기 후의 경제조정에 존재하는 차이는?

2010년을 전후하여 일부 관건적인 경제지표의 변화는 개혁개방 이래 장기적인 경제성장과 경제발전을 거치고 나서 중국 경제가 새로운 단계에 올라섰음을 반영한다. 무역 총량으로 볼 때 중국은 선후로 독일(2009)과 미국(2013)을 초과하여 상품 수출 총액과 상품 수출입 총액에서 세계 1위로 부상하였으며 세계 무역 총액에서 차지하는 비중이 10% 이상에 달하였다. 경제총량으로 볼 때 중국의 GDP는 일본(2010)을 초과해 미국 버금가는 세계 제2대 경제체로 부상하였으며 2013년 중국의 GDP가 전 세계 GDP에서 차지하는 비중은 이미 12.2%에 이르렀다. 경제발전 수준으로 볼 때 2010년 중국의 일인당 GNI는 세계은행에서 정한 중저소득 국가와 중상소득 국가의 경계선을 넘어 중상소득 국가의 반열에 올랐다. 비록 최근 3년간(2012~2014) 중국의 GDP 성장률이 소폭 하락하여 고속 성장에서 중·고속 성장으로 전환되었지만 중국의 현재 기수가 이미 매우 크기 때문에 매 1%포인트 성장이 가져오는 증가량이 엄청 크며 세계 경제에서의 지위는 여전히 끊임없이 격상되고 있다. 2010년 중국의 GDP는 일본을 겨우 앞질렀지만 2013년에 이르러서는 경제성장 속도의 격차에 환율 변동까지 더해지면서 중국의 GDP는 이미 일본의 1.88배에 달하였다. 이러한 국제적 비교 결과를 보면 개혁개방과 고속 경제성장을 거쳐 중국은 공업화의 길에서나 현대화의 길에서나 모두 큰 성과를 거두었다. 우리는 과거와는 전혀 다른 발전단계에 처해있으며 산업 발전의 경로도 과거와는 크게 다를 것이다.

2013년, 중국의 3차 산업은 GDP에서 차지하는 증가치 비중(46.9%)이 처음으로 2차 산업(43.7%)을 초월하여 국민경제에서 가장 큰 산업

부문으로 부상하였다. 성장률에서도 3차 산업이 2차 산업을 초월하기 시작하여 경제성장을 이끌고 완전 취업을 실현하는 주요 역량으로 거듭났다. 이런 상징성 변화는 사실상 중국이 이미 공업화의 후기 단계에 들어섰음을 시사한다.[96] 국가통계국에서 발표한 최신 통계 데이터에 따르면 2014년 중국의 GDP 성장률은 7.4%이고 1, 2, 3차 산업의 증가치 성장률은 각각 4.1%, 7.3%, 8.1%로, 경제성장에 대한 기여도가 가장 큰 산업 부문은 여전히 3차 산업이었다. 1, 2, 3차 산업의 증가치가 GDP에서 차지하는 비중은 각각 9.2%, 42.6%, 48.2%에 달하였으며 산업구조가 한층 업그레이드되었다. 중국은 이미 새로운 발전단계에 들어섰기 때문에 경제성장을 실현하는 루트도 과거와는 다를 수 있다는 점을 꼭 보아내야 한다. 1997년 아시아 금융위기 이후, 우리는 시장화 개혁과 적극적인 거시경제 정책의 실시로 경제 구조를 조정 및 최적화하여 중국 경제가 공업의 가속화 발전을 특징으로 하는 새로운 경제성장에 진입하도록 추진하였다. 그러나 지금은 이런 상황이 다시 나타날 수 없다. 비록 중국은 현재 전기의 경제성장과 투자 과열 등 영향요인에서 아시아 금융위기 전후와 공통점을 가지고 있지만 체제 배경, 발전단계와 외부 환경은 모두 크게 바뀌었다.

첫째, 체제 배경에 큰 변화가 나타났다. 아시아 금융위기 전후는 바로 중국에서 주식제를 핵심으로 하는 현대기업 제도를 확립 및 발전시키는 관건 시기였으며 공업 영역은 개혁의 중점이었다. 개혁 과정에서 3차 산업에 종사하는 대형 국유기업들이 대거 보존되었다. 예를 들면 금융·항공·철도·도로·통신 등 분야의 기업이 그러하였고, 일부 기업은 주식제 개혁과 상장을 통하여 더 큰 발전을 실현하였다. 그러나 많은 국유공업기업은 경영관리가 후지고 제품이 시장을 이탈

---

96) 황췬후이(黃群慧) 등도 이런 관점을 가지고 있다. 황췬후이, 「공업화 후기에 진입한 중국 경제가 직면한 3대 도전」, finance.chinanews.com/cj/2014/12-28/6918153.shtm을 참조하라.

하였기 때문에 더 이상의 생존과 발전이 불가능해져 부득이하게 폐쇄, 중지, 합병, 이전을 선택해야만 했다. 이는 결코 이러한 업종이 발전할 필요가 없다는 의미가 아니라, 그런 기업들은 이미 새로운 형세의 요구에 적응할 수 없으므로, 우리는 반드시 새로운 기업그룹(예를 들면 개조를 거친 국유기업·민영기업·3자기업 등)을 육성하여, 그들로 하여금 미래의 공업화 과정에서 주요한 역할을 담당하도록 해야 한다는 뜻이다. 이러한 개혁, 조정과 재발전은 일정한 과정이 필요한데, 이는 공업을 위주로 하는 2차 산업이 먼저 성장하고 나중에 둔화되었다가 다시 가속화되는 성장의 과정을 거치게 하였다. 그러나 지금의 상황을 놓고 보면 20세기와 21세기가 교체되는 시기의 시장화 개혁을 거쳐 새로운 기업제도가 이미 중국에서 점차 건립 및 발전되었다. 비록 경제성장 심지어 기업 활동에 대한 각급 정부의 개입이 여전하고 일부 영역에서는 대형 국유기업의 독점 현상도 존재하지만 전반적으로 볼 때, 정부와 기업 간의 직접적인 행정 관계는 이미 심각한 변화를 일으켰으며 공유제를 주체로 하고 다양한 경제 성분(민영경제, 외자, 주식경제 및 개체경제)이 공존하는 시장 체계가 이미 형성되었다. 국유경제는 기업의 수에서나 산출 및 자산의 규모에서나 국민경제에서 차지하는 비중이 이전보다 뚜렷이 낮아졌으며 전반 시장의 경쟁은 상대적으로 치열하였다. 제3차 경제 센서스에 따르면 2, 3차 산업에서 국유기업 수가 전체 기업법인 단위에서 차지하는 비중은 1.37%에 불과하였다. 공업 부문에서 국유 및 국유 지주 기업은 정책 차원에서 여전히 보다 많은 정책적인 지원(은행의 대출 지원 등)을 받을 수 있다. 그러나 전반적으로 볼 때 기업의 생존과 발전은 주로 자체의 노력에 의존한다. 이러한 상황에서 과도한 행정 개입과 기업생산 활동의 맹목성은 일부 업종과 기업이 시장수요를 이탈하고 과도하게 발전하는 현상을 초래함으로써 산업구조 불균형을 야기할 수 있다. 그러나 이런 불균형은 시장제도 하에서 발생하는 것으로 리스크와 결손은 기업이 스스로 감당해야 하며 기업의 리스크 인식에 따라 확장이 제한되는데 민영기업의 입장에서는 특히 그러하다. 이 또한 현 단계 산업구조의 불균형, 특히 공업 부문의 생산력 과잉으로 일부 기업과 업종의 경영난을 초래하였지만 1990년대 말처럼 대규모의 기업 도산이나 파산을 초래한 기본원인으로 될 수는 없다. 체제개혁을 심화하고 새로운 거시적 조정을 실시하는 과정에서 정부의 '적절한 시기 철회'와 시장이 자원배치의 결정적 힘이 되도록 격려하는 것은 일부 기업 특히 이전 단계의 과도한 확장으로 리스크 통제가 부족한 기업에 융자, 규범화 경영 등 면에서 일정한 압력을 가할 수 있으며 일부 기업은 계속 살아남지 못하고 도산될 가능성도 있지만 이런 동요는 1990년대 말보다 훨씬 적을 것이다. 이러한 동요에 대한 국민경제의 수용력이 향상되면서 거시적 차원의 실업률은 대폭 상승하지 않았으며 미시적 차원의 기업 결손이 주요 경영 수입에서 차지하는 비중은 전 단계의 고속 성장 때보다 오히려 소폭 낮아졌다.[97] 경제 조정 후 공업 부문의 성장률은 일정한 폭으로 반등할 수 있지만 궁극적인 발전은 여전히 시장의 수요에 의해 결정된다.

둘째, 국내 최종 수요를 보면 공산품에 대한 수요는 성장률에서 이미 감소하기 시작하였다. 개혁개방 이후, 소비 업그레이드가 가장 먼저 중국의 공업화를 이끌었는데 전통적인 '과거 3대 세간'(시계·재봉틀·자전거)에서 '현대 3대 세간'(텔레비전·냉장고·세탁기)에 이르고 또 훗날의 컴퓨터·에어컨·휴대폰 등의 발전과 보급을 겪었다. 아시아 금융위기를 전후하여 이런 내구성 소비품의 생산은 이미

---

97) 류웨이(劉偉), 「중국 경제성장 및 불균형의 새 변화와 새 특징」, 『경제학동향』, 2014년 제3호를 참조하라.

상당한 규모에 달하였고 치열한 시장경쟁 속에서 이미 일정한 수준의 생산력 과잉 현상이 나타나기 시작하였다. 당시 우리가 직면한 상황은 다음과 같다. 한편으로는 낡은 경제 성장점의 역할이 약화되었고 다른 한편으로는 새로운 경제 성장점이 아직 육성되지 못하였기 때문에 일시적인 조정 기간이 형성되었다. 비록 단기적으로 볼 때 심각한 상대적인 생산력 과잉이 존재하지만 공업화 과정으로 볼 때 선진국의 내구성 소비품의 발전 수준과 규모에 비해 우리는 기껏해야 중간 지점, 즉 공업화 과정의 중기에 처해 있다고 말할 수 있다. 소비수준에서 볼 때 수입과 체제의 원인으로 개인 승용차와 주민 주택 면에서 지불 능력이 있는 수요가 아직 육성되지 못하고 있다. 그러나 규모로 보면 다만 일부 사람들이 먼저 부유해졌고 내구성 소비품의 보급은 사실상 아직도 잠재력이 크다. 그러므로 공업에는 여전히 거대한 발전 공간이 있으며 여전히 고속 성장(10% 이상)의 조건을 구비하고 있다. 그러나 현재의 상황은 이미 크게 달라졌다. 20세기 말부터 주민 가정 소득의 향상과 주택 상품화의 개혁에 따라 중국은 개혁개방 이래 제3 라운드 소비 업그레이드를 맞이하였다. 즉 개인 승용차가 보급되고 주거 소비가 급증하였다.[98] 이번 업그레이드를 중요한 경제성장점으로 하는 새로운 공업화 가속 과정을 아시아 금융위기가 발발한 후 중국의 경제조정과 시장화 개혁 시기부터 계산한다면 현재까지 10년 이상을 겪었다. 그러나 성장으로부터 볼 때 이 두 영역의 발전은 이미 폭발적인 성장에서 비교적 완만하고도 정상적인 성장으로 전환되었다. 이 두 영역의 총가격수준 변화와 성장 전망에 대해 여전히 논쟁이 많지만(특히 부동산 분야 발전 전망에 관한 논쟁) 실제 성장이나 공급 부족에 따른 가격 상승이 이제는 뚜렷하게 둔화되었고 일부 제품의

---

98) 국민경제 계산에서 주민 가정에서 구매한 주택은 투자행위에 속하지만 주민의 주택 사용은 소비활동에 속한다.

가격은 심지어 하락되고 있다.(예하면 개인 승용차 가격) 과거 우리와 선진국·신흥공업국 간의 격차가 소비 차원의 차이로 뚜렷이 드러났다면(예를 들어 개혁개방 이전 구미국가는 자가용이 보편화되었지만 우리는 여전히 '오래된 3가지'에 머물러 있음) 이제는 그런 소비 차원의 격차가 미미하다. 내구성 소비품의 성장은 소비 업그레이드가 아니라 주로 각 부류 소비품의 소비 군체 확대로 실현되며 내구성 소비품업체들 간의 경쟁이 날로 치열해지고 있다. 이는 필연적으로 공업 및 3차 산업의 성장 둔화를 초래하고, 이에 따라 이들 제품을 지원하는 기초 산업 부문(에너지·철강·재료·건축자재 등)의 생산과 투자 활동의 둔화를 초래하게 될 것이다.

셋째, 수출은 이미 고속 성장에서 정상적인 성장으로 바뀌었다. 아시아 금융위기를 전후하여 중국의 수출은 큰 충격을 받았다. 주변 국가와 지역의 이익을 수호하기 위해 인민폐를 평가절하하지 않겠다고 약속하였기 때문에 수출 지향적 경제는 영향을 더 크게 받았다. 그러나 당시 수출 지향적 산업을 발전시키는 우리의 장기 비교 우위는 여전하였고 중국이 국제시장에서 차지하는 점유율도 여전히 매우 낮았으므로 이들 국가의 경제 파동이 중국 상품의 국제시장진출 여부에 미치는 영향은 제한적이었다. 관건은 중국이 국제시장, 특히 구미시장에서 유사 제품을 대체할 수 있는 보다 경쟁력 있는 제품을 제공할 수 있을지 여부이다. 이 부분에서 우리는 비교 우위가 있다. 이런 나라들의 경제가 하락될 때 주민들의 가정 수입이 줄어들면 품질이 좋고 가격이 저렴한 중국 상품을 더 많이 선택하게 되고 경제가 번영할 때에는 소득이 늘어나면서 중국 상품 소비의 증가로 이어질 수 있다. 세계무역기구에 가입한 후 중국의 수출상품이 국제적으로 받는 정책적 차별이 크게 줄어들었고 중국 상품의 경쟁우위 덕분에 중국의 수출 지향적 경제는 전례 없는 황금기를 맞이하였다. 2003년 이후, 중국은 다년간 30% 이상의 수출 증가율을 보이며 새로운 글로벌 제조업 중심으로 급부상하였고, 세계 경제 구도에 중요한 영향을 미쳤을 뿐만 아니라, 국내 2차 산업과 전반 경제의 성장을 크게 이끌었다. 세계 무역기구가 발표한 데이터에 따르면 2009년 중국의 상품 수출총액이 독일을 능가하여 세계 1위를 차지하였다. 2013년 상품 수출입총액(4조 1천600억 달러)이 미국(3조 9천100억 달러)을 제치고 세계 1위를 차지하였으며, 세계 상품무역 총액에서 차지하는 비중은 2003년의 5.5%에서 2013년의 11%로 2배 증가하였다.

그러나 우리는 과거의 발전에 자부심을 느끼는 동시에 미래의 전망에 대해 지나치게 낙관해서는 안 된다. 역사적으로 보호무역주의의 성행과 열강들의 시장 분할로 말미암아 제품의 시장 점유율이 이처럼 높은 나라는 아주 적었으며 중국 상품에 대한 국제시장의 수요는 이미 포화상태에 가깝다고 말할 수 있다. 수출 지향적 경제가 이런 규모까지 발전하게 되면 대외로 수출의 지속 증가는 국제시장 수용량의 제한을 받게 될 것이며 세계 각국의 경제 환경과 정책의 변화도 수출 증가에 영향을 미치게 될 것이다. 대내로 급속한 확장 과정에서 우리의 수출 지향적 경제발전의 일부 비교우위는 점차 약화되고 있으며 (예를 들면 인건비, 토지사용비용, 에너지와 자원의 가격 등) 새로운 우위(수출품의 국내 산업사슬의 연장, 기술혁신, 장비수출, 해외직접투자 등)는 여전히 육성 과정에 있다. 이는 필연적으로 향후 한 시기 동안 중국 수출상품의 연평균 성장률의 둔화를 초래하게 된다. 수출은 중국의 제조업과 2차 산업의 발전에 끊임없이 기여를 하겠지만 그 기여도가 이제는 그다지 크지 않을 것이다. 또한 기여의 루트로 보아도 단순한 양적 확대가 아닌 주로 수출상품에서 증가치가 차지하는 비례의 증가로 이루어질 것이다.

넷째, 공업화 과정으로부터 볼 때, 중국이 공업화 후기에 진입함에 따라 경제발전의 단계성은 중국 2차 산업의 성장이 상대적으로 둔화되고 3차 산업의 성장이 상대적으로 빨라지는 국면을 결정하였다. 이런 변화는 한 나라의 공업화 과정의 꾸준한 추진과 더불어 발생한다. 규모로 볼 때, 2010년 중국의 환율로 계산한[99] 2차 산업의 증가치는 이미 미국을 넘어서 세계 1위를 차지하였고, 제조업의 규모는 미국보다 10% 이상 크지만, GDP 총액은 미국의 40.3%에 맞먹는 수준이다.(표 4-20 참조) 2013년 미국의 GDP는 2010년에 비해 2조 2천억 달러 증가한 16조 8천억 달러인 반면, 중국은 9조 2천억 달러에 달해 미국의 55%에 맞먹는 수준으로, 약 15%포인트 증가하였다. 중국의 2차 산업 증가치(GDP)는 현재 4조 달러 이상으로 미국 대비 초과 폭이 30% 이상에 달하였으며 미국과 일본(GDP 4조 9천억 달러)을 제외한 세계 모든 국가의 GDP(독일 3조 7천억 달러, 프랑스 2조 8천억 달러, 영국 2조 7천억 달러, 브라질 2조 2천억 달러)보다 높았다. 전체 경제 규모에서 볼 때 중국과 미국 간의 격차는 공업발전의 후진성이 아니라(농업의 규모도 미국을 능가함) 3차 산업의 발전여부에 달려있다. 2010년 중국의 3차 산업 증가치(GDP) 비중은 미국의 21.7%에 불과하였다. 이는 중국 1,2,3차 산업의 합계(즉 GDP)가 미국보다 낮은 주요 원인이다. 동적 비교로부터 볼 때 개혁개방 이후부터 현재까지 중국의 2차 산업 증가치 비중이 40%보다 낮은 적이 없었다. 그러나 공업에 의존하여 발전한 일본의 경우 1955년경 33.7%에 불과하였던 2차 산업 비중은 공업화를 특징으로 하는 경제의 고속 성장을 거쳐 1970년, 43.1%로 상승하였다가 하향 곡선을 긋기 시작하였는데 2010년에

---

99) 세계은행에서 국제적 비교를 진행할 때 사용한 3년 평균 환율이다.

이르러 비중은 이미 25.2%까지 줄어들었다.[100] 2차 산업이 국민경제에서 차지하는 비중은 경제가 고속 성장을 거친 후 점차 줄어들었는데 이는 일본에서 공업화를 완성한 중요한 표징이다. 현재 중국의 제조업 및 전반 2차 산업의 발전이 40년 전의 일본과 비슷한 점이라면 다년간의 고속 성장을 거쳐 세계의 새로운 제조업 중심으로 성장한 후 외부 수요의 성장이 둔화되기 시작하였다는 점이다. 다른 점이라면 중국의 거대한 잠재적 내수는 경제가 비교적 빠른 속도로 장기간 성장하도록 이끌 수 있다는 점이다. 이는 현 단계 중국의 2차 산업 성장률 반락은 주기적인 파동뿐만 아니라 모종의 발전 추이도 반영하고 있다는 것을 결정하였다. 즉 중국이 공업화 후기에 진입함에 따라 2차 산업은 고속 성장에서 중·고속 성장으로 전환될 것이지만 정체 국면은 나타나지 않을 것이다.

다섯째, 지속 가능한 발전은 중국 경제발전에 새로운 요구를 제기하였다. 2003년부터 시작된 중국의 새로운 공업화 가속 과정에서 에너지와 천연자원에 대한 의존도가 높은 중화학공업이 빠르게 발전하였다. 이 기간에 에너지 공급과 환경보호는 우리의 경제발전에서 직면한 중대한 난제로 떠올랐다. 종전의 발전시기별로 중국 경제성장의 관건은 국내외 여러 가지 자원을 어떻게 더 잘 이용하고 생산 분야에 대한 투입 확대를 통해 어떻게 경제성장을 촉진할 것인가 하는 문제였다면 이제는 환경보호와 개선이 경제발전 과정에 우리가 더욱 중시를 돌려야 할 문제로 되었다. 최근 몇 년간 일부 대도시의 환경오염(특히 스모그)이 심해져 각급 정부에 경종을 울리고 있다. 사실 스모그가 아직 나타나기 전 중국의 공업화 과정에 따른 환경문제는 이미 매우 심각하였지만 사람들이 그 심각성을 보편적으로 인식하지 못하

---

100) http://www.stat.go.jp/english/data/handbook/c0117.htm#c03을 참조하라.

표 4-20 중국과 미국의 2010년 1, 2, 3차 산업의 증가치 규모 및 구조 비교

| | 증가치(조 달러) | | 중국이 미국에서 | 구성 | |
| | 중국 | 미국 | 차지하는 비중(%) | 중국 | 미국 |
|---|---|---|---|---|---|
| GDP | 5.9 | 14.6 | 40.3 | 100 | 100 |
| 1차 산업 | 0.6 | 0.2 | 370.0 | 10.1 | 1.1 |
| 2차 산업 | 2.7 | 2.7 | 101.1 | 46.7 | 18.6 |
| 공업 | 2.4 | 2.2 | 106.9 | 40.0 | 15.1 |
| 채광업 | 0.3 | 0.2 | 131.4 | 5.2 | 1.6 |
| 제조업 | 1.9 | 1.7 | 111.8 | 32.5 | 11.7 |
| 전력, 천연가스 및 수돗물 생산 및 공급업 | 0.1 | 0.3 | 52.8 | 2.4 | 1.8 |
| 건축업 | 0.4 | 0.5 | 76.5 | 6.6 | 3.5 |
| 3차 산업 | 2.5 | 11.7 | 21.7 | 43.2 | 80.3 |
| 교통운송, 창고저장과 우정업 | 0.3 | 0.4 | 68.6 | 4.8 | 2.8 |
| 정보전송, 컴퓨터 서비스와 소프트웨어업 | 0.1 | 0.6 | 20.7 | 2.2 | 4.3 |
| 도매와 소매업, 숙박과 요식업 | 0.6 | 2.1 | 30.5 | 10.9 | 14.4 |
| 금융과 부동산업 | 0.6 | 3.0 | 21.2 | 10.9 | 20.7 |
| 이상 부문 합계 | 1.7 | 6.2 | 27.5 | 28.8 | 42.2 |

자료출처 : 중국의 구조 데이터는 「중국통계연감 2014」중의 GDP 업종 데이터에서 얻었고, 미국의 구조 데이터는 미국 상무부 경제분석국 공식 사이트에서 얻었다. 비교의 편리를 위해 양 국의 3차 산업 중 일부 업종을 합쳤다. 두 나라의 GDP 수치는 세계은행에서 발표한 국제 비교 공식 데이터이다.

고 있었던 것이다. 새로운 조건 하에서 어떻게 에너지 소모가 크고 오염이 심한 산업의 발전을 통제하면서도 중국의 경제성장과 인민 생활의 개선에 영향을 미치지 않을지가 새로운 시기 경제성장에서 해결해야 할 새로운 모순으로 떠올랐다. 일부 지역에서는 더 이상 공업의 증가치를 어떻게 증가하고 GDP 성장률을 어떤 수준까지 끌어올려야 하는 문제가 아니라 환경 악화가 인민대중과 사회발전에 대한 피해를 어떻게 해결할 것인지가 발전 과정에 부딪힌 문제로 되었다. 이러한 상황에서 공업의 발전 특히 중화학공업의 발전은 더 이상 기존의 길

을 걸어서는 안 되며 환경보호와 경제성장의 모순을 집중적으로 해결하여 환경이 더 이상 악화되지 않거나 심지어 끊임없이 개선되는 상황에서 경제성장을 실현하도록 해야 한다.

이런 체제 배경과 발전단계 그리고 이로 인한 발전 난제에서의 차이는 사실상 중국의 공업화 과정이 새로운 발전단계, 즉 공업화 후기에 들어섰음을 말해준다. 우리는 공업화의 중후기에서 후기로 과도하는 과정에서 약간의 진동이 동반되겠지만 사회주의 시장경제 체제가 이미 구축되었고 비교적 긴 시간의 발전을 겪어왔기에 이런 진동이 중국 현 단계의 경제성장에 미치는 영향은 20세기 말보다 훨씬 작을 것이다. 동시에 새로운 발전단계는 중국의 경제성장 조건 특히는 경제구조의 불균형 상태가 개선된 후 경제발전이 걷는 길이 이전과 뚜렷이 다를 것이라는 점을 결정하였다. 성장률이 어느 정도 반등할 가능성은 있지만 공업 성장 둔화가 단기 하락보다는 장기 추이이기 때문에 성장률이 다시 예전으로 돌아가지는 못할 것이다. 전반 국민경제 발전방식의 관점에서 볼 때 체제개혁을 심화하고 제도혁신 강도를 높여 기술혁신을 추진함으로써 경제성장이 투입 증가를 통하여 더 많이 달성되던 데로부터 경영관리 진보와 과학기술 진보를 통하여 더 많이 달성되는 것으로 전환될 수 있도록 해야 한다. 그러나 주도산업의 견인역할로부터 볼 때 경제성장은 필연적으로 2차 산업에서 3차 산업의 견인으로 바뀔 수밖에 없다. 이 또한 중국 경제성장의 단계성에 의해 결정되었다. 그러므로 중국의 현 단계 경제성장은 과거의 단계 반복이 아니라 새로운 단계를 시작할 것이다.

## 3. 3차 산업 및 현 단계 중국의 경제성장

중국의 1, 2, 3차 산업 분류에 따르면 1차 산업은 주로 농업생산 부문으로서 사회에 농산물과 관련 제품을 제공하고 2차 산업에는 공업과 건축업이 포함되는데 사회를 위해 공업품과 건축제품을 제공한다. 이런 제품은 모두 직접적인 물질 형태로 표현된다. 3차 산업의 생산활동은 주로 생산과 생활 서비스를 제공하는 데서 구현된다. 국민경제의 1, 2, 3차 산업 부문에서 3차 산업이 가장 복잡하다. 예를 들어 국가통계국의 2003년 「1, 2, 3차 산업 분류 규정」에 따르면, 1차 산업에 포함된 2급 업종에는 농업·임업·목축업·어업뿐이고, 2차 산업에 소속된 2급 업종은 공업과 건축업(공업 산하에서 다시 광업, 제조업 및 전기, 가스 및 수돗물 생산과 공급업으로 나눔)뿐이다. 그러나 3차 산업에 포함되어 있는 2급 업종(또는 부문)은 14개에 달한다. 교통운송, 창고저장과 우정업, 정보전송, 컴퓨터 서비스와 소프트웨어업, 도매 및 소매업, 숙박 및 요식업, 금융업, 부동산업, 임대와 비즈니스 서비스업, 과학연구, 기술 서비스와 지질 탐사업, 수리, 환경 및 공공시설 관리업, 주민 서비스 및 기타 서비스업, 교육, 보건위생, 사회보장 및 사회복지업, 문화, 스포츠와 오락산업 및 공공관리 및 사회조직이 포함된다. 이로부터 알 수 있다시피 3차 산업이 제공하는 서비스는 매우 광범한바 생산 부문에서 제공하는 서비스(예하면 농산물의 운송과 판매)뿐만 아니라 주민 부문에서 제공하는 서비스(최종생산물을 주민 가정에 제공하는 것)도 포함한다. 경제의 발전과 분공의 전문화에 따라 실물 제품 생산 부문의 일부 기능이 끊임없이 원래의 기업이나 부문에서 분리되면서 생산의 산업 사슬이 끊임없이 연장되고 생산성이 향상된다. 국민경제에서 차지하는 3차 산업의 지위도 갈수록 중요해지고 있다. 예하면 주민 주택의 건설은 기존에 주로 건축업(건설과 인테리어)과 공업(건축자재) 즉 2차 산업의 생산활동에 속하였다. 그러나 부동산업이 발전함에 따라 개발업체, 금융기구, 설계 부문과 판매

부문은 관련 생산활동에서의 역할이 점점 커지고 증가치에서 차지하는 비중도 점차 증가되었다. 현재 많은 주민 주택 프로젝트 건설이 창출하는 3차 산업의 증가치는 모두 2차 산업의 증가치를 초과하였다. 이밖에 서비스 부문이 각종 최종수요를 만족시키기 위해 제공하는 서비스도 있는데 사회를 위해 제공하는 공공서비스와 주민을 위해 제공하는 소비 서비스가 포함된다. 주민 소득 수준의 향상은 외식, 관광, 문화오락 등 소비의 증가로 이어진다. 과학기술이 진보함에 따라 텔레비전, 통신, 인터넷 서비스 등에서 이루어지는 주민 가정의 지출이 끊임없이 늘어나고 저축의 증가는 재테크에 대한 수요의 꾸준한 증가로 이어졌으며 교육, 의료에 대한 지출도 늘어나고 있다. 경제가 성장하고 주민소득이 증가하면서 주민들의 서비스 소비가 가정소비에서 차지하는 비중은 점차 커질 것이다. 선진국의 엥겔계수가 낮은(다수 국가가 10% 미만임) 이유는 자동차, 텔레비전 구입 등 내구성 소비품의 지출 비중이 크기 때문이 아니라, 주택 임대료(주택 구입 시 주택 임대 지출도 추산하여야 함)와 주택관리, 사회서비스, 가정서비스에 대한 지출이 높기 때문이다. 또 일부 서비스는 공공소비에 속한다. 예를 들어 의료, 교육, 국방, 행정 등 사회서비스에서의 국가 지출이 포함된다. 한 국가의 경제가 발전함에 따라 이 부분의 지출도 끊임없이 늘어날 것이다.

(1) GDP계산의 발전으로부터 보는 중국의 경제성장에서
   3차 산업의 중요성

개혁개방 이후 국민경제 계산 또는 GDP 계산 과정에 어떻게 3차 산업의 통계를 보완하여 보다 정확하고 체계적인 통계수치를 얻을지는 줄곧 통계개혁의 중점으로 되어왔다. 중국의 농업, 공업과 건축업 통계는 비교적 일찍 진행되어, 개혁개방 이전에 어느 정도의 기초가 마

련되었고, 경제체제 개혁에 따라 한층 더 완벽해졌기 때문에 상대적으로 문제가 적은 편이다. 그러나 3차 산업의 통계는 개혁개방 이후 중국의 경제총량 통계가 재료제품수지체계(MPS)에서 새로운 국민경제계산체계(SNA)로 전환되어 건립 및 발전한 것으로, 통계적 기반이 결여된 데다 3차 산업 자체의 발전이 복잡하기 때문에, 정부의 통계부서는 많은 시간을 들여 관련 작업을 개선하여야 했다. 서비스업 계산의 복잡성은 주로 다음과 같은 3개 부분에서 집중적으로 구현된다. 첫째, 개혁개방 이후 자본시장의 발전, 최근 몇 년간 인터넷 서비스(예를 들어 온라인 쇼핑)의 발전 등 새로운 서비스 경영형태들이 끊임없이 생겨났는데, 이는 모두 새로운 사물에 속한다. 새로운 활동에 의해 창조된 가치를 어떻게 객관적으로 반영할지는 우리가 지속 해결해야 할 문제이다. 둘째, 3차 산업은 가장 활약적인 생산 부문에 속한다. 제3차 전국경제센서스 결과에 따르면 2, 3차 산업의 모든 산업 단위에서 3차 산업의 비중은 77.9% 이상이고, 이 두 산업에서 허가증 소유 자영업가구 중 3차 산업의 비중은 94.3%에 달하였다. 대량의 소기업과 자영업가구는 중국 경제활동에서 가장 활약적인 역량으로서 매일 지어는 시시각각 변화가 일어나고 있으므로 그들의 경제활동 성과를 제때에 추적하고 반영하는 것은 시종 통계 부문의 난제로 되고 있다. 셋째, 중국이 계획체제에서 시장체제로 전환하는 과정에 직면하는 통계 대상은 복잡성을 띠고 있다. 시장경제의 발전과 더불어 기존에 국가, 기업 혹은 단위에서 부담하던 많은 지출도 이제는 시장화되었다. 예하면 계획경제 조건하에서 국유단위의 간부와 종업원은 단위 주택에 거주하며 소액의 임대료만 지불하면 되는데 그 금액이 노임에서 차지하는 비중 또한 아주 적다. 그러나 주택 상품화 개혁 후 단위에서 더 이상 주택을 분배하지 않고 스스로 구매해야 할 뿐만 아니라 거주

과정에 누리는 여러 가지 서비스에도 비용을 지불하여야 한다.(예하면, 부동산 관리비, 난방비, 주차비, 통신비, 케이블TV 요금 등) 이 부분 지출이 현재 도시(특히 젊은 주민 가정) 가정의 지출에서 차지하는 비중은 이미 상당히 높다. 이와 같은 지출은 한편으로는, 경제발전과 사회 진보를 거치면서 주민 가정의 전반적인 생활수준이 향상되고 있음을 말해주고 있다.(예하면 주차와 통신 지출의 증가), 다른 한편으로는 시장화 개혁 이후 기존에 단위 또는 사회에서 무상으로 제공하던 서비스가 점차 유료 서비스(거주, 일부 교육, 의료 서비스 등)로 전환되고 있다는 점을 구현하였다. 위 서비스의 가치가 아주 복잡하다는 점을 객관적으로 반영하는 대목이다. 이밖에도 일부 서비스들이 있다. 예하면 GDP 계산에서 국제표준에 따라 추산한 소유 주택 임대료 서비스를 통계해야 하는데 이런 서비스에는 가격 명시가 없다. 그러나 이런 서비스의 가치를 3차 산업의 증가치에 꼭 반영시켜야 하기 때문에 어떻게 추산할지에 있어서도 상당한 어려움이 있다. 전반적으로 볼 때 중국의 3차 산업 규모는 장기간 저평가된 현상이 존재하였다. 초기에 국제표준에 따라 주로 3차 산업에 포함되어야 할 부분이 체제나 기타 부분의 원인으로 3차 산업에 반영되지 못하였기 때문이다. 그러나 지금에 와서는 신흥 경영방식과 중소민영경제의 급속한 발전에 비해 우리의 통계사업에 뒤떨어진 현상이 존재하는 것이 주요한 원인으로 되었다. 이러한 모순들을 극복하는 가장 중요한 방도는 전면적인 경제센서스를 통하여 대량의 기초 데이터를 얻음으로써 통상적 통계의 정확성을 검증하는 것이다. 21세기에 들어선 후 중국은 정기적으로 세 차례의 전국경제센서스를 진행하여 국민경제 계산 특히는 3차 산업의 통계 데이터의 질을 개선하는데 적극 기여하였다.

1차 경제센서스(2004년) 후, 조정된 2004년 중국의 GDP 총량은 15

조 9천900억 위안에 달하였으며 연간 속보 계산 수보다 2조 3천억 위안이 많아 16.8% 증가하였다. 초과된 2조 3천억 위안 가운데서 3차 산업의 증가치가 2조 1천300억 위안으로 93%를 차지하였다. 3차 산업의 증가치가 GDP에서 차지하는 비중이 기존의 31.9%에서 40.7%로 증가하였다. 2차 전국경제센서스(2008년) 후 조정된 2008년의 GDP는 31조 4천억 위안에 달해 연간 속보 계산 수보다 1조 3천억 위안이 많아 4.4% 증가하였다. 초과된 1조 3천억 위안에서 3차 산업의 증가치는 1조 1천억 위안으로 81%를 차지하였다. 3차 산업이 GDP에서 차지하는 비중은 기존의 40.1%에서 41.8%로 증가하였다. 반면, 새로 전개된 3차 전국경제센서스 이후 조정된 2013년의 GDP 수치는 기존보다 3.4% 증가하였다. 초과된 GDP에서 3차 산업의 증가치가 차지하는 비중은 71.4%에 달하였고 3차 산업의 증가치가 GDP에서 차지하는 비중은 기존의 46.1%에서 46.9%로 증가하였다. 역대 조정의 결과로 볼 때 3차 산업의 조정 폭이 가장 컸고 3차 산업의 증가치 조정액이 전체 GDP 조정액에서 차지하는 비중도 가장 컸지만(세 차례 전국경제센서스에서 차지하는 비중은 각각 93%, 81%, 71.4%였음) 조정의 상대적인 폭은 끊임없이 줄어들고 있다. 세 차례 전국경제센서스에서 3차 산업의 증가치가 차지하는 비중은 각각 8.8%포인트, 1.7%포인트, 0.8%포인트 높아졌으며 조정폭은 점차 감소하고 있다. 이는 대규모적인 전국경제센서스가 끊임없이 발전함에 따라 중국의 GDP 계산 특히는 3차 산업의 증가치 계산에서 얻은 통계 데이터의 정확성이 지속적으로 개선되고 있다는 점을 말해준다. '12차 5개년' 계획은 서비스업 즉 3차 산업의 증가치 비중을 4%포인트[101] 즉 연평균 0.8%포인트 제고할 것을 제시하였다. 최신 데이터 결과에 따르면 '12차 5개년' 계

---

101) 「국민경제와 사회발전 12차 5개년 계획 강요」를 참조하라.

획 기간(2010~2015년) 서비스업 증가치 비중의 성장폭은 평균 1%포
인트 이상으로 예기 목표를 초과하였다.

(2) 경제발전의 단계성으로 보는 뉴 노멀 하의 경제성장에 대한
   3차 산업의 의의

산업별 발전변화로 볼 때 공업화 후기에 들어선 후 3차 산업은 경제
성장에서 주도적인 역할을 발휘하였다. 이전 분석에서 우리는 주로 2
차 산업의 성장이 이 시기에 감소할 가능성이 있는 것은 산업 자체의
수요와 공급에 변화가 생겼을 뿐만 아니라 전문화 분공과 경제발전
단계에서 객관적인 요구를 제기하였기 때문이라는 점을 주로 분석하
였다. 반면, 현 단계 중국의 경제성장에서 3차 산업의 위상이 높아진
데에는 적어도 다음과 같은 몇 가지 중요한 이유가 있다.

첫째, 장기간에 걸쳐 형성된 2차 산업의 생산활동 성과에서 상당 부
분이 3차 산업의 생산조건으로 대규모로 전환되기 시작하여 3차 산업
의 큰 발전을 촉진하였다. 1990년대부터 중국은 인프라시설의 건설
강도를 높이기 시작하였다. 과거에는 제조업, 채굴업 등에 대한 투자
를 늘림으로써 국민경제의 종합적 생산능력을 개선하는 데 주력하였
다면 이 시기에는 인프라시설 건설이 중국 투자의 중점으로 되었다.
1998년 아시아 금융위기 이후 중국이 투자 성장을 촉진하기 위해 적
극적인 재정정책을 시행하였을 때, 중앙정부의 거의 모든 투자는 인
프라시설 건설에서 이루어졌다. 인프라시설 투자에서 철도, 고속도
로, 공항, 인터넷 건설 등과 같은 교통, 운송, 통신 분야의 투자가 가장
중요한데 이런 분야의 투자금액이 방대하고 경제성장에 대한 견인역
할도 상당히 크다. 투자와 건설 과정에서 진행되는 생산활동은 주로
공업과 건축업의 생산 성과로 구현되는데, 예를 들면 대량의 철강, 시
멘트, 기계 설비를 사용함과 동시에 건설기업의 생산활동도 필요로

한다. 이러한 투자와 건설이 완성되어 다양한 인프라시설이 구축되면 공업과 건축업의 활동은 기본적으로 끝난다. 이 같은 인프라시설의 응용은 3차 산업의 가치 창출 과정이다. 비록 중국은 인프라시설 건설을 계속 힘써 발전시켜야 한다고 하지만, 건설의 고조는 이미 지나갔다고 말할 수 있다.(해마다 새로 증가되는 국민소득에서 인프라시설에 투자하는 비중은 점차 낮아질 것임) 중국의 현 단계 발전에서 부딪힌 주요한 문제는 더 이상 인프라시설의 심각한 부족이 아니라 이미 구축된 인프라시설의 역할을 최대한 발휘시키는 것이다. 예하면 상품과 여객 운송 효율을 어떻게 향상시켜 운송 부문과 인프라시설 관리 부문의 경제효과와 이익을 개선하고 이러한 서비스를 통하여 보다 효과적인 서비스 산업구도(예하면 관광업의 발전 촉진 등)를 형성하며, 광범한 주민들의 생활수준을 개선하는 것 등이 포함된다. 공업화 과정의 여러 발전단계에서 생산활동 중점이 달라짐에 따라(전기 건설은 생산조건의 개선에 중점을 두고, 후기 발전은 투자 성과가 보다 효과적으로 역할을 발휘하도록 하는 것임) 산업 발전의 중점도 달라질 것이다.

둘째, 수출 지향적 경제의 발전으로부터 볼 때 중국은 이미 상품 수출 대국으로부터 자본 수출 대국으로 발전하기 시작하였는데 이는 수출 지향적 경제에서 중국의 서비스 수입이 차지하는 비중을 끌어올리게 된다. 비록 상품 수출과 무역총액에서는 중국이 이미 세계 1위지만 중미 양국의 국제수지 균형표를 비교해보면 상품과 서비스의 수출입면에서 지금도 중국은 여전히 미국에 뒤처져 있다. 서비스의 수출 규모가 작아 전체 수출에서 차지하는 비중이 적은 것이 원인인데 현재 이런 상황이 급속히 바뀌고 있다. 최근 몇 년간, 특히 글로벌 금융위기 이후 중국의 대외 직접투자는 빠르게 늘어났으며 지금은 이미 세계에서 대외 직접투자 규모가 가장 큰 나라로 거듭났다.[102] 이런 대외 투자의 최종적인 발전 결과는 중국의 대외공사 청부, 노무 수출 및 설비수출을 적극 이끌고 국제수지 균형표의 경상수지 항목 하에서 보다 많은 서비스 수입을 형성하여 중국의 국제수지 구조를 개선하는 동시에 수출 지향적 경제에서의 서비스 비중을 확대하게 된다.

셋째, 현 단계 경제의 지속가능한 성장을 실현하는 관건은 광의의 기술 진보(제도혁신과 기술혁신 포함)를 통해 경제성장의 질을 향상시키는 것인데 이는 3차 산업의 발전에 대해 보다 높은 요구를 제기하였으며 더 나아가 3차 산업의 발전을 촉진하였다. 새로운 경제발전단계에서 투자확장을 통하여 경제성장을 이끄는 전통적인 방법은 현 단계 중국 경제성장의 수요에 갈수록 적응되지 못하고 있다. 현재 중국 경제발전의 주요한 모순은 생산력 부족이 아닌 생산력의 상대적 과잉이며 전기의 맹목적인 투자에 의해 초래된 에너지 고 소모, 고 오염의 중복 건설 외에 3차 산업(예하면 금융, 운송, 상업, 대외무역 등)의 발전과 공업의 발전이 서로 적응되지 못하고 부대 조항이 결핍한 것이 큰 문제로 대두되고 있다. 이는 규모 측면에서 3차 산업의 더 큰 확장의 필요성뿐만 아니라 혁신의 부족에서도 반영된다. 국가가 현재 중요시하고 있는 자유무역구, '일대일로', 인터넷 경제 등은 거의 모두 3차 산업의 혁신과 건설에 속하며 기술혁신 특히 첨단과학기술의 발전도 3차 산업의 발전에 속한다. 2차 산업도 여전히 발전시켜야 하지만, 현재로서는 3차 산업의 발전이 더 중요하다.

넷째, 3차 산업은 취업 수용 능력이 강하고 역으로, 중국의 노동력 공급은 또 3차 산업의 발전을 유력하게 지지하였다. 1978~2013년, 중

---

102) 상무부에 따르면 2014년 중국의 해외직접투자 규모는 처음으로 1천억 달러를 넘어 1천29억 달러에 달해 세계 3위를 차지하였고 실제로 사용한 외자 금액(1천196억 달러)에 근접하였으며 머지않아 외자 유치금액을 초과하여 자본 순수출국이 될 것으로 예상된다.

국의 2차 산업 취업자 수는 6천 945만 명에서 2억 3천 2백만 명으로 1억 6천200만 명 증가하였다. 그리고 3차 산업의 취업자 수는 4천 890만 명에서 2억 9천 6백만 명으로 2억 4천700만 명 증가하였다. 현재 상황으로 볼 때 매년 신규 추가 노동력이 점차 감소하고 있지만 1차 산업의 노동력 수는 여전히 방대하다. 2013년 중국의 1차 산업에 종사하는 노동력은 여전히 2억 4천200만 명으로 전체 취업자 수에서 차지하는 비중이 31.4%에 달하였다. 세계 여러 나라의 공업화 경험에 따르면 한 나라의 공업화 과정이 기본적으로 완성된 후 1, 2, 3차 산업의 취업 구조는 산업(증가치)구조에 수렴된다. 중국은 현재 1차 산업의 증가치 비중이 10% 미만으로 떨어졌지만 취업 비중은 여전히 30%를 상회하고 있다. 이는 공업화의 지속적인 추진에 따라 적어도 20% 가량의 농촌 노동력이 비농업 산업으로 이전해야 한다는 점을 의미한다. 이 목표가 달성되면 우리는 공업화 완성의 목표를 달성하게 될 것이다. 2003년 이래, 새로운 공업화 과정이 가속화됨에 따라 중국 2차 산업의 취업자 수는 줄곧 안정적으로 증가하고 있으며, 인구수는 1억 5천900만 명에서 2013년의 2억 3천200만 명으로 증가하였고, 차지하는 비중은 21.6%에서 현재의 30.1%로 상승하여 8.5% 포인트 증가하였다. 반면 이 시기 3차 산업의 취업자 수는 2억 1천600만 명에서 2억 9천600만 명으로 8천만 명 증가하였으며, 비중은 29.3%에서 38.5%로 9.2%포인트 높아져 2차 산업에서 수용한 취업자 수보다 더 많았다. 현재 상황으로 보아 한편으로는 2차 산업의 성장률이 완만해지고 노동력수용 능력이 낮아지고 있다. 다른 한편으로는 노동력 원가가 증가함에 따라 더 많은 노동 집약형 기업이 자본 및 기술 집약형 기업으로 전환되고 있다. 이는 더 많은 기업들이 기계로 노동력을 대체하기 위해 방법을 강구하고 있으며 이로써 생산능력을 확대하는 한편, 제품의 단위당 노동 원가를 낮추려 하고 있다는 것을 의미한다. 인구 보너스가 감소되는 상황에서 2차 산업이 새로 증가된 취업자를 수용하는 능력이 더 빠르게 떨어질 수 있다. 그러나 3차 산업의 상황은 다르다. 서비스성 생산은 사람을 통하여 다양한 생산 및 생활 서비스를 직접 제공하는 것이 특징이기 때문에 자연적으로 취업을 흡수할 수 있는 능력이 있다. 21세기 초 중국의 경제성장은 매우 빨랐지만 1%포인트 성장할 때마다 증가되는 취업자 수는 줄어들었다.[103] 최근 3년간, 중국의 경제성장률은 하락하였지만 취업 형세는 줄곧 비교적 양호하여 매년 도시 신규 추가 취업자 수가 1천만 명(2014년은 1천322만 명)을 넘어섰으며 1%포인트 성장이 견인하는 취업자 수는 178만 명에 달하였다. 중요한 이유 중 하나는 3차 산업의 비교적 양호한 성장이 취업 개선에 강력한 지원을 제공하였기 때문이다. 공업화를 완성한 후 취업구조가 산업구조에 근접할 것이다. 중국의 현 단계에서 양자 간에는 여전히 비교적 큰 격차가 존재한다. 2013년, 1,2,3차 산업의 증가치가 GDP에서 차지하는 비중은 각각 9.4%, 43.7%, 46.9%이고 1,2,3차 산업의 취업자 수가 전체 취업자 수에서 차지하는 비중은 각각 31.4%, 30.1%, 38.5%였다. 이는 중국의 도시화 과정이 여전히 공업화 과정에 뒤떨어져 있지만 공업화 후기에 이르면 이런 구조적인 격차가 빠르게 축소되어 궁극적으로 양자는 공업화국가와 마찬가지로 기본적으로 근접하게 된다는 것을 설명한다. 이는 사실상 공업화를 완성하였다는 표징이다. 지금 상황으로 보아 공업화 과정을 완성하기 위해 앞으로 10년에서 20년은 더 걸릴 가능성이 있다. 이 시기 취업을 끊임없이 개선하는 것은 중국 경제발전의 중요한 목표로 될 것이며 3

---

103) 2004년 4월 28일, 주즈신(朱之鑫) 당시의 국가발전및개혁위원회 부주임은 한 회의에서 "1980년대에는 GDP가 1% 성장할 때마다 일자리가 약 240만 개 증가하였지만 지금은 100만 개에 불과할 정도로 고용 탄력이 떨어졌다"고 말했다. 「국가발전및개혁위원회: 취업 촉진에 대한 경제성장 역할의 뚜렷한 약화」, 북경 4월 28일발 신화통신을 참조하라.

차 산업의 성장은 우리가 취업 발전 목표를 실현하는데 조건을 마련해주게 될 것이다.

다섯째, 중국은 현재 샤오캉사회를 전면적으로 실현하는 최종 발전 단계에 처해 있다. 이 시기 인민의 생활은 현저하게 개선될 것이며 주민 가정의 현 단계 소비수준의 향상은 주로 누리는 서비스의 양과 질의 향상에서 구현된다. 공업화 중기와 중후기에는 투자와 수출이 경제성장을 견인하는 주요한 동력이다. 이 시기 진행한 대량의 투자는 당시 인민의 소득과 소비에 일정한 영향을 미쳤지만 훗날의 경제성장에는 장기적인 기초 역할을 하게 될 것이다. 뉴 노멀 하에서, 즉 점차 공업화 후기에 들어선 후에도 중국의 투자 규모는 여전히 방대할 것이지만 속도는 다소 둔화되며 매년 새로 증가하는 국민소득에서 더 많은 부분을 민생 개선에 사용할 것이다. 이는 샤오캉사회를 전면적으로 실현하는 요구일 뿐만 아니라 경제가 일정한 수준까지 발전한 뒤 최종 수요구조에 나타나는 필연적인 결과이기도 하다. 현재의 경제발전 수준에서, 주민 소비수준 간의 격차는 1, 2차 산업의 물질제품의 소비가 아니라 공유 서비스에서 구현된다.[104] 중국 각 지역, 각 도시 간의 격차는 교육, 의료, 문화, 교통 등 분야에서 공공서비스의 큰 차이로 나타나기도 한다. 그러므로 현 단계 중국 인민의 생활수준과 삶의 질을 전면적으로 향상시킴에 있어 관건은 이미 의식과 내구성 소비품의 사용이 아니라 공공서비스와 가정 서비스의 개선으로 되었다. 이는 정부에서 공공소비 영역의 투입과 산출을 늘리고 주민 서비스업의 발전을 촉진하도록 요구하고 있으며 후진 지역일수록 정부는 관련 분야에 대한 발전을 더욱 틀어쥐어야 한다. 이는 중소도시의 발

---

104) 앞서 분석한 바와 같이 주민들의 주택 구매도 주민지출의 중요한 구성 부분이지만 투자행위에 속한다. 거주는 서비스 성격의 소비로 간주하고 임대주택은 직접 임대료지출을 계산하며 소유주택은 임대료지출을 추산하여야 한다.

전과 현지 주민들의 생활개선에 유리할 뿐만 아니라 공공서비스가 비교적 발전한 개별지역에 대량의 인구가 지나치게 집중되는 것을 피면할 수 있다. 서비스 활동에 대한 수요가 확대되면 필연적으로 공급 영역에서 더 많은 서비스 창조나 제공이 요구되는데 이는 서비스업의 진일보 발전을 추진하였다.

여섯째, 체제 전환 과정에서 볼 때 중국의 개혁은 이미 30여 년의 역사를 거쳤고 사회주의 시장경제 체제 건설은 이미 난관 공략 단계에 들어섰다. 즉 사회주의 시장경제를 목표로 하고 공유제를 주체로, 다종 소유제 경제의 장기간 공동 발전을 기본적인 제도로 하며 자원 배치에서 시장 메커니즘이 발휘하는 결정적인 역할과 규범적이고 과학적인 정부의 거시적 조정을 중요한 전제로 하는 개혁개방이 전면적 심화의 새로운 단계에 들어섰으며 현대 금융, 무역, 상업, 보험, 정보 등 사회주의 시장경제 체제에 어울리는 일련의 현대 서비스업이 한층 발전하였다. 선진국의 역사와는 다르다. 자본주의 선진국에서는 대부분 먼저 '상업 혁명'을 진행하였고 그 후 '산업 혁명'을 전개하였다. 산업 혁명 이전에 자산계급 혁명과 자본주의 생산 방식의 확립과 더불어 시장 메커니즘에 어울리는 일련의 필요한 서비스 부문은 이미 먼저 성장을 실현하였고, 그 서비스 부문의 비중은 매우 높아 산업 제조업을 훨씬 능가하였다. 이들 국가가 제도적으로 시장화를 선행하고 나중에 공업화를 추진한 것이 주요한 원인이다. 공업화 단계에서 돌출한 구조적 특징은 공업의 비중이 대폭 상승한 반면, 서비스업의 비중은 공업화 초기에서 말기까지 기본적으로 변하지 않았다는 점이다. 그러나 탈공업화 단계에 들어선 후 서비스업의 발전은 재차 기타 산업을 추월하여 주도산업으로 부상하였다. 중국은 공업화와 시장화의 이중 전환을 동시에 추진하고 있다. 즉 발전과 체제의 이중 전환을 병행하고 있는데 공업화 초기에는 시장 메커니즘이 잘 발달되어 있지 않고 관련 서비스업의 점유율도 높지 않다. 이중 전환 과정에서 발전 (공업화 심화)과 체제(개혁 심화)는 3차 산업의 발전에 활력을 불어넣었으며 이중 전환 과정이 심화되고 가속화됨에 따라 공업화 후기 및 시장의 가속 돌파기에 3차 산업의 발전은 필연코 더욱 가속화될 것이다.[105]

위의 분석을 통하여 현 단계 경제성장에서 3차 산업의 지위를 끌어올리는 것은 조정 기간의 임시적인 방편이 아니라 중국 경제가 일정한 단계까지 발전하면서 나타나는 불가피한 결과라는 점을 알 수 있다. 공업화 후기에 들어선 후 중국 경제성장에 나타난 뉴 노멀이라고도 할 수 있다. 산업구조의 업그레이드는 '뉴 노멀'의 진입에 영향을 미치는 가장 중요한 요소이다. 2011년 전후, 중국은 적극적인 거시경제 정책을 '적절한 시기에 철회'한 후로 시장은 경제성장에서 자원을 배치하는 주요 동력으로 되었다. 경제성장률이 간헐적으로 하락(연평균 성장률 약 10%에서 현재 연평균 성장률 약 7.5%로 하락함)한데는 물론 경제 주기 측면의 원인이 있지만 새로운 공업화 단계에 진입한 결과로 산업별 성장 간의 관계에 변화가 나타났다는 점이 더 중요하게 작용하였다. 즉각적인 소비 특성, 경제 주기에 견딜 수 있는 비교적 강한 능력, 중국의 거대한 잠재 수요로 인해 서비스업의 성장률은 상대적인 안정을 유지할 수 있다. 공업과 2차 산업은 새로운 단계에서도 여전히 비교적 양호한 성장세를 유지할 수 있겠지만(예하면 비교적 오랜 기간 동안 7% 이상의 성장률을 유지하였음) 위에서 논의한 여러 가지 이유로 더 높은 성장률을 유지하기는 어려울 것이다. 농업혹은 1차 산업의 성장률은 여전히 4% 안팎을 유지할 수 있다. 이런 상

---

105) 류웨이(劉偉)·양윈룽(楊雲龍), 「공업화 및 시장화: 중국 3차 산업 발전의 이중 역사 사명」, 『경제연구』 1992년 제12호를 참조하라.

황을 종합해 보면 중국은 앞으로 비교적 긴 기간(5~10년) 동안 연평균 7% 이상의 경제성장을 유지할 가능성이 있다. 이는 우리가 전면적인 샤오캉사회를 건설하고 중국 공산당 창당 100주년의 분투 목표를 실현하는데 지지를 제공하였다. 따라서 우리는 경제성장을 대하는 전통적인 사고방식을 바꿔야 하며 공업 증가치 성장률의 하락이나 전기 사용량의 성장률 하락만을 보고 중국 경제에 큰 문제가 발생하였다거나 심지어 정체 가능성이 있다고 단언해서는 안 된다. 따라서 반드시 다시 대규모로 총량 자극을 실시하여야 한다. 대규모적인 총량 자극은 필연코 이미 발생한 생산력 과잉에 기초하여 '허위 견인'을 형성하게 되면서 더욱 심각한 생산력 과잉을 초래하게 된다. 중국 경제성장의 주요한 방향 또는 기본 국면은 건전한 것이다. 혹은 다만 새로운 단계에서 새로운 불균형에 직면하여 새로운 재 균형 과정을 거쳐야 한다고 말할 수 있다. 그렇지 않으면 우리가 취업 안정, 주민소득 향상, 국제수지 균형 유지, 인플레이션 극복, 자원 배치의 효율성 제고 등 분야에서 그토록 큰 진전을 이루게 된 이유를 설명할 수 없다.

전반적으로, 본 절에서는 중국의 공업화 과정 중 단계별 산업구조 변화와 그 특징에 대해 총화하였으며 현 단계에 중국은 공업화 과정의 중후기에서 공업화 후기로 들어서고, 국민경제의 주도산업은 2차 산업에서 3차 산업으로 바뀔 것이라고 제기하였다. 이러한 전환의 주요한 특징은 다음과 같다. 우선, 3차 산업의 성장률이 2차 산업을 능가하여 전반 경제성장을 이끌게 될 것이다. 다음, 3차 산업의 비중이 2차 산업을 초과하여 지속적으로 증가하는 반면, 2차 산업의 비중은 계속 줄어들 것이다. 이러한 변화는 중국 경제가 일정한 단계까지 발전한 필연적인 결과로서 미래의 경제성장과 발전방식, 취업과 인민생활에 모두 뚜렷한 영향을 미치게 될 전망이다.

중국의 현대화 과정은 사실상 공업화를 실현하는 과정이기도 하다. 장기적인 발전의 차원에서 볼 때 중국의 공업화 과정은 3개 단계로 나눌 수 있다. (1) 공업화 전기. 새 중국 창건 초기, 심지어 이보다 더 일찍부터 개혁개방 이전에 이르기까지 산업구조 변화는 공업 및 2차 산업의 발전이 가속화되기 시작하고 성장률이 선두를 달리며 국민경제에서 증가치가 차지하는 비중이 커지는 등 특징을 나타내고 있다. (2) 공업화 중기. 개혁개방 이후부터 현재까지 산업구조의 특징을 보면 공업 및 전반 2차 산업의 발전이 경제성장을 이끌고 있지만 3차 산업의 도움이 필요하며 2차 산업의 연평균 성장률은 3차 산업보다 약간 높았다. 이 시기는 또 중전기(1980년대 전후), 중중기(1990년대 전후), 중후기(2000년대 이후 첫 10년)로 나눌 수 있으며, 시기별로 산업구조 변화는 상이한 특징을 나타낸다. 중전기는 전기의 '허위 고도화'에 대한 수정이고, 중중기는 합리화의 토대 위에서 다시 공업 성장을 가속화하고 시장화 개혁을 통하여 산업의 배치와 발전을 이끌었다. 중후기에는 시장경제의 기초 위에서 공업화를 한층 다그쳐 1, 2, 3차 산업의 상호 협력 과정에 공업의 급속한 발전을 추진하였다. (3) 공업화 후기. 이 시기에는 3차 산업의 성장률이 다른 산업을 앞서고 그 비중이 꾸준히 높아졌다. 산업구조의 변화가 취업구조에도 반영되면서 취업구조가 산업구조 쪽으로 접근하도록 하였다. 이는 사실상 공업화에 따른 도시화 과정이다. 산업구조가 점차 안정된 후 취업구조는 산업구조에 접근하게 되는데 이는 우리가 공업화 과정을 완성하였음을 시사한다. 발전추세로 보아 공업화 과정은 10~20년이 걸릴 것으로 예상된다. 이 기간에 중국은 여전히 비교적 빠른 속도로 경제성장을 유지할 가능성이 있다.

현재 중국의 경제성장은 산업구조의 업그레이드 및 각종 경제 구조의 최적화라는 관건적인 시기에 처해있으므로 정부는 우선 직능 개선을 통해 시장 메커니즘이 충분히 역할을 발휘하도록 해야 한다. 특히 기구 간소화와 권력 하부이양을 통하여 시장의 혁신 능력을 충분히 발휘시켜 전반 경제 특히는 3차 산업의 발전에 더욱 활력을 불어넣어야 한다. 그 후 이를 바탕으로 거시적 조정을 개선하여 경제성장을 추진하고 산업구조를 끊임없이 업그레이드시키는데 조건을 마련해주어야 한다.

## 제4절 산업구조 변화발전 과정에서의 경제성장 및 취업

### 1. 서론

본 절에서는 개혁개방 이래 특히 21세기에 들어선 후를 중점으로 산업구조의 변화발전이 경제성장과 취업에 주는 영향에 대해 실증 연구를 진행함과 동시에 다음과 같은 관찰 사실과 분석 결론을 얻어냈다.

첫째, 개혁개방 이래, 2차 산업은 줄곧 중국의 경제성장에서 주도 업종으로 되었으며 2003년 이후 공업화를 가속화하는 과정에서 더욱 뚜렷하게 표현되었다. 2차 산업은 성장률이 높아 기타 산업의 발전을 이끌었을 뿐만 아니라 취업 개선, 특히는 농업 잉여노동력이 비농업 산업에로 이전하는데 중요한 기여를 하였다. 이 시기는 중국의 비농업 산업의 취업 증가가 가장 빠른 시기였으며 비농업 산업의 취업에서 2차 산업의 기여가 3차 산업보다 컸다.

둘째, 중국이 공업화 과정의 중후기에 들어서고 중상소득 국가로 부상함에 따라 중국 경제성장에서의 주도산업도 바뀌고 있다. 2013년, 중국의 GDP에서 차지하는 3차 산업의 증가치 비중이 처음으로 2

차 산업을 초과하여 3차 산업의 비중이 가장 크고 2차 산업이 그 버금가며 1차 산업 비중이 가장 작은 현대 경제 산업구조를 형성하였다. 발전추세로 볼 때 2015년을 전후하여 2차 산업의 취업이 1차 산업을 능가함에 따라 취업 구조에서도 이러한 구도가 나타나게 될 것이다. 현재 중국은 산업구조를 업그레이드하고 전환시키는 시기에 진입하였다. 이러한 전환으로 말미암아 중국 경제성장에서의 주도산업이 2차 산업에서 3차 산업으로 바뀔 수 있으며 동시에 중국의 경제성장과 취업에 일련의 심각한 영향을 미치게 될 것이다.

셋째, 2010년을 전후하여 중국의 제조업과 2차 산업의 규모는 이미 미국을 초월하여 세계 1위를 차지하였지만 여전히 비교적 빠른 성장을 유지하고 있으며 신규 추가 노동력에 대한 수요 또한 비교적 크다. 그러나 발전추세로 보면 수요, 규모, 에너지 환경 및 생산요소 등 조건의 제약으로 2차 산업의 발전이 둔화되고 있다. 이에 상응하여 중국 3차 산업의 발전은 여전히 지속적인 성장을 유지하고 있을 뿐만 아니라 잠재력이 더 크기 때문에 2차 산업을 점차 대체하여 중국 경제의 주도산업으로 되고 있다.

넷째, 국제 비교를 통해 알 수 있다시피 산업구조의 변화발전과 업그레이드는 현 단계 중국 경제성장의 요구일 뿐만 아니라 시장경제하에서 세계 각국 경제성장의 공동한 특징과 규칙이기도 하다. 고속 경제성장 과정을 겪고 있는 일본의 증가치 구조 및 취업구조와 비교해 볼 때 현재 중국의 산업구조 변화발전은 대체로 1960년대 후기의 일본 상황과 비슷하며 마침 중상소득 국가에서 고소득 국가로 매진하는 단계에 처해있음을 발견할 수 있다. 경제발전 수준의 향상과 산업구조의 변화발전에 따라 중국의 자연 경제 성장률은 둔화될 것이며 이는 중국의 취업 구도에도 영향을 미치게 될 전망이다.

다섯째, 인구 자연증가율의 저하와 인구 연령구조의 변화 등의 원인으로 중국 노동력 총공급의 증가는 2014년을 전후하여 뚜렷이 둔화되고 그 후에는 마이너스성장을 기록할 가능성이 있다. 경제성장 중의 노동력 수급 변화는 주로 취업구조의 변화, 즉 비농업 산업의 취업 증가와 1차 산업의 취업 감소로 구현된다. 장기 경제 성장률이 둔화되는 배경 하에서 비록 신규 추가 노동력에 대한 비농업 산업의 수요가 감소하고 있지만, 1차 산업 부문에서 이전할 수 있는 노동력은 더 많이 줄어들고 있기 때문에 새로운 조건 하에서 노동력 공급과 수요의 불균형이 형성될 것이다. 총량과 구조의 분석을 통하여 우리는 6%~7%의 경제성장률 하에서 노동력의 공급과 수요 사이에 균형을 이룰 수 있다는 결론을 얻어냈다.

여섯째, 본 절에서는 2020년 샤오캉사회 전면 실현의 전체적 성장 목표(연평균 7% 가량 성장)에 근거하여 1,2,3차 산업의 성장 목표, 취업 목표에 대해 정량적인 연구를 진행하였다. 아울러 중국 경제발전 수준의 향상과 산업구조의 변화발전에 따라 중국의 경제성장에는 새로운 구조특징이 나타나게 될 것이라고 제기하였다. 만약 향후 5~10년간 중국 경제의 연평균 성장률이 2~3%포인트 둔화되어 7%~8%를 유지한다면 산업별 둔화 수준은 당연히 서로 다를 것이다. 1차 산업은 개혁개방 이래 장기 성장률(4%~5%)을 여전히 유지할 수 있을 것이고, 2차 산업의 연평균 성장률은 GDP와 비슷한 수준인 7%~8%를 유지할 것이다. 즉 2003~2010년의 연평균 성장률 11% 안팎보다 3~4%포인트 하락될 것이다. 3차 산업의 연평균 성장률은 2~3%포인트 하락된 8%~9%로 2차 산업보다 약간 높을 것이다. 1, 2, 3차 산업의 취업에서 1차 산업 취업자 수는 점차 감소하여 2020년쯤 중국 전체 취업자수(7억 7천만 명 수준)의 약 25%를 차지하는 2억 명 안팎으로 줄어들

전망이다. 2차 산업의 취업자 수는 여전히 성장을 이어갈 것이지만 매년 증가량은 점차 줄어들게 되는데 2020년을 전후하여 비중이 3분의 1 수준인 33%에 이르고는 더 이상 증가하지 않을 것이며 향후 점차 감소할 가능성도 있다. 그러나 3차 산업의 취업자 수는 안정적인 성장을 유지하여 2020년경 3차 산업이 중국의 총 취업자 수에서 차지하는 비중이 40% 이상에 달할 전망이다.

## 2. 21세기 이래 중국의 경제성장과 취업

최근 2년간, 중국의 경제성장률은 둔화세를 나타내고 있다. 경제성장률은 2008년 금융위기 이후부터 2011년까지 연평균 9.64%(2008년, 2009년, 2010년, 2011년 각각 9.6%, 9.2% 10.4%, 9.3%임)에서 2012년부터 2014년까지는 연평균 7.6%(2012년, 2013년, 2014년 각각 7.7%, 7.7%, 7.4%임)까지 둔화되었으며 국가의 거시적 조정 성장률 목표도 하향 조정되고 있다. 이러한 경제성장률의 둔화는 외부 요인 변화의 원인(글로벌 금융위기와 경제쇠퇴)뿐만 아니라 경제주기의 원인(2007년 중국의 경제성장률은 14.2%에 달하였지만 객관적으로 보면 경제성장률을 하향조정할 필요가 있음)도 있다. 그러나 근본적으로 말하면 이는 중국 경제가 일정한 수준으로 발전하였을 때 지속가능한 성장과 발전이 제기한 객관적 요구이기도 하다. 중국은 공업화의 중후기와 중상소득 단계에 진입함에 따라 객관적으로 경제성장에서 양적 확장보다 질적 향상에 더 중시를 돌릴 것을 요구하고 있다. 그러므로 정부의 자극을 줄이는 배경 하에서 실제 경제성장률의 반락은 사실상 자연 경제성장이 둔화된 표현으로 자체의 역사적 필연성을 갖고 있다.

21세기에 들어선 후, 특히 2003년 이래, 중국은 새로운 가속화된 경제성장 주기에 들어섰는바 2000~2010년의 연평균 경제성장률은 10.5%에 달하여 개혁개방 이래 경제성장이 가장 빠르고 가장 평온한 단계에 진입하였다. 이 시기 중국 경제성장의 산업구조 특징을 보면 2차 산업이 빠르게 성장(연평균 11.4% 성장)하면서 다른 산업의 성장을 견인하였고 1차 산업은 정상적인 성장(연평균 4.2% 성장)을 유지한 반면, 3차 산업은 2차 산업에 힘입어 강력한 성장(연평균 11.2% 성장)을 실현하였다. 가격변동의 이유로 말미암아 2차 산업의 비중 상승폭(2000년의 45.5%에서 2010년의 46.7%까지 상승함)이 3차 산업(39.0%에서 43.2%으로 상승함)보다는 적지만 여전히 가장 큰 비중을 차지하고 있는 산업부문이었다. 다음 취업을 살펴보자. 이 시기 중국의 경제활동인구[106]와 취업자 수 모두 대폭 증가하지 않았다. 경제활동인구는 2000년의 7억 4천만 명에서 2010년의 7억 8천만 명으로 4천만 명 증가하고 취업자 수 역시 7억 2천만 명에서 7억 6천만 명으로 4천만 명 증가하였는데 이는 해마다 평균 400만 명씩 증가한 수준이다. 즉 고속 경제성장 과정에서 신규 추가 경제활동인구를 신규 취업에서 전부 소화하였다는 얘기이다. 그러나 중국의 취업에 존재하는 주요한 문제는 총량이 아니라 구조이다. 1차 산업에 수용된 대량의 취업인구(2000년의 경우 3억 6천만 명)가 실제로는 과잉되었고 일인당 증가치와 소득이 비농업 산업보다 현저히 낮아 비농업 산업으로의 이전 요구가 매우 강하며, 여건이 마련되기만 하면 이러한 이전은 빠르게 이루어질 것이다. 2010년, 1차 산업의 취업인구는 2억 8천만 명으로 감소되어 10년 전보다 8천만 명 줄었다. 이는 같은 시기 순증가 경제활동인구 또는 취업인구의 2배에 해당되는 수준으로, 중국 현 단계 취업문제의 특수성을 설명하였다. 즉 신규 추가 노동력의 취업 문제나 실

---

106) 16세 이상, 노동능력이 있고 사회경제 활동에 참가하거나 참가를 요구한 인구를 가리키며 취업자와 실업자를 포함한다.

업자의 재취업 문제가 아니라 공업화와 도시화 과정에 대량의 농업 잉여 노동력이 비농업 산업과 도시로 이전함으로써 생기는 취업수요 문제를 중점적으로 해결하는 것이다. 그러나 다수의 선진 시장경제 국가들은 산업 및 취업구조가 이미 안정화되고 총 취업자 수가 비교적 안정적이거나 소폭 감소될 가능성이 있기 때문에 해결해야 할 유일한 부분이라면 발전과정에서 직면하는 실업 완화 문제이다. 통상적으로 2% 이상의 연평균 경제성장률을 달성하면 취업 목표(실업률 7% 이하)를 기본적으로 실현할 수 있다. 그러나 중국과 선진국 간의 차이는 다음과 같은 부분에서 구현된다. 첫째, 중국은 개혁개방 이후 경제활동인구가 계속 증가하였지만 선진국들은 대부분 안정상태에 들어섰고 일부는 심지어 감소하고 있다. 둘째, 산업구조와 취업구조가 급속히 변화되고 있지만 선진 시장경제 국가나 지역은 이미 안정되었다. 이런 상황에서 2%의 경제성장률은 자연히 취업 개선의 수요를 만족시킬 수 없다. 1990년대 이후, 시장화 개혁(노동력시장의 형성과 발전)과 기업 제도의 변화(비국유 경제의 급속한 발전)로 인해 중국의 취업구조는 급속한 변화의 시기에 접어들었다. 취업구조의 업그레이드가 여전히 산업구조의 업그레이드에 비해 뒤떨어져 있지만 변화는 엄청나다. 10%에 달하는 고속 경제성장을 실현하였기 때문에 우리는 신규 취업과 20세기 말 국유기업 체제개혁에 따른 정리실직자의 재취업 문제(도시 등록 실업률은 줄곧 비교적 낮은 수준을 유지하고 있음)를 비교적 잘 해결하였을 뿐만 아니라 비농업 산업에서 대량의 농업 잉여 노동력을 흡수하였다. 즉, 취업 개선에 대한 경제성장의 기여도를 신규 취업의 해결과 취업구조의 개선 두 방면으로 나누어 얘기해야 한다면 10% 정도의 연평균 경제성장에서 신규 취업을 해결하는 부분이 2% 안팎(즉 기여도가 20% 안팎)을 차지하고 취업 구조 향상에

사용되는 부분이 8% 안팎(즉 기여도가 80% 안팎)에 달한다.[107]

## 3. 21세기 이래 가속화된 공업화 과정이 취업구조에 미치는 영향

### (1) 21세기 이래 중국의 공업화 가속 과정 및 취업구조에 미치는 영향

21세기에 들어선 후 특히 2003년 이래 중국은 공업화의 가속화를 특징으로 하는 경제성장단계에 들어섰다. 글로벌 금융위기를 전후하여 중국은 제조업과 2차 산업의 증가치 절대 규모에서 미국을 제치고 세계 1위로 부상하였다. 2010년, 미국의 GDP는 14조 9천600억 달러에 달하였는데 그중 제조업 증가치가 차지하는 비중은 11.7%였다. 즉, 제조업의 증가치가 1조 7천500억 달러에 달하였다. 2010년, 중국 제조업의 증가치는 13조 300억 위안에 달하였는데 그해 평균 환율(6.769 5)로 환산하면 1조 9천300억 달러 수준으로, 이미 미국을 10% 이상 초과하였다. 2차 산업의 총규모에서 볼 때, 2010년 중국의 수준(2조 7천700억 달러)은 미국(2조 7천800억 달러)과 비슷하지만, 2011년에는 성장요인과 환율 변동으로 이미 미국을 20% 이상 추월하여 세계 최대 규모의 국가로 부상하였다. 만약 중국의 제조업과 2차 산업의 규모가 확대되지 않고 산업구조에서 통상 선진 시장경제체 수준(1차 산업 10% 이하, 2차 산업 30% 가량, 3차 산업 60% 이상)에 이른다면 중국의 GDP 총량은 미국의 수준에 이르거나 심지어 능가할 수 있다. 이 단계는 개혁개방 이후 중국의 2차 산업 취업자 수와 비중이 가장 많이 증가한 시기이기도 하다. 1978년부터 2003년까지 2차 산업의 취업자 수가 전체 취업자 수 가운데서 차지하는 비중은 17.3%에서 21.6%로 높아져 25년간 성장률은 4.3%포인트에 불과하였다. 그러나

---

107) 류웨이(劉偉)·차이쯔저우(蔡志洲), 「산업구조 변화발전에서의 경제성장과 취업」, 『학술월간』, 2014년 제6호를 참조하라.

2003년부터 2010년에 이르기까지의 7년간 성장률이 21.6%에서 28.7%로 7%포인트 상승하여 매년 1%포인트의 성장을 실현하였다. 취업자 수는 2003년의 1억 5천900만 명에서 2010년의 2억 1천800만 명으로 5천900만 명이 늘어나 매년 평균 840만 명 이상 증가하였다. 노동력에 대한 2차 산업의 수요는 여전히 지속적으로 늘어나고 있어 2012년 취업 비중은 이미 30% 이상에 달하였다.

이 시기 중국의 3차 산업이 빠르게 발전하였는데 3차 산업의 증가치 연평균 성장률은 2차 산업(2003~2010년의 연평균 성장률은 11.4%임)보다 약간 낮았다. 취업으로 볼 때 2003년부터 2010년까지 3차 산업의 취업 비중은 29.3%에서 2010년의 34.6%로 5.3%포인트 상승하였고 연평균 0.75%포인트 제고되어 2차 산업보다 낮았다. 그러나 1978년부터 2003년까지 3차 산업의 취업 비중은 9.1%에서 29.3%로 25년간 20.2%포인트 증가하였으며 매년 0.8%포인트씩 상승하여 증가속도가 2차 산업을 훨씬 능가하였다. 이는 다른 한 측면으로 중국은 21세기 이후 특히 2003년부터 경제성장의 가속화된 공업화 특징을 나타내고 있다는 점을 반영하고 있다. 즉 2차 산업은 성장률이 가장 높을 뿐만 아니라 취업 수용 능력 또한 전례 없이 커졌지만 3차 산업의 취업은 이 시기 여전히 통상적인 발전을 유지하고 있다. 그러나 이러한 통상적인 성장은 중국 비농업 산업의 취업 개선에 대한 기여는 뚜렷하다. 2012년, 중국 3차 산업의 취업 비중은 36.1%로 상승하였고 취업자 수는 2억 7천700만 명에 달해 1, 2, 3차 산업 중 가장 큰 취업 부문으로 되었다.

1차 산업의 통상적인 발전은 2, 3차 산업의 고속 성장과 대조를 이루었다. 이 시기 1차 산업의 연평균 성장률은 4.5%로 큰 변화가 없었다. 그러나 취업자 수와 취업 비중의 변화는 아주 컸다. 취업인구는

2003년의 3억 6천200만 명에서 2010년의 2억 7천900만 명으로 8천300만 명이나 줄었다. 이는 독일의 총인구수와 맞먹는 수준으로, 매년 평균 1천여만 명 감소하고 비중은 49.1%에서 36.7%로 줄어들었으며 2012년에는 33.6%로 더 떨어졌다. 이러한 발전의 결과로 1차 산업의 총량 성장폭보다 취업자 수에 따라 계산한 노동생산성이 더 큰 폭으로 개선되어 기존에 존재하던 2, 3차 산업과의 발전 격차를 좁혔다.

(2) 취업구조 변화 추세로 본 중국의 현대화 과정

그래프 4-4는 1990~2012년 중국 1, 2, 3차 산업의 취업자 수 변화를 나타낸다. 그래프에서 볼 수 있다시피 20여 년의 장기 추이로 볼 때 1차 산업의 취업자 수는 줄어들고 2, 3차 산업의 취업자 수는 증가하였지만 산업별, 단계별 표현에는 차이가 있었다. 1차 산업의 취업자 수는 1990년대 초 급격히 감소하는 단계를 겪었다. 1995년 이후 다시 증가세(이는 한편으로는 농촌 인구가 자연적으로 증가하고 다른 한편으로는 도시 국유기업 개혁으로 초래된 대량 종업원들의 재취업 모순이 도시 2차 산업의 농업 잉여 노동력에 대한 수용 능력을 감소시켰기 때문임)로 돌아섰지만 2003년 이후부터 또 안정적으로 감소하는 상황을 면치 못하였다. 2차 산업 취업자 수의 변화 추세는 1차 산업과 정반대이다. 1차 산업의 취업자 수가 감소하면 2차 산업의 취업자 수는 오히려 증가하였고 그 반대의 경우에는 줄어들었다. 이러한 변화는 중국의 경제 주기와 연관될 뿐만 아니라 중국 경제발전단계의 영향도 받는다. 통상적으로 경제성장의 가속화와 둔화는 취업자 수에 대한 2차 산업의 수요에 뚜렷한 영향을 미치며 나아가 1차 산업 취업자 수의 변화를 야기한다. 그러나 이번의 경제 주기에서 위 두 산업의 취업인구 변화에는 또 새로운 특징이 나타났다. 즉 2012년까지만 해도 위 두 산업의 취업인구 발전추세가 서로 반대 방향으로 움직이는 데에는 큰 변화가 없었다. 그러나 3차 산업 취업인구의 변화는 시종 안정적이었으며 경제 주기와 기타 요소의 영향을 비교적 적게 받았다.

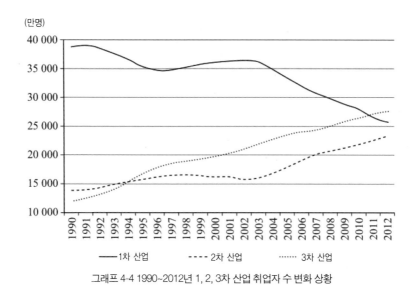

그래프 4-4 1990~2012년 1, 2, 3차 산업 취업자 수 변화 상황

　장기 추이로 볼 때 2003년을 전후하여 중국의 취업구조 변화는 뚜렷한 산업구조 업그레이드 특징을 나타냈다. 2, 3차 산업의 취업자 수가 꾸준히 늘어나고 1차 산업의 취업자 수는 안정적으로 줄어들기 시작하였다. 2011년, 3차 산업의 취업자 수가 1차 산업을 초과하였다. 발전추세로 볼 때, 2015년 전후, 2차 산업의 취업자 수도 1차 산업을 초과할 가능성이 있다. 이로써 3차 산업의 취업자 수가 가장 많고 2차 산업이 버금가며 1차 산업이 가장 적은 현대경제 취업구조가 형성될 것이다. 이는 중국의 공업화 및 현대화 과정과 밀접한 연관이 있다. 2014년, 중국의 1,2,3차 산업의 비례 관계는 9.2:42.6:48.2로 3차 산업의 비중은 이미 2차 산업을 능가하여 현대경제의 산업구조 특징을 형성하였다. 그 후 중국의 취업구조는 증가치 구조 업그레이드의 견인

하에 진일보 업그레이드되어 3차 산업 취업이 주도 지위(차지하는 비중이 50% 이상에 달함)를 차지하는 선진 경제 취업구조로 점차 발전할 것이다.

### (3) 경제성장과 취업 성장 간의 격차

비록 GDP의 성장이 취업(주로 2, 3차 산업의 취업)의 성장을 이끌었지만 두 가지 성장의 속도는 서로 다르다. 그래프 4-5는 GDP(불변가격으로 계산한 고정기준지수로 반영할 때 1990년=100)와 비농업산업 취업자 수(1990년=100)의 비교 상황을 보여주고 있는데 이로부터 뚜렷한 차이를 보아낼 수 있다. GDP 지수는 근사등비수열로 증가되었지만(즉 해마다 비슷한 성장률을 유지하고 기하평균수 부근에서 파동을 일으키며 연평균 성장률은 10% 안팎을 유지함) 취업자 수는 근사등차수열로 증가되었다.(즉 매년 비슷한 증가량를 유지하면서 산수평균수 부근에서 변동하며 연평균 1천100만 명 정도 증가함) 2차 산업과 3차 산업의 성장과 취업 간에도 유사한 관계가 있다. 곡선의 형태에서 성장곡선은 한 갈래 단조증가함수이며 하향으로 볼록한 근사포물선으로 나타나는데 매년 증가량은 늘어나지만 성장률은 안정적이다. 반면, 취업 곡선은 한 갈래 근사한 직선으로 나타나며 매년 증가량은 안정적이지만 성장률은 하락세를 이어갔다. 이 시기 중국의 GDP는 8배(즉 2의 입방, 8배) 늘어났지만 비농업 산업의 취업은 고작 2배 증가하였다. 이는 중국의 경제성장에서 주요한 영향 요소가 노동이 아니었음을 말해준다. 그렇지 않으면 경제성장률이 이처럼 노동성장률을 대폭 초과할 수 없다. 자본투입의 증가, 기술 진보 등에 따른 노동생산성의 향상이 중국 경제성장에 대한 기여도가 더 크다. 중국의 최근 몇 년간 경제성장 특히 2차 산업의 성장이 확실히 인구 보너스에 힘입었다는 점을 결코 부인할 수 없지만, 단순히 인구 보너스로만 중국의 경제성장을 설명해서는 안 된다. 반대로 가속화된 경제성장도 신규 취업과 1차 산업 잉여 노동력의 취업을 개선하는데 크게 기여하였으며 이 두 분야는 서로 촉진하는 관계이다.

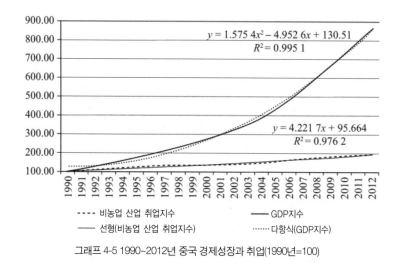

$$y = 1.575\,4x^2 - 4.952\,6x + 130.51$$
$$R^2 = 0.995\,1$$

$$y = 4.221\,7x + 95.664$$
$$R^2 = 0.976\,2$$

· · · · · 비농업 산업 취업지수        —— GDP지수
—— 선형(비농업 산업 취업지수)     ······· 다항식(GDP지수)

그래프 4-5 1990~2012년 중국 경제성장과 취업(1990년=100)

## 4. 새로운 시기 경제성장과 취업에 대한 분석

공업화 과정이 추진됨에 따라(현대화 국가의 산업구조와 취업구조를 형성하기 시작함) 중국은 양적 확장보다 질적 향상에 더 중시를 돌릴 것이다. 사회발전, 에너지와 환경의 지속 가능한 발전 및 국제 환경 등의 요구로 볼 때, 30년이 넘게 지속된 10% 가량의 고속 경제성장은 객관적으로 중국에 경제성장을 적절하게 둔화시킬 데 대한 요구를 제기하였다. 향후 한 시기 동안(2020년 이전) 6%~8%로 조정하는 경제성장률 목표는 일반적으로 받아들여지고 있으며 실제 운행상황으로 보아도 실현 가능한 목표이다. 이런 경제성장의 둔화는 당연히 중국의 취업에도 영향을 미칠 수 있다. 그러나 중국에서 경제 자연 성장률의 둔화와 함께 역사, 보건, 출산율 등 여러 가지 부분의 원인으로

인해 인구 증가 및 노동력의 총공급에도 변화가 일어나고 있음을 보아내야 한다. 따라서 우리가 총량과 구조에서 경제성장과 취업의 상호관계를 모색할 것을 요구하고 있다.

### (1) 총량 수요와 공급

우선, 총량으로 볼 때 경제성장의 둔화는 비농업 노동력에 대한 수요의 감소로 이어질 가능성이 높지만, 현 단계에서는 노동의 총공급도 줄어들고 있다. 2003~2012년, 중국에서 공업화를 가속화하는 과정에 반영된 경제성장과 비농업 산업 취업의 관계에 따르면, GDP가 10%포인트 증가할 때마다 비농업 산업의 취업자 수가 약 1천500만 명(도시 순증가 노동력과 1차 산업에서 이전된 노동력도 포함) 늘어난다면 GDP가 1%포인트 성장할 때마다 비농업 산업의 취업자 150만 명 가량을 수용할 수 있다. 1990~2012년의 장기 발전에서 형성된 양자의 관계에 따르면 GDP가 1%포인트 성장할 때마다 수용할 수 있는 비농업 산업의 취업자 수는 110만 명 좌우에 달한다. 향후 5년 동안 취업에 대한 경제성장의 견인역할은 양자 사이에 있어야 한다. 따라서 중국의 연평균 성장률이 2%포인트 하향 조정되어 8%로 될 경우 다른 조건이 변하지 않는 상황에서 매년 비농업 산업의 취업 수용 능력은 880만~1,200만 명으로 떨어질 수 있으며 평균치는 1천만 명 가량이 될 것이다. 즉 GDP가 1%포인트씩 성장할 때마다 증가하는 취업 규모는 125만 명 정도인 셈이다.

이런 노동력 수요에 대한 감소는 사실 일정한 정도에서 현재 중국 노동력 공급변화의 요구를 반영하고 있다. 그래프 4-6은 1990년대 이후 중국의 경제활동인구 및 총 취업자 수의 변화 그리고 취업자 수의 장기 추이에 대한 추정을 보여주는데 총 취업자 수에 근사화하는 추세선의 적합도가 매우 양호하다는(결정계수는 0.99보다 큼) 점을 알 수 있다. 이 곡선의 1차 도함수가 0보다 크면 곡선의 단조증가를 의미하며 2차 도함수가 0보다 작으면 곡선이 위로 볼록하고 점진적인 증가폭이 점차 감소되고 있다는 점을 뜻한다. 장기 발전 추이로 볼 때, 중국의 노동력 총공급(전체 취업)은 인구 자연증가율의 저하와 연령구조의 변화 등의 원인으로 2010년경부터 안정세로 전환되었다. 보외법의 추이로 볼 때 대략 2014년에 중국의 총 취업자 수가 7억 7천만 명에 도달한 후 안정되기 시작하며 해마다 소폭 성장할 것이다. 2012년 중국의 취업자 수는 7억 6천700만 명에 달하였고 2013년과 2014년 2년간 매년 신규 취업자 수는 160만 명(1차 산업의 신규 취업도 포함)가량에 달하였다. 2014년 이후부터 매년 공급 가능한 신규 추가 노동력은 해마다 점차 줄어들어 2016년 이후에는 연간 신규 추가 노동력이 100만 명 이하로 떨어지고, 2018년 이후에는 전체 취업자 수가 절대적으로 감소하는 현상도 나타날 수 있다. 이런 상황에서 매년 증가하는 비농업 산업의 노동력 규모가 변하지 않는다면, 1차 산업에서 이전된 노동력이 2, 3차 산업의 신규 추가 노동력 가운데서 차지하는 비중은 점점 더 커질 것이다.(2003~2010년 평균 75% 정도임) 중국의 도시에도 노동연령에 진입한 경제활동인구의 취업 문제가 존재하지만 인구의 고령화에 따라 공석이 된 많은 일자리를 보충해야 하기 때문에 도시의 취업 문제는 업종과 일자리 간에 어떻게 배치할 것인가에 달려있으며 이제 총량적으로는 뚜렷하게 증가하지 않을 것이다. 경제성장에서 신규 추가 노동력의 공급은 주로 1차 산업의 노동력 전환에 의존할 것이다. 2016년 전후로 비농업 산업의 신규 추가 노동력은 농업(1차 산업)에서 이전되어 온 노동력으로부터 전부 공급될 가능성이 크다. 2012년 중국 1차 산업의 총 노동력 수는 2억 5천700만 명으로, 그해 중국 취업자 수에서 차지하는 비중은 33.6%이지만 창출한 증가치가 차지하는 비중은 고작 10% 정도였기 때문에 지속적으로 이전할 여지가 분명 있다. 만약 매년 비농업 산업의 신규 취업이 모두 1차 산업으로부터 이전되었다면 1990년부터 2012년까지의 1차 산업 이전 노동력의 장기 공급 추이에 근거할 경우 이 부분의 평균 규모는 약 825만 명(=1천100만 명×75%) 수준이다. 즉, 경제성장의 장기 추이가 변화하였기 때문에 비농업 산업의 노동력 수요가 감소한 동시에 신규 추가 노동력의 공급, 특히 도시의 신규 추가 노동력의 공급도 줄어들고 있다. 따라서 비농업 산업의 신규 추가 노동력은 반드시 이전된 농촌 잉여 노동력에 의해 공급되어야 한다.

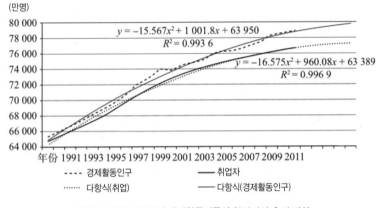

(만명)

$y = -15.567x^2 + 1\,001.8x + 63\,950$
$R^2 = 0.993\,6$

$y = -16.575x^2 + 960.08x + 63\,389$
$R^2 = 0.996\,9$

年份 1991 1993 1995 1997 1999 2001 2003 2005 2007 2009 2011

---- 경제활동인구     —— 취업자
······ 다항식(취업)     —— 다항식(경제활동인구)

그래프 4-6 1990~2010년 경제활동인구와 취업자의 추이 변화

따라서 다른 조건이 변하지 않고 경제성장률이 2%포인트 하락한다면 중국 노동력의 수요와 공급은 향후 5년간 대체적으로 균형을 이룰 것이며 연평균 공급(825만 명)은 연평균 수요 (1천만 명)보다 약간 적을 것이다. 만약 공급에 근거하여 수요를 확정하고 GDP가 1%포인트 증가할 때마다 125만 명을 흡수한다는 중장기관계로부터 추산할 경우 6.6%의 GDP 성장률만 실현하면 노동력의 공급과 수요 사이에는

기본적인 균형을 이룰 수 있다. 물론 연도마다 인원수에 약간의 변동이 있을 수 있지만 추세로 보아 점차 감소할 것이다. 그러므로 기타 조건이 변하지 않는다는 가정 하에 노동력의 공급에만 의해 성장이 결정된다면 경제성장률도 당연히 점차 감소되어야 한다. 만약 8% 정도의 경제성장률을 유지하려면 노동 투입과 경제성장 간의 관계를 바꾸고 노동생산성을 높여 노동력이 상대적으로 부족한 모순을 해결하여야 한다.

또한 그래프 4-6은 1990년부터 2012년까지 중국의 경제활동인구와 취업인구 간의 격차가 확대되고 있음을 보여준다. 즉, 노동력 공급은 딸리지만 전체 실업률은 점차 상승세를 나타내고 있는 가운데 1990년의 1%에서 2012년의 3% 좌우로 상승하였다. 표면적으로는 높은 수치로 보이지 않을 수 있지만, 실제로는 농업 부문이나 1차 산업의 실업을 통계하기 어렵기 때문에 경제활동인구와 취업인구 간의 격차는 바로 비농업 부문의 실업이다. 그렇다면 비농업 부문의 실업률은 취업인구와 경제활동인구에서 1차 산업의 취업자 수를 각각 공제한 다음 다시 양자를 서로 나누어 구한다. 이런 루트에 따르면 1990년 2.2%였던 중국의 전체 실업률은 2012년 4.2%로 상승하여 거의 두 배 가까이 증가하였다. 비록 국제적으로 인정하는 실업률 경보 수준(7%)에는 훨씬 미치지 못하고 여전히 정상적인 일자리 상실과 업종의 실업에 속하지만 점차 증가되는 실업률은 여전히 우리가 중시할 필요가 있다.

(2) 경제성장과 취업의 구조 분석
1. 개혁개방 이래 2차 산업이 중국 경제성장에서의 주도적 역할
개혁개방 30여 년간 중국의 고속 경제성장 과정에 2차 산업이 주도적인 역할을 발휘하였다. 이러한 특징은 2003년 중국 경제가 새로운 성장주기에 접어든 이후 더욱 뚜렷해졌다. 그러나 2차 산업에서는 공업 부문(주로

제조업 및 채굴업)의 성장률이 가장 중요시된다. 통계부문은 경제 형세를 판단하는 중요한 근거로 매달 산업의 증가치 변화 상황을 발표한다. 2차 산업, 특히 공업 부문 견인 하의 이러한 높은 경제성장은 개혁개방 이후 중국 발전의 뚜렷한 공업화 특징을 반영한다. 비교적 긴 시간 동안(특히 저소득 국가에서 중등소득, 중상소득 국가로 전환하는 과정) 제조업 및 전반 2차 산업의 발전에 우선순위를 두어야 한다. 즉, 공업화를 통하여 이끄는 현대화는 중국의 경제발전 과정에서 올바른 선택이다.

첫째, 출발점이 낮은 중국은 세계 각국의 선진 과학기술과 성공 경험을 참고로 할 수 있으며 선진국의 산업 이전을 받아들이고 자체의 비교 우위를 통하여 제조업 및 전반 2차 산업을 우선적으로 발전시키는 방식으로 경제 규모를 빠르게 확대할 수 있다. 둘째, 중국은 수요에 따른 견인력이 강하기 때문에 소비 업그레이드(내구성 소비품 구매에서 주거용 구매까지), 인프라시설 건설 및 생산성 투자나 투자수요를 막론하고 모두 개혁개방 이후 전체적으로 강세를 보이고 있는데 이는 모두 2차 산업(채굴업, 제조업, 건설업, 공공사업)의 지원이 필요하다. 셋째, 노동생산성 측면에서 볼 때 2차 산업은 발전 우위가 가장 많다. 증가치와 취업자 수의 비례를 적용해 노동생산성을 계산할 경우 1990년, 2차 산업의 노동생산성(5천 570달러)은 1차 산업의 4.28배이고 3차 산업의 1.13배이다. 2003년까지 2차 산업의 노동생산성(3만 9천201달러)과 1차 및 3차 산업의 노동생산성 비율은 각각 8.17과 1.57로 확대되었다. 이러한 격차 확대는 필연코 2차 산업에 더 많은 자본이 유입되도록 함으로써 2차 산업의 성장을 가속화 할 것이다. 그러나 2차 산업의 생산요소 집중도가 더욱 높아짐에 따라 해당 산업의 초과 이윤은 점차 줄어들 가능성이 있다. 때문에 2012년에는 2차 산업의 노동생산성(1조 1천184만 위안)이 1차 산업의 4.97배, 3차 산업의 1.21배로 떨어졌다. 이 시점에서 산업 간 격차가 2003년보다는 현저히 줄어들었지만 1990년과 비교하면 여전히 큰 편이다. 20세기 말과 21세기 초는 중국에서 제품 및 제도 혁신이 가장 활발한 시기였다. 많은 기업이 자본과 첨단기술을 도입하여 신제품(예하면 하이테크 제품 발전)

을 개발하거나 새로운 개발 분야(예하면 부동산 개발 및 인프라시설 건설 관련 산업, 예를 들어 강철, 시멘트 등 제조업종과 건축업)에 진출해 거액의 이윤을 창출하였고 이로 형성된 시범 효과는 더 많은 자본이 관련 업종에 흘러들도록 유치하였다. 이로 인해 일부 업종의 상대적 우위가 점차 약화되거나 심지어 생산력 과잉을 초래할 수 있지만 제품 업그레이드는 또 새로운 이슈와 새로운 시범효과를 불러오게 될 것이다. 넷째, 중국에서의 이러한 성과는 지방 정부의 지원이 있었기에 가능한 것이다. 3차 산업과 비교했을 때, 2차 산업은 보다 세분화 된 분공과 더 긴 산업사슬이 특징이다. 3차 산업은 서비스 부문으로서 반드시 사용자와 밀접한 관계를 유지하여야 하는데 현대 통신과 교통 심지어 금융과 같은 첨단 3차 산업이든 관광, 요식업, 도소매와 같은 전통적인 3차 산업이든지를 막론하고 사용자의 수요가 없다면 더 이상 확장하기 어렵기 때문이다. 그러나 2차 산업은 상황이 다르다. 2차 산업의 제품은 업종 간, 지역 간, 국가 간에 유동될 수 있어 발전 공간이 더 크기 때문에 많은 지방 정부는 투자유치와 제조업 발전 촉진을 현지 경제성장을 이끄는 가장 중요한 수단으로 삼고 있다. 사실 이러한 2차 산업의 발전은 지방 발전에 기회를 가져다주는 동시에 지방 경제활동의 위험과 맹목성을 증가시켰다. 그 결과 경제 조정이 있을 때마다 2차 산업은 항상 가장 큰 타격을 받는 부분이었다. 그러나 지방 정부는 치적를 위해 눈앞의 이익에 더 집중하는 경향이 있으며, 이는 객관적으로 2차 산업의 발전을 촉진하였다. 이는 2차 산업의 우선 발전에 대한 현실적인 기반이 마련되어 있음을 보여주지만 이러한 발전 구도는 영원히 유지될 수 없다. 경제발전의 특정 단계에 이르면 산업 발전이 더 이상 기존의 수요 견인(투자, 수출 및 소비)역할을 하지 않거나 공급 지원(자원, 자본, 노동, 기술 등 생산요소 및 기타 산업의 협조) 역할을 하지 않을 때 이러한 구도가 바뀔 수 있다.

## 2. 국제 비교로 보는 산업구조 업그레이드 추이

페티-클라크 정리에 따르면 경제발전 수준이 높아질수록 1차 산업의 규모와 노동력이 차지하는 비중은 점차 감소하고 2차 산업의 규모와 노동력이 차지하는 비중은 점차 증가할 것이다. 그러나 경제가 더욱 발전함에 따라 3차 산업의 규모와 노동력이 차지하는 비중이 증가되면서 궁극적으로 3차 산업이 가장 큰 비중을 차지하고 2차 산업이 그 버금가며 1차 산업이 가장 작은 비중을 차지하는 산업구조를 형성하게 된다.[108] 우리는 이 정리에서 산업구조가 가치구조와 노동구조 2가지 부분으로 반영되어 있다는 점을 보아낼 수 있다. 일반적으로 가치 구조가 노동구조보다 먼저 상승하고, 노동구조는 결국 가치구조에 수렴되면서 궁극적으로는 산업별로 모두 비슷한 노동생산성을 가지게 된다. 표 4-21은 미국의 증가치 구조와 취업구조를 비교하여 열거한 것이다. 취업구조와 증가치 구조는 이미 매우 근접해 있으며 약 10년간 변화가 아주 작다는 점을 보아낼 수 있다. 여러 산업, 심지어 국민경제 업종 간의 노동생산성 격차가 이미 아주 작고 점차 안정화되고 있는데 세계 주요 선진국에 모두 이와 유사한 상황이 나타났다.

표 4-21 2000년과 2010년 미국 산업구조와 취업구조의 비교 (%)

| | 2000 | | 2010 | |
|---|---|---|---|---|
| | 증가치 | 취업 | 증가치 | 취업 |
| 전부 | 100 | 100 | 100 | 100 |
| 농업, 임업, 어업, 수렵업 | 1.0 | 1.0 | 1.1 | 0.9 |
| 1차 산업 합계 | 1.0 | 1.0 | 1.1 | 0.9 |
| 광업 | 1.1 | 0.4 | 1.6 | 0.5 |
| 공공사업 | 1.7 | 0.4 | 1.8 | 0.4 |
| 건축업 | 4.7 | 5.0 | 3.5 | 4.2 |
| 제조업 | 14.2 | 12.6 | 11.7 | 8.5 |
| 2차 산업 합계 | 21.7 | 18.4 | 18.6 | 13.6 |
| 도매업 | 6.2 | 4.2 | 5.5 | 4.0 |
| 소매업 | 6.9 | 11.2 | 6.1 | 10.8 |
| 운수와 창고저장업 | 3.0 | 3.2 | 2.8 | 3.1 |
| 정보산업 | 4.2 | 2.6 | 4.3 | 2.0 |
| 금융, 보험, 부동산 및 임대업 | 20.1 | 5.7 | 20.7 | 5.7 |

---

108) 류웨이(劉偉), 『공업화 과정에서의 산업구조 연구』를 참조하라.

| | | | | |
|---|---|---|---|---|
| 전문 및 상업 서비스업 | 11.2 | 12.1 | 12.3 | 12.4 |
| 교육, 건강과 사회서비스 | 6.8 | 11.2 | 8.8 | 14.5 |
| 예술, 오락과 요식업 | 3.8 | 8.6 | 3.8 | 9.7 |
| 정부 이외 기타 서비스 | 2.8 | 4.9 | 2.5 | 4.9 |
| 정부부문 서비스 | 12.2 | 16.8 | 13.6 | 18.3 |
| 3차 산업 합계 | 77.2 | 80.7 | 80.4 | 85.5 |

일인당 소득 측면에서 볼 때 만약 특별한 상황이 없다면, 즉 중국이 지금부터 연평균 7% 이상의 경제 성장률을 유지한다면 2020년을 전후하여 세계은행의 기준에 따라 중국은 고소득 국가 대열에 진입하여 경제총량이 미국을 제치고 세계 1위로 부상할 가능성이 있다. 이 시기는 중국 산업구조 발전의 전환기가 될 것이다. 즉, 경제성장의 주도산업이 2차 산업에서 3차 산업으로 전환된다. 2020년에 이르러서는 3차 산업이 경제성장의 주도산업이 될 전망이다. 그 후 중국의 경제 성장률은 더 둔화되어(연평균 경제 성장률이 1~2%포인트 더 하락하여 6% 가량으로 떨어질 것임) 중속 성장 단계에 진입할 것으로 보인다. 2차 산업의 취업 및 증가치 비중은 점차 감소하는 반면 3차 산업의 비중은 꾸준히 증가할 것이다. 중국의 산업구조가 선진국 수준, 즉 미국 및 일본과 유사한 취업구조와 증가치 구조에 도달할 때까지 이러한 산업구조의 업그레이드는 수년 동안 계속되어 경제성장을 추진할 것이다. 그래야만 중국의 경제성장이 저속 성장 단계(또는 안정적 성장 단계)로 전환될 것이다.

### (3) 1, 2, 3차 산업 발전 추이 분석

그래프 4-7은 1990년부터 2013년까지 중국 1, 2, 3차 산업의 증가치가 GDP에서 차지하는 비중의 발전 추이를 보여준다. 그래프에서 볼 수 있다시피, 비록 2차 산업의 성장률은 줄곧 다른 산업을 앞섰지만 비중에서는 상당히 안정적이다. 그러나 최근 연간(2006년부터)에는 꾸준한 하락세를 보이고 있다. 1차 산업의 비중은 장기적으로 꾸준한 하락세를 이어왔지만 최근 몇 년 동안 안정(2009년부터 2013년까지

10%를 약간 상회함)되기 시작하였다. 반면, 3차 산업의 비중은 안정적인 상승세로 나타나고 있다.

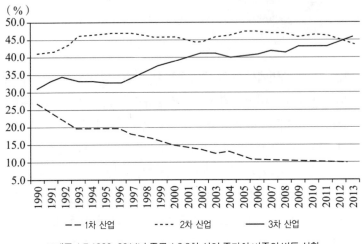

그래프 4-7 1990~2014년 중국 1,2,3차 산업 증가치 비중의 변동 상황

산업구조 변화는 불변가격이 아닌 현행가격을 기준으로 계산하기 때문에 증가치 구조의 변화는 산업별 성장률 외에 가격 요인의 영향도 받는다. 가격은 수요와 공급의 영향을 받는데, 통상적으로 공급이 부족한 제품일수록 가격 상승폭이 커지고, 공급이 남아도는 제품일수록 가격 상승폭이 더 작아지거나 심지어 하락할 가능성도 있다. 가격 측면에서 볼 때 1,2,3차 산업의 일반 가격 수준의 상승을 그들의 실제 성장과 비교하면 정반대이다.(그래프 4-8 참조) 1차 산업이 가장 빠르게 성장하고, 3차 산업이 그 버금가며 2차 산업이 가장 느리게 성장하였다. 2009년 이후 1차 산업의 성장률은 연평균 GDP 성장률(약 5%)보다 낮은 4%를 약간 상회하고 있지만 1차 산업의 증가치 비중은 줄곧 10% 이상을 유지하고 있다. 그 이유는 일반 가격 수준의 상승이 비교적 느린 성장률이 점유율에 미치는 영향을 상쇄하였기 때문이다.

만약 산업별 명목 성장 대 실질 성장의 비례로 산업별 일반 가격수준의 변동(즉, 은재적 증가치 물가지수) 상황을 반영한다면 2003~2013년, 전반 국민경제(GDP)의 연평균 가격 상승폭은 4.52%이고 1차 산업은 7.09%, 2차 산업은 3.46%, 3차 산업은 5.09%에 달하는데 그중 3차 산업이 전반 국민경제의 평균 수준에 가장 근접할 것이다. 이러한 가격변동 관계는 현 단계 중국의 산업별 공급과 수요의 상황을 설명해주었다. 공급에서 볼 때 1차 산업은 상대적으로 부족하고 2차 산업은 상대적으로 과잉 상태이지만 3차 산업은 적절한 수준을 유지하고 있다. 이는 오랜 기간 동안 3차 산업의 성장률이 2차 산업보다 약간 낮았음에도 불구하고 3차 산업의 비중이 2차 산업보다 훨씬 빠르게 증가한 이유를 설명해준다. 노동과 취업의 성장이 동일한 상황에서 2차 산업과 3차 산업 간의 노동생산성 격차는 계속 좁혀질 것이다.

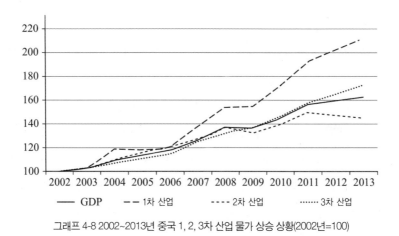

그래프 4-8 2002~2013년 중국 1, 2, 3차 산업 물가 상승 상황(2002년=100)

산업구조의 업그레이드 수준에서 볼 때 중국의 공업화 과정은 중후기 단계에 진입하였다. 각국의 일반적인 경제성장 규칙과 단기 및 중기 수급관계 측면에서 볼 때 중국의 2차 산업은 발전 둔화단계에 진입할 것이며 실제 경제성장도 이를 반영하였다. 최근 2년간 중국 2차 산업의 실제 성장률은 3차 산업보다 낮아지기 시작하였는데 두 산업의 실제 성장률이 2012년에는 각각 7.9%와 8.1%, 2013년에는 각각 7.8%와 8.3%에 달하였다. 향후의 발전 추이로 볼 때 앞으로도 이러한 구도는 계속될 것이고, 양자 간의 격차는 더욱 확대될 것이다.

이런 새로운 구도는 여러 가지 요인에 의해 형성되었다. 첫째, 발전 단계 측면에서 볼 때 고속 성장을 달성하고 유지하기 위해 비교적 긴 시간 동안 공항, 항만, 도로, 철도 및 도시 건설을 비롯한 인프라시설 건설은 중국 경제건설에서의 중점이었다. 이러한 건설로 인해 발생하는 수요는 필연적으로 제조업과 건설업 즉 2차 산업의 큰 발전으로 이어질 것이다. 그러나 건설된 후면 장기적으로 역할을 발휘하게 될 것인데 이로 창조된 가치가 더 많이는 3차 산업에 속한다. 둘째, 경제발전 초기에는 부대 산업과 업종이 부족하여 경제발전을 추진하기 위해 상대적으로 폐쇄적인 현대 기업을 건설하는 경향이 있었고, 많은 생산 활동이 한 지역 또는 한 기업에서 이루어졌다. 경제가 발전하고 분공과 전문화 수준이 높아짐에 따라 기업이 진행하던 많은 생산 활동은 전문화 서비스를 제공하는 3차 산업이나 기업에서 진행하게 될 것이다. 경제발전 수준이 향상됨에 따라 주민 생활의 사회화 수준이 더 향상되고 이로써 3차 산업의 발전을 이끌 것이다. 넷째, 3차 산업 부문에서 다수 업종의 증가치는 노동 보수로 계산된다. 예를 들어 정부 부문, 교육, 과학, 문화, 의료 등 업종의 비영리 기구가 이에 해당된다. 이러한 업종의 발전과 취업자 소득 수준의 증가는 3차 산업의 발전에 영향을 미치는 중요한 요소가 될 것이다. 따라서 중국의 경제성장을 주도하는 산업에 이미 변화가 나타나기 시작하였다는 점을 인식하여야 한다. 이러한 변화 과정에서 2차 산업의 성장률이 하락되기 시작하고 경제성장의 전반 국면에 영향을 미치면서 장기 자연 경제 성장률의 둔화로 이어졌다. 따라서 당면 중국의 경제 성장률 둔화는 경제성장이 일정한 단계에 도달하고 경제발전 수준이 일정한 고도에 도달하였다는 점을 보여줄 뿐만 아니라 산업구조에 심각한 변화가 발생하여 경제성장 방식에 새로운 요구를 제기하였다는 점을 말해주기도 한다. 우리가 확정한 경제성장 목표는 이런 발전 흐름과 일치하여야 한다.

위의 분석을 통하여 도출할 수 있는 결론은 다음과 같다. 만약 향후 5~10년 동안 중국 경제의 연평균 성장률이 2-4%포인트 둔화되어 6%~8%에 이른다면 산업별 하락속도는 서로 달라야 한다. 1차 산업은 개혁개방 이래의 장기 성장률 4%~5%를 계속해서 유지할 수 있어야 한다. 2차 산업의 연평균 성장률은 7%~8%로 GDP와 대체로 비슷한 수준이어야 하는데 이는 2003~2010년 연평균 성장률인 11% 안팎에서 3-4%포인트 하락한 수치이다. 3차 산업의 연평균 성장률은 2-3%포인트 하락한 8%~9%로 2차 산업보다 약간 높아야 한다. 총가격수준의 성장폭을 볼 때 2차 산업과 3차 산업 간의 격차는 점차 좁혀져 전반 국민경제(GDP)의 일반 가격 수준의 상승과 비슷한 수준을 유지할 것이며, 1차 산업 총가격수준의 성장폭은 여전히 비교적 높은 수준을 유지하여 전반 국민경제의 평균 수준보다 50% 좌우 높을 것이다. 이러한 상황에서 1차 산업의 증가치 비중은 계속 하락할 것이지만 매년 하락폭은 크지 않을 것이며 2020년에는 6%~8%가 될 전망이다. 2차 산업의 비중은 매년 약 1%포인트씩 감소하여 2020년에는 35%~40%에 달할 것이며 3차 산업의 비중은 매년 1%포인트씩 증가하여 2020년에는 50%~60%에 달할 것이다.

2003~2012년, 연평균 성장률과 취업자 수의 관계를 보면 2차 산업은 1%포인트 성장할 때마다 약 60만 명의 일자리를 해결하였고 3차

산업은 1%포인트 성장할 때마다 50만 명의 일자리를 해결한 것으로 나타났다. 만약 다른 요소(예하면 기술 진보 요소)를 고려하지 않는다면 2차 산업과 3차 산업의 성장률이 각각 8%와 9%로 둔화될 때, 매년 필요한 취업자 수가 약 400만 명과 450만 명으로 총 인원수는 약 850만 명이 될 것이다. 이는 앞서 총량 모델을 사용하여 얻은 추정치인 1천만 명과 비교하면 150만 명의 차이가 나지만 (880, 1천200)의 수량 구간에 포함된다. 공급측의 경우 농업 부문은 외부로 노동력을 이전하는 조건이 비슷하기 때문에 얻은 노동력 수요가 공급보다 약간 클 것이라는 결론도 마찬가지로 성립된다.

(4) 산업구조 변화가 취업 구조에 미치는 영향에 대한 추가 분석

상기 분석에서 우리는 2003~2010년 경제성장과 취업 간의 양적 관계를 이용하여 미래의 취업 추이를 추정하였다. 그러나 실제로는 중국 경제가 새로운 발전단계(산업구조의 현대화, 일인당 소득수준이 중상 소득 수준에서 고소득 수준으로의 향상, 경제성장 방식의 전환)에 들어서면서 2차 산업의 기술 및 자본 집약도의 향상은 필연적으로 노동생산성의 향상으로 이어져 성장 과정에 필요한 노동 투입이 더욱 줄어들 것이다. 일본은 고속 경제성장 과정에 2차 산업의 노동력 비중이 최고로 34.1%에 달하였다. 현재 중국 2차 산업의 노동력 비중은 30% 좌우에 달한다. 발전 추이로 보아 이 비중은 계속 상승하여 2020년 전에 33% 또는 약 1/3 수준에 도달할 가능성이 있지만, 추가 상승의 여지는 거의 없다. 이러한 판단을 내린 이유는 첫째, 중국에서 2차 산업의 증가치 비중이 감소하기 시작하였기 때문이다. 둘째, 각국의 발전 경험으로 볼 때 2차 산업은 본질적으로 노동이 기계에 의해 대체되는 부문으로, 과학기술과 경제발전 수준이 높을수록 노동에 대한 상대적 수요가 적기 때문에 2차 산업의 노동력 비중이 3분의 1 이상을

차지하는 경우는 드물다. 중국은 고속 성장 과정에서 도시와 농촌의 이원 구조 등 원인으로 인건비가 상대적으로 저렴하였기 때문에 일부 노동 집약형 산업, 특히 수출 지향적 노동 집약형 제조 기업의 발전을 이끌었으며 실제로 일부 자본의 투입을 대체하였다. 그러나 발전 추이로 볼 때 자본의 투입과 기술의 발전으로 얻는 산출량이 노동의 투입으로 얻는 산출량보다 높기 때문에 이러한 노동 집약형 생산은 대부분 기술 및 자본 집약형 생산에 의해 대체될 것이다. 중국 2차 산업 취업의 성장은 산업 성장률의 둔화와 경제활동에서 차지하는 비중의 하락 그리고 단위당 노동 투입이 2차 산업에서의 한계 산출과 평균 산출의 꾸준한 하락과 더불어 둔화될 것이며 2020년경 감소하기 시작할 것이다. 중상소득 단계에서 고소득 단계로 발전하는 과정에 중국은 저렴한 요소 비용의 개발 우위에서 과학기술, 체제 및 혁신 우위로 전환할 것이다. 즉 경제성장과 발전방식의 전환이 이루어질 것이라는 뜻이다. 따라서 중국도 산업구조 업그레이드 측면에서 세계 각국과 같은 길을 걸을 것이다.

이러한 배경에서 중국이 여전히 1차 산업의 목표를 4%~5%로 정한다면, 2차 산업의 연평균 성장률은 8% 안팎, 3차 산업의 연평균 성장률은 9% 안팎, GDP 연평균 성장률은 8%가 될 전망이다. 아울러 2차 산업의 취업자 수가 2020년에 더는 증가하지 않고 2011년부터 2012년까지의 취업 증가량(700만 명 안팎)을 기점으로 매년 약 79만 명씩 줄어들며 3차 산업은 여전히 매년 450만 명의 성장 속도를 유지한다고 가정할 때 우리는 표 4-22의 예측 데이터를 얻을 수 있다.

표 4-22에서 알 수 있다시피, 중국 취업이 해당 목표에 따라 발전한다면 2020년에 이르러 중국은 1차 산업 취업자 수가 2억 명 좌우로 감소하고 2차 산업의 취업자 수는 2억 5천만 명, 3차 산업의 취업자 수

표 4-22 2013~2020년 1, 2, 3차 산업 취업 추이 예측 (단위: 만 명)

| | 1차 산업 | 2차 산업 | 3차 산업 | 합계 |
|---|---|---|---|---|
| 2013 | 24,949 | 23,794 | 28,140 | 76,883 |
| 2014 | 24,174 | 24,267 | 28,590 | 77,031 |
| 2015 | 23,444 | 24,662 | 29,040 | 77,146 |
| 2016 | 22,760 | 24,977 | 29,490 | 77,227 |
| 2017 | 22,122 | 25,214 | 29,940 | 77,276 |
| 2018 | 21,529 | 25,372 | 30,390 | 77,291 |
| 2019 | 20,982 | 25,451 | 30,840 | 77,273 |
| 2020 | 20,481 | 25,451 | 31,290 | 77,222 |

주 : 총 취업자 수는 그래프 4—6의 취업 모델에서 추산하여 얻었다.

는 3억 명 이상에 달하며 취업 구조는 26.5 : 33.0 : 40.5가 될 것이다. 만약 그때의 증가치 구조가 7 : 40 : 53이라면, 표 4-14와 비교할 때 중국 산업구조가 1970년경의 일본과 같은 수준에 도달하였음을 알 수 있다. 반면에 일본은 1970년을 전후하여 이미 세계에서 경제가 비교적 발달한 국가로 부상하였다. 그 후 일본은 현재의 경제발전 및 산업구조 고도화에 도달하기 위해 경제성장과 구조 업그레이드를 실현하는 데 오랜 시간이 걸렸다. 이런 의미에서 2020년까지 중국이 고소득 국가로 자리매김하더라도 최소한 경제구조 측면에서 중국과 선진국 사이에는 여전히 상당한 격차가 존재하며 경제성장과 구조 업그레이드를 지속적으로 실현하여야 한다.

중국의 1차 산업 비중(26.5%)은 선진국에 비해 여전히 매우 높은 수준(선진국은 10% 미만)이며, 앞에서 제기한 증가치 구조 목표(6%~8%)보다 20%포인트 가까이 높은 수준이다. 그러나 이는 현 단계 중국 경제발전의 실제에 부합된다. 2012년, 중국은 1차 산업의 노동력 수가 2억 5천700만 명이었다. 만약 이 수치가 2억 명으로 줄어든다면 매년 평균 700만 명 안팎의 노동력을 이전시켜야 한다. 이는 앞에서 총량 분석을 통해 예측한 공급치 825만 명보다 낮은 수치이다. 그러나 총량 분석에서 노동력에 대한 농업의 수요에 대해 아직 논의하지 않았다. 사실상 농업 노동력의 공급은 무제한이라고 가정한 것이다. 하지만 실제로는 중국에서 현 단계 노동력의 대외 이전이 여전히 빠르게 이루어지고 있다. 그러나 비농업 부문에서 단순노동에 지급하는 보수(교육 수준 등의 한계로 인해 농업에서 이전한 노동자가 종사할 수 있는 비농업 활동은 제한적임)와 농촌의 일반 소득 간의 격차가 좁혀지면서 농업 노동력의 대외 이전 의향이 점차 줄어들었는데 이로써 농업 대외 이전 노동력의 공급을 줄였다. 노동력에 대한 현대경제의 수요로 볼 때 노동력의 수준에 대한 요구도 꾸준히 높아지고 있다. 이는 비농업 산업에서 농업 노동력에 대한 대외 이전 수요를 감소시킬 수 있다. 분석에 따르면 중국은 현재 '첫 번째 루이스 전환점'[109]에 진입하는 중이거나 진입한 것으로 나타났다. 즉, 농업에서 이전할 수 있는 노동력이 무제한에서 제한으로 바뀌고 농업 부문에서 이전된 노동력의 사용 비용이 급격히 상승하고 있다. 이는 필연적으로 기존의 수급관계를 변화시켜 농업의 노동력 이전 수요와 공급의 점진적인 감소를 초래하게 될 것이다. 따라서 앞서 제기한 2차 산업의 노동력을 점차 둔화시키는 목표는 중국의 실제 상황뿐만 아니라 각국의 공업화 과정에 나타난 공동 법칙을 반영하였다. 또한 공업화 과정에서 노동 수요에 대한 2차 산업 의존도의 약화는 노동생산성의 향상, 특히는 기술 진보에 기반한다는 점에 주목하여야 한다. 기술 발전은 없고 투자 확대와 노동력 증가에만 의존하여 생산 규모를 확대한다면 앞서 서술한 노동력 공급 상황에서 중국은 경제 성장률을 희생할 수 밖에 없다. 만약 매년 노동력 공급이 700만 명에 불과하고 경제성장과 취업관계가 변하지 않는 상황에서 필요한 노동력이 950만 명 정도라면, 노동력

---

109) 류웨이(劉偉) 편집장, 『중국 경제성장 보고서 2013』, 베이징대학출판사 2013년판을 참조하라.

부족 상황에서 우리는 겨우 6% 정도의 경제 성장률 달성할 수 있을 것이다. 이 또한 중국의 향후 경제성장 과정에서 기술진보를 통해 경제성장 방식의 전환을 실현하여야 하는 필요성을 한층 설명하였다. 그래프 4-9의 여러 갈래 곡선의 경사도 변화에서 관찰할 수 있다시피, 해당 목표에 따라 노동력 증가를 실현하였으며 2015년을 전후하여 2차 산업의 노동력 수가 평온세로 전환되고 1차 산업의 노동력 이전 속도는 다소 둔화될 것이다. 그러나 총 노동력은 여전히 하락세를 유지하는 반면, 3차 산업은 여전히 기존의 발전 추세를 유지함으로써 궁극적으로 비교적 합리한 노동력 구조가 형성될 것이다.

　총체적으로, 정부 주도의 고속 성장은 오랫동안 중국 경제발전의 최우선 목표였으며, 이는 객관적으로 중국의 현대화 과정을 적극 추진함으로써 중국을 세계에서 경제 영향력이 있는 중요한 대국으로 진정 거듭나도록 하였다. 그러나 규모 확장을 목표로 한 지나치게 빠른 경제성장은 구조적 불균형, 생산력 유휴 또는 낭비, 비효율적인 생산, 지속 불가능한 에너지 및 환경 발전 등 일련의 문제를 초래하였다. 만약 각급 정부가 지금도 이러한 문제의 심각성을 인식하지 못하고 계속해서 'GDP로 영웅을 논한다' 면 그 결과는 매우 심각할 수 있다. 따라서 우리는 더 이상 과거처럼 항상 경제성장 목표를 '초과 달성' 할 필요는 없으며, 중국 경제의 현 단계에 적합한 경제성장 목표의 틀 내에서 경제발전 과정에 부딪힌 여러 가지 모순을 지속적으로 완화하고 해결하여야 한다. 현재의 문제는 중국이 지난 10여 년 동안(특히 2003~2011년) 10% 좌우의 고속 경제 성장률을 줄곧 유지해 왔다는 점이다. 만약 속도가 너무 빨리 떨어지면 고속 성장기에 빠르게 발전한 업종과 기업은 산업사슬과 금융사슬이 끊어지면서 경영에 어려움을 겪을 수 있다. 그러나 만약 여전히 기존의 성장률을 유지하려 한다면 경제발전 과정에서 여러 가지 불균형이 꾸준히 심화되면서 전반 국민 경제의 리스크가 커질 수 있다. 따라서 경제성장률의 둔화는 점진적인 과정을 통하여 점차 실현되어야 한다. 이러한 이유에서 국가는 시장경제의 결정적인 역할을 발휘시키고 개혁 심화를 통하여 경제발전 방식을 전환시킬 데 대해 제기하였다. 이는 경제의 평온한 전환을 실현하는 데 유리하며 당면 중국 경제발전에서의 정확한 선택이기도 하다.

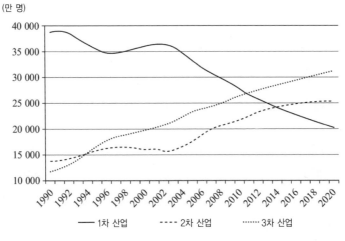

(만 명)

그래프 4-9 1990~2020년 1, 2, 3차 산업 취업자 수 발전의 장기 추이

선진 시장경제 국가에서 경제성장의 주요 과제는 취업 개선이다. 이는 케인스가 「고용·이자 및 통화 일반 이론」을 저술할 때 경제성장을 촉진하는 방법을 논의하면서 취업을 주제로 한 주된 원인이기도 하다.[110] 개혁개방 초기의 중국에 있어 경제성장은 취업수요를 만족시키는 외에 사람들을 빈곤에서 벗어나게 하고 세계 표준을 따라잡는 데 중요한 의미를 가지지만 경제발전 수준이 계속 향상되면서 특히

---

110) 존·메이너드·케인스, 『고용·이자 및 통화 일반 이론』, 가오훙예(高鴻業) 번역, 상무인서관 1999년판을 참조하라.

중국이 공업화의 중후기 단계에 진입하고 중상 소득 수준에서 고소득 수준으로 발전함에 따라 경제성장과 취업의 관계가 점점 더 밀접해지고 있다. 중국의 현 단계 취업 개선은 도시화 과정을 촉진할 뿐만 아니라 소득 분배와 인민 생활을 개선하고 있으며 이는 역으로 경제성장을 이끌었다. 이런 상황에서 경제 성장률은 너무 낮을 수 없다. 너무 낮은 경제 성장률은 충분한 취업에 영향을 미치기 때문이다. 그러나 경제성장률이 지나치게 높아서도 안 된다. 너무 높으면 경제 구조 조정(주로 수요구조 최적화 및 산업구조 업그레이드)과 경제발전방식의 전환에 영향을 미치기 때문이다. 본 절의 분석을 통해 우리는 2020년 이전에는 6%~8%의 경제 성장률이 적절하다고 생각한다.

## 5. 소유제 구조의 변화가 취업에 미치는 영향

중국은 2004년 1차 전국경제센서스(센서스 기준 시점은 2004년 12월 31일, 센서스 시기 자료는 2004년도 자료임)를 실시하였으며 앞으로 8과 3이 들어가는 연도 즉 5년에 한 번씩 전국경제센서스를 실시하기로 하였다. 지금까지 중국은 이미 세 차례의 대규모 전국경제센서스(2004년, 2008년과 2013년)를 성공적으로 진행하여 중국의 거시경제 관리, 경제와 사회발전의 연구에 대량의 기초적인 통계자료를 제공하였다. 본 절에서는 세 차례 경제센서스를 통하여 얻은 데이터 결과를 바탕으로 중국 재산권제도 개혁 후 각기 다른 소유제 구조를 지닌 기업의 발전 및 취업 변화에 대해 분석하였다. 결과가 표명하다시피 중국의 전통 공유제 체제에 대한 시장화 개혁은 자국의 경제성장과 취업 발전에 새로운 원동력을 주입하였으며 새 시기에 지속적이고도 장기적인 역할을 발휘하고 있다.

## (1) 재산권 제도와 시장화 개혁 후 각기 다른 소유제 기업의 발전

20세기 90년대의 시장화 개혁 이전에 경제활동의 주체 또는 주요한 생산경영단위는 공유제기업(당시 전민 소유제 기업이라 불리는 국유기업과 집체기업을 포함)이었다. 14차 당 대회 이후 중국은 사회주의 시장경제의 구축을 경제체제 개혁의 목표로 명확히 제시하였는데 재산권제도의 개혁은 이번 개혁의 핵심이다. 그 후 중국은 점차 공유제를 주체로 하고 여러 가지 경제 요소가 공존하는 경제체제를 확립 및 발전시켰으며 다양한 소유제 유형의 법인단위와 자영업체가 이러한 체제의 기본 생산경영단위로 되었다. 2004년, 중국에서 1차 전국 경제센서스를 진행하였을 때 이러한 신형 체제는 이미 기본적으로 구축되었다. 그리하여 전국 경제센서스 과정에 중국 경내에서 2, 3차 산업에 종사하는 모든 법인단위에 대해 설정등록 유형에 따라 조를 나누고 그에 상응하는 각종 데이터를 수집하였는데 이는 이미 새로운 재산권제도 하에서 다양한 소유제(공유제, 혼합소유제, 사유제 및 외국인 투자 등) 기업법인의 그룹 분류 및 그 발전변화 상황을 반영하고 있다. 이런 그룹 분류 하의 다양한 데이터의 발전변화는 사실상 1990년대 중국의 시장화 개혁 특히는 재산권제도 개혁에 대한 검증이다. 실제 데이터가 표명하다시피, 이러한 개혁은 중국의 생산력 발전 요구에 부합된다.

세 차례 전국 경제센서스 결과에 따르면, 2004년 325만 개였던 중국 2, 3차 산업의 법인 수가 2008년의 495만 9천 개(2004년 대비 52.6% 성장)로, 2013년의 820만 8천 개(2008년 대비 65.5% 성장)로 늘어났다. 신규 기업의 증가는 중국의 생산력을 향상시켰고 경제성장과 취업에 기여하였다. 표 4-23은 세 차례의 전국 경제센서스 기간 중국의 다양한 소유제 유형(즉 센서스에서 정의된 '설정등록유형') 법인 기업의 양적 변화를 보여준다. 표에서 볼 수 있다시피, 이 기간 중국 각 부류 법인기업단위의 구조변화에서 가장 뚜렷한 특징은 전통 공유제 기업의 감소와 신형 비국유경제의 발전이다. 표 4-23을 보면 기존의 공유제 기업은 국유기업 · 집체기업 · 주식합작기업 3개 유형으로 구성되어 있다. 2004년 1차 전국 경제센서스가 시작될 때 주식제 개조를 진행하지 않고 보존된 기존의 공유제 기업이 52만 3천 개[111]였으나 2013년에 이르러 그 수가 24만 4천 개로 줄어 2004년의 절반에도 미치지 못하였다. 구체적으로 보면 국유기업[112] 수는 2004년의 17만 9천 개에서 2013년의 11만 3천 개로 줄어들어 비중이 5.5%에서 1.4%로 하락하였다. 집체기업[113]의 수와 비중의 하락폭은 더욱 컸는데 2004년의 34만 4천 개에서 2013년의 13만 1천 개로 줄어들어 비중이 10.5%에서 1.6%로 떨어졌다. 2004년에는 국유기업과 집체기업 수의 합계가 전체 법인단위 수의 16%를 차지하였으나 2013년에 이르러서는 그 비중이 13%포인트 감소한 3%로 떨어졌다. 그 반면에 비국유경제를 위주로 하는 유한책임회사[114]와 사영기업이 이 기간 급속하게 확장되었다. 유한책임회사의 수는 2004년의 35만 5천 개에서 2013년의 149만 4천 개로 증가하였고 비중은 10.9%에서 18.2%로 7.3%포인트 상승하였다. 사영기업 수는 198만 2천 개에서 560만 4천 개로 증가하였으며 비중도 61.0%에서 68.3%로 7.3%포인트 상승하였다. 이 기

---

111) 이런 기업에는 주식제 개조를 진행한 국유 독자기업 또는 지주기업(각각 유한책임회사와 주식유한회사에 편입)이 포함되지 않으며 주식 합작제 개조를 진행한 집체기업(주식합작기업에 편입)도 포함되지 않는다.

112) 기업의 자산이 국가에 귀속되고 《중화인민공화국 국유기업 법인 등록 관리조례》의 규정에 따라 설정등록된 비회사제 경제조직을 가리킨다.

113) 기업의 자산이 집체에 귀속되고 《중화인민공화국 국유기업 법인 등록 관리조례》의 규정에 따라 설정등록된 경제조직을 말한다.

114) 유한책임회사에는 국유 독자회사와 기타 유한책임회사가 포함되며 그중 국유 독자회사가 차지하는 비중은 매우 적다. 1차 전국 경제센서스에서는 국유독자회사가 전체 법인단위에서 차지하는 비중이 0.3%였고 기타 유한책임회사가 차지하는 비중은 10.6%였다. 그러나 3차 전국 경제센서스 때에는 국유 독자회사의 수와 비중을 따로 열거하지 않았다.

간 홍콩 · 마카오 · 대만 상인과 외국인 투자기업 수도 15만 2천 개에서 20만 3천 개로 늘어났지만 비중은 4.7%에서 2.5%로 오히려 줄어들었다.

표 4-23 세 차례 경제센서스 기간 설정등록 유형에 따라 분류한 그룹별 2, 3차 산업 기업 법인단위 변화

| | 2004년 | | 2013년 | | 2004년 대비 2013년 성장 (%) |
|---|---|---|---|---|---|
| | 법인단위 (만 개) | 비중(%) | 법인단위 (만 개) | 비중(%) | |
| 합계 | 325.0 | 100.0 | 820.8 | 100.0 | 152.6 |
| 국유기업 | 17.9 | 5.5 | 11.3 | 1.4 | −36.9 |
| 집체기업 | 34.4 | 10.5 | 13.1 | 1.6 | −61.9 |
| 주식합작기업 | 10.7 | 3.3 | 6.5 | 0.8 | −39.3 |
| 합작기업 | 1.7 | 0.4 | 2.0 | 0.2 | 17.6 |
| 유한책임회사 | 35.5 | 10.9 | 149.4 | 18.2 | 320.8 |
| 주식유한회사 | 6.1 | 1.9 | 12.3 | 1.5 | 101.6 |
| 사영기업 | 198.2 | 61.0 | 560.4 | 68.3 | 182.7 |
| 기타 내자기업 | 5.4 | 1.7 | 45.6 | 5.6 | 744.4 |
| 홍콩 · 마카오 · 대만 상인 투자기업 | 7.4 | 2.3 | 9.7 | 1.2 | 31.1 |
| 외국인 투자기업 | 7.8 | 2.4 | 10.6 | 1.3 | 35.9 |

자료 출처 : 1차, 3차 전국 경제센서스의 주요한 데이터 공보(제1호)에 근거하여 정리하였다.

3차 경제센서스 기간(2004년~2013년) 중국의 국내총생산은 16조 위안에서 57조 위안(그 해 가격을 기준으로 함)으로 성장하였고 불변 가격 기준으로 계산한 연평균 성장률은 10.2%였다. 그중 1차 산업의 연평균 성장률은 4.51%, 2, 3차 산업의 연평균 성장률은 각각 10.94%와 10.61%였다. 가치 총량으로 볼 때, 중국의 고속 경제성장은 주로 2, 3차 산업에 의해 이뤄졌다는 얘기다. 만약 기업을 가장 기본적인 생산 단위로 본다면 이론적으로 두 가지 기본 경로를 통하여 국민경제 산

출량을 증가할 수 있다. 첫째는 기업의 수가 변하지 않는 상황에서 개개 기업들의 산출량을 늘리는 것이고 둘째는 기업의 산출량이 변하지 않는 상황에서 신규 기업의 증가로 총 산출량을 증가하는 것이다. 실제 경제활동에서 사실상 두 가지 증가는 교차적으로 이루어진다.(심지어 여러 가지 교차도 가능함) 즉 발전하는 기업이 있는가 하면 생산이 위축되고 있거나 심지어 파산 위기에 처한 기업이 있으며 신규 기업도 꾸준히 나타나고 있다. 규모화 경제의 차원에서 볼 때 경제발전의 일정한 단계에서 기업의 평균 규모는 상대적으로 안정적이다.(이는 뒷부분에서 분석한 기업의 평균 취업자 수로부터 보아낼 수 있음) 그러므로 경제의 고속 성장 단계에 있어 신규 기업의 등장은 전반 국민경제의 종합 생산력을 향상시키고 여러 가지 투자와 소비 수요를 창출하는 중요한 루트이다. 이는 세 차례의 경제센서스 기간 중국 기업 법인단위 수의 성장에서 이미 뚜렷하게 반영되었다. 그러나 이러한 성장과정에 나타난 다양한 유형 기업의 성장 상황의 차이는 기업 법인단위의 구성 변화로 이어졌다. 표 4-23에 대한 분석에서 알 수 있다시피 중국 경제의 고속 성장은 신형 기업조직의 신속한 발전과 더불어 실현되었다. 그러나 전통 공유제 기업은 시장경제의 새로운 형세 하에서 발전이 오히려 완만해졌다. 이는 시장화 개혁이 중국의 경제성장과 경제발전에 대한 중요한 의의를 한층 증명해주었다. 주식제 기업, 민영경제, 외국인 투자기업 그리고 자영업체의 장대와 발전은 훗날 중국의 경제성장에 새로운 동력을 주입하였다. 물론 일부 기존의 공유제 기업, 특히 일부 대형 국유기업은 주식제 개조를 거친 후 표 4-23에서 더는 국유기업과 집체기업으로 반영되지 않고 유한책임회사와 주식유한회사에 귀속되어 국유지주회사에 속하였다. 이들 기업은 수가 많지 않지만 규모는 매우 방대하고 일부는 이미 상장회사로 성장하였다. 예를 들면 국유 상업은행, 대형 국유 자원형 기업, 대형 국유 교통기업 등은 국민경제에서 지주역할을 발휘하고 있다. 그러나 기업 수의 변화로부터 볼 때 비전통 공유제기업의 발전이 더욱 활발해진 반면, 많은 전통 공유제 기업들은 새로운 시장경제 형세에 적응하지 못하고 이미 시장에 의해 도태되었다.

### (2) 각기 다른 설정등록 유형 기업의 취업 성장

2004년 말, 전국의 2, 3차 산업의 취업자 수는 2억 6천920만 명에 달하였다. 2013년 말에는 그 규모가 4억 4천615만 명으로 늘어났는데 누계로 1억 7천695만 명 증가하여 성장률이 65.7%에 달하였다.(표 4-24 참조) 산술평균치로 계산하면 해마다 1천966만 명이 늘어난 셈이다. 이 기간 단위 취업자의 누계 증가율과 허가증 소유 자영업체의 증가율은 비슷하여 모두 65% 좌우였으나 각기 다른 시기별 이 두 부분의 취업은 다른 양상을 보였다. 1차 및 2차 전국 경제센서스 기간에는 자영업체의 취업이 비교적 빠르게 성장하였고 2, 3차 센서스 기간에는 법인단위의 취업이 비교적 빠르게 증가하였다. 비록 두 부분이 취업에서의 장기 누계 성장률은 비슷하지만 법인단위의 취업이 차지하는 비중이 비교적 크기 때문에 주로 법인단위의 발전에 의거하여 취업을 늘려야 한다. 단계적인 발전으로부터 볼 때 1, 2차 센서스 기간 중국의 취업 증가율은 비교적 높았고(4년간 31.9% 성장) 2, 3차 센서스 기간 다소 둔화되었다.(5년간 25.7% 성장) 2, 3차 센서스가 진행되는 동안 중국 경제는 글로벌 금융위기의 충격과 경제 구조조정의 시련을 겪었지만 주요하게 법인단위의 신규 취업 증가에 의거하는 중국의 취업형세 및 도시화 과정은 여전히 양호한 발전을 이어갔다. 앞의 분석에 따르면 법인단위에서 비공유제 기업 법인단위의 발전이 비교적 양호하다는 점을 알 수 있는데 이는 중국의 취업형세의 발전과 개

선도 반드시 주로 이런 기업에 의거해야 한다는 의미일까? 우리는 2
차 산업의 생산액과 취업에서 차지하는 비중이 가장 큰 공업 그리고 3
차 산업에서 차지하는 비중이 가장 큰 도·소매업을 선택하여 진일보
의 분석을 전개하려고 한다.

표 4-24 세 차례 전국 경제센서스 취업 데이터의 변화

| | 2004년 취업 | | 2008년 취업 | | | 2013년 취업 | | | |
|---|---|---|---|---|---|---|---|---|---|
| | 인수<br>(만 명) | 비중<br>(%) | 인수<br>(만 명) | 비중<br>(%) | 2004년<br>센서스<br>대비 누적<br>성장(%) | 인수<br>(만 명) | 비중<br>(%) | 2008년<br>센서스<br>대비 누적<br>성장(%) | 2004년<br>센서스<br>대비 누적<br>성장(%) |
| 법인단위 | 21,460 | 79.7 | 27,312 | 76.9 | 27.3 | 35,602 | 79.8 | 30.4 | 65.9 |
| 자영업체 | 5,460 | 20.3 | 8,195 | 23.1 | 50.1 | 9,013 | 20.2 | 10.0 | 65.1 |
| 합계 | 26,920 | 100 | 35,507 | 100 | 31.9 | 44,615 | 100 | 25.7 | 65.7 |

자료 출처 : 2차 전국 경제센서스 공보(제1호)와 3차 전국 경제센서스 공보(제1호).

## 1. 공업

세계 각국의 국민경제 부문 또는 산업 분류에서 더 이상 공업을 단독 업
종으로 분류하지 않고 공업을 구성하는 세 개의 큰 업종(광업, 제조업, 전
기·열·가스 및 수돗물 생산과 공급업)을 각각 나열하고, 이러한 큰 업종
을 바탕으로 한층 세분화하였다. 중국의 「국민경제 업종 분류」[115]에서도
국제기준에 따라 '공업'이란 분류를 더는 설치하지 않았다. 그러나 중국
의 국민경제 관리와 통계 실천 과정에 '공업'은 광범위하게 사용되는 개
념이기 때문에 「〈1, 2, 3차 산업 구분 규정〉을 인쇄 발부할 데 관한 국가
통계국의 통지」(국통자(國統字) [2003] 14호)에서 공업은 여전히 2차 산업
에 분류된 한 부문이었고 광업, 제조업, 전기·열·가스 및 수돗물 생산
과 공급업은 공업부문의 제3급 분류로 되었다. 공업부문은 중국 2차 산업
의 주체(또 다른 한 부문은 건축업임)로서 증가치나 취업 모두 2차 산업에
서 절대다수를 차지하였는데 2013년 증가치가 차지하는 비중은 84.3%,
취업자 수가 차지하는 비중은 73.5%에 달하였다. 그러므로 공업 부문의

---

115) GB/4754-2011

취업 상황에 대한 분석은 2차 산업을 대체로 대표할 수 있다.

우선, 중국의 취업에 대한 전반 공업발전의 기여도를 살펴보자. 표 4-25
에서 알 수 있다시피, 2004년부터 2013년까지의 9년 동안 중국 공업 부
문의 취업자는 1억 995만 명에서 1억 4천978만 명으로 약 4천만 명 증가
하였으며 매년 평균 증가인수는 400만 명 이상이었다. 공업의 발전은 이
시기 중국의 비농업산업의 신규 취업 증가에 크게 기여하였다. 그러나 단
계별로 보면 취업 증가폭은 서로 달랐다. 1, 2차 전국 경제센서스 기간 공
업 취업자 수가 2천145만 명 늘어나 연평균 536만 명[116]증가하였다. 2,
3차 전국 경제센서스 기간 공업 취업자 수는 1천838만 명 늘어나 연평균
368만 명 증가하였다. 즉 공업이 매년 평균 수용한 신규 취업은 세 차례
의 경제센서스 기간 점차 감소하는 양상을 보였다.

표 4-25 세 차례 경제센서스에서 설정등록유형에 따라 분류한
그룹별 공업기업 법인단위와 허가증 소유 자영업체 및 취업자 수

| | 2004년 | | | 2008년 | | | 2013년 | | |
|---|---|---|---|---|---|---|---|---|---|
| | 기업<br>(만 개) | 취업자<br>(만 명) | 평균<br>취업자 수<br>명 | 기업<br>(만 개) | 취업자<br>(만 명) | 평균<br>취업자 수<br>명 | 기업<br>(만 개) | 취업자<br>(만 명) | 평균<br>취업자 수<br>명 |
| 법인단위<br>합계 | 145.1 | 9,644 | 66 | 190.3 | 11,738 | 62 | 241.0 | 14,026 | 58 |
| 국유기업 | 2.8 | 921 | 329 | 2.6 | 762 | 293 | 2.0 | 479 | 239 |
| 집체기업 | 15.2 | 730 | 48 | 6.6 | 345 | 52 | 4.0 | 174 | 43 |
| 주식합작<br>기업 | 5.2 | 212 | 41 | 2.6 | 112 | 43 | 2.4 | 62 | 26 |
| 합작기업 | 0.7 | 46 | 66 | 0.3 | 27 | 88 | 0.5 | 20 | 40 |
| 유한책임<br>회사 | 10.7 | 1,727 | 161 | 14.5 | 1,967 | 136 | 32.1 | 3,195 | 100 |
| 주식유한<br>회사 | 1.8 | 517 | 287 | 2.5 | 593 | 237 | 3.0 | 848 | 283 |
| 사영기업 | 94.7 | 3,371 | 36 | 145.7 | 5,206 | 36 | 176.0 | 6,272 | 36 |
| 기타 내자<br>기업 | 2.5 | 61 | 25 | 3.4 | 97 | 28 | 9.3 | 210 | 23 |

116) 산술평균치로 계산하였다.

| 홍콩·마카오·대만 상인 투자기업 | 5,9 | 1,070 | 181 | 5,7 | 1,252 | 220 | 5,7 | 1,343 | 236 |
|---|---|---|---|---|---|---|---|---|---|
| 외국인 투자기업 | 5,5 | 988 | 180 | 6,5 | 1,379 | 212 | 5,9 | 1,424 | 241 |
| 자영업체 합계 | 217,4 | 1,351 | 6 | 227,4 | 1,402 | 6 | 176,9 | 952 | 5 |
| 모든 종사자 | | 10,995 | | | 13,140 | | | 14,978 | |

자료 출처 : 1, 2, 3차 전국 경제센서스의 주요 데이터 공보(제2호)에 근거하여 정리하였다. 그중 2004년 자영업체의 종사자 수는 2, 3차 센서스 때의 루트에 따라 조정(자영업체에서 허가증 소유 자영업체로 조정)하였다. 구체적인 데이터는 2차 센서스 공보에 발표된 증가율을 근거로 추산하여 얻었다.

다음, 법인단위와 허가증 소유 자영업체의 취업자 수 분포를 살펴보자. 표 4-25에서 알 수 있다시피, 자영업체 수와 그 종사자 수는 1, 2차 경제센서스 기간에는 소폭 증가하였으나 2, 3차 센서스 기간에는 오히려 감소하였다. 전체 취업자 중 자영업자가 차지하는 비중은 비교적 적을 뿐만 아니라 2004년의 12.3%에서 2008년 11.9%, 2013년 6.8%로 점차 줄어드는 추세를 이어가고 있다. 이는 역사 논리에 부합되는 발전이다. 만약 공업화 초기에 공업의 발전이 일정한 정도에서 여전히 일부 소형 작업장의 기여에 의존하였다면 공업화의 중후기에 이르러서는 기계 대공업의 발전이 필연적으로 규모화 경영 수준을 끊임없이 제고시킬 것이다. 공업의 특징은 기계로 인력을 대체하고 집단적인 분공과 협업으로 개인생산을 대체하는 것이기 때문에 이로써 노동생산성을 대폭 향상시키고 경제발전을 촉진할 것이다. 경제발전 수준이 높을수록 공업의 집약화 경영 수준도 더 높다. 기업의 평균 취업자 수로 볼 때, 지금까지 진행했던 경제센서스 중 자영업체의 평균 취업자 수는 겨우 5~6명으로, 법인단위의 10분의 1에도 미치지 못하지만, 여전히 공업 분야에서 중장기적으로 존재할 것이다. 다만 발전 공간은 매우 제한적이다.

마지막으로, 취업 성장에 대한 유형별 법인단위의 기여도를 살펴보자.

2004년, 1차 전국 경제센서스를 전개할 때 중국은 1998년 전후의 국유기업개조를 거쳤으며(주식제 개조와 시장경제에 적응하지 못하는 대량의 국유 공업기업의 폐쇄, 중지, 합병, 전환을 포함함) 그 이후의 정책과 경제조정을 통해 민영경제는 매우 큰 발전을 가져왔고 경제는 점차 디플레이션 시대에서 벗어나 새로운 발전주기에 들어섰다. 이런 배경에서 사영기업은 기업 수와 취업자 수에서 가장 큰 비중을 차지하는 유형으로 발전하여 기업 수가 차지하는 비중이 65.3%, 취업자 수가 차지하는 비중이 35%에 달하였다. 반면, 국유기업 수가 차지하는 비중은 2% 이하로, 취업자 수가 차지하는 비중은 10% 이하로 떨어졌다. 양적으로 볼 때 사영기업의 총규모는 이미 국유기업을 능가하여 공업부문의 주요역량으로 되었다. 그러나 개개 기업의 평균 규모에서는 사영기업이 국유기업에 비해 현저히 작다. 이는 국유기업의 법인단위 수가 차지하는 비중이 취업 비중보다 현저히 낮고 사영기업의 취업자 수가 차지하는 비중이 법인단위 수가 차지하는 비중보다 뚜렷하게 낮은 이유이기도 하다. 다시 말하면 대기업(인원수로 가늠) 가운데서 국유기업이 주도적 지위를 차지하고 있고(표 4—25에서 보다시피 2004년 국유기업은 평균 취업자 수가 가장 많은 기업임) 중소기업 중에서는 사영기업이 주도적 지위를 차지한다. 반면, 기업규모(평균 취업자 수)로 볼 때 사영기업의 취업자 수는 변하지 않았고, 홍콩 · 마카오 · 대만 상인 투자기업과 외국인 투자기업의 취업자 수는 증가하였으며, 그 외의 기업들은 감소하였다. 이는 홍콩 · 마카오 · 대만 투자기업과 외국인 투자기업들이 중국 내륙에 투자할 때, 중국 내륙 노동력공급의 비교 우위를 바탕으로 여전히 노동 집약형 기업을 육성하고 있음을 보여준다. 표 4—26은 세 차례의 경제센서스가 진행되는 동안 설정등록유형에 따라 분류한 그룹별 공업법인 기업 수와 취업자 수가 차지하는 비중의 변화 상황을 나열하였다.

동적 발전으로부터 볼 때 1차부터 3차 센서스가 진행되는 동안 전통 공유제 공업기업은(국유기업, 집체기업, 주식합작기업 및 일부 합작기업[117]을 포함함) 준엄한 시련을 겪었는데 기업 수와 수용한 취업자 수 모두 대

표 4-26 세 차례 경제센서스 기간 설정등록유형에 따라 분류한 그룹별
공업법인기업 수 및 취업자가 차지하는 비중의 변화 상황

| | 2004년 비중(%) | | 2004년 대비 2013년 누적 성장(%) | | | 2013년 비중(%) | |
|---|---|---|---|---|---|---|---|
| | 기업 수 | 취업자 | 기업 수 | 취업자 | 평균 취업자 수 | 기업 수 | 취업자 |
| 법인단위 합계 | 100.0 | 100.0 | 66.1 | 45.4 | -12.1 | 100.0 | 100.0 |
| 국유기업 | 1.9 | 9.5 | -28.6 | -48.0 | -27.4 | 0.8 | 3.4 |
| 집체기업 | 10.5 | 7.6 | -73.7 | -76.2 | -10.4 | 1.7 | 1.2 |
| 주식합작 기업 | 3.6 | 2.2 | -53.8 | -70.8 | -36.6 | 1.0 | 0.4 |
| 합작기업 | 0.5 | 0.5 | -28.6 | -56.5 | -39.4 | 0.2 | 0.1 |
| 유한책임 회사 | 7.4 | 17.9 | 200.0 | 85.0 | -37.9 | 13.3 | 22.8 |
| 주식유한 회사 | 1.2 | 5.4 | 66.7 | 64.0 | -1.4 | 1.2 | 6.0 |
| 사영기업 | 65.3 | 35.0 | 85.9 | 86.1 | 0.0 | 73.0 | 44.7 |
| 기타 내자 기업 | 1.7 | 0.6 | 272.0 | 244.3 | -8.0 | 3.9 | 1.5 |
| 홍콩 · 마카오 · 대만 상인 투자기업 | 4.1 | 11.1 | -3.4 | 25.5 | 30.4 | 2.4 | 9.6 |
| 외국인 투자 기업 | 3.8 | 10.2 | 7.3 | 44.1 | 33.9 | 2.4 | 10.2 |

자료 출처 : 표 4-25의 데이터 분석에 근거하여 얻었다.

폭 줄어들었다. 국유공업기업의 수는 28.6% 줄어들고 취업자 수는 48%
감소하였으며 기타 유형의 전통 공유제 기업의 하락폭은 더욱 컸다. 반면
에 사영기업, 유한책임회사 및 외국인 투자기업의 수와 취업자 수는 현저

---

117) 합작기업은 1차 전국 경제센서스 중의 분류에 따라 국유 합작기업, 집체 합작기업, 국유 및 집체 합작기
업 그리고 기타 합작기업으로 나뉜다. 이런 합작기업은 이미 기존 공유제 기업을 개조한 결과이며 현재
의 발전상황으로 보아 공업 분야에서의 활약이 미미하며 다른 업종(예를 들면 뒤에서 분석할 도매 및 소
매업)에서도 비록 그 어떤 뚜렷한 발전을 가져오지 못하였지만 기업 수와 취업자 수의 감소폭은 공업 분
야처럼 그렇게 크지 않았다.

하게 증가하였다.(2013년 세 부류 기업의 취업 비중은 각각 44.7%, 22.8%, 10.2%에 달하였음) 전반적으로 공업 부문의 취업자 수는 1차부터 3차 센서스가 진행되는 동안 45.4% 증가하였다. 그중 전통 공유제를 주로 하는 4가지 유형의 기업(국유기업, 집체기업, 주식합작기업 및 일부 합작기업) 종사자 수는 1천900만 명 안팎에서 735만 명 안팎으로 61.5% 감소하였다. 반면, 비전통 공유제 기업(위의 네 가지 유형에 속하지 않는 기업)의 취업자 수는 7천734만 명에서 1억 3천292만 명으로 71.9% 증가하였다. 물론 공업 부문의 취업과 성장은 비국유기업의 발전에 크게 의존한다.[118] 따라서 중국의 공업화 및 도시화 과정에서 국유 및 국유 지주기업 특히 대형 국유 및 국유 지주 기업은 규모, 기술 및 자원에서의 우위를 발휘하여야 하지만 해당 분야에서 비전통 공유제기업이 점점 더 활력을 보이고 있으며 경제활동에서 보다 활약적이고, 발전 잠재력이 더 크며, 취업 흡수력이 더 뛰어난 특징으로 현 단계에서 중국 공업 발전의 중요한 원동력이라는 점을 보아내야 한다. 현재 중국의 공업 성장은 조정(혹은 하향이라고 함)을 겪고 있으며, 비 국유경제는 급속한 발전, 다양한 모순, 특별 관리 정책의 결여로 인해 국유기업보다 더 많은 어려움을 겪고 있다. 따라서 현 단계에 공업발전에서 부딪힌 난제를 해결하려면 시장경제 자체의 조절 기능을 발휘하는 한편, 여전히 경쟁력을 지니고 있는 비 국유기업을 위해 발전에서 부딪히는 다양한 난제를 적극 해결해주어야 한다. 이 부분이 활성화되고 대형 국유기업의 지주 역할을 발휘시키는 한 전반 공업 발전에는 새로운 원동력이 생길 것이다.

---

118) 또 국유 지주 회사제 기업(예하면 국유 독자기업, 국유 지주유한책임회사, 국유 지주 주식유한회사 등)은 '국유기업'에 포함되지 않지만, 이 부분이 전체 국유기업에서 차지하는 비중은 매우 적다. 「중국 통계 연감」의 데이터에 따르면, 2013년 공업 중의 국유 및 국유 지주 기업의 수는 1만 8천197개로 3차 전국경제센서스에서 조사한 공업 '국유기업'의 수(2만 개)보다 적었다. 이는 한편으로는, 국유기업에 대한 경제 센서스 조사가 더욱 상세하고 수치가 더욱 정확함을 설명하지만, 다른 한편으로는 공업 '국유기업'의 수가 이미 이처럼 방대한 상황에서 '국유 지주' 공업기업의 수는 매우 제한되어 있음을 설명하기도 한다. '국유 지주' 기업과 같은 새로운 혼합소유제 형태는 중국 국유기업 개혁의 방향이다. 현재 상장 국유기업은 대다수가 비교적 안정하게 발전하고 있다. 현재 상장회사(최다 수 천 개)를 제외한 '국유 지주 기업'에 대한 전면적인 통계자료는 여전히 부족하다.

## 2. 도매와 소매업

도·소매업은 중국의 3차 산업, 즉 서비스업에서 가장 큰 부문으로 2013
년 GDP에서 차지하는 비중이 20%가 넘는 증가치를 창출하였다.(두 번
째로 큰 부문인 부동산업과 세 번째로 큰 부문인 금융업은 차지하는 비중
이 12% 가량에 불과함) 이 부문의 취업자 수는 7천481만 명으로 전체 취
업자 수의 31%를 차지하여(두 번째로 큰 부문인 교통 운수, 창고저장 및
우정업과 세 번째로 큰 부문인 공공관리 및 조직보장은 각각 2천974만
명과 2천707만 명으로 12.5%와 11.4%를 차지함) 3차 산업의 대표적인
업종이라 할 수 있다. 그러나 2차 산업에 대한 공업의 대표성에 비해 전반
서비스업에 대한 도·소매업의 대표성은 상대적으로 약하다. 3차 산업에
는 더 많은 유형의 생산경영 활동이 있을 뿐만 아니라 노동 집약형 산업
에서 자본 집약형 산업에 이르기까지 모두 자체의 특점이 있다. 또한 중
국의 개혁개방이 추진되고 경제발전 수준이 높아지며 전 세계적으로 새
로운 기술 혁명과 경제 일체화가 진행됨에 따라 중국에서 수많은 새로운
서비스형 기업이 발전하면서 전반 업종에 변화를 가져왔다. 예를 들어
도·소매업은 역사가 유구한 서비스 산업이지만 금융업, 부동산업, 정보
전송 및 소프트웨어 산업 등은 중국에서 최근에 발전한 현대 서비스 산업
이다. 하지만 인터넷 금융과 상업의 발전으로 온라인 도·소매업은 새로
운 업종으로 자리잡고 있다. 서비스업은 현재 중국의 경제활동에서 가장
활약적인 부문이며 향후 중국 경제성장의 주요한 방향이자 추세이기도
하다. 표 4-27에서 알 수 있다시피, 도·소매업은 공업과 달리 분산적으
로 경영하고 기업 수는 많지만 개개 기업의 평균 종사자 수가 적은 것이
특징이다. 2013년 전체 법인 단위의 평균 종사자 수는 12명(공업은 58
명), 자영업체의 평균 종사자 수는 1.26명(공업은 5.38명)이었다.

첫째, 도·소매업 발전이 취업에 미치는 기여도를 살펴보자. 2004년부터
2013년까지 도·소매업의 총 취업자 수는 1천383만 명에서 3천315만
명으로 1천932만 명 증가하였다. 절대 규모에서는 공업보다 작지만, 성
장률 측면에서는 누적 증가율이 139.7%로 공업보다 훨씬 높다. 단계별

표 4-27 세 차례 경제센서스 설정등록유형에 따라 분류한
그룹별 도 · 소매업 기업 법인단위와 허가증 소유 자영업체 및 취업자

| | 2004년 | | | 2008년 | | | 2013년 | | |
|---|---|---|---|---|---|---|---|---|---|
| | 기업<br>(만 개) | 취업자<br>(만 명) | 평균<br>취업자 수<br>(명) | 기업<br>(만 개) | 취업자<br>(만 명) | 평균<br>취업자 수<br>(명) | 기업<br>(만 개) | 취업자<br>(만 명) | 평균<br>취업자 수<br>(명) |
| 법인단위<br>합계 | 88.4 | 1,383 | 16 | 140.3 | 1,891 | 13 | 281.1 | 3,315 | 12 |
| 국유기업 | 7.0 | 261 | 37 | 3.8 | 157 | 41 | 2.7 | 103 | 38 |
| 집체기업 | 8.6 | 144 | 17 | 5.1 | 87 | 17 | 3.7 | 57 | 15 |
| 주식합작<br>기업 | 2.6 | 30 | 12 | 1.5 | 21 | 14 | 1.6 | 15 | 10 |
| 합작기업 | 0.4 | 8 | 20 | 0.3 | 6 | 19 | 0.7 | 8 | 12 |
| 유한책임<br>회사 | 10.4 | 260 | 25 | 16.5 | 344 | 21 | 49.0 | 768 | 16 |
| 주식유한<br>회사 | 1.6 | 90 | 56 | 2.5 | 114 | 45 | 3.2 | 150 | 47 |
| 사영기업 | 55.7 | 542 | 10 | 105.4 | 1,023 | 10 | 190.0 | 1,758 | 9 |
| 기타 내자<br>기업 | 1.1 | 10 | 9 | 3.5 | 40 | 11 | 19.8 | 260 | 13 |
| 홍콩 ·<br>마카오 ·<br>대만<br>상인<br>투자기업 | 0.3 | 12 | 40 | 0.6 | 37 | 62 | 1.5 | 89 | 8960 |
| 외국인<br>투자기업 | 0.7 | 27 | 39 | 1.1 | 63 | 57 | 1.9 | 106 | 56 |
| 자영업<br>가구 합계 | 1,160.3 | 2,089 | 2 | 1,549.1 | 3,678 | 2 | 3,315.0 | 4,167 | 1 |
| 모든<br>종사자 | | 3,471 | | | 5,569 | | | 7,482 | |

자료 출처 : 1, 2, 3차 전국 경제센서스의 주요 데이터 공보에 근거하여 정리하였다. 그중 2004년 자
영업가구 수 및 종업원 수는 2, 3차 센서스 기준(허가증 유무 기준)으로 조정하였다.

로 보면, 1, 2차 전국 경제센서스 기간 취업자 수는 2천98만 명 증가하여
연평균 525만 명이 늘어났고 2, 3차 전국 경제센서스 기간 1천913만 명
증가하여 연평균 338만 명이 증가하였다. 세 차례의 센서스가 진행되는

동안 신규 추가 취업자 수는 공업과 마찬가지로 감소하고 있었다. 경제
주기 관점에서 볼 때 1, 2차 경제센서스 시기는 21세기 이후의 가속 성장
시기로, 비교적 높은 연평균 성장률은 전통 업종 취업의 고성장을 이끌었
다. 2, 3차 경제센서스가 진행된 시기는 중국이 글로벌 금융위기의 충격
을 받고 경제가 고속 성장에서 중·고속 성장으로 전환되며 전통 업종의
취업이 감소하던 시기였다. 이는 경제성장과 취업 사이에 밀접한 관계가
있음을 말해준다.

둘째, 법인단위와 허가증 소유 자영업체에서의 취업자 수 분포를 살펴보
자. 표 4-28에서 볼 수 있다시피, 도·소매업은 공업부문과 반대로 특히
자영업이 활성화되어 있으며, 허가증 소유 자영업 종사자 수가 전반 업종
에서 절반 이상의 비중을 차지하고 있다. 2004년에는 60.2%였고 2008
년 66%로 상승하였다가 2013년에 소폭 하락하였지만 여전히 55.7%에
달하였다. 취업 성장 측면에서 볼 때, 전반 업종의 취업은 세 차례의 센서
스 기간 누계로 115.6%(연평균 성장률 8.91%) 증가하여 중국에서 가장
빠르게 성장하는 업종으로 부상하였다. 그중 법인단위 취업은 139.7%,
자영업체 취업은 99.5% 증가하였다. 이는 도·소매업이 개인 창업에 가
장 적합한 부분이며 국가의 경제가 성장하고 경제발전 수준이 꾸준히 높
아짐에 따라 도·소매업의 집약화 경영수준이 향상되고 있다는 점을 말
해준다.

마지막으로, 취업 증가에 대한 유형별 법인단위의 기여도를 비교해보자.
도·소매업에서 유형별 법인단위의 취업자 수가 차지하는 비중은 전체
업종의 절반에도 미치지 못하지만, 2004년부터 2013년까지 누적 증가율
은 139.7%(연평균 10.2%)로 빠른 성장을 실현하였다. 단계별로 볼 때 1,
2차 전국경제센서스 기간 연평균 성장률은 8.1%였지만 2, 3차 센서스 기
간 연평균 성장률은 11.9%였다. 다시 말해 전반 도·소매업의 취업 성장
이 둔화된 상황에서 법인단위의 취업은 빠른 성장을 실현하였다는 얘기
다. 유형별 법인 단위 중에서 전통 공유제기업(국유기업, 집체기업, 주식
합작기업 및 합작기업)의 비중은 2004년에 이미 매우 낮았는바 단위 수

표 4-28 세 차례 경제센서스 기간 설정등록유형에 따라 분류한 그룹별 도매 및 소매업 기업 법인단위와 허가증 소유 자영업체의 취업 분포 및 성장 변화

| | 2004년 | | 2008년 | | 2013년 | | |
|---|---|---|---|---|---|---|---|
| | 취업자 (만 명) | 차지하는 비중(%) | 취업자 (만 명) | 차지하는 비중(%) | 취업자 (만 명) | 2004년 대비 성장률 (%) | 차지하는 비중(%) |
| 법인단위 합계 | 1,383 | 39.8 | 1,891 | 34.0 | 3,315 | 139.7 | 44.3 |
| 국유기업 | 261 | 7.5 | 157 | 2.8 | 103 | -60.5 | 1.4 |
| 집체기업 | 144 | 4.1 | 87 | 1.6 | 57 | -60.4 | 0.8 |
| 주식합작 기업 | 30 | 0.9 | 21 | 0.4 | 15 | -50.0 | 0.2 |
| 합작기업 | 8 | 0.2 | 6 | 0.1 | 8 | 0.0 | 0.1 |
| 유한책임 회사 | 260 | 7.5 | 344 | 6.2 | 768 | 195.4 | 10.3 |
| 주식유한 회사 | 90 | 2.6 | 114 | 2.0 | 150 | 66.7 | 2.0 |
| 사영기업 | 542 | 15.6 | 1,023 | 18.4 | 1,758 | 224.4 | 23.5 |
| 기타 내자 기업 | 10 | 0.3 | 40 | 0.7 | 260 | 2,500.0 | 3.5 |
| 홍콩·마카오·대만 상인 투자기업 | 12 | 0.3 | 37 | 0.7 | 89 | 641.7 | 1.2 |
| 외국인 투자기업 | 27 | 0.8 | 63 | 1.1 | 106 | 292.6 | 1.4 |
| 자영업가구 합계 | 2,089 | 60.2 | 3,678 | 66.0 | 4,167 | 99.5 | 555.7 |
| 모든 종사자 | 3,471 | 100.0 | 5,569 | 100.0 | 7,482 | 115.6 | 100.0 |

자료 출처 : 표 4-27의 데이터를 분석, 계산하여 얻었다.

가 전체 법인 단위에서 차지하는 비중은 21%, 취업자 수에서 차지하는 비중은 32%(업종 전체 취업자 수에서 차지하는 비중은 12.7%임)였다. 2014년에 이르러 단위 수가 차지하는 비중은 이미 3.1%까지 줄어들고 취업자 수가 차지하는 비중도 5.5%(업종 전체 취업에서 차지하는 비중은

2.5%임)로 하락하였다. 그중 국유기업, 집체기업, 주식합작제기업 3가지 유형 기업의 취업자 수는 모두 누계로 50% 이상 감소하였다. 이는 전통 공유제 기업이 경쟁이 치열한 도매와 소매업 영역에서 경쟁력이 없다는 것을 설명한다. 관련 업종에서 취업 비중이 비교적 높고 또 최근 몇 년간 비교적 빠르게 성장한 법인 단위 유형은 사영기업과 유한책임회사였다. 이 점은 공업 분야와 비슷하다. 이는 시장화 개혁 이후 새로운 유형의 법인 단위가 시장에 더 잘 적응할 수 있고 더 잘 발전할 수 있다는 점을 시사한다. 상기 두 가지 비국유경제 유형 외에 기타 유형의 비국유기업도 양호한 발전을 가져왔다. 특히 홍콩·마카오·대만 상인 투자기업과 외국인 투자기업에서 흡수한 취업자 수가 모두 빠르게 성장하였다. 그러나 이들은 전반 도매와 소매업에서 차지하는 비중은 여전히 비교적 적었다. 총체적으로 볼 때, 취업 증가에 대한 법인단위의 기여도가 자영업체보다 크지만 법인 단위 중에서 전통 공유제 기업은 새로운 형세 하의 시장경쟁의 수요에 적응하지 못함으로써 규모가 점차 위축되고 있다. 반면 비국유경제가 빠르게 발전하고 있는데 특히 글로벌 금융위기 이후 비공유제 기업의 수와 취업자 수가 오히려 빠르게 성장하고 있다는 점을 특히 주목할 만 하다. 이는 경제가 일정한 수준까지 발전하였을 때 서비스업의 발전에 새로운 요구를 제기하게 되며 소비격려 정책까지 겹쳐지면서 소비와 관련된 업종(예하면 도매와 소매업, 교통운수업 등)에 일련의 적극적인 영향을 미치게 된다는 점을 설명해준다.[119] 공업과 도·소매업의 신규 취업률 증가를 비교하면 도·소매업이 공업보다 훨씬 높고, 현 단계 중국의 취업 증가는 주로 3차 산업에 의존하고 있다.

전체적으로 우리는 세 차례 전국 경제센서스 공보의 데이터를 바탕으로, 2, 3차 산업의 소유제 유형별(즉 센서스에서 말하는 '설정등록유형')로 기업의 법인 단위 및 자영업체의 발전상황에 대한 분석을 진행하고 2차

---

119) 이는 소비 확대에서 단지 공업 분야의 생산력 확대에만 의존해서는 안 된다는 것을 말해준다. 현 단계에서 공업생산 분야의 생산력 과잉 모순이 더욱 두드러져 있기 때문에 공업을 상대로 한 구조조정 외에도 유통망 개선도 소비 확대에 긍정적인 영향을 미친다. 공업과 도·소매업의 신규 취업률 증가를 비교하면 도·소매업이 공업보다 훨씬 높고, 현 단계 중국의 취업 증가는 주로 3차 산업에 의존하고 있다.

산업의 공업과 3차 산업의 도·소매업을 대표로, 각기 다른 소유제의 유형별 기업(자영업체도 포함)의 수와 취업자 수가 세 차례 전국 경제센서스 기간 보여준 발전변화를 고찰하고 나서 다음과 같은 결론과 견해를 얻어 냈다.

(1) 1990년대 이후 중국은 대규모의 기업 지적재산권제도 개혁을 추진하였다. 전통 계획 체제 하의 공유제기업을 상대로 개혁을 진행하였을 뿐만 아니라 새로운 시장체계 속에서 다양한 신형 소유제 형식을 건립하고 발전시킨 기업을 위해 시장규범과 법률체계를 구축하였다. 이는 우리가 공유제를 주체로 하고 여러 가지 경제형식이 병존하는 사회주의 시장경제 체계를 발전시키는데 제도적인 지지를 제공하였고 경제성장에 새로운 원동력을 주입하였다. 센서스 데이터에 따르면, 세 차례 전국 경제센서스 기간 중국 2, 3차 산업의 기업 법인단위, 자영업가구 및 취업자의 수가 전반적으로 엄청나게 발전하였지만 여러 가지 서로 다른 소유제 유형(즉 설정등록유형) 기업의 발전상황 및 취업에 대한 기여도는 달랐다. 법인단위와 자영업가구 사이에서 취업에 대한 법인단위의 전반적인 기여도가 자영업가구보다 높았다. 이는 중국의 경제발전 수준이 지속적으로 향상되고 집약경영 수준이 점차 높아졌기 때문이다. 세부 업종별로 보면 규모화 경영이 끊임없이 발전하고 있는 공업 분야에서는 자영업가구 수와 취업자 수가 감소하는 반면, 경영이 상대적으로 분산되어있는 도·소매업에서는 증가하고 있다. 법인단위 내에서 전통 공유제기업(국유기업, 집체기업과 주식합작제기업)의 수, 전체 기업 수에서 차지하는 비중 그리고 취업자 수가 모두 줄어든 반면, 시장화 개혁 이후 발전된 신형 기업(특히 사영기업, 유한책임회사)의 수, 차지하는 비중 및 취업자 수는 모두 뚜렷하게 향상되었다.

(2) 세 차례 전국 경제센서스의 기본 조사대상인 기업 법인단위(및 허가증 소유 자영업체)는 센서스의 통계 대상이 되는 실제 생산단위가 있을 뿐만 아니라, 이러한 기업의 소유제 성격을 정의하는 법률도 있다. 이 또한 재산권 제도의 시장화 개혁은 현대 법률 건설과 더불어 진행되었으며 전통

공유제 기업, 신형 국유지주회사이든지 비공유제 경제이든지를 막론하고 법률 차원에서 볼 때 시장경제 활동에서의 지위는 모두 평등하다는 점을 말해준다. 이는 전국 경제센서스에서 소유권별로 기업을 분류하는데 법률 근거를 제공하였을 뿐만 아니라 더 중요하게는 실제 경제활동에서 기업 간의 평등 경쟁과 발전의 관계를 표명하였다. 센서스 결과의 동적 비교가 보여주다시피, 재산권 제도의 개혁이 중국의 최근 몇 년간 고속 경제성장에 양호한 제도적 배경을 제공하고 새로운 원동력을 창출하였다. 이 같은 경제전환으로 초래된 제도적인 요소가 경제성장과 공업화, 도시화에 대한 추진 역할은 21세기 이후 중국 경제발전의 중요한 특징이다.

(3) 공유제를 주체로 하고 여러 가지 경제 성분이 병존하는 경제 제도는 중국 사회주의 시장경제의 토대이다. 그러나 이는 위 제도의 틀이 구축된 후 발전 및 보완할 필요가 없다는 것을 의미하지는 않는다. 전통 공유제 기업과 비 국유경제는 중국의 경제발전에서 자체의 우위를 갖고 있다. 전통 공유제 기업은 역사가 유구하고 기술, 자금, 규모 등 방면의 우위(특히 공업 분야)를 갖고 있는 반면 비공유제 경제는 혁신의식이 강하고 경영이 영활하며 전반적으로 시장경제 발전의 수요에 더욱 잘 적응하는 등 우위를 갖고 있다. 그러나 전통 공유제 기업은 일단 시장경쟁에서 실패하면 흔히 도태되므로 그 기업의 수와 취업자 수가 끊임없이 줄어들게 된다. 반면, 민영기업은 경쟁에서 꾸준한 발전을 실현하였다. 한편으로 시장에 의해 도태되는 기업이 있는가 하면 다른 한편으로 또 많은 새로운 기업이 꾸준히 생겨나고 있다.[120] 전반적인 상황으로부터 볼 때 시장화 개혁 이후 비국유경제는 시장경쟁에 더 잘 적응할 수 있고 당면 중국의 공업화 및 도시화 과정과 비농업산업의 취업 확대에 더 적극적인 역할을 할 수 있다. 공유제 기업이든 민영기업이든 모두 활력 증강과 시장 규제의 문제에 직면해 있다. 현재 공유제 기업에 여전히 활력이 부족한 문제가 존재

---

120) 글로벌 금융위기의 충격으로 2008년, 선전(深圳)은 903개 기업이 도산되었지만 3만 5천개 신규 기업이 생겨났다. 신화망 선전 1월 14일 보도(왕촤안전(王傳真) 기자)를 참조하라. 『원저우경제반년보(溫州經濟半年報)』의 데이터에 따르면 2014년 상반기 원저우의 신규 설립 기업 수는 1만 2천500개, 말소기업은 6천145개에 달한다.

하는데 투·융자 체제, 혼합소유제 등 분야에서의 진일보 개혁이 필요하다. 그러나 민영기업에 존재하는 문제는 주로 규범 부족이다. 기업에서 이윤의 극대화를 목표로 할 때 도덕 기준을 낮춰서는 안 된다. 하지만 시장에서 도덕적 수준만 강조하고 법률 규범이 결여되어 있으면 식품 안전, 생산 안전, 환경 악화, 생산이 아닌 비경제적인 수단을 통한 이익 추구 등 문제를 해결하기 어렵거나 심지어 상황이 더욱 악화될 수 있다. 그러므로 시장체제의 발전을 반드시 시장질서의 보완과 결부시켜야 하는데 그 관건은 법제 건설이다.

(4) 세 차례 경제센서스 데이터가 이미 입증하다시피, 만약 생산력 발전과 비농업산업 취업의 개선 수준을 척도로 삼는다면 시장경제에 대한 비전통 공유제 경제의 적응성이 더욱 강해지고 전통 공유제 경제는 준엄한 시련에 직면하게 된다. 그러나 주식제 개조를 거쳐 상장한 국유대형기업은 최근 몇 년간 엄청난 발전을 가져왔을 뿐만 아니라 중국 경제의 안정과 세계에서의 궐기에 중대한 역할을 발휘하였다. 이는 공유제를 주체로 하고, 여러 가지 경제 성분이 병존하는 전체적인 틀 하에서, 시장 질서를 끊임없이 보완하고, 여러 가지 유형별 기업의 우위를 발휘시킨다면, 중국이 경제발전에서 경제 자원을 더 잘 배치하는 데 도움이 되며 이로써 더 나은 발전을 이룰 수 있다는 점을 설명한다. 어떤 유형의 기업이 어떤 분야에서 더 나은 발전을 실현할 수 있을까? 이 문제에 답을 내놓으려면 한 편으로는 개혁, 실험과 혁신을 꾸준히 진행하여야 하고 다른 한편으로는 장기 실천을 통해 개혁의 성과를 검증하여야 한다. 경제발전은 경제체제 개혁의 성공 여부를 검증하는 기본 기준이다. 실천은 우리의 재산권 제도와 시장화 개혁의 방향이 정확하다는 점을 증명해주고 있다.

## 제5절 오쿤의 법칙 및 중국 뉴 노멀 하의 성장과 취업의 양적 관계

2010년 이후, 거시경제 부양정책의 '적절한 시기 철회'에 따라 중국의 장기 경제성장률은 간헐적인 반락 현상이 나타났다. 연평균 경제성장률은 이전의 10% 가량(1978~2010년)에서 7.5% 가량(2011~2014년)으로 하락되었다. 이는 중국 경제성장의 뉴 노멀 상태이다. 그러나 중국 경제성장률의 반락과 더불어 취업형세는 여전히 양호한 발전을 유지하고 있는데 해마다 도시의 신규 취업자 수는 1천만 명 이상에 달하며 매 1%포인트씩 성장할 때마다 비농업산업의 취업자 150만 명 이상을 견인하고 있다. 이런 현상을 단순히 총량 관계에 대한 분석으로만 설명하기는 어렵다. 만약 경제성장에서 매 1%포인트씩 증가할 때마다 견인하는 비농업산업의 취업이 상수라면 경제성장률이 하락할 때 신규 취업도 따라서 하락한다. 당면 중국의 경제성장에서 비록 전체적인 경제성장률은 하락되고 있지만 상이한 산업 부문과 국민경제 업종의 변화상황에는 차이가 있다. 2차 산업의 성장률이 뚜렷하게 하락하는 상황에서 3차 산업은 여전히 양호한 성장을 유지하며 대량의 신규 취업을 흡수하고 있다. 2004년부터 2013년까지 중국은 세 차례의 대규모 전국경제센서스를 진행하여 보다 상세한 비농업산업의 취업 데이터와 더욱 정확한 GDP 업종 분류 데이터를 얻었다. 본 절에서는 이런 데이터 자료를 이용하고 중국 경제성장의 새로운 변화와 결부시켜 현 단계 경제총량과 구조변화가 취업에 미치는 영향을 연구하려고 한다.

## 1. 오쿤의 법칙에 대한 재 연구

경제성장과 취업은 밀접하게 연관되어 있다. 1936년, 케인스는 그의 대표작 『고용 · 이자 및 통화의 일반 이론』에서 현대 거시경제 이론을 창안하였다. 저서의 제목으로 보면 통화정책과 고용 간의 관계를 논하고 있지만 내용으로 보면 국민소득과 여러 구성요소의 성장,

재정 및 통화정책 간의 상호관계 그리고 완전 취업은 경제성장 과정 중에서 이루어진다는 점을 주로 논의하였다. 그 후의 통계 실천에서 국민소득의 개념은 또 구체화 되어 GDP 지표로 발전되었으며 각 나라와 지역의 실제 경제성장을 반영하였다. 따라서 케인스의 이론에서 취업과 경제성장은 한 사물에 포함된 두 개 방면이며 지속적인 경제성장을 실현하려면 정부의 거시경제정책의 간섭이 필요한데[121] 경제성장이 양호해지면 취업은 뚜렷이 개선될 것이다. 1962년, 오쿤은 1947년부터 1962년까지의 분기 GNP성장률과 실업률의 데이터에 근거하여 이 시기 미국 경제 성장률과 실업률 간의 양적 관계를 연구하였다. 그는 우선 4 %의 실업률을 자유시장 경제 제도 하에서 가격안정을 유지하고 산출량의 극대화를 실현하였을 때의 완전 취업의 평가 기준으로 정하였다. 즉 실업률이 4%일 때 미국의 잠재 경제성장률과 실제 경제성장률은 일치해진다는 얘기이다.(연평균 잠재성장률을 보면 1947~1953년에는 4.5%, 1953~1962년에는 3.5%임) 실업률이 4%를 넘으면 사회의 유휴자원이 합리하게 이용되지 못하고 있고 실제 성장이 잠재 경제성장 능력보다 낮다는 것을 말해준다. 실업률이 4%를 밑도는 상황은 대부분 경제주기의 절정기에 나타난다. 오늘날에는 경기 과열이 나타났고 이런 상황이 단기간만 지속될 수 있다는 뜻으로 풀이된다. 다수의 상황에서 실제 경제성장률은 잠재 성장률보다 낮기 때문에 다수의 경우 실업률 또한 완전 취업의 기준에 미치지 못하고 있다.(1947년부터 1960년대 초까지 미국의 실업률은 3%~7% 범위에서 변동함) 오쿤은 다양한 통계로 추산한 결과, 다음과 같은 결론을 얻어냈다. 실제 성장률이 잠재 성장률보다 3%포인트 낮을 때 실업률은 평균 약 1%포인트 증가한다. 또는 간단히 말해 경제성장률이 매

---

121) 존 · 메이나드 · 케인스, 『고용 · 이자 및 통화의 일반 이론』을 참조하라.

1%포인트씩 변동할 때마다 실업률은 약 0.33%포인트 역방향으로 변동한다. 이것이 바로 저명한 오쿤의 법칙(Okun's Law)이다.[122] 오쿤의 법칙은 1947년부터 1960년대 초까지 미국의 경제활동에 대한 경험 서술과 통계 귀납으로, 각 국가와 지역은 경제성장과 취업 조건의 차이에 따라 양자의 구체적인 양적 관계도 다소 다를 수 있다. Andrew Abel과 Ben Bernanke(2005)가 최근 연간 미국 데이터에 대한 연구에 의하면 현재 미국의 경제성장률이 매 2%포인트씩 변동할 때마다 실업률에 미치는 영향은 약 1%포인트이다.[123] 그러나 발달한 시장경제 국가들에서는 오쿤의 법칙이 제시한 방법에 의하여 얻어낸 경제성장률과 실업률 간의 양적 관계 및 통계 규칙이 다수의 경우에는 분명 존재한다. 따라서 구미의 선진국에서 실업률이 상승할 때 가장 먼저 개선할 수 있는 수단은 경제성장 촉진이다.

　오쿤의 법칙은 복잡한 경제성장과 취업활동에 대해 고도로 개괄한 후 진행한 총량 분석으로, 총수요와 총공급의 상대적인 균형 및 안정 유지, 노동력 수, 노동시간, 노동보수, 노동생산성, 노동력 부문 구조 등의 변화가 안정적이라는 등을 비롯해 실제로 여러 가지 전제 조건이나 가정 조건이 이미 포함되었다. 오쿤은 그 해의 논문에서 위 조건에 대해 이미 논의하였다. 따라서 오쿤의 법칙에서 제시한 원리는 보편성(즉 경제성장에 따른 취업 개선, 완전 취업을 기반으로 실현한 경제성장은 잠재적 경제성장 등을 반영함)을 띠고 있다. 그러나 경제성장과 완전 취업 간에는 안정적인 양적관계나 통계규칙이 존재하는지? 이런 양적관계가 어떠한지? 만약 존재한다면 얼마나 오래 지속될 수 있을지? 이러한 질문에 대한 답은 시장 환경, 거시적 배경, 발전단계

---

122) Okun, Arthur, M., "Potential GNP, Its Measurement and Significance", Cowles Founda-tion, Yale University, 1962를 참조하라.
123) Abel, Andrew B.& Bernanke, Ben S., Macroeconomics (5th ed.), Pearson Addison Wesley, 2005를 참조하라.

에 따라 달라질 수 있다. 양자를 비교해볼 때, 공업화가 이미 완성되어 상대적으로 안정된 산업구조와 취업구조가 형성되고, 시장경제가 발달하며, 정부의 거시경제정책이나 경제발전이 상대적으로 안정된 구미 선진국(예하면 오쿤이 연구한 1947년부터 1962년까지의 미국)에서 유사한 연구를 하면 비교적 쉽게 설득력 있는 결론을 얻을 수 있다. 그러나 신흥국과 개발도상국 그리고 다양한 경제전환 과정에 있는 국가들은 제반 분야의 여건이 빠르게 변하고 있기 때문에 비슷한 총량 분석을 통하여 내린 결론이 큰 편차를 보이는 경우가 많다. 따라서 모든 국가의 경제발전 단계에서 성장과 취업 간의 양적 관계를 설명할 수 있는 법칙은 사실상 존재하지 않는다.[124]

이른바 '실업률'은 사실 다수의 국가에서 비농업 실업률을 적용하고 있다. 즉 비농업산업의 노동력 중에서 실업자(취업 희망자 및 실업자) 수가 전체 비농업 노동력(취업자 수+실업자 수)에서 차지하는 비중을 말한다. 현대 경제에서 농업생산의 특성상 농업기업에서의 취업이든 가족을 기본 생산단위로 하는 생산활동이든지를 막론하고 취업은 비교적 안정적이며 경제 주기의 영향을 크게 받지 않는다. 따라서 완전 취업에 가까운 것으로 간주할 수 있기 때문에 지속적으로 관찰할 필요는 없다. 그러나 비농업산업은 이와 상황이 다르다. 경제 주기 및 기타 부분의 영향을 받아 실업과 재취업이 지속적으로 발생할 수 있으며 실업률의 변화는 거시경제 형세의 변화를 직접적으로 반영한다. 따라서 각국에서 통상 말하는 실업률은 비농업산업의 실업률을 가리킨다. 비농업산업의 실업률과 도시 실업률의 개념은 약간 다르다. 농촌에도 비농업산업의 발전이 있을 수 있기 때문이다. 세계 각국

---

124) 많은 문헌과 교과서에서 오쿤의 법칙을 해석할 때 실제 경제성장률이 잠재 성장률보다 2%포인트 낮을 경우 실업률을 1%포인트 끌어올린다는 내용만 제시하였을 뿐, 이런 양적 관계가 도출된 배경과 조건은 밝히지 않았는데 이는 사실상 '오쿤의 법칙'의 초심과는 어긋나는 것이다.

에서 발표한 실업률은 다수가 비농업산업의 실업률이다. 이는 가장 중요한 거시적 조정 목표 혹은 경제발전 목표이다. 중국에서 현재 발표되고 있는 도시 등록 실업률 지표는 '등록' 기준으로 볼 때 선진 시장경제체들이 적용하고 있는 '실업률' 지표와 일치하다.(구미 각국에서도 마찬가지로 미등록은 취업 의향이 없는 것으로 간주되기에 실업 인구로 인정되지 않음) '도시'의 개념은 '비농업'과 약간 다르지만 비농업 산업은 여전히 도시 지역에서 주로 발전하고 있기 때문에 '비농업 실업'과 '도시 실업'은 큰 차이가 없다. 21세기에 들어선 후 중국의 '도시 등록 실업률'은 줄곧 4.5% 안팎을 유지하고 있는데 이는 다수 선진국(비농업산업을 루트로 계산한 결과)의 일반 실업률보다 낮은 수준이다. 이는 사실 중국의 고속 경제성장이 도시와 농촌의 완전 취업에 대한 보장역할을 반영하였다.

그러나 중국과 구미의 선진 시장경제 국가가 비농업 취업 또는 도시 취업 측면에서 직면한 난제가 서로 다르다는 점도 보아내야 한다. 구미의 선진국들은 체제적으로 볼 때 시장경제가 이미 상당히 발전되어 있다. 산업구조에서 볼 때 공업화가 이미 끝났고 전반 국민경제에서 농업 증가치와 노동력이 차지하는 비중은 이미 아주 낮은 수준(5% 이하)까지 하락되었을 뿐만 아니라 안정된 지(오쿤이 연구한 1947년 이후 미국의 취업 상황도 마찬가지였으며, 유럽의 주요 국가들도 제2차 세계대전 이전에 대부분 공업화와 도시화를 이미 완료함) 오래다. 산업구조의 업그레이드는 주로 비농업산업, 특히 첨단 과학기술, 금융, 교육·과학·문화, 의료 등 기타 현대 서비스업의 발전에서 구현된다. 도시와 농촌의 관계 측면에서 볼 때 도시와 농촌 간의 엄청난 발전 격차가 이제 더 이상 존재하지 않는다. 다시 말해, 이원 경제구조가 이미 일원 경제구조로 발전하고 노동력이 농촌에서 도시로의 대규모 이전은 이미 역사로 되었다. 반면, 중국은 개발도상국에서 신흥 공업화국가로 급속히 발전하는 단계에 처해 있고, 비록 이미 중상소득 국가로 거듭났지만 선진국의 경제발전 수준과 비교하면 여전히 큰 격차가 있다. 경제체제 면에서 볼 때 중국은 사회주의 시장경제 체계를 구축하고 발전시켰지만 여전히 계획경제에서 시장경제로 전환하는 과정에 처해 있다. 예를 들어, 호적관리와 사회보장 등 측면에서 도시와 농촌은 여전히 엄격한 행정적 구분이 존재하며, 여러 가지 행정 심사 비준과 재정 수입 및 지출은 여전히 계획경제의 색채가 농후하다. 현재 진행 중인 경제체제 심화 개혁은 시장화 개혁과 전환 과정을 한층 추진하려는 것이다. 산업구조 측면에서 볼 때 중국은 산업구조 변화가 가장 활발한 단계에 처해 있는 가운데 GDP에서 농업 또는 1차 산업의 증가치 비중이 급격히 감소하여 현재 10% 미만으로 떨어졌다. 이는 필연적으로 농업 노동력이 비농업산업으로의 급속한 이전으로 이어질 것이다. 비농업산업에서 3차 산업의 증가치 비중도 빠른 성장 단계에 접어들면서 비농업산업의 취업구조도 빠르게 바뀌고 있다. 도농 관계 측면에서 볼 때 오랜 세월 동안 중국 경제발전에서 지속된 이원 구조에 뚜렷한 변화가 나타났으며 도시화 과정이 가속화되기 시작하면서 이원 구조가 일원 구조로 전환되고 있다. 이는 중국의 취업 목표가 선진국과는 분명한 차이가 있기 때문에 정적인 도시 노동력의 실업률을 비교적 낮은 수준으로 유지하는 것만으로는 충분하지 않으며, 농업 분야에서 비농업 분야로의 대규모 이전 문제와 농촌에서 도시로 이전된 동적 노동력의 취업 문제를 해결하여야 한다는 점을 결정하였다. 도시와 농촌의 이원 구조 하에 이러한 취업으로 인한 실업 문제는 비교적 쉽게 해결할 수 있다. 임시로 도시 및 비농업 산업에 이전된 노동력을 다시 농촌 또는 농업으로 이전시키는 것만으로도 충분하다. 오랜 기간 동안 특히 1980년대와 1990년대 우리는 그렇게 해왔다. 사실 이는 잠재 실업이다. 농업이 더 이상 노동력을 수용할 수 없거나 그토록 방대한 노동력을 필요로 하지 않기 때문에 비농업산업으로 이전한 것이다. 그러나 지금은 경제 주기나 기타 이유로 인해 비농업산업에 이미 고용되었던 노동력은 또다시 일자리를 잃었지만 도시에서 실업자로 '등록' 될 수 없기 때문에 다시 농촌으로 돌아가는 수밖에 없다. 이러한 관점에서 볼 때 당시의 '도시 등록 실업률' 은 실제 실업률에 비해 과소평가된 것이 사실이지만 이 과소평가의 수준을 가늠하기는 매우 어렵다. 그러나 현재의 상황은 점차 변화하고 있다. 농촌 노동력의 도시로의 대규모 이전이 수년 동안 지속되어 왔기 때문에 이러한 이전을 점점 더 되돌릴 수 없게 되었다. 이러한 노동력과 그에 상응하는 인구 이전은 계속되고 있으며, 중국의 공업화 및 도시화 과정이 거의 완료될 때에야 이러한 이전은 점차 완만해지거나 중지될 것이다. 이는 사실 현 단계에서 우리가 공업화국가나 선진국과는 다른 취업 목표를 가지고 있다는 것을 의미한다. 또는 완전 취업에 대한 우리의 정의는 기존 도시 노동력의 취업뿐만 아니라 농촌에서 이전해 온 대규모 노동력의 취업도 고려하여야 한다는 점에서 그들의 정의와는 다르다. 구체적인 목표로 볼 때 도시 지역의 등록 실업률에 큰 변화가 없도록 보장하는 전제하에(즉, 도시 지역의 완전 취업을 보장하는 것) 경제성장을 통하여 농촌에서 이전된 노동력을 안정적으로 꾸준히 흡수하고 소화하는 것이다. 이로부터 중국의 현 단계 상황과 오쿤의 법칙의 가정 또는 전제 조건 사이에는 분명한 차이가 있음을 보아낼 수 있다. 오쿤의 법칙에서 실업률의 분모는 상수(변화가 제한적)로 볼 수 있지만 중국에서 비농업 실업률의 분모는 변수(지속적으로 변함)이다. 오쿤의 법칙에 따르면 산업 및 취업구조의 변화는 성장과 취업의 총량 관계에 뚜렷한 영향을 미치지 않는다. 그러나 중국의 경우 급속한 공업화 과정에 따른 산업구조 업그레이드가 성장과 취업에 모두 중요한 영향을 미쳤고, 양자의 총량 관계도 변화하고 있다. 따라서 오쿤의 법칙을 사용하여 당면 중국 경제발전에서의 경제성장과 취업의 관계를 탐색하고 요약하면 상대적으로 큰 편차가 생길 수 있다. 그러므로 보다 심층적이고 세밀한 구조 분석을 통하여 양자 간의 양적 관계를 살펴보고, 이를 바탕으로 경제의 발전목표 개선 방안을 모색하여야 한다.

## 2. 2004~2013년 중국의 1, 2, 3차 산업 및 국민경제 업종의 구조변화

21세기에 들어선 후 중국은 2004년 12월 31일, 2008년 12월 31일과 2013년 12월 31일을 기준 시점으로 세 차례의 대규모 전국 경제센서스를 진행하여 법인단위와 자영업가구를 기본 조사 대상으로 한 국민경제 업종별 증가치 및 취업과 관련된 상세한 데이터를 확보하였다. 새로운 센서스 결과를 바탕으로 국가통계국은 기존의 GDP 총량 데이터를 수정하였을 뿐만 아니라 GDP의 국민경제 업종 분류 데이터와 동일한 분류에 따른 취업 데이터도 발표함으로써 경제성장과 취업 관계에 대한 총량과 구조 분석을 위한 데이터 기반을 제공하였다. 표 4-29는 세 차례 전국경제센서스 공보 그리고 관련 연도의「전국 경제 센서스 연감」과「중국통계연감」의 관련 데이터를 기반으로 정리하여 얻은 결과이다. 그중 비농업산업의 취업 분류 데이터는 주로 전국 경제센서스 데이터(법인단위 취업 데이터와 허가증 소유 자영업체의 취업 데이터도 포함)에서 얻었고 증가치 데이터는 주로「중국통계연감」(2013년 1, 2, 3차 산업에 대한 데이터는 센서스 조정 후의 결과이며,

업종 분류 데이터는 센서스 데이터와 과거 데이터를 통하여 추산하여 얻음)에서 얻었다. 발표된 데이터의 제한을 받았기 때문에 표에 나열된 국민경제의 업종 분류는 여전히 비교적 대략적인 수준이다. 예를 들어 공업 부문에 마땅히 광업, 제조업, 전력·열·가스와 수돗물 생산 및 공급업이 포함되어야 하며 기타 서비스업에는 실제로 정보전송, 소프트웨어 및 정보 기술 서비스업, 과학연구 및 기술 서비스, 수리, 환경 및 공공시설 관리업, 공공관리, 사회보장 및 사회단체의 4개 업종이 포함되었다. 그러나 이 같은 업종 분류는 분석의 수요를 기본적으로 만족시킬 수 있다.[125]

21세기에 접어든 이래 중국에서 전개된 세 차례의 대규모 전국 경제센서스는 중국 통계 사업의 발전을 반영하였다. 새 중국 건립 후 반세기가 지난 지금, 우리는 마침내 전국경제센서스 제도를 구축하였다. 세 차례의 센서스 시기는 중국 경제성장의 세 차례 주요한 전환점과 일치하였다. 첫 번째 시기는 2004년으로, 중국 경제는 1990년대 시장화 개혁을 거친 후 대내로는 성공적인 구조조정을 실현하였으며 대외로는 아시아 금융위기의 충격을 이겨내고 공업화 가속화를 특징으로 하는 새로운 경제성장 주기에 진입하였다. 두 번째 시기는 2008년으로, 미국의 '서브프라임 위기'로 촉발된 글로벌 금융위기는 세계 경제와 중국의 수출 지향적 경제발전에 심각한 영향을 미쳤다. 중국은 이러한 외부 환경 변화가 경제성장에 미치는 부정적인 영향을 해소하기 위해 일련의 대응 조치를 취하기 시작하였다. 비록 일부 성과를 거두었지만 우리가 마땅히 조정해야 할 경제 불균형(2017년 악화된 인플레이션에 의해 반영된 총량 불균형 및 생산력 과잉에 의해 반

---

125) 통계업무 요구 측면에서 볼 때, 통일적이고 세분화 된 통계는 광범위한 심층 상관관계 분석의 기초이다. 중국에서 진행한 전국 경제센서스로 통계업무가 큰 진전을 가져왔지만 통계 데이터의 체계적인 집계와 발표는 여전히 개선의 필요성이 있다.

표 4-29 세 차례 전국 경제센서스 연도 산업별 증가치와 취업

| | 증가치 (조 위안) | | | 취업 (만 명) | | |
|---|---|---|---|---|---|---|
| | 2004년 | 2008년 | 2013년 | 2004년 | 2008년 | 2013년 |
| 1차 산업 | 21,412.7 | 33,702.0 | 55,322.0 | 34,830.0 | 29,923.0 | 24,171.0 |
| 비농업 산업 합계 | 138,465.6 | 280,343.4 | 532,697.0 | 26,920.4 | 35,310.5 | 44,615.7 |
| 2차 산업 | 73,904.3 | 149,003.4 | 256,810.0 | 13,900.6 | 17,338.8 | 20,398.5 |
| 공업 | 65,210.0 | 130,260.2 | 218,051.5 | 10,884.7 | 13,231.2 | 14,987.1 |
| 건축업 | 8,694.3 | 18,743.2 | 38,758.5 | 3,015.9 | 4,107.6 | 5,411.4 |
| 3차 산업 | 64,561.3 | 131,340.0 | 275,887.0 | 13,019.8 | 17,971.7 | 24,217.2 |
| 도매와 소매업 | 12,453.8 | 26,182.3 | 58,754.8 | 3,524.9 | 5,569.6 | 7,481.6 |
| 교통운수, 창고저장과 우정업 | 9,304.4 | 16,362.5 | 29,333.2 | 1,408.3 | 1,922.8 | 2,974.0 |
| 숙박과 요식업 | 3,664.8 | 6,616.1 | 12,447.2 | 1,050.4 | 1,563.6 | 1,761.0 |
| 금융업 | 5,393.0 | 14,863.3 | 34,165.7 | 374.7 | 487.0 | 531.0 |
| 부동산업 | 7,174.1 | 14,738.7 | 34,923.5 | 402.2 | 562.0 | 903.3 |
| 임대와 상무서비스업 | 2,627.5 | 5,608.2 | 12,891.5 | 493.7 | 841.9 | 1,415.5 |
| 주민서비스와 기타 서비스업 | 2,481.5 | 4,628.0 | 9,563.1 | 462.7 | 641.8 | 1,006.9 |
| 교육 | 4,892.6 | 8,887.5 | 19,368.4 | 1,552.6 | 1,757.7 | 1,945.5 |
| 보건, 사회보장 및 사회복지업 | 2,620.7 | 4,628.7 | 10,693.3 | 645.5 | 807.4 | 976.2 |
| 문화, 체육과 오락업 | 1,043.2 | 1,922.4 | 4,099.7 | 205.0 | 273.6 | 382.6 |
| 기타 서비스업 | 12,905.7 | 26,902.2 | 49,646.5 | 2,899.6 | 3,544.4 | 4,839.6 |
| 1, 2, 3차 산업 합계 | 159,878.3 | 314,045.4 | 588,019.0 | 61,750.4 | 65,233.5 | 68,786.7 |

자료출처 : 「중국 경제센서스 연감」, 세 차례 전국 경제센서스 공보, 「중국통계연감」의 데이트에 근 거하여 종합하고 정리하여 얻었다.

영된 구조 불균형)이 더욱 심각해지는 대가를 치르기도 하였다. 실제로 새로운 경제 조정기에 접어들기 시작한 것이다. 세 번째 시기는 2013년으로, 2010년 이후 중국 거시 부양정책의 '적절한 시기 철회'와 더불어 중국 경제는 '세 기간이 중첩되는' 시기(즉 전기 부양정책의 소화기, 구조조정의 진통기와 고속 성장에서 중·고속 성장에로의 전환기)에 접어들었다. 이는 사실상 중국 경제성장이 '뉴 노멀'(성장의 양적 특징은 장기적인 경제 성장률이 과거의 10% 안팎에서 7%~8%로 하락한 데서 표현됨)에 들어섰다는 것을 의미한다. 그리므

로 세 시점의 경제총량과 취업 데이터 그리고 해당 기간에 반영된 변화로부터 최근 몇 년 동안 중국 경제발전에서 겪은 일련의 중요한 변화를 보아낼 수 있다. 첫째, 증가치 및 취업구조의 변화는 공업화 과정이 꾸준히 진행되고 있으며, 공업화의 발전이 도시화보다 앞서고 도시화의 발전이 공업화보다 빠르게 진행되고 있음을 보여준다. 만약 증가치 구조에서 농업 생산액이 차지하는 비중을 중국 공업화 과정의 지표(공업화로 인해 국민경제에서 농업이 차지하는 비중은 감소하고 비농업산업의 비중은 증가함)로 간주하고 취업구조에서 농업 취업 비중을 중국 도시화 과정의 지표(도시화 과정은 주로 도시에서 비농업산업 취업의 노동력 비중 향상[126]으로 표현됨)로 간주한다면 2004년부터 2013년까지의 10년 동안, 중국의 공업화와 도시화 과정은 다음과 몇 개 특징을 나타낸다. 첫째, 공업과 과정이 여전히 추진 중에 있지만 경제발전 수준이 향상되면서 GDP에서 농업이 차지하는 비중의 하락폭이 줄어들고 있다. 2004년부터 2008년까지 1차 산업의 증가치 비중은 2.7%포인트 하락하였지만 2008년부터 2013년까지의 하락폭은 1.3%포인트에 불과하였다. 둘째, 공업화 과정이 도시화 과정보다 앞섰지만 양자 간의 격차가 빠르게 축소되고 있다. 표 4—30에서 볼 수 있다시피, 2004년과 2013년 모두 증가치 구조에서 농업 또는 1차 산업이 차지하는 비중은 취업구조에서 농업이 차지하는 비중보다 훨씬 적었다. 농업 증가치가 GDP에서 차지하는 비중을 농업 취업이 전체 취업에서 차지하는 비중과 비교했을 때 2004년에는 43%포인트, 2008년에는 35.2%포인트, 2013년에는 25.7%포인트 낮았다. 셋째, 도시화와 공업화 간의 격차가 빠르게 축소되고 있다. 앞의 비교에서 볼

---

126) 농촌 지역에도 일정한 규모의 비농업산업이 있으며 도시의 비농업산업에 종사하는 노동자의 가족 성원은 여전히 농촌에 거주하고 있을 수 있다. 따라서 비농업 노동력 비중의 증가와 도시 인구 비중의 증가는 동일할 수 없지만 발전 추세는 일치하여야 한다. 농업 및 비농업산업의 노동력 구조의 변화는 도시 및 농촌 인구의 변화 추세를 반영하였다.

수 있다시피, 양자 간의 격차가 10년 동안 17.3%포인트 줄어들었다. 각각의 변화를 보면 2004년부터 2013년까지 농업 증가치 비중은 4% 포인트 감소하였지만 농업 취업의 비중은 21.3% 포인트 감소하였다. 이는 이 시기 고속 경제성장에 기반한 공업화 과정이 도시화에 적극 기여하였음을 시사한다.

표 4-30 세 차례 전국 경제센서스 때 산업별 증가치와 취업구조의 변화 (%)

|  | 증가치 | | | 취업 | | |
|---|---|---|---|---|---|---|
|  | 2004 | 2008 | 2013 | 2004 | 2008 | 2013 |
| 1차 산업 | 13.4 | 10.7 | 9.4 | 56.4 | 45.9 | 35.1 |
| 비농업 산업 합계 | 86.6 | 89.3 | 90.6 | 43.6 | 54.1 | 64.9 |
| 2차 산업 | 46.2 | 47.4 | 43.7 | 22.5 | 26.6 | 29.7 |
| 공업 | 40.8 | 41.5 | 37.1 | 17.6 | 20.3 | 21.8 |
| 건축업 | 5.4 | 6.0 | 6.6 | 4.9 | 6.3 | 7.9 |
| 3차 산업 | 40.4 | 41.8 | 46.9 | 21.1 | 27.5 | 35.2 |
| 도매와 소매업 | 7.8 | 8.3 | 10.0 | 5.7 | 8.5 | 10.9 |
| 교통운수,<br>창고저장과 우정업 | 5.8 | 5.2 | 5.0 | 2.3 | 2.9 | 4.3 |
| 숙박과 요식업 | 2.3 | 2.1 | 2.1 | 1.7 | 2.4 | 2.6 |
| 금융업 | 3.4 | 4.7 | 5.8 | 0.6 | 0.7 | 0.8 |
| 부동산업 | 4.5 | 4.7 | 5.9 | 0.7 | 0.9 | 1.3 |
| 임대와 상무서비스업 | 1.6 | 1.8 | 2.2 | 0.8 | 1.3 | 2.1 |
| 주민서비스와 기타 서비스업 | 1.6 | 1.5 | 1.6 | 0.7 | 1.0 | 1.5 |
| 교육 | 3.1 | 2.8 | 3.3 | 2.5 | 2.7 | 2.8 |
| 보건, 사회보장 및 사회복지업 | 1.6 | 1.5 | 1.8 | 1.0 | 1.2 | 1.4 |
| 문화, 체육과 오락업 | 0.7 | 0.6 | 0.7 | 0.3 | 0.4 | 0.6 |
| 기타 서비스업 | 8.1 | 8.6 | 8.4 | 4.7 | 5.4 | 7.0 |
| 1, 2, 3차 산업 합계 | 100 | 100 | 100 | 100 | 100 | 100 |

자료출처 : 표 4—29의 데이터를 바탕으로 계산하여 얻었다.

둘째, 1, 2, 3차 산업의 증가치 구조에서 볼 때, 중국의 공업화는 이미 후기에 들어섰고 3차 산업이 경제성장의 주도산업이 되기 시작하였다. 이는 중국의 취업 구조를 한층 개선하고 도시화와 현대화 과정을 촉진할 것이다. 증가치 구조로 볼 때, 중국의 1, 2, 3차 산업의 구조는 2004년에 13.4 : 46.2 : 40.4, 2008년에 10.7 : 47.4 : 41.8이었다. 이시기 경제성장의 구조적 특징을 보면 2차 산업의 증가치 비중이 가장클 뿐만 아니라 여전히 증가(1.2%포인트 증가)하고 있다. 이는 2008년 이전, 특히 21세기에 진입한 후의 새로운 경제 주기 이후에도 중국경제는 여전히 2차 산업 특히는 제조업을 주도산업으로 하였으며 증가치(불변가격 기준)가 높을 뿐만 아니라 증가치 비중(그 해 가격 기준)도 상승하고 있다는 점을 말해준다. 그러나 2008년 이후 상황에 변화가 생겼다. 2013년 1, 2, 3차 산업의 비중은 9.4 : 43.7 : 46.9로 발전하였으며 1, 2차 산업의 비중 하락과 3차 산업의 비중 상승 현상이 나타났다. 3차 산업의 비중은 2차 전국경제센서스 때보다 5.1%포인트 증가되면서 사상 처음으로 2차 산업을 능가하여 국민경제의 새로운주도산업으로 부상하였다. 성장률에서 볼 때, 2012~2014년, 3차 산업의 성장률도 3년 연속 2차 산업을 초월하였다. 이는 사실 중국의 공업화 과정이 중후기로부터 후기로 전환하는 중요한 특징이다. 이러한변화는 취업구조에도 반영되고 있다. 2004년 중국의 1, 2, 3차 산업의취업구조는 56.4 : 22.5 : 21.1로, 농업이 가장 큰 비중을 차지하여 50%를 넘었고, 3차 산업의 취업 비중이 2차 산업보다 낮아 개발도상국 취업의 특징이 뚜렷하게 나타났다. 그러나 2008년에는 이러한 구조가45.9 : 26.6 : 27.5로 발전하였다. 비록 1차 산업의 취업 비중이 여전히아주 높은 수준을 유지하고 있지만 이미 절반 이하로 떨어졌다. 반면,2차 및 3차 산업의 취업 비중은 각각 4.1%포인트와 6.4%포인트 대폭증가하였다. 3차 산업의 취업 비중이 2차 산업의 취업 비중을 넘어섰는데 이는 중국의 도시화 과정이 급속히 추진되고 있다는 점을 보여주고 있다. 2013년에는 그 비중이 35.1 : 29.7 : 35.2로 더욱 발전하여 1차 산업의 취업 비중은 10.8%포인트 감소하고 2, 3차 산업은 각각 3.1%포인트, 7.7%포인트 증가하였다. 2008~2013년 기간 동안 3차 산업의 취업이 크게 개선되었으며, 증가된 비농업 취업에서 3차 산업의 기여도가 70% 이상에 달하였다. 그리고 점유율 측면에서 이미 1차 산업을 제치고 국내 최대 취업 부문으로 부상하였다. 증가치 구조의 변화와 취업구조의 변화를 비교 분석한 결과, 현 단계 3차 산업의 취업 점유율이 증가치 점유율보다 더 큰 폭으로 증가한 것으로 나타났다. 이는 비슷한 명목 성장률에서 3차 산업이 2차 산업보다 더 많은 취업자를 수용할 수 있음을 시사하며, 이 또한 중국의 경제성장이 뉴 노멀에 진입한 이후 경제성장률이 하락하였지만 비농업 취업과 그에 따른 도시화 과정이 가속화된 이유를 설명해준다.

셋째, 경제발전 수준이 향상됨에 따라 국민경제의 업종별 일인당 증가치 간의 격차가 꾸준히 줄어들고 있으며, 소득의 평균화 추세를 뚜렷하게 나타내고 있다. 이런 현상은 중국의 경제발전 단계에 따라 결정되며 심각한 제도적 배경이 그 뒷받침이 되고 있다. 경제발전 단계로부터 볼 때 2004년 취업자에 따라 계산한 중국의 일인당 GDP는 2만 5천981위안에 달하였고 2013년에는 8만 5천484위안으로 증가하여 2004년의 3.3배 수준에 달하였다. 연평균 명목 성장률은 14.2%, 실제 성장률은 9.3%에 달해 중국은 이미 중저소득 국가로부터 중상소득 국가로 발전하였으며 경제발전 수준이 이미 뚜렷하게 제고되었다. 체제 배경에서 볼 때 개혁개방 이전과 초기에 중국의 경제 자원은 주로 계획이나 정부의 의지에 따라 할당되며 생산과 시장 접근, 가격 등 제도 혹은 독점 배치 하에서 산업별로 취업자에 따라 계산한 노동생산성(일인당 증가치로 표현됨)에는 상당한 격차가 존재한다. 이는

'공·농업 제품 협상가격차'에서 구현될 뿐만 아니라 수많은 제도적 요인의 영향도 포함된다. 그해의 이른바 '공·농업 제품 협상가격차'가 가장 대표적이다. 이러한 제도적 요인은 일정 기간 동안 제한된 자원을 경제 건설에 집중시키고 경제성장을 가속화 하는데 적극적인 의미가 있다. 그러나 개혁개방 이후 오랜 기간 동안 중국 경제성장의 불균형성도 초래하였다. 이러한 불균형은 부문 간, 지역 간의 노동생산성과 일인당 소득에서의 큰 차이로 나타난다. 표 4-31에서 알 수 있듯이 2004년 1차 전국 경제센서스를 진행할 때까지만 해도 2급 분류 측면에서 국민경제 여러 업종의 일인당 증가치에는 여전히 상당한 차이가 있었다. 증가치 비중이 가장 큰 공업과 노동력 비중이 가장 큰 농업의 일인당 평균 증가치 비중은 각각 2.31배와 23.7%로, 전자가 후자보다 10배 가까이 컸다. 경제발전 수준이 높아지고 시장화 개혁이 심화됨에 따라 지역 및 업종 간 행정적, 제도적 장벽이 점점 더 통일된 시장에 의해 대체되고 자본과 노동 등 생산요소의 유동성이 증강되었다. 재생산 확대 과정에서 여러 가지 생산요소는 일인당 소득이 비교적 높은 부문으로 더 많이 흘러든다. 이는 한편으로는 해당 업종의 성장을 촉진하지만, 다른 한편으로는 해당 부문의 초과이윤이 점차 줄어들면서 서로 다른 부문 간의 격차를 좁혔다. 이 또한 시장을 위주로 자원을 배치할 때 필연적으로 일어나는 현상이며, 이러한 지속적인 자원 배치의 조정 과정에 경제성장과 산업구조의 업그레이드가 이루어진다. 2013년 공업의 일인당 증가치는 평균 수준의 1.7배로 감소한 반면, 농업의 일인당 증가치는 평균 수준의 26.8%로 증가하여 양자 간 증가치 차이는 여전히 크지만 그 격차가 이미 다소 좁혀졌다. 국민경제의 다른 업종도 비슷한 특징을 보이고 있다. 특히 교통운수업, 도매와 소매업, 숙박 및 요식업 등 최근 몇 년간 많은 취업자를 수용한 전통 서비스업은 일인당 증가치의 상대적 수준이 모두 하락하면서 점차 평균 수준으로 수렴하고 있다. 이 같은 일인당 증가치의 평균 수준 이탈, 경제발전에서의 지속적인 수렴(즉, 평균 수준으로 돌아옴) 현상은 한 국가가 공업화 후기 단계에 들어섰음을 시사한다. 경제발전 수준이 한층 향상되고 시장화 과정이 추진됨에 따라 취업구조는 증가치 구조로의 수렴을 다그쳐 농업 노동력이 비농업산업(특히 노동 전공 기능에 대한 요구가 비교적 낮은 노동 집약형 업종)으로의 이전을 가속화 할 것이다. 이는 도시화 과정을 추진하는 한편, 새로운 수요를 대량 창출함으로써 경제성장에 새로운 원동력을 주입하게 된다.

표 4-31 세 차례 전국 경제센서스 때 국민경제 업종별 일인당 증가치 비교

| | 일인당 증가치(위안) | | | 전국 평균 수준에서 차지하는 비중(%) | | |
|---|---|---|---|---|---|---|
| | 2004 | 2008 | 2013 | 2004 | 2008 | 2013 |
| 부동산업 | 178,372 | 262,254 | 386,621 | 688.9 | 544.8 | 452.3 |
| 금융업 | 143,929 | 305,201 | 643,422 | 555.9 | 634.0 | 752.7 |
| 교통운수, 창고저장과 우정업 | 66,068 | 85,097 | 98,632 | 255.2 | 176.8 | 115.4 |
| 공업 | 59,910 | 98,449 | 145,493 | 231.4 | 204.5 | 170.2 |
| 주민 서비스 및 기타 서비스업 | 53,631 | 72,110 | 94,976 | 207.1 | 149.8 | 111.1 |
| 임대와 상무 서비스업 | 53,221 | 66,614 | 91,074 | 205.6 | 138.4 | 106.5 |
| 문화, 스포츠 및 오락업 | 50,888 | 70,263 | 107,154 | 196.5 | 146.0 | 125.3 |
| 기타 서비스업 | 44,509 | 75,901 | 102,584 | 171.9 | 157.7 | 120.0 |
| 보건, 사회보장 및 사회복지업 | 40,600 | 57,329 | 109,540 | 156.8 | 119.1 | 128.1 |
| 도매와 소매업 | 35,331 | 47,009 | 78,532 | 136.5 | 97.6 | 91.9 |
| 숙박과 요식업 | 34,890 | 42,313 | 70,683 | 134.8 | 87.9 | 82.7 |
| 교육 | 31,512 | 50,563 | 99,555 | 121.7 | 105.0 | 116.5 |
| 건축업 | 28,828 | 45,631 | 71,624 | 111.3 | 94.8 | 83.8 |
| 2차 산업 | 53,166 | 85,936 | 125,897 | 205.3 | 178.5 | 147.3 |
| 3차 산업 | 49,587 | 73,082 | 113,922 | 191.5 | 151.8 | 133.3 |
| 1차 산업 | 6,148 | 11,263 | 22,888 | 23.7 | 23.4 | 26.8 |
| 1, 2, 3차 산업 합계 | 25,891 | 48,142 | 85,484 | 100.0 | 100.0 | 100.0 |

그러나 예외의 상황도 있다. 기존에 이미 일인당 증가치 수준이 매우 높았던 금융업은 10년 동안 일인당 증가치의 상대적 수준이 지속적으로 증가하였다. 2004년의 2위에서 2008년과 2013년의 1위로 상승하였으며, 상대치는 2004년의 5.56배에서 2008년의 6.34배로, 2013년의 7.52배로 증가하였다. 이는 관련 업종에 대한 국민경제의 독점에 의해 초래된 결과이다. 유사한 현상이 부동산업에도 존재한다. 비록 부동산업의 일인당 증가치와 평균 수준 간의 격차는 10년 동안 다소 좁혀졌지만, 국민경제의 다른 업종과 비교하면 여전히 상대적으로 큰 편이다. 부동산 업종은 국가의 독점 업종에 속하지 않지만 자본 거두의 독점 업종에 속하기 때문에 자본금 문턱은 경쟁자들이 해당 업종에 진입하는데 어려움을 증가시켰다. 반면, 이와 대응하여 부동산 업종과 가장 밀접한 관련이 있는 건설업은 2004년 일인당 증가치가 평균 수준의 1.1배였으나 2008년에는 94.8%, 2013년에는 83.8%로 한층 더 하락하였다. 공업과 교통운수업에 비해 감소폭은 훨씬 적지만, 일인당 증가치는 업종 가운데서 상대적으로 비교적 낮다. 이는 해당 업종의 진입 문턱이 비교적 낮고 업종 소득에서 노동 소득이 차지하는 비중이 비교적 크기 때문이다.(그러나 부동산 업종은 자본 회수가 차지하는 비중이 비교적 큼) 그 결과 밀접한 관련이 있는 두 업종의 일인당 증가치 수준에는 상당한 격차가 나타나게 되었다. 만약 국민경제 업종을 더 세분화하면 우리는 독점 수준이 높은 업종일수록 일인당 평균 증가치로의 복귀가 더 느리고 신규 취업에 대한 기여도도 비교적 작다는 점을 발견할 수 있다.

## 3. 경제와 취업 성장의 상호관계에 대한 분석

중국은 증가치 구조와 취업구조의 변화가 고속 경제성장과 함께 이루어졌다. 경제성장과 산업구조 간에 긍정적인 상호작용이 일어나야만 양호한 경제성장을 실현할 수 있다. '과열' 된 경제성장은 산업구조의 왜곡을 초래하고 향후의 경제성장과 취업에도 영향을 미치게 된다. 현 단계에서 중국 경제 성장률의 하락은 경제발전 수준이 일정한 단계에 도달하였다는 점을 반영하며 이전 단계의 총량 불균형과 구조적 불균형에 대한 조정이기도 하다. 그러나 이러한 조정은 발전과정에서 이루어진다. 실물 경제 측면에서 볼 때 제조업은 이전 단계의 지나친 확장으로 생산력 과잉을 초래함으로써 많은 기업에 어려움을 가져다주었지만 3차 산업의 성장은 여전히 안정적이며 심지어 강세를 이어가고 있다. 중국의 경제 성장률이 하락할 때마다 일부 외국 학자들은 발전량 등 관련 지표를 사용하여 중국의 경제 성장률에 과대평가 현상이 존재한다는 의문을 제기하기도 하였다. 그러나 실제로 오랜 시간이 지난 뒤 역사 데이터를 다시 점검해 보면 존재하는 문제가 과대평가가 아니라 과소평가되었다는 점을 발견할 수 있다. 따라서 우리는 중국 현 단계의 경제성장에 대해 객관적인 판단을 내릴 필요가 있으며 일부 기업이 약간의 어려움을 겪었다고 해서 전체 경제성장을 부정하고 미래에 대한 자신감을 잃어서는 안 된다. 글로벌 경제 위기 이후 세계 각국의 경제가 조정기에 접어들기 시작하였지만 중국의 조정은 대부분의 서구 선진국과는 다른 양상을 보이고 있다. 비록 현재 7% 가량의 경제성장률 목표가 개혁개방 이래 우리가 달성한 장기 연평균 성장률에 비하면 뚜렷하게 낮아진 수준이지만, 세계 각국와 비교하면 여전히 매우 높은 경제성장률이다. 중국의 경제 조정은 경제구조, 특히 산업구조 업그레이드의 관건적인 시기에 이루어졌으며 3차 산업의 발전과 도시화 과정은 중국에 새로운 기회를 가져다주었다. 이 또한 중국이 경제조정을 실행할 때에도 비농업산업의 취업이 여전히 안정적인 성장을 유지할 수 있는 중요한 원인이기도 하다.

## (1) 1, 2, 3차 산업의 실제 성장

표 4-32는 세 차례 전국 경제센서스 기간 중국 1, 2, 3차 산업의 성장 상황을 열거하였다.(2004년 불변가격에 따라 계산함) 표에서 알 수 있다시피 2004~2013년, 중국 경제는 연평균 성장률 10.19%에 달하는 고성장을 유지하였으며, 2차 산업의 성장률이 3차 산업보다 약간 높았는데, 이는 이 시기 중국 공업화가 가속화된 특징을 반영하였다. 그러나 앞뒤 두 단계의 성장률에는 다소 차이가 있었는데, 1차와 2차 센서스 기간의 연평균 성장률은 11.88%, 2차와 3차 센서스 기간의 연평균 성장률은 8.86%였다. 즉, 이전 기간에 비해 성장률이 3%포인트 이상 떨어지고 상응하게 2, 3차 산업의 성장률도 하락하였는바 2차 산업은 2.95%포인트, 3차 산업은 4.16%포인트 하락하였다. 2차 산업의 성장률은 기존에 3차 산업보다 약간 낮은 수준에서 3차 산업보다 약간 높은 수준으로 전환되었다. 그 주된 이유는 글로벌 금융위기 이후 중국의 적극적인 거시경제정책이 2차 산업(제조업과 건축업 포함)의 발전을 자극하여 마땅히 둔화되어야 할 2차 산업의 성장이 더 빨라졌으며 거시적 부양정책을 '적절한 시기에 철회'한 후 2차 산업의 성장률은 또 급격히 하락하였기 때문이다. 이는 2차 산업의 성장은 경제 주기 중에서 그리고 거시적 정책의 자극 하에 변동성이 비교적 커지는 반면, 3차 산업의 성장은 다소 안정적이라는 사실을 반영하였다. 표 4-32에서 볼 수 있다시피 2012년 이후 중국 3차 산업의 성장률은 다시 2차 산업의 성장률보다 높아졌다. 중국이 이미 점차 공업화 중후기에서 후기로 발전하였기 때문에 이러한 현상이 향후 상시화 될 가능성이 있다.

2004~2013년, 2, 3차 산업의 성장률이 빠를 때도 있고 완만할 때도

표 4-32 2004~2023년 1, 2, 3차 산업 증가치의 변화 상황

| | 연도 | 1차 산업 | 2차 산업 | 3차 산업 | 비농업산업 합계 | 전체 산업 합계 |
|---|---|---|---|---|---|---|
| 2004년 불변 가격에 따라 계산함 | 2004 | 21,413 | 73,904 | 64,561 | 138,466 | 159,878 |
| | 2005 | 22,533 | 82,834 | 72,457 | 155,291 | 177,823 |
| | 2006 | 23,659 | 93,926 | 82,701 | 176,627 | 200,287 |
| | 2007 | 24,545 | 108,074 | 95,920 | 203,995 | 228,540 |
| | 2008 | 25,865 | 118,749 | 105,899 | 224,648 | 250,513 |
| | 2009 | 26,947 | 130,554 | 116,027 | 246,580 | 273,528 |
| | 2010 | 28,098 | 146,547 | 127,342 | 273,888 | 301,987 |
| | 2011 | 29,293 | 161,619 | 139,332 | 300,950 | 330,243 |
| | 2012 | 30,625 | 174,413 | 150,556 | 324,969 | 355,595 |
| | 2013 | 31,850 | 188,098 | 163,009 | 351,107 | 382,957 |
| 전년도 =100 증가치 지수 | 2005 | 105.23 | 112.08 | 112.23 | 112.15 | 111.31 |
| | 2006 | 105.00 | 113.39 | 114.14 | 113.74 | 112.68 |
| | 2007 | 103.74 | 115.06 | 115.98 | 115.49 | 114.16 |
| | 2008 | 105.38 | 109.88 | 110.40 | 110.12 | 109.63 |
| | 2009 | 104.18 | 109.94 | 109.56 | 109.76 | 109.21 |
| | 2010 | 104.27 | 112.25 | 109.75 | 111.07 | 110.45 |
| | 2011 | 104.25 | 110.28 | 109.42 | 109.88 | 109.30 |
| | 2012 | 104.55 | 107.92 | 108.06 | 107.98 | 107.65 |
| | 2013 | 104.00 | 107.85 | 108.27 | 108.04 | 107.67 |
| (%) 연평균 성장률 | 2004~2008년 | 4.84 | 12.59 | 13.17 | 12.86 | 11.88 |
| | 2008~2013년 | 4.25 | 9.64 | 9.01 | 9.34 | 8.86 |
| | 2004~2013년 | 4.51 | 10.94 | 10.84 | 10.89 | 10.19 |

자료출처 : 「중국통계연감 2014」와 표 4-29의 데이터를 종합 정리하여 얻었다.

있었지만 중·장기(5~10년) 추이로 보면 성장률은 대체로 일치하였다. 비농업산업의 성장률은 일반적으로 이 두 부문의 성장률 사이에 있으며 전반 국민경제에서 차지하는 비중이 90% 안팎에 달해 전반 경제에서 지배적인 지위를 차지하고 있다. 그래프 4-10에서 볼 수 있다시피, 전반적인 추세로 볼 때 이 시기(2004~2013년) 2004년 불변가격에 따라 계산한 비농업 및 전반 산업의 증가치 곡선은 평행에 근사한

두 갈래 직선으로, 경사도가 아주 근접하다. 2, 3차 산업도 평행에 근사한 두 갈래 직선으로 표현되며 경사도 또한 거의 비슷하다.(그러나 자세히 분석해 보면 양자 간의 격차가 먼저 좁아졌고 그 후 확대되었다가 현재 다시 좁혀진 것을 보아낼 수 있음) 중국 1차 산업도 최근 몇 년 동안 빠르게 성장하여 연평균 4.51%의 성장률을 기록하였는데 이는 전 세계적으로도 보기 드문 상황이다. 하지만 중국의 2, 3차 산업과 비교하면 성장률이 낮은 편이며 양적으로 보아도 절대 규모가 작기 때문에 그래프에서 수평선에 가깝다. 전반적으로 볼 때, 이 단계에 중국의 경제성장은 주로 비농업산업의 기여에 의존하였으며, 비농업산업에서는 2, 3차 산업의 성장이 서로 비슷하였다.

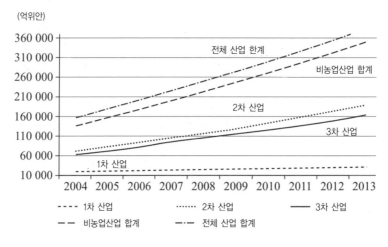

그래프 4—10 2004~2013년 중국 산업별 증가치의 변동 상황
(2004년 불변가격에 따라 계산)

자료출처 : 표 4-32.

그래프 4-10에 반영된 장기 추이의 변화는 2004년 불변가격에 따라 계산한 증가치에 반영되어 있다. 그러나 실제 경제활동에서는 수급관계의 영향을 받아 산업별 총가격수준의 상승폭은 서로 다르다. 1차 산

업의 총가격수준의 성장폭이 가장 크고, 3차 산업이 버금가며, 2차 산업이 가장 작았다. 이러한 가격 변화의 차이는 근본적으로 시장에서 해당 산업의 제품 또는 서비스의 수급관계를 반영하였다. 가격 요인을 고려할 때 현행가격에 의해 반영된 증가치 변동의 장기 추세는 약간의 변화가 있을 수 있다. 그래프 4-11에서 알 수 있다시피 2011년을 전후하여 산출량 규모에서 3차 산업은 2차 산업을 추월하여 국민경제에서 차지하는 비중이 가장 큰 산업으로 자리매김하였다. 최근 2년 동안의 경제성장 데이터로 볼 때, 3차 산업의 성장률도 2차 산업의 성장률을 넘어섰는데, 이는 중국이 공업화 후기 단계에 진입하였음을 보여주는 중요한 표징이다. 비록 1차 산업은 여전히 국민경제에서 차지하는 비중이 가장 작은 업종이지만, 성장폭은 그래프 4-10의 수준을 분명 초과하였다. 그러나 전체적으로 볼 때 전반 경제성장의 장기 추이는 여전히 비농업산업의 발전에 의해 결정되는데, 이는 그래프 4-10과 일치하는 결론이다.

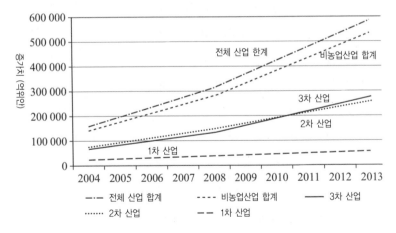

그래프 4-11 2004~2013년 중국 산업별 증가치의 변동 상황(당해 현행가격에 따라 계산)

자료출처 : 표 4-29

(2) 1, 2, 3차 산업의 취업 변화

경제성장과 산업구조의 업그레이드에 따른 비농업산업 취업의 급속한 성장은 중국의 취업구조에 큰 변화를 가져왔다. 그래프 4-12에서 알 수 있다시피, 1차부터 3차까지 전국 경제센서스가 진행되는 동안 중국의 총 취업자 수는 완만하게 증가(증가속도가 점차 떨어짐)하여 7천만 명 좌우 증가하였다. 그러나 산업별로 보면 변화 추세에는 큰 격차가 있다. 1차 산업의 취업자 수가 꾸준히 줄어든 반면, 2, 3차 산업의 취업자 수는 모두 증가하고 있을 뿐만 아니라 3차 산업의 취업자 수 성장폭이 2차 산업보다 컸다. 절대 인수로 볼 때 2004년, 3차 산업의 취업자 수가 2차 산업보다 낮았고 물론 1차 산업보다도 낮았다. 그러나 2013년에 이르러서는 3차 산업의 취업자 수가 증가세인 2차 산업과 감소세인 1차 산업을 추월하여 취업자 수가 가장 많은 부문으로 되었다. 그래프 4-11에 반영된 발전 추세로부터 알 수 있다시피 3차 산업의 취업자 수는 계속해서 비교적 높은 성장률을 유지할 것이고, 2차 산업의 취업자 수는 여전히 성장세를 유지할 것이지만 성장률은 점차 하락할 것이며, 1차 산업의 취업자 수는 계속해서 줄어들 것이다. 2016년을 전후하여 중국 1차 산업의 취업자 수는 2차 산업의 취업자 수보다 적은 수준까지 하락하여 중국 현 단계 현대 경제 증가치 순위와 유사한 구조적 특징을 형성할 것이다. 즉 3차 산업의 취업자 수가 차지하는 비중이 가장 크고 2차 산업이 그 버금가며 1차 산업의 비중이 가장 작은 취업구조를 뜻한다. 이후 시장경제의 수익 평균화 법칙의 역할로 하여 취업 구조가 구체적인 비례에서도 꾸준히 업그레이드 중인 증가치 구조에 접근하게 될 것이다. 이 같은 취업구조의 변화는 중국의 노동생산성을 전면적으로 향상시키는 동시에 노동자 소득의 증가와 함께 중국의 최종 소비와 투자를 촉진함으로써 중국 다음 단계의 경제성장에 긍정적인 영향을 미칠 것이다.

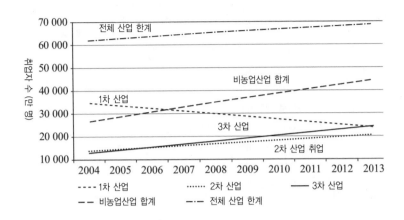

그래프 4-12 2004~2013년 중국 산업별 취업자 수의 변화 상황

자료출처: 표 4-29

### (3) 경제성장 및 취업 성장 간의 연관성 분석

### 1. 산업별로 본 경제(증가치)성장에 대한 취업의 탄력계수 및 취업의 변화

2004~2013년 중국의 고속 경제성장은 비농업산업의 취업 증가에 크게 기여하였다. 경제성장에 대한 고용의 탄력 측면에서 보면 GDP 성장률이 매 1%포인트씩 상승할 때마다 전체 취업(농업 취업 포함)은 0.12%포인트(표 4-33(3) 참조, 2004~2008년, 2008~2013년 그리고 2004~2013년 모두 그러함) 증가하였다. 성장률로 보면 수치가 별로 높지 않은 것 같지만, 국내 총 취업자 수를 고려하면 상당히 높은 수치이다. 2013년 중국의 총 취업자 수는 6억 8천800만 명인데 이중 0.12%면 82만 5천600만 명 수준이다. 만약 GDP가 7% 성장한다면 총 취업자 수는 578만 명이 증가한다.

전체 취업에서 취업의 변화는 산업별로 다르다. 아래 각 산업의 상

표 4-33 2004~2013년 1, 2, 3차 산업 취업이 경제성장에 대한 탄력계수 및 영향

| | 시간 | 1차 산업 | 2차 산업 | 3차 산업 | 비농업 산업합계 | 전체산업 합계 |
|---|---|---|---|---|---|---|
| (1) 증가치의 연평균 성장률 (%) | 2004~2008년 | 4.84 | 12.59 | 13.17 | 12.86 | 11.88 |
| | 2008~2013년 | 4.25 | 9.64 | 9.01 | 9.34 | 8.86 |
| | 2004~2013년 | 4.51 | 10.94 | 10.84 | 10.89 | 10.19 |
| (2) 취업자 수의 연평균 성장률 (%, 기하평균치) | 2004~2008년 | -3.73 | 5.68 | 8.39 | 7.02 | 1.38 |
| | 2008~2013년 | -4.18 | 3.30 | 6.15 | 4.79 | 1.07 |
| | 2004~2013년 | -3.98 | 4.35 | 7.14 | 5.77 | 1.21 |
| (3) 증가치 성장에 대한 취업자 수의 탄계계수 | 2004~2008년 | -0.77 | 0.45 | 0.64 | 0.55 | 0.12 |
| | 2008~2013년 | -0.98 | 0.34 | 0.68 | 0.51 | 0.12 |
| | 2004~2013년 | -0.88 | 0.40 | 0.66 | 0.53 | 0.12 |

자료출처 : 표 4-29와 표 4-32의 관련 데이터를 바탕으로 계산하여 얻었다.

황을 각각 살펴보자.

우선, 1차 산업을 살펴보자. 표 4-33(3)에서 알 수 있다시피 2004~2013년, 경제성장에 대한 1차 산업의 고용탄력계수(이하 고용탄력으로 약칭)는 -0.88%이다. 즉 1차 산업이 매 1%포인트씩 성장할 때마다 취업자 수가 0.88% 줄어들었다는 뜻이다. 단계별로 보면 앞 단계(2004~2008년)의 고용탄력은 -0.77이고, 그 후 단계의 고용탄력은 -0.98이었다. 이는 중국의 고속 경제성장의 배경에서 농업 증가치의 증가와 농업 취업자 수의 감소가 동시에 일어나고 있음을 말해준다. 이 기간(2004~2013년) 동안 농업 증가치의 연평균 성장률은 4.51%인 반면, 취업자 수의 연평균 성장률은 -3.98%였다. 따라서 취업자 수에 근거하여 계산한 노동생산성의 연평균 성장률은 (104.51/96.02-1)×100=8.84%로, 이는 놀라울 정도로 높은 성장률이다. 이 또한 최근 몇 년 동안 중국 농촌 거주자의 가처분소득이 상대적으로 빠르게 성장한 이유를 상당 부분 설명해주었다.

다음, 2차 산업을 살펴보자. 2004~2013년, 2차 산업의 고용탄력은

0.40이다. 단계별로 보면 앞 단계의 고용탄력은 0.45이고 그 후 단계의 고용탄력은 0.34이다. 이는 이 시기 2차 산업의 고용탄력이 떨어졌다는 점을 말해준다. 공업화가 가속화되던 전 단계에는 노동 집약형, 특히 가공 수출형의 노동 집약형 기업이 빠르게 발전하면서 노동력 수요의 향상을 초래하였지만 2차 산업, 특히 공업 부문은 과학기술과 설비를 사용하여 인간의 노동력을 대체하고 생산성을 높이는 것이 특징이다. 따라서 일정한 발전단계에 이르면 대형 공업기업의 발전은 주로 노동력의 증가보다는 연구 개발과 투자 증가에 따른 설비 개선과 생산력 향상에 의존하고 있다. 따라서 장기 추이로 보면 해당 업종의 취업 성장은 점차 감소하고 심지어 마이너스를 기록할 가능성이 있다. 그러나 현 단계에서 2차 산업의 발전은 여전히 중국의 취업에 긍정적인 기여를 하고 있다.

그다음, 3차 산업을 살펴보자. 1, 2, 3차 산업 가운데서 3차 산업의 고용탄력이 가장 크다. 2004~2013년, 3차 산업의 고용탄력은 0.66이다. 단계별로 보면 앞 단계의 고용탄력은 0.64이고 그 후 단계의 고용탄력은 0.68이다. 이는 중국 경제가 성장하고 3차 산업이 발전함에 따라 3차 산업의 고용탄력이 증가하고 있음을 의미한다. 3차 산업은 서비스 산업이다. 서비스 활동은 노동 의존도가 비교적 높을 뿐만 아니라 노동력을 흡수할 수 있는 능력 또한 더 강하다. 공업화 전·중기에 대국은 주로 공업 및 2차 산업의 발전을 통해 경제성장과 경제발전을 촉진한다. 그러나 공업화 후기에 이르러서는 3차 산업이 국민경제의 주도산업이 될 것인데, 이는 필연적으로 3차 산업 취업의 급격한 증가로 이어질 것이다. 현재 중국은 이 발전단계에 처해 있다.

마지막으로 전반 비농업산업을 살펴보자. 2004~2013년, 전반 비농업산업의 고용탄력은 0.53이다. 그중 전 단계의 고용탄력은 0.55이고 후 단계의 고용탄력은 0.51이다. 이는 비농업산업 부문의 성장에 대한 비농업산업의 고용탄력이 감소하고 있음을 시사한다. 앞의 분석에서 볼 수 있다시피, 2차 산업의 고용탄력은 전후 두 단계에서 감소하는 반면 3차 산업의 고용탄력은 증가하였다. 그러나 폭으로 볼 때 2차 산업의 감소폭(0.11)이 3차 산업의 증가폭(0.04)보다 크기 때문에 전반 비농업산업의 취업 증가에 영향을 미쳤다. 구체적인 데이터로 보면 고용탄력이 0.51이라는 것은 비농업산업의 증가치가 매 1%포인트씩 증가할 때마다 취업이 0.51%포인트 증가한다는 의미이다. 2013년 말 기준으로 중국의 비농업산업의 취업자 수는 총 4억 4천600만 명에 달하였다. 만약 GDP 성장률이 7.5% 좌우라면 비농업산업의 증가치는 8% 안팎 성장할 것으로 예상된다. 만약 고용탄력계수 0.51을 기준으로 할 때 견인한 비농업산업의 취업자 수 성장률은 약 4%로 즉 1천 700만 명 안팎에 달한다. 2015년, 중국의 경제 성장률이 7%이고 비농업산업의 증가치 성장률이 7.8%로 떨어진다면 비농업산업의 취업은 4억 6천300만 명의 토대 위에서 3.9%에 맞먹는 약 1천800만 명이 더 늘어날 것이다.

## 2. 연평균 증가치 성장률과 연평균 취업 증가량의 관계로 보는 비농업 산업의 취업 성장

탄력계수를 이용한 성장과 취업의 관계 분석은 경제활동과 취업이 기하급수적으로 증가한다는 가정 하에 진행되었다. 이러한 가정은 지난 수년간의 국민경제 및 여러 산업부문의 생산 활동 경험을 통해 확인되었다. 기하평균수로 계산되는 연평균 경제 성장률은 경제활동 규모의 장기 확장 추이를 더 잘 반영한다. 그러나 취업 측면에서 실제 상황으로 볼 때 기수(총 노동력 수)가 확대됨에 따라 신규 취업자 수

(특히는 비농업산업의 취업자 수)가 매년 점진적으로 증가하고 있지만 그 폭은 상대적으로 비교적 작다. 예를 들어, 2011년 '12차 5개년 계획' 강요에서는 '12차 5개년 계획' 기간 도시에서 4천500만 개의 신규 취업 추가와 4천만 명의 농업 노동력 이전을 취업 목표로 제시하였다. 구체적으로 말하면 도시에서 900만 개의 신규 취업을 추가하고 매년 800만 명의 농업 노동력을 이전시켜야 한다는 것이다. 연간 신규 취업 추가와 농업 노동력 이전 목표는 동일한 성장률이 아닌 동일한 양적 규모에 근거하여 요구를 제기하였다. 만약 매년 증가하는 취업자 수가 비슷하다면 매년 총 노동력 수가 증가함에 따라 취업자 수의 성장률은 매년 소폭 감소할 것이다. 만약 여전히 기하평균수로 노동력 또는 취업 성장을 반영할 경우, 일정 수준의 왜곡(전 단계의 성장률은 과소평가하고 최근 기간의 성장률은 과대평가함)이 나타날 위험이 있다. 하지만 산술 평균수로 연평균 취업의 성장을 반영한다면 위 상황을 피면할 수 있다. 산술평균치로 취업자 수의 성장폭을 반영하면 직관적인 분석 결과를 얻을 수 있는 이점이 있다. 산업별로 기수가 다르기 때문에 취업이 매 1%포인트씩 증가할 때마다 반영하는 인원수에 비교적 큰 격차가 있을 수 있으며, 산술평균법은 이러한 격차를 직접 반영할 수 있다. 좋은 해결책은 두 가지 방법(즉, 기하 평균법과 산술평균법)을 모두 사용하여 취업의 변동 상황을 고찰하고 비교 논증을 통해 합리적인 결론을 도출하는 것이다.

표 4-34는 2004~2013년, 중국의 1, 2, 3차 산업 및 전반 경제성장에서 취업에 나타난 변화를 보여준다. 전반적으로 볼 때 이 시기 중국의 연간 신규 취업자 수는(농업의 신규 취업 포함) 782만 명에 달하였는데 그중 앞 단계(2004~2008년)는 697만 명이고 그 후 단계(2008~2013년)는 888만 명이다. 이는 2004~2013년 기간 동안 신규 취업이 매년

점진적으로 증가(이런 상황에서 기하 평균치로 계산한 연평균 성장률의 적용성이 증강될 것임)하는 추세였음을 의미한다. 경제성장과 취업의 관계를 보면, 모든 산업의 증가치(즉, GDP)가 매 1%포인트씩 증가할 때마다 77만 명의 취업을 견인할 수 있다. 단계별로 보면, 전 단계의 59만 명에서 후 단계의 100만 명으로, 비교적 뚜렷하게 증가하였다. 이는 2004~2008년, 연평균 10%의 경제성장으로 창출된 신규 취업(590만 명)을 2008~2013년에 이르러서는 연평균 6%의 경제성장(600만 명)이면 실현할 수 있다는 의미이다. 더 높은 경제 성장률은 더 많은 취업(888만 명)을 창출할 수 있다. 이 계산 결과는 현재 중국의 상황과 일치하다. 경제 성장률이 하락할 때 성장률 매 1%포인트 당 창출되는 취업이 증가하므로 신규 취업 창출은 여전히 안정적으로 유지될 수 있다.

표 4-34 2004~2013년 1, 2, 3차 산업의 성장에 따른 취업자 수의 변화

| | 시간 | 1차 산업 | 2차 산업 | 3차 산업 | 비농업 산업합계 | 전체산업 합계 |
|---|---|---|---|---|---|---|
| (1) 증가치의 연평균 성장률(%) | 2004~2008년 | 4.84 | 12.59 | 13.17 | 12.86 | 11.88 |
| | 2008~2013년 | 4.25 | 9.64 | 9.01 | 9.34 | 8.86 |
| | 2004~2013년 | 4.51 | 10.94 | 10.84 | 10.89 | 10.19 |
| (2) 취업자 수의 연평균 성장률(%, 산술 평균치) | 2004~2008년 | -981 | 688 | 990 | 1 678 | 697 |
| | 2008~2013년 | -1,438 | 765 | 1,561 | 2 326 | 888 |
| | 2004~2013년 | -1,184 | 722 | 1,244 | 1 966 | 782 |
| (3) 증가치가 매 1%포인트씩 성장할 때마다 증가되는 취업자 수(만 명) | 2004~2008년 | -203 | 55 | 75 | 130 | 59 |
| | 2008~2013년 | -338 | 79 | 173 | 252 | 100 |
| | 2004~2013년 | -263 | 66 | 115 | 181 | 77 |

자료출처 : 표 4-29와 표 4-32의 관련 데이터를 바탕으로 계산하여 얻었다.

부문별로 각 산업의 성장과 취업의 상황을 살펴보자.

우선, 1차 산업을 살펴보자. 1980년대 후기부터 중국 1차 산업의 성

장률은 장기간 4%~5%에 머물렀는데, 이는 세계 각국 농업의 장기 성장률뿐만 아니라 다수 국가의 전체 경제 성장률[127]보다도 높은 수치이다. 농업 현대화(과학기술, 기계, 농약과 화학비료의 사용)가 대량의 농업 노동력을 해방시킴으로써 농업분야에 필요한 취업자 수가 대폭 줄어들었다. 표 4—34에서 알 수 있다시피 2004~2013년, 중국 1차 산업의 증가치가 매 1%포인트씩 증가할 때마다 필요한 취업자 수가 263만 명 감소하였는데 그중 전 단계에 203만 명, 후 단계에 338만 명 줄어들었다. 이는 농업의 발전 수준이 높을수록 더 많은 농업 노동력을 외부로 이전할 수 있다는 점을 말해준다. 이 시기는 중국에서 농업 노동력이 비농업산업으로 가장 빠르게 이전된 시기이다. 게다가 최신 경제센서스 데이터로 보면 이러한 이전은 여전히 가속화되고 있다.

다음 2, 3차 산업 간의 비교를 살펴보자. 2004~2013년, 중국의 2차 산업은 매 1%포인트씩 증가할 때마다 견인한 취업자 수는 66만 명이었는데 그중 전 단계는 55만 명, 후 단계는 79만 명으로 점차 증가하는 유형에 속한다. 같은 시기, 3차 산업은 매 1%포인트씩 성장할 때마다 견인한 취업자 수가 115만 명에 달하였는데 그중 전 단계는 75만 명, 후 단계는 173만 명으로 역시 점차 증가하는 유형에 속한다. 두 산업 간 대비를 통해 알 수 있다시피 첫째, 3차 산업은 매 1%포인트씩 성장할 때마다 견인하는 취업자 수가 2차 산업보다 많은데 2004년부터 2013년까지 2차 산업보다 74% 더 높았다. 둘째, 3차 산업은 전후 두 단계에서의 변동폭이 더 컸다. 2차 산업은 후 단계가 전 단계에 비해 43.6%에 해당되는 24만 명이 증가한 반면, 3차 산업은 130.7%에 해당되는 102만 명이 증가하였다. 현재 3차 산업은 매 1%포인트씩 성

---

127) 세계은행 데이터뱅크에서 연속적인 경제성장 데이터를 찾아볼 수 있는 105개 나라와 지역에서 1980~2010년, GDP 연평균 성장률이 4.5%를 초과한 나라와 지역이 22개에 불과하였다. 류웨이(劉偉) 책임편집, 『중국 경제성장 보고 2012』, 베이징대학출판사 2012년판을 참조하라.

장할 때마다 견인하는 취업자 수가 2차 산업보다 49만 명이 더 많다. 이로부터 현 단계에서는 3차 산업의 성장이 취업에 대한 견인역할이 2차 산업보다 훨씬 더 클 뿐만 아니라 그 격차가 계속 확대되고 있음을 알 수 있다.

마지막으로 중국의 비농업산업에 대한 경제성장의 견인역할을 살펴보자. 표 4-34에서 볼 수 있다시피 앞 단계에 중국 비농업산업의 증가치가 매 1%포인트씩 증가할 때마다 130만 명의 취업을 견인하였다. 비농업산업의 연간 성장률이 13%에 달할 경우 흡수할 수 있는 취업자 수는 약 1천690만 명에 달한다. 그 후 단계에 이르러 매 1%포인트씩 성장할 때마다 견인한 취업자 수가 이미 252만 명에 달하였기 때문에 동일 규모의 비농업산업 신규 취업을 흡수하려면 비농업산업은 6.76%의 성장률을 실현하면 가능하다. 2008~2013년 데이터를 참고로 해 알 수 있다시피, 중국의 현 단계에서 2차 산업이 매 1%포인트씩 성장할 때마다 견인하는 취업자 수는 약 79만 명, 3차 산업에서 견인하는 취업자 수는 약 173만 명임을 알 수 있다. 그렇다면 비농업산업이 매 1%포인트씩 성장할 때마다 취업자 수는 약 250만 명 증가한다. 만약 중국의 경제 성장률이 6%에 도달한다면 비농업산업 성장의 약 3분의 2가 3차 산업에서 이루어질 것이다. 만약 중국의 GDP가 7% 좌우 성장하고 2, 3차 산업이 8% 좌우 성장한다면 수용할 수 있는 비농업산업의 취업자 수는 2천만 명 안팎에 달할 수 있다. 표 4—34에서 볼 수 있다시피 이 수치가 2004~2013년의 평균 수준보다는 높지만 2008~2013년의 평균 수준보다는 낮다.

## 3. 중국 경제성장과 취업 관계에 대한 전체적인 분석

고용탄력과 취업 증가량의 2가지 방법을 적용하여 분석한 결과에는 차이가 있다. 사실, 경제성장과 취업의 양적 및 구조적 변화의 복잡성으로 인해, 그 어떤 방법이나 모형으로 그들의 발전과 변화를 반영할 때 모두 편차가 있을 수 있다. 그러므로 여러 가지 방법을 결합하여 사용하면 흔히 단일 방법의 단점을 보완함으로써 우리가 사물 변화의 전반 모습을 더욱 잘 이해할 수 있도록 한다.[128]

첫째, 2004~2013년, 중국의 취업자 수, 특히 비농업산업의 취업자 수가 점진적으로 증가하고 있으며 평균 성장폭은 기하 평균치와 산술 평균치 사이에 있다. 즉 고용탄력은 점진적으로 감소하고 있다. 그러나 성장률이 매 1%포인트씩 성장할 때마다 창출되는 일자리 수는 점진적으로 증가하고 있지만 그 성장폭은 크지 않다. 대략적으로 볼 때 고용탄력의 방법으로 추산하면 중국 현 단계에서 GDP가 매 1%포인트씩 성장할 때마다 견인하는 비농업산업의 취업이 약 0.51%포인트 (2008~2013년의 데이터)에 달하는데 현재 비농업산업의 취업자 수는 약 4억 6천300만 명(경제센서스 데이터를 토대로 2014년의 증가량을 더하였음)이다. 만약 내년에 경제가 7% 성장하면 비농업산업의 취업자 수는 약 1천800만 명 증가할 것이다. 그중 농업의 이전 노동력과 도시의 신규 취업이 각각 증가량의 절반인 900만 명을 차지하게 된다. 반면, 비농업산업의 신규 취업에서 2차 산업은 약 3분의 1인 600만 명 좌우, 3차 산업은 약 3분의 2인 1천200만 명 좌우를 차지하게 된다.

둘째, 취업 증가량의 방법을 적용하여 추산하면 중국의 현 단계에서 GDP가 매 1%포인트씩 증가할 때마다 견인하는 비농업산업의 취업자 수는 263만 명 좌우에 달한다. 경제 성장률이 7%에 달할 때 증가되는 비농업산업의 취업자 수는 약 1천840만 명인데 그중 농업에서

---

128) 오쿤의 법칙을 탐색할 때 오쿤은 3가지 서로 다른 방법으로 경제성장과 완전 취업의 관계를 연구하였다. 제1절에서 인용한 논문 Okun, Arthur, M., "Potential GNP, Its Measurement and Significance"을 참조하라.

이전된 노동력과 도시의 신규 취업자 수는 각각 920만 명 안팎에 달한다. 2, 3차 산업에 따른 신규 취업자 수는 각각 600만 명, 1천200만 명을 약간 상회할 것이다.

셋째, 2가지 방법을 적용하여 비교한 결과 고용탄력으로 얻은 추산 결과는 전기에 비교적 낮고 후기에는 비교적 높은 가변성을 나타냈다. 그러나 취업 증가량을 적용하여 얻은 추산 결과는 안정적이었다. 만약 단기 보외법을 적용할 경우 고용탄력 방법을 사용하여 얻은 추산 결과가 증가량 방법을 사용하여 얻은 추산 결과보다 낮아진다. 반면, 만약 장기 보외법을 적용할 경우 고용탄력 방법을 사용하여 얻은 추산 결과가 증가량 방법을 사용하여 얻은 추산 결과보다 높아진다. 단기 예측으로 볼 때 2가지 추산방법의 결과는 비슷하다. 즉, 2008년부터 2013년까지 성장과 취업의 일반적인 관계에 따르면 최근 2~3년간 중국의 GDP 성장률이 매 1%포인트씩 성장할 때마다 비농업산업의 취업자 수는 약 260만 명 증가하였고, 7% 성장률에서는 비농업산업의 취업자 수가 약 1천800만 명 증가하였다. 공급 측면에서 볼 때 농업에서 이전한 노동력과 도시의 신규 추가 노동력이 각각 절반(모두 900만 명)을 차지하고, 수요 측면에서 볼 때 2차와 3차 산업이 각각 3분의 1과 3분의 2(600만 명과 1천200만 명)를 차지하였다. 만약 더 긴 기간(예하면 5~10년)의 추정을 하려면 중국의 인구 생명표, 취업에 대한 산업별 발전의 견인역할 등의 변화와 발전 상황을 고려하여 조정해야 한다.

넷째, 동적 발전 측면에서 볼 때 2가지 방법 모두 3가지 시점(2004년, 2008년, 2013년)의 경제총량 및 취업 데이터를 사용하였으며 시계열 측면에서는 표본이 여전히 너무 적다. 그러나 앞의 분석에서 이미 알 수 있다시피 이 시기 중국의 GDP가 매 1%포인트씩 증가할 때마다 수용할 수 있거나 또는 필요로 하는 비농업산업의 취업(특히 3차 산업의 취업) 증가량은 사실상 소폭 증가되었다. 게다가 전국 경제센서스 루트의 비교적 엄격한 요소를 감안한다면 GDP가 매 1%포인트씩 증가할 때마다 견인하는 비농업산업의 취업자 수가 더 증가하여 265만 명 이상에 달할 수 있다. 7.5% 안팎의 경제 성장률로 매년 2천만 명 이상의 비농업산업 취업자가 증가할 수 있다는 사실은 이미 지난 3년간(2012~2014년)의 비 센서스 데이터에 의해 입증되었지만[129] 본 절의 분석은 여전히 센서스 데이터를 기반으로 한다.

다섯째, 상기 분석은 역사적 실제 데이터를 기반으로 진행하였다. 지난 10년간 국내 노동력의 공급은 꾸준히 증가하였으며, 이러한 성장은 취업구조의 변화와 함께 중국 경제성장의 노동력 수요를 충족시켰을 뿐만 아니라 중국의 도시화 과정도 추진하였다. 그러나 1980년대부터 시행된 인구정책의 효과가 점차 나타나기 시작하면서 중국의 총 노동력 공급은 어느 정도 변화할 것이며, 지금부터 점차 안정기에 접어들어 앞으로는 더 이상 뚜렷한 성장이 없을 것이라는 점도 주목하여야 한다.[130] 그러므로 중국의 경제성장 특히는 비농업산업의 성장에 필요한 신규 추가 노동력의 수요를 총량적으로 해결하려면 주로 취업구조의 조정, 즉 농업 노동력의 이전에 의존하여야 한다.

총적으로, 본 절에서는 오쿤의 법칙에 대한 재 연구를 시작으로 세 차례 전국 경제센서스 기간의 GDP계산과 취업 총량 및 분류 데이터의 상관관계 분석을 통하여 중국 현 단계의 경제성장과 취업의 양적 특징을 연구하였으며 다음과 같은 5가지 결론을 도출해냈다.

---

129) 설명해야 할 점은, 전국 경제센서스를 통해 종합하여 얻은 2, 3차 산업의 취업 데이터는 「중국통계연감」의 데이터보다 약간 낮다. 이는 주로 전국 경제센서스에서 자영업체를 '허가증 소유' 자영업체로 정의하는 비교적 엄격한 통계기준을 적용하였기 때문이다.

130) 류웨이 · 차이즈저우(蔡志洲), 「산업구조 변화발전 중의 경제성장과 취업」, 『학술월간』 2014년 제6호를 참조하라.

첫째, 오쿤의 법칙은 시장경제 하에서의 경제성장과 취업 간의 양적관계를 논의하였으며 특히 잠재 경제성장률, 실제 경제성장률과 완전 취업 간의 관계를 연구하였다. 오쿤의 법칙은 미국에서 공업화 실현, 경제구조 특히 산업구조(증가치 구조와 취업구조 포함)의 상대적 안정이라는 배경에서 제기되었다. 오쿤의 법칙에 따르면 미국과 같은 현대화 국가의 경우, 노동생산성이 증가하고 업종이 발전함에 따라 합리적인 경제성장률(즉, 잠재 경제성장률 실현)을 지속적으로 실현하여야만 완전 취업(실업률 4%를 기준으로 함)을 유지할 수 있다. 이 이론은 중국에서도 부분적으로 적용된다. 노동생산성이 꾸준히 향상되는 상황에서 기업, 업종 또는 경제 전체가 동일한 산출 규모를 유지한다면 필요한 노동력은 필연적으로 꾸준히 감소될 것이지만, 노동력의 규모 즉 취업자 수나 취업률을 일정 수준으로 유지하려면 적당한 경제성장이 뒷받침되어야 한다. 그러나 중국의 상황은 약간 다르다. 이른바 '완전 취업'은 다만 기존의 비농업산업 노동력의 실업률 향상뿐만 아니라 시장화, 공업화와 도시화 과정이 빠르게 추진됨에 따라 농업 분야에서 비농업 분야로 이전된 많은 노동력의 취업을 어떻게 실현할 것인지도 고려하여야 한다. 이는 전환과 공업화 과정에 진입한 중국이 경제성장과 취업관계를 처리할 때 더욱 주목하여야 하는 문제이다.

둘째, 중국은 현재 급속한 공업화 및 도시화 과정을 겪고 있으며, 이는 여러 산업 및 국민 경제 업종에서 취업자 수에 따라 계산한 노동생산성(일인당 증가치)의 꾸준한 증가, 경제성장 과정의 산업구조 업그레이드(증가치 구조와 취업 구조의 업그레이드, 증가치 구조의 업그레이드에 따른 취업 구조의 업그레이드도 포함) 가속화, 산업별 및 업종 간 격차의 축소로 나타나고 있다. 이 또한 세계 각국의 공업화 및 현대화 과정에서 나타나는 공통적인 특징이기도 하다. 중국의 현재 상황으로 볼 때 중국의 공업화 과정은 이미 후기에 접어들었지만 도시화 과정은 아직 중후기(이는 농업 노동력이 비농업산업으로 대규모로 이전되고 있고 또 여전히 지속되고 있다는 사실에서 반영되고 있음) 단계에 머물러 있다. 산업구조와 취업구조의 변화로 창출된 공급(생산력)과 수요(소비 및 투자)로 말미암아 중국의 경제성장은 여전히 큰 잠재력을 가지고 있으며, 상당히 오랜 기간 동안 비교적 빠른 성장을 유지하면서 완전 취업을 받쳐줄 가능성이 있다.

셋째, 세 차례의 전국 경제센서스(2004~2013년)가 진행되는 동안은 중국 개혁개방 이래 경제성장이 가장 빠른 시기였으며, 20세기와 21세기가 교체되는 시기의 시장화 개혁을 거쳐 중국 경제는 공업화가 가속화되는 새로운 발전단계에 진입하였다. 이로 실현한 고속 경제성장은 총량의 확대(일본을 제치고 세계 제2대 경제체로 부상함)와 경제발전 수준의 향상(중저소득 국가에서 중상소득 국가로 부상함)뿐만 아니라 산업구조와 취업구조의 빠른 개선에서도 구현된다. 현 단계에서 3차 산업은 이미 국민경제의 새로운 주도산업으로 부상한 가운데 국민경제에서 차지하는 비중이 가장 크고, 성장속도가 가장 빠르며, 신규 취업을 가장 많이 흡수하는 데서 구현되며 중국에서 궁극적으로 현대화 목표를 실현하는 과정에 관건적인 역할을 발휘할 것이다.

넷째, 취업에 대한 경제성장의 탄력계수를 계산하거나 증가치와 GDP가 매 1%포인트씩 증가할 때마다 견인하는 취업 증가량을 계산하는 2가지 방법을 통해 현 단계에서 경제성장이 취업, 특히는 비농업산업의 취업에 대한 견인역할을 분석하였다. 연구결과에 따르면 세 차례의 전국 경제센서스 기간 동안 중국의 2, 3차 산업이 매 1%포인트씩 성장할 때마다 견인한 취업자 수가 점진적으로 증가한 것으로 나타났다. 그러나 고용 탄성 측면에서 볼 때 2차 산업은 감소하고 3차 산업은 증가하였다. 이는 3차 산업은 취업에 대한 성장의 견인역할이 2차 산업보다 훨씬 뚜렷하다는 점을 시사한다. 전반 국민경제 범위에서 볼 때, GDP에 대한 비농업산업 취업의 고용탄력계수(즉 GDP가 매 1%포인트씩 증가할 때마다 견인한 비농업산업의 취업 성장률)는 소폭 하락되었지만 매 1%포인트 당 성장이 견인한 취업자 수는 꾸준히 증가하였다.

다섯째, 고용탄력과 매 1%포인트 당 성장에 따른 취업 증가량의 두 가지 각기 다른 방법을 적용해 얻은 계산 결과는 약간 다르지만 반영된 추세는 대체로 일치하였다. 현 단계에서 중국 경제가 매 1%포인트씩 성장할 때마다 견인하는 비농업산업의 취업자 수는 260만~265만 명에 달한다. 비농업산업의 노동력 공급원 측면에서 볼 때 농업 부문에서 이전한 인원과 신규 취업자 수가 각각 약 절반을 차지하며, 신규 추가 비농업산업 노동력의 활용 측면에서 볼 때 2차 산업이 약 3분의 1, 3차 산업이 약 3분의 2를 차지한다. 만약 GDP가 7% 성장한다면 비농업산업의 신규 취업자 수는 1천800만~2천만 명에 달할 것이다. 그중 절반은 농업부문에서 이전된 노동력이고 나머지 절반은 도시의 신규 추가 노동력으로 양자 각각 900만~1천만 명 수준이다. 2차 산업의 취업자 수는 600만~700만 명이고 3차 산업의 취업자 수는 1천200만~1천300만 명에 달한다. 전반적으로 볼 때, 2008~2013년, 연간 중국 비농업산업의 신규 취업자 수는 평균 2천만 명을 넘어서고 경제성장률의 하락은 자연스레 신규 취업자 수의 감소로 이어질 것이다. 한편으로, 중국은 경제가 매 1%포인트씩 성장할 때마다 견인하는 비농업산업의 취업은 완만하게 제고되었고 다른 한편으로 노동력 공급 측면에서 중국의 노동력 총량은 이미 안정적인 발전단계에 들어섰다. 현재 연간 증가량이 점차 줄어들고 있어 얼마 지나지 않아 총량이 점차 줄어드는 단계에 들어서게 될 것으로 예상된다. 따라서 현재 중국의 경제 성장률이 소폭 하락한 상황에서 여러 가지 구조관계를 잘 처리한다면 여전히 완전 취업을 유지할 가능성이 있다. 그러나 만약 경제 성장률이 여기서 더 하락한다면 완전 취업은 영향을 받을 가능성이 있다. 그러므로 7% 이상의 경제 성장률은 중국 현 단계의 완전 취업이 심각한 영향을 받지 않도록 보장하는 중요한 조건이다.

# 제5장
## 산업구조의 변화와 경제성장의 효율

GDP 성장을 망라한 경제 규모의 확장이 한 나라 경제 발전의 양적 변화를 주로 반영한다면 산업구조 · 지역구조 · 수요구조 · 요소구조 등과 같은 경제구조의 변화와 발전은 한 나라 경제 발전의 질적 변화를 반영한다고 할 수 있다. 개발도상국에 있어서 일정한 시기 내에 GDP 총량의 고속 성장을 실현하는 것은 결코 어려운 일이 아니다. 정말 어려운 것은 성장 과정에서 경제구조의 변화와 발전을 실현하는 것이다. GDP 총량 규모의 확대, 심지어 세계 앞자리를 차지하는 것이 결코 경제의 강성을 의미하는 것은 아니다. 경제 현대화의 근본은 경제구조의 현대화에 있다. 본장에서는 중국 개혁개방 이래, 경제의 성장 과정에서 구조 고도화의 변화와 발전에 대해 토론하고 나아가 구조의 변화와 발전이 경제성장에 미치는 역할을 분석한 뒤 이를 바탕으로 구조의 변화발전이 중국 경제의 지속 가능한 발전에 미치는 의미 및 구조전환의 실현을 위해 마련하여야 하는 조건에 대해 상세하게 설명하고자 한다.

# 제1절 중국 경제성장 과정에서 산업구조의 변화발전

## 1. 구조 고도화지수의 의미 및 측정 방법

산업구조란 특정된 기술과 제도 조건 하에서, 한 나라 또는 지역의 국민 경제를 형성하고 있는 여러 산업이 어떤 비중으로 구성이 되어 있는지, 그리고 그 여러 산업 상호 간의 경제적 연계가 어떠한지를 보여주는 개념이다. 공급 면에서 볼 때 산업구조에는 제품구조·부문 투입 산출구조·기술구조·생산액구조·취업구조·요소구조 등이 망라된다. 수요 면에서 볼 때 산업구조는 소비구조·소득분배구조·수출입구조 등 방면의 특징을 나타낸다. 산업구조의 고도화 혹은 고급화란 경제발전 중 일정한 역사 조건 하에서 현대화 목표의 요구에 따라 경제발전의 내적 논리를 지키면서 산업구조가 순방향으로 업그레이드되는 발전과정을 가리킨다. 예를 들면 1, 2, 3차 산업 간 경제발전의 각기 다른 단계에서 1차 산업, 2차 산업, 3차 산업이 국민경제에서 우세를 차지하는 비중 및 주도적 역할이 차례로 대체되는 정도이다. 또 예를 들어 부문 제품구조 간에 경제발전의 각기 다른 단계에서 초급제품·중급제품·최종제품이 국민경제에서 우세를 차지하는 비중 및 주도적 역할이 차례로 대체되는 정도이다. 또 예를 들면 기술구조 면에서 경제발전의 각기 다른 단계에 노동집약형·자본집약형·기술집약형 및 지식집약형 산업이 국민경제에서 우세를 차지하는 비중 및 주도적 역할이 차례로 대체되는 정도 등등이 있다. 특히 짚고 넘어가야 할 점은 산업구조 고도화지수는 산업 간의 비례관계를 보여주지만 비례관계 변화의 동기는 효율의 변화, 특히는 노동생산성의 제고에 있다는 것이다. 구조 고도화지수의 변화는 효율변화의 함수로서 노동생산성과 효율의 제고에서 벗어나 인위적으로 산업구조 고도화지수를 높여 구조의 고도화를 가속화하면 '허위 고도화'를 초래하게 될 뿐이다. 이런 '허위 고도화'는 경제발전의 역사적 논리가 기필코 바로잡아 주게 된다. 그러나 이런 바로잡음에는 자원배분의 거대한 손실이 동반된다.(예를 들면 1950년대 중국의 '대약진' 시기 공업, 특히 강철 등 중공업의 비중을 강제로 늘린 것이 이런 경우에 속함) 그러므로 산업구조 고도화지수의 측정은 양적인 비례관계와 질적인 노동생산성 상승 두 방면의 통일로부터 진행되어야 한다. 물론 구조변화는 본질적으로 요소가 노동생산성이 비교적 낮은 산업·부문·분야·지역에서 노동생산성이 비교적 높은 산업·부문·분야·지역으로 이전되는 것이어야 한다. 비례관계와 노동생산성을 곱한 값을 산업구조 고도화지수의 측정 지표로 간주하면 산업구조 고도화지수 H는 다음과 같다.

$$H = \sum V_{it} \times LP_{it} \qquad (5\text{-}1)$$

여기서 $i$는 개방된 집합 속에 있으며 1, 2, 3이 되어 1, 2, 3차 산업을 대표할 수도 있고 1, 2, …, $m$이 되어 개 부문을 대표할 수도 있다. 의 집합은 끊임없이 커질 수 있다. 상기 공식 중에서 $V_{it}$는 $t$시기 산업의 생산액이 GDP에서 차지하는 비중이고, $LP_{it}$는 $t$시기 $i$산업의 노동생산성이다. 이 공식이 설명하고자 하는 산업구조 고도화지수의 의미는 한 경제체 경제에서 노동생산성이 높은 산업이 차지하는 비중이 크면 그 산업구조 고도화지수 $H$의 값도 크다는 것이다. 이 공식에 따라 공업화의 완성을 하나의 끝점으로 설정하면 한 나라의 산업구조 고도화지수 $H$의 값이 1에 가까울수록 공업화 완성에 가까워지고 있다는 것을 표명한다. 개발도상국은 $H$의 값이 일반적으로 모두 1보다 작다.

이는 공업화를 완성하지 못하였음을 의미한다. 반면에 선진국은 1보다 훨씬 크다.

일반적으로 노동생산성은 차원이 있는 수치인 반면 산업의 생산액 비중은 차원이 없는 수치이기에 '노동생산성'을 표준화할 필요가 있다. 표준화 노동생산성의 공식은 다음과 같다.

$$LP^N_{it} = \frac{LP_{it} - LP_{ib}}{LP_{if} - LP_{ib}} \qquad (5-2)$$

공식에서 $LP^N_{it}$ 은 $N$국가 혹은 지역의 표준화된 노동생산성이고, $LP_{if}$ 는 공업화가 완성되었을 때 $i$ 산업의 노동생산성이며, $LP_{ib}$ 는 공업화가 시작될 때 $i$산업의 노동생산성이고, $LP_{it}$ 는 $N$ 국가 혹은 지역의 $t$ 시점에서 직접 계산한 산업의 노동생산성($LP_{it}=VA_i / L_i$), 즉 $i$ 산업의 증가치와 취업자 수의 비례이다. 동시에 체널리(Chenery, 1986)의 표준구조모델을 구분 기준으로 하고 공업화의 기점은 일인당 평균 소득 706달러로, 종점은 일인당 평균 소득 1만584달러[131]로 하면 이 종점 뒤로 경제는 경제발달단계[132]에 진입하게 된다. 이를 통해 우리는 공업화 과정에서 기점과 종점에서의 노동생산성 기준을 얻을 수 있다. (표 5―1 참고)

공업화를 완성하지 못한 개발도상국의 산업의 노동생산성은 이미 공업화를 완성한 국가 또는 선진경제체와 격차가 존재한다. 여러 산

---

131) 원문은 1970년 달러로 계산하여 공업화 기점이 140달러, 종점이 2천100달러이다. 본 장은 이를 금융위기 전인 2005년 달러로 계산했다. 미국의 CPI 데이터에 따르면, 1970년 달러를 2005년 달러로 환산하는 환산인수는 5.04이다. 본 장의 기타 달러 데이터도 모두 2005년 달러로 계산했다.

132) 세계은행이 2005년에 확정한 선진국과 후진국을 구분 짓는 일인당 평균 소득 기준은 1만725달러이다. 본 장은 1만584달러로 했는바 격차가 아주 작아 무시하기로 한다. 이밖에 세계은행은 시기별 선진국과 후진국의 일인당 소득 변곡점 기준을 끊임없이 조정하였다. 예를 들면 2005년은 1만725달러였고, 2011년에는 1만2천475달러였다. 일반적으로 상응한 환산인수로 환산할 경우 각기 다른 시기별 환산해 얻은 일인당 평균 소득 기준은 세계은행이 조정한 기준과 거의 일치한다. 본 장에서 금융위기 전인 2005년 달러를 기준으로 삼았는데 이는 금융위기가 달러에 가져다준 충격과 불안정성을 고려한 것이다.

표 5-1 공업화 과정에서의 노동생산성 기준

| | 산업 | 노동생산성 (1970년 달러) | 노동생산성 (2005년 달러) | 노동생산성 (2005년 위안화) |
|---|---|---|---|---|
| 공업화 기점 : 일인당 평균소득 706달러(2005년 달러) | 1차 산업 | 70 | 352 | 2,570 |
| | 2차 산업 | 292 | 1,473 | 10,755 |
| | 3차 산업 | 340 | 1,714 | 12,509 |
| 공업화 종점 : 일인당소득 1만584달러 (2005년 달러) | 1차 산업 | 1,442 | 7,268 | 53,058 |
| | 2차 산업 | 3,833 | 19,320 | 141,036 |
| | 3차 산업 | 1,344 | 6,773 | 49,441 |

업의 표준화된 노동생산성의 가중 평균을 기초로 하여 합산하여 얻은 산업구조 고도화지수는 개발도상국의 산업구조와 공업화 완성 상태의 산업구조 고도화지수의 편차를 설명하는데 이는 횡적 혹은 종적으로 모두 비교할 수 있는 지표이다.

## 2. 중국 산업구조 고도화 수준 및 특점

공식(5-1)과 공식(5-2)에 해당 국가의 기초 데이터를 대입하여 전형적인 국가들의 2010년 산업구조 고도화지수($H$)를 계산해 낼 수 있다. (표 5-2 참고.)

첫째, 산업구조 고도화지수 $H$로부터 알 수 있다시피, 2차 산업 구조 고도화지수로 보나 전반 산업 구조 고도화지수로 보나 중국은 여전히 공업화를 완성하지 못한 개발도상국이다. 표 5-2를 통해 알 수 있다시피 발달한 경제체일수록 산업구조 고도화지수가 높은데 후기 공업화 정도가 더 크고 현대화 수준이 더 높음을 설명한다. 그리고 발달하지 못한 경제체일수록 산업구조 고도화지수가 낮은데 공업화를 아직 완성하지 못하였음을 설명한다. 이는 효율적 의미에서 산업구조 고도화지수가 경제발전의 수준 및 단계와 내적으로 연결되어 있음을 검증해

표 5-2 2010년 전형적인 국가들의 산업구조 고도화지수($H$)

| | 1차 산업 $LP_{1t}^{n}$ | 2차 산업 $LP_{2t}^{n}$ | 3차 산업 $LP_{3t}^{n}$ | 산업구조 고도화지수($H$) |
|---|---|---|---|---|
| 중국 | 0.147 | 0.462 | 1.015 | 0.666 |
| 독일 | 6.149 | 4.145 | 16.556 | 13.184 |
| 프랑스 | 8.247 | 3.840 | 17.174 | 14.480 |
| 영국 | 6.565 | 3.826 | 12.340 | 10.503 |
| 미국 | 11.226 | 5.183 | 16.671 | 14.147 |
| 싱가포르 | −0.057 | 3.420 | 8.513 | 7.071 |
| 일본 | 4.164 | 4.126 | 14.825 | 11.669 |
| 한국 | 2.011 | 2.812 | 5.971 | 4.718 |
| 태국 | 0.196 | 0.590 | 0.803 | 0.633 |
| 브라질 | 0.329 | 0.364 | 1.161 | 0.904 |
| 인도네시아 | 0.295 | 0.709 | 0.576 | 0.596 |

주고 있다. 2010년에 이르러 중국의 산업구조 고도화지수 $H$값이 0.666에 달하였다. 이는 현대 국제 기준 의미에서의 공업화 완성 수준에 따를 경우 2010년까지 중국의 공업화 과정은 이미 2/3 이상을 실현하였음을 의미한다. 우리는 2020년에 이르러 GDP 총량과 수준이 2010년에 비해 불변가격으로 계산하였을 때 두 배로 성장한다는 경제총량 확장 목표를 제기하였으며 동시에 또 2020년에 이르러 공업화(신형)를 기본적으로 실현한다는 구조 고도화 목표를 제기하였다. 이러한 목표는 현재의 공업화 수준과 발전 속도로 볼 때 완전히 실현 가능하다.

둘째, 중국의 현 단계 산업구조의 중요한 특징은 각기 다른 산업 간 노동생산성(현대화 수준)이 불균형적이라는 것이다. 2010년에 이르러 3차 산업의 현대화 수준이 1차, 2차 산업보다 현저히 높아졌으며($LP_{3t}^{n}$가 1.015) 동시에 1차 산업의 현대화 수준이 2차, 3차 산업과의 사이에 현저한 격차가 존재한다.($LP_{1t}^{n}$가 0.147) 국제사회와 비교하였을 때 2차 산업의 현대화 수준은 선진국보다 훨씬 낮을 뿐만 아니라 개발도상국 중에서도 뾰족한 편이 못 된다. $LP_{제}$ 는 겨우 0.462로 선진국(미국 5.183, 독일 4.145, 일본 4.126)보다 훨씬 낮은 것은 물론 심지어 태국·인도네시아 (태국 0.590, 인도네시아 0.709) 등 나라보다도 낮은 수준이다. 비록 중국의 GDP 총량이 이미 세계 2위를 차지하고 글로벌 경제총량의 비율도 10% 가까이 차지하며 일인당 GDP 수준도 현저하게 증가하였지만, 산업구조 고도화지수가 반영하는 경제 발전의 질적 형태로 볼 때 현 단계 중국은 여전히 공업화를 완성하지 못하였지만 이미 공업화 중·후기 쾌속 발전 단계에 진입한 개발도상국임을 알 수 있다.[133]

셋째, 중국의 산업구조 고도화가 성·시별로도 뚜렷하게 불균형적이다. 2010년 중국 일부 전형적인 지역의 3차 산업 데이터를 공식 (5-1)과 공식 (5-2)에 대입시켜 보았더니 표 5-3의 결과를 얻었다. 표 5-3을 통해 알 수 있다시피 중국 성(시) 간의 산업구조 고도화 수준에 뚜렷한 격차가 존재하고 있고 여러 지역의 산업구조 고도화 수준은 경제발전 수준과 일치하며, 특히 일인당 GDP 수준과 연관성이 비교적 크다. 동부 연해지역의 산업구조 고도화수준이 중서부지역보다 뚜렷이 높으며, 그중 상하이(上海)·베이징(北京)·톈진(天津)·장쑤(江蘇)·광동(廣東) 등 5개 성과 직할시의 산업구조 고도화지수 $H$ 가 이미 1을 초과하였는데 이는 이들 성과 직할시가 이미 전반적으로 현대 공업화 목표를 기본적으로 실현하였음을 보여준다. 산동(山東)·저장(浙江)·푸젠(福建)·랴오닝(遼寧) 4개 성의 산업구조 고도화지수 $H$ 는 이미 0.9를 초과해 1에 가까운데, 이는 이들 성이 이미 공업화를 기본적으로 완성하였음을 설명한다. 반면에 중서부지역의 후베이(湖

---

133) 류웨이(劉偉)·장후이(張輝), 「중국 경제성장 과정에서의 산업구조 문제」를 참조하라. 『중국 대학교 사회과학』 2013년 제4호에 게재됨.

北)ㆍ허난(河南)ㆍ쓰촨(四川)ㆍ구이저우(貴州) 등 성의 산업구조 고
도화지수 $H$ 는 1보다 뚜렷이 낮은데, 이는 공업화 완성의 목표와는
여전히 거리가 멀다는 것을 설명한다.

표 5-3  2010년 중국 일부 지역의 산업구조 고도화지수($H$)

|  | 1차 산업 $LP_{1t}^n$ | 2차 산업 $LP_{2t}^n$ | 3차 산업 $LP_{3t}^n$ | 산업구조 고도화지수($H$) |
|---|---|---|---|---|
| 상하이 | 0.485 | 1.292 | 3.905 | 2.783 |
| 베이징 | 0.275 | 0.730 | 2.194 | 1.826 |
| 톈진 | 0.277 | 0.830 | 1.769 | 1.253 |
| 장쑤 | 0.440 | 0.589 | 2.005 | 1.166 |
| 광동 | 0.212 | 0.672 | 1.786 | 1.151 |
| 산동 | 0.255 | 0.681 | 1.511 | 0.946 |
| 저장 | 0.316 | 0.412 | 1.615 | 0.931 |
| 푸젠 | 0.315 | 0.528 | 1.535 | 0.908 |
| 랴오닝 | 0.347 | 0.700 | 1.342 | 0.907 |
| 산시 | 0.146 | 0.656 | 1.077 | 0.760 |
| 허베이 | 0.247 | 0.479 | 1.231 | 0.713 |
| 칭하이 | 0.136 | 0.659 | 0.715 | 0.626 |
| 후베이 | 0.347 | 0.484 | 0.758 | 0.569 |
| 허난 | 0.154 | 0.417 | 0.640 | 0.443 |
| 쓰촨 | 0.147 | 0.415 | 0.488 | 0.402 |
| 구이저우 | 0.039 | 0.335 | 0.211 | 0.236 |

넷째, 중국 산업구조 고도화 수준의 향상에 의한 공업화 과정은 실
물산업 효율의 토대가 취약하고, 산업별 효율 격차가 뚜렷하며, 3차
산업 간 산업구조 고도화 수준의 향상에 대한 견인효과 격차도 뚜렷
하다. 표 5-2와 표 5-3의 데이터로 볼 경우, 2010년에 중국의 산업구조
고도화지수 $H$가 0.666에 이르러 전반적으로 공업화 후기에 진입하였
고, 상하이ㆍ베이징ㆍ톈진ㆍ장쑤ㆍ광동은 심지어 1이 넘었으며, 산
동ㆍ저장ㆍ푸젠ㆍ랴오닝도 1에 근접했지만 1차 산업의 노동생산성

수준이 현대 공업화 목표 달성에 필요한 1차 산업의 노동생산성 수준과는 거리가 멀다. 전국 1차 산업의 $LP_{il}^n$ 는 0.147에 불과하여 선진국과 뚜렷한 격차를 보이고 있으며, 성 간 데이터로 보아도 1차 산업 노동생산성($LP_{il}^n$)이 가장 높은 상하이가 0.485에 불과해 모두 1에 달하지 못했다. 2차 산업의 노동생산성도 보편적으로 높지 않았다. 전국 2차 산업 $LP_{2l}^n$ 는 0.462에 불과해 1에 크게 미치지 못했고 선진국과의 격차(2010년 미국의 $LP_{2l}^n$ 는 5.183임)는 더 컸다. 성 간 데이터로 볼 경우, 상해의 $LP_{2l}^n$ 가 1(1.292)을 초과한 것을 제외하고는 모두 1보다 작았다. 다시 말해서 현대 공업화 목표 달성에 필요한 2차 산업의 노동생산성 수준에 아직 도달하지 못하였다. 효율적 차원에서 볼 때, 중국 1차, 2차 산업은 공업화 목표 달성에 필요한 효율과는 아직 거리가 멀다. 사실, 중국의 산업별 노동생산성 상승에 의한 산업구조 고도화 수준의 향상에서 3차 산업이 강한 견인역할을 하고 있다. 2010년 중국은 전체적으로 3차 산업의 노동생산성 $LP_{3l}^n$ 가 이미 1 ($LP_{3l}^n$ 가 1.015임)을 초과해 현대 공업화 목표 달성에 필요한 3차 산업의 노동생산성 수준을 초과하였는바, 중국의 산업구조 고도화 수준을 향상시키는 면에서 뛰어난 역할을 해왔다. 다시 말해서, 중국의 현 단계 1차, 2차 산업의 노동생산성 수준이 산업구조 고도화지수가 나타내는 공업화 달성 정도와 서로 어울리지 않는다. 특히 1차 산업의 노동생산성은 공업화 달성에 필요한 수준과 뚜렷하게 뒤떨어졌고, 2차 산업의 노동생산성 수준 제고가 1차 산업보다는 높지만 전반적으로 볼 때 여전히 공업화 발전 단계에 필요한 수준보다 낮으며, 개별적인 성·시(상하이)를 제외하고는 모두 현대 공업화 목표 달성에 필요한 2차 산업의 노동생산성과는 거리가 멀다.

## 3. 중국 산업구조 고도화 수준의 변화발전 과정
   및 특징 (1978~2010)

1978년부터 2010년까지 사이 중국의 관련 데이터를 공식(5-1)과 공식 (5-2)에 대입시켜 33년 동안 중국 산업구조 고도화지수 $H$의 변화발전 상황을 얻어냈다. (표 5-4)

표 5-4 중국 1978~2010년 산업구조 고도화지수의 변화 발전

|  | 1차 산업 $LP_{1t}^n$ | 2차 산업 $LP_{2t}^n$ | 3차 산업 $LP_{3t}^n$ | 산업구조 고도화지수($H$) |
|---|---|---|---|---|
| 1978 | -0.015 | 0.015 | -0.095 | -0.020 |
| 1979 | -0.007 | 0.018 | -0.112 | -0.018 |
| 1980 | -0.008 | 0.018 | -0.118 | -0.019 |
| 1981 | -0.004 | 0.014 | -0.119 | -0.021 |
| 1982 | -0.001 | 0.014 | -0.111 | -0.018 |
| 1983 | 0.003 | 0.018 | -0.102 | -0.014 |
| 1984 | 0.011 | 0.022 | -0.076 | -0.006 |
| 1985 | 0.010 | 0.025 | -0.025 | 0.006 |
| 1986 | 0.011 | 0.025 | -0.016 | 0.009 |
| 1987 | 0.014 | 0.028 | -0.007 | 0.014 |
| 1988 | 0.012 | 0.029 | -0.005 | 0.014 |
| 1989 | 0.007 | 0.025 | -0.004 | 0.011 |
| 1990 | 0.007 | 0.014 | -0.037 | -0.004 |
| 1991 | 0.007 | 0.025 | 0.007 | 0.015 |
| 1992 | 0.009 | 0.042 | 0.045 | 0.036 |
| 1993 | 0.012 | 0.062 | 0.051 | 0.048 |
| 1994 | 0.020 | 0.071 | 0.048 | 0.053 |
| 1995 | 0.028 | 0.082 | 0.037 | 0.056 |
| 1996 | 0.035 | 0.090 | 0.041 | 0.063 |
| 1997 | 0.035 | 0.099 | 0.075 | 0.079 |
| 1998 | 0.037 | 0.107 | 0.122 | 0.100 |
| 1999 | 0.036 | 0.122 | 0.170 | 0.126 |
| 2000 | 0.036 | 0.145 | 0.220 | 0.158 |
| 2001 | 0.039 | 0.162 | 0.284 | 0.194 |

| 2002 | 0.043 | 0.195 | 0.340 | 0.234 |
| 2003 | 0.048 | 0.230 | 0.391 | 0.273 |
| 2004 | 0.071 | 0.258 | 0.433 | 0.304 |
| 2005 | 0.084 | 0.288 | 0.498 | 0.346 |
| 2006 | 0.095 | 0.321 | 0.620 | 0.418 |
| 2007 | 0.107 | 0.352 | 0.762 | 0.498 |
| 2008 | 0.119 | 0.386 | 0.843 | 0.552 |
| 2009 | 0.133 | 0.420 | 0.918 | 0.603 |
| 2010 | 0.147 | 0.462 | 1.015 | 0.666 |

표 5-4의 데이터를 통해 알 수 있다시피, 개혁개방 이후의 33년 동안, 중국 산업구조 고도화지수의 변화 발전은 다음과 같은 단계적 특징을 띠고 있다. 첫째, 1985년 이전, 중국의 산업구조 고도화 수준의 향상이 뚜렷하지 않으며 거의 정체 혹은 배회상태에 머물러 있었다. 비록 2차 산업의 노동생산성 $LP_2^n$은 꾸준히 상승하였지만 경제가 전반적으로 여전히 공업화의 비약을 위한 준비단계(비약 전의 준비기)에 처해 있으며, 1985년부터 중국은 공업화의 비약시기에 진입하였다. 둘째, 1985년부터 1998년까지, 중국의 산업구조 고도화가 안정적으로 향상하였다. 일부 년도(1989~1991년)에 변동이 일어난 것을 제외하고는 공업화 과정이 지속적으로 진행되었으며 산업구조 고도화지수의 연 평균 증가폭이 약 0.6%포인트에 달했다. 셋째, 1998년부터 2004년까지, 중국 산업구조 고도화의 변화 발전이 가속기에 접어들었다. 산업구조 고도화지수가 연 평균 4.7%포인트 상승하여 중국 경제가 빠른 성장을 이룬 동시에 산업구조 고도화의 변화 발전도 가속화되었다. 특히 3차 산업 비중의 증가와 노동생산성 수준의 제고는 중국의 산업구조 고도화의 향상을 추진하는데 뛰어난 역할을 하였다. 넷째, 2005년 이후 인구 보너스 효과 상실 전환점에 접근하고 노동력 비용이 상승하는 등 발전 여건의 변화로 인해, 그리고 시장화 과정의 심

화와 글로벌화 정도의 향상 등 체제적 여건의 변화로 인해, 전반적으로 노동생산성의 향상 속도가 가일층 가속화되었고 산업구조 고도화의 변화 발전 속도도 가일층 가속화되었는바, 2005년부터 2010년까지 산업구조 고도화지수가 연 평균 6.4%포인트 향상하였다.[134]

　전체적으로 말해서, 새로운 시기 이래 중국은 경제 규모에서 빠른 성장을 가져왔을 뿐만 아니라(GDP 연 평균 성장률이 9.8%에 달했고, 2012년 GDP 총량은 거의 52조 위안에 근접, 불변가격으로 계산하면 1978년의 24배가 넘음) 경제구조 면에서도 큰 변화가 일어났다. 즉 질적 상태의 변화에서 크게 발전하였다. 그리고 경제구조 고도화의 변화 발전은 시종 꾸준히 가속화 되는 상태에 처해 있다. 만약 2020년 신형 공업화 목표를 달성하기 전에 중국의 발전 방식도 그에 상응하게 빠르게 전환된다면 중국 산업구조 고도화의 발전 속도도 한층 더 빨라질 것이다.

## 제2절 산업구조의 변화발전이 노동생산성에 주는 영향

　산업구조의 변화 발전은 효율 변화의 함수이다. 그리고 효율의 향상은 또 기술진보와 제도 혁신에 달려있다. 혹은 기술혁신과 사회주의 시장경제를 지향하는 제도 개혁이 중국 경제의 고속 성장을 추진함과 동시에 중국의 산업구조의 고도화도 향상시키고 있으며, 산업구조 고도화의 향상은 또 역으로 효율 면에서 경제 성장에 진일보로 영향을 준다고 할 수 있다.

---

134) 이 부분의 주요 내용은 「중국 산업구조 고도화와 공업화 진행과정 및 지역 격차에 대한 고찰」이라는 제목(작자는 류웨이 · 장후이 · 황쩌화(黃澤華))으로 『경제학 동향』 2008년 제11기에 발표된 바 있다. 그러나 그 당시의 데이터는 2005년 이전까지의 데이터이다. 본 장에서는 분석 년도를 2010년까지 연장하여 새로운 데이터를 추가해 새롭게 측정하면서 일부 새로운 변화와 특점을 발견하게 되었다.

## 1. 중국 노동생산성 상승에 대한 산업구조 변화발전의 기여 및 특징(1978~2011년)

'변이할당분석'(Shift-Share Analysis)방법으로 노동생산성의 성장에서 구조 변화 효과를 분해해 낼 수 있다.[135] 경제의 총 노동생산성을 $LP^t$로 표기하고, 여러 산업 부문의 노동생산성을 $LP_i^t$로 표기하면, 위 $t$ 첨자는 시기를 표시하고, 아래 첨자 $i$ 는 각기 다른 산업 부문($i$ = 1, 2, 3은 각기 1차, 2차, 3차 산업을 대표함)을 표시하며, $LP_i^t$는 $t$ 시기 $i$ 산업의 노동생산성을 표시한다. $S_i^t$는 $t$ 시기 $i$ 산업의 노동 점유율이다.

총 노동생산성은 아래 공식으로 표시할 수 있다.

$$LP^t = \sum_{i=1}^{n} LP_i^t S_i^t \qquad (5-3)$$

공식 (5-3)에 근거하여 0시기에 상대한 $t$ 시기의 총 노동생산성의 증가율이 다음과 같다는 것을 추측할 수 있다.

$$\frac{LP^t - LP^0}{LP^0} = [\sum_{i=1}^{n}(S_i^t - S_i^0)LP_i^0 + \sum_{i=1}^{n}(LP_i^t - S_i^0)(S_i^t - S_i^0)$$
$$+ \sum_{i=1}^{n}(LP_i^t - LP_t^0)S_i^0]/LP^0 \qquad (5-4)$$

---

135) 최근 이러한 방법으로 신형 공업경제와 전환 경제의 구조 변화 효과를 분석한 연구로 주로 Fagerberg(2000), Timmer(2000), Peneder(2003) 등이 있다. Fagerberg Jan, "Technological Progress, Structural Change and Productivity Growth: A Comparative Study", Structural Changeand Economic Dynamics, 2000(11) : 393-411; Timmer P. M., Szirmai A., "Productivity Growth in Asian Manufacturing : The Struc-tural Bonus Hypothesis Examined", Structural Changeand Economic Dynamics, 2000(11) : 371-392; Peneder Michael, "Industrial Structure and Aggregate Growth", Structural Change and Economic Dynam-ics, 2003(14): 427-448를 참조.

공식 (5-4) 오른쪽 부분을 다음과 같은 세 가지 항으로 분해할 수 있다.

제1항 $\dfrac{\sum_{i=1}^{n}(S_i^t - S_i^0)LP_i^0}{LP^0}$ 은 정적 구조 변화 효과로서 노동요소가 노동생산성이 비교적 낮은 산업에서 노동생산성이 비교적 높은 산업으로 이동함에 따른 총 노동생산성의 순 성장을 측정한다. 만약, 노동요소가 생산성이 보다 낮은 산업에서 생산성이 보다 높은 $i$ 산업으로 이동할수록 $t$ 시기 내에서 $i$ 산업의 점유율의 변화치가 0보다 크며, 따라서 정적 구조 변화 효과도 더욱 크다.

제2항 $\dfrac{\sum_{i=1}^{n}(LP_i^t - S_i^0)(S_i^t - S_i^0)}{LP^0}$ 은 동적 구조 변화 효과로서 제1항과는 달리 노동요소의 이동에 따른 동적 효과를 나타내며 노동요소가 노동생산성 상승 속도가 비교적 느린 산업에서 성장 속도가 비교적 빠른 산업으로 이동함에 따른 총 노동생산성의 순 성장을 측정한다. 만약, 노동요소가 노동생산성 상승 속도가 보다 낮은 산업에서 성장 속도가 보다 높은 $i$ 산업으로 이동할수록 $t$ 시기 내 $i$ 산업의 점유율 변화치가 0보다 크며, 따라서 동적 구조 변화 효과도 더 크다.

제3항 $\dfrac{\sum_{i=1}^{n}(LP_i^t - LP_i^0)S_i^0}{LP^0}$ 은 생산성 상승 효과로서 여러 산업 내부의 기술 효율의 변화와 기술진보 등 요소에 따른 여러 산업 내부의 노동생산성의 성장이다.

중국의 1978년부터 2011년까지 관련 데이터를 공식 (5-4)에 대입해 넣으면, 이 시기 중국 총 노동생산성의 증가율을 계산해 낼 수 있으며, 동시에 공식 (5-4)를 근거로 각각 3차 산업의 정적 구조 변화 효과, 동적 구조 변화 효과, 생산성 상승 효과를 계산해낼 수 있다. (표 5-5 참고)

표 5-5 변이할당분석 방법을 이용한 구조 변화 효과 행렬 (백분율 형식)

| 1978~2011년 | 정적 구조 변화 효과 | 동적 구조 변화 효과 | 생산성 상승 효과 | 합계 |
|---|---|---|---|---|
| 1차 산업 | −1.3 ($x$ 11) | −10 ($x$ 12) | 19.7 ($x$ 13) | 8.4 ($p$ 1) |
| 2차 산업 | 3.1 ($x$ 21) | 18.0 ($x$ 22) | 25.5 ($x$ 23) | 46.5 ($p$ 2) |
| 3차 산업 | 4.1 ($x$ 31) | 27.0 ($x$ 32) | 14.0 ($x$ 33) | 45.1 ($p$ 3) |
| 합계 | 5.9 ($e$ 1) | 35.0 ($e$ 2) | 59.1 ($e$ 3) | 100 |

자료출처 : 표 4-29와 표 4-32의 관련 데이터를 바탕으로 계산하여 얻었다.

표 5-5에서 다음과 같은 것을 알 수 있다. 정적 구조 변화 효과와 동적 구조 변화 효과의 합이 1978~2011년 중국의 노동생산성 증가율에서 일으키는 역할은 40.9%이다. 1, 2, 3차 산업을 볼 때 첫째, 1차 산업의 구조 변화 효과는 마이너스이다. 왜냐면 농촌 노동력이 농업분야에서 계속 유출되어 노동 점유율이 마이너스 변화를 보였기 때문이다. 그러나 구조 변화 효과와 비교하였을 때 1차 산업 내의 생산성 상승 효과가 더 뚜렷하다. ($x$ 13 〉 $x$ 11 + $x$ 12) 즉 1차 산업의 노동 점유율이 1% 하락함에 따른 전반 경제의 노동생산성의 증가율은 1%보다 크다는 것이다. 이는 1차 산업 내의 제도적 변혁과 기술 진보가 노동생산성의 성장을 공동 추진했음을 설명한다. 둘째, 2차 산업의 구조 변화 효과는 플러스지만, 2차 산업 내의 생산성 상승 효과보다는 낮다. ($x$ 23 〉 $x$ 21 + $x$ 22) 이는 2차 산업의 노동생산성 상승이 산업 내의 기술 효율과 기술 진보의 가속화 등 요소에 달렸음을 설명한다. 다시 말하면 2차 산업에 있어서, 산업 내 기술 효율의 향상과 기술 진보에 따른 노동생산성의 성장폭이 구조 변화에 따른 산업 간 자원 배치 효율의 제고로 인한 노동생산성의 성장폭보다 크다는 것을 설명한다. 셋째, 3차 산업의 구조 변화 효과가 가장 뚜렷하다. 왜냐면 3차 산업이 농업에서 유출된 잉여 노동력을 대량으로 받아들임으로써 고용인구가 1978년의 5천만 명에서 2011년의 2억7천만 명으로 증가하였고 노

동 점유율도 12%에서 35.7%로 상승하였기 때문이다. 이에 따라 농촌에 남아 있는 것에 비해 잉여 노동력이 3차 산업으로 이동함으로써 중국의 자원 배치 효율을 크게 향상시켰고 농촌 잉여 노동력의 노동생산성의 향상은 또 경제의 전반 노동생산성의 향상을 이끌었다. 3차 산업의 구조 변화 효과가 산업 내 생산성의 성장 효과보다 큰데 ($x31 + x32 > x33$) 이는 3차 산업 노동생산성의 향상에 있어서 구조 변화 효과에 따른 산업 간 자원 배치 효율의 개선과 향상의 기여가 가장 뚜렷함을 설명한다. 그 역할은 산업 내 기술 효율의 변화와 기술 진보에 따른 성장 효과의 견인 역할을 능가하였음을 설명한다.

## 2. 노동생산성 상승에 대한 구조 변화 효과 기여도의 변화 추세

위에서 1978년부터 2011년까지 사이 중국의 구조 변화 효과가 노동생산성의 향상에 미치는 역할과 각기 다른 산업에서 띠는 각기 다른 특성에 대해 분석하였다. 이어서 시간대별로 구조 변화 효과가 노동생산성 제고에 미치는 역할의 변화 및 추세를 한층 더 살펴보겠다. 이른바 구조 변화 효과의 기여도란 구조 변화 효과와 노동생산성이 모두 플러스일 경우, 노동생산성 증가율에서 구조 변화 효과가 차지하는 비율(구조 변화 효과가 마이너스일 경우 기여도는 0임)을 말한다. 1978년부터 2011년까지 사이를 1978~1985년, 1986~1988년, 1989~1991년, 1992~1998년, 1999~2002년, 2003~2006년, 2007~2011년[136]의 7개 시간대로 나누어 파동주기별로 구조 변화 효과의 기여도를 계산하고 구조 변화 효과의 파동성을 평활하게 하였다. 이로써 구조 변화 효과의 기여도를 측정할 수 있도록 하였다.

---

136) 1978년~2011년까지 중국 경제주기 파동에 대한 판단에 근거하여 시기마다 비교적 체계적인 경제주기 특징을 가능한 포함시켰다.

첫째, 경제의 전반 구조 변화 효과가 전반 노동생산성 제고에 일으키는 역할(기여도)을 살펴보았다. 전체적으로 구조 변화 효과의 기여도가 거시적 경제 파동의 영향으로 뚜렷한 변동성을 보였지만, 장기적으로 볼 때, 구조 변화 효과의 기여도가 변동 과정에 하락세를 보였다. (표 5-6 참고)

표 5-6 시간대별 노동생산성 증가율에 대한 구조 변화 효과의 기여도 변화(%)

| 시간대 | 구조 변화 효과의 기여도 |
|---|---|
| 1978~1985년 | 35 |
| 1986~1988년 | 50 |
| 1989~1991년 | 20 |
| 1992~1998년 | 30 |
| 1999~2002년 | 1 |
| 2003~2006년 | 30 |
| 2007~2011년 | 20 |

표 5-6의 데이터로부터 다음과 같은 것을 알아낼 수 있다. 하나는, 구조 변화 효과의 기여도가 시간대별로 변동성이 비교적 크다는 점이다. 높을 때는 50%(1986~1988년)에 이르렀고, 낮을 때는 거의 0(1999~2002년)에 가까웠다. 다른 하나는, 장기적 차원에서 점차 하락하는 추세를 보였다. 이런 추세의 발생에 대해 깊이 연구할 필요가 있다.

둘째, 1차 산업의 구조 변화 효과가 노동생산성의 제고에 일으키는 기여도의 변화 특징을 살펴보았다. 결과는 표 5-7를 참조한다.

표 5-7을 통해 알 수 있다시피, 1978~1985년 사이, 농촌경제 개혁으로 효율이 제고되면서 농촌의 노동력이 유출되기 시작하여 구조 변화 효과가 마이너스를 기록했다. 그러나 농업 내부의 생산성 상승 효과는 0.195에 이르러 전반 농업 노동생산성 증가율을 플러스(0.140)로

표 5-7  1차 산업 구조 변화 효과의 변화 추세

| 시간대 | 노동생산성 증가율 | 구조 변화 효과 | 생산성 상승 효과 |
|---|---|---|---|
| 1978~1985년 | 0.140 | −0.055 | 0.195 |
| 1986~1988년 | −0.004 | −0.014 | 0.010 |
| 1989~1991년 | −0.019 | 0.001 | −0.020 |
| 1992~1998년 | 0.062 | −0.061 | 0.123 |
| 1999~2002년 | 0.014 | 0.001 | 0.013 |
| 2003~2006년 | 0.047 | −0.032 | 0.079 |
| 2007~2011년 | 0.090 | −0.046 | 0.132 |

이끌었다. 그 다음의 두 시기(1986~1988년, 1989~1991년)에, 농업부문의 잉여 노동력이 전반적으로는 여전히 유출되었기에 구조 변화 효과가 마이너스이거나 또는 아주 낮다.(각각 -0.014와 0.001) 같은 시기 산업 내 기술진보에 따른 생산성 상승효과가 뚜렷하지 않아(각각 0.010과 -0.020) 이 두 시기의 1차 산업 노동생산성 증가율이 전반적으로 마이너스를 기록했다. 두 경제 저조기(1989~1991년, ~2002년)에 1차 산업의 구조 변화 효과는 플러스이다. 이는 이 두 시기, 1차 산업의 노동 점유율 비례가 증가하였음을 설명하는데 이는 구조 발전 의미에서의 발전 정체이다. 그러나 1991년부터 1차 산업의 노동생산성 증가율은 줄곧 플러스를 기록하였다. 특히 1992~1998년, 2003~2006년, 2007~2011년 사이, 1차 산업에서 기술진보에 의한 생산성 향상 효과는 비교적 높은 수준을 유지하였다. 일정한 노동생산성 수준에서, 노동력이 농업 분야에서 유출되면서 농업의 구조 변화 효과가 농업의 노동생산성에 미치는 영향은 마이너스 값으로 나타났다. 즉 농업의 노동생산성을 하락시킨 것이다. 그러나 이와 동시에 농업의 노동생산성이 상승한 것은 농업 내 기술진보에 따른 농업생산성 상승 효과가 구조 변화에 따른 마이너스 효과보다 컸다는 것을 설명한다. 따라서 중국 농업 취업률의 하락(1978년의 70%에서 2011년의 36.7%로 하락

함)은 농업 노동생산성의 지속적인 향상을 바탕으로 하였다고 할 수 있으며 또는 농업 노동생산성의 상승이 농업 노동력이 비농업산업으로 이전할 수 있는 가능성을 창조하였다고 말할 수 있다.

셋째, 2차 산업 구조 변화 효과가 노동생산성의 상승에 미치는 기여도를 살펴보았다. 결과는 표 5-8을 참조하라.

표 5-8  노동생산성 상승에 대한 2차 산업 구조 변화 효과의 기여도　(%)

| 시간대 | 구조 변화 효과의 기여도 | 생산성 상승 효과의 기여도 |
|---|---|---|
| 1978~1985년 | 68.4 | 31.6 |
| 1986~1988년 | 68.1 | 31.9 |
| 1989~1991년 | 56.3 | 43.7 |
| 1992~1998년 | 18.5 | 81.5 |
| 1999~2002년 | 0 | 100 |
| 2003~2006년 | 35.8 | 64.2 |
| 2007~2011년 | 30.5 | 69.5 |

표 5-8은 노동생산성 상승에 대한 2차 산업의 구조 변화 효과의 기여도의 변동을 보여준다. 1992년 이전의 3개 단계에, 2차 산업의 구조 변화 효과의 기여도가 50%를 초과하였다.(차례로 68.4%, 68.1%, 56.3%였음) 이는 이 시기, 2차 산업 노동생산성의 상승은 주로 구조 변화 효과가 이끌었다는 것을 설명한다. 즉 주로 구조 변화 효과에 따른 자원 배치 구조의 최적화에서 비롯된 것인데 이는 개혁개방의 실시에 따라 제도개혁이 구조 변화의 가속화를 추진한 것과 관계되며 또 당시의 물자부족 경제와도 관련이 있다. 물자가 부족한 조건에서 시장체제가 형성되기 시작하고 계획경제가 다소 느슨해지면서 대량의 자원이 2차 산업으로 빠르게 유입됨으로써 그 구조 변화 효과가 급격히 확대되었고 구조 변화 효과는 또 노동생산성의 상승에 가장 중요한 기여를 하였다. 1990년대에 들어선 뒤 2차 산업의 구조 변화 효

과의 기여도가 하락하기 시작하였다. 이는 그 시기, 2차 산업 경쟁이 격화되고 공급이 부족한 상황이 점차 완화되면서 기술 연구 개발, 산업 업그레이드가 2차 산업 발전의 주요 목표로 점차 떠올랐음을 설명한다. 반면에 노동력의 유입에 따른 구조 변화 효과의 기여도는 점차 부차적인 지위로 하락하였다. 산업의 시장 유효 수요가 부족할수록 그 노동생산성의 상승은 산업 내 기술진보에 의한 생산성의 상승에 더욱 의존하게 되고 기술혁신에 따른 구조의 업그레이드에 의존하게 된다. 기존의 기술·제품·산업구조를 바꾸지 않는 상황에서 요소 투입의 확대에 의지하여 노동생산성의 상승을 이끄는 것은 불가능한 일이다. 가장 대표적인 사례가 1999~2002년, 아시아 금융 위기의 영향과 내수 부족의 영향을 받아 2차 산업의 구조 변화 효과의 기여도가 거의 0에 근접하였고 산업 내 생산성 상승효과가 산업 노동생산성 상승 기여도 할당의 전부를 차지하였다. 일반적으로, 구조 변화 효과와 산업 내 생산성 상승효과 사이에는 구조 변동이 가속화됨에 따라 다른 산업으로부터 더 많은 자원이 본 산업으로 유입된다는 논리적 연관성이 존재한다. 즉 본 산업의 효율이 상대적으로 높고 효율 자체가 산업의 기술진보와 시장수요 상황에 달려있기 때문에 산업의 기술진보가 끊임없이 가속화되면 산업 내 생산성 상승효과도 계속 향상되는데 이러한 산업 내의 생산성 상승효과가 향상되어 어느 정도 축적되면 본 산업의 효율이 다른 산업의 효율을 능가하게 되며 그렇게 되면 다른 산업 부문에서 본 산업으로 요소가 유입된다. 그 유입이 일단 가속화되면 본 산업의 구조 변화 효과의 기여도가 향상된다. 구조 변화 효과의 향상이 가속화되는 상황이 한동안 지속되면 산업 효율 우세에 따른 요소 유입량의 증가도 점차 균형이 잡히고 안정을 이룬다. (이는 산업 간 경쟁의 영향을 받을 뿐만 아니라 시장 공급 상황의 제약도 받는다) 이에 따라 구조 변화 효과도 약화된다. 한편, 이와 대응되는 산업 내 생산성 상승효과도 상대적으로 높아진다. 특히 산업이 직면한 시장의 유효수요가 포화된 조건 하에서 산업 내의 경쟁이 심화되며 이 또한 기술진보의 가속화를 추진하고 산업 내 생산성 상승효과를 향상시키게 되며, 이러한 향상이 어느 정도 누적되면 또 다시 산업구조의 업그레이드를 추동하고 산업의 절대적 효율과 상대적 효율을 향상시키게 되며, 나아가 또 산업구조 변화 효과의 향상을 이끌게 된다. 이렇게 양자는 장기적으로 서로 의존하고 서로 연결되어 번갈아 앞장서는 구도를 형성한다. 그리하여 중국의 노동생산성에 대한 2차 산업의 구조 변화 효과의 기여도는 1978~1985년의 68.4%에서 1986~1988년의 68.1%로 하락하였고, 다시 1989~1991년의 56.3%로, 또 1992~1998년의 18.5%로 하락하였으며 이에 따라 산업 내 생산성 상승효과의 기여도는 81.5%까지 상승하였고, 1999~2002년에는 100%에 이르렀다가 그 뒤로 점차 하락하였다. 그리고 구조 변화 효과의 기여도는 점차 반등하여 2003~2006년과 2007~2011년에 구조 변화 효과의 기여도가 각각 35.8%, 30.5%까지 반등하였다.

마지막으로 3차 산업의 구조 변화 효과를 살펴보자. 결과는 표 5-9를 참조하라.

표 5-9  3차 산업 구조 변화 효과의 기여도(%)

| 시간대 | 노동생산성 증가율 | 구조 변화 효과의 기여도 | 생산성 상승효과의 기여도 |
|---|---|---|---|
| 1978~1985년 | 0.186 | 62.5 | 37.5 |
| 1986~1988년 | 0.046 | 60.3 | 39.7 |
| 1989~1991년 | 0.022 | 49.4 | 50.6 |
| 1992~1998년 | 0.297 | 62.3 | 37.7 |
| 1999~2002년 | 0.209 | 18.2 | 81.8 |
| 2003~2006년 | 0.204 | 34 | 66 |
| 2007~2011년 | 0.486 | 17.7 | 82.3 |

표 5-9는 3차 산업의 노동생산성 상승에 대한 산업 구조 변화 효과의 기여도 변동 상황을 보여주고 있다. 변동법칙은 2차 산업과 거의 비슷한데 구조 변화 효과의 기여도과 산업 내 생산성 상승효과의 기여도가 전반적으로 번갈아 앞장서는 구도를 이룬다. 1978년~1998년 네 단계에서 3차 산업의 전반적 구조 변화 효과의 기여도가 우세를 차지한다. 1988~1991년 생산성 상승효과의 기여도와 대체적으로 같은 수준(49.4% : 50.6%)을 유지한 이외에 다른 시기에는 모두 60% 이상이었다. 1998~2002년에, 구조 변화 효과의 기여도가 뚜렷한 하락세(18.2%)를 보이면서 산업 내 생산성 증가율이 노동생산성 상승을 이끄는 주요 역량(81.8%)으로 부상하였다. 그 뒤로 구조 변화 효과의 기여도가 다시 반등하기 시작하여 2003~2006년에 34%로 반등하였다. 2차 산업과의 다른 점은, 2007~2011년 3차 산업의 구조 변화 효과의 기여도가 반등 과정에 비교적 큰 파동(17.7%)이 나타난 것이다. 2차 산업과의 또 하나의 다른 점은, 3차 산업의 구조 변화 효과의 기여도가 첫 자리를 차지하던 데서 산업 내 생산성 상승효과 기여도의 뒤로 밀려난 것이 시간적으로 조금 늦어진 것이다. 2차 산업은 1992~1998년에, 3차 산업은 1999~2002년에 나타난 것이다. 다시 말해서, 2차 산업의 시장 유효수요의 부족은 1992~1998년에 이미 나타나 2차 산업의 내부 경쟁을 격화시켜 기술진보와 신제품 개발 및 구조 업그레이드를 가속화하였으며, 따라서 1992~1998년에 산업 내 생산성의 증가율은 산업 노동생산성을 견인한 가장 중요한 역량이 되었다. 반면에, 3차 산업 시장 유효수요의 부족으로 시장경쟁이 격화된 상황은 상대적으로 늦게 나타났다. 그래서 산업 내 생산성 상승효과가 구조 변화 효과를 추월하여 노동생산성 상승을 견인하는 가장 중요한 역량이 된 시기도 다소 늦어져 1998년 이후로 나타났다.

# 제3절 산업구조 발전이 총요소생산성에 주는 영향 (1986~2007년)

　총요소생산성(TFP)이란 생산을 위해 투입되는 모든 생산요소들 중 산출에 대한 자본과 노동 두 가지 생산요소의 기여를 제외한 기타 여러 가지 생산요소들의 종합적 기여를 가리킨다. 여기서 기타 여러 생산요소에는 주로 지식의 증진, 기술의 개선, 자원배치와 구조 최적화, 규모화 경제의 향상 등이 포함된다. TFP의 증가율은 산출성장률에서 산출성장률에 대한 자본과 노동 투입량 성장률의 기여도를 뺀 잔액이다. 불균형적인 경제에서 각기 다른 산업 부문별 요소 한계 생산성도 각기 다른 만큼, 산업 부문 간 요소의 이동은 생산성이 낮은 분야에서 생산성이 상대적으로 높은 분야로 요소가 이동하도록 촉진하여 TFP를 향상시킨다. 이것이 바로 산업구조 변화가 자원배치 구조의 최적화를 통해 이룬 TFP 상승이다. 총 산출의 성장에서 자본과 노동 투입에 의한 성장을 제외한 뒤 이룬 TFP 상승은 두 부분으로 나눌 수 있다. 한 부분은 여러 산업 부문의 평균 TFP 상승이고 다른 한 부분은 구조 변화에 따른 TFP 상승이다. 따라서 총요소생산성에 대한 구조 변화의 기여도를 계산하는 기본 방법은 바로 총량 수준(aggregate level)의 TFP 성장률과 분야별 수준(sectoral level)의 TFP 성장률 간의 차이를 대조하는 것이다.[137]

　총량 수준의 TFP 성장률 $G(A)$과 분야별 수준의 TFP 성장률의 가중 평균치 $\Sigma_{pi}G(A_i)$ 의 차이가 바로 경제 성장에 대한 구조 변화의 기여도이다. 즉 TFP 상승 과정에서 산업 구조의 변화 발전이 일으키는 역할

---

137) Syrquin (1984)가 적용한 총요소생산성 분해식을 참조하였다. Syrquin, M., "Resource Allocation and Productivity Growth", In Syrquin, M., Taylor, L., Westphal, L.E. (Eds.), Economic Structure Per-for mance Essays in Honor of Hollis B.Chenery, Academic Press, 1984, pp. 75-101을 참조.

이다. 이에 따라 구조 변화 효과(TSE)의 계산 공식은 다음과 같다.

$$TSE = G(A) - \sum_{\rho i} G(A_i) = \sum_{\rho i a i} G(k_i) + \sum_{\rho i} \beta_i G(l_i) \quad \text{(5-5)}$$

공식 (5-5)에서 $k_i$과 $l_i$는 각각 여러 산업 부문별 자본과 노동이 생산에 투입된 자본과 노동의 총량 중에서 차지하는 비중을 대표한다. 공식 (5-5)의 오른쪽 부분의 첫 번째 항 $((\sum_{\rho i a i} G(k_i))$은 TFP에 대한 여러 산업 부문의 노동요소 구조 변화의 기여도를 나타내고, 두 번째 항 $(\sum_{\rho i} \beta_i G(l_i))$은 TFP에 대한 여러 산업 부문의 자본요소 구조 변화의 기여도를 나타낸다. 따라서 총요소생산성에 대한 산업 구조 변화의 기여도를 진일보 정리하면 다음과 같다.

$$TSE = \frac{1}{Y} \sum \dot{K_i}[f(K_i) - f(K)] + \frac{1}{Y} \sum \dot{L_i}[f(L_i) - f(L)]$$
$$= A(f_K) + A(f_L) \quad \text{(5-6)}$$

공식 (5-6)에서 $f(k_i)$와 $f(l_i)$는 각각 $i$ 산업의 자본과 노동의 한계산출을 나타내고, $f(k)$와 $f(L)$는 각각 경제 전체의 자본과 노동의 한계산출을 나타낸다. $A(f_K)$와 $A(f_L)$는 각각 자본과 노동 요소 시장에서 산업구조 변화 효과를 나타낸다. 즉 각기 다른 산업 부문 간 자본과 노동의 이동에 따른 TFP의 상승을 각각 나타낸다. 만약, 자본과 노동이 평균 수준보다 높은 한계수익률을 얻을 수 있는 산업에서 차지하는 비중이 빠르게 상승한다면 자본과 노동의 구조 변화 효과가 상대적으로 크다. 반대의 경우, 요소가 평균 수준보다 낮은 한계수익률을 얻을 수밖에 없는 산업에서 차지하는 비중이 빠르게 상승한다면 요소의 구조 변화 효과는 비교적 작다. 경제에서 각기 다른 산업 부문의 자본과 노동의 한계산출이 일치해질 경우, 자본 $A(f_K)$과 $A(f_K)$노동 의 산업구조 변화 효과가 0에 근접하고 구조 총 효과 $TSE$가 사라지며, 총량 수준의 TFP 성장률 G(A)과 여러 산업 부문별 TFP 성장률의 가중평균 치 $\sum_{pi} G(A_i)$는 같아진다.[138]

공식 (5-6)으로 중국 구조 변화의 TFP 성장 효과를 계산함에 있어서 숫자적으로 경제 전체와 여러 산업의 자본 및 노동의 한계수익률을 계산하고, 경제 전체와 자본 및 노동의 산출탄력을 계산하며, 경제 전체와 여러 산업 부문별 자본 및 노동의 보유량과 변화를 계산해야 한다. 계산에 필요한 데이터는 중국 국가통계국이 발표한 전국 투입 산출표(현재까지 1987년, 1990년, 1992년, 1995년, 1997년, 2002년, 2007년의 투입 산출표를 발표함)에서 찾거나 혹은 『중국통계연감』에서 찾아 볼 수 있다.[139]

구체적인 계산 결과는 표 5－10을 참조하라.

표 5-10 경제 성장률에 대한 요소별 기여도(%)

| 시기 | 노동 성장의 기여도 | 자본 성장의 기여도 | TFP 성장의 기여도 | 산업구조 변화 효과 | 순수기술 진보 효과 |
|---|---|---|---|---|---|
| 1986~1990년 | 10.7 | 84.2 | 5.1 | — | — |
| 1991~1992년 | 9.1 | 79.5 | 11.4 | 58.2 | 41.8 |
| 1993~1995년 | 5.9 | 80.4 | 13.7 | 42.3 | 57.7 |
| 1996~1997년 | 5.6 | 74.3 | 20.1 | 34.9 | 65.1 |
| 1998~2002년 | 3.5 | 68 | 28.5 | 11.3 | 88.7 |
| 2003~2007년 | 1.2 | 59.9 | 38.9 | 10.8 | 89.2 |

138) 구체적인 공식의 유도는 『경제연구』 2008년 제11기에 게재된 류웨이, 장후이가 쓴 「중국 경제 성장 과정에서의 산업구조 변화와 기술 진보」를 참조할 수 있다. 글에서 계산 연도를 2002년까지로 한 주요 원인은 국가통계국이 발표한 투입 산출표의 데이터를 근거로 해야 했는데 그 당시 최신 투입 산출표가 2002년의 것이었기 때문이다. 본 장절에서는 기존의 방법과 공식을 적용하여 분석하였으며 2007년 (최신 발표 데이터가 2007년까지임)의 투입 산출표의 데이터를 인용하여 진일보로 고찰해 보았다.

139) 문제는 "자본스톡"의 계산인데 여기서는 쉐쥔보(薛俊波)(2007)의 계산법, 즉 자본스틱(재고자산) 계속기록법을 인용하였다. 우리는 투입 산출표의 데이터를 이용하여 예년의 자본스톡을 계산해냈다. 『통계 연구』 2007년 제7기에 게재된 쉐쥔보의 「중국 17개 분야 자본스톡에 대한 계산 연구」를 참조하라. 본 장절에서 인용한 데이터의 경로는 쉐쥔보가 투입 산출표를 토대로 추산해낸 자본스톡과 거의 일치한다.

주: 데이터의 불충분으로 말미암아 여기서는 1987년의 투입 산출표를 이용하여 계산하지 않고, 1990~2007년의 구조 효과만 계산하였으며, 1986~1990년의 결과는 장쥔쿠어(張軍擴)(1991)의 결론을 인용하여 참조하였다. 그러나 장쥔쿠어의 글에서는 산업구조 변화 효과와 순수 기술 진보 효과를 계산하지 않았다. 장쥔쿠어의 「"7차 5개년 계획" 기간 경제적 효과에 대한 종합적 분석 - 경제 성장에 대한 여러 요소의 기여도 계산」참조하라. 『경제연구』 1991년 제4기.

표 5-10에서 다음과 같은 두 가지 추세를 발견할 수 있다. (1) 중국 경제 성장 과정에서 요소 투입 증가의 기여도와 TFP 상승의 기여도를 비교하였을 때, 전자는 점차 감소하는 양상을 보였고 후자는 점차 증가하는 양상을 보였다. 이는 중국 신시기 이후의 경제 성장 추세에서 항상 노동과 자본 투입의 확대에 주로 의존한 것이 아니라 TFP 기여도가 끊임없이 상승하는 과정에서 고속 성장을 실현하였음을 설명한다. 따라서 중국의 경제 성장은 요소 투입의 확대에 힘입었을 뿐만 아니라 TFP 상승의 지지에 힘입은 것이기도 하다. 이는 폴 크루그먼(Paul R. Krugman)이 비판하였던 동아시아의 일부 국가 또는 지역이 주로 요소의 투입에 의존해 성장을 이끌었으나 효율은 오르지 않은 상황과는 다르다. 크루그먼(1994)은 『아시아 기적의 신화』에서 대부분 동아시아 국가와 지역의 경제 성장은 주로 요소 생산성의 상승에 의존한 것이 아니라 요소 투입의 증가에 의존한 것이기 때문에 지속 가능성이 없었다고 지적하였다. 1997년의 아시아금융위기로 형성된 동아시아버블은 이러한 관점을 어느 정도 뒷받침해줬고 이에 대한 국제와 국내 학술계의 높은 관심을 불러일으켰으며 나아가 중국의 고속 성장 과정에서 요소의 효율이 상승되었느냐 여부에 대한 토론으로 이어졌다. 우리가 분석한 결과로부터 볼 때, 중국의 경제성장이 1998년 이전에는 주로 요소 투입의 확대에 의존하여 견인하는 특징을 띠었다면 1998년 이후에는 주로 요소 생산성의 상승에 의존하여 견인하는 특징을 점차 드러냈다고 할 수 있다. 장기적인 추세로 볼 때, 요소 생산성의 기여는 지속적으로 높아지는 반면에 요소 투입의 기여는 상대

적으로 낮아지고 있다. (2) TFP 내부에서 산업구조 변화 효과는 점차 하락하는 양상을 보인 반면에 순수 기술 진보 효과는 상응하게 지속적으로 상승하는 양상을 보였다. 만약 산업구조 효과의 향상이 주로 두 가지 힘, 즉 산업 간 경쟁으로 인해 형성된 효율의 격차가 산업구조의 빠른 변화를 추진하거나 또는 끌어들이는 힘과 체제개혁에 따른 시장메커니즘 형성의 촉진 및 산업 간 자원의 자유롭고 충분한 이동을 이루는 힘에 의존한다고 할 때, 과거 계획경제체제하에서 자원배치 구조가 불합리하고 효율원칙에서 벗어난 상황이던 데로부터 중국이 새로운 시기에 들어선 후 체제개혁 특히는 시장화가 시작된 후, 자원이 시장경쟁메커니즘을 통해 효율이 낮은 산업에서 효율이 높은 산업으로 빠르게 이동하였으며 이에 따라 TFP 기여도에서 산업구조 효과의 역할이 두드러지게 된 것이다. 물자 결핍 경제조건 하에서는 제품에 대한 수요가 왕성하고 산업 내 경쟁이 그다지 치열하지 않으며 기술혁신과 기술진보에 대한 압력도 너무 크지 않았기 때문에 TFP 상승 기여도에 대한 산업 내 순수 기술 진보 효과의 역할이 상대적으로 작다. 그러나 시장수요의 변화에 따라 물자가 부족한 경제 상황이 개선되고 극복될 것이며 특히 유효수요가 심각하게 부진하는 현상(예를 들어 1997년 아시아 금융위기와 2008년 세계 금융위기 충격으로 중국의 내수부족 모순이 불거졌었다)이 나타날 경우, 산업 내 경쟁이 심화되고 기술 진보 속도가 빨라질 것이며 TFP 상승에 대한 순수기술진보 효과의 역할이 커진다. 특히 지적해야 할 점은, TFP 상승 내부의 산업구조 변화 효과와 순수기술진보 효과 간 하나가 약해지면 다른 하나가 강해지는 추세는 중국의 요소 효율의 향상이 시장화 개혁에 따른 제도적 역량에 주로 의존하던 데서 경쟁에 따른 기술진보의 역량에 주로 의존하는 데로 점차 바뀌고 있음을 반영하는 것 같다.[140] 사실상 체제 전환 과정에 처하여 불균형적인 중국 경제에 있어서 TFP에 대한 산업구조 변화 효과와 순수기술진보 효과의 역할 정도가 번갈아 바뀌는 것은 정상적인 현상이다. 산업 간 효율의 격차가 뚜렷하여 구조적 불균형현상이 불거질 경우 산업 구조 변화는 가속화될 수 있으며 시장화 개혁과 같은 일정한 체제적 지원이 있을 경우 효율을 바탕으로 한 구조 업그레이드는 진일보로 가속화될 수 있어 산업구조 변화 효과의 역할도 더욱 뚜렷해진다. 산업 간 구조 변화가 한동안 지속되면 산업 간 요소의 효율 격차가 점점 줄어들거나 또는 체제적 활력의 부족으로 산업 간 효율 격차를 바탕으로 한 자원의 흐름이 느리고 산업 구조 변화 효과가 줄어드는 반면, 산업 내 기술진보에 대한 요구는 더 절박해진다. 특히, 시장수요가 부족한 조건 하에서, 산업 내 기술 진보가 가속화되어 순수기술진보 효과가 향상하게 된다. 산업 내 순수기술진보 효과가 향상되어 어느 정도 축적되면 오랫동안 이어져온 산업 간 요소 생산성의 차이에 새로운 불균형 구도가 형성되며 산업 간 효율 수준의 격차가 새로운 토대 위에서 더 벌어진다. 만약 합리적인 체제 여건이 존재한다면, 특히 정부와 시장이 조화를 이룰 수 있다면 산업구조는 새로운 수준에서 한층 더 업그레이드될 것이고 구조 변화 효과는 재차 확대될 것이다. 그러다가 새로운 균형 구도가 나타난 후 순수기술 진보 효과는 또다시 가속되면서 새로운 축적이 시작될 것이다. 중국 경제에서 나타난 산업구조 변화 효과의 역할이 점차 작아지고 순수기술 진보 효과의 역할이 점차 커지는 추세는 다음과 같은 사실을 설명해준다. 한편으로는, 시장의 유효 수요가 부족하여 산업 간 요소의 효율 격차가 점점 좁혀지거나 혹은 전반 산업구조의 업그레이드를 견인할 수 있는 효율이 뛰어난 산업이 없을 경우, 여러 산업 내

---

140) 류웨이, 「중국 경제의 업그레이드 버전을 힘써 구축」 참조, 『구시』 2013년 제9호에 게재됨.

의 기술 진보, 산업 내부의 효율 향상에 주로 의존하여 경제발전을 촉진하여야 한다. 투입량의 확장에 주로 의존하여 경제 성장을 견인하여서는 안 된다. 그렇잖으면 구조 불변 하에서의 중복 건설로서 필연적으로 저수준의 생산능력 과잉을 초래하게 된다. 다른 한편으로는, 산업 간 요소 효과에 뚜렷한 격차가 존재하거나 또는 산업별 기술진보의 축적 정도가 다름에 따라 새로운 산업구조 격차가 나타나고 요소 한계산출 격차가 새로운 기술구조 하에 또 다시 벌어질 경우, 반드시 체제개혁을 심화하여 경쟁 질서를 보완함으로써 산업구조의 빠른 업그레이드를 보장하고 추동하여야만 한다.

## 제4절 뉴 노멀 상태에서 중국 경제성장 과정에 불거진 구조적 모순

우선, 전반적으로 중국 경제 성장의 수준이 구조 업그레이드 수준보다 높거나 혹은 상대적으로 뒤처진 구조 변화 발전이 경제의 효과적이고 균형적인 성장에 큰 영향을 끼치고 있다.

중국 경제의 쾌속 발전 과정에서 산업구조에 큰 변화가 일어났지만 구조의 변화 발전이 경제 성장의 요구에 부응하지 못하는 부분이 여전히 상당히 많다. 한편으로는, 선진국과 비교할 때 특히 중국과 경제 성장 수준이 대체적으로 비슷한 개발도상국과 비교해보면 중국은 산업구조 고도화 수준이 이들 나라들에 비해 현저하게 뒤처진다. 다른 한편으로는, 산업구조 고도화 수준이 상대적으로 뒤처짐으로 인해 경제 총량의 확장이 큰 제한을 받고 있으며 이에 따라 중국 투자수요의 효과적인 성장에 대한 구조적 제약이 매우 크다. 표 5-11은 현 단계 중국 산업구조를 선진국·개발도상국과 비교해본 상황이다.

표 5-11  2010년 중국과 세계 다른 국가의 국내 생산총액 구성(%)

|  | 1차 산업 | 2차 산업 | 3차 산업 |
|---|---|---|---|
| 고소득 국가 | 1.5 | 25.1 | 73.4 |
| 중등 소득 국가 | 9.7 | 34.3 | 67.5 |
| 중하위 소득 국가 | 10 | 34.1 | 55.8 |
| 저소득 빈곤국 | 25.7 | 24.4 | 49.9 |
| 중국 | 9.5 | 44.6 | 45.9 |

자료 출처: 세계은행 WDI 데이터베이스, 『국제통계연감2011』의 자료를 인용함. 그중 일부 나라의 데이터는 2009년 혹은 2008년의 데이터이다. 중국 2차 산업의 비중은 44.6%인데, 이는 중국 국가통계국 『중국통계연감』중의 46%와 다소 차이가 있지만 국제적으로 비교하는 것이기에 국제기구가 발표한 데이터를 통일로 인용하였다.

경제 규모와 일인당 GDP 수준으로 보면 중국은 이미 중상위 소득 단계에 진입하였다. 그러나 중국의 경제 성장 수준에 비해 중국의 산업구조 고도화는 발전이 상대적으로 뒤처져 있는 상태이다. 2010년, 3차 산업의 증가치가 GDP에서 차지하는 비중은 겨우 45.9%로 현대 중등 소득국가의 평균 수준(67.5%)보다 낮을 뿐만 아니라 현대 저소득 국가의 평균 수준(49.9%)보다도 낮다. 반면에, 2차 산업의 증가치가 GDP에서 차지하는 비중은 44.6%(고소득국가의 평균 수준은 25%, 중등 소득국가의 평균 수준은 34.3%)로 경제발전단계의 정상 수준을 훨씬 초월하였다. 현재 세계적으로 중저소득 수준의 동남아와 태평양 국가만이 GDP에서 2차 산업 증가치가 차지하는 비중이 이처럼 높은 수준(44%)이다. 다시 말해서, 중국의 일인당 국민소득은 이미 중상위 소득 수준에 이르렀지만 중국의 산업구조는 여전히 중저소득 국가의 구조에 더 가깝다는 것이다. 2010년 이후, 중국의 산업구조는 꾸준히 개선되고 있지만 그러한 기본 국면은 근본적으로 바뀌지 않고 있다. 이처럼 구조의 변화 발전이 경제 성장에 뒤처진 상황은 중국 경제성장 과정에서 투자와 소비구조의 불균형과 시장화의 정체, 특히는 시장메커니즘에 필요한 서비스업 발전의 낙후함, 신형 공업화와 도시화에 대한 정보화의 촉진 용합 역할의 결여 등 문제들과 깊은 연관이 있으며 이는 중국의 지속 가능한 발전을 제약하고 있다.

다음으로, 취업구조와 증가치구조의 격차가 너무 크고 이원화 구조적 특징이 뚜렷하다. 이는 중국 경제의 고속 성장이 어느 정도에서는 발전 불균형의 격화를 대가로 하고 있으며 그러한 불균형의 격화는 또 경제의 지속 가능한 발전을 제약하는 중요한 요소로 작용하고 있음을 설명한다.

취업구조 고도화의 변화 발전을 보면 중국 경제 성장 과정에서 취업 구조에 심각한 변화가 일어났다. 특히 1차 산업의 취업 비중이 개혁 초기의 70%이상(현대 저소득 빈곤국의 상황에 해당함)에서 현 단계의 36% 좌우로 하락하였다. 그러나 전반적으로 볼 때 중국의 1차 산업 취업 비중이 높은 정도와 3차 산업의 취업비중이 낮은 정도는 중국 경제 성장 수준과 어울리지 않는다. 만약 중국 3차 산업 증가치 구조 고도화 수준이 경제성장 수준보다 뒤처졌다고 한다면 취업 구조 고도화의 정체 정도는 더 크다고 할 수 있다. 표 5-12는 중국 증가치 구조와 취업 구조의 대조 상황을 설명해 준다.

표 5-12  개혁개방 이래 중국 증가치 구조와 취업 구조의 변화와 비교

| 년도 | 증가치 구조(%) | | | 취업 구조(%) | | | 증가치 비중/취업 비중 | | |
|---|---|---|---|---|---|---|---|---|---|
| | 1차 산업 | 2차 산업 | 3차 산업 | 1차 산업 | 2차 산업 | 3차 산업 | 1차 산업 | 2차 산업 | 3차 산업 |
| 1978년 | 28.2 | 47.9 | 23.9 | 70.5 | 17.3 | 12.2 | 0.40 | 2.77 | 1.96 |
| 1992년 | 21.8 | 43.4 | 34.8 | 58.5 | 21.7 | 19.8 | 0.37 | 2.00 | 1.76 |
| 2000년 | 15.1 | 45.9 | 39.0 | 50.0 | 22.5 | 27.5 | 0.30 | 2.04 | 1.42 |
| 2011년 | 10.0 | 46.6 | 43.3 | 36.7 | 28.7 | 34.6 | 0.27 | 1.62 | 1.25 |

표 5-12에서 알 수 있다시피 중국 1차 산업의 취업비중은 지속적으로 하락하고 2차 산업의 취업비중은 기본상 안정적이며 3차 산업의

취업비중의 상승폭이 가장 크다. (2011년이 1978년보다 22.4%포인트 상승함) 이는 또한 앞서 산업별 노동생산성의 증가율을 분석하면서 얻은 결론을 논증해 주고 있다. 즉 1차 산업의 구조 변화 효과는 마이너스 (노동력 순유출)이고, 2차 산업은 플러스이지만 3차 산업의 노동생산성 상승 과정에서의 구조 변화 효과보다는 작다는 것이다.(노동력이 3차 산업으로 더 많이 이동하였음) 우선, 상대적으로 중국의 취업 구조 고도화 수준이 증가치 구조 고도화 수준보다 낮다. 이는 한편으로는 증가치 구조 고도화의 발전이 취업 구조의 개선을 견인하였음을 설명하고 다른 한편으로는 증가치 구조 고도화 수준이 산업 노동생산성의 상승에 대한 충분한 지원이 부족함을 설명한다. 체너리(Chenery)는 101개 국가의 1950년~1970년 자료를 이용해 경제발전의 단계별 표준 구조를 만들어냈다. 중국 현 단계의 증가치 구조 중에서 1차 산업이 차지하는 비중을 그 표준 구조와 대조해보면 중국은 이미 일인당 2천 달러(1970년 달러)의 발전단계를 넘어섰지만, 1차 산업의 취업비중으로 대조해보면 중국은 400-600달러의 단계에 머물러 있다. 이는 중국경제가 이원화 구조 특징이 뚜렷하다는 것을 설명해 준다.[141] 다음으로, 그 과정에서 여러 산업의 증가치 비중과 취업 비중이 점점 근접하고 있으나 서로간의 격차는 여전히 현저하다. 이는 중국 산업 간 노동생산성의 불균형을 어느 정도 반영하고 있다. 1차 산업의 생산액 비중이 취업 비중보다 뚜렷이 낮을 뿐만 아니라 양자 간의 격차도 좁혀질 기미가 없이 계속 벌어지고 있다. 1978년부터 2011년까지 그 비중이 0.4에서 0.27로 낮아졌으며 양자의 불균형이 한층 더 가중되었다. 2차 산업의 생산액 비중과 취업 비중의 격차가 가장 뚜렷한데(2011년은 46.6% 대 28.7%임) 장기적으로는 미세하게 좁혀

---

141) See Chenery H.B., Syrquin M., Patterns of Development: 1955~1975.

지는 추세를 보였다.(2000년 이전에는 2차 산업의 증가치 비중과 취업 비중의 격차가 더 두드러졌음) 3차 산업의 증가치 비중과 취업 비중의 격차는 2차 산업처럼은 현저하지 않으며 또 서로 접근하는 속도가 빨라 양자 간 격차가 1978년의 1.96에서 2011년의 1.25까지 꾸준히 낮아졌다. 통상적으로 산업의 증가치 비중과 취업 비중이 점차 일치해져야 하는데 이는 산업 간 노동생산성이 균형을 이루어가는 추세이자 산업 간 균형적인 발전의 중요한 구현이다. 미국의 경우, 2008년 1, 2, 3차 산업의 증가치가 GDP에서 차지하는 비중은 차례로 1.1%, 20%, 78.9% 순이고 대응되는 취업 비중은 차례로 2.3%, 23.2%, 74.5% 순인 것으로 나타났다. 현대 선진국은 1차 산업의 증가치 비중과 취업 비중이 대부분 5% 내외이고, 3차 산업의 증가치 비중과 취업 비중이 대부분 70% 이상이며, 2차 산업의 생산액 비중과 취업 비중은 대부분 20% 이상으로서 생산액 비중과 취업 비중이 거의 비슷하다.[142] 중국은 3차 산업의 증가치 비중과 취업 비중의 격차가 비교적 크며 장기간에 걸쳐 관찰해보면 격차가 다소 좁아지는 경향이 있으나 그 속도가 뚜렷하지 않음으로 인해 성장 과정에서 일련의 불균형 문제가 나타났다. 두드러진 문제는 국민 소득의 1차 분배에서 소득 분배의 불균형이 가중된 것이다. 1차 산업의 취업 비중이 37.6%인 반면 증가치 비중은 겨우 10.1%에 불과하다. 이는 1차 산업 종사자의 37.6%가 1차 분배에서 10.1%의 증가치 밖에 배당받지 못하였음을 의미한다. 2차, 3차 산업의 증가치 비중은 모두 취업 비중보다 높다. 특히 2차 산업은 취업 비중이 28.7%인데 반해 1차 분배에서 46.6%의 증가치를 배당 받았다. 이러한 구조적 불균형은 중국의 도시와 농촌 주민의 소득 격차가 현저한 중요한 원인이다. 바로 도시와 농촌 주민의 소득 격차가 중국 주

---

142) 미국의 데이터의 출처는 미국 상무부 경제 분석국이고, 선진국 데이터의 출처는 세계은행이 발표한 「세계 발전 보고」이다.

민 소득 격차 확대의 가장 중요한 원인으로 꼽히며 주민 소득 격차의 40% 이상을 설명할 수 있다.[143] 그리고 주민 소득 격차의 확대는 또 소비 욕구 성장 부진의 근본 원인이고 소비 욕구의 부진은 또 중국 현 단계 경제 성장의 부진을 초래한다.

중국 노동자 수당의 상승 속도와 노동생산성의 상승 속도를 진일보로 살펴보면 노동자 수당의 상승 속도에 대한 노동생산성 상승의 지원이 충분하지 않다는 것을 발견할 수 있다. 측정한데 따르면, 2002~2010년 중국 취업인구 노동 수당의 연평균 성장률은 14.5%(현행 가격으로 계산해서 가격 상승 요소를 제외하면 실제 성장률은 그 수준보다 낮음)이다. 그중 1차 산업 종사자 수당의 연평균 성장률이 18.1%로 첫 자리를 차지하였고, 3차 산업 일인당 수당의 연평균 성장률이 11.6%로 그 뒤를 따랐으며, 성장이 가장 더딘 것은 2차 산업으로서 산업 종사 노동자 일인당 수당의 연평균 성장률이 11.1%였다.[144] 이로부터 중국은 중등소득 발전단계에 들어선 후 노동력 비용을 포함한 생산요소 비용이 이미 가속 상승 단계에 진입하였음을 알 수 있다. 만약 노동생산성의 상승에서 속도를 내지 않는다면 단기적으로는 막대한 비용의 추동에 따른 인플레이션 압력이 형성될 것이고 시간이 오래되면 경제 성장의 지속 가능성이 심각하게 약화될 것이다. 본 장의 제1부분에서 분석한 바와 같이 중국 산업구조 고도화의 향상이 추동하는 공업화 과정에서 실물산업 효율의 기반이 취약한 것이 이런 경우이다. 비록 중국 산업구조 고도화가 구현하는 공업화 과정이 현대 세계 공업화 완성 수준과 비교하였을 때 이미 후기에 들어섰고 (산업구조 고도화 $H$가 이미 0.666에 도달함) 상하이·베이징·톈진·장쑤·광동은 심지어 공업화를 거의 실현하였지만 ($H$ 값이 이미 1에 도

---

143) 류웨이, 「경제성장의 균형과 발전 방식 전환을 추진하다」를 참조, 『학술 월간』 2013년 제2호.
144) 류웨이 책임편집, 『중국 경제성장 보고서 2012』을 참조.

달함) 1차 산업의 노동생산성은 낮은 수준으로 현대 공업화 목표 실현에 필요한 수준과는 아직 거리가 멀다.($LP_{차}^{n}$ 이 겨우 0.147로 1보다 현저하게 작다. 즉 현대 공업화 목표 실현에 필요한 1차 산업의 표준 노동생산성보다 현저하게 낮다.) 2차 산업의 노동생산성도 현대 세계 공업화 표준 요구와는 거리가 멀다.($NP_{차}^{n}$가 겨우 0.462로 마찬가지로 1보다 현저하게 낮다) 다시 말해서, 중국의 공업화 과정에서 산업구조 발전이 도달한 고도화 수준에 비해 실물산업의 노동생산성이 그에 상응한 공업화 과정에 필요한 수준에 이르지 못한 것이다. 이는 어떤 의미에서 보면 노동생산성 수준을 이탈한 산업구조의 "불합리한 고도화"현상이 존재한다는 것을 의미한다. 이는 요소비용이 상승하였으나 노동생산성 상승 속도가 비용 상승 속도보다 상대적으로 낮음으로 인해 경제 성장의 '버블' 이 초래된 근본 원인이다.

마지막으로, 중국 산업구조에서 존재하는 역효율배치현상으로 말미암아 기존의 자원배치 효율 격차가 저효율 분야에서 고효율 분야로의 자원의 이전을 더욱 유력하게 추동하지 못하였을 뿐 아니라 자원배치의 산업구조 효율의 격차를 확대시켰다.

중국의 1992년과 2007년 투입 산출표를 이용하여, 산업별 자본과 노동 점유율, 산업별 자본과 노동의 한계수익률, 그리고 산업별 노동생산성과 자본 노동의 비율을 계산할 수 있다. 표 5-13, 표 5-14, 표 5-15의 결과는 산업별 자원의 역효율배치 상태를 보여주고 있다. 자원의 역효율배치현상의 존재로 중국의 서로 다른 산업 간 기존의 자원배치효율 격차가 충분하게 활용되지 못하고 있다. 즉 자원이 저효율 산업에서 고효율 산업으로 효과적으로 이동하지 못하고 있을 뿐만 아니라 오히려 자원배치효율의 격차를 확대시켰다. 즉 산업 간의 효율 격차를 확대시킨 것이다. 여기에는 발전상의 원인도 있고 체제적인

원인도 있지만 시장 경쟁의 불충분으로 인해 산업 간 자원의 이동을 제한한 것이 관건적인 원인이다.[145]

표 5-13 자본구조의 변화

| | 자본 투입 변화 (억 위안) | 1992년 자본투입 점유율(%) | 2007년 자본투입 점유율(%) | 1992년 자본 한계 수당 | 2007년 자본 한계수익률 |
|---|---|---|---|---|---|
| 경제 전반 | 184,015.5 | 100 | 100 | 0.336 | 0.293 |
| 1차 산업 | 6,530.5 | 5.1 | 3.8 | 0.413 | 0.072 |
| 2차 산업 | 93,731.5 | 38.9 | 48.7 | 0.498 | 0.341 |
| 3차 산업 | 83,753.6 | 56 | 47.4 | 0.217 | 0.262 |

자료 출처 : 표의 데이터는 중국 국가통계국이 발표한 투입 산출표의 데이터를 근거로 계산해낸 것임.

표 5-13에서 알 수 있다시피, 자본 점유율의 경우 1차 산업과 3차 산업 모두 자본 점유율이 하락하고 2차 산업의 자본 점유율은 상승하였다. 이는 이 기간 자본이 주로 2차 산업으로 집중되었다는 것을 설명한다. 신규 증가 자본이 2차 산업에서 주로 형성되었을 뿐 아니라 심지어 일부 기존의 자본도 2차 산업으로 이전되었다. 그러나 이와 동시에 경제 전반과 실물산업의 자본 한계수익률도 보편적으로 하락하였다. 자본의 한계수익률이 총이익률에 근접하였기 때문에 총이익률도 상응하게 보편적으로 하락하였다. 그중 1차 산업 총이익률이 가장 빠르게 하락하고, 2차 산업의 자본 한계수익률도 뚜렷이 하락하였지만 하락 속도는 1차 산업에 비해 상대적으로 느렸다. 다만 3차 산업의 총이익률만 소폭 상승하였을 뿐이긴 하지만 (자본 한계수익률이 0.217에서 0.262로 상승함) 절대적 수준은 줄곧 2차 산업보다 낮았다. 실물산업의 자본 한계수익률의 체감, 그 체감의 가속화는 제반 산업의 자본이 가속 심화되고 자본 산출비가 빠르게 상승하며 이에 따라 자본

---

145) 장췬(2002)은 자본의 심화에 따른 자본 한계수익률 체감의 가속화를 1990년대 중후기 중국의 GDP 성장률이 하락한 주요 원인으로 꼽았다. 장췬, 「성장·자본의 형성과 기술의 선택: 중국 경제 성장률 하락의 장기 요인을 설명하다」를 참조, 『경제학 (계간)』 2002년 제1호.

한계수익률이 체감하였음을 설명한다. 이는 투자수요의 확대가 점차 둔화될 것이며 산출 증가율이 하락할 수 있음을 의미한다. 또는 기술 진보의 가속화가 없고 산업 간 자원 이동의 가속화 즉 산업구조의 업 그레이드가 없는 상황에서 계속하여 투자를 확대할 경우 필연적으로 자본 한계수익률의 체감이 가속화될 것이며 이에 따라 시장성 (비정 부성) 투자수요의 증가가 둔화되어 내수 부족을 격화시킴으로써 경제 의 지속적인 성장률에 영향을 미칠 수 있음을 의미한다.

표 5-14를 통해 알 수 있다시피, 1차 산업의 노동 투입 점유율이 뚜 렷이 하락하였는데 이는 노동요소가 농업으로부터 도시 비농업산업 으로 이동하고 있음을 설명한다. 이는 공업화와 도시화가 가속되고 있다는 중요한 표현이다. 그러나 2차 산업의 노동투입 점유율이 3차 산업보다 높던 데로부터 3차 산업보다 낮아졌는데 이는 2차 산업의 노동 수용 속도가 하락하고 있음을 의미하며 자본이 노동을 밀어내고 있는 것일 수도 있음을 설명한다. 비록 표 5-14에서 2차 산업의 자본 한계수익률이 3차 산업보다 높은 것으로 나타났지만 한편으로는, 2차 산업의 노동 한계수익률이 3차 산업보다 뚜렷하게 높고 2차 산업의 노동 점유율이 뚜렷하게 밀려나 노동생산성이 상대적으로 낮은 기타 산업으로 이동하였는데 그 자체가 경제에서의 노동생산성 구조 효과 의 손실을 의미한다. 다른 한편으로는, 2차 산업의 자본 한계수익률의 절대적 수준이 3차 산업보다 높지만 동적으로 볼 때 그 자본 한계수익 률이 가속 체감 과정에 처해있고 또 3차 산업의 자본 한계수익률 수준 이 비록 2차 산업보다는 낮으나 상승하는 과정에 처해있으며 자본이 계속하여 2차 산업으로 집중된다면 자본이 한계수익률 상승 분야에 서 한계수익률 가속 체감 분야로 한층 더 집중될 것임을 의미하며 그 자체가 자본 배치 효율의 점차적 하락을 추동할 것이다.

표 5-14 노동 요소의 구조 변화

| | 노동투입 변화 (만 명) | 1992년 노동 투입 점유율 (%) | 2007년 노동 투입 점유율 (%) | 1992년 노동의 한계수익률 (위안/명) | 2007년 노동의 한계수익률 (위안/명) |
|---|---|---|---|---|---|
| 경제 전반 | 9,169 | 100 | 100 | 1,712 | 6,408 |
| 1차 산업 | -7,968 | 58.5 | 40.8 | 1,197 | 3,879 |
| 2차 산업 | 5,831 | 21.7 | 26.8 | 2,462 | 9,993 |
| 3차 산업 | 11,306 | 19.8 | 32.4 | 2,412 | 6,627 |

자료 출처 : 표 5-13과 같음.

　표 5-15에서 알 수 있다시피, 1992-2007년 사이 3차 산업의 자본/노동 비율이 2차 산업보다 높던 데로부터 2차 산업보다 낮아졌는데 이는 3차 산업이 더욱 많은 노동 투입을 수용하였음을 설명한다. 만약 2차 산업은 자본이 노동을 밀어냈다고 한다면 3차 산업은 노동이 상대적으로 자본을 밀어낸 것이다. 이 기간 3차 산업의 취업 탄력은 0.079이고 2차 산업의 취업탄력은 0.042로서 3차 산업의 일자리 창출 능력은 2차 산업의 거의 두 배에 가깝다. 그러나 3차 산업은 노동생산성의 절대적 수준이 2차 산업보다 낮을 뿐만 아니라 (표 5-14에서 알 수 있다시피 2차 산업의 노동 한계수익률 수준은 언제나 3차 산업보다 현저히 높다) 노동생산성의 상승 속도도 2차 산업보다 낮다.(2차, 3차 산업의 노동 한계수익률이 모두 상승하고 있으나 2차 산업의 상승 속도가 3차 산업보다 빠르다) 이는 본 장의 앞부분에서 분석한 바와 같이 3차 산업의 노동생산성 상승이 규모의 확장에 주로 의존하며 그 기술 집약도와 자본 집약도가 모두 향상되어야 한다. 이런 상황에서 노동이 생산성이 높은 2차 산업에서 끊임없이 밀려나 생산성이 상대적으로 낮은 3차 산업으로 이동하게 되면 자연적으로 노동생산성 증가율의 구조적 손실이 형성되며 이와 동시에 자본은 또 자본 집약도의 향상이 시급한 3차 산업으로 빨리 이동하기가 어려워 자본의 한계수익률이 가속 체감하는 2차 산업으로 끊임없이 밀려들 수밖에 없으며 자

연적으로 점차 자본 효율의 구조적 손실을 초래하게 될 것이다. 이처럼 요소의 역효율 배치 현상이 존재하는 원인은 다양하지만 시장화가 심화되지 못한 것이 관건적 요인이다. 한편으로는 요소시장, 특히 자본시장과 노동시장의 발달이 불충분하여 경쟁질서가 완비하지 못하여 효율 요구에 따른 요소의 시장 이동을 제한하는 것이고 다른 한편으로는 거시적 경제조정 과정에서 정책적 지도와 경제 발전 과정에서 산업의 실제 효율 수준 및 요구사항이 서로 어긋난 것이다. 특히 정부의 일부 투자행위가 시장 효율의 요구에 어긋나 지역 간 구조의 일치 및 대량의 중복 건설 등을 초래한 것이다.

표 5-15  자본/노동 비율와 노동생산성

|  | 자본/노동 비율(만 위안/명) | | 노동생산성(위안/명) | |
|---|---|---|---|---|
|  | 1992년 | 2007년 | 1992년 | 2007년 |
| 경제 전반 | 0.62 | 3.03 | 3,786 | 15,478 |
| 1차 산업 | 0.05 | 0.28 | 1,421 | 4,086 |
| 2차 산업 | 1.11 | 5.50 | 7,964 | 27,340 |
| 3차 산업 | 1.74 | 4.43 | 6,191 | 20,013 |

자료 출처 : 표 5-13과 같음.

요약하면 본 장의 분석을 통해 다음과 같은 사실을 알 수 있다. (1) 중국 경제의 고속 성장에는 GDP 규모의 급속한 확장이 포함될 뿐만 아니라 산업 구조의 발전도 동반된다. 즉 단순한 성장이 아니라 동시에 질적 발전도 실현한 것이다. (2) 이 과정에서 중국 산업구조 발전 속도와 수준은 경제 성장의 속도와 수준에 비해 상대적으로 뒤처진다. (3) 중국 경제 성장은 단순하게 요소 투입의 확장에 의존하는 것이 아니라 산업구조 발전에 따른 효율성 상승에도 의지하기에 크루그먼 등 이들이 비판하는 동아시아 버블과는 다르다. (4) 중국은 노동생산성의 증가율 면에서나 아니면 총요소 생산성의 증가율 면에서나 모두 산업구조 변화 효과와 순수기술 진보 효과를 갖추고 있다. 그러나 21세기 이전에는 구조 변화 효과의 역할이 순수기술 진보 효과를 초과하였고, 21세기에 들어선 후에는 구조 변화 효과의 역할이 점점 약화되어 순수기술 진보효과의 역할이 상응하게 강화되었으나 최근 몇 년은 또 양자가 교차적으로 변동하는 양상을 보였다. (5) 중국 산업 구조 모순이 불거진 근원은 효율 수준의 저하에 있다. 산업 내 기술 진보 효과와 산업 간 요소 배치 효율 모두 시급히 향상되어야 한다. 그렇지 못하면 일련의 구조적 모순을 극복할 수 없으며 이러한 심층적인 구조적 모순은 중국 거시적 경제의 불균형(현 단계 인플레이션과 경제 '하행'이 병존하는 이중 위험)을 초래하는 근본 원인이 된다. (6) 따라서 발전방식 전환이 불균형을 극복하고 지속 가능한 발전을 실현하는 관건이다. 발전방식 전환의 핵심은 구조조정이다. 구조조정은 가장 먼저 기술혁신에 의지해야 한다. 기술혁신은 또 산업 효율의 향상을 부르고 그 누적 효과는 산업 간 효율 격차를 확대시킨다. 즉, 산업구조 업그레이드의 원동력이 증강되고 공간이 커지며 결국은 구조의 변화 발전을 추진하여 구조 변화 효과를 향상시킨다. (7) 산업 내의 기술 진보나 산업 간의 구조 변화나 모두 제도적으로 공평하게 경쟁할 수 있는 시장메커니즘의 구축을 필요로 한다. 특히 요소시장의 육성에는 주체 질서(기업제도), 거래질서(가격제도) 등을 포함한 시장경쟁 질서를 보완하여야 한다. 물론 시장 질서를 보완하는 관건은 정부와 시장의 관계를 조율하는데 있다. 바로 이러한 이유에서 말미암아 사회주의 시장경제체제 개혁을 목표로 하는 개혁개방을 심화하는 것은 현 단계 중국의 발전방식 전환을 실현하는 근본이다.

# 제6장
## 산업구조의 불균형 및 1차 분배의 왜곡

현 단계 중국 경제 불균형의 중요한 부분은 국민 소득 분배 면에 일정한 불균형이 존재하는 것이다. 이러한 불균형은 경제 성장의 균형 목표뿐만 아니라 경제 발전의 지속가능성에도 영향을 미치며 소득분배의 공평 목표뿐만 아니라 경제 성장의 효율 목표에도 영향을 미친다. 거시적 차원에서 보면 국민 소득은 정부·기업·주민 3자 간의 분배인데 그중 주민 소득이 성장 속도에서나 비중에서나 모두 하락세를 보이고 있다. 특히 상장 속도 면에서 재정소득 성장 속도(개혁개방 30여 년 이래 당년 가격으로 계산해서 연평균 성장률이 18%이상임)와 GDP 성장 속도(당년 가격으로 환산해서 연평균 성장률이 14%이상임)에 비해 뚜렷하게 낮다. 이에 따라 총수요 중 소비수요가 상대적으로 부족한 것이 두드러진 구조적 모순으로 나타났다. 미시적 차원에서 보면 주민소득 격차가 끊임없이 확대되고 있어 현 단계 중국의 지니계수가 통상적으로 말하는 경계수준을 이미 초과하여[146] 사회 소비 경향을 낮추어 평등 분배의 목표를 훼손하였을 뿐만 아니라 경제 성장의 효율 목표에도 영향을 끼쳤다는 것이 사람들의 보편적인 생각

---

146) 국가통계국은 2013년 1월 18일에 최초로 2003년부터 2012년까지 중국 다년간의 지니계수를 발표하였는데, 중국의 지니계수가 2008년 이후 다소 하락하였으나 줄곧 0.4를 웃돌았다.

이다. 소득분배의 불균형을 초래한 원인은 다방면으로 존재하는데 체제적 요소도 있고 발전적 요소도 있다. 사실상, 현 단계 중국의 왜곡된 소득분배에서 가장 중요한 것이 1차 분배에서의 왜곡이다. 본 장에서는 주로 국민경제생산 분야에서 산업구조가 1차 분배에 미치는 영향, 특히 노동요소 보수에 미치는 영향 측면에서 1차 분배 왜곡에 대해 살펴보고자 한다.

## 제1절 1, 2, 3차 산업 취업구조와 증가치구조의 불균형 및 중국 주민소득격차

개혁개방 이래 중국의 산업구조에 심각한 변화가 일어나 증가치 구조와 취업구조의 고도화 수준이 모두 뚜렷이 향상되었으나 취업구조 고도화 수준의 향상이 증가치 구조 고도화의 발전보다 뒤처진 것으로 나타났다.(표 5-12 참고).

개혁개방 이후 중국 증가치 구조의 발전으로 볼 때, 1차 산업의 비중이 먼저 높아졌다가 다시 떨어지는 과정을 거쳤다. 1차 산업의 증가치가 GDP에서 차지하는 비중은 1978년의 28.2%에서 1982년의 33.4%로 향상되었다가 그 뒤로 지속적인 하락세를 보이면서 2011년에는 1982년보다 23.3%포인트 하락한 10.1%에 이르렀다. 이는 한편으로는 농촌 경제체제 개혁으로 농업의 노동생산성이 향상하였기 때문이고, 다른 한편으로는 공·농업 제품의 협상가격차가 축소되면서 농산물의 가격이 시장 실제 가격수준에 점점 근접하여 그 증가치가 GDP에서 차지하는 비중이 크게 향상하였기 때문이다.(4년 사이 5.2%포인트 향상함) 얼핏 역공업화처럼 보이는 구조 변화가 사실상 개혁개방 이전 계획경제체제 하의 '공업화'에 대한 일종의 부정이자 객관적 노동생산성 이탈 요구와 가치법칙 위배 요구를 바로잡는 것이며, 또 그동안 중국이 효율을 이탈함으로써 인위적으로 조성한 산업구조의 '허위 고도화'를 바로잡는 것이기도 하다. 2차 산업의 증가치 비중이 초기에는 다소 하락하였다. 1978년의 47.9%에서 1991년의 41.8%로 하락하였는데 개별적 연도를 제외하고 13년 동안 지속적으로 하락하여 누계 하락폭이 6.1%포인트에 이르렀다. 이와 같이 2차 산업의 증가치 비중이 하락한 것은 본질적으로 보면 전통 체제 하에서 효율 이탈로 인해 형성된 구조의 허위 고도화를 개혁개방을 거쳐 바로잡는 과정이었다. 그 후로 2차 산업의 증가치 비중이 꾸준히 반등하기 시작하였는데 약간의 변동이 있었으나 전반적으로 46%~47% 수준에 안정되어 1, 2, 3차 산업의 증가치 비중 중에서 변동이 가장 작았다. 특히 21세기에 들어선 후 중국 공업화에 가속도가 붙으면서 성장률이 다시 3차 산업을 추월하였다. 표 5-12를 보면 2002~2010년 사이, 2차 산업과 3차 산업의 증가치 비중의 상승폭이 매우 비슷하지만 3차 산업 비중의 상승이 주로 가격 상승에 의존한 것과는 반대로 2차 산업은 주로 실질적 성장에 힘입었다. 1990년대 말 시장화 개혁과 구조조정을 거친 후, 제조업이 다시 상승기에 접어들면서 공업화 가속시기의 강력한 성장을 보였다. 3차 산업의 증가치 비중도 초기에는 다소 하락하였으나 1984년 후부터 꾸준히 상승하기 시작하였다. 일부 연도에 약간 파동이 있긴 하였으나 전반적으로 상승세를 유지해 1978년의 23.9%에서 2011년의 43.3%로 상승하여 변화폭이 약 20%포인트에 달하였다. 21세기에 접어들면서 3차 산업의 증가치 비중의 상승폭이 앞 시기에 비해 작아졌다. 그러나 이는 중국 산업구조 발전 속도의 둔화를 의미하는 것이 아니라 그 시기 중국이 공업화 중·후기의 가속단계에 처해있어 2차 산업의 성장이 경제성장의 주도 역량으로 되었음을 의미한다. 2010년 전후에 중국이 공업화 후기에 접어들기 시작하면서 중국 공업화 목표의 기본적 달성(2020년)에 근접함에 따라 새로운 10년 동안 2차 산업의 성장률이 점점 둔화될 것이며 2차 산업 증가치 비중의 하락과 3차 산업 증가치 비중의 상승이 장기적 추세가 될 것이다.

개혁개방 이후 중국의 취업구조의 변화발전으로 볼 때, 개혁개방 초기 1차 산업의 취업비중이 안정적으로 하락하였는데 그것은 향진(鄕鎭)기업의 발전이 농업 노동력의 비농업산업 이동을 추진하였기 때문이다. 그러나 도시 비농업산업은 도시와 농촌 호적제도의 제한을 받았다. 1990년대 이후, 농촌 노동력의 도시로의 이동이 가속화되기 시작하였으나 1996년 농업취업 비중이 50%까지 떨어진 후부터 긴 시간 동안의 정체기가 나타났다. 그 주된 원인은 국유기업의 발전방식 전환으로 '정리해고 실업자' 들이 대거 나타나는 바람에 도시 경제에서 늘어난 일자리는 정리해고 실업자들의 취업을 우선 수용하면서 농촌 잉여 노동력의 이동에 영향을 주었기 때문이다. 2003년부터 1차 산업의 취업비중이 급속히 하락하기 시작하였는데 매년 평균 약 2%포인트 하락해 2010년에는 36.7%에 이르렀다. 2차 산업은 개혁개방 이후 취업비중의 변화가 가장 작은 부문이다. 1978년부터 1984년까지, 2차 산업의 취업비중은 소폭 향상하였으며 2차 산업 취업 중 상당 부분은 향진기업이 수용하였다. 1985년부터 2003년까지 18년 동안, 2차 산업의 취업 비중은 거의 상승하지 않았으며 그 사이 약한 변동은 있었으나 전체적으로 21% 내외를 유지하였다. 이 기간 2차 산업 증가치의 연평균 증가율이 가장 높았음에도 불구하고 증가치 구조의 변화는 취업구조에 큰 영향을 미치지 못하였고, 2003년 이후에야 2차 산업의 취업 비중에 뚜렷한 변화가 일어 21.6%에서 2010년의 28.7%(7.1%포인트 향상)로 상승하였다. 분명한 것은 2003년 이후 2차 산업 증가치의 성장이 취업 비중에 미치는 영향이 이전보다 뚜렷해졌다는 것으로서 이는 중국 공업화 단계의 심화를 어느 정도 보여주고 있다. 3차 산업은 개혁개방 이후 취업 비중이 가장 크게 상승한 부문이자 비중의 변동이 상대적으로 안정적인 부문이다. 1978년~1996년 18년간, 3차 산업의 취업 비중은 12%에서 26%로 상승하였고, 1996년~2000년 기간에는 정체 상태에 처해 있다가 2000년 이후부터 다시 상승하기 시작해 2010년까지 10년간 8%포인트 상승하였다. 그래서 2000년을 기점으로 하면 3차 산업 취업 비중의 상승속도가 2차 산업보다 빨랐고, 2003년을 기점으로 하면 2차 산업 취업 비중의 상승속도가 3차 산업보다 빨랐다. 그러나 전반적으로 볼 때, 3차 산업 취업 비중의 변화는 2차 산업에 비해 안정적이고 경제 주기의 영향을 적게 받는다. 장기적인 추세로 볼 때, 1차 산업과 2차 산업 취업 비중의 변화가 단계적 특성을 띠는 반면에 3차 산업의 취업 비중은 꾸준히 안정적으로 증가하였으며 앞으로 이러한 추세는 더욱 뚜렷해질 것이다.

증가치 구조와 취업 구조의 변화를 서로 비교해 보면, 다음과 같은 두드러진 특점을 발견 할 수 있다. 비록 개혁개방을 실시한 30여 년간 경제성장과 함께 1, 2, 3차 산업의 증가치 구조와 취업 구조에 모두 뚜렷한 변화가 일어났지만 취업 구조의 변화가 증가치 구조의 변화에 뒤처져있다. 혹은 중국은 증가치 구조의 변화가 취업 구조의 변화를 이끈다고 할 수 있으며 그 과정에서 증가치 구조의 고도화 발전 속도 및 공업화 실현 정도가 취업 구조보다 앞섰다고 할 수 있다. 우선, 1차 산업의 경우, 증가치 비중과 취업 비중이 모두 하락하면서 공업화의 일반적 추세를 보여주었으나 증가치 비중에 비해 취업 비중이 훨씬 뒤처졌다. 2010년 양자의 비례는 36.7% : 10.1%였다. 산업 증가치 비중의 변화는 가격 변화의 영향을 받는데 중국은 농산물 가격 상승폭이 기타 산업에 비해 상대적으로 크다. 1978년부터 1984년까지 GDP 디플레이터로 반영한 가격 총수준의 연평균 상승폭은 겨우 2.6%밖에 안 된다. 그 상승폭도 농산물의 가격 상승이 주로 이끈 것이다. 농산물 가격의 연평균 상승폭이 6.7%에 달하였고 2차 산업과 3차 산업 가격의 연평균 상승폭은 겨우 1.1%와 0.7%에 불과하였다. 1984년부터 1991년까지 가격 총수준의 평균 상승폭이 7.6%인데 그중 1차 산업 가격의 연평균 상승폭이 8.8%로 가격 총수준의 상승폭보다 높았으며 특히 2차 산업의 가격 상승폭(5%)보다 높았다. 1992년부터 2002년까지 가격 총수준의 연평균 상승폭은 6%인데, 그중 1차 산업의 연평균 상승폭이 6.8%로 여전히 가격 총수준의 상승폭보다 높았다. 2003년부터 2012년까지, GDP 디플레이터로 반영하는 가격 총수준의 연평균 상승폭은 5.1%인데, 그중 1차 산업 가격의 연평균 상승폭이 7.6%로 같은 시기 2차 산업(4.5%)과 3차 산업(5.2%)에 비해 뚜렷이 높았다. 다시 말해서, 중국 새 시기 이래 GDP 디플레이터로 반영하는 가격 수준의 변화로 볼 때, 1차 산업의 가격 상승폭이 평균 수준을 초과하였는데 특히 2003년 이후부터 1차 산업의 가격 상승폭이 1, 2, 3차 산업의 첫자리를 차지하였다. 이는 가격 변화가 1차 산업의 증가치 비중을 향상시키는 역할을 하였음을 설명한다. 혹은 가격 요소가 국민경제에서 차지하는 1차 산업의 증가치 비중에 부정적인 영향을 미친 것이 아니라 긍정적인 견인역할을 하였다고 할 수 있다. 이러한 조건 하에서 2010년 1차 산업의 취업 비중은 36.7%였고 증가치 비중은 10.1%였다. 이는 한편으로는 농업 노동생산성의 상승이 비농업산업의 노동생산성의 상승에 비해 상대적으로 더디기에 취업 비중과 증가치 비중 간에 여전히 뚜렷한 격차가 존재하는 결과를 초래하였음을 설명하고 다른 한편으로는 국민 소득의 1차 분배 면에서 보면 이는 36.7%의 산업 종사자가 10.1%의 증가치를 분배받고 있음을 의미하며, 1차 산업의 증가치 비중과 취업 비중 간의 격차가 줄어들 조짐이 없이 여전히 커지고 있다는 사실을 설명한다. 그 증가치 비중과 취업 비중 양자 비례가 1978년의 0.40에서 2010년의 0.27로 변하였는데 이는 1차 산업 종사자들이 1차 분배에서 분배받는 부분이 상대적으로 점점 줄어들고 있고 불균형 정도가 가일층 심화되고 있음을 설명한다. 이와 대응되는 것이 중국 2차 산업의 증가치 비중과 취업 비중 간의 격차가 뚜렷하다는 사실인데 증가치 비중이 취업 비중보다 현저하게 큰 것이다. 장기적 차원에서 양자의 격차가 줄어드는 추세를 보였지만 그 속도가 너무 느리다. 2011년에 이르러 양자의 비율이 여전히 46.6% : 28.7%였다. 다시 말해서 국민소득의 1차 분배에서 취업의 28.7%를 차지하는 2차 산업 종사자들이 국민소득의 46.6%를 분배 받은 것이다. 3차 산업의 증가치 비중과 취업 비중 간의 격차는 2차 산업보다는 뚜렷하지 않지만 증가치 비중이 줄곧 취업 비중보다 높은 것은 사실이다. 2011년 양자의 비율은 43.3% : 34.6%, 즉 취업의 34.6%를 차지하는 3차 산업 종사자들이 1차 분배에서 국민소득의 43.3%를 분배 받은 것이다. 이러한 산업구조의 불균형으로 초래된 국민소득 1차 분배의 불균형은 도시와 농촌 주민소득 격차가 형성된 중요한 원인이다. 중국 도시와 농촌 주민소득 격차는 또 중국 주민소득 격차가 형성되는 가장 중요한 원인으로서 중국 현 단계 주민소득 격차 형성 원인의 40% 이상 비중을 차지한다.[147] 이러한 1차 분배의 불균형은 경제발전 불균형의 집중적인 표현이다. 통상적으로 말하자면 산업 증가치의 비중과 취업 비중이 점차 근접해져야 한다. 왜냐면 산업 간 노동생산성 수준이 균

---

147) 류웨이 책임편집, 『중국 경제성장 보고 2012』를 참조.

형을 이루어가는 추세가 나타났는데 이 또한 산업 간 발전이 균형을 이루어가는 중요한 표현이다. 현대 선진국에서는 1차 산업의 생산액 비중과 취업 비중이 일반적으로 다 약 5%정도이고, 3차 산업의 증가 치 비중과 취업 비중은 일반적으로 다 약 70% 이상이며, 2차 산업의 증가치 비중과 취업 비중은 대체적으로 20% 이상이다. 그리고 생산액 비중과 취업 비중이 기본적으로 일치하여 양자의 비율이 1에 가깝다. 중국은 1, 2, 3차 산업의 증가치 비중과 취업 비중이 장기적으로 근접 하는 추세이긴 하지만 그 속도가 느려 양자 간 격차가 여전히 비교적 크다. 이러한 경제 발전과정에서의 구조의 불균형은 소득분배 불균형 의 중요한 원인이다.[148]

## 제2절 1, 2, 3차 산업의 원가 구조 특징 및 1차 분배에서 노동자의 보수구조

국민경제 증가치의 원가 구조(또는 수입 구조)는 생산요소가 1차 분 배에서 얻은 수입을 반영한다. 그중 노동보수는 노동자가 얻은 수입 이고 순수생산세액 (순수간접세액이라고도 함)은 정부의 간접적인 세금징수로 얻은 수입이며 기업 수입은 두 부분으로 나뉘는데 한 부 분은 생산을 통해 얻은 영업이익이고 다른 한 부분은 감가상각이다. 1992년부터 2007년까지의 투입 산출표(중국에서는 수입법에 따라 계 산한 증가치를 5년마다 한 번씩 작성하는 투입 산출표에 반영시키는 데, 가장 최근의 데이터가 2007년이다. 그리고 1992년 이후의 투입 산 출표는 그 이전의 표의 통계 데이터 간에는 비교성을 갖추지 못하였 기에 여기서는 1992년 이후의 데이터만 고찰함)에 따라 지방정부가

---

148) 류웨이, 「산업구조 불균형 및 1차 분배 왜곡」을 참조. 『상하이 행정학원 학보』 2013년 제5호. 『대학교 학술 다이제스트』 2013년 제6호에 전재.

발표한 데이터와 결합하여 중국 GDP의 원가 구조(수입 구조)를 고찰해 보았다. 그 결과는 표 6-1에 표기한 바와 같다.

표 6-1  1992년~2007년 중국 수입법 국내총생산액 및 3차 산업의 원가 구성 비교

| 연도 | 항목 | 1차 산업 | | 2차 산업 | | 3차 산업 | | 국내총생산액 | |
|---|---|---|---|---|---|---|---|---|---|
| | | 수치 (억 위안) | 비중 (%) | 수치 (억 위안) | 비중 (%) | 수치 (억 위안) | 비중 (%) | 수치 (억 위안) | 비중 (%) |
| 1992 | 증가치 합계 | 5,852.6 | 100 | 12,164.4 | 100 | 8,627.3 | 100 | 26,644.3 | 100 |
| | 노동보수 | 4,930.4 | 84.24 | 3,760.9 | 30.9 | 3,361.1 | 38.96 | 12,052.4 | 45.23 |
| | 순수생산세액 | 232.6 | 3.83 | 2,565.3 | 21.08 | 476.0 | 5.52 | 3,273.8 | 12.29 |
| | 고정자산 감가상각 | 203.7 | 3.48 | 1,966.0 | 16.16 | 1,367.7 | 15.85 | 3,537.4 | 13.28 |
| | 영업이익 | 485.9 | 8.30 | 3,872.2 | 31.83 | 3,422.5 | 39.67 | 7,780.6 | 29.20 |
| 1997 | 증가치 합계 | 14,741.6 | 100 | 39,610.2 | 100 | 21,352.3 | 100 | 75,704.1 | 100 |
| | 노동보수 | 12,978.7 | 88.04 | 17,599.4 | 44.43 | 10,962.3 | 51.43 | 41,540.4 | 54.87 |
| | 순수생산세액 | 433.0 | 2.94 | 6,941.2 | 17.52 | 2,870.7 | 13.44 | 10,244.9 | 13.53 |
| | 고정자산 감가상각 | 584.8 | 3.79 | 5,637.6 | 14.23 | 4,089.8 | 19.15 | 10,312.2 | 13.62 |
| | 영업이익 | 745.1 | 5.05 | 9,431.9 | 23.81 | 3,429.6 | 16.06 | 13,606.6 | 17.97 |
| 2002 | 증가치 합계 | 16,630.5 | 100 | 55,101.2 | 100 | 50,127.2 | 100 | 121,858.9 | 100 |
| | 노동보수 | 13,316.0 | 80.06 | 22,518.8 | 40.87 | 23,115.7 | 46.11 | 58,950.5 | 48.38 |
| | 순수생산세액 | 544.7 | 3.28 | 10,248.8 | 18.60 | 6,668.8 | 13.30 | 17,462.2 | 14.33 |
| | 고정자산 감가상각 | 764.9 | 4.60 | 8,372.6 | 15.19 | 9,603.0 | 19.16 | 18,740.6 | 15.38 |
| | 영업이익 | 2,004.9 | 12.06 | 13,961.0 | 25.34 | 10,739.7 | 21.42 | 26 705.6 | 21.91 |
| 2007 | 증가치 합계 | 28,659.2 | 100 | 134,495.3 | 100 | 102,889.4 | 100 | 266,043.8 | 100 |
| | 노동보수 | 27,181.6 | 94.84 | 45,994.2 | 34.20 | 36,871.5 | 35.84 | 110,047.3 | 41.36 |
| | 순수생산세액 | 47.8 | 0.17 | 27,010.3 | 20.08 | 11,460.6 | 11.14 | 38,518.7 | 14.48 |
| | 고정자산 감가상각 | 1,429.7 | 4.99 | 18,161.7 | 13.5 | 17,664.1 | 17.17 | 32,255.5 | 14.00 |
| | 영업이익 | 0 | | 43,329.1 | 32.22 | 36,893.2 | 35.86 | 80,222.3 | 30.15 |

자료 출처 : 예년 투입 산출표에 따라 정리하고 계산함.

표 6-1에서 알 수 있다시피 중국 현 단계 산업별 원가 구성은 다음과 같은 특징이 있다.

첫째, 산업별 증가치 원가 구조 간에 뚜렷한 격차가 존재한다. 2007년의 경우, 1차 산업의 증가치에서 노동보수가 차지하는 비중은 95%나 되는 반면에 2차 산업과 3차 산업은 그 비중이 각각 34%와 36%이다. 1차 산업에서 노동보수의 비중이 95%나 되지만 노동자 보수의 절대적 수준은 여전히 비농업산업에 비해 많이 뒤떨어져있다. 앞에서 설명한 바와 같이 1차 산업은 36.7%의 종사자가 GDP의 10.1%을 분배받는데 이는 1차 산업의 노동생산성 수준이 낙후하다는 것을 설명한다. 농업의 노동생산성을 대폭 제고하지 않고서는 노동보수가 95%를 차지하는 조건 하에서 원가 구조의 조정 공간이 없다. 1차 산업에서 노동보수에 생산재 구매에 사용되는 수입이 포함됨에도 불구하고 말이다. 순수생산세액 면에서 1차 산업의 순수생산세액이 1차 산업의 증가치에서 차지하는 비중은 거의 0에 가깝고 2차 산업과 3차 산업은 그 비중이 각각 20%와 11%이다. 생산세액에 대한 1차 산업의 기여도가 비농업산업에 비해 낮은 주요 원인은 1차 산업의 생산성 수준이 기타 산업에 비해 낮기 때문이다. 그리고 2차 산업과 3차 산업 간에 격차가 존재하는 원인은 생산성이 다른 외에 더 중요한 것은 제품의 원가 구조가 서로 다르기 때문이다. 2차 산업과 3차 산업의 중간투입이 총생산액에서 차지하는 비중이 서로 다른데 만약 영업세가 부가가치세로의 전면적 전환을 실현한다면 그 격차는 줄어들 수 있다.

둘째, 낮은 노동 원가는 여전히 중국 현 단계 경제 성장의 중요한 특징이다. 산업별 원가 구성으로 볼 때 노동보수의 비중이 가장 크지만 (2007년 1, 2, 3차 산업의 노동보수 합계 비중이 41.36%임) 선진국(예를 들어 미국은 현재 그 비중이 약 55%임)과 비교할 때 그 비중은 큰

축이 아니다.[149] 구체적으로 1차 산업의 경우 노동보수 비중이 95%나 되지만 1차 산업 총수입 수준이 낮아 GDP에서 차지하는 비중이 겨우 10.1%에 불과한 만큼 전반 수입구조에 미치는 영향이 크지 않다. 2차, 3차 산업의 경우 GDP에서 차지하는 비중이 큰 편이지만 이 두 산업 노동보수의 비중은 각각 34.2%와 35.5%로 낮은 편이다. 영업이익을 보면 즉 1차 분배에서 얻은 자본 소득을 보면 1차 산업이 차지하는 비중은 거의 0에 가까운 반면에 2차 산업과 3차 산업이 차지하는 비중은 상당히 높다. 2차 산업의 영업이익의 비중은 32.22%로 노동보수 비중(34.2%)과 비슷하고 3차 산업은 35.86%로 노동보수 비중(35.84%)을 추월하였다. 이는 국민소득의 1차 분배에서 상당한 부분이 자본의 소득으로 된다는 것을 설명한다. 거기에 기업 자체의 고정자산 감가상각까지 합치면 기업 영업이익과 감가상각의 합계가 GDP에서 차지하는 비중은 44.15%에 달하여 노동자 보수의 비중보다 훨씬 높다.

　1차 분배에서 1차 산업의 노동보수 비중이 약 95%, 영업이익이 0인데 이는 그중에서 자본과 감가상각이 증가치의 겨우 4.99%밖에 차지하지 않는다는 것을 설명한다. 이는 1차 산업에서 자본 소득 비중이 아주 낮다는 것을 의미한다. 또한 중국 현 단계의 농산물 자본의 재산적 소득이 낮고 농가의 토지 도급권·산림소유권·택지와 가옥소유권 그리고 기타 물질자본 투입에 따른 자산 등과 같이 완전한 의미에서의 소유권이 아닌 자산은 시장거래에 참여할 수 없어 농가에 재산적 소득을 가져다주기 어려울 뿐만 아니라 많은 방면에서는 심지어 권리의 확인도 되어 있지 않은 상태임을 설명한다. 제도적 배치에서 도시와 농촌 간 토지소유제의 차이, 농가 가옥과 도시 상품주택의 차이 등은 모두 재산권 성격상의 차이인데 이러한 차이는 1차 분배에서

---

149) Table1.1.5, Gross Domestic Product, Last Revised on October 26, 2012, Burean of Economic Analysis, US Department of Commerce를 참조, http://www.bea.gov/index.html.

1차 산업의 자본 소득(영업이익과 감가상각) 비중이 낮은 중요한 원인으로서 이로 인해 1차 산업에서 생산자의 소득은 주로 근로소득에 의존하게 된다. 노동생산성 수준이 상대적으로 낮으면 1차 분배에서 농가의 소득 수준이 낮을 뿐만 아니라 상승 공간이 부족하게 된다. 그리고 1차 산업에서 노동력에 대한 교육 투입의 증가가 더디고 농촌주민에 대한 위생보건 투입 수준이 낮으며 인적자본의 축적이 부족하면 1차 분배에서 농가 소득의 지속적 향상 가능성은 애초에 존재하지 않는다.

2차, 3차 산업에서 자본 소득 비중이 높은데다가 2차, 3차 산업의 증가치가 총 증가치 중에서 차지하는 비중도 높기 때문에 중국 현 단계 GDP의 전체 원가 구성에서 노동보수가 차지하는 비중이 상대적으로 낮은 반면에 자본소득 비중은 현저하게 높다. 이는 한편으로는 국민소득의 1차 분배로 인해 더욱 많은 부분이 기업의 자본 축적으로 전화될 수 있어 고축적을 통한 고성장을 이끌고 있음을 설명하고, 다른 한편으로는 자본과 노동요소 간의 소득 분배비율이 오랫동안 심각한 불균형상태가 이어지며 노동자의 소득 증대가 더디고 주민소득이 국민소득에서 차지하는 비중이 지속적으로 떨어지면서 소비수요 증가와 국민경제성장 간에 심각한 불균형이 나타나고 소비수요의 부족으로 심각한 생산능력과잉이 형성되어 경제성장의 균형성과 지속 가능성에 영향을 미치고 있음을 설명한다. 그 과정에 주민 내부의 소득분배 격차가 계속 확대되면 사회 전반의 소비경향이 더욱 낮아지고 소비수요와 경제성장 간의 불균형도 더 심화된다. 이와 동시에 기술혁신 원동력이 부족하고 산업구조 업그레이드의 공간이 부족하면 투자가 늘어나는 동시에 중복 투자 현상도 점점 심화되어 생산능력과잉을 한층 더 심화시킨다. 현 단계에 중국 2차, 3차 산업에서 자본소득의 비중이 높은 중요한 원인은 경제발전과 체제 전환 과정에서 자본요소의 효율 향상 속도가 노동요소의 효율 향상 속도보다 높은 데 있다. 콥-더글러스 생산함수를 근거로 하여 경제구조의 변화가 경제규모와 요소생산성에 미치는 영향을 설명할 수 있는 모델을 구축하고, 중국의 새로운 시기 이래의 관련 변수의 관측치를 인용하여 경제구조 영향 모델에 대해 최소제곱법의 회귀 추정을 진행한 결과 다음과 같은 중요한 결론을 얻었다. 체제개혁의 심화에 따라, 특히는 소유제구조의 변화 및 상응한 시장화 정도의 향상에 따라 자본과 노동 두 가지 요소의 효율이 모두 향상한다. 즉 산출의 탄력이 모두 향상하지만, 자본요소의 생산효율에 미치는 영향은 노동요소의 생산효율에 미치는 영향을 크게 초과하고 자본생산성의 향상 속도는 노동생산성의 향상 속도를 훨씬 초과한다. 1차 분배에서 효율과 요소의 기여도 원칙에 따른 분배를 고수한다면 자본과 노동 간의 소득 분배 격차는 급속히 확대될 것이다. 이처럼 요소효율의 격차를 기반으로 한 소득분배 격차에 대해서는 단순하게 부정하여서는 안 된다. 특히 효율을 희생시키거나 요소생산성을 무시하는 것을 대가로 축소시킬 것이 아니라 그에 상승하는 소득 분배방법을 보조 수단으로 하여 자본소득과 노동소득 간의 격차를 통제하여야 한다. 그렇지 않으면 소득분배 평등 목표를 파괴할 뿐만 아니라 근본적으로 경제효율 목표도 파괴함으로 인해 광범위한 노동자의 소비수요가 부족하게 되고 경제성장 원동력이 부족하게 되어 균형적이고 지속 가능한 성장과 발전을 이루기 어렵게 된다.[150)]

셋째, 동적으로 비교해보면 광의적 의미에서의 생산요소 중에서 기업과 정부의 소득 비중은 상승하고 있는 반면에 노동보수의 비중은

---

150) 류웨이 · 리샤오룽, 「소유제의 변화 및 경제성장과 요소 효율의 향상」을 참조, 『경제연구』 2001년 제1호. 그 글의 분석에 인용된 변수의 관측치는 2000년까지를 기준하였다. 그러나 21세기 이후에도 해당 변화 추세가 여전히 존재할 뿐만 아니라 더 뚜렷하다는 사실을 알 수 있다. 따라서 기본 추정 결론은 변함이 없다.

낮아지고 있다.

표 6-1에서 알 수 있다시피 1990년대 이후 중국의 1, 2, 3차 산업의 원가 구조에 비교적 큰 변화가 일어났다. 1차 산업에서 농업세 감면 등 정책으로 세수가 산업 증가치에서 차지하는 비중이 크게 낮아졌다. 한편 영업이익의 경우, 농가의 수익이 노동보수에 직접 기입되면서 농업기업의 이윤이 매우 낮아지기 때문에 영업이익 총량도 매우 낮은 반면에 노동보수의 비중은 매우 높다. 여기에는 물론 통계방법상의 원인도 있겠지만 더 근본적인 원인은 농가의 자산성 소득 증가 속도가 느린 것이다. 비록 농업에서 노동보수가 차지하는 비중은 높지만 농업의 노동생산성이 상대적으로 낮아 농업 노동자의 소득 및 농촌 주민 소득의 증대 속도가 느리고 게다가 비농업산업과의 사이에 소득 격차도 꾸준히 확대되고 있다.

1997~2007년 사이, 2차 산업에서 노동보수가 산업 증가치에서 차지하는 비중이 약 10%포인트 하락하고 이에 상응하게 기업 영업이익의 비중은 약 10%포인트 상승하였다. 이로부터 동적인 변화의 측면에서 볼 때 1990년대 이후 중국의 공업화 과정에서 기업이 얻은 이익이 노동자가 얻은 이익에 비해 크다는 것을 보여준다.

3차 산업에서 이런 현상은 더 두드러진다. 1997~2007년 사이 노동보수가 산업 증가치에서 차지하는 비중은 약 15%포인트 하락하였고 이에 상응하게 기업의 영업이익의 비중은 20%포인트 상승하였다. 비록 3차 산업의 성장 속도가 2차 산업에 비해 느리지만 산출 가격의 상승폭은 2차 산업보다 크다보니 종합적 작용으로 인해 얻은 결과는 전반 국민경제에서 3차 산업이 차지하는 비중이 커졌다. 3차 산업의 내부구조를 보면, 개혁개방 초기에는 전통 서비스업이 주로 발전하였고, 1990년대 말부터 3차 산업의 중점이 자본 집약도가 높은 현대서비스업으로 이전되기 시작하였는데 이 또한 3차 산업에서 노동보수의 비중이 하락하고 기업의 영업이익 비중이 상승한 중요한 구조적 원인이기도 하다. 공업화의 가속을 토대로 하는 현대서비스업의 발전 단계에서 서비스업의 발전 중점이 자본으로 기울어지거나 혹은 주로 자본 집약도가 높은 현대공업산업과 현대 도시화 및 인프라 건설을 위해 서비스한다는 것은 그 객관적 역사적 단계성에서 비롯되었다고 할 수 있다. 그 역사적 단계성으로 인해 그 시기 서비스업 자체의 자본 집약도가 뚜렷하게 향상하게 되며 3차 산업에서 자본소득과 노동소득의 격차가 벌어지는 중요한 발전적 원인이 된다. 따라서 한편으로는 그 정도를 통제하여야 하고 다른 한편으로는 단순하게 부정할 것이 아니라 발전의 단계성 문제는 반드시 발전 자체를 통해 해결하여야 한다. 오직 공업화 목표의 점진적 실현(중국이 2020년에 샤오캉 사회 전면 실현 목표를 달성함과 동시에 공업화를 기본적으로 달성할 전망)과 함께 중국 '탈공업화' 또는 '재공업화'의 발전과 함께 3차 산업 및 전반 국민경제에서 인적자본의 집약도가 차지하는 비중이 한층 더 향상하고 노동생산성이 한층 더 향상하여야만 이런 문제들이 비로소 근본적으로 완화될 수 있다.

2차 산업 발전에서나 아니면 3차 산업 발전에서나 정부 소득으로서의 순수생산세액이 증가치에서 차지하는 비중의 상승폭은 크지 않다. 1997년에 비해 2007년의 상승폭은 3%포인트 미만이었다. 더욱이 1차 산업 중 순수생산세액의 비중은 하락세(2.94%에서 0.17%로 하락)까지 보였다. 얼핏 보기에 이 수치는 재정소득 성장률이 GDP 성장률과 주민소득 성장률에 비해 꾸준히 높았던 통계수치와 맞지 않은 것 같다. 통계에 따르면 개혁개방 이후, 중국 재정소득의 연평균 성장률은 18%이상(당해 가격을 기준으로 계산함)이고 같은 시기 GDP 성장률도 당해 가격을 기준으로 계산하면 14%이상인 반면에 주민소득 성장률은 장기간 GDP 성장률보다 낮았다. 이로부터 알 수 있다시피 순수생산세액은 정부 세수소득의 전부가 아니라 1차 분배에서 정부가 얻은 세수소득의 일부일 뿐이며 재분배 과정에서 노동자의 보수와 기업의 영업이익도 직접세(개인소득세와 기업소득세)를 지급해야 하므로 최종 소득분배에서 정부의 세수소득 비중은 더 높아진다.

## 제3절 뉴노멀 하에서의 1, 2, 3차 산업의 일인당 평균 증가치, 노동보수의 비중, 일인당 노동보수 및 1차 분배

### 1. 1, 2, 3차 산업의 일인당 증가치 및 1차 분배에 대한 분석

산업별 일인당 증가치는 1차 분배의 일인당 수준에 대한 측정이자 여러 산업 부문의 노동생산성 수준에 대한 측정이다. 표 6-2는 중국 새 시기 이래 1, 2, 3차 산업 취업자 평균 증가치의 변화 상황이다.

표 6-2  1978~2010년 1, 2, 3차 산업 취업자의 평균 증가치 비교

| 연도 | 산업별 취업자 일인당 증가치(위안/명) | | | 국민경제 전체 일인당 증가치 백분율(%) | | | 국민경제 전체 일인당 증가치 (위안/명) |
|---|---|---|---|---|---|---|---|
| | 1차 산업 | 2차 산업 | 3차 산업 | 1차 산업 | 2차 산업 | 3차 산업 | |
| 1978 | 363 | 2,513 | 1,783 | 40.0 | 276.8 | 196.4 | 908 |
| 1979 | 444 | 2,653 | 1,698 | 44.8 | 267.9 | 171.4 | 990 |
| 1980 | 471 | 2,844 | 1,775 | 43.9 | 265.0 | 165.4 | 1,073 |
| 1981 | 524 | 2,819 | 1,812 | 46.8 | 252.0 | 161.4 | 1,119 |
| 1982 | 576 | 2,855 | 1,910 | 49.0 | 243.0 | 162.5 | 1,175 |
| 1983 | 635 | 3,049 | 2,025 | 49.4 | 237.4 | 157.7 | 1,284 |
| 1984 | 750 | 3,239 | 2,308 | 50.2 | 216.6 | 154.3 | 1,496 |
| 1985 | 824 | 3,724 | 3,092 | 45.6 | 206.0 | 171.1 | 1,808 |
| 1986 | 892 | 4,006 | 3,398 | 44.5 | 199.9 | 169.6 | 2,004 |

| 1987 | 1,021 | 4,778 | 3,804 | 44.7 | 196.0 | 166.5 | 2 285 |
|------|-------|-------|-------|------|-------|-------|-------|
| 1988 | 1,198 | 5,421 | 4,621 | 43.3 | 195.8 | 166.9 | 2 769 |
| 1989 | 1,284 | 6,077 | 5,379 | 41.8 | 197.9 | 175.1 | 3 071 |
| 1990 | 1,301 | 5,569 | 4,915 | 45.1 | 193.2 | 170.5 | 2 883 |
| 1991 | 1,336 | 6,494 | 5,927 | 41.1 | 195.3 | 178.2 | 3 326 |
| 1992 | 1,516 | 8,150 | 7,144 | 37.3 | 200.3 | 175.5 | 4 070 |
| 1993 | 1,848 | 10,995 | 8,413 | 34.9 | 207.9 | 159.1 | 5 289 |
| 1994 | 2,614 | 14,658 | 10,429 | 36.6 | 205.2 | 146.0 | 7 145 |
| 1995 | 3,416 | 18,319 | 11,835 | 38.2 | 205.1 | 132.5 | 8 932 |
| 1996 | 4,025 | 20,882 | 13,012 | 39.0 | 202.3 | 126.0 | 10,323 |
| 1997 | 4,145 | 22,689 | 14,642 | 36.6 | 200.6 | 129.4 | 11,311 |
| 1998 | 4,212 | 23,496 | 16,214 | 35.3 | 196.6 | 135.7 | 11,949 |
| 1999 | 4,129 | 24,989 | 17,638 | 32.9 | 198.9 | 140.4 | 12,561 |
| 2000 | 4,146 | 28,088 | 19,530 | 30.1 | 204.1 | 141.9 | 13,764 |
| 2001 | 4,336 | 30,499 | 22,000 | 28.8 | 202.5 | 146.1 | 15,063 |
| 2002 | 4,513 | 34,369 | 23,809 | 27.5 | 209.3 | 145.0 | 16,421 |
| 2003 | 4,801 | 39,201 | 25,923 | 26.1 | 212.8 | 140.7 | 18,420 |
| 2004 | 6,148 | 44,229 | 28,410 | 28.6 | 205.4 | 132.0 | 21,528 |
| 2005 | 6,704 | 49,307 | 31,963 | 27.1 | 199.0 | 129.0 | 24,775 |
| 2006 | 7,526 | 54,894 | 36,679 | 26.1 | 190.3 | 127.1 | 28,850 |
| 2007 | 9,315 | 62,336 | 45,629 | 26.4 | 176.6 | 129.3 | 35,290 |
| 2008 | 11,263 | 72,496 | 52,353 | 27.1 | 174.4 | 126.0 | 41,560 |
| 2009 | 12,193 | 74,281 | 57,252 | 27.1 | 166.3 | 127.3 | 44,957 |
| 2010 | 14,512 | 85,880 | 65,732 | 27.5 | 162.9 | 124.7 | 52 717 |

자료 출처 : 예년 『중국통계연감』의 관련 데이터에 근거하여 계산.

표 6-2에서 다음과 같은 것을 알 수 있다. 첫째, 중국 산업별 일인당 증가치 수준은 줄곧 2차 산업이 가장 높고 3차 산업이 그 다음 순이며 1차 산업이 가장 낮았다. 비록 30여 년 동안 1차 산업의 일인당 증가치의 연평균 성장률(12.22%)이 가장 높았고 2차, 3차 산업 일인당 증가치와의 격차가 다소 줄어들었지만 절대 수준의 격차는 여전히 현저하다. 2010년을 기준으로 2차 산업의 일인당 증가치는 1차 산업의 5.92배, 3차 산업의 일인당 증가치는 1차 산업의 4.53배이다. 이러한

산업의 일인당 증가치 수준의 뚜렷한 격차가 효율 분배 원칙하에 1차 산업 종사자들의 소득 수준이 낮은 중요한 원인이다. 동시에, 2차 산업과 3차 산업 간의 일인당 증가치 격차도 줄어들고 있다. 30여 년간, 3차 산업의 일인당 증가치 연평균 증가율은 11.9%로 같은 시기 2차 산업의 일인당 증가치 증가율(11.67%)보다 약간 높으나 절대 수준의 격차는 여전히 뚜렷하다. 2010년의 경우 그 격차가 2만여 위안(85,880-65,732)에 달했다. 이는 중국 공업화가 가속화되는 시기에, 2차 산업은 줄곧 경제성장을 견인하는 첫 번째로 중요한 산업 원동력으로서 일인당 증가치 성장에서 가장 주요한 기여자 역할을 해왔고, 3차 산업이 경제성장의 첫 번째로 중요한 산업 원동력이 되기까지는 아직 시간이 필요하다는 것을 설명한다.

둘째, 이 기간, 1차 산업의 일인당 증가치의 성장률(연평균 12.22%)이 2차 산업(11.67%)과 3차 산업(11.93%)에 비해 높아지면서 1차 산업과 비농업산업 간의 일인당 국민소득 격차도 다소 좁혀졌으나, 1차 산업의 일인당 증가치가 1, 2, 3차 산업의 일인당 GDP에서 차지하는 비중은 하락하였다. 또는 농업의 일인당 증가치와 전반 국민경제의 평균 산업 일인당 증가치의 비율이 낮아졌다고 말할 수 있다. 1978년의 40%좌우에서 1984년의 50%까지 올라갔다가 2002년에 27% 안팎으로 점차 떨어지더니 2010년에 이르러서는 기본적으로 27%안팎을 유지하였다. 1차 산업의 일인당 증가치의 성장률이 기타 산업보다 높으나 그것이 전체 국민경제 일인당 증가치에서 차지하는 비중은 하락하는 현상이 존재한다. 그 근본적인 원인은, 전체 국민경제 일인당 증가치의 변화가 산업별 일인당 증가치의 변화와, 산업별 취업이 전체 국민경제에서 차지하는 비중의 구조적 변화, 이 두 가지 요소의 영향을 받기 때문이다. 1차 산업의 취업 비중이 1978년의 70.5%에서 2010

년의 36%안팎으로 하락하면서 1차 산업이 전체 국민경제의 평균 수준에 미치는 영향력이 약화되고 있고, 전반 국민경제의 전체 일인당 증가치가 2차, 3차 산업의 영향을 주로 받고 있는 이러한 구조적 변화로 인한 전반 국민경제의 전체 일인당 증가치의 상승폭은 1차 산업은 물론 2차, 3차 산업의 일인당 증가치 상승폭보다도 다. 표 6−2의 데이터를 근거로 경제통계의 요소분석법을 적용하여 산업별 일인당 증가치와 국민경제 산업 구조의 변화가 각각 전반 국민경제의 전체 일인당 증가치에 미치는 영향력을 분석해낼 수 있다. 국민경제의 산업 구조가 변하지 않는다고 가정하면, 산업별 일인당 증가치의 변화가 국민경제 전체 일인당 증가치에 미치는 영향력은 다음과 같다.

$$\text{일인당 증가치 고정지수} = \frac{(\sum_{i}^{3} = IV_i, 2010L_i, 1978/\sum_{i}^{3} = IV_i, 1978)}{(\sum_{i}^{3} = V_i, 1978L_i, 1978/\sum_{i}^{3} = IV_i, 1978)} = 36.45\text{(배)}$$

공식에서 는 전반 국민경제 일인당 증가치를 표시하고, 는 산업별 일인당 증가치를 표시하며, 는 산업별 취업자 수를 표시한다. 공식을 통해 얻은 결과는 2010년은 1978년에 비해 산업별 일인당 증가치가 높아짐에 따라 국민경제의 전체 일인당 증가치가 원래의 36.46배로 상승하였음을 설명한다. 또 산업의 일인당 증가치의 변화와 동시에 취업구조도 변한다고 가정하면, 구조 요소가 국민경제 전체 일인당 증가치에 미치는 영향력은 다음과 같다.

$$\text{구조변화지수} = \frac{(\sum_{i}^{3} = V_i, 2010L_i, 2010/\sum_{i}^{3} = IV_i, 2010)}{(\sum_{i}^{3} = IV_i, 2010L_i, 1978/\sum_{i}^{3} = IV_i, 1978)} = 1.59\text{(배)}$$

상기 공식은 구조적 변화로 인해 전체 일인당 증가치가 원래의 1.59배로 향상하였음을 보여준다. 이 두 가지 요소를 종합하여, 즉 산업별

일인당 증가치의 변화(일인당 증가치 고정지수)와 구조변화지수의
공동 작용(36.45×1.59 = 58.07배) 하에 2010년 중국의 취업자 수로 계
산한 일인당 GDP (국민경제 전체 일인당 증가치)는 1978년의 58.07
배(표 6-2의 데이터와 같음)이다. 그중 산업별 노동생산성 향상의 영
향력은 36.48배이고 취업구조변화의 영향력은 1.59배이다. 이를 연평
균 성장률로 반영하면 이 기간 국민경제 노동생산성의 연평균 증가율
은 13.5%인데 그중 산업별 노동생산성 상승의 기여도가 11.9%이고
취업구조변화의 기여도가 1.5%이다. 이 결론에 따라 구조변화가 국민
경제 전체 일인당 증가치에 미치는 영향을 고려하지 않고 산업별 일
인당 증가치의 작용만 고려한다면, 2010년에 이르러 1차 산업의 일인
당 증가치는 국민경제 전체 일인당 증가치의 43.77%로 1978년의 40%
보다 다소 향상하였다. 그러나 이와 동시에 구조변화의 작용을 고려
할 경우, 2010년 1차 산업의 일인당 증가치는 국민경제 전체 일인당
증가치의 27%이다. 1차 산업 자체의 일인당 증가치 향상 속도가 기타
산업에 비해 높지만 국민경제 전체 일인당 증가치에서 차지하는 비중
은 뚜렷하게 하락하였다. 따라서 국민소득 1차 분배에서 1차 산업 일
인당 증가치의 절대량이 늘어나고 있고 또 성장률도 다른 산업에 비
해 다소 높지만 국민경제 전체 일인당 증가치와 비교할 경우 그 격차
는 뚜렷하게 확대되었다.

## 2. 1, 2, 3차 산업의 노동보수 비중 및 1차 분배에 대한 분석

노동보수는 왕왕 한 나라 주민소득의 주체(비록 주민소득에 자본과
재산성 소득 등도 포함되지만)로서 1차 분배의 성과에 해당되며 관련
세금비용도 납부하여야 한다.

1차 분배 중 노동보수가 1, 2, 3차 산업의 증가치 중에서 차지하는

비중 및 그 변화에 대해 먼저 분석해보자. (표 6-3 참고).

표 6-3 1992~2010년 중국 1, 2, 3차 산업 증가치와 노동보수 비교

|  | 항목 | 1차 산업 | 2차 산업 | 3차 산업 | 합계 |
|---|---|---|---|---|---|
| 1992 | 증가치(억 위안) | 5,853 | 12,164 | 8,627 | 26,644 |
|  | 노동자보수(억 위안) | 4,930 | 3,761 | 3,361 | 12,052 |
|  | 노동보수가 증가치에서 차지하는 비중(%) | 84.2 | 30.9 | 39.0 | 45.2 |
|  | 산업별 노동보수가 전체 노동 보수에서 차지하는 비중(%) | 22.0 | 45.7 | 32.4 | 100.0 |
| 1997 | 증가치(억 위안) | 14,742 | 39,610 | 21,352 | 75,704 |
|  | 노동자보수(억 위안) | 12,979 | 17,599 | 10,962 | 41,540 |
|  | 노동보수가 증가치에서 차지하는 비중(%) | 88.0 | 44.4 | 51.3 | 54.9 |
|  | 산업별 노동보수가 전체 노동 보수에서 차지하는 비중(%) | 19.5 | 52.3 | 28.2 | 100.0 |
| 2002 | 증가치(억 위안) | 16,631 | 55,101 | 50,127 | 121,859 |
|  | 노동자보수(억 위안) | 13,316 | 22,519 | 23,116 | 58,951 |
|  | 노동보수가 증가치에서 차지하는 비중(%) | 80.1 | 40.9 | 46.1 | 48.4 |
|  | 산업별 노동보수가 전체 노동 보수에서 차지하는 비중(%) | 13.6 | 45.2 | 41.1 | 100.0 |
| 2007 | 증가치(억 위안) | 28,659 | 134,495 | 102,889 | 266,043 |
|  | 노동자보수(억 위안) | 27,182 | 45,994 | 36,872 | 110,048 |
|  | 노동보수가 증가치에서 차지하는 비중(%) | 94.8 | 34.2 | 35.8 | 41.4 |
|  | 산업별 노동보수가 전체 노동 보수에서 차지하는 비중(%) | 10.8 | 50.6 | 38.6 | 100.0 |
| 2010 | 증가치(억 위안) | 40,534 | 187,581 | 173,087 | 401,202 |
|  | 노동자보수(억 위안) | 38,507 | 72,589 | 69,816 | 180,912 |
|  | 노동보수가 증가치에서 차지하는 비중(%) | 95.0 | 38.7 | 40.3 | 45.0 |
|  | 산업별 노동보수가 전체 노동 보수에서 차지하는 비중(%) | 10.1 | 46.8 | 43.1 | 100.0 |

| 1992년 대비 2010년의 배수 | 증가치 | 6.9 | 15.4 | 20.1 | 15.1 |
| | 노동보수 | 7.8 | 19.3 | 20.8 | 15.0 |
| 1992~2010년 연평균 성장률 | 증가치 | 11.4 | 16.4 | 18.1 | 16.3 |
| | 노동보수 | 12.1 | 17.9 | 18.4 | 16.2 |
| 2002년 대비 2010년의 배수 | 증가치 | 2.4 | 3.4 | 3.5 | 3.3 |
| | 노동보수 | 2.9 | 3.2 | 3.0 | 3.1 |
| 2002~2010년 연평균 성장률 | 증가치 | 11.8 | 16.5 | 16.8 | 16.1 |
| | 노동보수 | 14.2 | 15.8 | 14.8 | 15.0 |

자료출처 : 2010년 이전의 데이터는 예년 투입산출표에 근거하여 정리하고, 2010년의 데이터는 각지 총 생산액 수입 구성에 근거하여 추산함.

　　표 6-3은 중국 1차 분배에서 노동보수의 총규모 및 비중의 변화 특징을 반영하고 있는데, 현행 가격으로 계산하여 1, 2, 3차 산업 중 증가치와 노동보수의 성장이 가장 빠른 것은 3차 산업이고 2차 산업이 그 다음 순이며 1차 산업 성장이 가장 더디다. 산업별로 보면 산업별 노동보수 성장률이 모두 증가치 성장률에 비해 높다. 그러나 전반 국민경제 차원에서 보면 1차 산업의 노동보수가 증가치에서 차지하는 비중이 매우 높지만(2010년에 95%였음) 1차 산업은 또 소득도 낮고 성장 속도도 가장 더딘 분야이므로 전반 국민경제의 노동보수 성장률은 오히려 증가치의 증가율에 비해 낮다. 1992년~2010년 사이, 증가치(GDP)의 연평균 성장률은 16.3%이고 같은 기간 노동보수의 연평균 성장률은 16.2%이다. 2002년에 이르러 노동보수가 GDP에서 차지하는 비중이 하락하는 추세가 더 뚜렷하게 나타났다. 1차 산업을 제외

한 2차, 3차 산업 그리고 전반 국민경제의 노동보수 성장률은 모두 GDP의 성장률보다 낮았다. GDP의 연평균 성장률은 16.1%이고 같은 기간 노동보수의 연평균 성장률은 15%이다. 이로써 국민소득의 1차 분배에서 노동보수의 비중이 하락하면서 국민경제의 수요구조가 왜곡되었고 경제성장에 대한 소비수요의 견인력이 상대적으로 부족하게 되었다. 2007년에 이르러, 여러 산업별 그리고 전반 국민경제 중 노동보수가 산업 증가치 및 전체 GDP에서 차지하는 비중이 모두 최저점으로 떨어졌다.(전체 노동보수가 GDP에서 차지하는 비중은 겨우 41.4%임) 2007년 이후 2010년까지 새로운 상승기에 접어들면서 3년간 노동보수가 전반 GDP에서 차지하는 비중이 45%까지 올라갔다. 이러한 노동보수의 전체 비중의 향상은 국민경제의 수요구조를 개선하고 소비수요의 역할을 향상시킴과 동시에 성장방식의 전환과 노동 생산성의 향상에 더욱 높은 요구를 제기하였다. 그렇지 않으면 경제성장이 균형을 이루기도 어렵고 지속적일 수도 없게 된다.

## 3. 1, 2, 3차 산업 일인당 노동보수의 변화 및 1차 분배에 대한 분석

표 6-4는 1992년 이후 중국 산업별 취업자 수와 노동보수 및 취업자 평균 노동보수의 변화를 보여 준다.

표 6-4 1992~2010년 중국 취업자 평균 노동보수의 변화

| 연도 | 산업 부문 | 연도 | | | 1992년 대비 2010년의 배수 | 연평균 성장률(%) | 2002년 대비 2010년의 배수 | 연평균 성장률(%) |
|---|---|---|---|---|---|---|---|---|
| | | 1992년 | 2002년 | 2010 | | | | |
| 취업자 수 (만 명) | 1차산업 | 38,699 | 36,640 | 27,931 | 0.7 | -1.8 | 0.8 | -3.3 |
| | 2차산업 | 14,355 | 15,682 | 21,842 | 1.5 | 2.4 | 1.4 | 4.2 |

| | | | | | | | | |
|---|---|---|---|---|---|---|---|---|
| 취업자 수 (만 명) | 3차산업 | 13,098 | 20,958 | 26,332 | 2.0 | 4.0 | 1.3 | 2.9 |
| | 합계 | 66,152 | 73,280 | 76,105 | 1.2 | 0.8 | 1.0 | 0.5 |
| 노동보수 (억 위안) | 1차산업 | 4,930 | 13,316 | 38,507 | 7.8 | 12.1 | 2.9 | 14.2 |
| | 2차산업 | 3,761 | 22,519 | 72,589 | 19.3 | 17.9 | 3.2 | 15.8 |
| | 3차산업 | 3,361 | 23,116 | 69,816 | 20.8 | 18.4 | 3.0 | 14.8 |
| | 합계 | 12,052 | 58,951 | 180,912 | 15.0 | 16.2 | 3.1 | 15.0 |
| 취업자 평균 노동 보수 (위안/명) | 1차산업 | 1,274 | 3,634 | 13,786 | 10.8 | 14.1 | 3.8 | 18.1 |
| | 2차산업 | 2,620 | 14,360 | 33,234 | 12.7 | 15.2 | 2.3 | 11.1 |
| | 3차산업 | 2,566 | 11,030 | 26,514 | 10.3 | 13.9 | 2.4 | 11.6 |
| | 합계 | 1,822 | 8,045 | 23,771 | 13.0 | 15.3 | 3.0 | 14.5 |

자료 출처: 표 6-1과 표 6-2의 데이터에 근거하여 계산함.

표 6-4에서 알 수 있다시피 2002년~2010년 사이 노동보수 총량의 성장률과 일인당 노동보수의 성장률은 1992년~2010년 18년 사이의 연평균 성장률보다 낮다. 18년간, 노동보수 총량의 연평균 성장률은 16.2%(현행 가격)이고, 취업자 노동보수의 연평균 성장률은 15.3%(현행 가격)였으며, 2002년~2010년 사이에 이 두 항은 각각 15%와 14.5%였다. 이러한 연평균 성장률의 하락은 그 시기 국민소득에서 노동보수가 차지하는 비중의 변화와 관련된다. 표 6-3에서 알 수 있다시피 국민소득에서 노동보수가 차지하는 비중이 2002년의 48.4%에서 2007년의 41.4%로 떨어졌다가 2010년에는 다시 45%로 올라갔다. 이러한 반등은 한편으로는 국민소득 1차 분배 차원에서 수요구조에 대한 조정, 특히 지나친 투자 의존적 견인에 대한 수정을 반영하고, 다른 한편으로는 노동보수의 비중이 성장률에 미치는 제약을 반영하는 것이기도 하다. 전반적으로 2000년대에 들어선 뒤 국민소득의 1차 분배에서 축적과 직결되는 기업과 정부의 소득 비중이 상대적으로 확대된 반면에 노동보수가 차지하는 비중은 상대적으로 줄어들었고, 정부와 기업의 소득 증가율도 노동보수의 증가율에 비해 높으며 1차 분배의 이러한 구조는 국민경제의 최종 수요구조에 큰 영향을 끼치고 있다.

이러한 상황은 2008년 이후부터 개선되기 시작하였으나 개선 폭이 크지 않았다. 이러한 1차 분배의 불균형은 국민소득 최종 사용의 불균형을 심화시킨다. 따라서 국민경제의 수요구조를 조정하려면 먼저 1차 분배의 구조부터 조정하여야 한다.

## 4. 산업구조에서 '요소의 역효율적 배치'가 1차 분배에서 노동보수의 향상을 제한한다

비록 중국 국민소득의 1차 분배에서 오랫동안 노동보수의 성장이 정부와 기업의 소득에 비해 상대적으로 느려 그 비중이 점차 낮아지면서 중국 국민소득의 최종 사용구조(수요구조)에 심각한 영향을 미치고 있지만, 1차 분배에서 노동보수의 비중을 대폭 높이려면 반드시 노동생산성의 향상을 기반으로 하여야 한다.

우선, 산업 노동보수의 성장 면에서 보면 중국은 산업 노동생산성에 대한 강력한 뒷받침이 부족하다. 2002년부터 2010년까지, 중국 취업자의 노동보수는 연평균 14.5% 성장하였는데 그 중 1차 산업의 성장률이 18.1%로 가장 높고, 3차 산업이 11.6%로 그 뒤를 이었으며, 2차 산업은 11.1%로 가장 낮았다. (모두 현행 가격을 기준으로 함) 이는 중국이 중·상등 소득 단계에 들어서면서 요소비용, 특히 인건비가 급상승기에 접어든 반면에 그에 대응되는 산업 노동생산성은 높지 않다는 것을 설명한다. 현 단계 중국 산업구조 고도화 수준은 현대 표준화된 공업화 국가와 비교할 경우, 중국 공업화 과정이 이미 2/3 이상 진행되어 이미 공업화 후기에 들어섰으며 2020년까지 공업화를 기본적으로 실현할 것으로 예상된다. 그러나 산업 노동생산성 수준, 특히 실물산업의 노동생산성은 현대 공업화 후기에 필요한 수준에 도달하지 못하고 있다. 1차 산업의 노동생산성은 현대 표준화된 공업화 국가의 14.7% 수준에 불과하고, 2차 산업의 노동생산성도 현대 표준화된 공업화 국가의 46.2%에 불과하며, 3차 산업의 노동생산성은 현대 표준화된 공업화 국가의 수준에 도달하긴 하였으나 그 노동생산성의 성장이 주로 규모의 확장에 의존하고 있으며 자본 집약도와 기술 집약도가 모두 향상되어야 한다.[151] 이러한 실제 노동생산성이 경제발전 단계에서 도달하여야 하는 수준보다 상대적으로 낮은 상황은 필연적으로 1차 분배에서 노동보수의 성장을 제약할 수밖에 없다.

다음으로 1992년과 2007년 중국 투입 산출표를 이용하여 산업별 자본과 노동이 차지하는 비중, 산업별 자본과 노동의 한계수익률, 산업별 노동생산성과 자본/노동 비율을 계산해낼 수 있다. 그 결과는 표 6-5를 참조하라.

표 6-5 자본과 노동의 구조변화 및 자본/노동 비율과 노동생산성

| 항목 | 연도 | 경제 전체 | 1차 산업 | 2차 산업 | 3차 산업 |
|---|---|---|---|---|---|
| 노동 투입 비중(%) | 1992 | 100 | 58.5 | 21.7 | 19.8 |
| | 2007 | 100 | 40.8 | 26.8 | 32.4 |
| 노동의 한계수익률(위안/명) | 1992 | 1,712 | 1,197 | 2,462 | 2,412 |
| | 2007 | 6,408 | 3,879 | 9,993 | 6,627 |
| 자본투입 비중(%) | 1992 | 100 | 5.1 | 38.9 | 56 |
| | 2007 | 100 | 3.8 | 48.7 | 47.5 |
| 자본의 한계수익률(위안/명) | 1992 | 0.336 | 0.413 | 0.498 | 0.217 |
| | 2007 | 0.293 | 0.072 | 0.341 | 0.262 |
| 자본/노동 비율(만 위안/명) | 1992 | 0.62 | 0.05 | 1.11 | 1.74 |
| | 2007 | 3.03 | 0.28 | 5.5 | 4.43 |
| 노동생산성(위안/명) | 1992 | 3,786 | 1,421 | 7,964 | 6 191 |
| | 2007 | 15,478 | 4,086 | 27,340 | 20,013 |

자료 출처 : 중국 국가통계국이 발표한 관련 연도의 투입 산출표 데이터를 근거로 계산함.

---

151) 류웨이 · 장후이, 「중국 경제성장 과정에서의 산업구조 문제」를 참조, 『중국 대학교 사회과학』 2013년 제4호.

표 6-5에 열거된 자본 투입 비중을 보면, 1992년부터 2007년까지 1차 산업과 3차 산업의 자본 투입 비중은 하락한 반면 2차 산업의 자본 투입 비중은 약 10%포인트(38.9%에서 48.7%로 상승)상승하였다. 이는 이 시기 자본이 주로 2차 산업으로 집중되었음을 설명한다.(기존 자본보유량과 신규 투입 자본 포함) 그러나 이와 동시에 경제 전체와 실물산업의 자본 한계수익률이 보편적으로 하락하면서 총이익률도 보편적으로 하락하였다. 다만 3차 산업의 총이익률만 다소 상승하여 그 자본의 한계수익률이 0.217위안/명에서 0.262위안/명으로 상승하였으나 절대 수준은 줄곧 2차 산업보다 낮았으며 실물산업 자본의 한계수익률 체감이 가속화되었다. 이는 산업의 자본 집약도가 향상되면서 자본의 생산비율도 비교적 빠르게 향상되었다는 것을 의미한다. 만약 기술 진보의 가속화와 산업간 자원의 순방향 이동의 가속화(즉 산업구조 업그레이드)가 없는 상황에서 계속 투자를 확대하면 필연적으로 자본의 한계수익률 체감이 진일보 가속화되어 시장성 투자 수요가 부진하게 되며 결국에는 경제성장에 영향을 미치게 된다. 노동 투입 비중을 보면 1차 산업의 노동 투입 비중이 1992년에서 2007년 사이 약 18%포인트 하락하였는데(58.5%에서 40.8%로 하락, 2012년에는 심지어 36%로 하락) 이는 노동요소가 농촌의 농업분야에서 도시의 비농업산업으로 대규모로 이동하였음을 설명한다. 그러나 2차 산업의 노동 투입 비중은 3차 산업에 비해 높던 데로부터 3차 산업보다 낮아졌는데 이는 2차 산업의 노동력 수용력이 떨어져 자본이 노동을 밀어내고 있음을 설명한다. 한편으로는 2차 산업의 자본 한계수익률이 3차 산업보다 높지만 동적으로 보면 그 자본의 한계수익률이 빠르게 체감하고 있다. 그리고 3차 산업의 자본 한계수익률은 비록 절대 수준이 여전히 2차 산업보다 낮지만 상승세를 타고 있는 상황인 만큼

자본이 2차 산업으로 한층 더 집중된다면 자본이 한계수익률 상승 분야에서 빠르게 체감하는 분야로 이전하여 자본 배치 구조의 효율을 점점 떨어뜨리는 추세가 나타나게 될 것임을 의미한다. 다른 한편으로는 2차 산업의 노동 한계수익률이 3차 산업에 비해 뚜렷하게 높으나 노동 투입 비중이 3차 산업보다 낮은 만큼, 2차 산업의 노동이 노동생산성이 상대적으로 낮은 3차 산업으로 밀려나가고 있다. 3차 산업의 자본/노동 비율이 2차 산업에 비해 높던 데로부터 낮아진 것은 3차 산업이 더 많은 노동력을 끌어들였음을 설명한다. 이 시기 3차 산업의 취업 탄력은 0.079이고 2차 산업은 0.042로, 3차 산업의 창조적 취업 능력이 2차 산업의 거의 두 배[152]나 된다. 그러나 3차 산업의 노동생산성은 그 절대 수준이 2차 산업에 비해 낮을 뿐만 아니라(2차 산업의 노동 한계수익률이 줄곧 3차 산업에 비해 높음) 노동생산성의 상승속도도 2차 산업에 비해 낮다.(2차, 3차 산업의 노동 한계수익률이 모두 상승하였으나 2차 산업의 상승속도가 3차 산업보다 빠름) 만약 노동요소가 노동생산성이 높고 또 상승 속도가 빠른 2차 산업에서 계속 밀려나 노동생산성이 상대적으로 낮은 3차 산업으로 모여든다면 자연적으로 노동생산성 상승의 산업 구조적 손실이 형성될 것이다. 요약하면 2차 산업에서는 자본이 상대적으로 노동을 밀어내고, 3차 산업에서는 노동이 상대적으로 자본을 밀어낸다. 그리고 2차 산업 노동생산성의 절대 수준과 증가율은 모두 3차 산업에 비해 높다. 이와 동시에 3차 산업의 자본 한계수익률의 상승 속도는 2차 산업에 비해 높은데 이는 3차 산업이 자본과 기술 집약도 향상이 시급하다는 것을 설명한다.(비록 자본 한계수익률의 절대 수준은 여전히 2차 산업보다 낮지만) 이러한 요소의 역효율적 배치 현상은 한편으로는 노동생산성

---

152) 류웨이·장후이, 「중국 경제성장 과정에서의 산업구조 문제」 참조, 『중국 대학교 사회과학』 2013년 제4호.

의 구조적 하락을 초래하고, 다른 한편으로는 자본 효율성 향상의 구조적 손실을 초래한다. 이러한 요소 효율의 구조적 손실은 경제성장의 균형성과 지속가능성에 큰 영향을 끼칠 뿐만 아니라 국민소득의 1차 분배 및 최종 사용에도 심각한 영향을 끼칠 것이며 특히 노동보수의 증가에 구조적인 효율의 손실을 가져다주게 된다.

# 제7장
## 산업구조 업그레이드, 경제구조의 최적화 및 공급측 개혁

## 제1절 공급측 개혁 및 새로운 발전 이념

### 1. 경제 하행압력이 먼저 수요 부진에서 비롯되지만 근본적으로는 공급측 구조적 불균형에서 비롯된다

개혁개방 역사상 거시적 경제 불균형과는 전혀 다르게 중국이 뉴노멀 시기에 들어선 뒤 거시적 경제 불균형은 단순한 수요팽창으로 말미암아 인플레이션이 두드러진 모순으로 불거진 것도 아니고 단순한 수요부진으로 말미암아 시장침체·실업률 상승이 두드러진 모순으로 불거진 것도 아니라 인플레이션(특히 원가 추진과 수요 견인의 공동 작용에 따른 인플레이션)의 잠재적 압력과 경제 '하행'(특히 내수 부족 및 생산능력 과잉의 공동 작용에 따른 '하행')의 준엄한 위험이 동시에 존재한다. 이러한 '이중 위험'이 공존하는 불균형 구도로 인해 거시적 경제 정책을 전면적으로 확장하기도 어렵고 또 전면적으로 긴축하지도 못하게 만들었다. 재정정책과 통화정책 '두 가지를 모두 완화'하면 '하행'을 억제하는 데는 유리할 수 있겠지만 인플레이

선을 유발할 수 있고, '두 가지를 모두 긴축' 하면 인플레이션 억제에
는 유리할 수 있겠지만 '하행' 압력을 가중시킬 수 있다. 완화와 긴축
을 배합시키는 역방향 조합정책(예를 들어 적극적인 재정정책과 안정
적인 통화정책)을 펴면 거시적 정책의 효과를 상쇄시켜 정책의 효과
성을 떨어뜨릴 수 있다.

뉴 노멀 시기에 새로운 불균형을 형성하는 직접적인 원인은 우선
수요측에서 발생하는 것으로 보인다. 경제 하행을 놓고 보면 경제성
장 속도가 상대적으로 둔화되었는데 2011년의 9.3%에서 2012년의
7.7%, 2013년의 7.7%, 2014년의 7.4%로 하락하였으며 2015년에는 7%
안팎에 머물렀다. 직접적인 거시적 차원의 원인은 수요 부진과 내수
부족 모순이 불거진 것이다. 고정자산투자 수요 증가율이 2010년 이
후 20% 이하까지 떨어졌고, 2012년 이후에는 더욱이 지속적인 하락
세를 보이며 2015년 앞 3분기에는 10%가 조금 넘은 수준까지 떨어졌
다. 사회소비재 소매총액 증가율이 반영하는 소비수요도 지속적인 하
락세를 보였는데 14% 안팎에서 10%가 조금 넘은 수준까지 이르렀다.
수출 수요의 성장이 부진하였는데 2015년에 이미 마이너스 성장이 나
타났으며 경제성장에 대한 순수출의 기여도가 다년간 연속 마이너스
를 기록하다. 그러나 더 심층적인 원인은 구조적 불균형에 있다.

투자수요가 하락세를 보이는 원인은 근본적으로 산업구조 업그레
이드 원동력이 부족하기 때문이다. 한편으로는 기존의 산업구조를 답
습하여 투자를 확대하는 것이 이제는 생산능력 과잉의 제약을 크게
받고 있다. 공업소비재든 투자품이든 생산능력 과잉의 모순이 점점
더 두드러지고 있다. 일부 산업의 생산능력은 이미 상대적 또는 주기
적 과잉이 아니라 절대적 또는 지속적인 과잉으로서 생산능력 축소
압력이 계속 커지는 조건 하에서 기존의 구조를 답습하여 투자를 확

대한다는 것은 이미 불가능한 일이 되었다. 다른 한편으로는 이전 시기 경제 고속성장을 견인하였던 산업, 특히 부동산과 자동차제조업 등 산업 성장이 둔화되고 생산능력이 포화상태에 이른 동시에 이를 대체할 수 있는 신흥 주도산업군이 아직 본격적으로 형성되지 않아 투자를 이끌어낼 수 있는 새로운 전략적 주도산업이 부족하다. 이러한 문제를 초래하게 된 근본 원인은 자체 연구 개발 및 혁신 능력이 부족하고 산업구조 업그레이드의 원동력이 부족하여 투자자들이 효과적인 투자 기회를 찾기 어려운데 있다. 특히 실물 산업의 투자 수요가 부진하고 효과적인 투자 기회가 부족하여 금융 자본에 대한 효과적인 수요가 부족하다.

소비수요의 부진이 성장의 무기력함을 초래하게 되는 근본적인 원인은 소득분배구조의 불균형에 있으며 두드러진 문제는 주민 간 소득분배구조의 격차가 너무 큰 것이다. 2002년부터 국가통계국이 발표한 중국 주민소득격차의 지니계수가 줄곧 경계선 수준(40%)을 초과하였으며 대다수 연도에는 45% 이상이었고 가장 높은 연도에는 49.1%에 달하였다. 소득격차의 확대는 필연적으로 주민의 보편적인 소비경향을 떨어뜨리게 되며 소득격차 확대의 여러 원인 중 첫 번째로 꼽히는 것이 도시와 농촌 간의 소득격차이다. 도시와 농촌 간의 소득격차가 비교적 두드러진(도시주민의 일인당 가처분소득은 전반적으로 농촌주민 일인당 순소득의 3배 이상임) 중요한 원인은 산업 간 소득구조상의 모순이다. 1차 산업의 취업 비중이 약 36.7%인데 반해 1차 산업의 증가치가 GDP에서 차지하는 비중은 겨우 10.1%이다. 이는 36.7%의 농업노동력이 1차 분배에서 겨우 10.1%의 GDP를 분배 받는다는 것을 의미한다. 한편 GDP의 90%는 약 63.3%를 차지하는 비농업산업의 노동력이 나눠가진다. 이러한 산업 간의 소득격차는 주로 산업 노동생산성의 격차에서 비롯된다. 이로부터 소비수요 부진의 심층적인 원인은 무엇보다도 먼저 소득분배구조의 불균형에 있고, 소득분배 격차의 확대를 초래하는 구조적 불균형의 중요한 발전적 원인은 농업과 비농업산업 간 노동생산성의 구조적 불균형에 있으며, 이에 따라 소비경향을 보편적으로 떨어뜨리게 된다는 사실을 알 수 있다. 이밖에 공급측 자체 제품의 품질·안전성·경제성 등 여러 방면의 원인도 어느 정도에서 사람들의 소비 욕구를 제한하거나 심지어 약화시킨다.

이로부터 알 수 있다시피 경제 하행 압력은 우선 수요의 부진에서 비롯되지만 더 나아가서는 공급측의 구조적 불균형에서 비롯된다. 산업구조 업그레이드 원동력의 부족과 산업 노동생산성의 구조적 불균형은 투자수요의 부족과 소비 욕구 성장의 부진을 초래하는 심층적 원인이지만, 산업구조의 업그레이드와 산업 간 노동생산성의 구조적 균형은 주로 공급 방면의 문제로서 경제 하행을 억제하려면 근본적으로 공급측에서부터 착수하여야 한다.

## 2. 수요 부진 조건 하에서 잠재적 인플레이션 위험에 대한 근본적 통제도 공급측 조정에 달려 있다

뉴 노멀 시기, 거시적 경제 불균형의 이중 위험 중의 다른 한 위험에 대해 말하자면 실제로 나타나는 인플레이션 수준이 별로 높지 않고 심지어 디플레이션 위험까지 있지만, 잠재적 인플레이션 압력이 비교적 크기 때문에 통화정책에 있어서 디플레이션 관리에 대해 특히 신중한 태도를 보이게 된다. 중국 PPI는 이미 40개월 넘게 마이너스를 기록하였고, CPI는 최근 몇 년 동안 줄곧 3% 안팎에 머물러 있으며 때로는 심지어 2% 미만, 2015년 앞 3분기에는 1.4%에 불과하였다. 통계상의 오차를 고려할 때 통상적으로 CPI가 2% 미만이면 거시적 정책에서 디플레이션 관리를 고려해야 하는 경우가 많지만 중국은 현 단계에서 안정적인 통화정책으로 잠재적인 인플레이션 압력에 큰 중시를 돌리고 있으면서 관리 가능한 디플레이션의 관리에 대해서는 비교적 신중한 태도를 취하고 있다.

이러한 잠재적인 인플레이션 압력이 특별한 이유는 뉴 노멀 시기에 인플레이션 압력과 경제성장 원동력 간의 연관성 때문도 아니고 비교적 높은 경제 성장률 때문도 아닌 다른 원인 때문이다. 원가 추진 면에서 보면 주로 경제발전이 뉴 노멀 시기에 들어선 후 인건비 · 자연자원가격 · 환경비용 · 기술진보비용 등을 망라한 요소 비용이 전면적, 체계적으로 향상하면서 낮은 요소 비용이라는 경쟁우위에 의존하여 대규모 요소투입 확대로 경제성장을 이끌던 방식은 더 이상 이어갈 수 없게 되었다. 반드시 경제성장방식을 근본적으로 바꿔야 한다. 요소투입의 확대에 주로 의존하던 데서부터 요소의 효율과 총요소 효율의 향상에 의존하여 경제성장을 이끄는 방향으로 전향하여야 한다. 그렇지 않으면 갈수록 늘어나는 국민경제 생산비용을 소화할 수 없을 것이며, 소화하지 못한 비용은 막대한 비용 추진으로 인한 인플레이션 압력으로 바뀔 것이다. 현 단계 중국의 인플레이션 압력은 상당한 부분이 비용 추진에서 온다.(측정 결과 50%에 육박하는 것으로 나타남) 이러한 요소 원가 구조의 변화는 분명 혁신을 통한 투입 산출구조의 변화를 추동할 것을 요구하며 나아가 성장방식을 바꿀 것을 요구하게 된다. 이러한 효율 향상과 원가 구조의 모순을 해결하는 관건은 공급측 개혁에 있다.

수요 견인 면에서 보면 2008년 이후 세계 금융 위기에 대처하기 위해 취한 확장정책으로 인해 유통과정에 비교적 많은 M2 보유량이 형성된 것 외에, 통화량 증가에 있어서 중요한 원인은, 때로는 심지어 가장 중요한 원인은 외국환평형기금(Funds outstanding for foreign exchange)에 있다. 즉, 정기 외환 결제 제도 하에서 외환 결제 중앙은행이 방출하는 기초 통화에 있다. 그리고 외국환평형기금이 기초 통화의 추가 방출을 압박하는 심층적인 원인은 중국 국제수지에서 지출보다 수입이 더 많은 심각한 불균형 상태가 장기간 존재함으로써 외환보유고 규모가 꾸준히 확대된 데 있다. 이러한 국제수지구조 불균형의 근원은 중국 산업구조에 의해 결정되는 무역구조와 세계 경제구도 간의 모순에 있으며, 이러한 산업구조 및 그에 의해 결정되는 무역구조 변화의 관건 또한 공급측의 변화에 있다.

뉴 노멀 시기, 경제의 이중 리스크 중 인플레이션의 잠재적 압력이 발생하는 근원은 주로 수요측에 있는 것이 아니다. 오히려 수요 부진의 조건하에서 존재하는 잠재적 인플레이션 위험은 주로 공급측에서 온다. 비용에 의한 추진이든 아니면 수요에 의한 견인이든 인플레션 압력의 근본적인 통제는 공급측의 조정에 달려 있다.

## 3. 거시적 조정에서 공급 관리와 수요 관리 간의 뚜렷한 구별

하나는 작용의 대상이 다르다. 수요 관리 정책이 작용하는 미시적 대상은 주로 소비자와 구매자이고, 공급 관리의 대상은 주로 생산자와 판매자이다.

둘째는 작용의 방식이 다르다. 수요 관리 정책은 주로 소비자와 구매자의 구매력, 즉 유효수요에 대해 조정하고 공급 관리 정책은 주로 생산자와 노동자의 적극성을 조절한다.

셋째는 작용의 효과가 다르다. 경제 불균형이 존재할 때 경제의 균형을 추동하기 위한 수단으로 수요 관리 정책을 취할 수도 있고 또 공급 관리 정책을 취할 수도 있다. 그러나 그 과정에서 가격수준의 변화는 각기 다르다. 만약 경기 침체기에 처한 경우에는 경기 부양을 위해 확장적인 정책을 취해야 한다. 수요측으로부터 착수한다면 수요를 자극하고 나아가 시장을 활성화시켜야 하는데 그 결과 주어진 생산비용 하에서 기업의 이윤이 늘어남에 따라 생산액과 취업이 확대된다. 그러나 이와 동시에 가격 수준이 향상되어 인플레이션을 가중시키게 된다. 만약 공급측으로부터 착수한다면, 생산자 원가를 낮추고 효율을 향상시켜 공급이 늘어나게 되지만 이와 동시에 가격 수준은 떨어진다. 다시 말해서, 수요 관리와 공급 관리가 성장을 이루기 위해 치르게 되는 인플레이션의 대가는 서로 다르다. 경제 하행 위험도 있고 인플레이션 압력도 존재하는 상황을 관리함에 있어서 공급 관리는 특별한 의미가 있다.

넷째는 작용의 주기가 다르다. 거시적 조정 차원에서 공급측 조정은 단기 조정의 정책 효과도 있지만 장기적인 효과가 더 뚜렷하다. 일반적으로 수요측 관리 정책은 단기간 내에 바로 뚜렷한 정책 효과가 나타날 수 있다. 재정정책이든 통화정책이든 수요에 미치는 영향이 단기간 내에 바로 나타날 수 있다. 그러나 공급측 정책의 효과는 흔히 더 오랜 시간이 걸려서야 나타난다. 왜냐면 생산자의 행위에 영향을 미치는 정책을 통한 생산 방면의 변화는 비교적 오랜 기간의 축적이 필요하기 때문이다. 생산자 효율의 향상이든 아니면 노동자 노동생산성의 향상이든, 또 자원 배치 구조의 조정이든 아니면 산업조직의 조정이든 모두 혁신의 함수이다. 그리고 기술혁신과 제도혁신 등을 망라한 혁신은 모두 장기간의 축적을 통해 형성되는 것으로서 단기간에 효과를 거두기 어렵다. 그렇기 때문에 경제의 불균형이 나타났을 때, 수요 관리를 적용할 것인지 아니면 공급 관리를 적용할 것인지의 선택에 있어서 정부는 통상적으로 (특히 정부가 단기적 행위를 택하기로 방향을 확정함에 따라) 수요측 조정을 우선적으로 선택한다. 왜냐면 수요측 관리 정책이 효과가 빠른 반면에 공급측 관리정책은 효과가 더디기 때문이다. 공급측 관리는 증량과 관련될 뿐 아니라 보유량과도 관련되지만 수요측 관리는 증량과 더 많이 관련되어 있다. 보유량 면에서 생산능력 조정·산업구조 조정·산업조직 조정·지역배치 조정 등은 흔히 장기간 축적되어 형성된 모순을 건드려야 하기 때문에 공급측 관리 정책의 실시는 큰 저항에 직면하게 된다.

## 4. 중국의 심층 구조적 불균형의 완화에서 공급측 관리의 특별한 중요성과 목적성

뉴 노멀 시기, 중국 거시적 경제 불균형의 특수성에 비추어 공급측 관리를 도입하는 것은 특별한 의미가 있다. 첫째, 이중 위험이 공존하고 이에 따라 총수요 관리 정책의 효과를 단일 방향과 목표에 통일시키기 어려운 조건 하에서는 (전면적 확장이냐 아니면 전면적 긴축이냐) 공급측의 관리가 불가피한 선택이 되었다. 왜냐면 이중 위험이 공존하는 조건하에서 총수요에 대한 자극이나 긴축은 모두 한쪽의 불균형을 억제함과 동시에 다른 한쪽의 불균형을 가중시키게 되며 또 공급측으로부터 착수하면 생산자의 비용을 낮추고 생산효율을 높이는 토대 위에서 동시에 생산액을 늘리고 인플레이션을 완화하는 이중목표까지 달성할 수 있기 때문이다.

둘째, 정부가 공급측 관리의 정책효과를 직접 통제할 수 있어 정책의 맞춤 효과를 더 효과적으로 실현함으로써 거시적 경제 정책 효과의 불확실성을 줄이고 거시적 조정의 위험을 줄일 수 있다. 수요관리 정책이 총량에 더 많이 치중하는 것에 반해 공급관리 정책은 구조적 차이를 더 많이 반영할 수 있다. 동시에 수요관리 정책의 시장효과는 판단하기 어려운 반면에 공급관리 정책의 효과, 특히 생산자 비용에 미치는 영향 정도에 대해서는 비교적 명확하게 판단할 수 있다.

셋째, 공급측 관리는 지방정부에 더 큰 정책 공간을 부여한다. 수요관리는 중앙정부의 거시적 정책의 작용 대상이 되는 경우가 더 많고 지방정부의 수요관리 정책은 역할을 발휘하는데서 많은 제한을 받는다. 왜냐면 지방정부는 세관 규제가 없기에 지방정부가 취하는 일련의 수요 자극 조치가 비록 현지 주민들의 소득과 구매력을 향상시켰지만 현지 주민들이 현지에서 구매하고 소비하는 것이 아니라 다른 지역 심지어 경외로부터 구매할 수 있기에, 지방정부는 현지 시장의 수요를 자극할 수 있는 원동력을 갖추고 있지 않다. 지방정부의 수요관리 정책이 현지 시장에 미치는 작용이 매우 불확실한 반면에 공급관리는 다르다. 현지 공급여건에 대한 보완, 현지 생산자에 대한 혜택, 인프라 등 외부 경제 환경에 대한 개조, 혁신에 대한 장려 및 지원 등 지방정부가 내온 공급 측면 정책조치의 효과는 주로 또는 우선적으로 현지에 집중 구현된다.

넷째, 공급측 관리는 소득분배구조조정에 직접 심입할 수 있어 지나치게 큰 소득분배 격차가 초래하는 경제성장 원동력의 부족과 효율 손실을 줄일 수 있다. 수요관리는 총량에 영향을 끼치지만 사회의 소득분배구조에는 영향을 주지 못한다. 그러나 공급측 관리는 생산자와 노동자의 격려조건을 조절하는 것을 정책의 착안점으로 삼기 때문에 재정정책(세수)·통화정책(금리) 등 수단을 종합적으로 운용하여 총량과 구조에서 소득분배를 동시에 조절할 수 있다. 분명한 것은 중국 경제가 뉴 노멀 시기에 들어선 후 나타난 새로운 불균형, 특히는 심층적인 구조적 불균형을 완화하고 극복함에 있어서 공급측 관리는 특별한 중요성과 목적성이 있다는 것이다.

## 5. 공급측 관리의 주요 정책 수단: 정부감독 · 경제구조정책 · 재정정책 · 통화정책

공급측 관리를 운용하는 데는 주로 어떤 정책적 수단이 있을까? 첫째는 정부의 감독관리정책과 수단이다. 여기에는 주로 요소 가격 수준과 상승률, 특히 노동력의 임금수준(사회보장과 여러 가지 적립금 등을 포함)에 대한 정부의 감독이 포함되는데 임금수준의 변화와 경제 균형의 요구를 최대한 일치시켜 기업의 생산비용을 낮추는 것과 노동자의 적극성을 불러일으키는 것 사이에서 균형을 이루고 실업률과 인플레율을 동시에 효과적으로 통제하여 스태그플레이션을 완화시킨다.(총공급곡선이 오른쪽으로 이동하도록 함) 이밖에 자원 사용 방향에 대한 감독관리, 기업시장의 부당 경쟁 행위에 대한 감독관리, 요소 이동성 특히 자본 · 외환 · 노동력 등의 이동성에 대한 감독관리, 기업의 생산 품질 및 안전 기준에 대한 감독관리, 환경 품질 및 기준에 대한 감독관리 등은 모두 기업의 생산비용에 영향을 미치게 되며 따라서 공급 효과를 부르게 된다. 공급 정책에 대한 정부의 감독관리는 장기적인 것일 수도 있고 단기적인 것일 수도 있다.

둘째는 경제구조정책이다. 하나, 산업구조정책인데 주도산업정책, 부문구조, 취업구조 및 상응한 교육구조, 기술구조 및 상응한 연구개발구조, 1, 2, 3차 산업 간 구조 고도화 추진정책 등은 모두 공급측 관리 정책의 중요한 구성부분으로서 막강한 공급효과가 있다. 둘, 지역구조 정책인데 국민경제의 전반적인 경제지역 간의 구조분포가 포함되며 또 지역별 자체 우세와 자원 우위를 근거로 취하는 차별화된 지역 발전 정책도 포함된다. 지방정부가 독립적인 통화정책을 실시할 수도 없고 또 재정정책을 운용하여 총수요에 영향을 주는 작용도 매우 불확실하지만 현지 기업의 외부 경제여건에 대한 개선, 기업비용에 대한 정책적 영향, 인건비에 대한 감독관리, 인재 유치 등 공급측 정책 면에서 지방정부는 더 큰 능동성을 띤다. 셋, 산업조직, 즉 시장 구조정책인데 시장 진출과 시장규제 및 반독점 등과 같은 일련의 산업조직 구조문제와 관련된다. 비록 시장이 그중에서 기반이 되는 역할을 하지만 대부분 상황에서, 특히는 시장이 기능을 상실한 조건 하에서 정부의 정책적 간섭은 없어서는 안 되는 역할을 하며, 이런 시장 구조에 대한 간섭과 관리 정책은 총적으로 말하면 공급측 관리에 속한다.

셋째는 재정정책이다. 재정정책은 수요효과 뿐 아니라 공급효과도 있는데, 주로 세수정책(기업의 생산원가에 직접적인 영향을 줄 수 있음), 보조금정책(제조업체 생산원가에도 마찬가지로 영향을 줄 수 있음), 재분배정책(노동자의 적극성에 영향을 미치고 나아가 공급에 영향을 줄 수 있음)이 포함된다. 재정정책의 수요효과와 공급효과 중 어느 것이 더 효과적인지는 이론적으로 논란이 있지만, 재정정책이 수요효과와 공급효과를 동시에 갖추고 있다는 점은 보편적으로 공감하는 부분이다.

넷째는 통화정책이다. 통화정책도 마찬가지로 수요효과와 공급효과를 동시에 갖추고 있다. 공급효과의 경우, 통화정책은 기업의 자본 사용비용에 영향을 줄 수 있고 기업과 노동자의 실제 세금 부담에 영향을 줄 수 있으며 또 기업의 기대치에도 영향을 줄 수 있는데 이러한 영향은 모두 공급 효과를 부르게 된다.

분명한 것은 단기적인 총량 불균형의 경우, 공급측 정책의 도입은 스태그플레이션의 완화 또는 중국 현 단계 인플레이션 압력과 '하행' 압력이 공존하는 '이중 위험'을 완화하는데 도움이 된다. 왜냐면 공급측 관리는 기업과 노동자의 비용 및 적극성에 영향을 미치고 공급

정책을 활용하여 공급효과를 높이며(공급 곡선을 오른쪽으로 이동시킬 수 있음) 수요가 변하지 않는 상황에서 또는 수요를 자극하지 않는 조건하에서 유효생산을 확대하고 취업기회를 늘릴 수 있어 수요가 부진한 조건에서 효과적인 성장을 자극할 수 있을 뿐만 아니라 성장을 실현하는 동시에 수요 확장으로 형성된 수요 견인에 따른 인플레이션 압력도 줄일 수 있기 때문이다. 동시에, 공급효과 자체가 비용추진에 따른 인플레이션 압력을 직접 낮출 수 있어 인플레이션 압력을 완화함과 동시에 경제의 효과적인 성장을 자극하는 이중 목표를 달성할 수 있다.

  장기적인 구조적 불균형에 있어서 공급측 관리는 구조적 불균형으로 인한 심층 모순을 완화하는데 도움이 되며 생산자와 노동자의 외부경제를 개선함과 동시에 생산자 비용을 낮추고 노동자의 적극성을 불러일으키며 또 이를 바탕으로 산업조직구조, 산업 간 구조, 지역경제구조 등 구조의 변화를 유도하고 추진한다. 이는 공급측 정책 작용의 중요한 주안점이다. 공급관리가 수요관리와 다른 중요한 이유는 공급관리가 일반적인 총량에 대한 개입이 아니라 구조조정을 더 강조하는데 있다. 이는 중국 경제 뉴 노멀 시기의 새로운 불균형에 있어서 특히 중요한 의미가 있다. 왜냐면 중국이 현 단계에 직면하고 있는 '이중 위험'과 새로운 불균형의 심층적인 원인은 일련의 구조적 불균형에 있기 때문이다.


## 6. 공급측 관리 및 개혁이 만들어내야 하는 메커니즘과 제도 조건

  공급측 관리를 효과적으로 실행하기 위해서는 다음과 같은 네 가지 부분의 메커니즘과 제도 조건을 창조하고 보완하는 것이 극히 필요하다.

첫째는 효과적인 거시적 경제정책의 전도메커니즘으로서 재정정책의 전도메커니즘과 통화정책의 전도메커니즘이 포함된다. 공급측 관리의 도입은 정책의 전도에서 수요관리와 공급관리의 조정, 즉 총량을 강조하는 수요관리정책과 구조성을 강조하는 공급관리정책 간의 조정을 의미하며, 거시적 정책과 미시적 행위의 조정, 즉 거시적 경제정책과 미시적 기업행위 간의 조정을 의미하며, 거시적 조정의 단기 효과를 강조하는 수요측 정책과 장기적 누적효과를 강조하는 공급측 정책 간의 조정을 의미하며, 증량의 조정을 특징으로 하는 수요의 조절과 보유량 조정을 포함한 공급 조절 간의 조정을 의미하는 등등이다.

이에 따라 정책 전도 메커니즘의 유효성이 특히 필요하다. 그렇지 않으면 조정이 불가능할 뿐만 아니라 정책 효과 간에 모순이 생겨 공급측 관리의 도입이 어려워지게 된다. 구체적으로 다음과 같은 방면과 관련된다. 재정정책과 통화정책 간의 조정과 전도, 특히 재정정책과 통화정책에서 '두 가지 모두 완화' 혹은 '두 가지 모두 긴축' 조치가 아니라 '완화와 긴축을 배합하는' 역방향 조합을 취하는 조건 하에서 양자 간의 조정 메커니즘이 더욱이 중요하다. 재정수입정책과 재정지출정책 간의 조정, 특히 광의적 정부수입과 지출(이른바 4가지 장부) 정책의 조정인데 양자 간의 대립과 모순은 재정정책의 효과에 심각한 손해를 끼친다. 통화정책의 수량단위(통화수량)와 가격수단(이율) 간의 조정, 특히 양자 간의 동기화 여부는 통화정책의 효과에 중요한 영향을 미친다. 가격감독관리에서 생산자 비용 수호와 노동자 이익 수호 양자에 대한 정부 정책의 조정, 특히 양자가 충돌될 경우 정책 경향은 전혀 다른 공급 효과를 낼 수 있다. 그리고 또 기업 보유량 면의 구조조정 및 과잉생산능력 해소에 관한 정책 요구와 기업 채무 리스크 관리통제에 대한 정책 규범 간의 조정 등등이 있다. 효과적인 전도메커니즘이 없으면 수요측 관리정책과 공급측 관리정책을 통일시키기 어렵고 따라서 공급측 개혁의 예기 효과를 달성하기 어렵다.

둘째는 시장화 진행과정을 심화하는 것이다. 시장화 개혁을 꾸준히 심화하고 시장 메커니즘을 꾸준히 보완하는 것을 토대로 정부와 시장의 관계를 규범화한다. 공급측 관리와 변혁을 전면적으로 도입하려면 반드시 사회주의 시장경제 개혁의 전면적 심화를 기본경제제도의 토대로 삼아야 한다. 공급측 관리정책은 생산자와 노동자를 작용 대상으로 하여 미시적 경제 행위에 직접 영향을 주며 또 이를 토대로 경제 구조의 형성 등에 직접 영향을 주어 정부의 정책적 간섭이 총수요 관리보다 더욱 심입되도록 한다. 이에 따라 체제상에서 반드시 비교적 완벽하고 경쟁이 비교적 충분한 시장을 기반으로 할 것을 요구한다. 그렇지 않으면 자원배치가 시장메커니즘에서 이탈하여 대체로 정부의 조정 통제에 편입될 가능성이 크며 심지어 시장메커니즘의 기초적이고 결정적인 역할을 부정할 수도 있다. 공급측 관리의 도입을 강조할수록 시장경쟁의 자유성과 충분성을 더욱 강조할 필요가 있으며 자원배치에 대한 시장메커니즘의 결정적인 역할을 더욱 인정하고 긍정할 필요가 있다.

중국 경제가 뉴 노멀 시기에 진입하여 일련의 새로운 변화, 새로운 특징, 새로운 도전, 새로운 불균형에 직면하면서 공급측 관리의 도입이 특히 중요한 의의와 역사적 긴박성을 띤다. 특히 2020년까지 '첫 번째 백년 목표'를 실현할 수 있을지, 샤오캉사회를 전면적으로 실현할 수 있을지, 개혁을 전면적으로 심화할 수 있을지, 그리고 더 나아가 2020년에 비교적 완벽한 사회주의 시장경제체제를 초보적으로 구축할 수 있을지의 여부는 샤오캉사회 전면적 발전목표를 실현하는 근본적인 체제적 보장이다. 구체적으로 말하자면 사회주의 시장경제 체제개혁에는 다음과 같은 내용이 포함된다. 하나, 기업개혁이 포함된다. 특히 대형 및 특대형 국유기업에 대한 개혁을 심화하고 현대기업 제도를 건설하며 민영기업을 육성하는 등이다. 둘, 시장 경쟁적 가격 메커니즘의 개혁이 포함된다. 여기에는 상품 시장화의 보완, 요소 시장화의 심화, 가격·금리·환율 등 일련의 시장거래조건에 의한 결정 메커니즘의 개혁 등이 포함된다. 셋, 정부기능의 전환 및 메커니즘 개혁이 포함된다. 여기에는 거시적 조정방식, 정부 감독관리방식과 분야, 정책 전도 메커니즘의 개혁 및 정부기능의 근본적 전환 등이 포함된다. 넷, 소유제 구조의 개혁이 포함된다. 특히 공유제와 시장경제의 유기적인 융합 방식과 가능성을 모색하고 시장경제 조건 하에서 공유제의 새로운 실현방식을 모색하는 등이 포함된다. 요약하면 중국 공산당 제18기 중앙위원회 제3차 전원회의에서 제시한 전면적 개혁 심화 정신에 따라, 중국 특색의 사회주의 시장경제체제를 애써 구축하고 정부와 시장의 관계를 규범화하고 잘 조정하여 자원 배치에서 시장의 결정적인 역할을 실현하는 것, 이는 공급측 관리를 효과적으로 도입하는데 반드시 필요한 제도적 기반이자 정부가 수요측 관리를 포함한 전반적인 거시적 조정을 진행하는데 반드시 필요한 제도적 조건이기도 하다.

셋째는 법치화 발전 과정을 전면적으로 심화하는 것이다. 시장경제는 법제경제인만큼 시장경제의 미시적 주체의 권리(사적 권리)는 반드시 법률제도의 긍정과 보호를 받아야 하고, 시장경제에서 정부의 공권력은 반드시 법률제도의 인정과 규범을 갖추어야 한다. 거시적 관리에서 공급측 조정의 도입은 필연적으로 법제화 수준에 더욱 높은 요구를 제기하게 된다. 특히 정부권력의 규범화에 더욱 전면적이고 깊이 있는 요구를 제기하게 된다. 법제화 심화의 실제 난제와 핵심은 일반적인 법률제도의 구축에 있는 것이 아니라 법제정신 고양에 있다. 여기에는 법률제도 및 체계 공급의 질(전면적이고 체계적이며 실행 가능한 좋은 방법을 갖추는 것)에 대한 보장, 법제에 대한 사회 전체의 복종과 존중(사회적으로 보편적이고 자각적으로 규율과 법을 지키는 것)이 포함된다. 이런 법제정신 중 가장 중요한 것은 정부 공권력에 대한 규범화인데 정부 공권력의 규범화가 한편으로는 민주의 토대 위에 확실하게 구축되도록 하는 것이고 다른 한편으로는 확실하게 제도적 구속을 받도록 하는 것이다. 그렇지 않으면 공급측 관리의 도입으로 정부가 총수요에 대한 관리보다 경제에 대해 더 깊고 더 구체적으로 개입하게 된다. 그 권력에 대한 민주적 감독관리와 법적 구속이 따라가지 못하면 정부가 권력을 확장함과 동시에 시장을 대하게 되는데 그리 되면 보편적이고 심각한 '지대추구' 현상이 발생할 수 있어 부패를 부추기게 된다. 따라서 자원 배치가 더 이상 시장경쟁효율의 준칙에 따르지 않고 '지대추구'의 준칙에 따르게 되므로 공정성도 효율성도 다 잃게 된다.

중국공산당 제18기 중앙위원회 제4차 전원회의는 의법치국을 전면적으로 추진하고 법제중국을 건설해 법제국가·법제정부·법제사회를 실현하기 위해 노력하여야 한다는 법제목표를 제시하였으며 나아가 사회주의 중국의 민주와 법제 건설의 역사적 명제를 잘 처리하는 것은 사회주의 시장경제체제를 건설하는데 매우 중요한 의의가 있을 뿐만 아니라 국가의 국정운영능력을 향상시키는 데도 극히 중요하다고 지적하였다. 이밖에도 또 정부의 거시적 조정능력과 효율성을 높이는데 더욱이 반드시 필요한 것이다. 이와 같은 사실은 공급측 관리를 도입하는 조건 하에서 특히 뚜렷하게 보인다.

넷째는 사회주의 핵심 가치관을 전면적으로 제창하는 것이다. 시장경제에서 사회도덕질서의 핵심은 신용이다. 왜냐면 시장경제는 신용경제이기 때문이다. 경제체제 전환과정에서 '충성'을 핵심으로 하는 전통적 도덕질서가 흔들리고 있는 반면에 현대 시장경제에 어울리는 '신용'을 핵심으로 하는 도덕질서가 아직 형성 중이다. 혹은 아직 확정되지 않았다고 할 수 있다. 이에 따라 사회도덕영역에서 이른바 '도덕의 무정부' 상태가 나타나기 쉽다. 공급측 개혁의 도입에서 공급의 질을 향상시키고 공급 구조를 개선하며 공급 비용(가격)을 낮춤으로써 더 나은 품질과 서비스로, 더 저렴한 가격으로 사람들의 수요를 만족시켜 공급을 수요에 맞추고 공급으로 수요를 창조하는데 주안점을 두는 것이 중요하다.

중국은 개발도상국으로서 공급 면에서 향상시켜야 할 공간이 크다. 많은 면에서 수요가 부진한 것이 아니라 공급의 품질·안전성·경제성 등이 부족하여 사람들이 구매하려고 하지 않거나 심지어 감히 구매하지 못하게 되면서 수요를 억제하였거나 심지어는 수요를 이전(해외 구매 등)시킨 것이다. 공급을 보완하려면 여러 방면의 보장이 필요한데 그중 중요한 것은 도덕질서 차원의 지지이다. 특히 정보비대칭의 일부 분야에서는 생산자가 보유하고 있는 정보가 소비자보다 훨씬 많다. 따라서 소비자가 시장 협상에서 열세에 처하게 되며 이에 따라 생산자의 '신용'이 특히 필요하다. 예를 들면 식품·약품·의료·교육·서비스 등 분야에서 특히 그러하다. 중국 특색의 사회주의 현대화의 건설 과정에서 도덕질서의 전환(전통에서 현대로의 전환)에서 처리하여야 할 문제가 매우 복잡하기 때문에 중국 사회주의 핵심가치관을 고양하는 것은 매우 어려우면서도 근본적인 명제로서 공급측 변혁의 거시적 통제를 도입하는데 있어서 헤아릴 수 없는 의의가 있다. 신용이 부족한 사회는 효과적인 공급측 개혁을 진정으로 진행할 수 없다.

## 제2절 산업구조 · 경제구조 및 공급측 개혁

### 1. 체제 변혁 과정에서 공급 관리와 수요 관리의 변화

거시적 경제관리의 목표는 지속 가능한 경제성장과 총가격수준의 안정, 충분한 취업을 실현하는 것이지만 이러한 목표를 달성함에 있어서 각기 다른 시기, 각기 다른 경제 발전단계 및 각기 다른 국내외 환경에서 선택하는 경로와 수단도 각기 다르다. 수요 관리는 정부가 거시적 경제정책, 특히 재정정책과 통화정책을 통해 수요를 자극하거나 억제하여 경기 침체나 경기 과열을 예방하는 것을 말한다. 공급 관리는 정부가 다양한 정책을 통해 생산 분야의 효율에 영향을 미침으로써 총공급과 총수요 간의 균형을 실현하는 것을 말한다.[153] 거시적 경제관리는 실제 상황에 따라 적절한 수단을 취해야 한다. 시장 경제가 발달한 국가에서는 정부의 개입이나 거시적 관리에서, 특히 거시적 경제가 큰 어려움을 겪는 중요한 시기에 처하였을 때 통상적으로 수요관리 수단을 취하곤 한다. 이는 수요관리에서 적용되는 통화정책, 재정지출정책 등이 짧은 기간 내에 사회 지불능력의 수요를 빠르게 확장시켜 경제성장을 견인할 수 있기 때문이다. 그래서 1930년대부터 1970년대까지, 케인스의 거시적경제이론이든 통화학파의 관점이든 정부의 개입에 대한 논의가 장기간 수요 방면에 집중되었던 것

---

153) 베이징대학 중국 국민경제 계산 및 경제성장 연구센터, 「수요관리에서 공급관리까지: 중국 경제성장 보고서 2010」을 참조.

이다. 다만 정부의 개입 여부, 개입 강도의 크기, 개입 수단의 선택에서 이러저러한 차이가 존재하였을 뿐이다. 그러다가 레이건 정부 집권시대에 들어서서야 공급 분야가 비로서 더 큰 중시를 받기 시작하였다. 당시 주류를 이루었던 거시적경제이론과는 달리 공급학파는 공급 분야에서 조치를 취하여 경제성장에 영향을 줄 것을 주장하였다. 당시 공급학파의 대표주자였던 래퍼(Laffer, A. B.)는 래퍼곡선을 이용하여 세율 · 세수와 경제성장 간의 관계[154]를 설명하였다. 세율이 낮는 수준일 때 세율을 높이면 정부의 세수수입을 늘릴 수 있어 정부는 정부지출을 통해 경제성장을 촉진할 수 있지만 세율의 인상이 임계점을 넘으면 공급 분야에서 생산자의 적극성에 영향을 미쳐 경제성장이 둔화하거나 심지어 침체될 수 있어 조세 객체의 축소로 인해 정부의 세수가 오히려 줄어들 수도 있다. 이런 상황에서 세율을 낮추면 제조업체의 시장 경쟁 환경을 개선하여 생산성을 높임으로써 경제성장에 도움이 될 수 있기 때문에 오히려 정부의 세수를 늘릴 수 있다. 그래서 '감세 = 증세'가 된다. 레이건정부는 공급학파의 관점을 받아들여 세율 감면, 국방지출 확대, 정부 간소화를 상징으로 하는 일련의 정책 주장을 내놓았는데 그것이 바로 유명한 '레이거노믹스'이다. 실제로 일찍 1803년에 장 바티스트 세이(Jean Baptiste Say)가 '공급이 수요를 창조한다'[155]는 관점을 제기한 바 있다. 이는 고전 정치경제학이 경제활동에서 공급의 의미를 이미 강조하기 시작하였음을 보여준다. 한편, 1970년대 오일쇼크 이후 나타난 '공급 쇼크'(Supply shock)로 인해 경제성장에 대한 공급정책의 긍정적인 의미에 대해 더 깊이 인식하게 되었다. 그 후로부터 공급학파의 이론이 큰 발전을 가져왔다.

계획경제국가에서 또는 시장 활동에 대한 정부 개입의 색채가 짙은

---

154) Laffer, Arthur, The Laffer Curve: Past, Present and Future, Heritage Foundation, 2004.

155) 세이, 『정치경제학 개론』을 참조, 상무인서관 1998년 판.

국가에서 정부 개입의 주요 대상은 공급분야로서 공급에 의해 소비와 수요가 결정된다. 예를 들면 아주 오랜 시간 동안 중국의 구호는 '경제발전, 공급보장'이었다. 경제를 발전시키는 것은 공급을 보장하기 위한 것이므로 사실상 공급관리에 더 큰 중시를 돌리는 것이다.[156] 이처럼 주요 관리대상의 확정은 확실히 한 나라의 경제체제와 밀접히 관련된다. 시장경제국가 경제성장에서 주요 모순은 주기적인 수요 부족과 생산능력 과잉이기에 꾸준한 수요관리를 통한 생산능력 소화가 필요하다. 반면에 계획경제국가는 연성 예약 제약의 조건 하에서 수요가 막강한데(특히 생산수단에 대한 수요) 생산능력 부족과 공급 부족 현상이 심각하므로 끊임없이 늘어나는 사회수요를 충족시키기 위해서는 꾸준한 공급관리를 통해 생산능력을 증대시켜야 한다.[157] 그래서 개혁개방 초기에 중국은 생산력 발전을 촉진하는 중점을 우선 생산 분야 또는 공급분야에 두었다. 중국의 분배체제개혁, 가격체제개혁, 국유기업의 재산권제도개혁, 심지어 1990년대 중반의 분세제개혁까지도 광의적 의미에서 모두 공급관리에 속하는데 더욱 엄밀히 말하자면 공급혁명으로 경제성장을 이끈 것이다. 그러나 1990년대 이후부터 상황이 바뀌기 시작하였고 중국공산당 제14차 전국대표대회에서는 사회주의 시장경제체제 구축을 중국 경제체제개혁의 목표로 삼아야 한다고 명확히 제기하였다. 시장화 개혁의 심화와 경제 활동에서의 정부 행위의 변화(기업과의 관계가 행정관계에서 정부와 시장의 관계로 점차 전환)에 따라 사회주의 시장경제체제(상품시장·노동시장·자본시장·기술시장·토지시장 등)가 점차 확립되고 발전하기 시작하였다. 이러한 변화를 통해 사회의 경제 활력을 증강시킨 동시에 시장경제 조건 하에서 자주 번갈아 나타나는 경제 과열과 생

---

156) 웨이제, 「공급관리 및 산업정책」을 참조, 『재정 이론 및 실천』 1988년 제4호.

157) 야노쉬·코르나이, 『결핍의 경제학』을 참조, 경제과학출판사 1986년 판.

산능력 과잉 현상이 중국에서도 나타나게 되었다. 이러한 체제전환의 배경에서 중국 거시적 경제관리의 뚜렷한 변화는 경제활동에 대한 정부의 개입이 공급분야에서 점점 더 수요분야로 전환한 것, 또는 수요관리가 공급관리를 대체하여 거시적 관리의 주요 수단으로 된 것이라고 할 수 있다. '거시적 조정' 도 이러한 배경에서 새롭고 가장 중요한 정부 기능이 되기 시작하였다. '조정' 인 만큼, 단기간에 효과를 보아야 하므로 주로 통화 공급량을 조절하는 간접적 수단이나 재정지출을 조절하는 직접적인 수단으로 총수요에 영향을 주는 것이다. 예를 들면 지급준비율과 금리를 조정한다거나 또는 4조 위안 규모의 경기부양계획을 출시한다거나 하는 등 수단으로 성장의 변화를 안정시키는 목표를 달성한다. '거시적 조정' 은 통화정책을 주요 수단으로 하고 재정정책 및 일부 행정수단(예를 들면 주택 구매 제한 등)을 보조적 수단으로 하는데 총량적인 단기 수요 관리가 주요한 내용이다. 그 특징은 경제체제와 거시적 체제가 거의 바뀌지 않는 상황에서 거시적 경제 총량을 조절함으로써 안정적이고 지속 가능한 경제성장을 이루는 것이다. 그러나 중국의 실제 상황은 일반 시장경제 국가보다 복잡하다. 중국의 고속 경제성장은 안정적인 시장체제 하에서 이루어진 것이 아니라 계획경제에서 시장경제로 전환하는 과정에 이루어진 만큼 경제성장은 소비의 업그레이드와 수요 촉진에 의존하여야 한다. 그러나 어떻게 생산 분야에서 기술 진보를 통해 기업의 경쟁력을 높일 것인지, 어떻게 산업구조의 조정 및 업그레이드를 통해 공업화 행정을 촉진할 것인지, 어떻게 자원을 합리적으로 배치하여 경제의 효율을 개선할 것인지 등등도 마찬가지로 고속 경제성장 과정에서 직면하게 되는 준엄한 시련이다. 따라서 수요관리와 공급관리 두 방면 중 수요관리만을 강조하고 공급관리를 소홀히 한다면 거시적 경제관리가 단기간 내에는 어느 정도 효과를 거둘 수 있겠지만 경제성장 과정에서의 심층 차원의 모순, 특히 여러 가지 구조적 모순이 여전히 존재하기 때문에 경제성장의 지속 가능성이 영향을 받을 수 있다. 이것이 바로 우리가 현 단계에서 공급관리와 공급측 구조적 개혁을 강화하는 의미이다.[158]

## 2. 뉴 노멀 시기 경제성장 목표, 산업구조 특징 및 공급측 구조적 개혁

2015년 11월, 시진핑 동지가 중앙재정 지도소조회의에서 총수요를 적당하게 확대함과 동시에 공급측 구조적 개혁을 힘써 강화하고 공급 체계의 품질과 효율을 힘써 제고하여 경제의 지속적 성장의 원동력을 증강시킴으로써 중국 사회생산력 수준의 전반적인 도약을 이룰 수 있도록 추진할 것을 강조하였다.[159] 이는 중국 공산당과 국가 지도자들이 처음으로 수요와 공급 두 가지 방면을 결부시켜 현 단계 경제성장 촉진 관련 중국 정부의 전반 구상을 명확히 밝힌 것으로서 이 구상은 현재 중국의 경제성장과 경제 사회 발전의 객관적 실제에 부합된다.

### (1) 중국의 경제성장은 여전히 잠재력이 매우 크다

2010년, 세계은행의 분류 기준에 따라 중국은 중·하등 소득 수준의 국가에서 중·상등 소득 수준의 국가로 도약하였다. 겉보기에 이는 단지 중국의 1인당 GDP(또는 1인당 GNI)가 해마다 상승함에 따른 귀속 조별의 변화인 것 같지만 실제로는 중국이 새로운 경제발전단계

---

158) 베이징대학 중국 국민경제 계산 및 경제성장 연구센터, 「수요관리에서 공급관리까지: 중국 경제성장 보고서 2010」을 참조.

159) 천얼허우(陳二厚)·류정(劉錚), 「시진핑, '공급측 구조적 개혁' 제시… 어떤 깊은 뜻이?」를 참조, 신화망 베이징 2015년 11월 19일 보도.

에 들어선 이정표이다. 그 해에 중국의 경제총량이 일본을 초월하여 세계 2위 경제체로 되었고[160] 거의 이와 동시에 중국의 대외상품무역 총 규모가 독일과 미국을 잇달아 추월하여 세계 최대 상품 수출입국 가로 부상하였다. 중국 국내 경제에도 큰 변화가 일어났다. 특히 산업 구조의 업그레이드는 탈공업화시기의 특징을 반영한다. 즉, 21세기 첫 10년 동안 중화학공업의 발전을 특징으로 하는 공업화가속과정을 거친 후 제조업 및 전반 2차 산업의 발전이 둔화되기 시작한 반면에 원래 발전이 상대적으로 뒤처졌던 3차 산업(전통 서비스업과 현대 서 비스업 포함)이 비교적 양호한 발전추세를 유지하더니 3차 산업 증가 치의 성장률과 전반 국민경제에서 차지하는 비중이 2차 산업을 추월 하여 경제성장의 주도산업으로 되었다. 3차 산업은 신규 취업과 농업 이전 노동력의 취업을 대대적으로 수용하면서 중국의 도시화 과정을 가속하였다. 연구에 따르면 중국 비농업산업 신규 취업 중 3분의 2가 3차 산업이 수용한 것으로 나타났다.[161] 이는 일인당 소득수준으로 보나 국제적 지위로 보나 또는 산업구조가 대표하는 경제구조의 변화 발전과 업그레이드로 보나 중국의 현대화 · 글로벌화 · 산업화 · 도시 화 과정이 완전 새로운 발전단계에 들어섰음을 의미한다. 중 · 상등 소득 수준의 국가 반열에 오른 후 경제총량의 밑수가 커지고 거기에 생산요소의 원가 우위 또는 가격 우위가 약화됨에 따라 중장기적으로 볼 때 한 나라의 연평균 경제성장률이 점차적인 하락세를 보이게 된 다. 이 점은 이미 다른 나라의 발전 실천에 의해 입증되었으며 최근 몇 년간 중국의 경제성장에도 반영되고 있다. 만약 이러한 변화를 인 식하지 못하고 여전히 수요 자극, 특히 투자 부양을 통해 과거 10%대

---

160) 세계은행이 수정을 거친 뒤의 데이터에 따르면 3년 평균 환율법으로 계산한 중국의 GDP는 사실상 2009년에 이미 일본을 제치고 세계 2위를 차지하였다.

161) 류웨이(劉偉) · 차이즈저우(蔡志洲) · 궈이신(郭以馨), 「현 단계 중국 경제성장과 취업의 관계에 관한 연 구」를 참조, 『경제과학』 2015년 제4호.

의 연평균 성장률을 계속 유지하려 한다면 더 많은 현실적이고 잠재적인 생산능력 과잉을 초래하게 될 것이며, 앞으로 구조조정에 더 큰 대가를 치르게 될 것이다. 때문에 2011년을 전후하여 국가가 '적절한 기회'에 거시적 부양책에서 '퇴출'함으로써 자원배치를 유도하는 데서 시장이 더 큰 역할을 발휘하도록 한 것은 올바른 정책결정이다.

그러나 중국이 경제건설과 현대화 건설에서 이미 큰 성과를 거뒀음에도 불구하고, 선진국과 비교하였을 때 심지어 세계 경제발전의 일반 수준에 비해서도 여전히 일정한 격차가 있다는 사실도 보아내야 한다. 세계은행이 발표한 데이터에 따르면 2014년 환율법에 따라 계산한 중국의 일인당 GDP는 7천 670달러였고 미국 · 일본 · 한국의 일인당 GDP는 각각 5만 5천 달러, 3만 6천 달러, 2만 8천 달러로 각각 중국의 7.2배, 4.69배, 3.65배였다. 그리고 세계의 평균 수준은 1만 1천 55달러로 중국의 1.44배였다. 다시 말해서 중국의 일인당 GDP는 세계 평균 수준의 약 70% 수준이었다.[162] 중국은 축적이 많은 국가로서 국민소득 중에서 투자에 사용되는 비율이 상당히 높고(거의 50%) 주민 가처분소득이 GDP에서 차지하는 비중은 낮은 편이다.(2014년 중국 주민 가처분소득이 2만 167위안인데 반해 일인당 GDP는 4만 6천 531위안으로 전자는 후자의 절반도 안 된다.[163] 반면에 2014년 미국의 주민 가처분소득이 GDP에서 차지하는 비중은 약 75%였다.)[164] 이러한 격차는 한편으로는 중국의 현대화 과정이 한층 더 추진되어야 함을 설명해주고, 다른 한편으로는 중국의 경제성장의 잠재력이 여전히 거대하다는 것을 설명해준다. 경제성장의 일반 법칙으로 볼 때 한 나라 특히 대국이 장기간의 고속 경제성장을 거친 뒤 연평균 경제성

---

162) 데이터 출처는 세계은행의 세계 발전지표 데이터베이스이다.
163) 데이터 출처는 중국 국가통계국이 발표한 2015년 통계공보이다.
164) 데이터 출처는 미국 경제분석국 · 국민소득 및 생산계정이다.

장률이 둔화되기 시작하더라도 그것은 점진적인 과정이다. 중국은 1978~2011년 33년 동안, 연평균 10.736%의 경제성장률을 기록하였고, 이를 토대로 2010~2020년 사이 연평균 7% 이상의 성장률을 기록하였다. 다시 말해서 경제성장 목표를 3%포인트 낮추는 것은 실현 가능한 일인 것이다. 중국공산당 제18기 중앙위원회 제5차 전원회의에서 채택된 「국민경제와 사회발전 제13차 5개년 계획을 제정하는 것에 관한 중국공산당 중앙위원회의 건의」에서 2020년까지 국내 총생산액과 도시와 농촌 주민의 일인당 평균 소득을 2010년에 비해 두 배로 늘릴 것을 거듭 강조하였다. 이는 '13차 5개년 계획' 기간 동안 중국의 연평균 경제성장률이 6.75% 이상에 달해야 한다는 것을 의미하며, 실제로 중국 현대화 과정의 수요와 그 목표를 달성하기 위한 조건까지 이미 고려한 것이다. 이것이 바로 미래 경제성장에서 우리가 기대하는 뉴 노멀이다. 세계 여러 나라의 일반 법칙에 따르면 한 나라가 중·상등 소득단계에서 고소득단계로 발전하는 과정에서 주민 가처분소득의 성장이 흔히 GDP의 성장보다 빠른데 그것은 현대화 중후반에 이르게 되면 광범위한 노동자와 주민 가정이 경제성장의 성과를 더 많이 공유하게 되기 때문이다. 국내 총생산액이 두 배로 늘어나는 조건 하에서 분배와 재분배의 관계를 잘 처리한다면 주민 가처분소득 성장의 폭이 더 커질 수 있다.

(2) 현 단계 중국 경제성장에서 총량 불균형의 근원은
   구조적 불균형에 있다

총수요로 보나 아니면 총공급 측면에서 보나 중국은 최소한 중·고속 경제성장을 유지할 수 있는 기반을 갖추고 있다. 수요 측면에서 볼 때, 서로 다른 소비층 주민들 간의 소비 격차에서 보나 아니면 중국과

다른 선진국 간의 소비 수준 비교에서 보나 또는 경제 건설의 전반적 수준에서 보나 중국은 여전히 발전공간이 매우 크다. 공급 측면에서 볼 때, 중국의 현존 문제는 공급 부족이 아니라 생산능력 과잉이다. 중국은 수요가 부족한 것이 아니라 지불능력을 갖춘 수요가 부족한 것이다. 시장경제 조건 하에서 중국은 계획경제 조건 하에서처럼 무상조달 형식으로 생산능력 과잉을 해결할 수는 없다. 혹은 정부가 매우 제한된 범위 내에서만 일부 생산능력 과잉 문제(예를 들면 보장성 주택 안거 프로젝트 건설 등)를 해결할 수밖에 없다. 그래서 시장과 분배 분야의 개혁을 통해 지불능력 부족 문제를 해결해야 하며, 특히 국민소득에서 정부·비금융기업부문·금융기관과 주민 부문 간 발전 불균형의 모순 및 주민 부문 내부의 소득분배 합리화 문제를 해결하여야 한다. 이와 동시에 총수요와 총공급은 충분하지만 수요구조와 공급구조가 서로 어울리지 않는 문제점도 존재한다는 사실도 보아야 한다. 지난 몇 년 동안, 인프라 투자와 부동산산업의 고속 성장으로 석탄·철강·시멘트·건축자재 등과 같은 중국 에너지공업과 중화학산업이 매우 빠르게 성장하였다. 이들 산업의 발전은 모두 인프라 투자와 부동산산업이 꾸준히 보통을 초월한 성장을 할 수 있다는 기대감을 바탕으로 하였기에 그 자체의 발전도 보통을 초월하였다. 그 과정에서 지방정부는 GDP의 실적관과 지방이익(특히 토지소득)을 고려하여 부동산산업의 발전과 그에 따른 다양한 투자를 줄곧 장려해 왔다. 그리고 중국의 금융시장(주로 은행업)도 이러한 확장을 한층 더 장려하였다. 그런데 현재는 부동산 가격이 너무 높고 또 가격이 너무 빨리 올라 수요를 억제하고 있기 때문에 기대감을 바탕으로 하는 투자 중 상당 부분이 유휴 생산능력으로, 심지어 도태되어야 하는 생산능력으로 전환되고 있다. 이런 상황에서 은행업은 자체의 자금안전을 위해 대출 고삐를 죄는 경우가 많은데 이로 인해 관련 기업들이 겪는 자금압박이 더 커지게 된다. 이밖에 중국이 직면한 환경오염 압력으로 인해 정부는 더욱 엄격한 환경보호 정책과 조치를 내놓을 수밖에 없는데 이로 인해 또 이들 기업은 원래부터 부담해야 했던 환경보호 의무를 부담해야 하므로 객관적으로 기업의 생산원가를 높였다. 그래서 현재 중국 경제성장의 둔화는 경제가 일정한 수준까지 발전한 원인도 있겠지만 지난 몇 년간 총량 성장을 지나치게 강조함으로 인해 경제 총량의 불균형을 초래하고 경제구조의 불균형을 가중시켜 경제성장에 어느 정도 영향을 미쳤다는 사실도 반드시 알아야 한다. 이런 상황에서 체제 불변 상황에서 경제정책만 약간 조정하는(예를 들면 예금지급준비율과 금리 등을 조정) 일반적인 관리로는 현재 직면한 여러 가지 심층적인 모순을 해결할 수 없다는 것은 분명한 사실이다. 중앙은행이 자금 규제를 풀면 상업은행이 대출을 늘릴 대상은 누구일까? 기업의 체제와 발전 문제가 해결되지 않은 상황에서 대출을 많이 발행할수록 상업은행 대출의 위험성도 더욱 커지게 되는데 이를 통제하지 않으면 심지어 시스템 리스크까지 초래할 수 있다. 그래서 중국 공산당 제18차 전국대표대회 이후 중점적으로 강조해온 경제개혁의 심화는 중국의 미래 경제성장에 매우 중요한 의미가 있다. 개혁이 성공한다면 이른바 중등 소득 발전에서 맞닥뜨리게 된 난관을 뚫고 샤오캉사회를 전면적으로 실현할 수 있지만 개혁이 성공하지 못하면 6.75%의 성장률은커녕 일각에서 떠들고 있는 중국 경제 '침체론'까지도 불가능한 것이 아닐 수 있다. 그러나 개혁개방 30여 년의 경험에 비추어 볼 때, 중국 특색의 사회주의 건설 및 현대화 건설 과정에서 어려움과 곡절을 겪게 될 수는 있지만 결국은 성공을 이루게 될 것이다.

### (3) 공급측 개혁과 수요측 개혁의 관계를 어떻게 대할 것인가

개혁은 중국 거시적 경제관리의 중요한 구성부분이지만 그가 조정하는 이익관계는 일반적인 관리보다 더욱 깊으며 제도혁신이 추진하는 기술혁신과 경제혁신을 반영한다. 개혁개방 30여 년 동안 중국 경제 고속 성장의 주요 원동력은 체제 개혁에 따른 경제성장 효율의 향상(노동생산성과 요소효율성의 향상을 포함)에서 온 것이다. 이러한 개혁도 공급과 수요 두 가지 측면으로 요약할 수 있다. 개혁 초기와 중기에는 주로 공급측 개혁을 진행하였다. 여기에는 소득분배에 대한 개혁·가격체제에 대한 개혁·대외무역체제에 대한 개혁 및 재산권 제도에 대한 개혁 등이 포함되었다. 이러한 개혁은 주로 생산 분야에서 발생하여 중국의 기업과 생산자 및 노동자의 생산 태도를 근본적으로 바꿔놓았으며 또 시장 경쟁을 통한 생존 능력과 발전 능력을 키워줌으로써 중국 경제 운행에서 공급이 부족한 국면을 근본적으로 바꿔놓았다. 이밖에 수요측 개혁도 진행하였다. 그중에서 가장 큰 개혁은 1998년 전후에 시작된 주택분배체제의 시장화 개혁인데 이 개혁에 따른 주민가구 주택 실수요의 급증으로 그 후 20년 가까이 중국의 최대 경제 성장점을 형성하였다. 이외에도 또 일부 개혁은 공급과 수요 양자와 관련된 개혁인데 예를 들어 재정세수체제개혁·금융체제개혁 및 정부기능의 전환 등은 모두 공급과 수요 양자에 모두 심원한 영향을 미쳤다. 지난 라운드의 가속경제성장(2003년 이후) 이후, 중국은 경제체제와 기타 방면에서 개혁의 발걸음을 늦추었는데 이는 당시로서는 필요한 것이었다. 한편으로는, 중국이 새로운 사회주의 시장경제제도를 막 수립한 만큼(많은 대형 국유기업이 주식제 개조를 거쳐 상장회사가 된 것이 그 중요한 상징임) 새로운 시장체제가 효과적으로 운영될 수 있을지 여부를 지켜봐야 하였으며 사회주의 시장 질서를 보완하고 그 시장을 기반으로 한 거시적 조정시스템을 구축하는데도 과정이 필요하다. 다른 한편으로는, 공급과 수요 관계의 균형으로 볼 때 당시의 주요 모순은 구조적 불균형이 아닌 총량의 불균형이었고, 산업구조의 변화발전과 업그레이드 면에서 볼 때 중국은 공업화 가속화 과정에 처해 있는 만큼 여러 산업의 발전과 그에 따른 산업구조의 변화는 중국 경제발전단계의 요구에 부합되는 것이었다. 그러므로 당시의 배경 하에서 당시 실시 중이던 적극적인 재정정책에 대해 '살짝살짝 브레이크를 밟아주는' 조치를 취하든 아니면 통화정책에 대해 '미시적 조정'을 진행하든, 또 아니면 개발구 정비 등 행정적 간섭을 실시하든 모두 '수요관리' 또는 거시적 조정을 통해 경제 과열을 피하고 지속적인 고성장을 유지하려는 시도였다. 그때 당시 중국이 실시한 수요관리 정책은 기본적으로 효과적이었다고 봐야 한다. 2003년부터 2007년까지 중국은 지속시간이 가장 길고, 인플레율이 가장 낮으며, 연평균 성장률이 가장 높은 고속 경제성장단계를 거쳤다고 할 수 있다.

　2007년 이후 중국 경제운행 과정에서 쌓인 여러 가지 모순들이 점차 드러나기 시작하였다. 2007년과 2008년, 중국 소비자물가지수는 각각 1 047.8과 1 057.9에 이르렀고 공업품 생산자물가지수(PPI)는 각각 1 037.1과 1 067.9로 21세기 이후 최고치를 기록하였다. 겉보기에는 총량의 균형이 다소 파괴된 것 같지만 사실은 구조적 모순이 점점 첨예해져 객관적으로 구조적 조정이 필요한 상황이었다. 예를 들면 산업구조·소득분배구조·지역구조 및 수요구조 등이 모두 조정이 필요하였다. 국가에서도 일련의 거시적 조정 조치를 취하였다. 비록 인플레이션 억제 효과는 제한적이었지만 경제성장률은 하락하기 시작하였다. 2008년 경제성장률이 9.76%로 전년의 14.72%에 비해

4.96%포인트 하락하였으며 하락폭은 2012년의 1.96%포인트 (2011년의 9.73%에서 2012년의 7.77%로 하락)보다 훨씬 컸다. 이런 상황에서 높은 경제성장률을 유지하면서 또 인플레이션 악화 추세도 억제하는 것은 양난의 과제임이 틀림없다. 수요관리 측면에서 보면, 높은 성장률을 유지하려면 수요를 자극해야 하는데 수요를 자극하면 또 인플레이션이 더 악화된다. 그리고 인플레이션을 억제하려면 수요를 통제해야 하는데 그러면 또 경제성장이 영향을 받을 수밖에 없다. 이는 사실상 다년간 중국이 실시해온 총량 수요 관리가 이제는 거시적 경제 관리의 수요를 충족시킬 수 없으므로 반드시 공급관리와 개혁의 심화를 통해 경제성장 과정에서 맞닥뜨린 여러 가지 구조적 난제를 풀어나가야 함을 의미한다. 그런데 바로 이때 미국 서브 프라임 모기지 위기로 촉발된 글로벌 금융위기가 터졌고, 중국 경제가 이미 글로벌 경제에 깊숙이 융합돼 있는 상황에서 그 위기가 중국 경제에 가져다준 충격은 엄청났다. 2008년 4분기부터 중국 분기별 경제성장률이 크게 떨어졌다. 새로운 형세에서 글로벌 경제위기가 중국경제에 미치는 영향을 막기 위해 거시적 조정 정책 혹은 수요 관리 정책이 또 다시 긴축에서 완화로 바뀌었고, 진일보의 투자 견인 또는 투자 확대를 통해 경제성장률이 급격히 하락하는 국면을 억제할 수 있었다. 겉보기에는 이러한 정책 변화로 인해 총량 성장에서 부딪친 모순이 완화된 것 같지만 구조적 모순은 사실 더 첨예해졌다.[165]

글로벌 금융위기 이전에 중국에서 생산능력 과잉 모순이 이미 드러나기 시작하였다. 부동산시장의 하향조정과 수출 성장의 둔화로 인해 그 이전에 빠른 발전 양상을 보이던 에너지 · 철강 · 시멘트 · 건축자재 등 에너지 소모가 많은 산업에 대해서도 하향조정이 나타나 생산

---

165) 베이징대학 중국 국민 경제 계산 및 경제성장 연구센터, 「수요 관리에서 공급 관리까지: 중국 경제성장 보고서 2010」을 참조.

능력 과잉 모순이 나타나기 시작하였으며 공급관리, 심지어 공급측 개혁을 통해 국민경제의 중요한 비율과 구조관계를 바로잡아야 하였다. 그러나 글로벌 금융위기 이후, 수요 부양책으로 인해 부동산시장은 새로운 한 차례 급격한 확장이 시작되었고 중공업은 다시 새로운 절정기를 거쳐 새 라운드의 투자를 이끌어냈다. 일시적인 호황이 실제로 이미 존재하고 있는 생산능력 과잉을 가려버린 것이다. 다만 이러한 모순의 폭발 시점을 지연시켰을 뿐이다. 이번 경제 확장은 주로 부동산, 특히 주택 건설의 견인에 의존하였다. 그러나 세계 일부 국가가 공인하는 기준(예를 들면 소득과 주택가격의 비율)으로 볼 때 글로벌 금융위기 이전부터 중국의 주택가격은 이미 높은 수준이었다. 동적으로는 볼 때 1998년부터 2008년까지의 10년간 중국 주택가격 상승폭(특히 경제가 발달한 지역과 비교적 발달한 지역의 주택가격)도 매우 컸다. 글로벌 금융위기 이후, 여러 요소(은행의 신용 대출 정책, 지방정부의 장려, 투기요소, 일반 주택구입자의 주택가격 상승 우려)의 영향으로 중국은 주택가격이 또 다시 오르기 시작하였다. 비록 경제 발달 지역의 주택가격 상승폭이 비교적 크고 미발달지역의 상승폭이 비교적 작으며 같은 도시에서 도심지역 상승폭이 비교적 크고 외진 지역의 상승폭이 비교적 작은 등 여러 지방의 주택가격 상승폭이 다소 달랐지만 전반적으로 볼 때 금융위기 이후 5년간 여러 지역의 주택가격 상승폭은 이미 그 이전 10년의 상승폭을 초과하였다. 단기적으로 보면, 이러한 주택가격 상승 과정에서 여러 방면이 모두 이득을 본 것처럼 보인다. 소비자들은 상대적으로 '저렴한 가격'에 집을 샀고, 은행은 '안전한' 대출을 발행하였으며, 지방정부는 토지소득을 얻었고, 부동산업자는 개발 이익을 얻었으며, 여러 공급업자는 부동산업자에게 상품이나 서비스를 판매하여 이익을 얻었고, 주택 투기업자 또는 투자자들은 실제 또는 장부상의 액면가격보다 높은 수익을 얻었으며, 국가는 세수수입과 GDP를 얻을 수 있었다. 그러나 주식시장에서 주가 폭등세가 계속될 수 없는 것처럼 부동산시장에서 주택가격 폭등세도 계속 이어질 수 없는 것이다. 주택가격이 일정한 한계점까지 상승하게 되면 그 가격 상승이 지속될 수 없을 뿐만 아니라 주민 주택에 대한 지불능력의 수요도 위축된다. 이때 21세기 중국 경제성장의 가장 중요한 엔진이었던 부동산업은 그 원동력이 약화되기 시작하였다. 부동산업이 중국 경제성장을 더 이상 견인하지 못한다고는 말할 수 없지만 적어도 폭발적 성장을 견인하던 시기는 끝난 것이다. 내구성이 강한 가전제품·전화·컴퓨터 등 정보기술 제품과 오토바이·승용차 등 교통수단의 소비 업그레이드가 중국의 고속 경제성장에 크게 기여하였다가 지금은 다시 '노멀'(정상적인 보통의) 상태로 회복된 것처럼 경제성장에 대한 부동산의 기여 또한 조정을 거쳐 '노멀' 상태로 회복하게 된다.(물론 조정 과정에서 여러 가지 진통도 겪어야 함) 그래서 향후 발전에서 어느 한 특정 제품의 소비 업그레이드를 통해 최종 수요를 대규모로 끌어올릴 수 있는 가능성이 아주 적으며 여러 분야의 정상적 성장에 의존하여 중·고속 경제성장 목표를 달성할 수밖에 없다. 그런 '노멀' 상태의 경제성장은 중국 경제성장이 뉴 노멀 시기에 진입한 후의 중요한 특징으로 될 것이다.

경제성장의 뉴 노멀 상태에서 21세기 들어선 이래 주로 수요 관리로 경제성장을 조정하여 오던(앞 단계에서는 주로 수요를 안정시키고 글로벌 위기 후에는 주로 수요를 자극함) 사고방식이 현 단계의 거시적 경제관리의 수요를 더 이상 충족시킬 수 없게 되었다. 수급관계에서 보면 현 단계에서 경제 불균형의 주요 표현은 수요부족과 생산능력 과잉인데 최종 수요의 어느 한 측면(소비·투자·수출)이든 막론하고 단순히 총량 정책으로 자극하는 것으로는 빠른 효과를 보기 어렵다. 시장에 주입된 자금은 실물경제에 유입되는 것이 아니라 주식시장·부동산시장 등 투기시장에 투입될 수 있기 때문에 그 결과 금융시장이나 자본시장의 자산가격의 큰 변동을 초래하는 반면에 소비·실물투자 또는 수출은 크게 개선되지 않을 수 있다. 2011년 하반기부터 중국은 '적당한 기회에' 거시적 수요 부양정책을 '퇴출' 시켜 자원배치 면에서 시장이 일으키는 결정적 역할을 충분히 살릴 것을 강조하였다. 이는 실제로 공급측에서 어떻게 하면 시장 자체의 자기조절을 통해 생산 분야의 구조 최적화 목표를 달성할 수 있을지에 대해 고려한 것이다. 이런 배경 하에서 2012년부터 중국의 경제성장률은 8% 이하로 떨어졌고 2012년, 2013년, 2014년은 각각 7.77%, 7.77%, 7.74%를 기록하였으며 2015년 경제성장률은 7% 좌우로 점차 둔화되는 추세를 보였다. 이에 따라 일부 학자와 기관은 중국의 경제성장이 계속 둔화될 것이라고 생각하였다.[166] 그러나 사실상 성장률이 점차 둔화되고 있는 상황에서 중국의 경제구조는 개선되기 시작하였다. 일부 낙후한 생산능력이 도태되고 환경보호와 지속 가능한 발전이 더욱 큰 중시를 받기 시작하였으며 산업구조가 합리화되기 시작하고 소득분배 격차가 어느 정도 개선되었다. 이는 또 앞으로 더 효율적인 경제성장을 위한 여건을 마련해주었다. 만약 중국이 계속하여 객관적인 경제법칙의 요구에 따라 개혁을 한층 더 심화하고 제도적, 정책적 차원에서 경제발전을 위한 더 나은 환경을 마련한다면 중국의 경제성장률은 안정될 수 있으며 심지어 다시 반등할 수 있을 것이다.

미래 발전으로부터 볼 때 수요측이든 공급측이든 개혁은 계속 추진되어야 한다. 예를 들면 수요측에서 사회보장제도와 정부의 최종 소

---

166) 「사회과학원 전문가: '13.5' 기간 중국 경제의 잠재적 성장률 6.72%로 하락 전망」을 참조, 『경제참고보』 2014년 11월 17일.

비지출에 대한 개혁은 중국의 최종 수요를 개선하는데 중요한 의미가 있다. 그러나 현재 더욱 주요한 모순은 공급 분야로서 중장기 성장과 발전에 영향을 미치는 심층 모순에 속하므로 공급측 개혁을 강화하여 이러한 문제를 개선하고 풀어나가야 한다.

## 3. 공급측 관리와 개혁을 강화하여 경제구조를 개선하다

현재 중국 공급측의 구조 개혁은 적어도 다음과 같은 큰 방면을 포함하고 있다.

첫째는 경제와 사회 및 환경의 지속 가능한 발전을 실현하는 것이다. 특히 환경을 보호하는 전제 하에 경제성장을 실현하고 중국의 에너지소비 산업과 기타 산업 간의 균형적인 발전을 실현하는 것을 중시하여야 한다.

공업화를 선도로 하는 현대화 과정에서 중국은 우선 생산요소의 투입을 늘려 생산량을 확대함으로써 고속성장을 실현하여야 한다. 개혁개방 30여 년 동안, 중국 경제성장에 대한 에너지 소모의 탄성계수는 줄곧 매우 높았는데 장기간 0.78~0.79를 유지하였다. 그러나 21세기 초 10년간은 0.79이상에 달하였으며 경제 발전 수준의 향상에 따른 뚜렷한 개선은 없었다. 중국은 현재 세계 최대의 에너지소비국으로서 에너지 소비량이 세계에서 차지하는 비중이 이미 20% 이상[167]에 달하였고 기타 자연자원의 개발과 사용 면에서도 비슷한 상황이 존재하고 있다. 현재 국제 에너지가격과 자원가격의 하락은 사실상 중국의 발전 비용을 낮췄다. 그러나 일단 국제시장에서 에너지가격과 자원가격이 다시 상승하면 외부 유입에 의한 인플레이션이 형성되어 중국의

---

167) 쉬샤오스(徐紹史), 「에너지 절약 및 배출 감소 업무상황에 관한 국무원의 보고서」를 참조, 2014년 4월 21일.

경제성장에 충격을 줄 수 있다. 환경 보호 조치가 따라가지 못하고 환경 보호 산업도 상응한 발전을 이루지 못하였기에 중국의 환경오염, 특히는 대기오염은 상당히 심각한 수준에 이르렀다. 많은 지역에서는 고소모(에너지 소모가 많음) · 고오염(오염이 심각함) · 고낭비(낭비가 큼) · 저효율 기업의 발전을 실제로 장려하고 있는 실정이다. 많은 기업들은 마땅히 감당하여야 하는 사회적 책임, 즉 개발 비용의 회피를 통해 생존과 발전을 실현하고 있는데 이는 단기적으로 보면 현지 GDP의 성장을 이루는데 기여하고 있는 것 같지만 장기적으로는 후환이 끊이지 않게 된다. 현재 중국에 존재하는 과잉생산능력 중 이러한 '3고 1저' 기업이 상당 부분을 차지하고 있다. 이들 기업 및 그 산업의 전환과 업그레이드는 힘들고도 심지어 고통스러운 과정이 될 수 있다. 일부 기업은 심지어 더 이상 생존할 수 없을 수도 있지만 장기적 차원에서 볼 때 개혁을 통해 이러한 에너지 및 자원 의존성 기업의 효율성과 환경 보호 수준을 뚜렷하게 개선하지 않으면 중국의 경제성장은 지속되기 어려울 것이다. 중국은 한편으로는 법제건설을 강화하고 환경보호 기준을 높이며 법에 따라 나라를 다스리면서 환경이 가일층 악화되는 것을 피해야 하고, 다른 한편으로는 기술 진보를 장려하고 에너지 및 자연자원의 사용효율을 향상시키며 환경보호산업의 발전을 장려하여야 한다. 이는 중국이 경제성장방식을 전환하는 중요한 기초 작업이다.

둘째는 혼합소유제 개혁의 추진을 통해 국유기업 및 국유지주기업의 시장경쟁 효율성을 제고하고 재산권제도에 대한 진일보의 개혁을 통해 중국 소유제구조를 한층 더 개선한다.

현 단계 중국이 국유기업 특히 대형 및 특대형 기업에 대해 진행하고 잇는 혼합소유제 경제개혁은 재산권제도에 대한 구조적 개혁으로서 시장경쟁 효율을 높여 사회주의 시장경제의 경쟁요구에 적응하도록 하는데 목적을 둔 것이 틀림없다. 그렇지 않으면 단순한 국유제 독자(단독 투자)기업 또는 절대적 주식 지배권을 보유한 국유기업은 제도적으로 사회발전을 위해 봉사하고 국가의 전체적 이익요구를 구현하는 국유기업의 기능을 보장할 수는 있지만 시장경쟁 효율의 극대화 목표를 달성하기는 어렵다. 기업의 혼합소유제 경제개혁을 실현한다고 해서 시장경쟁의 이윤 창출 목표를 충분히 달성할 것이라고 보장할 수 있다는 말이 아니다. 그러나 혼합소유제 개혁을 진행하지 않으면 전통적인 국유기업이 소유제와 기업기능의 포지셔닝에서 미시적 이윤 창출이라는 효율목표를 달성하기 어렵게 된다. 국유기업의 혼합소유제 경제개혁은 기업의 소유제 측면에서 기업이 시장경쟁에 적응할 수 있는 필요한 기반을 마련해 줄 수 있다. 그래서 국유기업이 개조를 거쳐 혼합소유제경제로 전환한 후, 그 기업 목표가 원칙적으로 근본적인 변화를 가져오게 되며 더 이상은 사회발전과 국가의 전체적 이익수요를 가장 중요한 목표로 하는 전통적인 국유기업이 아니라 시장경쟁에 부응하고 최대의 이윤을 얻는 것을 가장 중요한 목표로 하는 현대 국유기업으로 바뀌게 되며 사회에 봉사하고 국가에 기여하는 기능은 다른 방식을 통해 실현하게 된다. 그러자면 기업의 시장경쟁력 제고를 위한 제도적 기반을 조성하는 것을 국유기업의 혼합소유제 개혁을 진행하는 근본적인 발전 목적으로 정해야 하고, 과거 국유기업 목표를 시장 이윤 창출 목표로 전환할 수 있는지 여부와 그 필요성을 혼합소유제 개혁의 범위 확정 원칙으로 삼아야 한다. 첫째, 중앙 관리 기업과 지방 국유기업 중에서 어떻게 선택할 것인가? 중앙 관리 기업이든 지방 국유기업이든 전통적인 국유기업 설립 목적이 전 사회 발전과 국가의 전반적인 근본 목표가 아니라 이익 극대화를 우선시하고 해당 분야가 '천연적' 결손 분야가 아니어서 국가가 국유기업 설립을 통해 '천연적' 결손의 사회적 책임을 질 필요가 없다면 혼합소유제로의 전환을 고려할 수 있다. 물론 현실적으로 보면 지방 국유기업 개혁의 범위가 어쩌면 좀 더 넓을 수 있은데 이는 지방 국유기업의 특성과도 관련이 있다. 둘째, 독점과 경쟁 분야 중에서 어떻게 선택할 것인가? 원칙적으로 경쟁성을 띤 분야거나 또는 자연 독점 성격을 띠지 않는 분야에서는 모두 혼합소유제 개혁을 고려할 수 있다. 기업 자체의 규모가 크든 작든 기업이 경쟁성을 띤 분야에 처해있기만 하면 그 분야 국유기업에 대해 혼합소유제 개혁 및 비국유화 개조를 고려할 수 있다. 왜냐면 국유기업은 제도적으로 확실히 시장법칙의 강력 규제를 우선 받아들일 수 없고 또 받아들여서도 안 되며 마땅히 국가의 요구와 정부의 규제를 받아들이는 것을 우선시하여야 한다. 그렇지 않으면 국유기업이 될 수 없다. 게다가 얼핏 독점업종으로 보이는 일부 업종이 사실은 '천연' 독점이 아니라 제도적 · 정책적 독점으로서 그러한 독점은 규제와 타파가 필요하다. 기업 제도 차원에서 혼합소유제 개혁을 진행하는 것은 바로 이러한 독점을 타파하는 근본적인 조치이다. 설령 '천연적' 독점 분야에서 국유기업 독점 방식을 계속 취하더라도 그에 상응하는 '규정과 제도'를 세워 그 독점행위를 규범화하고 제약하여 기업의 이익과 국가 이익 간의 균형을 이루어야 한다. 특히 중국 현 단계에서 보편적 관심사가 되고 있는 금융 · 석유 · 전력 · 철도 · 통신 · 자원개발 · 공공사업의 7대 분야는 또한 대형 및 특대형 국유기업이 가장 집중된 (심지어 독점함) 분야이기도 하다. 이들 분야의 국유 독점기업에 대해 혼합소유제 경제 개혁을 진행하여야 할 것인가? 그 핵심은 이들 분야 중 어떤 기업이 자연 독점의 성격을 띠고 있고 어떤 기업이 경쟁성을 갖추고 있는지를 과학적으로 구분하고 명확히 하는 데 있다. 더 나아가서 어떤 기업이 시장 이윤의 극대화를 기업의 최우선 목표로 삼아도 되는지? 어떤 기업이 사회의 장기적인 발전과 국가의 전체적 이익 요구를 최우선 목표로 삼아야 하는지? 어떤 기업이 경제적 효율성, 특히 미시적 자원배치의 효율성을 근본으로 삼아도 되고, 어떤 기업이 국가 안보와 같은 일련의 비경제적 목표를 포함한 더 광범위한 사회적 목표를 근본으로 삼아야 하는지? 등이 핵심 문제이다. 국유기업의 혼합소유제 경제 개혁은 이 7대 분야에서 각자 상황별로 시기적절하게 전개하여야 한다. 국유기업 개혁을 통해 시장을 더욱 개방하고 중국의 소유제구조를 더욱 개선하여 중국경제의 전반적인 효율성을 더욱 향상시켜야 한다.

셋째는 지역 간의 생산력 분포의 균형을 실현하여 중국 지역 간의 경제발전 구조를 개선하는 것이다.

개혁개방 초기, 덩샤오핑이 일부 지역을 먼저 부유해지게 하여 전반 중국경제의 발전을 이끌도록 할 것을 제시하였다. 중국은 경제특별구, 연해 개방 도시 및 그 후의 일부 대도시 중점 건설을 통해 일부 지역이 먼저 부유해지는 전략적 목표를 달성하였다. 개혁개방 초기에 비해 현재 중국은 경제발전에서 이미 뚜렷한 변화를 가져왔다. 그러나 이와 동시에 중국의 지역 간 격차는 여전히 매우 크다. 먼저 부유해진 일부 지역[예를 들어 저장(浙江)·장쑤(江蘇)·광동(廣東) 등 성]은 현대화 수준이 상당히 높으며 상하이(上海)·베이징(北京)·톈진(天津)·광저우(廣州)·선전(深圳) 등 대도시는 일인당 GDP 및 실제 경제발전 수준이 심지어 고소득 국가 또는 지역의 수준에 이르렀다. 그러나 구이저우(貴州)·윈난(雲南) 등 성을 비롯한 저개발지역의 평균 개발 수준은 여전히 중·하등 소득단계에 처해 있거나 혹은 이제막 중·상등 소득단계에 이르렀으며 많은 지역은 여전히 중·하등 단계에 처해 있다. 동일 지역(성) 내에서도 대도시와 소도시 간, 도시와 농촌 간의 경제 발전 수준에 여전히 큰 격차가 존재한다. 이러한 발전 수준 및 그에 상응하는 주민소득수준의 격차로 인해 인구 및 생산요소가 대도시로 이동하게 되면서 대도시는 인구가 붐비고 투자여건이 악화되고 있는 한편 저개발지역은 발전이 따라가지 못하여 자원배치의 효율성이 떨어지고 경제성장의 원동력이 약화되고 있다. 그래서 정부의 지도를 통해 여러 가지 자원과 생산요소를 발달 수준이 낮은 지역으로 이전시켜 이들 지역의 공업화와 도시화를 추진하고 이들 지역의 비교우위를 발휘시키는 것이 중국의 생산력을 개선하고 지속 가능한 성장을 실현하는 중요한 수단이 된다. 최근 몇 년간, 중국 고소득 지역의 경제 성장률이 보편적으로 떨어졌으나 충칭(重慶)과 같은 지역은 좋은 정책과 생산요소의 비교우위를 갖추어서 경제가 여전히 양호한 발전추세를 유지하였다. 중국에서 경제발전 수준이 낮은 지역의 경우, 경제성장이 너무 빠른 편이 아니므로 여전히 성장 공간이 있다. 문제는 경제발전 과정에서 자원이 충족하지 않고 투자가 부족하여 많은 기업들이 대도시에서 짧은 시간 내에 돈을 빨리 벌 수 있기를 바라면서 발전수준이 낮은 지역에 가서 장기 투자를 하는 것을 원치 않는다. 그러나 실제로는 기대와 현실 사이에 존재하는 큰 격차로 인해 결국 투자에 실패할 수 있다. 지역 간 경제성장의 불균형성은 중국이 개발도상국으로서 공업화와 현대화 과정에서 반드시 거쳐야 하는 과정이다. 한편으로, 이는 중국과 구미 선진국 간의 격차를 반영한다. 일부 지역의 현대화가 한 나라의 현대화가 아님을 설명한다. 일부 지역 경제의 앞선 발전이 다른 지역의 발전을 충분히 이끌 수 없다면 이들 지역의 전반적인 복지도 진정으로 철저하게 개선될 수 없다. 다른 한편으로, 이런 지역 간 경제발전의 불균형은 사실상 중국 경제발전의 비교우위이기도 하다. 왜냐면 이런 지역들이 수요 개선 면에서나 아니면 공급 확대 면에서나 모두 더욱 큰 발전 공간을 갖고 있기 때문이다. 그리고 수요의 발전은 반드시 이런 지역의 경제발전을 바탕으로 해야 하며 경제발전을 기반으로 하는 주민 소득의 개선만이 장기적인 수요를 근본적으로 바꿀 수 있다.

넷째는 산업구조의 업그레이드를 꾸준히 추진하여 현 단계 중국의 발전 수준에 부응하는 현대 산업구조를 구축하는 것이다.

장기간 경제발전 수준에 비해 중국 산업구조의 업그레이드가 상대적으로 뒤처져 있는 실정이다. 일반 시장경제 국가의 발전법칙으로 볼 때, 공업화 과정은 3차 산업(상업·교통운수업 등)의 발전을 기반으로 해야 한다. 왜냐면 공업화가 분업과 생산의 전문화를 추진함에 있어서 유통 분야의 협력이 반드시 필요하기 때문이다. 이는 구미의 초기 선진국이든 아니면 일본과 아시아의 네 마리 작은 용과 같은 후발 신흥국가와 지역이든 모두 마찬가지이다. 이들 국가의 3차 산업은 모두 두 차례의 비교적 긴 발전 시기를 거쳤다. 하나는 공업화 이전에 공업화를 준비하는 시기였다. 이 또한 윌리엄 페디가 영국의 공업화 초기에 제기한 페디-클라크 정리의 역사적 배경이기도 하다. 다른 하나는 공업화 후기와 공업화 완성 후의 시기로서 제조업의 발전이 일정한 수준에 달함에 따라 국민경제에서 3차 산업이 차지하는 비중이 더욱 높아지게 된다. 그러나 중국의 경우, 계획경제 조건 하에서 중공업의 우선 발전을 강조해온 데다가 시장경제도 발달하지 못하였기 때문에 개혁개방 초기에 중국은 3차 산업의 발전이 부족하였다. 개혁개방 후에는 고속성장을 강조하고 추구하면서 여전히 2차 산업을 우선적으로 발전시켰기 때문에 3차 산업이 어느 정도 발전하였으나 2차 산업에 비해 볼 때 전통 서비스업(도매·소매업·운수업 등)이든 현대서비스업(과학기술혁신·금융·통신 등)이든 모두 발전이 뒤처졌다. 경제 고성장 배경에서 이러한 서비스업 발전의 부족에 따른 경제 성장 과정에서의 구조적 모순이 어느 정도 가려졌다. 그러나 일정한 단계에 이른 뒤에는 투자로 형성된 인프라 면에서 보나(대부분 인프라 투자는 최종 모두 공항·철도·도로·항구·인터넷 등 3차 산업의 고정자산으로 전환됨), 제조업의 전환 업그레이드와 전문화 분업 면에서 보나(제조업 중에서 점점 더 많은 기능을 융자·기술 서비스·운수·판매 등 3차 산업이 감당하게 됨), 또는 공업화와 도시화로 인한 취업압력을 수용하는 면에서 보나(3차 산업은 취업을 가장 많이 수용하는 산업인 반면에 2차 산업은 산업 업그레이드 과정에서 끊임없이 기계와 기술로 노동력을 대체함으로써 노동을 배척함) 3차 산업은 더 큰 발전이 필요하다. 그리고 중국은 현재 바로 이러한 발전 단계에 처하여 있다. 최근 몇 년간 경제성장이 전반적으로 둔화되고 있는 배경에서 2차 산업의 성장률이 10% 이상이던 데서 6% 안팎으로 뚜렷이 반락하였으며 3차 산업의 성장도 다소 둔화되었으나 그래도 여전히 8% 안팎의 성장률을 유지하고 있다. 이는 사실상 중국 경제가 객관적으로 한 차례 대대적 구조조정을 거쳐야만 지속적인 성장을 이룰 수 있음을 설명한다. 2013년 3차 산업은 중국 국민경제에서 차지하는 비중이 처음으로 2차 산업을 추월하여 중국 경제성장의 주도산업이 되었으며 최근 몇 년간 새로 증가한 비농업산업 취업자 중 약 3분의 2를 3차 산업이 받아들였다. 현재 생산능력 과잉은 주로 공업 분야에 집중되어 있는 반면에 3차 산업의 수요와 공급은 상대적으로 균형을 이루고 있으며 일부 지역에서는 심지어 공급이 부족한 상황이다. 이는 공급 분야나 생산 분야에서 행정 주도의 제조업 투자는 많은 경우에 부정적인 영향을 미치고 있는 반면에 주로 시장경제에 의해 추진되는 서비스업의 발전은 더 건전하다는 것을 설명한다. 그렇기 때문에 산업구조를 개선하는 면에서 공급측 개혁은 실제로 객관적인 경제법칙에 따를 것을 강조한다. 현 단계에서는 시장의 법제건설과 도덕건설을 통해 시장제도와 시장 질서를 보완하여 자원배치에서 시장경제가 진정으로 결정적 역할을 충분히 발휘하도록 하여 제반 산업의 균형적인 발전을 실현하여야 한다.

다섯째는 분배와 재분배 분야의 개혁을 추진하여 기업의 부담을 줄이고 기업의 시장경쟁력을 높이는 동시에 노동자의 보수를 증대하고 전 사회적 지불능력의 수요를 확대함으로써 중국의 소득분배 구조를 개선하는 것이다.

국민소득의 분배와 재분배는 공급 분야에서 시작된다. 분배와 재분배를 통해 국민소득이 국민경제 여러 기관 부서(기업·금융기관·정부·주민 등)의 가처분소득이 되고 마지막에 최종 소비(주민의 최종 소비와 투자, 정부의 최종 소비와 투자, 기업의 자본형성 등)를 형성한다. 국민소득은 공급분야와 수요분야를 이어주는 연결고리이다. 소득의 분배와 재분배의 개혁은 필연적으로 수요에 영향을 미치게 된다. 그러나 전반적으로 볼 때 그것은 공급측의 관리와 개혁에 속한다. 그것은 어떠한 심층적인 소득분배 개혁이든 모두 생산 분야의 1차 분배에서 시작되어야 하며 그런 개혁을 통해 직접 조정되는 것이 바로 기업과 정부 및 노동자 간의 이해관계이기 때문이다. 그런 관계가 잘 처리되면 개혁 초기에 우리가 그런 개혁을 진행할 때처럼 정부와 기업 그리고 노동자의 적극성을 크게 동원시켜 경제성장을 강력하게 촉진시킬 수 있다. 그러나 만약 그런 관계가 잘 처리되지 못하면 소득분배의 몇몇 주요 주체들 간, 여러 주체들 내부의 이익관계에 불균형이 생겨 전반적인 경제성장이 영향을 받게 된다. 현재 상황으로 보면

2009년부터 중국 주민소득분배의 격차가 확대되고 주민부문과 기타 부문 간 소득증대 불균형의 모순이 어느 정도 개선되어 지니 계수가 하락하는 경향이 있지만 하락폭이 크지 않아 주민 가처분소득의 성장이 주민의 소비수준을 더 한 층 향상시킬 수 있도록 영향을 주기에는 부족하다. 기업의 경우 인건비는 증가하고 있지만 시장의 확장은 상대적으로 더디며 많은 기업들은 심지어 생산능력 과잉 상황에 직면하게 되기 때문에 기업의 이윤 공간이 뚜렷하게 압축되어 기업의 발전, 심지어 생존까지 영향을 받는다. 이런 상황에서 기업이 기술진보를 가속화하고 시장경쟁력을 제고하도록 장려하는 동시에 기업의 세금 징수와 공공사업 요금 납부 부담을 적절히 경감시켜 주어야 한다. 중국의 세수 구성을 보면, 기업 제품과 서비스에 대해 징수하는 세금(즉 이른바 간접세)이 차지하는 비중이 기업과 주민의 소득 및 재부에 대해 징수하는 세금(즉 이른바 직접세)이 차지하는 비중보다 훨씬 크다. 그러나 시장경제 선진 국가(예를 들면 미국과 일본)에서는 기업과 주민이 생산과정(즉 1차 분배)에 납부하는 세금이 상대적으로 적고 국가의 세수소득은 주로 재분배 과정(2차 분배)에서 소득과 재부에 대해 징수하는 세금(소득세)에서 온다. 2012년 중국 간접세가 전체 직접세와 간접세에서 차지하는 비중이 70% 이상에 달하였다. 이에 비해 일본은 약 50%, 미국은 겨우 35%에 불과하였다. 간접세(생산세)를 낮추면 기업이 생산과정에서 부담해야 하는 비용이 주로 시장에서 오게 되고, 국가는 주로 생산과정이 완료된 후 여러 소득 주체로부터 세금을 징수하므로 기업의 부담이 상대적으로 가벼운 이점이 있다. 기업이 발전하면 국가가 기업으로부터 징수하는 세금(간접세와 직접세 포함)이 늘어날 수 있고, 노동자의 소득도 기업의 발전에 따라 증대할 수 있으며(국가는 법률과 행정적 수단을 통해 이에 대해 조정할 수 있음) 따라서 노동자의 납세능력이 커지므로 국가가 노동자로부터 징수하는 소득세도 늘릴 수 있다. 현재 중국 세수제도는 계획경제에서 체제 전환을 거쳐 형성된 것이다. 계획경제 시기에 노동자는 세금을 거의 내지 않아도 되었고 기업은 이윤 상납을 통해 국가에 기여해 왔다. 그 후 제도 개혁 과정에서 이윤 상납은 영업세 납부로 바뀌었다.(후에 또 영업세를 부가가치세로 바꾸는 시범사업을 진행함) 그렇게 하면 국가가 비교적 안정적인 세수소득을 얻을 수 있다는 이점이 있으나 기업이 생산 활동을 시작할 때부터 일정한 납세 부담을 안게 된다는 것이 문제이다. 그래서 세수제도의 개혁을 통해 경제발전 과정에서 나타나는 일부 소득 리스크를 국가가 적당히 부담하여 기업과 노동자의 소득을 늘려 최종적으로 여러 소득 주체의 소득을 모두 한층 더 향상시키는 목표를 달성하여야 한다. 사실상 이것이 바로 소득 면에서 실현하는 경제성장이다. 현재 중국 상황으로 볼 때 국민소득 분배와 재분배 개혁에 있어서 기업 차원의 개혁은 시장화 개혁의 목표를 거의 실현하였다. 일부 국유기업과 정부기관을 제외한 대다수 노동자의 보수도 이미 시장 정가를 이미 실현하였다. 그러나 정부 차원의 개혁, 특히 세수제도의 개혁은 아직 개혁 공간이 매우 크므로 공급 분야의 개혁 심화 과정에서 안정적으로 추진되어야 한다.

# 참고 문헌

베이징대학 중국 국민경제 계산 및 경제성장 연구센터의 『중국 경제성장 보고서』 2004~2013년.

쩡장후이(曾江輝), 「중국 도시화 발전에 영향을 미치는 산업구조 요인 분석」, 『통계 및 정책결정』 2011년 10호.

창싱화(常興華)·리웨이(李偉), 「중국 국민소득 분배구도: 변화·원인 및 대책」, 『경제학동향』 2010년 5호.

천화(陳華), 「중국 산업구조 변화 및 경제성장」, 『통계 및 정책결정』 2005년 3호.

천옌빈(陳彦斌), 「중국 뉴 케인스 필립스 곡선 연구」, 『경제 연구』 2008년 12호.

천중성(陳宗勝), 「전체 지니 계수 추정 방법에 대한 제안——리스(李實) 연구원의 '답복'에 대한 재 평론」, 『경제 연구』 2002년 5호.

다이허챠(代合洽), 「중국 도시군의 정의 및 그 분포에 대한 연구」, 『지역 연구 및 개발』 1998년 2호.

『덩샤오핑 문선』, 제3권, 인민출판사 1993년 판.

『덩샤오핑 문선』, 제2권, 인민출판사 1994년 판, 152쪽.

딩런중(丁任重)·천즈저우(陳志舟)·구원쥔(顧文軍), 「역U자 가설과 중국 전환기 소득 격차」, 『경제학자』 2003년 6호.

둥푸렁(董輔礽), 「경제 운행메커니즘의 개혁과 소유제의 개혁」, 『경제 연구』 1988년 7호.

판성건(攀勝根)·장샤오보(張曉波), 「중국 경제성장과 구조조정」, 『경제학 (계간)』 2002년 10호.

팡훙성(方紅生)·장쥔(張軍), 「중국 지방정부의 확장적 기울기 재정 행위: 관찰 및 해석」, 『경제학(계간)』 2009년 3호.

펑쥔신(馮俊新), 「경제발전 및 탄소배출량 감소에 대한 분석」, 『중국인민대학 학보』 2010년 2호.

프리드먼, 「통화정책의 역할」, 『현대 국외 경제 논문선 (1집)』, 상무인서관 1979년 판, 126~128쪽.

푸징후이(付競卉), 「위안화 국제화 문제에 관한 국내 연구 총론」, 『현대 상업』 2007년 8

호, 134~135쪽.

푸융(傅勇) · 장옌(張晏), 「중국식 분권 및 재정지출구조의 편향: 성장을 위한 경쟁의 대가」, 『관리세계』 2007년 3호.

궈칭왕(郭慶旺) · 자쥔쉐(賈俊雪), 「지방정부행위 · 충동 투자 및 거시적 경제 안정」, 『관리세계』 2006년 5호.

궈칭왕(郭慶旺) · 자쥔쉐(賈俊雪), 「정부 공공자본 투자의 장기적인 경제성장 효과」, 『경제연구』 2006년 7호.

궈톈융(郭田勇) · 페이위(裴玉), 「경기부양책은 실시와 폐지 병행해야」, 『데이터』 2010년 2호.

국가발전개혁위원회 고정자산투자사, 「중국 투자율과 소비율 관련 상황 분석」

국가계획위원회, 「국민경제의 업종 분류 및 코드」(GB 4754-84), 국가계획위원회 · 국가경제위원회 · 국가통계국 및 국가표준국의 비준을 받고 1984년 12월 1일 발표, 1985년 1월 1일 실시함.

국가통계국, 「지니 계수로 본 빈부격차」, 『중국 국정 국력』 2001년 1호.

국가통계국, 『국가통계조사제도 2012』, 2011년 12월 제정.

국가통계국, 『국가통계조사제도 2013』, 2012년 12월 제정.

국가통계국, 『중국 국민경제 계산 시스템 2002』, 중국통계출판사 2003년 판.

국가통계국, 『중국 주요 통계지표 해석』, 중국통계출판사 2010년 판.

국가통계국, 「샤오캉사회 전면 실현 72.9% 달성」, 신화망 2008년 12월 18일 보도.

국무원 발전연구센터 과제연구팀, 『중국 도시화의 전망과 전략 및 정책』, 중국발전출판사 2010년 판.

한창(韓强), 「위안화의 자유 태환 및 국제화 목표에 대하여」, 『금융이론 및 실천』 1999년 7호, 7~10쪽.

후진타오(胡錦濤), 『중국 특색의 사회주의의 길을 따라 확고부동하게 전진하고 샤오캉사회 전면 실현을 위해 분투하자 —— 중국공산당 제18차 전국대표대회 보고(2012년 11월 8일)』, 인민출판사 2012년 판.

후진타오(胡錦濤), 『중국 특색의 사회주의 위대한 기치를 높이 들고 샤오캉사회 전면건설의 새로운 승리를 이루기 위해 분투하자 —— 중국공산당 제17차 전국대표대회 보고

(2007년 10월 15일)』, 인민출판사 2007년 판.

황청밍(黃成明), 「중국 위안화 국제화의 제약 요소 및 대책 연구」, 『현대경제정보』 2010년 8호, 12~13쪽.

황우쥔(黃武俊) · 천리가오(陳漓高), 「외화자산 · 기초통화 공급 및 통화 내생성 —— 중앙은행 대차 대조표에 기초한 분석」, 『재경연구』 2010년 1호.

장쩌민(江澤民), 『샤오캉사회를 전면 건설하여 중국 특색의 사회주의 사업의 새로운 국면 개척하자 —— 중국공산당 제16차 전국대표대회 보고(2002년 11월 8일)』, 인민출판사 2002년 판.

장쩌민(江澤民), 『덩샤오핑 이론의 위대한 기치를 높이 들고 중국 특색의 사회주의 건설사업을 21세기로 전면 밀고 나가자 —— 중국공산당 제15차 전국대표대회 보고(1997년 9월 12일)』, 인민출판사 1997년 판.

장구이황(蔣貴凰), 「중국 도시화 과정의 경제적 동기」, 『발전연구』 2009년 2호.

진런칭(金人慶), 『중국 과학발전 및 재정정책』, 중국재정경제출판사 2006년 판.

진싼린(金三林), 「환경 세수의 국제 경험과 중국 환경세의 기본 구상」, 『경제연구참고』 2007년 58호.

존 · 메이너드 · 케인스, 『취업 · 이자 및 통화 통론』, 가오훙예(高鴻業) 옮김, 상무인서관 1999년 판.

리동쥔(李東軍) · 장후이(張輝), 『베이징시 산업구조 최적화 조정 경로 연구』, 베이징대학출판사 2013년 판.

리하오(李浩) · 왕팅린(王婷琳)의 「신 중국 도시화 발전의 역사적 시기 문제 연구」, 『도시계획연구』 2012년 6호.

리허우강(李厚剛), 「건국 이래 농촌 노동력 이동에 대한 국가 정책의 변화」, 『이론 월간』 2012년 12호.

리롄파(李連發) · 신샤오다이(辛曉岱), 「은행의 신용 대부 · 경제 주기 및 통화 정책: 1984~2011」, 『경제 연구』 2012년 3호.

리린(李琳), 「광동 경제 모델: 문제와 출로」, 『저장경제』(浙江經濟) 2005년 19호, 30쪽.

리피동(李丕東), 「중국 에너지환경 정책의 일반적 균형에 대한 분석」, 샤먼대학(廈門大學) 석사논문, 2008년.

리샤오시(李曉西) 등, 『중국 지역 간 주민 소득 분배 격차 연구』, 인민출판사 2010년 판.

리잉(李穎) · 린징룬(林景潤) 등, 「우리나라 인플레이션 · 인플레이션 예기 및 통화정책의 비대칭에 대한 분석」, 『금융연구』 2010년 12호.

린이푸(林毅夫) · 쑤젠(蘇劍), 「우리나라 경제 성장 방식 전환에 대하여」 『관리세계』 2007년 11호, 5~13쪽.

린이푸(林毅夫) · 차이팡(蔡昉) · 리저우(李周), 「중국 경제 개혁의 점진적 길에 대하여」, 『경제 연구』 1993년 9호.

류구이원(劉貴文) · 양젠웨이(楊建偉) · 덩쉰(鄧恂), 「중국 도시화 과정에 영향을 미치는 경제 요소에 대한 분석」, 『도시 발전 연구』 2006년 5호.

류궈광(劉國光) · 리징원(李京文), 「중국 경제의 대전환: 경제성장 방식의 전환에 대한 종합 연구」, 광동인민출판사 2001년 판.

류훙인(劉洪銀), 「중국 농업 발전에서 본 '루이스 전환점'」, 『서북 인구』 2009년 4호.

류지성(劉繼生) · 천옌광(陳彦光), 「도시 시스템 등급구조의 프랙탈 차원 및 그 측량방법」, 『지리 연구』 1998년 17권 1호.

류상시(劉尚希) 등, 「'12차 5개년 계획' 기간 우리나라 지방 정부 채무압력 테스트 연구」, 『경제 연구 참고』 2012년 8호.

류스진(劉世錦), 「거시적 조정에서 비용 추진형 인플레이션을 중시해야」, 『중국 민영 과학 기술 및 경제』 2008년 3호.

류웨이(劉偉) · 차이즈저우(蔡志洲), 「국내 총수요구조의 모순 및 국민 소득 분배의 불균형」, 『경제학동향』 2010년 7호.

류웨이(劉偉) · 차이즈저우(蔡志洲), 「구조조정과 체제혁신은 지속 가능한 성장의 중요한 토대」, 『하얼빈공업대학 학보 (사회과학 지면)』 2012년 5호.

류웨이(劉偉) · 차이즈저우(蔡志洲), 「글로벌 경제 저조 속 중국경제의 안정적 쾌속 성장」, 『이론 최전방』 2009년 1호.

류웨이(劉偉) · 차이즈저우(蔡志洲), 「1인당 GDP 4배 성장이라는 새로운 목표를 어떻게 볼 것인가」, 『신재경』 2007년 12호.

류웨이(劉偉) · 차이즈저우(蔡志洲), 「중국공산당 18차 전국대표대회에서 제시한 '한 배 성장'은 무엇을 의미하는가?」 『사회관찰』 2012년 12호.

류웨이(劉偉) · 차이즈저우(蔡志洲), 「체제 혁신 및 시장화 개혁」, 『경제도간』(經濟導刊) 2011년 10호.

류웨이(劉偉) · 차이즈저우(蔡志洲), 「우리나라 산업구조 변화 추세 및 경제성장에 미치는 영향」, 『경제종횡』 2008년 12호.

류웨이(劉偉) · 차이즈저우(蔡志洲), 「우리나라 거시적 경제 조정의 새로운 특징에 대한 고찰」, 『경제과학』 2010년 4호.

류웨이(劉偉) · 차이즈저우(蔡志洲), 「수요 견인에 의한 구조적 인플레이션과 공급 추진에 의한 총량적 인플레이션」, 『중국 금융』 2008년 6호.

류웨이(劉偉) · 차이즈저우(蔡志洲), 「효과적인 내수 확대 글로벌 금융위기의 충격에 대응」, 『전선』 2009년 9호.

류웨이(劉偉) · 차이즈저우(蔡志洲), 「중국 GDP 비용 구조가 투자와 소비에 미치는 영향」, 『구시학간』 2008년 3호.

류웨이(劉偉) · 차이즈저우(蔡志洲), 「중국 경제 발전, 새로운 역사적 전환기를 겪다」, 『구시학간』 2011년 1호.

류웨이(劉偉) · 차이즈저우(蔡志洲), 「중국 경제 성장 방식의 역사적 변화 발전」, 『학습과 실천』 2006년 9호.

류웨이(劉偉) · 차이즈저우(蔡志洲), 「중국 경제 성장이 직면한 도전과 기회」, 『구시학간』 2009년 1호.

류웨이(劉偉) · 차이즈저우(蔡志洲), 「중국과 다른 나라(지역)의 경제성장 상황 비교」, 『경제종횡』 2013년 1호.

류웨이(劉偉), 「공업화 과정에서의 산업구조 연구」, 중국인민대학출판사 1995년 판.

류웨이(劉偉), 「경제 불균형의 변화와 거시 정책의 조정」, 『경제학동향』 2011년 2호.

류웨이(劉偉), 「중등 소득 함정을 극복하는 관건은 발전방식의 전환」, 『상하이행정학원학보』 2011년 1호.

류웨이(劉偉), 「과학적 발전관 실행 및 경제발전방식 전환 문제에 대한 필담 6: 경제발전의 특수성과 통화정책의 효과성」, 『경제연구』 2011년 10호.

류웨이(劉偉) · 쑤젠(蘇劍), 「공급관리와 우리나라 현 단계의 거시적 조정」, 『경제연구』 2007년 2호.

류웨이(劉偉), 「'중등 소득 함정'을 돌파하는 관건은 발전방식의 전환」, 『상하이행정학원 학보』 2011년 1호, 『신화 적록』(新華文摘) 2011년 10호에 전재.

류웨이(劉偉), 「우리나라 현 단계 재정정책과 통화정책의 역방향 조합 형성 원인, 특징 및 효과」, 『경제학 동향』 2012년 제7호.

류웨이(劉偉), 「현 단계 우리나라 디스인플레이션 통화정책은 도대체 어떤 어려움을 겪고 있는가?」, 『경제학 동향』 2011년 9호.

류웨이(劉偉)·쉬셴춘(許憲春)·차이즈저우(蔡志洲), 「장기적 발전전략으로 본 중국 경제 성장」, 『관리세계』 2004년 7호.

류웨이(劉偉), 「어떤 역사적 가치관으로 개혁에 대해 인식하고 추진하여야 하는가」, 『경제학 동향』 2006년 5호.

류웨이(劉偉), 「체제 전환 과정속 경제성장」, 베이징사범대학출판사 2011년 판.

류웨이(劉偉), 「총량 불균형과 정책 조정」, 『베이징관찰』 2011년 4호.

류웨이(劉偉)·차이즈저우(蔡志洲), 「GDP 성장과 행복지수」, 『경제도간』(經濟導刊) 2005년 8호.

류웨이(劉偉)·리사오룽(李紹榮), 「산업구조와 경제성장」, 『중국 공업경제』 2002년 5호.

류웨이(劉偉)·리사오룽(李紹榮), 「소유제 변화와 경제 성장 및 요소 효율 향상」, 『경제 연구』 2001년 1호.

류웨이(劉偉)·리사오룽(李紹榮) 등, 「통화 확장, 경제성장 및 자본시장제도의 혁신」, 『경제연구』 2002년 1호.

류웨이(劉偉)·쑤젠(蘇劍), 「공급관리와 우리나라 시장화 개혁 과정」, 『베이징대학 학보(철학과 사회과학 지면)』 2007년 5호.

류웨이(劉偉)·쑤젠(蘇劍), 「중국 현 단계의 통화정책은 어떤 특수 효과가 있는가?」, 『경제학 동향』 2007년 11호.

류웨이(劉偉)·장후이(張輝), 「중국 경제성장 과정에서 산업구조의 변화와 기술 진보」, 『경제 연구』 2008년 11호.

류웨이(劉偉)·장후이(張輝)·황쩌화(黃澤華), 「중국 경제 산업구조의 고도화 수준과 산업화 과정 및 지역 격차에 대한 고찰」, 『경제학 동향』 2008년 11호.

마융(馬勇) · 천위루(陳雨露), 「통화정책과 재정정책의 후속 효과 평가: 40차례 은행 위기 표본」, 『개혁』 2012년 5호.

치펑(祁峰) · 우단(吳丹), 「2차 세계대전 후 일본 인플레이션 관리 경험 및 시사점」, 『다롄해사대학(大連海事大學) 학보 (사회과학 지면)』 2006년 2호.

주드 와니스키(Jude Wanniski), 「세수 · 수익 및 래퍼곡선」, 『현대 해외 경제학 논문 제5집』 참고, 상무인서관 1984년 판.

선샤오옌(沈小燕), 「국제 금융 위기——위안화 국제화의 기회」, 『금융 및 보험』 2010년 12호, 37~42쪽.

스잉라이(師應來), 「우리나라 도시화 과정에 영향을 미치는 요인 분석」, 『통계 및 정책 결정』 2006년 5호.

쑤하오(蘇浩), 「신 중국 건국 이후 우리나라 도시화 발전 과정 연구」, 『상황』(商情) 2011년 11호.

쑤젠(蘇劍), 「글로벌 금융 위기로 본 중국 인구정책과 경제의 지속 가능한 발전」, 『사회과학 전선』 2010년 3호.

쑤젠(蘇劍), 「공급관리정책 및 단기적 경제 변동 조정에서 그 응용」, 『경제학 동향』 2008년 6호.

쑤젠(蘇劍), 「우리나라 인구정책의 방향에 대하여」 『광동상학원(廣東商學院) 학보』 2010년 1호.

쑤젠(蘇劍), 「우리나라 농촌에 아직 얼마나 많은 유휴 노동력이 있을까?」, 『광동상학원 학보』 2009년 5호.

쑤젠(蘇劍) 등, 「금융위기 하에서 중미 경제형세의 격차 및 통화정책의 선택」, 『경제학 동향』 2009년 9호.

쑤젠(蘇劍) · 왕팅후이(王廷惠), 「중국 체제 전환 모델의 보편성에 대하여——경제체제 전환 과정에서 한 인력 자본에 관한 이론」 및 『경제이론 및 경제관리』 2010년 7호.

왕젠신(王建新), 「지방 재정 '신용 대출화' 위험의 잠재적 확장」, 『경제 연구 참고』 2010년 6호.

왕진잉(王金營) · 구야오(顧瑤), 「중국 노동력 수급관계 형세 및 향후 변화 추세에 관한

연구 - - 중국 노동시장의 루이스 전환점에 대한 이해와 판단도 겸함」, 『인구 학간』 2011
년 3호.

왕메이옌(王美艶), 「농민공(도시 진출 노무 종사 농민)이 농업에 복귀할 수 있을까? - -
전국 농산물 원가수익 조사 데이터에 대한 분석」, 『중국 농촌 관찰』, 2011년 1호.

왕위핑(王玉平), 「은행 신용대출자금 재정화 추세에 대한 분석」, 『중국 통계』, 2009년
8호.

왕위안징(王元京), 「1998년 이후 재정자금과 신용대출자금 배합 사용 모델」, 『금융 이
론 및 실천』 2010년 2호.

윌리엄 페디, 『세수론』, 츄샤(邱霞)·위안레이(原磊) 옮김, 화하(華夏)출판사 2006년 판.

힉스, 『케인스 경제학의 위기』, 상무인서관 1979년 판.

셰쉬런(謝旭人), 『중국 재정 개혁 발전』, 중국재정경제출판사 2011년 판.

위안즈강(袁志剛), 「중국 '루이스 전환점'에 관한 세 가지 의문」, 『당대논단』 2010년
10호.

장후이(張輝), 『베이징시 산업 공간구조 연구』, 베이징대학출판사, 2012년.

장후이(張輝), 『중국 도시 경제 연구 보고서 2008 - - 개혁개방 이후 베이징시 산업구조
고도화 변화의 현황·문제 및 대책』, 베이징대학출판사 2010년 판.

장쥔(張軍), 「성장·자본 형성 및 기술 선택: 중국 경제성장 하락의 장기적 요인에 대한
설명」, 『경제학(계간)』 2002년 1호.

후이밍(慧明)·한위치(韓玉啓), 「산업구조와 경제성장 관계에 대한 실증 분석」, 『방략과
관리』 2003년 2호.

A. P. Thirlwall, Inflation, Saving and Growth in Developing economies.
London, Macmillan, 1974.

A. W. Philips, "The Relation between Unemployment and the rate of Change of
Money Wages in the United Kindom, 1861 - 1957", Economica, New Series, Vol.
25, November 1958.

A. Mansurand, J. Whalley, "Numerical Specification of Applied General
Equilibrium Models", Chapter 3 in H. Scarf and J. Shoven (eds. ), Applied
General Equilibrium Analysis, New York: Cambridge University Press, 1984.

Acharya, V. V. and R. G. Rajan, "Sovereign Debt, Government Myopia, and the Financial Sector", National Bureau of Economic Research Working Paper Series No. 17542, 2011.

Aiyagari, S. R. and E. R. McGrattan, "The Optimum Quantity of Debt", Journal of Monetary Economics, 1998, 42 (3): 447 — 469.

Anderson , K., "Would China' s WTO Accession Worsen Farm Household Incomes?", China Economic Review, 2004 (15): 443 - 456.

Arthur Okun, "Potential GNP, Its Measurement and Significance", American Statistical Association, Proceedings of Business and Economics Section, 1962, pp. 98 - 103

Banker, R. D., Charnes, A. and Cooper, W. W., "Some Models for Estimating Technical and Scale Inefficiencies in Data Envelopment Analysis", Management Science, 1984 (30): 1078 - 1092.

Barro, R. J., "Government Spending in a Simple Model of Endogeneous Growth", Journal of Political Economy, 1990, 98 (5): S - S125.

Blanchard, O. et al., "Rethinking Macroeconomic Policy", IMF Staff Position Note, SPN/10/03, 2010.

Bulow, J. and K. Rogoff, "A Constant Recontracting Model of Sovereign Debt", Journal of Political Economy, 1989, 97 (1): 155 178.

Cecchetti, S. G. and Lianfa Li, "Do Capital Adequacy Requir - ements Matter for Monetary Policy?", Economic Inquiry, 2008, 46 (4): 643 - 659.

Charnes, A., Cooper, W. W., and Rhodes, E., "Measuring the Efficiency of Decision Making Units", European Journal of Operations Research, 1978 (2): 429 - 444.

Chenery H. B., Elkington H., Structural Change and Development Policy, Oxford University Press, 1979.

Chenery H. B., Robinson S., Syrquin M., Industrialization and Growth: A Comparative Study, Oxford University Press, 1986.

Chenery H. B., Syrquin M., Patterns of Development: 1955 1975, Oxford University Press, 1977.

Clark, Colin, The Conditions of Economic Progress, London: Macmillan, 1940.

Clarke & Edwards, "The Welfare Effects of Removing the West German Hard Coal Subsidy", University of Birmingham, Discussion paper, 1997.

Coase, R. H., "Journal of Law and Economics, 1960 (3): 1 - 44.

De Paoli, B., "Monetary Policy and Welfare in a Small Open Economy", Journal of International Economics, 2009, v. 77 (iss. 1): 11 - 22.

Easterly, W., The Elusive Quest for Growth: Economists' Adventures and Misadventures in the Tropics, The MIT Press, 2005.

Eaton, J. and M. Gersovitz, "Debt with Potential Repudiation: Theoretical and Empirical Analysis", The Review of Economic Studies, 1981, 48 (2): 289 - 309.

Engel C. , "Currency Misalignments and Optimal Monetary Policy: A Reexamination", American Economic Review, (forthcoming), 2012.

European Commission, International Monetary Fund, Organisation for Economic Co - operation and Development, United Nations, World Bank, System of National Accounts (SNA), New York, 2008.

Fagerberg Jan, "Technological Progress, Structural Change and Productivity Growth: A Comparative Study", Structural Change and Economic Dynamics, 2000 (11), 393 — 411.

Fare, R., Grosskopf, S., Norris, M., and Zhang, Z., "Productivity Growth, Technical Progress, and Efficiency Changes in Industrialised Countries", American Economic Review, 1994 (84): 66 - 83.

Farrell, M. J., "The Measurement of Productive Efficiency", Journal of the Royal Statistical Society, A CSS, Part3, 1957, 253 - 290.

Frankel, J. A., "No Single Currency Regime Is Right for All Countries or at All Times", National Bureau of Economic Research Working Paper SeriesNo. 7338, 1999.

Freund, C. & Wallich, C., "Public Sector Price Reforms in Transition Economics: Who Gains? Who Loses? The Case of Household Energy Prices in Poland", Economic Development and Cultural Change, 1997, 46 (1): 35 - 59.

Friedman, M., "Using Escalators to Help Fight Inflation", Fortune, 1974 (7): 94 - 97.

Gali, J. and M. Gertler, "Inflation Dynamics: A Structural Econometrics Analysis", Journal of Monetary Economics, 1999 (44): 195 - 222.

Hansen, H. and Rand, J., "On the Causal Links between FDI and Growth in Developing Countries", mimeo, Development Economics Research Group (DERG), Institute of Economics, University of Copenhagen, 2004.

IMF, "Globalization and Inequality", World Economic Outlook, 2007 (10).

Indermit Gill and Homi Kharas, "An East Asian Renaissance: Ideas for Economic Growth", in World Bank, Industrialization and Growth: A Comparative Study, Oxford University Press, Washington, D. C., 2006, pp. 229 - 262.

Jensen, H., "Targeting Nominal Income Growth or Inflation?", American Economic Review, 2002 (92): 928 - 956.

Jr. Lucas, R. E. and J. S. Thomas, "After Keynesian Macroeconomics", Quarterly Review (Spr), 1979.

Justin Yifu Lin, "Rural Reforms and Agricultural Growth in China", The American Economic Review, 1992, 82 (1): 34 - 51.

K. J. Arrow, Social Choice and Individual Values, Yale University Press, New Haven, 1951, p. 59.

Krugman, Paul, "The Myth of Asia's Miracle", Foreign Affairs, 1994, November/December.

Kuznets, S., "Economic Growth and Income Inequality", The American Economic Review, 1955, 45 (1): 1 - 28.

Lewis, W. A., "Reflections on Unlimited Labour", in L. E. Marco (ed.)

International Economics and Development (Essays in Honour of Raoul Prebisch), New York: Academic Press, 1972, pp. 75 - 96.

Lewis, W. Arthur, "Economic Development with Unlimited Supplies of Labour", Manchester School of Economics and Social Studies, 1954, 22 (2).

Lovell, C. A. K., "Linear Programming Approaches to the Measurement and Analysis of Productive Efficiency", Top, 1994 (2): 175 - 248.

Lowe, P. and Ellis. L., "The Smoothing of Official Rates", in Lowe ed. Monetary Policy and Inflation Targeting, Reserve Bank of Australia, 1997, pp. 286 - 312.

Mankiw, N. G., "The Inexorable and Mysterious Tradeoff Between Inflation and Unemployment", The Economic Journal, 2001, 111 (471): 45 - 61.

Masson, P. R. and M. A. Savastano, et al., "The Scope for Inflation Targeting in Developing Countries", IMF Working Paper (97/130), 1997.

Michael Schuman, "Escaping the Middle Income Trap," Time, 2010 Aug 13 and Sept 1.

Mishkin, F., The Economics of Money, Banking and Financial Markets (2nd Edition), Pearson Education Inc., New York, 2010.

Mundell, R. A., "The International Financial System and Outlook for Asian Currency Collaboration", The Journal of Finance, 2003 (58).

Ostry, J. D. and A. R. Ghosh, et al., "Two Targets, Two Instruments: Monetary and Exchange Rate Policies in Emerging Market Economies", IMF Discussion Notes, 2012.

Sachs, J., "Theoretical Issues in International Borrowing", National Bureau of Economic Research Working Paper Series No. 1189, 1983.

Sanches, D. and S. Williamson, "Money and Credit with Limited Commitment and Theft", Journal of Economic Theory, 2010, 145 (4): 1525 - 1549.

Scheibe, J. andD. Vines, "A Phillips Curve for China", CEPR Discussion Papers, 2005.

Shahid Yusuf and Kaoru Nabeshima, "Can Malaysia Escape the Middle—Income Trap?", World Bank, June 2009.

Sheng, J., "The CGE Model of Chinese Economy and Policy Analysis", RenMin University, China, Beijing, 2005.

Solow, Robert M., "Technical Changes and the Aggregate Production Function", Review of Economics and Statistics, Aug, 1957.

W. Jorgenson, "Econometric Methods for Applied General Equilibrium Analysis", Chapter 4 in H. Scarf and J. Shoven (eds.), Applied General Equilibrium Analysis, New York: Cambridge University Press, 1984.

William Arthur Lewis, "Economic Development with Unlimited Supplies of Labor", The Manchester School, 1954 (22).

World Bank, World Development Report 2010: Development and Climate Change, November 6, 2009.

41, 68, 84, 150, 151, 163, 182, 193, 201, 205, 231, 233, 236 - 238, 241, 243, 245, 253, 263, 271, 278, 279, 285, 286, 289 - 291, 293 - 303, 309 - 314, 317, 319, 320, 322 - 325, 329, 331, 333 - 335, 337 - 339, 352

## 불균형

13, 32, 37, 39, 40, 42, 43, 45 - 49, 52, 54, 65 - 71, 73 - 80, 83 - 85, 87, 89 - 93, 96, 99, 104 - 106, 108 - 110, 112, 134 - 137, 140, 142 - 145, 181, 187, 205, 209, 211, 212, 216, 225, 227, 246, 268, 292, 309, 310, 315, 316, 319, 320, 323, 332, 336 - 342, 344, 350, 351, 354, 360, 365, 367, 379

## 시장화

1, 31, 55, 59, 71, 76, 80, 84, 92, 97, 100, 103, 109, 112, 129, 146, 147, 149, 151, 153, 155, 156, 166, 167, 180, 181, 183, 184, 190 - 192, 202, 204, 208, 211, 212, 218, 219, 224, 225, 229, 247, 248, 250, 259 - 261, 265, 268, 271, 272, 286, 296, 306, 307, 309, 314, 317, 323, 343, 344, 347, 352, 361, 366, 367

## 소득분배

2, 30, 44, 86, 101, 103, 139, 141, 150, 155, 166, 247, 288, 310, 316, 320, 323 - 325, 337, 341, 351 - 353, 355, 360, 365

## 세수정책

100, 106, 114, 342

## 완화와 긴축의 조합

45, 46, 54, 55, 69, 70, 72, 76 — 80, 83, 84, 92, 93, 136, 137, 140, 142 - 145, 336, 343

## 디플레이션

48, 50 - 53, 72, 156, 167, 180, 181, 253

## 인플레이션

5, 24, 26, 37, 39 - 43, 46 - 52, 54, 55, 65, 66, 70, 71, 74, 77, 79 - 83, 86, 91, 97, 130, 133, 136, 139, 144, 152, 153, 155, 166, 167, 180, 181, 205, 207 - 209, 225, 268, 311, 336, 338, 352, 353, 356, 365, 368

## 오염

216, 221, 351, 356

현대화

14, 23, 34 - 36, 48, 57, 64, 67, 68, 138, 150, 157, 166, 180, 183, 184, 190, 194, 198, 201, 205, 208, 210, 225, 231 - 233, 236, 243, 245, 270, 282, 285, 286, 288, 289, 291, 292, 345, 349 - 351, 355, 358

샤오캉사회

2, 23, 26, 34, 67, 68, 82, 164, 223, 225, 227, 344, 351, 364

뉴 노멀 시기

32, 38 - 41, 45, 48, 69, 80, 81, 83, 85, 93, 140, 141, 168, 171, 182, 201, 202, 220, 223, 224, 261, 268, 271, 308, 325, 336, 338 - 342, 344, 348, 350, 354, 379

새 시기

1, 65, 68, 148, 190, 216, 233, 247, 296, 306, 319, 323, 325

수요관리

30, 47, 84, 99, 135, 339 - 348, 352 - 354

제도 혁신

47, 48, 70, 71, 75, 76, 86, 88, 97, 98, 142, 145 - 147, 216, 221, 237, 296, 339, 352, 367

스태그플레이션

40, 55, 66, 72, 73, 77, 78, 83 - 85, 87, 99, 145, 341, 342

중국 특색의 사회주의

34, 344, 345, 351, 364

체제 전환

58, 71, 103, 131, 135, 149, 162, 180, 183, 190, 202, 205, 218, 223, 224, 260, 263, 265, 286, 307, 345, 347, 348, 361, 367, 368

총량 불균형

37, 40, 46, 65 - 67, 70, 77, 90, 145, 268, 273, 342, 350 - 352, 367, 379

# 후 기

『경제 성장과 구조 변화: 중국 새 시기 이래의 경험』은 국가 사회과
학기금 중점 프로젝트로 입안된 과제(과제 입안 번호: 15KJL001)로 과
제 담당자는 류웨이 교수이고, 과제 연구팀의 주요 구성원은 차이즈
저우(蔡志洲) · 쑤젠(蘇劍) · 리롄파(李連發) · 장후이(張輝) 교수 등
이다.

책은 총 7장으로 구성되었다. 1장 「경제성장 수준과 발전단계에 대
한 판단」은 류웨이 교수와 차이즈저우가 집필하였고, 2장 「뉴 노멀 하
에서의 새로운 변화, 새로운 불균형, 새로운 정책」은 류웨이 교수가
집필하였으며, 3장 「경제성장의 총량 불균형 및 거시적 조정」은 류웨
이 · 쑤젠 · 리롄파가 집필하였고, 4장 「경제성장에서의 산업구조 변
화」는 류웨이와 차이즈저우가 집필하였으며, 5장 「산업구조 변화와
경제성장 효율」은 류웨이와 장후이가 집필하였고, 6장 「산업구조 불
균형 및 1차 분배 왜곡」은 류웨이 · 차이즈저우 · 장후이가 집필하였
으며, 7장 「산업구조 업그레이드와 경제구조 최적화 및 공급측 개혁」
은 류웨이와 차이즈저우가 집필하였다.

류웨이가 총 구조 프레임을 제시하고 최종 원고를 마무리 지었다.
그 중 일부 장절의 내용은 단계적 성과로 『경제연구』, 『경제과학』,

579

『베이징대학 학보 (철학 사회과학 지면)』, 『경제종횡』, 『경제학동향』, 『금융연구』 등 학술지에 발표하였으며 『신화 적록』 등에도 여러 편 발표되었다.

필자는 과제 연구팀 담당자로서 과제 연구팀 구성원들의 노력에 감사를 드리며 도움을 주신 선생님과 동료·학생·친구들에게 감사를 드리며 중국인민대학출판사의 성원에 감사드린다. 더욱이『국가철학 사회과학성과총서』의 믿음에 감사를 드리며 관련 심사위원회 전문가들의 지당한 의견에 감사드린다. 본 도서는 전문가들이 제시한 의견에 따라 충실히 하고 보완하였다. 마지막으로 원고 처리에 협조해 주신 왕샤샤(王莎莎) 등 여러 분들에게 감사를 드린다.

류웨이

2015. 12